譯註 禮記集說大全
鄕飮酒義

編　陳澔(元)

附　正義・訓纂・集解

譯註 禮記集說大全
鄉飲酒義

編　陳澔（元）

附　正義·訓纂·集解

鄭秉燮 譯

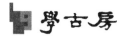

역자서문

『예기』「향음주의(鄕飮酒義)」편은 향음주례의 의미를 기술한 편이다. 「향음주의」편 또한 「관의(冠義)」나 「혼의(昏義)」편과 마찬가지로『의례』의 경문 기록을 부연설명하거나 보충하는 형식을 취하고 있다. 따라서『의례』「향음주례(鄕飮酒禮)」편과 밀접한 관련이 있다. 향음주례는 자주 언급되는 고대 동양의 의례절차인데, 그 절차와 의미를 정확히 밝히기 위해서는『의례』와『예기』의 기록을 총괄해야만 한다. 따라서 본 역서에서는『예기』의 번역에만 그치지 않고, 관련된『의례』의 기록들에 대해서도 함께 번역해서 수록하였다.

다시 한권의 책을 내놓는다. 부끄러운 실력에 번역의 완성도를 자부할 수 없지만, 이 책을 발판으로 더 좋은 역서와 연구가 진행되었으면 하는 바람이다. 이 책에 나오는 오역은 전적으로 역자의 실력이 부족해서이다. 본 역서에 나온 오역과 역자의 부족함에 대해 일갈을 해주실 분들이 있다면, bbaja@nate.com 으로 연락을 주시거나 출판사에 제 연락처를 문의하셔서 가르침을 주신다면, 부족한 실력이지만 가르침을 받도록 최선을 다할 것이다.

역자는 성균관 대학교에서 유교철학(儒敎哲學)을 전공했으며, 예악학(禮樂學) 전공으로 박사논문을 작성했다. 역자가 본격적으로 유가경전을

읽기 시작한 것은 경서연구회(經書研究會)의 오경강독을 통해서이다. 이
모임을 만들어 후배들에게 경전에 대한 이해를 넓혀주신 임옥균 선생님,
경서연구회 역대 회장님인 김동민, 원용준, 김종석, 길훈섭 선배님께도 감
사를 드리고, 역자의 뒤를 이어 경서연구회 현 회장으로 활동하고 있는 손
정민 동학께도 감사를 드린다. 끝으로 「향음주의」편을 출판할 수 있도록
허락해주신 학고방의 하운근 사장님께도 감사를 전한다.

일러두기 ≫

1. 본 책은 역주서(譯註書)로써, 『예기집설대전(禮記集說大全)』의 「향음주의(鄕飮酒義)」편을 완역하고, 자세한 주석을 첨부했다. 송대(宋代) 이전의 주석을 포함하고자 하여, 『예기정의(禮記正義)』를 함께 수록하였다. 그리고 송대 이후의 주석인 청대(淸代)의 주석을 포함하고자 하여 『예기훈찬(禮記訓纂)』과 『예기집해(禮記集解)』를 함께 수록하였다.

2. 『예기』 경문(經文)의 경우, 의역으로만 번역하면 문장을 번역한 방식을 확인하기 어렵고, 보충 설명 없이 직역으로만 번역하면 내용을 이해하기 힘들다. 따라서 경문에 한하여 직역과 의역을 함께 수록하였다. 나머지 주석들에 대해서는 의역을 위주로 번역하였다.

3. 『예기』 경문에 대한 해석은 진호의 『예기집설』 주석에 근거하였다. 경문 해석에 있어서, 『예기정의』, 『예기훈찬』, 『예기집해』마다 이견(異見)이 많다. 『예기집섭대전』의 소주(小註) 또한 진호의 주장과 이견을 보이는 곳이 있고, 소주 사이에도 이견이 많다. 따라서 『예기』 경문 해석의 표준은 진호의 『예기집설』 주석에 근거했으며, 진호가 설명하지 않은 부분들은 『대전』의 소주를 참고하였다. 또한 경문 해석에 있어서 『예기정의』, 『예기훈찬』, 『예기집해』에 나타나는 이견들은 특별한 경우를 제외하고는 각각의 문장을 읽어보면, 경문에 대한 이견을 알 수 있기 때문에, 이러한 경우에는 주석처리를 하지 않았다.

4. 본 역서가 저본으로 삼은 책은 다음과 같다.
   - 『禮記』, 서울 : 保景文化社, 초판 1984 (5판 1995)
   - 『禮記正義』 1~4(전4권, 『十三經注疏 整理本』 12~15), 北京 : 北京大學出版社, 초판 2000
   - 朱彬 撰, 『禮記訓纂』 上·下(전2권), 北京 : 中華書局, 초판 1996 (2쇄 1998)
   - 孫希旦 撰, 『禮記集解』 上·中·下(전3권), 北京 : 中華書局, 초판 1989 (4쇄 2007)

5. 본 책은 『예기』의 경문, 진호의 『집설』, 호광 등이 찬정한 『대전』의 세주, 정현의 주, 육덕명의 『경전석문』, 공영달의 소, 주빈(朱彬)의 『훈찬』, 손희단(孫希旦)의 『집해』 순으로 번역하였다.

6. 본래 『예기』 「향음주의」편은 목차가 없으며, 내용 구분에 있어서도 학자들마다 의견차이가 있다. 또한 내용의 연관성으로 인하여, 장과 절을 나누기가 애매한 부분이 많다. 본 책의 목차는 역자가 임의대로 나눈 것이며, 세세하게 분절하여, 독자들이 관련내용들을 찾아보기 쉽게 하였다.

7. 본 책의 뒷부분에는 《鄕飮酒義 人名 및 用語 辭典》을 수록하였다. 본문에 처음으로 등장하는 용어 및 인명에 대해서는 주석처리를 하였다. 이후에 같은 용어가 등장할 때마다 동일한 주석처리를 할 수 없어서, 뒷부분에 사전으로 수록한 것이다. 가나다순으로 기록하여, 번역문을 읽는 도중 앞부분에서 설명했던 고유명사나 인명 등에 대해서 쉽게 찾아볼 수 있도록 하였다.

【696b】
鄕飮酒之義: 主人拜迎賓于庠門之外, 入.

【696b】 등과 같이 【 】 안에 숫자가 기입되어 있는 것은 『예기』의 '경문'을 뜻한다. '696'은 보경문화사(保景文化社)판본의 페이지를 말한다. 'b'는 b단에 기록되어 있다는 표시이다. 밑의 그림은 보경문화사판본의 한 페이지 단락을 구분한 표시이다.

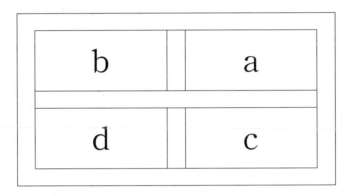

◆ 集說 鄭氏曰: 庠, 鄕學也, 州黨曰序.

"集說"로 표시된 것은 진호(陳澔)의 『예기집설(禮記集說)』 주석을 뜻한다.

◆ 大全 藍田呂氏曰: 鄕飮之禮, 以謹遜之道尊賓, 始見于拜迎庠門之外.

"大全"으로 표시된 것은 호광(胡廣) 등이 찬정(撰定)한 『예기집설대전』의 세주(細註)를 뜻한다.

◆ **鄭注** 庠, 鄕學也. 州黨曰序. 揚, 擧也, 今禮皆作騰.

"**鄭注**"로 표시된 것은 『예기정의(禮記正義)』에 수록된 정현(鄭玄)의 주(注)를 뜻한다.

◆ **釋文** 庠音詳, 學記云"古之敎者家有塾, 黨有庠, 術有序, 國有學".

"**釋文**"으로 표시된 것은 『예기정의』에 수록된 육덕명(陸德明)의 『경전석문(經典釋文)』을 뜻한다. 『경전석문』의 내용은 글자들의 음을 설명하고, 간략한 풀이를 한 것인데, 육덕명 당시의 음가로 기록이 되었기 때문에, 현재의 음과는 맞지 않는 부분이 많다. 단순히 참고만 하기 바란다.

◆ **孔疏** ●"鄕飮"至"以道". ○正義曰: 此一節發明鄕飮酒之禮.

"**孔疏**"로 표시된 것은 『예기정의』에 수록된 공영달(孔穎達)의 소(疏)를 뜻한다. 공영달의 주석은 경문과 정현의 주에 대해서 세분화하여 기록되어 있다. 따라서 '●'으로 표시된 부분은 공영달이 경문에 대해 주석을 한 부분이고, '◎'으로 표시된 부분은 정현의 주에 대해 주석을 한 부분이다. 한편 '○'으로 표시된 부분은 공영달의 주석 부분이다.

◆ **訓纂** 鄭注鄕射禮曰: 周立四代之學於國, 而又以有虞之庠爲鄕學.

"**訓纂**"으로 표시된 것은 『예기훈찬(禮記訓纂)』에 수록된 주석이다. 『예기훈찬』 또한 기존 주석들을 종합한 책이므로, 『예기집설대전』 및 『예기정의』와 중복되는 부분은 생략하였다.

◆ **集解** 愚謂: "鄕飮酒之義", 此一句所以總目下文之事也.

"**集解**"로 표시된 것은 『예기집해(禮記集解)』에 수록된 주석이다. 『예기집해』 또한 기존 주석들을 종합한 책이므로, 『예기집설대전』 및 『예기정의』와 중복되는 부분은 생략하였다.

◆ 원문 및 번역문 중 '▼'로 표시된 부분은 한글로 표기할 수 없는 한자를 기록한 부분이다. 예를 들어 '▼(㘪/皿)'의 경우 맹(盟)자의 이체자인데, '明'자 대신 '㘪'자가 들어간 한자를 프로그램상 삽입할 수가 없어서, '▼(㘪/皿)'으로 표시한 것이다. 즉 '▼(A/B)'의 형식으로 기록된 경우, A에 해당하는 글자가 한 글자의 상단 부분에 해당하고, B에 해당하는 글자가 한 글자의 하단 부분에 해당한다는 표시이다. 또한 '▼(A+B)'의 형식으로 기록된 경우, A에 해당하는 글자가 한 글자의 좌측 부분에 해당하고, B에 해당하는 글자가 한 글자의 우측 부분에 해당한다는 표시이다. 또한 '▼((A-B)/C)'의 형식으로 기록된 경우, A에 해당하는 글자에서 B 부분을 뺀 글자가 한 글자의 상단 부분에 해당하고, C에 해당하는 글자가 한 글자의 하단 부분에 해당한다는 표시이다.

목차

그림목차

경문목차

【695d】

鄕飮酒義 第四十五 / 「향음주의」 제 45 편

集解 呂氏曰: 鄕飮酒者, 鄕人以時會聚飮酒之禮也. 因飮酒而射, 則謂之
鄕射. 鄭氏謂三年大比, 興賢者能者, 鄕老及卿大夫率其吏與其衆以禮賓之,
則是禮也, 三年乃一行. 諸侯之卿大夫貢士於其君, 蓋亦如此. 黨正每歲國索
鬼神而祭祀, 則以禮屬民而飮酒于序, 但此禮略而不載, 則黨正因蜡飮酒, 亦
此禮也. 先儒謂鄕飮有四, 一則三年賓賢能, 二則卿大夫飮國中賢者, 三則州
長習射, 四則黨正蜡祭. 然鄕人凡有會聚, 當行此禮, 恐不特四事也. 論語, "鄕
人飮酒, 杖者出斯出矣." 亦指鄕人而言之.

번역 여씨[1]가 말하길, '향음주(鄕飮酒)'라는 것은 마을 사람들이 시기마
다 모여서 음주하던 예법을 뜻한다. 음주하는 일에 연유하여 활을 쏘면 그
것을 '향사(鄕射)'라고 부른다. 정현[2]은 3년마다 한 차례 큰 시험을 쳐서
현명한 자와 능력이 있는 자들을 선발하고, 마을의 노인 및 경과 대부들이
아전들을 이끌고서 그 무리들에게 예법에 따라 대우하는 것이 바로 그 의
례에 해당한다고 했으니, 그 해석에 따르면 3년마다 한 차례 시행하는 것이
된다. 제후에게 소속된 경과 대부가 그들의 군주에게 사를 선발하여 천거
하게 되면, 아마도 이처럼 했을 것이다. 당정(黨正)[3]이 매년 귀신들을 찾아

---

1) 남전여씨(藍田呂氏, A.D.1040~A.D.1092) : =여대림(呂大臨)・여씨(呂氏)・
   여여숙(呂與叔). 북송(北宋) 때의 학자이다. 이름은 대림(大臨)이고, 자(字)
   는 여숙(與叔)이며, 호(號)는 남전(藍田)이다. 장재(張載) 및 이정(二程)형제
   에게서 수학하였다. 저서로는『남전문집(藍田文集)』등이 있다.

2) 정현(鄭玄, A.D.127~A.D.200) : =정강성(鄭康成)・정씨(鄭氏). 한대(漢代)
   의 유학자이다. 자(字)는 강성(康成)이다.『주역(周易)』,『상서(尙書)』,『모
   시(毛詩)』,『주례(周禮)』,『의례(儀禮)』,『예기(禮記)』,『논어(論語)』,『효경
   (孝經)』등에 주석을 하였다.

3) 당정(黨正)은 주(周)나라 때의 지방 행정구역을 담당했던 수장을 뜻한다.
   500가(家)의 규모가 1당(黨)이 되며, 수장을 뜻하는 '정(正)'자를 붙여서, 그
   곳의 수장을 '당정'이라고 부르는 것이다.『주례』「지관(地官)・당정(黨正)」편

다니며 제사를 지내게 되면, 예법에 따라 백성들을 모으고 서(序)4)에서 음주를 했는데,5) 다만 이러한 예법이 간략하여 수록하지 않았다면, 당정이 사(蜡)6)를 지내는 것에 연유하여 음주를 했던 것 또한 이 의례에 해당한다. 선대 학자들은 향음주에 4종류가 있다고 했으니, 첫 번째는 3년마다 현명한 자와 능력이 출중한 자들을 빈객으로 예우하던 것이고, 두 번째는 경과 대부가 나라 안에 있는 현명한 자들에게 술을 대접하던 것이며, 세 번째는 주장(州長)7)이 활쏘기를 연습하던 것이며,8) 네 번째는 당정이 사제사를

에는 "黨正, 各掌其黨之政令敎治."라는 기록이 있는데, 이에 대한 정현의 주에서는 정사농(鄭司農)의 주장을 인용하여, 五百家爲黨."이라고 풀이했다.

4) 서(序)는 본래 향(鄕) 밑의 행정단위인 주(州)에 건립된 학교를 뜻한다. 『주례』「지관(地官)・주장(州長)」편에는 "春秋以禮會民而射于州序."라는 기록이 있다. 또한 하후씨(夏后氏) 때 건립한 학교로 설명하며, 동서(東西)와 서서(西序)로 구분하기도 한다. 『예기』「왕제(王制)」편에는 "夏后氏養國老於東序, 養庶老於西序."라는 기록이 있고, 이에 대한 정현의 주에서는 "皆學名也."라고 풀이했다. 한편 '서'는 은(殷)나라 때의 학교로 설명되기도 하며 주(周)나라 때의 학교로 설명되기도 한다. 『맹자』「등문공상(滕文公上)」편에는 "夏曰校, 殷曰序, 周曰庠, 學則三代共之."라는 기록이 있고, 『한서(漢書)』「유림전서(儒林傳序)」편에는 "三代之道, 鄕里有敎, 夏曰校, 殷曰庠, 周曰序." 라는 기록이 있다.

5) 『주례』「지관(地官)・당정(黨正)」: 國索鬼神而祭祀, 則以禮屬民, 而飮酒于序以正齒位: 壹命齒于鄕里, 再命齒于父族, 三命而不齒.

6) 사(蜡)는 연말에 지내는 큰 제사를 뜻한다. 제사 대상은 천제(天帝) 등의 주요 신들을 제외한 나머지 하위 신들에 해당한다. 하위 신들은 그 수가 많아서, 일일이 제사를 지낼 수 없기 때문에, 연말에 합동으로 제사를 지냈던 것이다. 『예기』「잡기하(雜記下)」편에는 "子貢觀於蜡."라는 기록이 있는데, 이에 대한 정현의 주에서는 "蜡也者, 索也. 歲十二月, 合聚萬物而索饗之祭也."라고 풀이했다. 또 『예기』「교특생(郊特牲)」편에는 "蜡之祭也, 主先嗇而祭司嗇也, 祭百種, 以報嗇也."라는 기록이 있다.

7) 주장(州長)은 주(周)나라 때의 관직으로, 1개 주(州)의 수장을 뜻한다. 중부(中大夫) 1명이 담당을 했으며, 그 주에서 시행하는 교화와 정령을 담당했다. 『주례』「지관(地官)・사도(司徒)」편에는 "州長, 每州中大夫一人."이라는 기록이 있고, 『주례』「지관・주장(州長)」편에는 "各掌其州之敎治政令之法." 이라는 기록이 있다.

8) 『주례』「지관(地官)・주장(州長)」: 若以歲時祭祀州社, 則屬其民而讀法, 亦如之. 春秋以禮會民而射于州序.

지내던 것이다. 그러나 마을 사람들이 모임을 갖게 되면 마땅히 이러한 의례를 시행했던 것이니, 아마도 이러한 네 종류에만 국한되지는 않았을 것이다.『논어』에서 "마을 사람들과 술을 마실 때에는 지팡이를 잡은 노인이 먼저 나간 뒤에야 나갔다."[9]라고 한 말 또한 바로 마을 사람들과 음주를 했던 '향음주'에 기준을 두고 언급한 말이다.

孔疏 陸曰: 鄭云, "鄕飮酒義者, 以其記鄕大夫飮賓於庠序之禮, 尊賢養老之義也. 別錄屬吉禮."

번역 육덕명[10]이 말하길, 정현은 "'향음주의(鄕飮酒義)'라는 편명은 향대부(鄕大夫)[11]가 상서(庠序)[12]에서 빈객들에게 음주를 베푸는 예법을 기록하였기 때문이니, 현명한 자를 존중하고 노인을 봉양하는 의미에 해당한다.『별록』[13]에서는 '길례(吉禮)' 항목에 포함시켰다."라고 했다.

孔疏 ○正義曰: 按鄭目錄云: "名曰鄕飮酒義者, 以其記鄕大夫飮賓于庠序之禮, 尊賢養老之義. 此於別錄屬吉事." 儀禮有其事, 此記釋其義也. 但此篇前後凡有四事, 一則三年賓賢能, 二則卿大夫飮國中賢者, 三則州長習射飮酒也, 四則黨正蜡祭飮酒. 總而言之, 皆謂之"鄕飮酒". 知此篇合有四事者, 以鄭注 "鄕人, 鄕大夫", 又云"士, 州長·黨正". 鄭又云: "飮國中賢者, 亦用此禮也." 鄭必知此篇鄕大夫賓賢能, 及飮國中賢者, 幷州長·黨正者, 以此經云鄕人卽鄕

---

9)『논어』「향당(鄕黨)」 : 席不正, 不坐. 鄕人飮酒, 杖者出, 斯出矣.

10) 육덕명(陸德明, A.D.550~A.D.630) : =육원랑(陸元朗). 당대(唐代)의 경학자이다. 이름은 원랑(元朗)이고, 자(字)는 덕명(德明)이다. 훈고학에 뛰어났으며,『경전석문(經典釋文)』등을 남겼다.

11) 향대부(鄕大夫)는 주대(周代)의 행정단위였던 향(鄕)을 담당하는 관리이다.

12) 상서(庠序)는 상(庠)과 서(序)를 합쳐서 부르는 말이다. '상'은 향(鄕) 밑의 행정단위인 당(黨)에 건립된 학교를 뜻하고, '서'는 향(鄕) 밑의 행정단위인 주(州)에 건립된 학교를 뜻한다. 주로 지방의 학교를 통칭하는 말로 사용된다.

13)『별록(別錄)』은 후한(後漢) 때 유향(劉向)이 찬(撰)했다고 전해지는 책이다. 현재는 일실되어 존재하지 않으며,『한서(漢書)』「예문지(藝文志)」편을 통해서 대략적인 내용만을 추측해볼 수 있다.

大夫, 士則州長·黨正. 又云: "君子, 謂卿大夫飮國中賢者." 下又云: "六十者坐, 五十者立侍." 亦是黨正飮酒之事. 下又云"合諸鄕射"是亦州長習射之禮. 鄭以此參之, 故知此篇兼有四事. 鄕則三年一飮, 州則一年再飮, 黨則一年一飮也. 所以然者, 天子六鄕, 諸侯三鄕, 卿二鄕, 大夫一鄕, 各有鄕大夫. 而鄕有鄕學, 取致仕在鄕之中大夫爲父師, 致仕之士爲少師, 在於學中, 名爲鄕先生, 敎於鄕中之人, 謂"鄕學". 每年入學, 三年業成, 必升於君. 若天子鄕則升學士於天子, 若諸侯之鄕則升學士於諸侯. 凡升之必用正月也. 將用升之, 先爲飮酒之禮. 鄕大夫與鄕先生謀事, 學生最賢使爲賓, 次者爲介, 又次者爲衆賓. 此鄕大夫爲主人, 與之飮酒而後升之. 故周禮·鄕大夫職云: "三年則大比, 考其德行道藝, 而興賢者能者. 鄕老及鄕大夫帥[14]其吏, 與其衆寡, 以禮禮賓之." 鄭云: "賢者, 有德行者. 能者, 有道藝者." 故鄭云: "古者年七十而致仕, 老於鄕里, 大夫名曰父師, 士名少師, 而敎學焉." 恒知鄕人之賢者, 是以大夫就而謀之, 賢者以爲賓, 其次以爲介, 又其次爲衆賓, 而與之飮酒, 是亦將獻之, 以禮禮賓之也. 若"州一年再飮"者, 是春秋習射, 因而飮之, 以州長爲主人也. 若"黨一年一飮"者, 是歲十二月, 國於大蜡祭, 而黨中於學飮酒, "子貢觀蜡", 是也. 亦黨正爲主人也. 此鄕飮酒之義, 說儀禮·鄕飮酒也. 但儀禮所據, 是諸侯之鄕大夫三年賓賢能之禮, 故鄭儀禮·鄕飮酒目錄云"諸侯之鄕大夫三年將獻賢者於君, 以禮賓, 與之飮酒", 是也. 鄭必知"諸侯鄕大夫"者, 以鄕飮酒禮云: "磬階間縮霤." 注云: "大夫而特縣, 方賓鄕人之賢者, 從士禮也." 若天子之大夫特縣, 則鍾·磬並有. 今唯云"磬", 故知諸侯之鄕大夫也. 若諸侯之州長則士也, 故儀禮·鄕射是諸侯 "州長", 經稱"鹿中", 記云"士則鹿中", 明非諸侯之鄕大夫爲之也.

번역 ○『정의』[15]에서 말하길, 정현의 『목록』[16]을 살펴보면, "편명을

---

14) '수(帥)'자에 대하여. 『십삼경주소(十三經注疏)』 북경대 출판본에서는 "'수'자는 본래 '사(師)'자로 기록되어 있었는데, 『주례』「향대부(鄕大夫)」편의 기록에 따라서 글자를 수정하였다."라고 했다.

15) 『정의(正義)』는 『예기정의(禮記正義)』 또는 『예기주소(禮記注疏)』를 뜻한다. 당(唐)나라 때에는 태종(太宗)이 공영달(孔穎達) 등을 시켜서 『오경정의(五經正義)』를 편찬하였는데, 이때 『예기정의』에는 정현(鄭玄)의 주(注)와 공영달의 소(疏)가 수록되었다. 송대(宋代)에는 『오경정의』와 다른 경전

'향음주의(鄕飮酒義)'라고 지은 것은 향대부(鄕大夫)가 상서(庠序)에서 빈객들에게 음주를 베푸는 예법을 기록하였기 때문이니, 현명한 자를 존중하고 노인을 봉양하는 의미에 해당한다. 「향음주의」편을 『별록』에서는 '길례(吉禮)' 항목에 포함시켰다."라고 했다. 『의례』에는 이러한 사안이 기록되어 있고, 『예기』에서는 그 의미를 풀이한 것이다. 다만 「향음주의」편에는 앞뒤로 총 4가지 사안이 수록되어 있으니, 첫 번째는 3년마다 현명한 자와 능력이 있는 자를 예우하는 것이며, 두 번째는 경과 대부가 나라 안의 현명한 자들에게 음주를 대접하는 것이고, 세 번째는 주장(州長)이 활쏘기를 익히며 음주를 하는 것이며, 네 번째는 당정(黨正)이 사(蜡)제사를 지내며 음주를 하는 것이다. 총괄적으로 말하면 이 모두에 대해서는 '향음주(鄕飮酒)'라고 부른다. 「향음주의」편에 총괄적으로 네 가지 사안이 수록되어 있다는 사실을 알 수 있는 이유는 정현의 주에서 "향인(鄕人)은 향대부(鄕大夫)이다."라고 했고, 또 "사(士)는 주장(州長)과 당정(黨正)이다."라고 했기 때문이다. 정현은 또한 "나라 안의 현명한 자들에게 음주를 베풀 때에도 이러한 의례를 사용한다."라고 했다. 「향음주의」편의 내용이 향대부가 현명한 자와 능력이 있는 자를 예우하고, 나라 안의 현명한 자들에게 음주를 대접하며, 주장과 당정의 일들까지도 포함한다는 사실을 정현이 분명히 알수 있었던 이유는 이곳 경문에서 말한 향인(鄕人)은 곧 향대부(鄕大夫)이고, 사(士)는 주장(州長) 및 당정(黨正)에 해당하기 때문이다. 또한 "군자(君子)는 경과 대부로, 경과 대부가 나라 안의 현명한 자들에게 음주 베푸는 것을 뜻한다."라고 했고, 아래에서는 또한 "60세인 자들은 당상에 앉고, 50세인 자들은 당하에 서서 시중을 든다."라고 했다. 이것은 또한 당정이 음주를 베푸는 일에 해당한다. 아래에서는 또한 "여러 향사례(鄕射禮) 등과

   (經典)에 대한 주석서를 포함한 『십삼경주소(十三經注疏)』가 편찬되어, 『예기주소』라는 명칭이 되었다.

16) 『목록(目錄)』은 정현이 찬술했다고 전해지는 『삼례목록(三禮目錄)』을 가리킨다. 『십삼경주소(十三經注疏)』에서 인용되고 있지만, 이 책은 『수서(隋書)』가 편찬될 당시에 이미 일실되어 존재하지 않았다. 『수서』「경적지(經籍志)」편에는 "三禮目錄一卷, 鄭玄撰, 梁有陶弘景注一卷, 亡."이라는 기록이 있다.

합한다."라고 했는데, 이것은 또한 주장이 활쏘기를 익히는 예법에 해당한다. 정현은 이러한 내용을 참고하였기 때문에, 「향음주의」편에 네 가지 사안이 모두 수록되어 있다는 사실을 알 수 있었다. 향(鄕)에서는 3년에 1차례 음주를 하고, 주(州)에서는 1년에 2차례 음주를 하며, 당(黨)에서는 1년에 1차례 음주를 한다. 이처럼 하는 이유는 천자는 육향(六鄕)[17]을 두고, 제후는 삼향(三鄕)을 두며, 경은 이향(二鄕)을 두고, 대부는 일향(一鄕)을 두는데, 각각 향대부(鄕大夫)를 가지고 있다. 그리고 향(鄕)에는 향학(鄕學)이 있으니, 향에 있는 대부들 중 벼슬에서 물러난 자를 선택하여 부사(父師)로 삼고, 벼슬에서 물러난 사를 선택하여 소사(少師)로 삼는데, 그들은 학교에 머물게 되어 이들을 향선생(鄕先生)이라고 부르며, 향에 살고 있는 사람들을 교육하니, 이것을 '향학(鄕學)'이라고 부른다. 매년 학생들이 학교에 입학하여 3년 동안 과업을 완성하면 반드시 군주에게 추천한다. 만약 천자의 직할지에 있는 향(鄕)이라면 그 학교에 있던 사를 천자에게 천거하고, 제후의 향이라면 그 학교에 있던 사를 제후에게 천거한다. 천거를 할 때에는 반드시 정월에 하게 된다. 장차 그들을 천거하려고 하면 우선 음주 베푸는 예를 시행한다. 향대부와 향선생은 그 일을 계획하고, 학생들 중 가장 현명한 자를 빈객으로 삼으며, 그 다음으로 현명한 자를 개(介)[18]로 삼고, 또한 그 다음으로 현명한 자들을 여러 빈객들로 삼는다. 이러한 의례에서는 향대부가 주인의 역할을 맡아서, 그들과 함께 음주를 하고 그 이후에 천거한다. 그렇기 때문에『주례』「향대부(鄕大夫)」편의 직무 기록에서는 "3년이 되면 대비(大比)[19]를 하여, 그들의 덕행과 도예를 고찰하고, 현명한

---

17) 육향(六鄕)은 주(周)나라 때 원교(遠郊)에 설치된 여섯 개의 향(鄕)을 뜻한다. 주나라의 제도에서는 국성(國城)과 가까이 있는 교외(郊外)를 근교(近郊)라고 불렀고, 근교 밖을 원교(遠郊)라고 불렀다. 그리고 원교 안에는 6개의 향(鄕)을 설치했고, 원교 밖에는 6개의 수(遂)를 설치했다.

18) 개(介)는 부관을 뜻한다. 빈객(賓客)이 방문했을 때 주인(主人)과 빈객 사이에서 진행되는 절차들을 보좌했던 자들이다. 계급에 따라서 '개'를 두는 숫자에도 차이가 났다. 가령 상공(上公)은 7명의 '개'를 두었고, 후작이나 백작은 5명을 두었으며, 자작과 남작은 3명의 개를 두었다.『예기』「빙의(聘義)」편에는 "上公七介, 侯伯五介, 子男三介."라는 기록이 있다.

자와 능력이 있는 자를 천거한다. 향로와 향대부는 그들의 아전들을 이끌
고 여러 선한 자들과 함께 예법에 따라 그들을 예우한다."[20]라고 했고, 정
현은 "'현자(賢者)'는 덕행을 갖춘 자이다. '능자(能者)'는 도예를 갖춘 자이
다."라고 했다. 그래서 정현이 "고대에는 나이가 70세가 되면 벼슬에서 물
러나 노년에 향리에 머물게 되는데, 그가 대부였다면 '부사(父師)'라고
부르고, 사였었다면 소사(少師)라고 부르며, 학교에서 학생들을 가르친다."
라고 한 것이다. 그들은 향인들 중에서도 현명한 자임을 알 수 있어서, 이러
한 까닭으로 대부는 그들에게 나아가서 일을 도모하고, 현명한 자를 빈객
으로 삼으며, 그 다음으로 현명한 자를 개로 삼고, 또 그 다음으로 현명한
자들을 여러 빈객 무리로 삼아서, 그들과 함께 음주를 하는 것이니, 이것은
또한 장차 군주에게 추천하고자 하여, 예법에 따라 예우하는 것이다. "주
(州)에서는 1년에 2차례 음주를 한다."는 것과 같은 경우, 봄과 가을에 활쏘
기를 연습하는데, 이러한 일을 시행하는 것에 따라서 음주를 하니, 주장을
주인으로 삼게 된다. "당(黨)에서는 1년에 1차례 음주를 한다."는 것과 같은
경우, 한 해의 끝인 12월에 나라에서는 대사(大蜡)[21]를 지내고, 당에서는
학교에서 음주를 하게 되니, "자공이 사제사를 관람하였다."[22]라고 한 말이

---

19) 대비(大比)는 주대(周代) 때 3년마다 향(鄕)과 수(遂)의 관리들이 백성들 중
   의 인재를 대상으로 시행한 시험이다. 『주례』「지관(地官)·향대부(鄕大夫)」편
   에는 "三年則大比. 考其德行, 道藝, 而興賢者能者."라는 기록이 있고, 이에
   대한 정현의 주에서는 정사농(鄭司農)의 주장을 인용하여, "興賢者謂若今
   擧孝廉, 興能者謂若今擧茂才."라고 풀이했다.

20) 『주례』「지관(地官)·향대부(鄕大夫)」: 三年則大比, 攷其德行·道藝, 而興賢
   者·能者, 鄕老及鄕大夫帥其吏與其衆寡, 以禮禮賓之.

21) 대사(大蜡)는 연말에 농업과 관련된 여러 신들에게 합동으로 제사를 지내서,
   내년에 재해가 닥치지 않도록 기원을 하는 제사이다. '사(蜡)'자는 "찾는다
   [索]."는 뜻으로, 여러 귀신(鬼神)들을 찾아서 제사를 지내기 때문에, 이러한
   제사를 '사'라고 부르는 것이다. 그리고 연말에는 성대하게 제사를 지냈으므
   로, 성대하다는 뜻에서 '대'자를 붙인 것이다. 『예기』「명당위(明堂位)」편에는
   "是故夏礿·秋嘗·冬烝·春社·秋省, 而遂大蜡, 天子之祭也."라는 기록이 있는데,
   이에 대한 정현의 주에서는 "大蜡, 歲十二月索鬼神而祭之."라고 풀이했다.

22) 『예기』「잡기하(雜記下)」【520c】: 子貢觀於蜡, 孔子曰, "賜也, 樂乎?" 對曰,
   "一國之人皆若狂, 賜未知其樂也." 子曰, "百日之蜡, 一日之澤, 非爾所知也."

바로 이러한 행사를 가리킨다. 이러한 경우에도 당정이 주인의 역할을 맡는다. 이러한 향음주(鄕飮酒)의 뜻은『의례』「향음주례(鄕飮酒禮)」편의 내용을 풀이한 것이다. 다만『의례』에서 기준으로 삼은 것은 제후에게 소속된 향대부가 3년에 1차례 현명한 자와 능력이 있는 자를 빈객으로 예우하는 예법이다. 그렇기 때문에 정현이『의례』「향음주례」편에 대한『목록』에서 "제후에게 소속된 향대부가 3년마다 군주에게 현명한 자를 천거하려고 할 때에는 예법에 따라 빈객으로 대접하며 그들과 더불어서 음주를 한다."라고 한 것이다. "제후에게 소속된 향대부이다."라고 했는데, 이러한 사실을 정현이 분명히 알 수 있었던 것은 「향음주례」편에서 "경(磬)은 계단 사이 류(霤)가 있는 곳 세로 방향으로 설치한다."[23]라고 했고, 정현의 주에서는 "대부는 특현(特縣)[24]을 설치하고, 장차 향인들 중 현명한 자들을 빈객으로 예우하게 될 때에는 사 계급의 예법에 따른다."라고 했기 때문이다. 만약 천자에게 소속된 대부가 특현을 설치하는 경우라면, 종(鍾)과 경(磬)이 모두 설치된다. 그런데 현재의 기록에서는 단지 '경(磬)'이라고만 했기 때문에, 제후에게 소속된 향대부임을 알 수 있다. 만약 제후에게 소속된 주장이라면 사가 담당한다. 그렇기 때문에『의례』「향사례(鄕射禮)」편의 내용은 제후에게 소속된 '주장(州長)'에 대한 내용인데, 경문에서는 '녹중(鹿

---

23)『의례』「향음주례(鄕飮酒禮)」 : 磬, 階間縮霤, 北面鼓之.

24) 특현(特縣)은 악기를 설치할 때 한 쪽 방면에만 설치하는 것을 뜻한다. 사(士) 계급이 따랐던 방식이라고도 설명하며, 대부(大夫)가 따랐던 형식이라고도 한다. 참고적으로 천자가 악기를 설치하는 방식은 궁현(宮縣)이라고 하며, 4면에 악기들을 설치하는 것이고, 제후가 악기를 설치하는 방식은 헌현(軒縣)이라고 하며, 3면에 악기들을 설치하는 것이고, 경(卿)이나 대부(大夫)가 악기를 설치하는 방식은 판현(判縣)이라고 하며, 2면에 악기들을 설치하는 것이고, 대부(大夫) 또는 사(士)가 악기를 설치하는 방식을 '특현'이라고 부른다. 대부가 '특현'을 설치한다는 주장에서는 '사' 계급은 단지 금슬(琴瑟)만 설치한다고 주장한다.『주례』「춘관(春官)·소서(小胥)」편에는 "正樂縣之位, 王, 宮縣, 諸侯, 軒縣, 卿大夫, 判縣, 士, 特縣."이라는 기록이 있고, 이에 대한 정현의 주에서는 정사농(鄭司農)의 주장을 인용하여, "宮縣, 四面縣, 軒縣, 去其一面, 判縣, 又去其一面, 特縣, 又去其一面."이라고 풀이했다. 한편 가의(賈誼)의『신서(新書)』「심미(審微)」편에는 "禮, 天子之樂宮縣, 諸侯之樂軒縣, 大夫特縣, 士有琴瑟."이라는 기록이 있다.

中)'을 사용한다고 했고,25) 『예기』에서는 "사는 녹중을 사용한다."라고 했으니, 이것은 제후에게 소속된 향대부가 담당하는 것이 아님을 나타낸다.

集解 此釋儀禮鄕飮酒禮之義也. 篇中凡爲四段, 首段凡五節, 皆引鄕飮酒禮之文而釋之; 第二段專明黨正正齒位之禮; 第三段引孔子之言, 明鄕飮酒備五行; 第四段本別爲一篇, 而記者合之, 說見於後.

번역 「향음주의」편은 『의례』「향음주례(鄕飮酒禮)」편의 뜻을 풀이한 것이다. 「향음주의」편은 총 4개의 단락으로 구성되어 있고, 1번째 단락은 총 5개 문단으로 구성되어 있는데, 모두 「향음주례」편의 문장을 인용해서 그의미를 풀이한 것이다. 2번째 단락에서는 당정(黨正)이 나이에 따라 서열을 바로잡는 예법만을 나타내고 있다. 3번째 단락에서는 공자의 말을 인용하여 향음주례에는 다섯 가지 행실이 갖춰져 있음을 나타내고 있다. 4번째 단락은 본래 별도로 하나의 편이 되는데, 『예기』를 기록한 자가 합본을 한 것으로, 뒤에 그 설명이 나온다.

참고 『주례』「지관(地官)·당정(黨正)」 기록

경문 國索鬼神而祭祀, 則以禮屬民, 而飮酒于序以正齒位. 壹命齒于鄕里, 再命齒于父族, 三命而不齒.

번역 나라에서 귀신을 찾아 제사를 지내게 되면 예법에 따라 백성들을 모으고, 서(序)에서 음주를 하며 나이에 따른 서열을 바로잡는다. 1명(命)의 등급을 가진 관리는 향리에서 나이에 따라 서열을 정하고, 2명(命)의 등급을 가진 관리는 부친의 친족들과 나이에 따라 서열을 정하며, 3명(命)의 등급을 가진 관리는 나이에 따라 서열을 정하지 않는다.

---

25) 『의례』「향사례(鄕射禮)」: 釋獲者執鹿中, 一人執筭以從之.

鄭注 國索鬼神而祭祀, 謂歲十二月大蜡之時, 建亥之月也. 正齒位者, 鄕飮酒義所謂“六十者坐, 五十者立侍. 六十者三豆, 七十者四豆, 八十者五豆, 九十者六豆”, 是也. 必正之者, 爲民三時務農, 將闕於禮, 至此農隙而敎之尊長養老, 見孝悌之道也. 黨正飮酒禮亡, 以此事屬於鄕飮酒之義, 微失少矣. 凡射飮酒, 此鄕民雖爲卿大夫, 必來觀禮, 鄕飮酒・鄕射記“大夫樂作不入, 士旣旅不入”, 是也. 齒于鄕里者, 以年與衆賓相次也. 齒于父族者, 父族有爲賓者, 以年與之相次; 異姓雖有老者, 居於其上. 不齒者, 席于尊東, 所謂遵.

번역 “나라에서 귀신을 찾아 제사를 지낸다.”는 말은 그 해의 12월 중 대사(大蜡)를 지내는 때를 뜻하니, 북두칠성의 자리가 해(亥)의 방위에 걸리는 달이다. “나이에 따른 서열을 바로잡는다.”라고 했는데, 「향음주의」편에서 “60세인 자들은 당상에 앉고, 50세인 자들은 당하에 서서 시중을 든다. 60세인 자에게는 음식을 대접하며 3개의 두(豆)를 내놓고, 70세인 자들에게는 4개의 두를 내놓으며, 80세인 자들에게는 5개의 두를 내놓고, 90세인 자들에게는 6개의 두를 내놓는다.”[26]라고 한 말에 해당한다. 반드시 바로잡는 것은 백성들은 봄・여름・가을이라는 세 계절 동안 농사에 힘써 예법에 대해서는 소략하였으니, 농한기에 이르게 되면 연장자를 존경하고 노인을 봉양해야 함을 가르쳐서 효와 공손의 도리를 보여주는 것이다. 당정이 음주를 하는 예법은 망실되었는데, 이 사안을 향음주례의 뜻에 결부시키게 되면 은미한 뜻이 축소되는 잘못을 범하게 된다. 활쏘기를 하며 음주를 할 때에는 향에 속한 사람들 중 비록 경이나 대부의 신분이라 하더라도 반드시 찾아와서 해당 예법을 살펴보게 되니, 『의례』「향음주례(鄕飮酒禮)」편과 「향사례(鄕射禮)」편의 기문에서 “대부는 음악이 연주되었다면 들어가지 않고, 사는 여수(旅酬)[27]가 시행되었다면 들어가지 않는다.”라고 했기 때문이다. 향리

---

26) 『예기』「향음주의」【699c】: 鄕飮酒之禮: 六十者坐, 五十者立侍以聽政役, 所以明尊長也. 六十者三豆, 七十者四豆, 八十者五豆, 九十者六豆, 所以明養老也. 民知尊長養老, 而后乃能入孝弟, 民入孝弟, 出尊長養老, 而后成敎, 成敎而后國可安也. 君子之所謂孝者, 非家至而日見之也. 合諸鄕射, 敎之鄕飮酒之禮, 而孝弟之行立矣.

27) 여수(旅酬)는 본래 제사가 끝난 후에, 제사에 참가했던 친족 및 빈객(賓客)들

에서 나이에 따라 서열을 정한다는 것은 여러 빈객들과 나이에 따라 서로 순차를 정하는 것이다. 부친의 친족들과 나이에 따라 서열을 정한다는 것은 부친의 친족 중 빈객이 된 자에 대해서 그와 나이에 따라 서열을 정하는 것이다. 따라서 성씨가 다른 자 중 비록 자신보다 나이가 많은 자가 있더라도 그보다 윗자리에 있게 된다. 나이에 따라 서열을 정하지 않는다는 것은 술동이 동쪽에 자리를 마련하는 것으로, 이른바 '준(遵)'에 해당한다.

賈疏 ●"國索"至"不齒". ○釋曰: 黨正行正齒位之禮, 在十二月建亥之月爲之, 非蜡祭之禮. 而此云"國索鬼神而祭祀"者, 以其正齒位禮在蜡月, 故言之以爲節耳. 當國索鬼神而祭祀之時, 則黨正屬聚其民而飮酒于序學中, 以行正齒位之法. 當正齒位之時, 民內有爲一命已上, 必來觀禮, 故須言其坐之處. 云"一命齒于鄕里"者, 此黨正是天子之國黨正, 則一命亦天子之臣. 若有一命之人來者, 卽于堂下鄕里之中爲齒也. 云"再命齒于父族"者, 謂父族爲賓, 卽與之爲齒, 年大在賓東, 年小在賓西. "三命而不齒"者, 若有三命之人來者, 縱令父族爲賓, 亦不與之齒. 若非父族, 是異姓爲賓, 灼然不齒, 位在賓東, 故云不齒也. 若然, 典命雖不見天子之士命數, 序官有上士·中士·下士, 則上士三命, 中士二命, 下士一命, 則此一命謂下士, 再命謂中士, 三命謂上士也.

번역 ●經文: "國索"~"不齒". ○당정(黨正)이 나이에 따라 서열 바로잡는 예법을 시행하는데, 이것은 12월인 북두칠성의 자루가 해(亥) 방위에 걸리는 달에 실시하는 것으로, 사(蜡)제사의 예법이 아니다. 그런데도 이곳에서 "나라에서 귀신을 찾아 제사를 지낸다."라고 말한 것은 나이에 따라 서열을 바로잡는 예법은 사제사를 지내는 달에 시행한다. 그렇기 때문에 이러한 사실을 언급하여 해당 시기로 삼은 것일 뿐이다. 나라에서 귀신을 찾아 제사지내는 시기에 해당한다면, 당정은 휘하의 백성들을 모아서 서(序)라는 학교 건물 안에서 음주를 하며, 이를 통해 나이에 따라 서열 바로

이 술잔을 들어 술을 마시고, 서로 공경의 예(禮)를 표하며, 잔을 권하는 의례(儀禮)이다. 연회에서도 서로에게 술을 권하는 절차를 '여수'라고 부른다.

잡는 법도를 시행한다. 당정이 나이에 따라 서열을 바로잡을 때, 백성들 중 1명(命) 이상의 등급을 가진 자가 있다면 반드시 찾아와서 해당 의례절차를 살펴보게 된다. 그렇기 때문에 그들이 앉을 자리에 대해 말해야만 한다. "1명(命)의 등급을 가진 관리는 향리에서 나이에 따라 서열을 정한다."라고 했는데, 여기에서 말한 당정은 천자의 수도에 속한 당정이니, 1명(命)의 등급을 가진 관리 또한 천자의 신하이다. 만약 1명(命)의 등급을 가진 사람이 찾아왔다면 당하에서 향리의 사람들과 나이에 따라 서열을 정한다. "2명(命)의 등급을 가진 관리는 부친의 친족들과 나이에 따라 서열을 정한다."라고 했는데, 부친의 친족 중 빈객이 된 자가 있다면 그와 나이에 따라 서열을 정하니, 나이가 많은 사람은 빈객의 동쪽에 위치하고, 나이가 적은 사람은 빈객의 서쪽에 위치한다. "3명(命)의 등급을 가진 관리는 나이에 따라 서열을 정하지 않는다."라고 했는데, 만약 3명(命)의 등급을 가진 자가 찾아왔다면 비록 부친의 친족 중 빈객이 된 자가 있더라도 그와 나이에 따라 서열을 정하지 않는다. 만약 부친의 친족이 아니라면 성씨가 다른 자가 빈객이 된 것인데, 이러한 경우에도 나이에 따라 서열을 정하지 않고, 그의 자리는 빈객의 동쪽이 된다. 그렇기 때문에 "나이에 따라 서열을 정하지 않는다."라고 했다. 만약 그렇다면 『주례』「전명(典命)」편에 비록 천자에게 속한 사의 명(命) 등급이 나타나지 않지만, 「서관(序官)」에 상사(上士)·중사(中士)·하사(下士)가 기록되어 있으니, 상사는 3명(命)이고 중사는 2명(命)이며 하사는 1명(命)이 되므로, 여기에서 말한 1명은 곧 하사를 가리키고 2명은 중사를 가리키며 3명은 상사를 가리킨다.

賈疏 ◎注"國索"至"謂遵". ○釋曰: 云"國索鬼神而祭祀, 謂歲十二月大蜡之時", 是禮記·郊特牲文. "建亥之月"者, 是鄭君解義語. 言此者, 謂行正齒位之禮亦在此月也. 云"正齒位者, 鄕飮酒義所謂六十者坐"至"六豆"者, 並是彼文. 按彼文謂五十者立侍, 六十者乃於堂上而坐. 禮, 年六十已上, 籩豆有加, 故不得籩豆耦. 而云"六十者三豆, 七十者四豆, 八十者五豆, 九十者六豆"若然, 則堂下五十立者二豆而已. 引之者, 證此經與彼同是正齒位之法也. 云"必正之者, 爲民三時務農, 將闕於禮, 至此農隙而敎之尊長養老, 見孝弟之道也"者, 春夏秋三時, 務在田野, 闕於齒序之節. 隙, 閑也. 至此十月, 農事且閑而敎之. 言尊長養老, 卽五十已上至九十正齒位是也. 但孝弟施于家內, 今行尊長養老, 則是孝弟之道通達于外者也. 云"黨正飮酒禮亡"者, 儀禮篇卷並在之日, 別有黨正飮酒之禮, 見今十七篇內無黨正飮酒之禮, 故云亡也. 云"以此事屬于鄕飮酒之義微失少矣"者, 但儀禮未亡之時, 篇內論正齒位之禮, 其義具悉. 今將此經之事連屬於鄕飮酒義, 則鄕飮酒義唯有五十已上豆數之言, 此經唯有一命已下觀禮之事, 二處相兼, 比於儀禮篇中鄕飮酒法, 義理乃未足, 微失於少, 故云微失少矣. 云"凡射飮酒"者, 謂州長春秋行射, 黨正十二月行飮酒, 二事俱同, 故兼言射也. 云"此鄕民雖爲卿大夫, 必來觀禮"者, 證此經一命以至三命, 齒與不齒之人, 來在位之法也. 又引鄕飮酒·鄕射記者, 證二事俱有一命已下觀禮來入時節. 按彼經鄕大夫皆作樂前入, 士未旅前入, 故云"大夫樂作不入". 鄭彼注云: "後樂賢也." 云"士旣旅不入", 注云: "後正禮也." 若然, 大夫·士來觀禮者, 皆爲樂賢行禮而至, 故大夫樂作不入, 士旣旅不入也. 云"齒于鄕里者, 以年與衆賓相次也"者, 謂在堂下與五十已下衆賢賓客相次. 以其一命, 若據天子之國, 一命爲下士; 若據諸侯之國, 一命爲公侯伯之士; 若據子男之士, 不命, 固在堂下, 以其士立于下故也. 云"齒于父族者, 父族有爲賓者, 以年與之相次"者, 以其賓在戶牖之間, 南面, 若賓是同姓父族, 則與之齒也. 云"異姓雖有老者, 居於其上"者, 旣言齒于父族, 明異姓非父族, 不齒可知. 云"不齒者席于尊東, 所謂遵"者, 按鄕飮酒·鄕射皆酒尊在室戶東·房戶西, 賓主夾之. 鄕人爲卿大夫來觀禮, 爲鄕人所遵法, 謂之爲遵, 席位在酒尊東, 公三重, 大夫再重, 故知不齒者席于尊東也. 云所謂遵者, 所謂鄕射·鄕飮酒之遵也. 按鄭注鄕飮酒, 云"此篇無正齒位之事焉"者, 彼是三年一貢士, 直行飮酒之禮, 賢者爲賓, 其次爲介, 其次又爲衆賓, 賓而貢之, 如此, 無黨正正齒位之事. 按彼注又云"天子之國, 三命者不齒; 於諸侯之國, 爵爲大夫則不齒矣"者, 以其賓賢能年歲必小於卿大夫等, 是以天子之國三命士, 及公侯伯之卿三命·大夫二命·子男之卿再命·大夫一命, 但是大夫以上無問命數, 皆不齒, 以其大夫已上爵尊故也. 但諸侯之卿當天子之上士, 故天子之國三命乃不齒, 天子士再命

已下及諸侯之士則皆齒, 以其士卑立于下, 故在堂下與鄕人立者齒也. 彼是賓
賢能禮. 若黨正飮酒之禮, 則此文是天子黨正飮酒法, 則一命齒于鄕里, 在堂
下與鄕人齒; 再命齒于父族, 父族爲賓在堂上, 則天子再命之士亦在堂上. 與
彼賓賢能鄕飮酒義異者, 按鄕射記云: "大夫與, 則公士爲賓", 則此黨正飮酒,
有一命已上觀禮, 則亦以公士爲賓. 但公家之士其年必大, 故天子之士再命者
亦與之齒. 若然, 賓賢能, 天子之士再命不齒者, 彼賓賢能, 非正齒位法, 別爲
一禮, 故與黨正正齒位禮異也.

번역 ◎鄭注: "國索"~"謂遵". ○정현이 "나라에서 귀신을 찾아 제사를
지낸다는 말은 그 해의 12월 대사(大蜡)를 지내는 때를 뜻한다."라고 했는
데, 이것은『예기』「교특생(郊特牲)」편의 기록이다.[28] 정현이 "북두칠성의
자리가 해(亥) 방위에 걸리는 달이다."라고 했는데, 이것은 정현이 그 의미
를 풀이한 말이다. 이러한 사실을 언급한 것은 나이에 따라 서열을 바로잡
는 예법 또한 이러한 달에 시행하게 됨을 뜻한다. 정현이 "나이에 따라 서
열을 바로잡는다고 했는데,「향음주의」편에서 60세인 자들은 당상에 앉는
다."라고 한 말로부터 "6개의 두를 내놓는다."라는 말까지는 모두「향음주
의」편의 기록이다.「향음주의」편의 기록을 살펴보면 50세인 자는 서서 시
중을 든다고 했으니, 60세인 자는 당상에서 자리에 앉게 된다. 예법에 따르
면 나이가 60세 이상이 되면 변(籩)과 두(豆)에 대해 추가적으로 차려내는
것이 있다. 그렇기 때문에 변과 두는 짝수로 맞출 수 없다. 그런데도 "60세
인 자에게는 음식을 대접하며 3개의 두를 내놓고, 70세인 자들에게는 4개
의 두를 내놓으며, 80세인 자들에게는 5개의 두를 내놓고, 90세인 자들에게
는 6개의 두를 내놓는다."라고 했다. 만약 그렇다면 당하에서 서 있게 되는
50세인 자에게는 2개의 두를 내놓을 따름이다. 이 말을 인용한 것은 이곳
경문과「향음주의」편의 내용은 모두 나이에 따라 서열을 바르게 하는 예법
에 해당함을 증명하기 위해서이다. 정현이 "반드시 바로잡는 것은 백성들
은 봄·여름·가을이라는 세 계절 동안 농사에 힘써 예법에 대해서는 소략하

---

28)『예기』「교특생(郊特牲)」【330b】: 天子大蜡八, 伊耆氏始爲蜡. 蜡也者, 索也.
歲十二月合, 聚萬物而索饗之也.

였으니, 농한기에 이르게 되면 연장자를 존경하고 노인을 봉양해야 함을
가르쳐서 효와 공손의 도리를 보여주는 것이다."라고 했는데, 봄·여름·가을
이라는 세 계절 동안 농경지에서 힘써 일하여 나이에 따라 서열을 정하는
예절에는 소략하게 된다. '극(隙)'자는 "한가롭다[閑]."는 뜻이다. 10월이 되
어 농사일 또한 한가롭게 되면 그들을 가르치게 된다. "연장자를 존경하고
노인을 봉양한다."라고 했으니, 50세 이상인 자로부터 90세인 자들에 이르
기까지 나이에 따라 서열을 정하는 것에 해당한다. 다만 효와 공손함은 가
정에서 시행하는 것인데, 현재 연장자를 존경하고 노인을 봉양한다고 했으
니, 효와 공손의 도리가 밖으로 두루 통하게 된 것이다. 정현이 "당정이
음주를 하는 예법은 망실되었다."라고 했는데,『의례』의 편들이 모두 있었
을 때에는 별도로 당정이 음주하는 예법이 수록되어 있었던 것인데, 현존
하는 17개 편에는 당정이 음주하는 예법이 없다. 그렇기 때문에 망실되었
다고 말했다. 정현이 "이 사안을 향음주례의 뜻에 결부시키게 되면 은미한
뜻이 축소되는 잘못을 범하게 된다."라고 했는데,『의례』의 모든 편들이
망실되지 않았을 때, 해당 편에서 나이에 따라 서열을 바로잡는 예법을 논
의한 것은 그 의미가 자세히 갖춰져 있었을 것이다. 그런데 지금 이곳 경문
의 사안을 「향음주의」편에 연계시키게 되면, 「향음주의」편에는 단지 50세
이상인 자에게 차려내는 두의 수만을 언급하고 있고, 이곳 경문에는 단지
1명(命) 이하의 자가 의례의 진행을 살펴보는 사안만이 기록되어 있는데,
이 두 기록을 함께『의례』에 기록된 향음주례의 법도와 비교해보면 의미가
부족하여, 은미한 뜻이 축소되는 잘못을 범한다. 그렇기 때문에 "은미한
뜻이 축소되는 잘못을 범하게 된다."라고 했다. 정현이 '활쏘기를 하며 음주
를 할 때'라고 했는데, 주장은 봄과 가을에 활쏘기를 시행하고 당정은 12월
에 음주례를 시행하는데, 두 사안은 모두 동일하기 때문에 활쏘기까지 함
께 언급한 것이다. 정현이 "향에 속한 사람들 중 비록 경이나 대부의 신분
이라 하더라도 반드시 찾아와서 해당 예법을 살펴보게 된다."라고 했는데,
이곳 경문에서 1명(命)으로부터 3명(命)에 이르기까지 나이에 따라 서열을
정하거나 서열을 정하지 않는 사람들이 찾아와서 그 자리에 있게 되는 법
도를 증명한 것이다. 또 「향음주례」편과 「향사례」편의 기문을 인용한 것은

두 사안 모두 1명(命) 이하의 사람이 해당 절차를 살펴볼 때 찾아와서 안으로 들어오는 시점이 있음을 증명한 것이다. 『의례』의 기록을 살펴보니 경문에서는 경과 대부가 모두 음악을 연주하기 이전에 안으로 들어간다고 했고, 사는 여수(旅酬)를 시행하기 이전에 들어간다고 했다. 그렇기 때문에 "대부는 음악이 연주되었다면 들어가지 않는다."라고 말한 것이다. 『의례』에 대한 정현의 주에서는 "현명한 자를 즐겁게 만든 이후가 되기 때문이다."라고 했다. 또 "사는 여수가 시행되었다면 들어가지 않는다."라고 했는데, 『의례』에 대한 정현의 주에서는 "정규 예법을 진행한 이후가 되기 때문이다."라고 했다. 만약 그렇다면 대부와 사 중 찾아와서 의례절차를 살펴보는 자들은 모두 현명한 자를 기쁘게 만들기 위해 해당 의례를 시행하고자 찾아온 것이다. 그렇기 때문에 대부는 음악이 연주되었다면 들어가지 않는 것이고, 사는 여수의 절차가 시행되었다면 들어가지 않는 것이다. 정현이 "향리에서 나이에 따라 서열을 정한다는 것은 여러 빈객들과 나이에 따라 서로 순차를 정하는 것이다."라고 했는데, 당하에서 50세 이하의 여러 현명한 빈객들과 서로 차례를 정한다는 뜻이다. 그가 1명(命)의 등급을 가졌기 때문인데, 만약 천자의 나라를 기준으로 한다면 1명(命)은 하사가 되고, 제후의 나라를 기준으로 한다면 1명(命)은 공작·후작·백작에게 속한 사이며, 만약 자작이나 남작에게 속한 사라면 명(命)의 등급을 받지 못한다. 그런데도 당하에 있게 되는 것은 사는 당하에 위치하기 때문이다. 정현이 "부친의 친족들과 나이에 따라 서열을 정한다는 것은 부친의 친족 중 빈객이 된 자에 대해서 그와 나이에 따라 서열을 정하는 것이다."라고 했는데, 빈객은 방문과 들창 사이에서 남쪽을 바라보게 되는데, 만약 빈객이 자신과 성씨가 같은 부친의 친족이라면 그와 더불어 나이에 따라 서열을 정한다. 정현이 "성씨가 다른 자 중 비록 자신보다 나이가 많은 자가 있더라도 그보다 윗자리에 있게 된다."라고 했는데, 이미 부친의 친족 중 빈객이 된 자와 나이에 따라 서열을 정한다고 했으니, 성씨가 다른 자는 부친의 친족이 아니므로 나이에 따라 서열을 정하지 않는다는 사실을 알 수 있다. 정현이 "나이에 따라 서열을 정하지 않는다는 것은 술동이 동쪽에 자리를 마련하는 것으로, 이른바 '준(遵)'에 해당한다."라고 했는데, 『의례』「향음주례(鄕

飮酒禮)」와 「향사례(鄕射禮)」편을 살펴보면, 둘 모두 술동이는 실(室)의 문 동쪽과 방(房)의 문 서쪽에 두고 빈객과 주인이 양쪽에서 술동이를 끼고 있다고 했다. 향리의 사람들 중 경이나 대부의 신분을 가진 자가 찾아와서 의례의 진행을 살펴보게 되면, 향리의 사람들이 그를 본받아 따르게 되므로 '준(遵)'이라 부르며, 그의 자리는 술동이 동쪽에 마련하는데, 공이라면 자리는 3중으로 마련하고 대부라면 2중으로 마련한다. 그렇기 때문에 나이에 따라 서열을 정하지 않는 경우 그 자리는 술동이 동쪽에 마련하게 됨을 알 수 있다. "이른바 '준(遵)'에 해당한다."라고 했는데, 「향사례」편과 「향음주례」편에서 말한 '준(遵)'을 뜻한다. 「향음주례」편에 대한 정현의 주를 살펴보면 "이 편에는 나이에 따라 서열 바로잡는 사안이 없다."라고 했는데, 「향음주례」는 3년 마다 1차례 사를 천거하는 일에 해당하여, 직접 음주의 예법을 시행하며 현명한 자를 빈객으로 삼고 그 다음으로 현명한 자를 개(介)로 삼으며 또 그 다음으로 현명한 자를 빈객 무리로 삼게 되고, 그들을 빈객으로 우대하며 천거하게 되는데, 이와 같은 경우라면 당정이 나이에 따라 서열을 바로잡는 일이 없게 된다. 「향음주례」편에 대한 정현의 주를 살펴보면 또한 "천자의 나라에 있어서는 3명(命)의 등급을 가진 자는 나이에 따른 서열을 정하지 않고, 제후의 나라에서라면 작위가 대부인 경우 나이에 따른 서열을 정하지 않는다."라고 했다. 현명한 자와 능력이 뛰어난 자를 빈객으로 예우할 때 그들의 나이는 분명 경이나 대부들보다 어리니, 이러한 까닭으로 천자의 나라에서 3명(命)의 등급을 가진 사, 공작·후작·백작의 나라에 소속된 3명(命)의 등급을 가진 경과 2명(命)의 등급을 가진 대부, 자작·남작의 나라에 소속된 2명(命)의 등급을 가진 경과 1명(命)의 등급을 가진 대부의 경우, 대부 이상이라면 명(命)의 등급을 따지지 않고 모두 나이에 따른 서열을 정하지 않으니, 대부 이상의 계층은 작위가 존귀하기 때문이다. 다만 제후에게 소속된 경은 천자에게 소속된 상사의 명(命) 등급에 해당한다. 그렇기 때문에 천자의 나라에 대해서는 3명(命)의 등급을 가진 자여야만 나이에 따른 서열을 정하지 않는 것이고, 천자에게 소속된 2명(命)의 사로부터 그 이하, 또 제후에게 소속된 사인 경우라면 모두 나이에 따른 서열을 정하니, 사는 작위가 미천하여 당하에 위치하기 때문

에, 당하에서 향리의 사람들 중 함께 서 있는 자들과 나이에 따른 서열을
정한다. 「향음주례」편은 현명한 자와 능력이 뛰어난 자를 빈객으로 우대하
는 예법에 해당한다. 당정이 음주를 하는 예법의 경우, 이곳의 기록처럼
천자에게 소속된 당정이 음주를 하는 법도에 해당하므로, 1명(命)의 등급
을 가진 자는 향리의 사람들과 나이에 따른 서열을 정하게 되어, 당하에서
함께 서 있게 되는 향리의 사람들과 나이에 따른 서열을 정한다. 2명(命)의
경우 부친의 친족과 나이에 따른 서열을 정하니, 부친의 친족 중 빈객의
신분이 되어 당상에 있는 경우라면, 천자에게 소속된 2명(命)의 등급을 가
진 사 또한 당상에 있게 된다. 이것은 「향음주례」편의 경우처럼 현명한 자
와 능력이 뛰어난 자를 빈객으로 예우하며 음주를 하는 뜻과 차이를 보이
는데, 「향사례」편의 기문을 살펴보면 "대부가 참여하게 되면 공사(公士)[29]
를 빈객으로 삼는다."라고 했으니, 당정이 음주를 하는 예법에 있어서도
1명(命) 이상의 등급을 가진 자가 찾아와서 의례의 진행을 살펴보게 된다
면, 또한 공사를 빈객으로 삼게 된다. 다만 공가(公家)[30]에 속한 사는 반드
시 나이가 많기 때문에 천자에게 소속된 2명(命)의 등급을 가진 사 또한
그와 나이에 따른 서열을 정하게 된다. 만약 그렇다면 현명한 자와 능력이
뛰어난 자를 빈객으로 예우할 경우, 천자에게 속한 2명(命)의 등급을 가진
사가 나이에 따른 서열을 정하지 않는다고 했는데, 현명한 자와 능력이 뛰
어난 자를 빈객으로 예우하는 것은 나이에 따른 서열을 바로잡는 예법이
아니며 별도의 예법이 된다. 그렇기 때문에 당정이 나이에 따른 서열을 바
로잡는 예법과 차이를 보이는 것이다.

---

29) 공사(公士)는 제후의 조정에 속한 사이다. 제후의 조정 및 관부를 '공가(公
家)'라고 부르기 때문에, '공사'라고 부른다.
30) 공가(公家)는 일반적으로 제후의 공실(公室)을 뜻한다. 즉 군주의 집안이라
는 뜻이다. 또한 '공가'는 조정(朝廷), 국가(國家) 또는 관부(官府)를 가리키
기도 하며, 공경(公卿)들의 집을 뜻하기도 한다. 뿐만 아니라 개인과 구별
되는 말로 사용되어, 국가 및 정부라는 의미로 사용되기도 한다.

참고 『주례』「지관(地官)・주장(州長)」 기록

경문 若以歲時祭祀州社, 則屬其民而讀法, 亦如之. 春秋以禮會民而射于州序.

번역 매해 정해진 계절마다 주(州)에 있는 사(社)에서 제사를 지내게 된다면, 백성들을 모아 법도를 읽어주며 또한 이처럼 한다. 봄과 가을에는 예법에 따라 백성들을 모아서 주에 있는 서(序)에서 활쏘기를 한다.

鄭注 序, 州黨之學也. 會民而射, 所以正其志也. 射義曰: "射之爲言繹也. 繹者, 各繹己之志."

번역 '서(序)'는 주(州)와 당(黨)에 있는 학교를 뜻한다. 백성들을 모아서 활쏘기를 하는 것은 그들의 뜻을 바르게 하는 방법이다. 『예기』「사의(射義)」편에서는 "'사(射)'라는 말은 펼친다는 뜻이다. '역(繹)'이라는 것은 각각 자신의 뜻을 펼치는 것이다."31)라고 했다.

賈疏 ●"若以"至"州序". ○釋曰: 上云歲時, 皆謂歲之四時, 此云歲時, 唯謂歲之二時春秋耳. 春祭社, 以祈膏雨, 望五穀豐熟. 秋祭社者, 以百穀豐稔, 所以報功. 故云祭祀州社也. 云"則屬其民而讀法亦如之"者, 凡讀法, 皆因卽會以聚民. 今旣祭, 因聚民而讀法, 故云亦如之. 云"春秋以禮會民而射于州序"者, 州長因春秋二時皆以禮會聚其民, 而行射禮于州之序學中. 言"以禮"者, 亦謂先行鄕飮酒之禮乃射, 故云以禮也.

번역 ●經文: "若以"~"州序". ○앞에서는 '세시(歲時)'라고 했는데, 이 모두는 매해 사계절을 뜻하지만, 이곳에서 말한 '세시(歲時)'는 매해 두 계

---

31) 『예기』「사의(射義)」【709b~c】: 射之爲言者繹也, 或曰舍也. 繹者, 各繹己之志也. 故心平體正, 持弓矢審固; 持弓矢審固, 則射中矣. 故曰爲人父者以爲父鵠, 爲人子者以爲子鵠, 爲人君者以爲君鵠, 爲人臣者以爲臣鵠, 故射者各射己之鵠. 故天子之大射謂之射侯. 射侯者, 射爲諸侯也. 射中則得爲諸侯, 射不中則不得爲諸侯.

절을 뜻하니 봄과 가을을 의미할 따름이다. 봄에는 사(社)에서 제사를 지내며 단비를 내려주길 기원하여 오곡(五穀)[32]이 풍년이 들도록 바라는 것이다. 가을에 사에서 제사를 지내는 것은 모든 곡식이 잘 여물었기 때문에 그 공덕에 보답하기 위한 것이다. 그렇기 때문에 "주(州)에 있는 사(社)에서 제사를 지낸다."라고 했다. "백성들을 모아 법도를 읽어주며 또한 이처럼 한다."라고 했는데, 법도를 읽어줄 때에는 모두 그 일로 인해 백성들을 모으게 된다. 현재 제사를 지냈으니, 그 일로 인해 백성들을 모아서 법도를 읽어주는 것이다. 그렇기 때문에 "또한 이처럼 한다."라고 했다. "봄과 가을에는 예법에 따라 백성들을 모아서 주에 있는 서(序)에서 활쏘기를 한다."라고 했는데, 주장(州長)은 봄과 가을이라는 두 계절에 모두 예법에 따라 백성들을 모아서 주에 있는 학교인 서에서 활 쏘는 의례를 시행한다. '예법으로써'라고 말한 것은 또한 먼저 향음주례를 시행한 뒤에야 활쏘기를 한다는 뜻이다. 그렇기 때문에 '이례(以禮)'라고 했다.

賈疏 ◎注"序州"至"之志". ○釋曰: 此知"序, 州黨學"者, 按下黨正亦云 "飮酒于序", 故知州黨學同名爲序. 若鄕則立庠, 故禮記·鄕飮酒義云: "主人 迎賓于庠門之外." 彼鄕大夫行賓賢能, 非州長黨正所行, 故知庠則鄕學也. 云 "會民而射, 所以正其志也"者, 凡禮射, 皆須存其志意, 故鄭卽引射義曰"射之

---

32) 오곡(五穀)은 곡식을 총칭하는 말로 사용되는데, 본래 다섯 가지 곡식을 뜻한다. 그러나 다섯 가지 곡식이 구체적으로 무엇을 가리키는지에 대해서는 이견이 많다. 『주례』「천관(天官)·질의(疾醫)」편에는 "以五味·五穀·五藥 養其病."이라는 기록이 있고, 이에 대한 정현의 주에서는 "五穀, 麻·黍·稷· 麥·豆也."라고 풀이했다. 즉 이 문장에서는 '오곡'을 마(麻)·메기장[黍]·차기장[稷]·보리[麥]·콩[豆]으로 설명하고 있다. 그리고 『맹자』「등문공상(滕文公上)」편에는 "樹藝五穀, 五穀熟而民人育."이라는 기록이 있고, 이에 대한 조기(趙岐)의 주에서는 "五穀謂稻·黍·稷·麥·菽也."라고 풀이했다. 즉 이 문장에서는 '오곡'을 쌀[稻]·메기장[黍]·차기장[稷]·보리[麥]·대두[菽]로 설명하고 있다. 그리고 『초사(楚辭)』「대초(大招)」편에는 "五穀六仞."이라는 기록이 있는데, 이에 대한 왕일(王逸)의 주에서는 "五穀, 稻·稷·麥·豆·麻也."라고 풀이했다. 즉 이 문장에서는 '오곡'을 쌀[稻]·차기장[稷]·보리[麥]·콩[豆]·마(麻)로 설명하고 있다. 이 외에도 각종 주석에 따라 해당 작물이 달라진다.

爲言繹也, 繹者, 各繹己之志." 繹, 陳也. 言各陳己志者, 謂若射義云"射者, 內志正, 外體直, 乃能中之", 是也.

번역 ◎鄭注: "序州"~"之志". ○정현이 "'서(序)'는 주(州)와 당(黨)에 있는 학교를 뜻한다."라고 했는데, 이 말이 사실임을 알 수 있는 이유는 아래 『주례』「당정(黨正)」편의 기록을 살펴보면 또한 "서에서 음주를 한다."라고 했다. 그렇기 때문에 주와 당에 있는 학교에 대해 동일하게 '서(序)'라고 부른다는 사실을 알 수 있다. 만약 향(鄕)의 경우라면 상(庠)이라는 학교를 세우게 된다. 그렇기 때문에 『예기』「향음주의」편에서는 "주인은 상(庠)의 문밖에서 빈객에게 절을 하며 맞이한다."라고 말한 것이다. 「향음주의」편은 향대부가 현명한 자와 능력이 뛰어난 자를 빈객으로 예우하는 일이므로, 주장 및 당정이 시행하는 일이 아니다. 그렇기 때문에 상(庠)이 향의 학교임을 알 수 있다. 정현이 "백성들을 모아서 활쏘기를 하는 것은 그들의 뜻을 바르게 하는 방법이다."라고 했는데, 예법에 따라 활쏘기를 할 때에는 모두 그 뜻을 보존해야만 한다. 그렇기 때문에 정현은 『예기』「사의(射義)」편의 내용을 인용하여 "'사(射)'라는 말은 펼친다는 뜻이다. '역(繹)'이라는 것은 각각 자신의 뜻을 펼치는 것이다."라고 말한 것이니, '역(繹)'자는 진술한다는 뜻이다. 즉 자신의 뜻을 각각 진술한다는 의미로, 「사의」편에서 "활쏘기는 내적으로 뜻이 올바르며 외적으로 몸이 강직한 뒤에라야 적중시킬 수 있다."[33]라고 한 것을 가리킨다.

참고 『논어』「향당(鄕黨)」 기록

경문 席不正, 不坐. 鄕人飮酒, 杖者出, 斯出矣.

번역 공자는 자리가 바르지 않으면 앉지 않았다. 향리 사람들과 술을 마실 때에는 노인이 밖으로 나가면 뒤따라 나갔다.

---

33) 『예기』「사의(射義)」【705b~c】: 故射者進退周還必中禮, 內志正, 外體直, 然後持弓矢審固, 持弓矢審固, 然後可以言中. 此可以觀德行矣.

何注 孔曰: 杖者, 老人也. 鄕人飮酒之禮, 主於老者, 老者禮畢, 出, 孔子從而後出.

번역 공씨가 말하길, 지팡이를 잡은 자는 노인을 뜻한다. 향리 사람들과 음주를 하는 예법은 노인을 위주로 하니, 노인에 대한 예법이 끝나서 밖으로 나가게 되면 공자는 그를 따라 뒤따라 나갔다.

邢疏 ●"席不正, 不坐. 鄕人飮酒, 杖者出, 斯出矣". ○正義曰: 此明坐席及飮酒之禮也. 凡爲席之禮, 天子之席五重, 諸侯之席三重, 大夫再重. 席南鄕北鄕, 以西方爲上; 東鄕西鄕, 以南方爲上. 如此之類, 是禮之正也. 若不正, 則孔子不坐也. 杖者, 老人也. 鄕人飮酒之禮, 主於老者, 老者禮畢出, 孔子則從而後出.

번역 ●經文: "席不正, 不坐. 鄕人飮酒, 杖者出, 斯出矣". ○이것은 자리에 앉는 예법과 음주하는 예법을 나타내고 있다. 자리에 대한 예법에 있어서, 천자의 자리는 5중으로 하고 제후의 자리는 3중으로 하며 대부의 자리는 2중으로 한다. 자리의 경우 남쪽이나 북쪽을 향하도록 설치할 때에는 서쪽을 상등의 자리로 삼고, 동쪽이나 북쪽을 향하도록 설치할 때에는 남쪽을 상등의 자리로 삼는다. 이와 같은 부류들이 바로 예법에 따른 올바름이다. 만약 바르지 않다면 공자는 자리에 앉지 않았다. 지팡이를 잡은 자는 노인을 뜻한다. 향리 사람들과 술을 마시는 예법은 노인을 위주로 하니, 노인에 대한 예법이 끝나서 노인이 밖으로 나가게 되면, 공자는 그를 따라 뒤따라 나갔다.

集註 謝氏曰: 聖人心安於正, 故於位之不正者, 雖小不處.

번역 사씨가 말하길, 성인의 마음은 올바름을 편안하게 여긴다. 그렇기 때문에 바르지 못한 자리에 대해서 그것이 비록 사소한 것이라도 머물지 않았던 것이다.

集註 杖者, 老人也. 六十杖於鄕, 未出不敢先, 旣出不敢後.

번역 지팡이를 잡은 자는 노인을 뜻한다. 60세가 되면 향리에서 지팡이를 잡게 되는데, 그가 밖으로 나가기 이전에는 감히 먼저 나가지 못하며, 그가 밖으로 나가면 감히 뒤에 남아있지 못하기 때문이다.

참고 『주례』「지관(地官)·향대부(鄕大夫)」 기록

경문 三年則大比, 攷其德行·道藝, 而興賢者·能者, 鄕老及鄕大夫帥其吏與其衆寡, 以禮禮賓之.

번역 3년이 되면 대비(大比)를 하여, 그들의 덕행과 도예를 고찰하고, 현명한 자와 능력이 있는 자를 천거한다. 향로와 향대부는 자신의 아전들을 이끌고 여러 선한 자들과 함께 예법에 따라 그들을 예우한다.

鄭注 賢者, 有德行者. 能者, 有道藝者. 衆寡, 謂鄕人之善者無多少也. 鄭司農云: "興賢者, 謂若今擧孝廉. 興能者, 謂若今擧茂才. 賓, 敬也. 敬所擧賢者·能者." 玄謂變擧言興者, 謂合衆而尊寵之, 以鄕飮酒之禮, 禮而賓之.

번역 '현자(賢者)'는 덕행을 갖춘 자이다. '능자(能者)'는 도예를 갖춘 자이다. '중과(衆寡)'는 향리 사람들 중 선한 자들이 많거나 적거나에 상관없다는 의미이다. 정사농[34]은 "현자를 흥기시킨다는 말은 오늘날 효와 청렴함을 갖춘 자를 천거하는 것과 같다. 능력이 있는 자를 흥시킨다는 말은

---

34) 정중(鄭衆, ?~A.D.83) : =정사농(鄭司農). 후한(後漢) 때의 경학자이다. 자(字)는 중사(仲師)이다. 부친은 정흥(鄭興)이다. 부친에게 『춘추좌씨전(春秋左氏傳)』의 학문을 전수받았다. 또한 그는 대사농(大司農) 등의 관직을 역임하였기 때문에, '정사농'이라고도 불렀다. 한편 정흥과 그의 학문은 정현(鄭玄)에게 많은 영향을 주었기 때문에, 후대에서는 정현을 후정(後鄭)이라고 불렀고, 정흥과 그를 선정(先鄭)이라고도 불렀다. 저서로는 『춘추조례(春秋條例)』, 『주례해고(周禮解詁)』 등을 지었다고 하지만, 현재는 전해지지 않았다.

오늘날 재능이 매우 뛰어난 자를 천거하는 것과 같다. '빈(賓)'자는 공경한다는 뜻이다. 천거한 현자와 능력이 있는 자를 공경하는 것이다."라고 했다. 내가 생각하기에 천거한다는 말을 바꿔 흥기시킨다고 말한 것은 여러 사람들을 모아 존귀하게 높이며 총애를 받도록 하길 향음주례의 예법에 따르며, 예우하여 빈객으로 우대함을 뜻한다.

賈疏 ●"三年"至"賓之". ○釋曰: 三年一閏, 天道小成, 則大案比當鄕之內. 云"考其德行道藝"者, 德行謂六德六行, 道藝謂六藝. 云"而興賢者", 則德行之人也. "能者"則道藝之人也. 云"鄕老及鄕大夫帥其吏"者, 謂州長以下. 云"與其衆寡"者, 謂鄕中有賢者, 皆集在庠學. 云"以禮禮賓之"者, 以, 用也. 用鄕飮酒之禮, 以禮賢者·能者, 賓客之擧.

번역 ●經文: "三年"~"賓之". ○3년마다 1번의 윤달이 끼고 하늘의 도가 조금 완성되면, 해당 마을 안에서 크게 시험을 본다. "그들의 덕행과 도예를 고찰한다."라고 했는데, '덕행(德行)'은 육덕(六德)35)과 육행(六行)36)을 뜻하며, '도예(道藝)'는 육예(六藝)37)를 뜻한다. "현명한 자를 흥기시킨다."라고 했는데 덕행을 갖춘 사람을 의미한다. "능력이 있는 자를 흥기시킨다."라고 했는데 도예를 갖춘 사람을 의미한다. "향로와 향대부는 자신의 아전들을 이끈다."라고 했는데, 주장(州長)으로부터 그 이하의 관리들을 뜻한다. '여러 선한 자들과 함께'라고 했는데, 향리 안에서 현명함을 갖춘 자라면 모두 상(庠)이라는 학교 안에 모이게 된다는 뜻이다. "예법에 따라 그들을 예우한

---

35) 육덕(六德)은 여섯 가지 도리를 뜻한다. 여섯 가지 도리는 지(知), 인(仁), 성(聖), 의(義), 충(忠), 화(和)이다.

36) 육행(六行)은 여섯 가지 선행을 뜻한다. 여섯 가지 선행은 효(孝), 우(友), 구족(九族)에 대한 친근함[睦], 외친(外親)에 대한 친근함[姻], 벗에 대한 믿음[任], 구휼[恤]이다.

37) 육예(六藝)는 기본적으로 갖춰야 하는 여섯 가지 과목을 뜻한다. 여섯 가지 과목은 예(禮), 음악[樂], 활쏘기[射], 수레몰기[御], 글쓰기[書], 셈하기[數]이며, 구체적으로 말하자면 오례(五禮), 육악(六樂), 오사(五射), 오어(五馭: =五御), 육서(六書), 구수(九數)를 가리킨다.

다.”라고 했는데, ‘이(以)’자는 사용하다는 뜻이다. 향음주례의 예법을 사용하여 현명한 자와 능력이 있는 자를 예우하며 빈객으로 삼는다는 의미이다.

賈疏 ◎注“賢者”至“賓之”. ○釋曰: 云“賢者有德行者”, 欲見賢與德行爲一, 在身爲德, 施之爲行, 內外兼備卽爲賢者也. 云“能者有道藝者”, 鄭亦見道藝與能爲一. 上注云“能者, 政令行, 以其身有道藝”, 則政敎可行是能者也. 云“衆寡, 謂鄕人之善者無多少也”者, 按鄕飮酒, 堂上堂下皆有衆賓, 不言其數, 此經衆寡兩言, 無問多少, 皆來觀禮, 故云無多少也. 鄭司農云“若今擧孝廉及茂才”者, 孝悌·廉絜, 人之德行, 故以孝廉況賢者. 茂才則秀才也, 才, 人之技藝, 故以況能者也. “玄謂變擧言興”者, 按禮記·文王世子云: “或以事擧, 或以言揚.” 故今貢人皆稱擧, 今變擧言興. 云“謂合衆而尊寵之”者, 合衆卽此經云鄕老及鄕大夫已下是也. 云“鄕飮酒之禮”者, 則儀禮篇飮酒賓擧之法是也.

번역 ◎鄭注: “賢者”~“賓之”. ○정현이 “‘현자(賢者)’는 덕행을 갖춘 자이다.”라고 했는데, 현명함과 덕행은 동일한 것임을 드러내고자 한 것으로, 자신에게 있어서는 덕이 되고 그것을 시행하면 행실이 되는데, 내외를 겸비하게 되면 현명한 자가 된다. 정현이 “‘능자(能者)’는 도예를 갖춘 자이다.”라고 했는데, 정현은 또한 도예와 능력이 동일한 것임을 드러내고자 한 것이다. 앞의 주석에서는 “능력이 있는 자는 정령이 시행되도록 하니, 본인에게 도예가 갖춰져 있기 때문이다.”라고 했다. 그러므로 정치와 교화를 시행할 수 있는 자가 바로 능력이 있는 자이다. 정현이 “‘중과(衆寡)’는 향리 사람들 중 선한 자들이 많거나 적거나에 상관없다는 의미이다.”라고 했는데, 『의례』「향음주례(鄕飮酒禮)」편을 살펴보면 당상과 당하에 모두 여러 빈객 무리들이 있게 되는데 그 수는 언급하지 않았다. 그런데 이곳 경문에서는 ‘중(衆)’자와 ‘과(寡)’자라는 상반된 두 말을 언급했으니, 많거나 적거나를 따지지 않고 모두 찾아와 해당 의례의 진행을 살펴보게 된다. 그렇기 때문에 ‘무다소(無多少)’라고 했다. 정사농은 “오늘날 효와 청렴함을 갖춘 자를 천거하는 것과 같다.”라고 했는데, 효성과 공손 및 청렴과 결백은 사람의 덕행에 해당한다. 그렇기 때문에 효렴을 통해 현자를 비유한 것이다. '무재(茂才)'는 매우 빼어난 재주를 뜻하며, 재주라는 것은 사람이 가지고 있는 기예이다. 그렇기 때문에 이를 통해 능력이 있는 자를 비유한 것이다. 정현이 "내가 생각하기에 천거한다는 말을 바꿔 흥기시킨다고 말했다."라고 했는데, 『예기』「문왕세자(文王世子)」편을 살펴보면 "어떤 이들은 업무처리 능력으로 선발하며, 어떤 이들은 언변술로 선발한다."[38]라고 했다. 그러므로 사람을 천거할 때에는 모두 '거(擧)'라고 부르는데, 이곳에서는 거(擧)자를 바꿔서 흥(興)이라고 말한 것이다. 정현이 "여러 사람들을 모아 존귀하게 높이며 총애를 받도록 한다."라고 했는데, 여러 사람들을 모은다는 것은 이곳 경문에서 말한 향로와 향대부로부터 그 이하의 자들이다. '향음주지례(鄕飮酒之禮)'라고 했는데, 『의례』의 편들 중 음주를 하며 빈객을 선발하는 예법을 가리킨다.

참고 『예기』「잡기하(雜記下)」 기록

경문-380a~b 子貢觀於蜡, 孔子曰, "賜也樂乎?" 對曰, "一國之人皆若狂, 賜未知其樂也." 子曰, "百日之蜡, 一日之澤, 非爾所知也."

번역 자공이 사(蜡)제사 치르는 모습을 살펴보고 왔다. 그러자 공자는 "사야 너는 즐거웠느냐?"라고 물었다. 자공은 "온 나라의 사람들이 모두 미치광이처럼 술에 취해 들떠 있는데, 저는 그들이 즐거워하는 것에 대해 알지 못하겠습니다."라고 대답했다. 공자는 "1년 내내 수고롭게 일하다가 사제사를 지내는 것은 하루 동안 마음껏 즐기도록 군주가 은혜를 베푼 것이니, 네가 알 수 있는 바가 아니다."라고 했다.

鄭注 蜡也者, 索也, 歲十二月, 合聚萬物而索饗之祭也. 國索鬼神而祭祀,

---

38) 『예기』「문왕세자(文王世子)」【252a】: 凡語于郊者, 必取賢斂才焉. 或以德進, 或以事擧, 或以言揚. 曲藝, 皆誓之, 以待又語. 三而一有焉, 乃進其等, 以其序, 謂之郊人, 遠之. 於成均, 以及取爵於上尊也.

則黨正以禮屬民, 而飮酒于序, 以正齒位. 於是時, 民無不醉者如狂矣. 曰未知
其樂, 怪之. 蜡之祭, 主先嗇也. 大飮烝勞農以休息之, 言民皆勤稼穡, 有百日
之勞, 喩久也, 今一日使之飮酒燕樂, 是君之恩澤, 非女所知, 言其義大.

번역 '사(蜡)'라는 것은 "찾는다[索]."는 뜻으로, 한 해의 12월이 되면,
만물을 취합하고 신들을 찾아 흠향을 시키는 제사이다. 나라에서 귀신들을
찾아서 제사를 지내게 되면, 당정(黨正)은 예법에 따라 백성들을 취합하여
서(序)에서 음주를 하도록 시키며, 나이에 따른 서열을 바로잡는다고 했다.
이러한 시기에 백성들 중에는 술에 취하지 않은 자가 없어서 마치 미치광
이처럼 날뛰게 된다. "그 즐거움을 알 수 없다."는 말은 괴이하게 여겼다는
뜻이다. 사제사에서는 선색(先嗇)[39]을 위주로 한다. 성대하게 음주 연회를
하고 고기를 주며 수고롭게 일한 농민들을 위로하며 휴식을 취하도록 하니,
백성들은 모두 농업에 힘써 백일 동안의 수고로움이 있었다는 뜻으로, 이
것은 오랜 기간 일했다는 것을 비유한다. 현재 하루 동안 그들로 하여금
술을 마시고 연회를 즐기도록 한 것은 군주의 은택에 해당하니, 네가 알
수 있는 바가 아니라는 의미로, 그 의미가 크다는 뜻이다.

孔疏 ●"蜡", 謂王者各於建亥之月, 報萬物, 息老休農. 又各燕會飮酒於黨
學中, 故子貢往觀之也.

번역 ●經文: "蜡". ○천자는 각각 북두칠성의 자루가 해(亥) 방위에 오
는 달에, 만물에 대해 보답하며 노인과 농민들을 휴식시킨다. 또한 각각
연회를 베풀어 당(黨)의 학교에서 음주를 하도록 했다. 그렇기 때문에 자공
이 찾아가서 살펴본 것이다.

---

39) 선색(先嗇)은 가장 먼저 농사를 지었던 자를 뜻하는 말이며, 농업 분야의
신(神)으로 모셔지는 대상이다. 신농(神農)을 가리키기도 한다. 『예기』「교
특생(郊特牲)」편에는 "蜡之祭也, 主先嗇而祭司嗇也."라는 기록이 있는데,
이에 대한 정현의 주에서는 "先嗇, 若神農者."라고 풀이했다.

孔疏 ●"孔子曰: 賜也, 樂乎"者, 呼子貢名而問之, 云: 汝觀蜡飮燕, 見此之事, 是歡樂否乎?

번역 ●經文: "孔子曰: 賜也, 樂乎". ○자공의 이름을 불러서 물어본 것이니, 너는 사(蜡)제사를 지내며 음주 연회를 즐기는 것을 살펴보았는데, 이러한 사안을 보고 즐거웠는지 또는 그렇지 않은지를 물어본 것이다.

孔疏 ●"對曰: 一國之人皆若狂, 賜未知燕樂也"者, 子貢以謂禮儀有序, 乃可是樂. 今此蜡, 人恣性酣飮, 載號載呶, 大小悉爾, 故云"一國之人皆若狂"也. 旣皆如狂, 則非歡樂, 故云"未知其樂也".

번역 ●經文: "對曰: 一國之人皆若狂, 賜未知燕樂也". ○자공은 예의에 따르면 질서가 생겨서 즐거워 할 수 있다. 그러나 현재의 사(蜡)제사는 사람들이 제멋대로 흥청망청 술을 마시고 큰 소리로 부르고 떠드니, 나이에 상관없이 모두들 그처럼 한다고 여겼다. 그렇기 때문에 "온 나라 사람들이 모두 미치광이와 같았다."라고 말한 것이다. 이미 모두가 미치광이와 같다고 말했다면, 즐겁게 여기지 않은 것이다. 그렇기 때문에 "그 즐거움에 대해서 알지 못하겠다."라고 말했다.

孔疏 ●"子曰: 百日之蜡, 一日之澤, 非爾所知也"者, 孔子解蜡是樂之義也. 言此蜡而飮, 是報民一年勞苦, 故云"百日之蜡"也. 言百日者, 擧其全數, 喩久矣, 實一年之勞苦也. 今一日歡休, 故恣其醉如狂, 此是由於君之恩澤, 故云"一日之澤"也. 其理深遠, 故曰"非爾所知也".

번역 ●經文: "子曰: 百日之蜡, 一日之澤, 非爾所知也". ○공자가 사(蜡)제사가 즐거움의 뜻에 해당한다는 사실을 풀이한 말이다. 즉 이러한 사제사를 지내고 음주를 하는 것은 백성들이 한 해 동안 수고롭게 일한 것에 대해 보답을 하는 것이다. 그렇기 때문에 '백일에서의 사제사'라고 말한 것이다. '백일(百日)'이라는 말은 전반적인 수치를 말한 것이니, 오랜 기간을 비유하는 말로, 실제로는 1년 동안 수고롭게 일한 것을 의미한다. 현재 하루 동안 즐겁게 놀며 휴식을 취하기 때문에, 마음껏 술에 취해 미치광이처럼 날뛰니, 이것은 군주의 은택에서 비롯된 것이다. 그렇기 때문에 '하루 동안의 은택'이라고 했다. 그 이치가 심원하기 때문에 "네가 알 수 있는 바가 아니다."라고 말했다.

참고 『의례』「향음주례(鄕飮酒禮)」 기록

기문 磬, 階間縮霤, 北面鼓之.

번역 경(磬)은 계단 사이 류(霤)가 있는 곳 세로 방향으로 설치하는데, 북쪽을 향하여 북을 친다.

鄭注 縮, 從也. 霤以東西爲從. 鼓猶擊也. 大夫而特縣, 方賓鄕人之賢者, 從士禮也. 射則磬在東. 古文縮爲蹙.

번역 '축(縮)'자는 세로[從]라는 뜻이다. 낙숫물받이는 동서 방향을 세로로 삼는다. '고(鼓)'자는 친다는 뜻이다. 대부는 특현(特縣)을 설치하는데, 향리 사람들 중 현명한 자를 빈객으로 예우하므로 사의 예법에 따르는 것이다. 활쏘기를 한다면 경은 동쪽에 있게 된다. 고문에서는 '축(縮)'자를 축(蹙)자로 기록했다.

賈疏 ●"磬階"至"鼓之". ◎注"縮從"至"爲蹙". ○釋曰: 言"大夫而特縣"者, 按周禮·小胥"半爲堵, 全爲肆", 鄭注云: "鍾磬者, 縮縣之, 二八十六枚而在一虡謂之堵. 鍾一堵·磬一堵謂之肆. 半之者, 謂諸侯之卿·大夫·士也." 諸侯之卿·大夫西縣鍾, 東縣磬. 今諸侯·卿·大夫合鍾磬俱有, 今直云磬, 是以鄭云: 大夫而特縣, 方賓鄕人之賢者, 從士禮也. 云"射則磬在東"者, 據鄕射而言, 避射位, 故在東, 與此階間異也.

번역 ●記文: "磬階"~"鼓之". ◎鄭注: "縮從"~"爲蹙". ○정현이 "대부

는 특현(特縣)을 설치한다."라고 했는데, 『주례』「소서(小胥)」편을 살펴보면 "반만 하면 도(堵)가 되고 모두 하면 사(肆)가 된다."[40]라고 했고, 정현의 주에서는 "종과 경의 경우 세로로 걸게 되는데, 2곱하기 8인 16목(枚)을 1개의 거(虡)에 걸게 되면 도(堵)라고 부른다. 종을 1도로 하고 경을 1도로 하면 사(肆)라고 부른다. 반만 한다는 것은 제후에게 속한 경·대부·사를 뜻한다."라고 했다. 제후에게 속한 경과 대부는 서쪽에 종을 걸게 되고 동쪽에 경을 걸게 된다. 현재 제후·경·대부는 모두 종과 경을 갖추게 되는데도 이곳에서는 단지 경만을 언급했다. 이러한 까닭으로 정현은 "대부는 특현을 설치하는데, 향리 사람들 중 현명한 자를 빈객으로 예우하므로 사의 예법에 따르는 것이다."라고 말한 것이다. 정현이 "활쏘기를 한다면 경은 동쪽에 있게 된다."라고 했는데, 이것은『의례』「향사례(鄕射禮)」편에 근거하여 말한 것으로, 활 쏘는 자리를 피하기 때문에 동쪽에 있게 되어, 이곳에서 계단 사이에 있다고 한 것과 차이를 보이는 것이다.

참고 『의례』「향사례(鄕射禮)」기록

경문 釋獲者執鹿中, 一人執筭以從之.

번역 점수를 계산하는 자가 녹중(鹿中)을 들고, 다른 한 사람은 산가지를 들고서 그를 뒤따른다.

鄭注 鹿中, 謂射於謝也, 於庠當兕中.

번역 '녹중(鹿中)'은 사(謝)에서 활 쏘는 경우를 뜻하니, 상(庠)에서 활을 쏘게 된다면 시중(兕中)을 설치한다.

賈疏 ●"釋獲"至"從之". ◎注"鹿中"至"兕中". ○釋曰: 以州長是士, 射于

---

40) 『주례』「춘관(春官)·소서(小胥)」: 凡縣鍾磬, 半爲堵, 全爲肆.

榭; 鄕大夫是大夫, 爲之射于庠. 下記云"士則鹿中, 大夫兕中", 故云"鹿中謂射於榭也, 於庠當兕中也".

번역 ●經文: "釋獲"~"從之". ◎鄭注: "鹿中"~"兕中". ○주장(州長)은 사 계급이므로 사(榭)에서 활쏘기를 하는데, 향대부는 대부의 신분이므로, 그들이 활쏘기를 할 때에는 상(庠)에서 한다. 아래 기문에서는 "사는 녹중을 사용하고 대부는 시중을 사용한다."라고 했다. 그렇기 때문에 "녹중은 사(榭)에서 활 쏘는 경우를 뜻하니, 상(庠)에서 활을 쏘게 된다면 시중을 설치한다."라고 했다.

참고 『예기』「교특생(郊特牲)」 기록

경문-330b 天子大蜡八, 伊耆氏始爲蜡. 蜡也者, 索也. 歲十二月合, 聚萬物而索饗之也.

번역 천자가 지내는 성대한 사(蜡)제사는 8명의 신을 섬기니, 이기씨(伊耆氏)가 처음으로 이러한 사제사를 시행했다. '사(蜡)'라는 것은 찾는다는 뜻이다. 한 해의 12월에 모든 것이 닫히게 되면, 만물을 취합하여, 신을 찾아서 제사를 지내는 것이다.

鄭注 所祭有八神也. 伊耆氏, 古天子號也. 謂求索也. 歲十二月, 周之正數, 謂建亥之月也. 饗者, 祭其神也, 萬物有功加於民者, 神使爲之也, 祭之以報焉, 造者配之也.

번역 제사를 지내는 대상에 여덟 신이 포함된다. 이기씨(伊耆氏)는 고대 천자의 칭호이다. '사(蜡)'자는 신을 찾는다는 뜻이다. 한 해 12월이라는 말은 주(周)나라에서 규정한 수로, 북두칠성의 자루가 해(亥)의 자리에 오는 달을 뜻한다. '향(饗)'이라는 말은 그 신들에게 제사를 지낸다는 뜻이니, 만물은 백성들에게 보탬이 되는 공덕을 가지고 있는데, 신이 그것들을 부

려서 이처럼 했던 것이므로, 그들에게 제사를 지내서 보답을 하는 것이며,
최초 사제사를 만든 자가 이러한 신들을 배향하였다.

孔疏 ●“大蜡八”者, 卽鄭注云: 先嗇一, 司嗇二, 農三, 郵表畷四, 貓虎五,
坊六, 水庸七, 昆蟲八. 所祭之神, 合聚萬物而索饗之, 但以此八神爲主. 蜡云
“大”者, 是天子之蜡對諸侯爲大. 天子旣有八神, 則諸侯之蜡未必八也. 謂若
先嗇, 古之天子, 諸侯未必得祭也. 知諸侯亦有蜡者, 禮運云“仲尼與於蜡賓”,
是諸侯有蜡也. 按周禮·大司樂云: “六變而致象物, 及天神.” 鄭云: “有象在天,
所謂日月.” 此神不數象物及日月者, 先嗇·司嗇並是一神, 有益於人. 水庸之
屬, 在地益其稼穡, 故索而祭之, 急其近者故也. 天神象物, 去人縣遠, 雖祭, 不
爲八神之數.

번역 ●經文: “大蜡八”. ○정현의 주에서는 선색(先嗇)이 첫 번째이고,
사색(司嗇)이 두 번째이며, 농(農)이 세 번째이고, 우표철(郵表畷)이 네 번
째이며, 묘호(貓虎)가 다섯 번째이고, 방(坊)이 여섯 번째이며, 수용(水庸)
이 일곱 번째이고, 곤충(昆蟲)이 여덟 번째라고 하였다. 제사를 받는 신들
에 대해서는 만물을 취합하여 그들을 찾아서 제사를 지내게 되는데, 단지
이러한 여덟 신들을 위주로 할 따름이다. 사(蜡)제사에 대해서 ‘대(大)’자를
붙인 이유는 천자의 사제사는 제후가 지내는 제사에 비해 성대하기 때문이
다. 천자가 지내는 사제사에서 여덟 신들을 섬긴다고 했다면, 제후가 지내
는 사제사에서는 여덟 신들에게 지낼 필요가 없다. 예를 들어 선색(先嗇)은
고대의 천자였던 자이므로, 제후는 그에게 제사를 지낼 수 없었을 것이다.
그런데 제후 또한 사제사를 지냈었다는 사실을 알 수 있는 이유는『예기』
「예운(禮運)」편에서 “공자가 사제사의 빈객으로 참여했다.”[41]라고 했으니,
이 말은 제후의 제례에도 사제사가 포함되어 있었다는 사실을 나타낸다.
『주례』「대사악(大司樂)」편을 살펴보면, “음악의 악장을 여섯 차례 변환하

---

41)『예기』「예운(禮運)」【265a~b】: 昔者, 仲尼與於蜡賓, 事畢, 出遊於觀之上,
喟然而嘆. 仲尼之嘆, 蓋嘆魯也. 言偃在側曰, “君子何嘆?” 孔子曰, “大道之行
也, 與三代之英, 丘未之逮也, 而有志焉.”

여, 상물(象物) 및 천신(天神)이 도래한다."[42]라고 했고, 정현은 "'상물(象物)'은 그 형상을 하늘에 두고 있는 것으로, 이른바 해나 달과 같은 것들이다."라고 했다. 여기에서 말하는 신들은 상물(象物)이나 일월(日月)에는 포함되지 않는데, 선색(先嗇)과 사색(司嗇)은 모두 하나의 신을 뜻하며, 사람에게 유익한 일을 했던 자들이다. 수용(水庸) 등의 신들은 땅에 머물면서, 농사에 대해서 보탬을 주는 자들이다. 그렇기 때문에 그들을 찾아서 제사를 지내는 것이니, 사람과 가까이에 있는 자들을 우선순위로 삼기 때문이다. 천신이나 상물은 사람과 멀리 떨어져 있으니, 비록 그들에게 제사를 지낸다고 하더라도, 여덟 신들의 수에는 포함시키지 않은 것이다.

孔疏 ◎注"伊耆氏, 古天子號也". ○正義曰: 明堂云: "土鼓葦籥, 伊耆氏之樂." 禮運云: "夫禮之初, 始諸飮食, 蕢桴而土鼓." 俱稱土鼓, 則伊耆氏神農也. 以其初爲田事, 故爲蜡祭以報天也. 下云"主先嗇", 神農卽爲始蜡, 豈自祭其身以爲先嗇乎? 皇氏云: "神農伊耆, 一代總號, 其子孫爲天子者, 始爲蜡祭, 祭其先祖造田者, 故有先嗇也."

번역 ◎鄭注: "伊耆氏, 古天子號也". ○『예기』「명당위(明堂位)」편에서는 "토고(土鼓)와 '갈대로 만든 피리[葦籥]'는 이기씨(伊耆氏) 때의 악기이다."[43]라고 했고, 『예기』「예운(禮運)」편에서는 "예의 기원은 음식에서 비롯되었으니, 흙을 뭉쳐 북채를 만들어 흙으로 쌓아서 만든 북을 쳤다."[44]라고 했는데, 두 기록에서는 모두 토고를 언급하고 있으므로, '이기씨(伊耆氏)'는 곧 신농(神農)을 뜻한다. 그는 최초로 농사짓는 일을 시작하였기 때문에, 사(蜡)제사를 지냄으로써 하늘의 공덕에 보답하는 것이다. 아래문장

---

42) 『주례』「춘관(春官)·대사악(大司樂)」 : 凡六樂者, 一變而致羽物及川澤之示, 再變而致臝物及山林之示, 三變而致鱗物及丘陵之示, 四變而致毛物及墳衍之示, 五變而致介物及土示, 六變而致象物及天神.

43) 『예기』「명당위(明堂位)」【403c】 : 土鼓蕢桴葦籥, 伊耆氏之樂也.

44) 『예기』「예운(禮運)」【268c】 : 夫禮之初, 始諸飮食, 其燔黍捭豚, 汙尊而抔飮, 蕢桴而土鼓, 猶若可以致其敬於鬼神.

에서는 "선색(先嗇)을 위주로 한다."라고 하였는데, 신농은 곧 최초로 사제 사를 지냈던 자이다. 따라서 어떻게 제 스스로 그 자신에게 제사를 지내며, 선색으로 삼을 수 있단 말인가? 이 문제에 대해서 황간은 "신농(神農)과 이기(伊耆)는 한 왕조의 천자를 가리키는 총괄적인 명칭이니, 그의 자손들 중에 천자가 된 자가 처음으로 사제사를 지냈던 것이며, 자신의 선조 중 농사일을 개발한 자에게 제사를 지내게 되었다. 그렇기 때문에 제사 대상 에 선색(先嗇)이 포함된 것이다."라고 했다.

孔疏 ◎注"歲十"至"之也". ○正義曰: 知是周十二月者, 下云"旣蜡而收, 民息已". 收, 謂收斂, 則詩所謂"十月納禾稼". 又月令孟冬"祈來年于天宗", 足知蜡周建亥之月, 三代皆然. 此經文據周, 故爲十二月. 皇氏以爲三代各以 十二月爲蜡, 其義非也. 已具於月令疏. 云"饗者, 祭其神也"者, 解經"合聚萬 物而索饗之". 萬物非所饗, 但饗其萬物之神. 所以饗其神者, 萬物所以能功加 於民者, 神使爲之, 故云祭之以報焉. 云"造者配之也"者, 賀瑒云: "謂造此蜡 祭, 配此八神而祭."

번역 ◎鄭注: "歲十"~"之也". ○12월이 주(周)나라 때의 12월이라는 사 실을 알 수 있는 이유는 아래문장에서 "사(蜡)제사를 끝내고 농작물을 거둬 들이게 되면, 백성들은 휴식을 취한다."라고 했기 때문이다. 이 문장의 '수 (收)'자는 "농작물을 거둬들인다[收斂]."는 뜻이니, 『시』에서 "10월에 곡식 을 거둬들인다."[45]라고 한 말에 해당한다. 또 『예기』「월령(月令)」편에서는 맹동(孟冬)의 달에, "천종(天宗)에게 내년 한 해 농사의 풍년을 기원하는 제사를 지낸다."라고 했으니, 이러한 기록을 통해서 사제사가 주나라 때의 역법으로 따지면, 건해(建亥)의 달에 시행했고, 삼대(三代)가 모두 이처럼 했다는 사실을 알 수 있다. 이곳 문장은 주나라의 역법에 근거를 하고 있기 때문에, 12월이라고 말한 것이다. 황간은 삼대가 모두 각각의 역법에 따라

---

45) 『시』「빈풍(豳風)・칠월(七月)」: 九月築場圃, <u>十月納禾稼</u>. 黍稷重穋, 禾麻菽麥. 嗟我農夫, 我稼旣同, 上入執宮功. 晝爾于茅, 宵爾索綯. 亟其乘屋, 其始播百穀.

서 12월에 사제사를 지냈다고 했는데, 그 주장은 잘못되었다. 그 이유에 대해서는 이미 「월령」편의 소에 기록해 두었다. 정현이 "'향(饗)'이라는 말은 그 신들에게 제사를 지낸다는 뜻이다."라고 하였는데, 이 말은 경문의 "만물을 취합하여 그들을 찾아서 제사를 지낸다."라고 한 말을 해석한 문장이다. 만물은 제사를 받는 대상이 아니지만, 만물의 신들에게 제사를 지내는 것이다. 그 신들에게 제사를 지내는 이유는 만물은 백성들에게 보탬이되는 공능을 부릴 수 있고, 신이 그것들을 시켜서 이처럼 만든 것이다. 그렇기 때문에 "제사를 지내서 보답을 한다."라고 말한 것이다. 정현이 "최초만든 자가 배향하였다."라고 하였는데, 하창46)은 "이러한 사제사를 만든자가 이러한 여덟 신들을 배향하여 제사를 지낸다는 뜻이다."라고 했다.

大全 長樂陳氏曰: 蜡之爲祭, 所以報本反始, 息老, 送終也. 其服王玄冕, 而有司皮弁素服, 葛帶榛杖, 其牲體疈辜, 其樂六樂, 而奏六變, 吹豳頌擊土鼓, 舞兵舞帗舞, 其所致者, 川澤山林以至地示天神, 莫不與焉, 則合聚萬物而饗之者, 非特八神也, 而所重者八, 以其尤有功於田故也. 其神之尊者, 非特先嗇也, 而主先嗇者, 以其始有事於田故也.

번역 장락진씨가 말하길, 사(蜡)라는 제사를 지내는 것은 근본에 보답하고 시초를 반추하는 방법이며, 노쇠한 것들에 대해 휴식을 취하게 하는 것은 죽음에 대해 잘 전송하는 방법이다. 그 복장에 있어서 천자는 현면(玄冕)47)을 착용하고, 유사(有司)48)는 피변(皮弁)49)에 소복(素服)50)을 착용하며, 칡

---

46) 하창(賀瑒, A.D.452~A.D.510) : 남조(南朝) 때의 학자이다. 남조의 제(齊)나라와 양(梁)나라에서 각각 활동하였다. 자(字)는 덕연(德璉)이다. 『예기신의소(禮記新義疏)』 등을 찬술하였다.

47) 현면(玄冕)은 현의(玄衣)와 면류관을 뜻한다. 본래 천자 및 제후의 제사복장으로, 비교적 중요성이 덜한 제사 때 입는다. '현의' 중 상의에는 무늬가 들어가지 않고, 하의에만 불(黻)을 수놓는다. 『주례』「춘관(春官)·사복(司服)」편에는 "祭群小祀則玄冕."이라는 기록이 있고, 이에 대한 정현의 주에서는 "玄者, 衣無文, 裳刺黻而已, 是以謂玄冕焉."이라고 풀이했다.

48) 유사(有司)는 관리를 뜻하는 용어이다. '사(司)'자는 담당한다는 뜻이다. 관리들은 각자 담당하고 있는 업무가 있었으므로, 관리를 '유사'라고 불렀던 것

으로 엮은 띠를 차고 개암나무로 만든 지팡이를 잡으며, 사용되는 희생물의 몸체는 벽고(疈辜)[51]로 하며, 사용되는 음악은 육악(六樂)[52]으로 하고, 여섯 차례 악곡을 변주하며,[53] 빈송(豳頌)을 불고, 토고(土鼓)를 두드리며,[54] 병무(兵舞)[55]와 불무(帗舞)를 추니,[56] 이처럼 성대하게 시행하는 제사에는 천택(川澤)·산림(山林)의 신으로부터 지시(地示)와 천신(天神)에 이르기까

이다. 일반적으로 하위관료들을 지칭하여, 실무자를 뜻하는 용어로 많이 사용된다. 그러나 때로는 고위관료까지도 지칭하는 용어로 사용되기도 한다.

49) 피변(皮弁)은 고대에 사용되었던 관(冠)의 한 종류이다. 백색 사슴의 가죽으로 만든 모자이다. 한편 관(冠)에 따른 의복까지 포함한 의미로 사용되기도 한다. 『주례』「하관(夏官)·변사(弁師)」편에는 "王之皮弁, 會五采玉璂, 象邸, 玉笄."라는 기록이 있다.

50) 소복(素服)은 흰색의 옷감으로 상의와 하의를 만든 옷을 뜻한다. 또한 채색하지 않은 옷감으로 만든 상의와 하의를 가리키기도 한다. 상(喪)을 당하거나, 흉사(凶事)를 접했을 때 착용하던 복장이다. 『예기』「교특생(郊特牲)」편에는 "皮弁素服而祭, 素服以送終也."라는 기록이 있고, 이에 대한 정현의 주에서는 "素服, 衣裳皆素."라고 풀이했다. 한편 후대에는 일상복을 뜻하는 용어로도 사용하였다.

51) 벽고(疈辜)는 희생물을 해체하여 신(神)에게 바치는 것이다. 『주례』「춘관(春官)·대종백(大宗伯)」편에는 "疈以辜祭四方百物."이라는 기록이 있고, 이에 대한 정현의 주에서는 "疈, 疈牲胸也."라고 풀이했다.

52) 육악(六樂)은 육무(六舞)와 같은 말이다. 고대 황제(黃帝), 요(堯), 순(舜), 우(禹), 탕(湯), 무왕(武王) 때의 악무(樂舞)인 운문(雲門), 대권(大卷), 대함(大咸), 대소(大韶: =大磬), 대하(大夏), 대호(大濩), 대무(大武)를 뜻한다. 『주례』「지관(地官)·대사도(大司徒)」편에는 "以六樂防萬民之情, 而敎之和."라는 기록이 있고, 이에 대한 정현의 주에서는 정사농(鄭司農)의 주장을 인용하여, "六樂, 謂雲門·咸池·大韶·大夏·大濩·大武."라고 풀이했다.

53) 『주례』「춘관(春官)·대사악(大司樂)」: 凡六樂者, 一變而致羽物及川澤之示, 再變而致臝物及山林之示, 三變而致鱗物及丘陵之示, 四變而致毛物及墳衍之示, 五變而致介物及土示, 六變而致象物及天神.

54) 『주례』「춘관(春官)·약장(籥章)」: 國祭蜡, 則吹豳頌, 擊土鼓, 以息老物.

55) 병무(兵舞)는 고대의 제사 때 사용되었던 춤 중 하나이다. 무용수들이 방패나 도끼와 같은 병장기를 들고 춤을 추었기 때문에, 그 춤을 '병무'라고 부르는 것이다. 『주례』「지관(地官)·고인(鼓人)」편에는 "凡祭祀百物之神, 鼓兵舞帗舞者."라는 기록이 있는데, 이에 대한 정현의 주에서는 "兵, 謂干戚也. …… 皆舞者所執."이라고 풀이했다.

56) 『주례』「지관(地官)·고인(鼓人)」: 凡祭祀百物之神, 鼓兵舞帗舞者.

지 참여하지 않는 신들이 없으니, 만물을 취합하여 제사를 지내는 것은 비단 여덟 신들을 위해서만이 아니지만, 중시하는 대상이 여덟 신인 것은 그들의 농사에 대한 공적이 더욱 높기 때문이다. 또 그 신들 중에서도 존귀하게 받드는 대상은 선색(先嗇)만이 아닌데도, 선색을 위주로 하는 것은 그가 처음으로 농사를 지을 때, 일을 시작하게 했던 공덕을 지니고 있기 때문이다.

訓纂 崔靈恩曰: 蜡祭用少牢, 行一獻之禮.

번역 최영은[57]이 말하길, 사(蜡)제사 때에는 소뢰(少牢)[58]를 사용하며, 일헌(一獻)의 의례를 시행한다.

集解 愚謂: 蜡祭, 自天子諸侯之國及黨正皆有之. 天子大蜡八, 則諸侯及黨正之蜡, 於八神有不皆祭者矣. 其諸侯無先嗇, 黨正又無司嗇與.

번역 내가 생각하기에, 사(蜡)제사는 천자 및 제후가 소유하고 있는 국가로부터 당정(黨正)에 이르기까지 모두 시행하게 된다. 천자가 대사(大蜡)를 지내며 여덟 신들을 섬긴다면, 제후 및 당정이 지내는 사제사에서는 여덟 신들에 대해 모두 제사를 지내지 않았을 것이다. 따라서 제후가 지내는 제사에 선색(先嗇)이 포함되지 않았다면, 당정이 지내는 제사에서도 또한 선색이 포함되지 않았을 것이다.

---

57) 최영은(崔靈恩, ?~?) : =최씨(崔氏). 남북조(南北朝) 때의 학자이다. 오경(五經)에 능통하였고, 다른 경전에도 두루 해박하였다고 전해진다. 『모시(毛詩)』, 『주례(周禮)』 등에 주석을 달았고, 『삼례의종(三禮義宗)』, 『좌씨경전의(左氏經傳義)』 등을 지었다.

58) 소뢰(少牢)는 제사에서 양(羊)과 돼지[豕] 두 가지 희생물을 사용하는 것을 뜻한다. 『춘추좌씨전』「양공(襄公) 22년」편에는 "祭以特羊, 殷以少牢."라는 기록이 있는데, 이에 대한 두예(杜預)의 주에서는 "四時祀以一羊, 三年盛祭以羊豕. 殷, 盛也."라고 풀이하였다.

● 그림 0-1 ◙ 천자의 육향(六鄕) 및 육수(六遂)

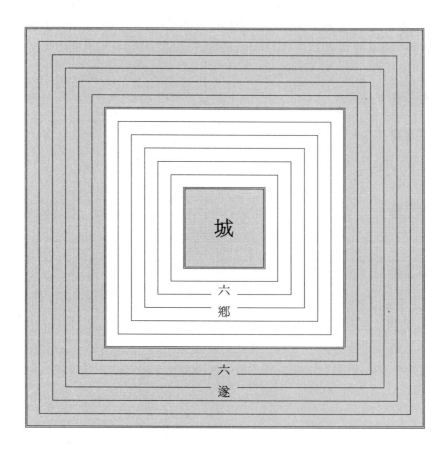

그림 0-2 ■ 향(鄕)의 행정구역 및 담당자

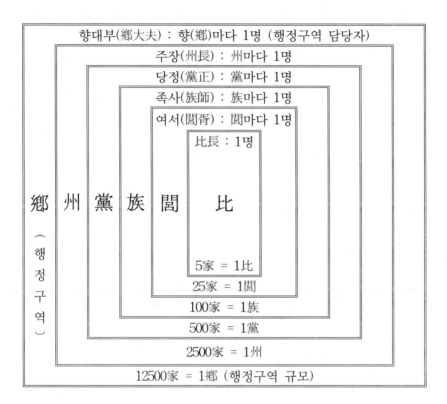

그림 0-3 ■ 대국(大國) 사방 100리(里) 구조도

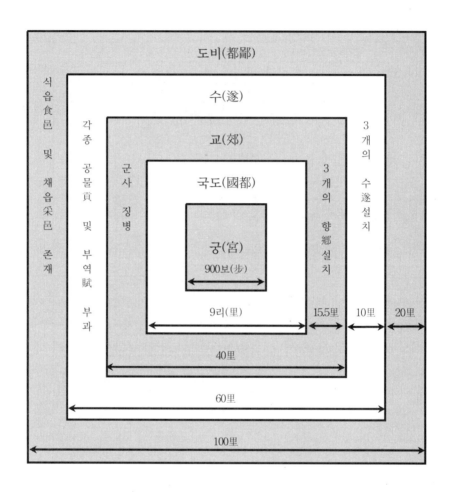

※ **참조**: 『삼재도회(三才圖會)』「지리(地理)」14권 및 『삼례도(三禮圖)』1권

그림 0-4 ◨ 대국(大國)의 삼향(三鄕) 및 삼수(三遂)

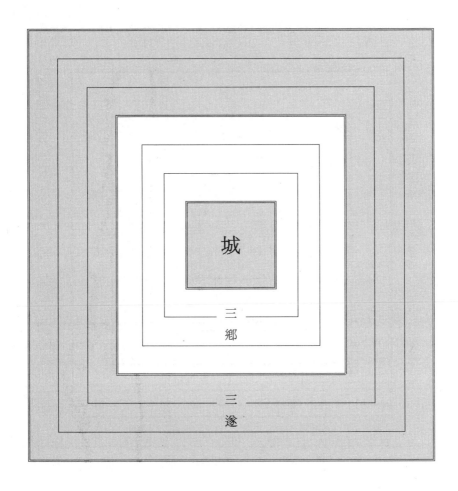

그림 0-5 ◼ 차국(次國) 사방 70리(里) 구조도

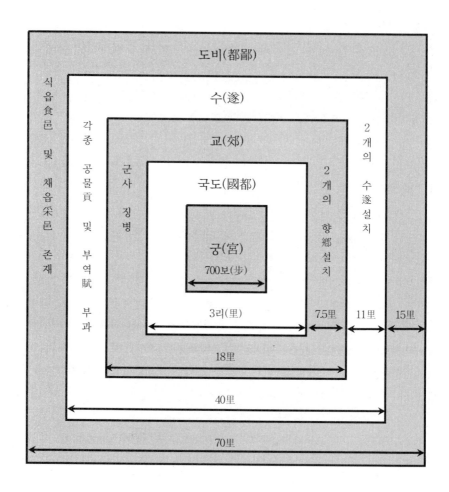

※ **참조**: 『삼재도회(三才圖會)』「지리(地理)」 14권 및 『삼례도(三禮圖)』 1권

그림 0-6 ▣ 차국(次國)의 이향(二鄕) 및 이수(二遂)

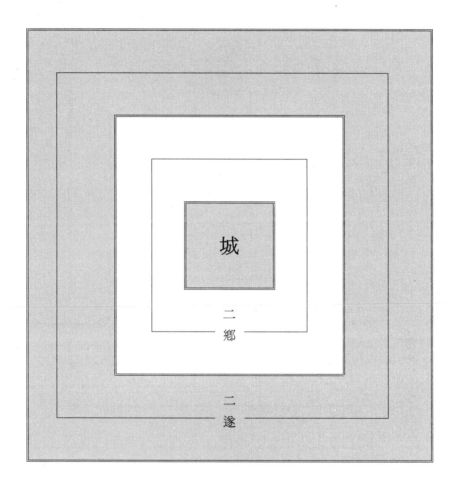

그림 0-7 ■ 소국(小國) 사방 50리(里) 구조도

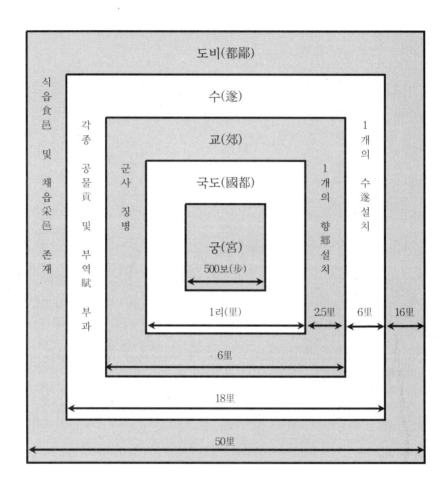

※ **참조**: 『삼재도회(三才圖會)』「지리(地理)」14권 및 『삼례도(三禮圖)』1권

그림 0-8 ▣ 소국(小國)의 일향(一鄕) 및 일수(一遂)

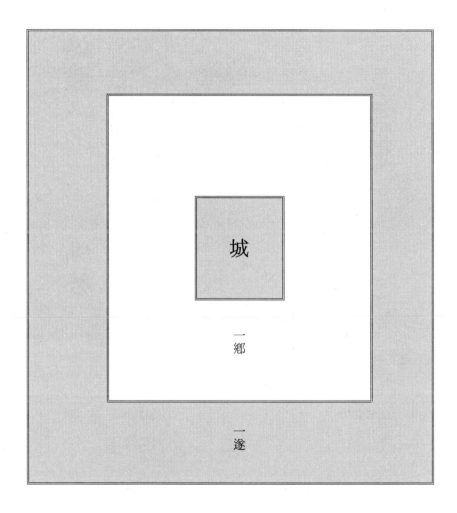

그림 0-9 ◼ 종(鐘)과 경(磬)

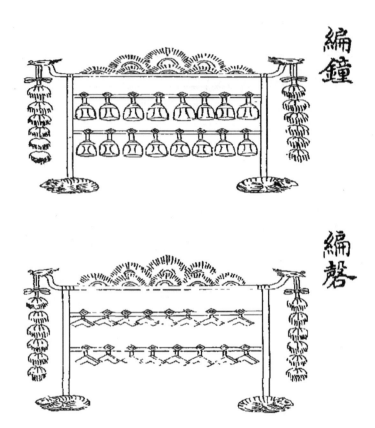

※ **참조:**『삼례도집주(三禮圖集注)』5권

그림 0-10 ◨ 종거(鐘簴)와 경거(磬簴)

※ **참조:**『삼재도회(三才圖會)』「기용(器用)」 3권

그림 0-11　■ 녹중(鹿中)

※ **참조**: 상좌-『삼례도집주(三禮圖集注)』8권 ; 하좌-『육경도(六經圖)』9권
　　　우-『삼재도회(三才圖會)』「기용(器用)」4권

◎ 그림 0-12 ◼ 시중(兕中)

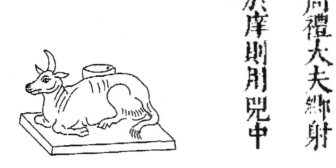

※ **참조**: 상좌-『삼례도집주(三禮圖集注)』8권 ; 하좌-『육경도(六經圖)』9권
    우-『삼재도회(三才圖會)』「기용(器用)」4권

그림 0-13 ▣ 북두칠성의 자루와 12개월

※ **참조**: 『삼재도회(三才圖會)』「천문(天門)」 3권

그림 0-14 ■ 변(籩)

※ 참조:
　상좌-『삼례도집주(三禮圖集注)』13권 ; 상우-『삼례도(三禮圖)』4권
　하좌-『육경도(六經圖)』6권 ; 하우-『삼재도회(三才圖會)』「기용(器用)」2권

● 그림 0-15 ▣ 두(豆)

※ **참조**: 상좌-『육경도(六經圖)』6권; 상우-『삼례도(三禮圖)』4권

하좌-『삼례도집주(三禮圖集注)』 13권; 하우-『삼재도회(三才圖會)』「기용(器用)」1권

▸ 그림 0-16 ◼ 신하들의 명(命) 등급

	천자(天子) 신하	대국(大國) 신하	차국(次國) 신하	소국(小國) 신하
9명 (九命)	상공(上公=二伯) 하(夏)의 후손 은(殷)의 후손			
8명 (八命)	삼공(三公) 주목(州牧)			
7명 (七命)	후작[侯] 백작[伯]			
6명 (六命)	경(卿)			
5명 (五命)	자작[子] 남작[男]			
4명 (四命)	부용군(附庸君) 대부(大夫)	고(孤)		
3명 (三命)	원사(元士=上士)	경(卿)	경(卿)	
2명 (再命)	중사(中士)	대부(大夫)	대부(大夫)	경(卿)
1명 (一命)	하사(下士)	사(士)	사(士)	대부(大夫)
0명 (不命)				사(士)

◎ 『예기』와 『주례』의 기록에는 다소 차이가 있다.
※ **참조**: 『주례』「춘관(春官)·전명(典命)」 및 『예기』「왕제(王制)」

그림 0-17 ◼ 현면(玄冕)

※ **참조**: 『삼례도집주(三禮圖集注)』 1권

그림 0-18 ◼ 피변(皮弁)과 작변(爵弁)

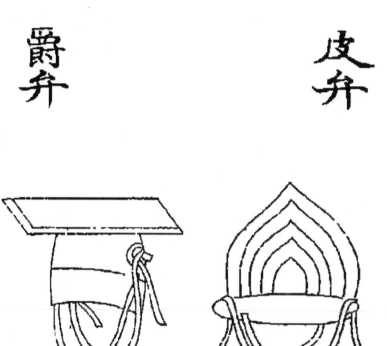

※ **참조**: 『삼례도집주(三禮圖集注)』 3권

• 제 1 절 •

존양(尊讓) · 결(絜) · 경(敬)

【696b】

鄉飲酒之義: 主人拜迎賓于庠門之外, 入, 三揖而后至階, 三讓
而后升, 所以致尊讓也. 盥洗揚觶, 所以致絜也. 拜至 · 拜洗 ·
拜受 · 拜送 · 拜旣, 所以致敬也. 尊讓 · 絜 · 敬也者, 君子之所
以相接也. 君子尊讓則不爭, 絜 · 敬則不慢; 不慢不爭, 則遠於
鬪辨矣. 不鬪辨, 則無暴亂之禍矣. 斯君子所以免於人禍也.

직역 鄉飲酒의 義는 主人이 庠門의 外에서 賓에게 拜하여 迎하고, 入하여, 三揖
한 后에 階에 至하며, 三讓한 后에 升하니, 尊讓을 致하는 所以이다. 盥洗하고 觶를
揚함은 絜을 致하는 所以이다. 拜至 · 拜洗 · 拜受 · 拜送 · 拜旣는 敬을 致하는 所以
이다. 尊讓 · 絜 · 敬이라는 者는 君子가 相接하는 所以이다. 君子가 尊讓하면 不爭
하고, 絜 · 敬하면 不慢하며; 不慢하고 不爭하면, 鬪辨에서 遠한다. 不鬪辨하면, 暴
亂의 禍가 無라. 斯는 君子가 人禍를 免하는 所以이다.

의역 향음주례(鄉飲酒禮)의 의미를 설명해보자면, 주인은 향(鄉)의 학교인 상
(庠)의 문밖에서 빈객에게 절을 하며 맞이하고, 안으로 들어와서는 세 차례 읍을
한 이후에 계단에 도달하며, 세 차례 사양을 한 이후에 당상에 오르니, 존귀하게
대하며 겸양하는 도의를 다하는 방법이다. 손과 술잔을 물로 닦고서 치(觶)를 드는
것은 청결함을 다하는 방법이다. 배지(拜至) · 배세(拜洗) · 배수(拜受) · 배송(拜
送) · 배기(拜旣)를 하는 것은 공경함을 다하는 방법이다. 존귀하게 대하고 겸양을
하며, 청결하게 하고, 공경하는 것은 군자가 서로를 대접하는 방법이다. 군자가
존귀하게 대하며 겸양을 한다면 다투지 않게 되고, 청결하게 하고 공경한다면 태만
해지지 않으며, 태만하지 않고 다투지 않는다면 싸움과 멀어진다. 싸우지 않는다면

난폭하게 되고 혼란스럽게 되는 화근이 없게 된다. 이것이 군자가 인위적인 재앙에서 벗어날 수 있는 이유이다.

集說 鄭氏曰: 庠, 鄉學也, 州黨曰序. 揚, 擧也.

번역 정현이 말하길, '상(庠)'은 향(鄉)에 있는 학교의 명칭이며, 주(州)와 당(黨)에 있는 학교는 '서(序)'라고 부른다. '양(揚)'자는 "든다[擧]."는 뜻이다.

集說 疏曰: 此謂卿大夫, 故迎賓于庠門外, 若州長黨正, 則於序門外也. 盥洗揚觶者, 主人將獻賓, 以水盥手而洗爵揚觶也. 拜至者, 賓主升堂, 主人於阼階上北面再拜也. 拜洗者, 主人拜至訖, 洗爵而升, 賓於西階上北面再拜, 拜主人之洗也. 拜受者, 賓於西階上拜受爵也. 拜送者, 主人於阼階上拜送爵也. 拜既者, 旣, 盡也, 賓飲酒旣盡而拜也.

번역 공영달[1]의 소에서 말하길, 여기에서 말하는 대상은 경과 대부이다. 그렇기 때문에 상문(庠門) 밖에서 빈객을 맞이하는 것이니, 만약 주장(州長)이나 당정(黨正)인 경우라면 서문(序門) 밖에서 맞이한다. "손과 잔을 씻고 치(觶)를 든다."는 말은 주인이 빈객에게 술을 따라주려고 할 때, 물을 이용해서 손을 씻고 잔을 씻어서 술잔인 치를 든다는 뜻이다. '배지(拜至)'라는 것은 빈객과 주인이 당상에 오를 때, 주인은 동쪽 계단 위에서 북쪽을 바라보며 재배를 한다는 뜻이다. '배세(拜洗)'라는 것은 주인이 배지하는 절차를 끝내면, 술잔을 씻어서 당상으로 올라가고, 빈객은 서쪽 계단 위에서 북쪽을 바라보며 재배를 하는데, 이것은 주인이 술잔을 씻은 것에 대해 절을 하는 것이다. '배수(拜受)'라는 것은 빈객이 서쪽 계단 위에서 절을 하며 잔을 받는다는 뜻이다. '배송(拜送)'이라는 것은 주인이 동쪽 계

---

1) 공영달(孔穎達, A.D.574~A.D.648) : =공씨(孔氏). 당대(唐代)의 경학자이다. 자(字)는 중달(仲達)이고, 시호(諡號)는 헌공(憲公)이다. 『오경정의(五經正義)』를 찬정(撰定)하는데 중심적인 역할을 했다.

단 위에서 절을 하며 빈객에게 잔을 건넨다는 뜻이다. '배기(拜旣)'라고 했는데, '기(旣)'자는 "다하다[盡]."는 뜻이니, 빈객이 술을 모두 마시고서 절을 한다는 의미이다.

大全 藍田呂氏曰: 鄕飮之禮, 以謹遜之道尊賓, 始見于拜迎庠門之外, 三揖三讓而後升, 以潔淸之道接賓, 則見于盥洗揚觶之際, 盥手洗爵, 始獻賓之節也. 旣獻之後, 擧觶酬賓, 亦盥洗而揚觶, 不敢慢也. 極其所以賓主之敬, 則見于拜洗·拜受·拜送·拜旣之節也. 拜洗者, 賓拜主人洗, 主人復拜賓洗, 是也. 拜受·拜送者, 賓受獻, 主人受酢, 賓受酬, 獻酢酬者, 拜送, 受者, 拜受也. 拜旣者, 賓主獻酬卒爵, 皆拜也. 君子之相接, 尊讓潔敬如此, 其至雖有爭慢之心, 亦無從生矣. 尊讓潔敬之禮行, 則尊讓潔敬之俗成, 禮行而至於成俗, 則天下之人, 皆將遠於鬪辨, 而免於人禍, 是則先王制禮也. 有道, 非苟爲繁文飾貌升降之末也.

번역 남전여씨가 말하길, 향음주례(鄕飮酒禮)에서는 조심하고 공손하게 대하는 도리로써 빈객을 존귀하게 높이는데, 이것은 상문(庠門) 밖에서 빈객에게 절을 하며 맞이하고, 세 차례 읍을 하고 세 차례 사양을 한 이후에 당상에 오르는 절차에서 처음으로 드러난다. 청결하게 하는 도리로써 빈객을 대접하니, 손과 잔을 씻고서 치(觶)를 드는 절차에 나타나는데, 손을 씻고 잔을 씻는 것은 처음으로 빈객에게 술잔을 바치는 절차이다. 술잔을 바친 이후에 치를 들어서 빈객에게 술을 권할 때에도 손과 잔을 씻고서 치를 드니, 감히 태만하게 할 수 없기 때문이다. 빈객과 주인이 공경함을 나타내는 방법을 지극히 하는 것은 배세(拜洗)·배수(拜受)·배송(拜送)·배기(拜旣)라는 절차에 나타난다. '배세(拜洗)'라는 것은 주인이 잔을 씻은 것에 대해 빈객이 절을 하고, 빈객이 잔을 씻은 것에 대해 주인이 재차 절을 하는 절차를 가리킨다. '배수(拜受)'와 '배송(拜送)'이라는 것은 빈객이 건넨 술잔을 받고 주인이 따라준 술잔을 받으며 빈객이 권한 술잔을 받는데, 건네고 따라주며 권할 때, 절을 하며 전하게 되고 받는 자도 절을 하며 받는 것을 뜻한다. '배기(拜旣)'라는 것은 빈객과 주인이 술을 건네고 권하며 잔을 비운 다음 모두 절을 하는 것을 뜻한다. 군자가 서로 대접할 때에는 존귀하게 대하며 겸양을 하고 청결하게 하며 공경하게 하길 이처럼 하니, 비록 다투려고 하거나 태만한 마음을 가지고 있더라도 또한 비롯되어 생겨날 곳이 없게 된다. 존귀하게 높이며 겸양을 하고 청결하게 하며 공경하는 예를 시행한다면, 존귀하게 높이며 겸양을 하고 청결하게 하며 공경하는 풍속이 완성되는데, 예를 시행하여 풍속이 완성되는 경지에 도달한다면, 천하의 모든 사람들이 다투는 것에서 멀어지게 되어, 사람들이 인위적으로 만들어내는 재앙을 벗어나게 된다. 이것이 바로 선왕이 예를 제정한 이유이다. 또한 이러한 도(道)를 갖춘다는 것은 구차하게 번잡한 형식에 따라 오르고 내리는 말단의 예절을 뜻하는 것이 아니다.

鄭注 庠, 鄕學也. 州黨曰序. 揚, 擧也, 今禮皆作騰. 拜至, 謂始升時拜, 拜賓至. 道, 謂此禮.

번역 '상(庠)'은 향(鄕)에 있는 학교이다. 주(州)와 당(黨)에 있는 학교는 '서(序)'라고 부른다. '양(揚)'자는 "든다[擧].'는 뜻이니, 현행본 『의례』에는 모두 '등(騰)'자로 기록되어 있다. '배지(拜至)'는 처음으로 당상에 올라갔을 때 절을 하는 것으로, 빈객이 도달한 것에 대해 절을 하는 것이다. '도(道)'자는 이러한 예(禮)를 뜻한다.

釋文 庠音詳, 學記云"古之敎者家有塾, 黨有庠, 術有序, 國有學". 盟音管. 觶, 之豉反, 說文云"鄕飮酒角也", 字林音支. 絜音結, 下同, 一本作"致絜敬也". 爭, 爭鬪之爭, 下同. 遠, 于萬反. 辨如字, 徐甫免反, 下同.

번역 '庠'자의 음은 '詳(상)'이며, 『예기』「학기(學記)」편에서는 "고대에 교육을 시키던 장소로, 가(家)에는 숙(塾)이 있었고, 당(黨)에는 상(庠)이 있었으며, 술(術)에는 서(序)가 있었고, 국(國)에서는 학(學)이 있었다."[2]라

---

2) 『예기』「학기(學記)」, 【445b】: <u>古之敎者, 家有塾, 黨有庠, 術有序, 國有學.</u> 比年入學, 中年考校, 一年視離經辨志, 三年視敬業樂群, 五年視博習親師, 七年視論學取友, 謂之小成. 九年知類通達, 强立而不反, 謂之大成.

고 했다. '盥'자의 음은 '管(관)'이다. '觶'자는 '之(지)'자와 '豉(시)'자의 반절음이며,『설문』[3]에서는 "향음주례(鄕飮酒禮)를 할 때 사용되는 뿔잔을 뜻한다."라고 했고,『자림』[4]에서는 그 음을 '支(지)'라고 했다. '絜'자의 음은 '結(결)'이며, 아래문장에 나오는 글자도 그 음이 이와 같고, 다른 판본에서는 '致絜敬也'라고 기록하기도 한다. '爭'자는 '쟁투(爭鬪)'라고 할 때의 '爭'자이며, 아래문장에 나오는 글자도 그 음이 이와 같다. '遠'자는 '于(우)'자와 '萬(만)'자의 반절음이다. '辨'자는 글자대로 읽으며, 서음(徐音)은 '甫(보)'자와 '免(면)'자의 반절음이며, 아래문장에 나온 글자도 그 음이 이와 같다.

孔疏 ●"鄕飮"至"以道". ○正義曰: 此一節發明鄕飮酒之禮, "拜迎"至"拜洗", 相尊敬之事, 故"聖人制之以道"也.

번역 ●經文: "鄕飮"~"以道". ○이곳 문단은 향음주례(鄕飮酒禮)에 대해서 나타내고 있으며, 경문의 "拜迎"으로부터 "拜洗"까지는 서로를 존경하는 사안에 해당한다. 그렇기 때문에 "성인이 예를 제정할 때 도로써 하였다."라고 한 것이다.

孔疏 ●"鄕飮酒之義, 主人拜迎賓于庠門之外"者, 謂鄕大夫故迎賓于庠門外, 若州長・黨正, 則於序門外也.

번역 ●經文: "鄕飮酒之義, 主人拜迎賓于庠門之外". ○향대부(鄕大夫)이기 때문에 상문(庠門) 밖에서 빈객을 맞이한다는 뜻이니, 만약 주장(州長)이나 당정(黨正)이라면 서문(序門) 밖에서 빈객을 맞이한다.

---

3) 『설문해자(說文解字)』는 후한(後漢) 때의 학자인 허신(許愼, ?~?)이 찬(撰)했다고 전해지는 자서(字書)이다. 『설문(說文)』이라고도 칭해진다. A.D.100년경에 완성되었다고 전해진다. 글자의 형태, 뜻, 음운(音韻)을 수록하고 있다.

4) 『자림(字林)』은 고대의 자서(字書)이다. 진(晉)나라 때 학자인 여침(呂忱)이 지었다. 원본은 일실되어 전해지지 않고, 다른 문헌들 속에 일부 기록들만 남아 있다.

孔疏 ●"盥洗揚觶"者, 謂主人將獻賓, 以水盥手而洗爵. 揚觶, 謂旣獻之後, 擧觶酬賓之時, 亦盥洗也. 必盥洗者, 所以致其絜敬之意也.

번역 ●經文: "盥洗揚觶". ○주인이 빈객에게 술을 바치려고 하면, 물을 이용하여 손을 씻고 잔을 닦는다는 뜻이다. '양치(揚觶)'는 술잔을 바친 이후 치(觶)를 들어서 빈객에게 술을 권하는 때를 뜻하니, 이러한 경우에도 손과 잔을 씻는다는 의미이다. 반드시 손과 잔을 씻는 것은 청결하게 하며 공경스럽게 한다는 뜻을 지극히 나타내기 위해서이다.

孔疏 ●"拜至"者, 謂賓與主人升堂之後, 主人於阼階之上, 北面再拜, 是 "拜至"也.

번역 ●經文: "拜至". ○빈객과 주인이 당상에 오른 이후, 주인은 동쪽 계단 위에서 북쪽을 바라보며 재배를 하는데, 이것이 '배지(拜至)'라는 뜻이다.

孔疏 ●"拜洗"者, 謂主人拜至訖, 洗爵而升, 賓於西階上北面再拜, 拜主人洗也.

번역 ●經文: "拜洗". ○주인이 빈객이 당도한 것에 대해 절하는 절차가 끝나면 잔을 씻어서 당상에 오르고, 빈객은 서쪽 계단 위에서 북쪽을 바라보며 재배를 하여, 주인이 잔을 씻어준 것에 대해 절을 한다는 뜻이다.

孔疏 ●"拜受"者, 賓於西階上拜受爵也.

번역 ●經文: "拜受". ○빈객은 서쪽 계단 위에서 절을 하며 술잔을 받는다는 뜻이다.

孔疏 ●"拜送"者, 主人於阼階上拜送爵也.

번역 ●經文: "拜送". ○주인은 동쪽 계단 위에서 절을 하며 술잔을 건넨다는 뜻이다.

孔疏 ●"拜旣"者, 旣, 盡也. 賓飮酒旣盡而拜也.

번역 ●經文: "拜旣". ○'기(旣)'자는 "다하다[盡]."는 뜻이다. 즉 빈객이 술을 다 마시면 절을 한다는 의미이다.

孔疏 ●"所以致敬也"者, 言賓主相拜, 致其恭敬之心.

번역 ●經文: "所以致敬也". ○빈객과 주인이 서로에 대해 절을 하여, 공경스러운 마음을 지극히 나타낸다는 뜻이다.

孔疏 ●"尊讓·絜·敬也"者, 言入門而三揖三讓, 是尊讓; 盥洗·揚觶, 是絜也. 拜至·拜洗之等, 是致敬也. 故總結之云"尊讓·絜·敬也者, 君子之所以相接也".

번역 ●經文: "尊讓·絜·敬也". ○문으로 들어서서 세 차례 읍을 하고 세 차례 사양을 하는 것은 존중하고 겸양하는 뜻에 해당하고, 손과 술잔을 씻고 치(觶)를 들어 올리는 것은 청결에 해당한다. 또 배지(拜至)나 배세(拜洗) 등의 절차는 공경을 지극히 하는 것에 해당한다. 그렇기 때문에 총괄적으로 "존귀하게 높이며 겸양을 하고 청결하게 하며 공경한다는 것은 군자가 서로를 대접하는 것이다."라고 말한 것이다.

孔疏 ◎注"庠, 鄕學也. 州黨曰序". ○正義曰: 按州長職云: "春秋射于州序." 黨正云: "屬民飮酒于序." 是州黨曰序. 有室謂之庠, 無室謂之序; 鄕學爲庠, 州黨爲序. 學記云"黨有庠"者, 謂鄕人在州黨, 但於鄕之庠學, 不別立也, 則"州黨曰序" 必是無室. 今按鄕射云: "豫則鉤楹內, 堂則由楹外." 故鄭注云"庠之制, 有堂有室也", "豫讀如成周宣謝災之'謝', 凡屋無室曰謝", "今文'豫'爲'序', 序乃夏后氏之學, 亦非也". 以此言之, 則州黨爲序, 其義非也. 今云"州黨曰序"者, 但州黨之序, 雖並皆無室, 今鄕射則鉤楹內, 是內之深無室事顯,

正得讀“豫”爲“謝”, 是無室故也. 不得讀“豫”爲“序”, 以序非無室之名, 故云
“非也”. 以有楹內·楹外之言, 故鄭特云序非也. 謂正鄕射文非, 非是餘處“序”
字皆非也. 餘處之序, 並皆無室也. 但有虞氏之庠, 周以爲鄕學, 夏后氏之序,
周以爲州黨之學, 明夏時之序則有室也, 周時州黨之序則無室也. 序名雖同,
其制則別, 故鄕射注云“序乃夏后氏之學”, 非謂州黨之學也. 以鄕射爲“豫”已
非, 今文爲“序”又非, 故云“亦非”. 鄕學雖爲序, 云亦有東西牆謂之序, 故鄕飮
酒或云“序”. 東西州學雖爲序, 據其序內亦有堂稱, 故鄕射或云“堂東堂西”也.

번역 ◎鄭注: “庠, 鄕學也. 州黨曰序”. ㅇ『주례』「주장(州長)」편의 직무
기록을 살펴보면, “봄과 가을에는 주서(州序)에서 활쏘기를 한다.”[5]라고
했고, 『주례』「당정(黨正)」편에서는 “백성들을 모아서 서(序)에서 음주를
한다.”[6]라고 했는데, 이곳에서는 주(州)와 당(黨)의 학교를 서(序)라고 부
른다고 했다. 실(室)이 있는 학교 건물을 ‘상(庠)’이라 부르고, 실(室)이 없
는 학교 건물을 ‘서(序)’라고 부르며, 향(鄕)에 있는 학교는 상(庠)으로 짓고,
주(州)와 당(黨)에 있는 학교는 서(序)로 짓는다. 『예기』「학기(學記)」편에
서는 “당(黨)에는 상(庠)이 있다.”라고 했는데, 이것은 향인(鄕人)이 주(州)
와 당(黨)에 소속되어 있지만, 향(鄕)에 있는 상(庠)에서 수학하는 경우에
는 학교를 별도로 세우지 않는 경우를 뜻하는데, “주(州)와 당(黨)의 학교
를 서(序)라고 부른다.”라고 했으니, 반드시 이때에는 실(室)이 없다. 현재
『의례』「향사례(鄕射禮)」편을 살펴보면, “활쏘기를 시행하는 장소가 주(州)
에 설치된 학교라면 기둥 안쪽으로 돌아서 동쪽으로 나아가고, 향(鄕)에
설치된 학교라면 기둥 바깥쪽에서 동쪽으로 나아간다.”[7]라고 했다. 그렇기
때문에 정현의 주에서는 “상(庠)의 제도에 있어서는 당(堂)도 있고 실(室)
도 있다.”라고 한 것이며, “‘예(豫)’자는 성주(成周) 선사(宣謝)에 화재가 났

---

5) 『주례』「지관(地官)·주장(州長)」: 若以歲時祭祀州社, 則屬其民而讀法, 亦如
之. 春秋以禮會民而射于州序.
6) 『주례』「지관(地官)·당정(黨正)」: 國索鬼神而祭祀, 則以禮屬民, 而飮酒于序
以正齒位.
7) 『의례』「향사례(鄕射禮)」: 揖進, 當階, 北面揖. 及階揖, 升堂揖. 豫則鉤楹內,
堂則由楹外. 當左物, 北面揖.

다고 했을 때[8]의 '사(謝)'자로 해석하니, 무릇 지붕이 있는 건물 중 실(室)이 없는 것은 '사(謝)'라고 부른다."라고 한 것이고, "금문(今文)에서의 '예(豫)'자는 '서(序)'자가 되는데, '서(序)'를 곧 하후씨(夏后氏) 때의 학교라고 하는 것은 또한 잘못된 주장이다."라고 했다. 이를 통해 말해보자면, 주(州)와 당(黨)에 있는 학교를 '서(序)'라고 하는 것은 그 의미가 잘못된 것이다. 그런데 현재의 문장에서 "주(州)와 당(黨)에 있는 학교를 '서(序)'라고 부른다."라고 한 것은 단지 주(州)와 당(黨)에 있는 서(序)가 비록 모두 실(室)이 없지만, 현재는 향사례(鄉射禮)를 하는 경우이므로, 곧 기둥 안쪽으로 돌아가게 되니, 이것은 안쪽 깊은 곳에도 실(室)이 없다는 사실을 나타내므로, '예(豫)'자는 '사(謝)'자로 풀이할 수 있고, 이처럼 하는 것은 실(室)이 없기 때문이다. '예(豫)'자를 '서(序)'자로 풀이할 수 없는 이유는 '서(序)'는 실(室)이 없는 학교 건물의 명칭이 아니기 때문이다. 그래서 "잘못되었다."라고 말한 것이다. 기둥 안쪽과 기둥 바깥쪽이라는 말이 기록되어 있기 때문에, 정현은 단지 서(序)라고 하는 것은 잘못되었다고 말한 것이다. 이것은 「향사례」편의 이 기록이 잘못되었다는 것이지, 다른 곳에 기록된 '서(序)'자들도 모두 잘못되었다는 뜻은 아니다. 다른 곳에 기록된 '서(序)'자는 모두 실(室)이 없는 학교 건물을 뜻한다. 다만 유우씨(有虞氏) 때의 학교는 상(庠)이었는데, 주(周)나라에서는 이 학교를 향학(鄉學)의 명칭으로 삼았고, 하후씨(夏后氏) 때의 학교는 서(序)였는데, 주나라에서는 이 학교를 주(州)와 당(黨)의 학교 명칭으로 삼았던 것이니, 이것은 곧 하나라 때의 학교인 서(序)에는 실(室)이 있었고, 주나라 때 주(州)와 당(黨)에 설치한 서(序)에는 실(室)이 없었던 것을 나타낸다. '서(序)'라는 명칭은 비록 동일하지만, 그 제도에 있어서는 구별이 된다. 그렇기 때문에 「향사례」편에 대한 정현의 주에서는 "서(序)는 곧 하후씨(夏后氏) 때의 학교이다."라고 말한 것인데, 이것은 주(州)와 당(黨)에 설치된 학교를 뜻하는 말이 아니다. 「향사례」편에 기록된 '예(豫)'라는 글자가 이미 잘못된 것인데, 금문(今文)에 기록된 '서(序)'자 또한 잘못되었다. 그렇기 때문에 "또한 잘못되었다."라고 말한

---

8) 『춘추』「선공(宣公) 16년」: 夏, 成周宣謝災.

것이다. 향학(鄕學)을 비록 서(序)로 만들지만, 이것은 또한 동서쪽 담장을 둘러서 그것을 '서(序)'라고 부른다는 것을 가리킨다. 그렇기 때문에 『의례』「향음주례(鄕飮酒禮)」편에서는 간혹 '서(序)'라고 기록했던 것이다. 동서쪽 담장을 가진 주(州)의 학교가 비록 서(序)가 되지만, 서(序)의 내면에 기준을 둔다면, 또한 당(堂)에 해당하는 것이 있다. 그렇기 때문에 「향사례」편에는 간혹 '당(堂)의 동쪽, 당(堂)의 서쪽'이라는 기록이 나오는 것이다.

訓纂 鄭注鄕射禮曰: 周立四代之學於國, 而又以有虞之庠爲鄕學, 鄕飮酒義曰"主人迎賓於庠門外", 是也. 庠之制, 有堂有室也.

번역 『의례』「향사례(鄕射禮)」편에 대한 정현의 주에서 말하길, 주나라 때에는 사대(四代) 때의 학교를 국성에 세웠으며, 또한 유우씨 때의 학교인 상(庠)을 향학(鄕學)으로 삼았으니, 「향음주의」편에서 "주인은 상(庠)의 문밖에서 빈객에게 절을 하며 맞이한다."라고 한 말이 이것을 가리킨다. 상(庠)을 만드는 제도는 당(堂)을 두고 실(室)을 둔다.

集解 愚謂: "鄕飮酒之義", 此一句所以總目下文之事也. 序·庠惟一門, 三揖而後至階, 謂賓主旣入門而三揖也. 三讓, 讓升也. 盥, 盥手. 洗, 洗爵. 揚, 擧也. 盥·洗·揚觶, 謂主人盥手洗爵, 而擧爵以獻賓也. 獻·酢以爵, 酬以觶, 此言獻賓而曰"觶"者, 以觶與爵俱所以盛酒, 故通而言之. 下文"卒觶·致實於西階上", 亦謂爵爲觶也. 拜至, 主人於賓之初至而拜之也. 鄕飮酒禮"賓升, 主人阼階上當楣北面再拜", 是也. 拜洗, 主人洗爵, 升, 賓於西階上北面再拜, 拜主人爲己洗爵也. 拜受者, 主人獻賓, 賓於西階上拜受爵也. 拜送者, 賓旣受爵, 主人於阼階上拜送也. 旣, 盡也. 拜旣, 賓飮卒爵而拜也. 鬬, 謂逞於力. 辨, 謂競於言.

번역 내가 생각하기에, '향음주지의(鄕飮酒之義)'라고 한 이유는 이 하나의 구문이 아래 문장에 기록된 사안을 총괄적으로 나타내는 말이기 때문이다. 서(序)와 상(庠)에는 오직 1개의 문만 있으니, "세 차례 읍을 한 이후에는 계단에 당도한다."는 말은 빈객과 주인이 문으로 들어간 뒤에 세 차례 읍을 한다는 뜻이다. "세 차례 사양을 한다."는 말은 사양을 하며 당상으로 올라간다는 뜻이다. '관(盥)'은 손을 씻는다는 뜻이다. '세(洗)'는 잔을 씻는다는 뜻이다. '양(揚)'자는 든다는 뜻이다. "손을 씻고 잔을 씻으며 치(觶)를 든다."라고 한 말은 주인이 손을 씻고 술잔을 씻은 뒤에 술잔을 들어서 빈객에게 바친다는 뜻이다. 헌(獻)과 초(酢)을 할 때에는 작(爵)을 사용하고, 수(酬)를 할 때에는 치(觶)를 사용하는데, 이곳에서 빈객에게 헌(獻)을 한다고 했음에도 '치(觶)'라고 말한 것은 치와 작은 모두 술을 담는 것이기 때문에 범범하게 말한 것이다. 아래문장에서 "서쪽 계단 위에서는 한꺼번에 잔을 비우고, 잔 안에 있는 술을 모두 마신다."라고 했는데, 여기에서도 작(爵)을 치(觶)라고 기록했다. '배지(拜至)'는 주인은 빈객이 처음으로 당도한 것에 대해 그에게 절을 한다는 뜻이다. 『의례』「향음주례(鄕飮酒禮)」편에서 "빈객이 당상으로 올라가면 주인은 동쪽 계단 위 들보가 있는 곳에서 북쪽을 바라보며 재배를 한다."라고 한 말이 바로 이것을 가리킨다. '배세(拜洗)'는 주인이 술잔을 씻고서 당상으로 올라가면, 빈객은 서쪽 계단 위에서 북쪽을 바라보며 재배를 하는데, 주인이 자신을 위해 술잔을 씻은 것에 대해 절을 한다는 뜻이다. '배수(拜受)'는 주인이 빈객에게 술잔을 바치면 빈객은 서쪽 계단 위에서 절을 하며 술잔을 받는다는 뜻이다. '배송(拜送)'은 빈객이 술잔을 받게 되면, 주인은 동쪽 계단 위에서 절을 하며 건넨다는 뜻이다. '기(旣)'자는 다한다는 뜻이다. '배기(拜旣)'는 빈객이 술을 마셔 잔을 비우고서 절을 한다는 뜻이다. '투(鬪)'는 힘을 이용해 제멋대로 한다는 뜻이다. '변(辨)'은 말을 통해 싸운다는 뜻이다.

참고 『예기』「학기(學記)」 기록

경문-445b 古之敎者, 家有塾, 黨有庠, 術有序, 國有學. 比年入學, 中年考校. 一年視離經辨志, 三年視敬業樂群, 五年視博習親師, 七年視論學取友, 謂之小成. 九年知類通達, 强立而不反, 謂之大成.

번역 고대의 학교제도에 있어서, 가(家)에 속한 자들은 마을의 숙(塾)에서 배웠고, 당(黨)에 속한 자들 중 승급된 자들은 상(庠)에서 배웠으며, 주(州)에 속한 자들 중 승급된 자들은 서(序)에서 배웠고, 국성에는 가장 높은 학교인 학(學)이 있었다. 매해 학생들은 입학을 하고, 매번 1년을 걸러서 그들의 재예를 시험한다. 1년째에는 경전의 구문을 끊어서 읽는 수준과 그들의 뜻이 올바른지를 변별한다. 3년째에는 과업을 공경스럽게 익히고 동급생들과 친하게 지내는지를 살펴본다. 5년째에는 널리 익히고 스승을 친애하는지를 살펴본다. 7년째에는 학문의 오묘한 뜻을 연구하고 자신보다 나은 벗들을 사귀고 있는지를 살펴본다. 이처럼 할 수 있다면, 이러한 자들을 소성(小成)이라고 부른다. 9년째가 되면, 의리를 깊이 연구하였으니, 같은 부류에 대해서도 그 지식을 확장해서 달통하지 않음이 없게 되며, 굳건하게 자신을 세우고 그 뜻이 무너지지 않으니, 이러한 자들을 대성(大成)이라고 부른다.

鄭注 術, 當爲"遂", 聲之誤也. 古者仕焉而已者, 歸敎於閭里, 朝夕坐於門, 門側之堂謂之塾. 周禮: 五百家爲黨, 萬二千五百家爲遂. 黨屬於鄕, 遂在遠郊之外. 學者每歲來入也. 中, 猶間也. 鄕遂大夫間歲則考學者之德行道藝. 周禮: 三歲大比乃考焉. 離經, 斷句絶也. 辨志, 謂別其心意所趣鄕也. 知類, 知事義之比也. 强立, 臨事不惑也. 不反, 不違失師道.

번역 '술(術)'자는 마땅히 '수(遂)'자가 되어야 하니, 소리가 비슷해서 생긴 오자이다. 고대에는 벼슬을 했다가 물러난 자가 자신의 고향으로 되돌아가서 학생들을 가르쳤고, 아침저녁으로 마을 문에 앉아서 출입하는 자들의 품행을 살펴보았는데, 마을 문 옆에 있는 당(堂)을 '숙(塾)'이라고 부른다. 『주례』의 체제에 따르면, 500개의 가(家)는 1개의 당(黨)이 되며, 12,500

개의 가(家)는 1개의 수(遂)가 된다. 당(黨)은 향(鄕)에 속해 있고, 수(遂)는 원교(遠郊) 밖에 속해 있다. 학생들은 매해 찾아와서 입학을 한다. '중(中)' 자는 "사이를 둔다[間]."는 뜻이다. 향(鄕)과 수(遂)의 대부들은 한 해를 걸러서 학생들의 덕행과 도예(道藝)를 시험한다. 『주례』에서는 3년마다 대비(大比)를 하여 학생들을 시험한다고 했다. '이경(離經)'은 구문을 끊는 것이다. '변지(辨志)'는 마음이 지향하는 것을 분별한다는 뜻이다. '지류(知類)'는 사안과 의리상 비슷한 부류에 대해서 파악할 수 있다는 뜻이다. '강립(强立)'은 어떤 사안에 임해서 의혹되지 않는다는 뜻이다. '불반(不反)'은 스승이 가르쳐준 도리에 대해서 위배하거나 실추시키지 않는다는 뜻이다.

孔疏 ●"家有塾"者, 此明學之所在. 周禮: 百里之內, 二十五家爲閭, 同共一巷, 巷首有門, 門邊有塾, 謂民在家之時, 朝夕出入, 恒受敎於塾, 故云"家有塾". 白虎通云: "古之敎民者[9]里皆有師, 里中之老有道德者, 爲里右師, 其次爲左師, 敎里中之子弟以道藝・孝悌・仁義也."

번역 ●經文: "家有塾". ○이 내용은 학교가 위치하는 단위를 나타내고 있다. 『주례』에서는 100리(里) 이내의 땅에 25개의 가(家)를 1개의 여(閭)로 삼고, 모두 한 마을을 이루게 하는데, 마을 입구에는 문이 있고, 문의 측면에는 숙(塾)이 있어서, 백성들이 가(家)에 머물 때, 아침저녁으로 출입하며, 숙(塾)에서 항상 가르침을 받았다고 했다. 그렇기 때문에 "가(家)에는 숙(塾)이 있다."라고 말한 것이다. 『백호통』[10]에서는 "고대에 백성들을 가르쳤던 것 중에 리(里)에는 모두 스승이 있었으니, 리(里) 안의 나이가 든 자들 중 도덕을 갖춘 자를 리(里)의 우사(右師)로 삼았고, 그 다음으로 높은 자를 좌사(左師)로 삼아서, 리(里) 안에 있는 자제들에게 도예・효제・인의를

---

9) '자(者)'자에 대하여. '자'자는 본래 '백(百)'자로 기록되어 있었는데, 완원(阮元)의 『교감기(校勘記)』에서는 "노문초(盧文弨)는 교감을 하며, '백'자는 곧 '자'자의 오자라고 했다."라고 했다.

10) 『백호통(白虎通)』은 후한(後漢) 때 편찬된 서적이다. 『백호통의(白虎通義)』라고도 부른다. 후한의 장제(章帝)가 학자들을 불러 모아서, 백호관(白虎觀)에서 토론을 시키고, 각 경전 해석의 차이점을 기록한 서적이다.

가르쳤다.”라고 했다.

孔疏 ●“黨有庠”者, 黨, 謂周禮五百家也. 庠, 學名也. 於黨中立學, 教閭中所升者也.

번역 ●經文: “黨有庠”. ○‘당(黨)’은 『주례』의 체제에 따른 500개의 가(家) 규모를 뜻한다. ‘상(庠)’은 학교 이름이다. 당(黨) 안에 학교를 세워서, 여(閭)에서 선발된 자들을 가르쳤다.

孔疏 ●“術有序”者, 術, 遂也. 周禮: 萬二千五百家爲遂. 遂有序, 亦學名. 於遂中立學, 教黨學所升者也.

번역 ●經文: “術有序”. ○‘술(術)’자는 수(遂)를 뜻한다. 『주례』의 체제에 따르면 12,500개의 가(家) 규모가 1개의 수(遂)가 된다. 수(遂) 안에는 서(序)를 두었으니, 이때의 ‘서(序)’ 또한 학교 이름이다. 수(遂) 안에 학교를 세워서, 당(黨)의 학교에서 선발된 자들을 가르쳤다.

孔疏 ●“國有學”者, 國, 謂天子所都及諸侯國中也. 周禮天子立四代學, 以教世子及群后之子, 及鄉中俊選所升之士也. 而尊魯, 亦立四代學. 餘諸侯於國, 但立時王之學, 故云“國有學”也.

번역 ●經文: “國有學”. ○‘국(國)’은 천자가 도읍으로 삼은 곳이거나 제후가 다스리는 국성(國城)을 뜻한다. 『주례』의 체제에 따르면 천자는 사대(四代)[11] 때의 학교를 모두 세워서, 세자 및 제후들의 아들, 향(鄉)의 준선(俊選)으로 선발된 사들을 가르쳤다. 그런데 노나라는 주공으로 인해 존숭받았으므로, 노나라에서도 사대 때의 학교를 세웠다. 나머지 제후국에서는

---

11) 사대(四代)는 우(虞), 하(夏), 은(殷), 주(周)의 4대(代) 왕조를 뜻한다. 『예기』「학기(學記)」편에는 “三王四代唯其師.”라는 기록이 있는데, 이에 대한 정현의 주에서는 “四代, 虞·夏·殷·周.”라고 풀이했다.

국성 안에 단지 당시 왕조의 학교만을 세웠다. 그렇기 때문에 "국성에는 학(學)이 있다."라고 말한 것이다.

참고 『의례』「향사례(鄕射禮)」 기록

경문 司射東面立于三耦之北, 搢三而挾一个.

번역 사사는 동쪽을 바라보며 세 쌍의 북쪽에 서고, 허리에 3대의 화살을 꼽고 1대의 화살은 손에 낀다.

鄭注 爲當誘射也, 固東面矣. 復言之者, 明却時還.

번역 활쏘기를 유도하기 위해서이므로 동쪽을 바라보게 된다. 거듭 언급한 것은 물러날 때 돌아서 나오게 됨을 나타내기 위해서이다.

賈疏 ●"司射"至"一个". ◎注"爲當"至"時還". ○釋曰: 云"固東面矣, 復言之者, 明却時還"者, 司射先在中西南, 東面, 今三耦立定, 司射却來向三耦之北, 東面, 明司射却時, 右還西南, 東面也.

번역 ●經文: "司射"~"一个". ◎鄭注: "爲當"~"時還". ○정현이 "동쪽을 바라보게 된다. 거듭 언급한 것은 물러날 때 돌아서 나오게 됨을 나타내기 위해서이다."라고 했는데, 사사는 앞서 중(中)의 서남쪽에서 동쪽을 바라보고 있었는데, 현재 활을 쏘는 세 쌍이 자리를 잡아서, 사사가 세 쌍의 북쪽으로 다가와 동쪽을 바라보는 것이니, 사사가 물러날 때 오른쪽으로 돌아 서남쪽으로 가서 동쪽을 바라보게 됨을 나타낸다.

경문 揖進, 當階, 北面揖. 及階揖, 升堂揖. 豫則鉤楹內, 堂則由楹外. 當左物, 北面揖.

번역 읍을 하고 나아가며 계단에 당도하면 북쪽을 바라보며 읍을 한다.

계단에 오르게 되면 읍을 하고 당상에 올라가서 읍을 한다. 활쏘기를 시행하는 장소가 주(州)에 설치된 학교라면 기둥 안쪽으로 돌아서 동쪽으로 나아가고, 향(鄕)에 설치된 학교라면 기둥 바깥쪽에서 동쪽으로 나아간다. 좌측의 사대[物]에 당도하면 북쪽을 바라보며 읍을 한다.

鄭注 鉤楹, 繞楹而東也. 序無室, 可以深也. 周立四代之學於國, 而又以有虞氏之庠爲鄕學. 鄕飮酒義曰"主人迎賓於庠門外", 是也. 庠之制, 有堂有室也. 今言豫者, 謂州學也. 讀如"成周宣謝災"之謝, 周禮作序. 凡屋無室曰謝, 宜從謝. 州立謝者, 下鄕也. 左物, 下物也. 今文豫爲序, 序乃夏后氏之學, 亦非也.

번역 '구영(鉤楹)'은 기둥을 돌아서 동쪽으로 나아간다는 뜻이다. 서(序)에는 실(室)이 없으므로 깊숙한 곳까지 갈 수 있다. 주나라 때에는 사대 때의 학교를 국성에 세웠고, 또한 유우씨 때의 학교인 상(庠)을 향(鄕)의 학교로 삼았다. 「향음주의」편에서 "주인은 상(庠)의 문밖에서 빈객에게 절을 하며 맞이한다."라고 한 말이 이러한 사실을 나타낸다. 상(庠)을 제작할 때에는 당(堂)을 두고 실(室)을 둔다. 이곳에서 '예(豫)'라고 말한 것은 주(州)에 설치한 학교를 뜻한다. 이것은 "성주(成周) 선사(宣謝)에 화재가 났다."고 했을 때의 '사(謝)'자로 해석하며, 『주례』에서는 서(序)자로 기록했다. 지붕이 있는 건물들 중 실(室)이 없는 것은 '사(謝)'라고 부르니, 마땅히 '사(謝)'자로 해석해야 한다. 주(州)에 사(謝)를 세우는 것은 향(鄕)보다 낮추기 때문이다. '좌물(左物)'은 하물(下物)이다. 금문에서는 '예(豫)'자를 서(序)자로 기록했는데, '서(序)'는 하후씨 때의 학교이므로, 이 또한 잘못된 기록이다.

賈疏 ●"揖進"至"面揖". ◎注"鉤楹"至"非也". ○釋曰: 凡行射禮耦, 耦各相對揖, 故司射誘射發, 東面位, 揖進, 當西階北面揖, 及階揖, 升堂揖訖, 東行向兩楹間, 物須過西楹, 是以豫則鉤楹內北過, 以記云: "序則物當棟." 物近北, 故過由楹北也. 堂則由楹外過而東行, 以記云: "堂則物當楣." 物近南, 故過由楹南也. 云"當左物"者, 以南面爲正, 東爲左物, 北面又揖也. 云"鉤楹, 繞楹而東也"者, 北而東也. 云"序無室, 可以深也"者, 據州立序而言. 云"周立四代之學於國”者, 按王制云: 有虞氏上庠下庠, 夏后氏東序西序, 殷人左學右學, 周人東膠虞庠. 周立四代者, 通己爲四代, 但質家貴右, 故虞殷大學在西郊, 小學在國中. 文家貴左, 故夏周大學在國中王宮之東, 小學在西郊. 周所立前代學者, 立虞·夏·殷三代大學. 若然, 則虞氏上庠, 則周之小學爲有虞氏之庠, 制在西郊也. 立殷之右學則瞽宗, 周立之亦在西郊. 立夏后氏之東序, 則周之東膠立在王宮之東, 以其改東序爲東膠. 東膠, 二代名, 故云周立四代學. 文王世子亦論四代學中學樂之事. 云“而又以有虞氏之庠爲鄕學”者, 與周立虞庠同制, 故引鄕飮酒義爲證鄕立庠之義也. 云“庠之制, 有堂有室也”者, 則此篇云“堂則由楹外”, 又記云“堂則物當楣”, 是也. 論語云: “由也升堂矣, 未入於室.” 室堂相將, 有室必有堂. 言此者, 見庠則室堂俱有, 對榭則有堂無室也. 云“今言豫者, 謂州學也”者, 周禮·地官·州長職云“春秋以禮會民而射于序”, 是也. 云“讀如‘成周宣榭災’之榭”者, 按宣公十六年經書: “成周宣榭火.” 彼雖不據學, 以其無室, 與爾雅“無室曰榭”同, 故引以爲證也. 云“周禮作序”者, 據州長職文. 云“凡屋無室曰榭, 宜從榭”者, 鄭廣解榭名. 爾雅云: “闍謂之臺, 有木者謂之榭.” 及成周宣謝, 及此州立謝, 皆是無室, 故云“凡”以該之, 不得從豫及序, 故云宜從榭也. 云“州立榭者, 下鄕也”者, 以其鄕之庠有室有堂, 州謝則有堂無室, 故云下鄕也. 云“今文豫爲序, 序乃夏后氏之學, 亦非也”, 不從今文者, 以其虞庠·夏序皆是有室, 州之序則無室, 故云“非”. 言“亦”者, 古文爲豫已非, 今文作夏后氏之序亦非. 若然, 禮記·學記及州長職幷下記皆作序, 鄭不破之者, 以鄕立虞庠, 依虞有室, 州立夏序, 去室, 猶取序名, 是以鄭注州長云“序, 州黨之學也”, 故不破之也.

번역 ●經文: “揖進”~“面揖”. ◎鄭注: “鉤楹”~“非也”. ○활쏘기의 의례를 진행할 때에는 활을 쏘는 자들이 짝을 이루게 되는데, 그 짝들은 각각 상대에 대해서 마주보며 읍을 한다. 그렇기 때문에 사사가 활쏘기를 유도하기 위해서 동쪽을 바라보며 위치하고 읍을 하고 나아가 서쪽 계단에 당도하면 북쪽을 바라보며 읍을 하고, 계단에 오르게 되면 읍을 하며 당상에 올라가면 읍을 하는데, 이 절차를 마치게 되면 동쪽으로 나아가 양쪽 기둥 사이로 가며, 물(物)은 서쪽 기둥을 벗어나 있다. 이러한 까닭으로 예(豫)에

서 시행하게 되면 기둥 안쪽으로 돌아서 북쪽으로 가는 것이며, 기문에서
는 "서(序)에서 하게 되면 사대가 마룻대 쪽에 있다."라고 했으니, 물(物)은
북쪽과 가까운 곳에 위치한다. 그렇기 때문에 기둥을 경유하여 북쪽으로
가는 것이다. 당(堂)에서 시행하게 되면 기둥 바깥쪽에서 동쪽으로 나아간
다고 했는데, 기문에서는 "당에서 하게 되면 사대가 도리 쪽에 있게 된다."
라고 했으니, 물(物)은 남쪽과 가까운 곳에 위치한다. 그렇기 때문에 기둥
바깥쪽을 경유하여 남쪽으로 나아가는 것이다. "좌측의 사대[物]에 당도하
다."라고 했는데, 남쪽을 바른 방향으로 삼아서 동쪽에 있는 것은 좌측 사대
가 되니, 북쪽을 바라보며 재차 읍을 하는 것이다. 정현이 "'구영(鉤楹)'은
기둥을 돌아서 동쪽으로 나아간다는 뜻이다."라고 했는데, 북쪽으로 가서
다시 동쪽으로 간다는 뜻이다. 정현이 "서(序)에는 실(室)이 없으므로 깊숙
한 곳까지 갈 수 있다."라고 했는데, 주(州)에서 세운 서(序)를 기준으로
말한 것이다. 정현이 "주나라 때에는 사대 때의 학교를 국성에 세웠다."라
고 했는데, 『예기』「왕제(王制)」편을 살펴보면 유우씨 때에는 상상(上庠)과
하상(下庠)이 있었고,12) 하후씨 때에는 동서(東序)와 서서(西序)가 있었으
며,13) 은나라 때에는 좌학(左學)과 우학(右學)이 있었고,14) 주나라 때에는
동교(東膠)와 우상(虞庠)이 있었다고 했다.15) 주나라는 사대 때의 학교를
세웠는데, 자기 왕조까지 통괄해서 사대가 된다. 다만 질박함을 추구했던
왕조에서는 우측을 존귀하게 높였다. 그렇기 때문에 유우씨와 은나라 때의
태학은 서쪽 교외에 있었던 것이며 소학은 국성 안에 있었던 것이다. 반면
화려함을 추구했던 왕조에서는 좌측을 존귀하게 높였다. 그렇기 때문에 하
나라와 주나라 때의 태학은 국성 안에서도 왕궁의 동쪽에 있었던 것이며
소학은 서쪽 교외에 있었던 것이다. 주나라에서 이전 왕조 때의 학교를 세
웠던 것은 유우씨·하나라·은나라 삼대의 태학을 세운 것이다. 만약 그렇다

---

12) 『예기』「왕제(王制)」【178d】: 有虞氏, 養國老於上庠, 養庶老於下庠.
13) 『예기』「왕제(王制)」【179a】: 夏后氏, 養國老於東序, 養庶老於西序.
14) 『예기』「왕제(王制)」【179a】: 殷人, 養國老於右學, 養庶老於左學.
15) 『예기』「왕제(王制)」【179a~b】: 周人, 養國老於東膠, 養庶老於虞庠, 虞庠在
　　國之西郊.

면 유우씨 때의 상상(上庠)은 주나라 때의 소학으로 유우씨 때의 상(庠)이 되는데 서쪽 교외에 만들었다. 또 은나라 때의 우학을 세워서 고종(瞽宗)이라고 했는데, 주나라에서는 이것을 세울 때 또한 서쪽 교외에 설치하였다. 하후씨 때의 동서(東序)를 세웠는데, 이것은 주나라 때의 동교(東膠)로 왕궁의 동쪽에 두었고, 동서(東序)라는 명칭을 고쳐서 동교(東膠)라고 했다. '동교(東膠)'는 하나라와 주나라 때의 학교 명칭이다. 그렇기 때문에 주나라에서는 사대 때의 학교를 세웠다고 했다. 『예기』「문왕세자(文王世子)」편에서도 사대의 학교에서 음악을 배웠던 일을 논의하였다. 정현이 "또한 유우씨 때의 학교인 상(庠)을 향(鄉)의 학교로 삼았다."라고 했는데, 주나라에서 우상을 세웠던 것과 제도가 동일하다. 그렇기 때문에 「향음주의」편을 인용하여 향에 상(庠)을 세웠다는 뜻을 증명한 것이다. 정현이 "상(庠)을 제작할 때에는 당(堂)을 두고 실(室)을 둔다."라고 했는데, 「향사례」편에서 "당(堂)이라면 기둥 바깥쪽에서 동쪽으로 나아간다."라고 했고, 또 기문에서 "당(堂)에서 하게 된다면 물(物)은 처마 쪽에 둔다."라고 했기 때문이다. 『논어』에서는 "자로는 당에는 올랐지만 아직 실에는 들어오지 못한 것이다."16)라고 했다. 실(室)과 당(堂)은 서로 연관되는데, 실이 있다면 반드시 당도 있는 것이다. 이러한 사실을 언급한 것은 상(庠)을 드러내면 실과 당이 모두 갖춰져 있는 것이고, 사(榭)와 대비하면 당은 있지만 실은 없기 때문이다. 정현이 "이곳에서 '예(豫)'라고 말한 것은 주(州)에 설치한 학교를 뜻한다."라고 했는데, 『주례』「지관(地官)・주장(州長)」편의 직무기록에서 "봄과 가을에 예법에 따라 백성들을 모아 서(序)에서 활쏘기를 했다."라고 한 말이 이러한 사실을 나타낸다. 정현이 "이것은 '성주(成周) 선사(宣謝)에 화재가 났다.'고 했을 때의 '사(謝)'자로 해석한다."라고 했는데, 선공 16년에 대한 경문의 기록을 살펴보면, "성주 선사에서 화재가 발생했다."17)라고 했다. 『춘추』에서는 비록 학교 건물에 기준을 둔 것은 아니지만, 그

---

16) 『논어』「선진(先進)」 : 子曰, "由之瑟, 奚爲於丘之門?" 門人不敬子路. 子曰, "由也升堂矣, 未入於室也."

17) 『춘추』「선공(宣公) 16년」 : 夏, 成周宣謝火.

건물에는 실이 없는데 이것은 『이아』에서 "실이 없는 것을 사(榭)라고 부른다."[18]라고 한 기록과 같다. 그렇기 때문에 이 내용을 인용해서 증거로 삼은 것이다. 정현이 "『주례』에서는 서(序)자로 기록했다."라고 했는데, 이것은 「주장」편의 직무기록에 근거한 말이다. 정현이 "지붕이 있는 건물들 중 실(室)이 없는 것은 '사(謝)'라고 부르니, 마땅히 '사(謝)'자로 해석해야 한다."라고 했는데, 정현은 '사(榭)'라는 명칭을 폭넓게 설명한 것이다. 『이아』에서는 "망루를 '대(臺)'라고 부르며, 나무로 세운 구조물이 있는 것을 '사(榭)'라고 부른다."[19]라고 했다. 그리고 성주의 선사라는 것과 주에 세운 사에도 모두 실이 없다. 그렇기 때문에 '범(凡)'자를 붙여서 풀이한 것이며, 예(豫) 및 서(序)라는 글자에 따를 수 없다. 그렇기 때문에 "마땅히 '사(謝)'자로 해석해야 한다."라고 말한 것이다. 정현이 "주(州)에 사(謝)를 세우는 것은 향(鄕)보다 낮추기 때문이다."라고 했는데, 향에 설치한 상(庠)에는 실도 있고 당도 있는데, 주에 설치한 사에는 당은 있지만 실이 없다. 그렇기 때문에 "향보다 낮췄다."라고 했다. 정현이 "금문에서는 '예(豫)'자를 서(序)자로 기록했는데, '서(序)'는 하후씨 때의 학교이므로, 이 또한 잘못된 기록이다."라고 했는데, 금문의 기록에 따르지 않았던 것은 우 때의 상과 하 때의 서는 모두 실이 있고 주의 서에는 실이 없다. 그렇기 때문에 "잘못되었다."라고 했다. '역(亦)'이라고 말한 것은 고문에서 '예(豫)'자로 기록한 것은 이미 잘못되었는데, 금문에서 하후씨 때의 서로 기록한 것 또한 잘못되었기 때문이다. 만약 그렇다면 『예기』「학기」편과 『주례』「주장」편의 직무기록 및 아래 나오는 기문에서는 모두 서(序)라고 기록했는데, 정현이 그 사실을 논파하지 않은 것은 향에는 우상을 세우고 우 때의 제도에 따라 실을 두며, 주에는 하 때의 서를 세우는데 실을 제거했음에도 여전히 서라는 명칭을 취했다. 이러한 까닭으로 「주장」편에 대한 정현의 주에서는 "서는 주와 당의 학교이다."라고 했다. 그렇기 때문에 논파하지 않은 것이다.

---

18) 『이아』「석궁(釋宮)」 : 室有東西廂曰廟, 無東西廂有室曰寢, <u>無室曰榭</u>, 四方而高曰臺, 陝而修曲曰樓.

19) 『이아』「석궁(釋宮)」 : 闍謂之臺, 有木者謂之榭.

참고 『의례』「향음주례(鄕飮酒禮)」 기록

경문 主人一相迎于門外, 再拜賓, 賓答拜, 拜介, 介答拜.

번역 주인과 주인의 의례 진행을 돕는 자 1명은 상(庠)의 문밖에서 빈객을 맞이하며, 빈객에게 재배를 하고 빈객은 답배를 하며, 개(介)에게 절을 하고 개는 답배를 한다.

鄭注 相, 主人之吏, 擯贊傳命者.

번역 '상(相)'은 주인에게 속한 아전이니, 의례의 진행을 도와 명령을 전달하는 자이다.

賈疏 ●"主人"至"答拜". ◎注"相主"至"命者". ○釋曰: 自此至"答再拜", 論主人迎賓入升堂, 并拜至之事. 云"主人一相迎于門外"者, 謂主人於群吏中立一相, 使傳賓主之命. 主人乃自出迎賓於大門外, 必非一相迎賓者, 按鄕飮酒義云"主人拜迎賓于庠門之外", 明主人自迎. 若然, 主人輒言一相者, 欲見使一相傳命, 乃迎, 故云"相主人之吏, 擯贊傳命者"也. 若然, 士相見注"異日則拜迎, 同日不拜迎"者, 彼以摰相見法, 此自以賓擧賢能, 故與彼異也.

번역 ●經文: "主人"~"答拜". ◎鄭注: "相主"~"命者". ○이곳 구문으로부터 "답례로 재배를 한다."라는 구문까지는 주인이 빈객을 맞이하여 안으로 들어가 당상으로 올라가는 일과 찾아온 것에 절을 하는 사안을 논의하고 있다. "주인과 주인의 의례 진행을 돕는 자 1명은 상(庠)의 문밖에서 빈객을 맞이한다."라고 했는데, 주인은 여러 아전들 중에서 1명을 의례의 진행을 돕는 자로 세워 그로 하여금 빈객과 주인 사이의 명령을 전달하게 시킨다. 주인은 곧 직접 밖으로 나가서 대문 밖에서 빈객을 맞이하는데, 의례의 진행을 돕는 자 1명만이 빈객을 맞이하는 것이 아님을 분명히 알 수 있는 것은 「향음주의」편을 살펴보면 "주인은 상문 밖에서 빈객을 맞이하며 절을 한다."라고 했으니, 주인이 직접 맞이한다는 사실을 나타낸다.

만약 그렇다면 주인에 대한 일에서 갑작스럽게 의례의 진행을 돕는 자 1명에 대해 언급한 것은 그 사람으로 하여금 명령을 전달하게 시키고서야 맞이한다는 사실을 나타내고자 한 것이다. 그렇기 때문에 정현이 "'상(相)'은 주인에게 속한 아전이니, 의례의 진행을 도와 명령을 전달하는 자이다."라고 말한 것이다. 만약 그렇다면 『의례』「사상견례(士相見禮)」편에 대한 정현의 주에서는 "날이 다르다면 절을 하며 맞이하고, 같은 날이라면 절을 하며 맞이하지 않는다."라고 했는데, 「사상견례」편의 내용은 예물을 가지고 서로 만나보는 법도에 해당하고, 이곳의 내용은 직접 현명한 자와 능력이 뛰어난 자를 빈객으로 예우하며 천거하는 일이다. 그렇기 때문에 「사상견례」편의 내용과 차이를 보이는 것이다.

경문 揖衆賓.

번역 주인이 여러 빈객들에게 읍을 한다.

鄭注 差益卑也, 拜介·揖衆賓, 皆西南面.

번역 차등적으로 신분이 더욱 낮아지기 때문이니, 개(介)에게 절을 하고 여러 빈객들에게 읍을 할 때에는 모두 서남쪽을 바라보게 된다.

賈疏 ●"揖衆賓". ◎注"差益"至"南面". ○釋曰: 云"差益卑"者, 以上文主人迎賓而拜介, 是介差卑於賓. 今於衆賓不拜, 直揖之而已, 故云差益卑也. 知拜介揖衆賓皆西南面者, 以其賓·介·衆賓立位在門外, 位以北爲上, 主人與賓正東西相當, 則介與衆賓差在南東面明. 知主人正西面拜賓, 則側身向西南拜介·揖衆賓矣.

번역 ●經文: "揖衆賓". ◎鄭注: "差益"~"南面". ○정현이 "차등적으로 신분이 더욱 낮아지기 때문이다."라고 했는데, 앞에서 주인은 빈객을 맞이하고 개(介)에게 절을 한다고 했는데, 개는 빈객보다 신분이 낮기 때문이다. 현재 여러 빈객들에 대해서는 절을 하지 않았고 단지 읍만 했을 따름이다.

그렇기 때문에 "차등적으로 신분이 더욱 낮아지기 때문이다."라고 했다. 개에게 절을 하고 여러 빈객들에게 읍을 할 때 모두 서남쪽을 바라본다는 사실을 알 수 있는 이유는 빈객·개·여러 빈객들이 서 있는 위치는 문밖이 되고, 그 자리는 북쪽 끝에서부터 서열에 따라 정렬하는데, 주인과 빈객은 동쪽과 서쪽에서 서로 마주보게 되므로, 개와 여러 빈객들은 서열에 따라 차등적으로 남동쪽을 바라보게 된다. 따라서 주인이 정서 방향을 바라보며 빈객에게 절을 한다면, 몸을 측면으로 틀어 서남쪽을 바라보며 개에게 절을 하고 여러 빈객들에게 읍을 한다는 사실을 알 수 있다.

경문 主人揖, 先入.

번역 주인이 읍을 하고 먼저 문으로 들어간다.

鄭注 揖, 揖賓也. 先入門而西面.

번역 읍은 빈객에게 읍을 하는 것이다. 먼저 문으로 들어가서 서쪽을 바라보게 된다.

賈疏 ●"主人揖先入". ◎注"揖揖"至"西面". ○釋曰: 此鄕大夫行鄕飮酒在庠學, 唯有一門, 卽向階, 門內旣有三揖, 故主人導賓, 揖而先入門, 至內霤西向待賓也.

번역 ●經文: "主人揖先入". ◎鄭注: "揖揖"~"西面". ○이것은 향대부가 상(庠)이라는 학교 건물에서 향음주례를 시행하는 것이므로, 오직 1개의 문만 있으니 곧바로 계단을 향하게 되는데, 문안에서 이미 3차례 읍을 하게 된다. 그렇기 때문에 주인은 빈객을 인도하기 위해 읍을 하고서 먼저 문으로 들어가고, 안쪽 낙숫물이 떨어지는 곳에 도달하게 되면 서쪽을 바라보며 빈객을 기다린다.

경문 賓厭介, 入門左. 介厭衆賓, 入, 衆賓皆入門左, 北上.

번역 빈객은 개(介)에게 염(厭)을 하고 문의 좌측으로 들어간다. 개는 여러 빈객들에게 염을 하고 들어가며, 여러 빈객들은 모두 문의 좌측으로 들어가는데 북쪽 끝에서부터 정렬한다.

鄭注 皆入門西, 東面, 賓之屬相厭, 變於主人也. 推手曰揖, 引手曰厭, 今文皆作揖. 又曰衆賓皆入左, 無門.

번역 모두 문의 서쪽으로 들어가서 동쪽을 바라보는데, 빈객의 휘하에 있는 자들은 서로 염(厭)을 하니, 주인에 대한 예법에서 변화를 주기 때문이다. 두 손을 포개고 밀어내어 앞에 두는 것을 '읍(揖)'이라 부르고, 두 손을 포개고 당기는 것을 '염(厭)'이라 부르는데, 금문에서는 둘 모두에 대해 '읍(揖)'이라고 기록했다. 또한 금문에는 '중빈개입좌(衆賓皆入左)'라고 기록되어 '문(門)'자가 없다.

賈疏 ●"賓厭"至"北上". ◎注"皆入"至"無門". ○釋曰: 主人入後, 賓乃厭介, 介厭衆賓, 相隨入門, 皆東面北上定位. 賓既北上, 主人西面相向, 揖訖乃相背, 各向堂塗, 介與衆賓亦隨賓至西階下也. 云"賓之屬, 相厭變於主人也"者, 以賓與介·衆賓等自用引手而入, 故不揖, 是變於主人也. 云"推手揖, 引手曰厭"者, 厭字或作擪字者, 古字義亦通也. 云"推手揖"者, 按周禮·司儀云: "土揖庶姓, 時揖異姓, 天揖同姓." 鄭以推手小下之爲土揖, 平推手爲時揖, 推手小擧之爲天揖, 皆以推手爲揖. 又按僖二年公羊傳: "荀息進曰: 虞·郭見與? 獻公揖而進之." 何休云: "以手通指曰揖." 與此別者, 推手解其揖狀, 通指道其揖意也. 鄭則解揖體, 何氏釋其揖意, 相兼乃足也. 云"引手曰厭"者, 以手向身引之. 云"今文皆作揖"者, 鄭不從也. 云"又曰衆賓皆入門左, 無門", 亦不從也.

번역 ●經文: "賓厭"~"北上". ◎鄭注: "皆入"~"無門". ○주인이 안으로 들어간 이후 빈객은 개(介)에게 염(厭)을 하고, 개는 여러 빈객들에게 염을 하는데, 서로 뒤따라 문으로 들어가며, 모두 동쪽을 바라보며 북쪽 끝에서부터 차례대로 정렬하여 자리를 잡는다. 빈객이 이미 북쪽 끝에 위치하였으므로, 주인은 서쪽을 바라보아 서로 마주보게 되며, 읍하는 것을 마치면 서로 등져서 각각 당으로 향하는 길을 바라보게 되고, 개와 여러 빈객들 또한 빈객을 뒤따라 서쪽 계단 밑으로 가게 된다. 정현이 "빈객의 휘하에 있는 자들은 서로 염(厭)을 하니, 주인에 대한 예법에서 변화를 주기 때문이다."라고 했는데, 빈객과 개 및 여러 빈객 등은 스스로 손을 끌어당기는 예법을 사용하여 문으로 들어간다. 그렇기 때문에 읍을 하지 않으니, 이것은 주인의 예법에서 변화를 준 것이다. 정현이 "두 손을 포개고 밀어내어 앞에 두는 것을 '읍(揖)'이라 부르고, 두 손을 포개고 당기는 것을 '염(厭)'이라 부른다."라고 했는데, '염(厭)'자는 의(擪)자로도 기록하니, 고자에서는 자형과 의미가 통용되었기 때문이다. "두 손을 포개고 밀어내어 앞에 두는 것을 '읍(揖)'이라 부른다."라고 했는데,『주례』「사의(司儀)」편을 살펴보면 "친족관계가 없는 제후에 대해서는 토읍(土揖)을 하고, 이성의 제후에게는 시읍(時揖)을 하며, 동성의 제후에게는 천읍(天揖)을 한다."[20]라고 했다. 정현은 두 손을 포개고 앞으로 내밀되 조금 밑으로 두는 것을 '토읍(土揖)'이라고 했고, 수평이 되도록 손을 내미는 것을 '시읍(時揖)'이라고 했으며, 손을 내밀며 조금 위로 드는 것을 '천읍(天揖)'이라고 했는데, 이 모두는 두 손을 포개고 앞으로 내미는 것을 '읍(揖)'으로 여긴 것이다. 또 희공 2년에 대한『공양전』의 기록을 살펴보면 "순식은 나아가며 '우나라와 곽나라가 떠올라서 입니까?'라고 하자 헌공은 읍을 하여 나오게 했다."[21]라고 했고, 하휴는 "손으로 가리키는 것을 '읍(揖)'이라고 한다."라고 하여, 이곳 기록과 차이를 보이는데, 손을 포개서 앞으로 내민다는 것은 읍을 하는 모습을 풀이한 것이고, 가리킨다고 한 것은 읍을 하는 뜻을 설명한 것이다. 정현은 곧 읍을 하는 형태를 풀이한 것이고, 하휴는 읍을 하는 의미를 풀이한 것이니, 상호 그 뜻을 보완하면 의미가 충분해진다. "두 손을

---

20) 『주례』「추관(秋官)・사의(司儀)」 : 詔王儀, 南鄕見諸侯, 土揖庶姓, 時揖異姓, 天揖同姓.

21) 『춘추공양전』「희공(僖公) 2년」 : 獻公朝諸大夫而問焉, 曰, 寡人夜者寢而不寐, 其意也何? 諸大夫有進對者曰, 寢不安與, 其諸侍御有不在側者與, 獻公不應, <u>荀息進曰, 虞郭見與. 獻公揖而進之.</u>

포개고 당기는 것을 '염(厭)'이라 부른다."라고 했는데, 두 손을 자기 몸 쪽
으로 당긴다는 뜻이다. 정현이 "금문에서는 둘 모두에 대해 '읍(揖)'이라고
기록했다."라고 했는데, 정현은 금문의 기록을 따르지 않은 것이다. 정현이
"또한 금문에는 '중빈개입좌(衆賓皆入左)'라고 기록되어 '문(門)'자가 없
다."라고 했는데, 이 또한 금문의 기록을 따르지 않은 것이다.

경문 主人與賓三揖, 至于階, 三讓. 主人升, 賓升. 主人阼階上當楣北面再
拜. 賓西階上當楣北面答拜.

번역 주인은 빈객과 세 차례 읍을 하고, 계단에 당도하면 세 차례 사양
을 한다. 주인이 계단에 오르면 빈객도 뒤따라 오른다. 주인은 동쪽 계단
위 들보가 있는 곳에서 북쪽을 바라보며 재배를 한다. 빈객은 서쪽 계단
위 들보가 있는 곳에서 북쪽을 바라보며 답배를 한다.

鄭注 三揖者, 將進揖, 當陳揖, 當碑揖. 楣, 前梁也. 復拜, 拜賓至此堂, 尊之

번역 세 차례 읍을 한다고 한 것은 나아가려고 할 때 읍을 하는 것이며,
당으로 나아가는 길에서 읍을 하는 것이고, 마당에 세워진 돌기둥인 비(碑)
에서 읍을 하는 것이다. '미(楣)'는 앞쪽 들보를 뜻한다. 재차 절을 하는 것
은 빈객이 이곳 당상에 오르게 된 것에 대해 절을 하여, 그를 존귀하게 높여
주는 것이다.

賈疏 ●"主人"至"答拜". ◎注"三揖"至"尊之". ○釋曰: 云"三讓, 主人升"
者, 主人先升, 賓後升, 故鄕射云"主人升一等, 賓升", 是也. 云"三揖者, 將進
揖, 當陳揖, 當碑揖"者, 爾雅"陳, 堂塗也". 云"楣, 前梁也"者, 對後梁爲室戶
上. 云"復拜, 賓至此堂, 尊之"者, 按公食禮云: "公升二等, 賓升." 公當楣北鄕,
至再拜. 燕禮·大射皆云主人升自西階, 賓右至, 再拜. 鄕飮酒義亦云"拜至拜
洗", 皆不云至者, 略之. 是知此升堂拜亦是拜至. 可知凡拜至者, 皆是尊之也.

번역 ●經文: "主人"~"答拜". ◎鄭注: "三揖"~"尊之". ○"세 차례 사양

을 하고 주인이 계단에 오른다."라고 했는데, 주인이 먼저 올라가고 빈객이
뒤에 올라간다. 그렇기 때문에 『의례』「향사례(鄕射禮)」편에서는 "주인이
1칸을 올라가면 빈객이 계단에 오른다."[22]라고 한 것이다. 정현이 "세 차례
읍을 한다고 한 것은 나아가려고 할 때 읍을 하는 것이며, 당으로 나아가는
길에서 읍을 하는 것이고, 마당에 세워진 돌기둥인 비(碑)에서 읍을 하는
것이다."라고 했는데, 『이아』에서는 "진(陳)은 당으로 연결되는 길이다."[23]
라고 했다. 정현이 "'미(楣)'는 앞쪽 들보를 뜻한다."라고 했는데, 뒤쪽 들보
가 실(室)의 문 위에 있는 것과 대비한 것이다. 정현이 "재차 절을 하는
것은 빈객이 이곳 당상에 오르게 된 것에 대해 절을 하여, 그를 존귀하게
높여주는 것이다."라고 했는데, 『의례』「공사대부례(公食大夫禮)」편을 살
펴보면 "공이 2칸을 올라가면 빈객이 계단에 오른다."[24]라고 했고, 공이
들보가 있는 곳에 당도하면 북쪽을 바라보고 도달하면 재배를 한다고 했다.
『의례』「연례(燕禮)」편과 「대사례(大射禮)」편에서는 모두 주인이 서쪽 계
단을 통해 올라가고 빈객이 우측으로 당도하면 재배를 한다고 했다. 「향음
주의」편에서도 "당도한 것에 대해 절을 하고, 술잔을 씻은 것에 대해 절을
한다."라고 했는데, '지(至)'를 언급하지 않은 모든 기록들은 생략을 한 것이
다. 따라서 당상에 올라가서 절을 하는 것 또한 그가 당도한 것에 대해 절을
한 것임을 알 수 있다. 당도했을 때 모두 절을 한다는 사실을 알 수 있는
것은 이 모두는 상대를 존귀하게 높여주는 행위이기 때문이다.

경문 主人坐取爵于篚, 降洗.

번역 주인은 앉아서 광주리에서 술잔을 꺼내고, 당하로 내려가서 술잔
을 씻는다

鄭注 將獻賓也.

---

22) 『의례』「향사례(鄕射禮)」: 主人以賓三揖, 皆行及階, 三讓, <u>主人升一等</u>, 賓升.
23) 『이아』「석궁(釋宮)」: 宮中衖謂之壺. 廟中路謂之唐. <u>堂途謂之陳</u>.
24) 『의례』「공사대부례(公食大夫禮)」: 三揖至于階, 三讓, <u>公升二等</u>, 賓升.

번역 장차 빈객에게 술을 따라서 바치기 때문이다.

賈疏 ●“主人”至“降洗”. ◎注“將獻賓也”. ○釋曰: 自此至“主人阼階上答拜”, 論主人盥洗獻賓之節也. 云“主人坐取爵于篚”者, 篚在堂上尊南, 故取之乃降也.

번역 ●經文: “主人”~“降洗”. ◎鄭注: “將獻賓也”. ○이곳 구문으로부터 “주인이 동쪽 계단 위에서 답배를 한다.”라는 구문까지는 주인이 손을 씻고 잔을 씻어서 빈객에게 술을 따라 바치는 절차를 논의하고 있다. “주인은 앉아서 광주리에서 술잔을 꺼낸다.”라고 했는데, 광주리는 당상의 술동이 남쪽에 있다. 그렇기 때문에 그것을 들고서 당하로 내려가는 것이다.

경문 賓降.

번역 빈객이 당하로 내려간다.

鄭注 從主人也.

번역 주인을 따라서 내려가기 때문이다.

경문 主人坐奠爵于階前, 辭.

번역 주인은 앉아서 계단 앞에 술잔을 내려놓고 빈객이 뒤따라 내려오는 것을 사양한다.

鄭注 重以己事煩賓也. 事同曰讓, 事異曰辭.

번역 자신이 시행하는 일로 인해 빈객을 번거롭게 만드는 것을 조심하기 때문이다. 사안이 동일할 때 사양하는 것은 ‘양(讓)’이라 부르고, 사안이 다를 때 사양하는 것은 ‘사(辭)’라고 부른다.

賈疏 ◎注“重以”至“曰辭”. ○釋曰: 主人獻賓, 乃是主人事, 故云“重以己事煩賓也”. 云“事同曰讓, 事異曰辭”者, 事同, 謂若上文主人與賓俱升階, 而云三讓是也; 事異, 若此文主人有事, 賓無事, 是事異則曰辭. 此對文爲義, 若散文則通. 是以周禮·司儀云: “主君郊勞, 交擯, 三辭, 車逆, 拜辱, 三揖, 三辭, 拜受.” 注云: “三辭重者, 先辭, 辭其以禮來於外, 後辭, 辭升堂.” 事同而云辭, 是其通也.

번역 ◎鄭注: “重以”~“曰辭”. ○주인이 빈객에게 술을 따라서 바치는 것은 주인의 일이다. 그렇기 때문에 정현이 “자신이 시행하는 일로 인해 빈객을 번거롭게 만드는 것을 조심하기 때문이다.”라고 했다. 정현이 “사안이 동일할 때 사양하는 것은 ‘양(讓)’이라 부르고, 사안이 다를 때 사양하는 것은 ‘사(辭)’라고 부른다.”라고 했는데, 사안이 동일하다는 것은 앞에서 주인과 빈객이 모두 계단을 오르며 세 차례 양(讓)을 한다고 했던 부류와 같다. 사안이 다르다는 것은 이곳에서 주인은 시행할 일이 있지만 빈객은 시행할 일이 없는 것과 같으니, 이것은 사안이 다른 것이기 때문에 ‘사(辭)’라고 했다. 이곳에서는 문장을 대비시켜서 그 의미를 드러낸 것이지만, 만약 범범하게 말하게 된다면 두 글자는 통용된다. 이러한 까닭으로 『주례』「사의(司儀)」편에서는 “주군이 교외에서 맞이하며 위로를 할 때, 상호의 부관들이 늘어서 명령을 전달하고, 세 차례 사(辭)를 하며, 수레를 이용해 맞이하고, 욕되이 찾아온 것에 대해 절을 하며 세 차례 읍을 하고 세 차례 사(辭)를 하고 절을 하며 받는다.”라고 했고, 정현의 주에서는 “세 차례 사(辭)를 한다는 말이 중복되었는데, 앞의 사(辭)는 밖에까지 예법에 따라 찾아온 것에 대해 사양하는 것이고, 뒤의 사(辭)는 당상으로 올라가는 일을 사양하는 것이다.”라고 했다. 이것은 사안이 동일한데도 ‘사(辭)’라고 말한 것이니, 통용해서 사용함을 나타낸다.

경문 賓對.

번역 빈객이 대답을 한다.

鄭注 對, 答也. 賓主之辭未聞.

번역 '대(對)'자는 대답한다는 뜻이다. 빈객과 주인 사이에 오가는 말에 대해서는 들어보지 못했다.

賈疏 ◎注"賓主之辭未聞". ○釋曰: 其辭未聞者, 謂若冠禮醮辭之等, 雖行事, 辭不見, 於後以次見辭. 此則無見辭之事, 故云"未聞"也.

번역 ◎鄭注: "賓主之辭未聞". ○그 말에 대해서 들어보지 못했다고 했는데, 마치 『의례』「사관례(士冠禮)」편에서 초(醮)를 하며 전하는 말 등의 경우와 같은 것으로, 비록 해당 사안을 시행하더라도 전하는 말은 나타나지 않으니, 뒤에서는 순차적으로 관련 말들이 드러난다. 그런데 이곳의 내용은 해당 말을 살펴볼 수 있는 사안이 없기 때문에, "들어보지 못했다."라고 했다.

경문 主人坐取爵, 興, 適洗, 南面坐, 奠爵于篚下, 盥洗.

번역 주인은 앉아서 술잔을 잡고 일어나서 세(洗)가 있는 곳으로 가며, 남쪽을 바라보며 앉아서 광주리 밑에 술잔을 내려놓고, 손을 씻고 술잔을 씻는다.

鄭注 已盥乃洗爵, 致絜敬也. 今文無奠.

번역 손을 씻은 뒤에야 술잔을 씻는 것은 청결함과 공경함을 지극히 나타내기 위해서이다. 금문에는 '전(奠)'자가 없다.

賈疏 ●"主人"至"盥洗". ◎注"已盥"至"無奠". ○釋曰: 按鄕飮酒義云: "主人盥洗揚觶, 所以致絜也. 拜至, 拜洗, 拜受, 拜送, 所以致敬也." 此經先言盥·後言洗, 則盥手乃洗爵者, 所以致絜. 鄭取鄕飮酒義爲言也. 若然盥手·洗爵, 止是致絜, 拜受之等乃是致敬, 幷言敬者, 鄭注兼拜至·拜受而言耳.

번역 ●經文: "主人"~"盥洗". ◎鄭注: "已盥"~"無奠". ○「향음주의」편

을 살펴보면 "주인이 손과 술잔을 물로 닦고서 치(觶)를 드는 것은 청결함을 다하는 방법이다. 배지(拜至)·배세(拜洗)·배수(拜受)·배송(拜送)·배기(拜旣)를 하는 것은 공경함을 다하는 방법이다."라고 했다. 이곳 경문에서는 먼저 '관(盥)'이라고 했고 그 뒤에 '세(洗)'라고 했으니, 손을 씻은 뒤에야 술잔을 씻는 것으로, 청결함을 지극히 나타내기 위해서이다. 그런데 정현은 「향음주의」편의 기록에 따라 설명한 것이다. 만약 손을 씻고 술잔을 씻는 것이 단지 청결함만을 지극히 하는 것이라면, 배수 등의 사안은 공경함을 지극히 나타내는 것이다. 따라서 공경함까지도 함께 언급한 것은 정현의 주에서 배지·배수 등의 사안까지도 함께 설명했기 때문이다.

경문 賓進, 東北面, 辭洗.

번역 빈객은 나아가 동쪽으로 가서 북쪽을 바라보며 주인이 술잔 씻는 것을 사양한다.

鄭注 必進東行, 示情.

번역 반드시 나아가 동쪽으로 가는 것은 그 정감을 드러내기 위해서이다.

賈疏 ●"賓進東北面辭洗". ○釋曰: 按下經云: "賓復位, 當西序, 東面." 注云: "言復位者, 明始降時, 位在此者." 按鄉射"賓進東北面, 辭洗", 彼注云: "必進者, 方辭洗, 宜違其位也. 言東北面, 則位南於洗矣." 是其賓初降立, 至于序南東鄉, 至於主人洗爵乃東行, 故此得北面辭洗也. 云"示情"者, 實進前就主人示謙, 下主人之情也.

번역 ●經文: "賓進東北面辭洗". ○아래 경문을 살펴보면 "빈객이 자신의 자리로 되돌아가 서쪽 서(序)에 당도하면 동쪽을 바라본다."라고 했고, 정현의 주에서는 "자리로 되돌아간다고 말했으니, 최초 당하로 내려갔을 때의 자리가 여기에 있었음을 나타낸 것이다."라고 했다. 『의례』「향사례(鄉射禮)」편을 살펴보면 "빈객이 나아가 동쪽으로 가서 북쪽을 바라보며 잔 씻는 것을 사양한다.”[25]라고 했고, 「향사례」편에 대한 주에서는 “기어코 나아가는 것은 잔 씻는 것을 사양하고자 해서이니, 마땅히 자신의 자리에서 벗어나야 한다. 동쪽으로 가서 북쪽을 바라본다고 말했다면, 그 자리는 세(洗)보다 남쪽에 위치한다.”라고 했다. 이것은 빈객이 최초 당하로 내려가서 서 있게 될 때 서(序)의 남쪽으로 가서 동쪽을 바라보고 있다가 주인이 잔을 씻게 되면 동쪽으로 이동하는 것을 나타낸다. 그렇기 때문에 북쪽을 바라보며 잔 씻는 것을 사양할 수 있다. 정현이 “그 정감을 드러내기 위해서이다.”라고 했는데, 실제로 앞으로 나아가 주인에게 다가가는 것은 겸손함을 드러내는 것이니, 주인보다 자신을 낮추는 정감을 뜻한다.

경문 主人坐奠爵于篚, 興對. 賓復位, 當西序, 東面.

번역 주인은 앉아서 광주리에 술잔을 내려놓고 일어나서 대답한다. 빈객은 자신의 자리로 되돌아가니 서쪽 서(序)가 있는 곳에서 동쪽을 바라본다.

鄭注 言復位者, 明始降時位在此.

번역 자신의 자리로 되돌아간다고 말했다면, 처음 당하로 내려왔을 때 그 자리가 여기에 있음을 나타낸다.

賈疏 ●“主人”至“東面”. ◎注“言復”至“在此”. ○釋曰: 上經奠爵于階前者, 主人未洗, 見賓降卽奠爵, 故在階前奠爵. 此卽至洗, 將洗爵, 見賓辭, 故奠爵於篚興對, 故不同也. 云“言復位者, 明始降時位在此”者, 上始降時, 直云賓降, 不言處所, 於此見之, 是擧下以明上之義也.

번역 ●經文: “主人”~“東面”. ◎鄭注: “言復”~“在此”. ○앞의 경문에서는 계단 앞에 잔을 내려놓는다고 했는데, 주인은 아직 술잔을 씻지 않았을

---

25) 『의례』「향사례(鄕射禮)」: 主人坐, 取爵興, 適洗南面坐, 奠爵于篚下, 盥洗. <u>賓進, 東北面辭洗.</u>

때 빈객이 당하로 내려오는 것을 보았으므로, 곧바로 술잔을 내려놓았던 것이다. 그렇기 때문에 계단 앞에 술잔을 내려놓는다. 이곳의 상황은 세(洗)가 있는 곳에 당도하여 술잔을 씻으려고 하는 것인데, 빈객이 사양하는 것을 보았다. 그렇기 때문에 광주리에 술잔을 내려놓고 일어나서 대답하는 것이다. 그래서 두 상황이 차이를 보인다. 정현이 "자신의 자리로 되돌아간다고 말했다면, 처음 당하로 내려왔을 때 그 자리가 여기에 있음을 나타낸다."라고 했는데, 앞에서 처음 당하로 내려왔을 때, 단지 "빈객이 내려간다."라고만 말하고, 어느 지점에 있는지 말하지 않았으므로, 이곳에서 그 사실을 드러낸 것이다. 이것은 아래문장의 내용을 일으켜 앞문장의 뜻도 드러낸 것이다.

경문 主人坐取爵, 沃洗者西北面.

번역 주인은 앉아서 술잔을 잡고, 잔 씻을 물을 떠주는 자는 서북쪽을 바라본다.

鄭注 沃洗者, 主人之群吏.

번역 잔 씻을 물을 떠주는 자는 주인에게 속한 아전들 중 하나이다.

賈疏 ●"主人"至"北面". ◎注"沃洗"至"群吏". ○釋曰: 知"主人群吏"者, 下記云: "主人之贊者, 西面北上, 不與." 注云: "贊, 佐也. 謂主人之屬, 佐助主人之禮事, 徹鼎, 沃盥, 設薦俎", 是也.

번역 ●經文: "主人"~"北面". ◎鄭注: "沃洗"~"群吏". ○정현이 "주인에게 속한 아전들 중 하나이다."라고 했는데, 이 말이 사실임을 알 수 있는 이유는 아래 기문에서 "주인의 의례 진행을 돕는 자는 서쪽을 바라보며 북쪽 끝에서부터 정렬하며 참여하지 않는다."라고 했고, 정현의 주에서 "찬(贊)자는 돕는다는 뜻이다. 주인의 휘하에 있는 자로 주인이 시행하는 의례 절차를 돕는 것인데, 솥을 치우거나 손 씻을 물을 따라주고 고기를 담는 도마 등을 설치한다."라고 한 말이 이러한 사실을 나타낸다.

경문 卒洗, 主人壹揖·壹讓, 升.

번역 잔 씻는 일을 마치면, 주인은 한 차례 읍을 하고 한 차례 사양을
한 뒤에 당상으로 올라간다.

鄭注 俱升. 古文壹作一.

번역 주인과 빈객 모두 당상으로 올라가는 것이다. 고문에서는 '일(壹)'
자를 일(一)자로 기록했다.

賈疏 ●"卒洗"至"讓升". ◎注"俱升". ○釋曰: 知"俱升"者, 鄕射云: "主人
卒洗, 一揖一讓, 以賓升." 明俱升可知. 若然, 上文主人先升, 賓乃升者, 以初
至之時, 賓客之道進宜難, 故主人升導之, 至此以辭讓訖, 故略威儀而俱升也.

번역 ●經文: "卒洗"~"讓升". ◎鄭注: "俱升". ○정현이 "모두 당상으로
올라간다."라고 했는데, 이러한 사실을 알 수 있는 이유는『의례』「향사례
(鄕射禮)」편에서 "주인이 술잔 씻는 일을 마치면 한 차례 읍을 하고 한 차
례 사양을 하여 빈객과 당상으로 올라간다."[26]라고 했으니, 주인과 빈객
모두 당상으로 올라가게 됨을 알 수 있다. 만약 그렇다면 앞에서 주인이
먼저 계단으로 올라간 뒤에야 빈객이 계단으로 올라간다고 했으니, 최초
당도했을 때 빈객의 도에 있어서는 나아가는 것을 마땅히 어렵게 여겨야
한다. 그렇기 때문에 주인이 먼저 올라가서 빈객을 인도하는 것인데, 이
시점에 이르게 되면, 사양하는 절차가 마치게 되므로 위엄스러운 거동의
예법을 생략하여 함께 올라가는 것이다.

경문 賓拜洗. 主人坐奠爵, 遂拜, 降盥.

번역 빈객은 주인이 술잔을 씻어준 것에 대해 절을 한다. 주인은 앉아서

---

26)『의례』「향사례(鄕射禮)」: 主人卒洗, 壹揖·壹讓, 以賓升.

술잔을 내려놓고 그에 따라 절을 하고, 내려가서 손을 씻는다.

鄭注 復盥, 爲手坋汗.

번역 재차 손을 씻는 것은 손이 더러워졌기 때문이다.

賈疏 ●"賓拜"至"降盥". ◎注"復盥爲手坋汗". ○釋曰: 言"奠爵, 遂拜"者, 因事曰遂, 是以燕禮云: 賓受酬, "坐祭酒, 遂奠于薦東", 注云: "遂者, 因坐而奠, 不北面." 是其類也. 凡賓主行事, 相報皆言答, 此不言答, 省文也.

번역 ●經文: "賓拜"~"降盥". ◎鄭注: "復盥爲手坋汗". ○"술잔을 내려놓고 그에 따라 절을 한다."라고 했는데, 앞의 사안에 기인하는 것을 '수(遂)'라고 부른다. 이러한 까닭으로 『의례』「연례(燕禮)」편에서는 빈객이 권한 술잔을 받았을 때, "앉아서 술에 대해 제사를 지내고, 그에 따라 음식이 차려진 곳 동쪽에 술잔을 내려놓는다."[27]라고 했고, 정현의 주에서는 "수(遂)라는 것은 앉은 것에 따라서 술잔을 내려놓는 것이며, 북쪽을 바라보지 않는다."라고 했다. 이것은 해당 부류에 해당한다. 빈객과 주인이 어떠한 절차를 시행할 때, 상호 보답하는 경우에는 모두 '답(答)'이라고 말하는데, 이곳에서 '답(答)'이라고 말하지 않은 것은 문장을 생략했기 때문이다.

경문 賓降, 主人辭, 賓對, 復位, 當西序. 卒盥, 揖讓升. 賓西階上疑立.

번역 빈객이 당하로 내려가면 주인이 사양하고, 빈객이 대답을 하며 자신의 자리로 되돌아가 서쪽 서(序)가 있는 곳에 위치한다. 손 씻는 일이 끝나면 읍과 사양을 하고서 당상으로 올라간다. 빈객은 서쪽 계단 위에서 의립(疑立)[28]을 한다.

---

27) 『의례』「연례(燕禮)」: 賓西階上拜, 受爵于筵前, 反位. 主人拜送爵. 賓升席<u>坐, 祭酒, 遂奠于薦東</u>.

28) 의립(疑立)은 본래 응립(凝立)을 뜻한다. '의(疑)'자와 '응(凝)'자가 통용되기 때문에, '응립'을 '의립'이라고도 부르는 것이다. 똑바로 서서 움직이지 않

鄭注 疑, 讀爲疑然從於趙盾之疑. 疑, 正立自定之貌.

번역 '의(疑)'자는 "느긋하고 편안한 자세로 조돈을 따랐다."라고 했을 때의 '의(疑)'자로 풀이한다. '의(疑)'자는 바르게 서 있으며 느긋한 모습을 뜻한다.

賈疏 ●"賓降"至"疑立". ◎注"疑讀"至"之貌". ○釋曰: 言"揖讓升", 不言一揖一讓, 從上可知. 云"疑, 讀爲疑然從於趙盾之疑. 疑, 正立自定之貌"者, 按宣公六年公羊傳云: 晉靈公欲殺趙盾, "於是伏甲于宮中, 召趙盾而食之. 趙盾之車右祁彌明者, 國之力士也, 仡然從乎趙盾而入, 放乎堂下而立". 何休云: "仡然, 壯勇貌." 鄭氏以"仡然從乎趙盾而入, 放乎堂下而立", 不取何休注義, 以鄕射注云"疑, 止也, 有矜莊之色", 自定其義, 不殊字義, 與何少異也.

번역 ●經文: "賓降"~"疑立". ◎鄭注: "疑讀"~"之貌". ○"읍과 사양을 하고서 당상으로 올라간다."라고 했는데, 한 차례 읍을 하고 한 차례 사양을 한다고 말하지 않은 것은 앞의 문장을 통해서 이처럼 한다는 사실을 알 수 있기 때문이다. 정현이 "'의(疑)'자는 '느긋하고 편안한 자세로 조돈을 따랐다.'라고 했을 때의 '의(疑)'자로 풀이한다. '의(疑)'자는 바르게 서 있으며 느긋한 모습을 뜻한다."라고 했는데, 선공 6년에 대한 『공양전』의 기록을 살펴보면 진나라 영공이 조돈을 죽이려고 하여 "궁중에 병사들을 숨겨두고서 조돈을 불러 음식을 먹게 했다. 조돈의 거우(車右)[29]는 기미명이라는 자였는데, 나라 안에서도 매우 용맹한 자였고, 흘연(仡然)히 조돈을 따라서 들어왔으며 당하에 내려 서 있었다."[30]라고 했다. 하휴는 "'흘연(仡

는 모습을 뜻한다. 『의례』「사혼례(士昏禮)」편에는 側尊甒醴于房中, 婦疑立于席西."라는 기록이 있는데, 이에 대한 정현의 주에서는 "疑, 正立自定之貌."라고 풀이했다.

29) 거우(車右)는 수레에 함께 타는 호위무사를 뜻한다. 수레의 우측에 위치하였기 때문에 '거우'라고 부르는 것이다.

30) 『춘추공양전』「선공(宣公) 6년」: 靈公聞之怒, 滋欲殺之甚. 衆莫可使往者, 於是伏甲于宮中, 召趙盾而食之, 趙盾之車右祁彌明者, 國之力士也. 仡然從乎趙盾而入. 放乎堂下而立.

然)'은 건장하고 용맹한 모습을 뜻한다."라고 했다. 정현은 "흘연(仡然)히 조돈을 따라서 들어왔으며 당하에 내려 서 있었다."라는 말에 대해서 하휴의 주에 나온 의미를 취하지 않았으니, 『의례』「향사례(鄕射禮)」편에 대한 주에서 "의(疑)자는 그친다는 뜻이니, 엄숙하고 공경스러운 표정이 있는 것이다."라고 했기 때문이다. 즉 느긋하다는 뜻으로 보았는데, 자형과 의미에 있어서 차이가 없지만 하휴의 주와는 조금 차이가 난다.

경문 主人坐取爵, 實之, 賓之席前, 西北面獻賓.

번역 주인은 앉아서 술잔을 잡고 술을 채우며, 빈객의 자리 앞에서 서북쪽을 바라보며 빈객에게 술을 바친다.

鄭注 獻, 進也, 進酒於賓.

번역 '헌(獻)'자는 올린다는 뜻이니, 빈객에게 술을 올린다는 의미이다.

賈疏 ●"主人"至"獻賓". ◎注"獻進"至"於賓". ○釋曰: 云"西北面"者, 賓在西階, 北面, 將就席受, 故西北面向其席故也.

번역 ●經文: "主人"~"獻賓". ◎鄭注: "獻進"~"於賓". ○"서북쪽을 바라본다."라고 했는데, 빈객은 서쪽 계단 쪽에 있고 북쪽을 바라보고 있으며, 자리로 나아가 술잔을 받게 된다. 그렇기 때문에 서북쪽을 바라보는 것은 빈객의 자리를 향하는 것이다.

경문 賓西階上拜, 主人少退.

번역 빈객은 서쪽 계단 위에서 절을 하고, 빈객은 조금 뒤로 물러난다.

鄭注 少退, 少辟.

번역 조금 뒤로 물러나는 것은 조금 물러나 그 자리를 피하는 것이다.

경문 賓進受爵, 以復位. 主人阼階上拜送爵, 賓少退.

번역 빈객은 나아가 술잔을 받고 자신의 자리로 되돌아간다. 주인은 동쪽 계단 위에서 절을 하며 술잔을 건네고, 빈객은 조금 뒤로 물러난다.

鄭注 復位, 復西階上位.

번역 자신의 자리로 되돌아간다는 것은 서쪽 계단 위의 자리로 되돌아간다는 뜻이다.

賈疏 ●"賓進"至"少退". ○釋曰: 云"賓進"者, 以賓西階上疑立, 今見主人西北面獻於己席前, 故賓進, 將於席前受之故也. 按鄕射云"賓進, 受爵於席前, 復位", 此不言席前, 文不具也.

번역 ●經文: "賓進"~"少退". ○"빈객이 나아간다."라고 했는데, 빈객은 서쪽 계단 위에서 의립(疑立)을 한 상태인데, 지금 주인이 서북쪽을 바라보며 자신의 자리 앞에서 술잔 바치는 것을 보았다. 그렇기 때문에 빈객이 앞으로 나아가는 것이니, 자리 앞에서 술잔을 받으려고 하기 때문이다. 『의례』「향사례(鄕射禮)」편을 살펴보면 "빈객이 나아가 자리 앞에서 술잔을 받고 자리로 되돌아간다."[31]라고 했다. 이곳에서 '석전(席前)'이라고 말하지 않은 것은 문장을 자세히 기록하지 않았기 때문이다.

경문 薦脯醢.

번역 주인의 유사(有司)가 포와 젓갈을 바친다.

鄭注 薦, 進也. 進之者, 主人有司.

번역 '천(薦)'자는 올린다는 뜻이다. 이러한 것들을 올리는 자는 주인에

---

31) 『의례』「향사례(鄕射禮)」: 賓進, 受爵于席前, 復位.

게 속한 유사(有司)이다.

賈疏 ●"薦脯醢". ◎注"薦進"至"有司". ○釋曰: 知非主人自薦者, 按昏禮 禮賓"贊者薦脯醢", 周禮·膳宰"薦脯醢", 皆非主人, 故知此亦非主人, 是有司也.

번역 ●經文: "薦脯醢". ◎鄭注: "薦進"~"有司". ○주인이 직접 이러한 음식을 바치는 것이 아니라는 사실을 알 수 있는 이유는 『의례』「사혼례(士 昏禮)」편을 살펴보면 빈객을 예우할 때 "의례의 진행을 돕는 자는 포와 젓 갈을 바친다."라고 했고, 『주례』「선재(膳宰)」편에서는 "포와 젓갈을 바친 다."라고 했으니, 이 모두 주인이 하는 일이 아님을 나타낸다. 그렇기 때문 에 이곳에서도 주인이 하는 일이 아님을 알 수 있으니, 이것은 유사(有司) 가 담당한다.

경문 賓升席, 自西方.

번역 빈객이 자리로 올라갈 때에는 서쪽을 통해서 올라간다.

鄭注 升由下也, 升必中席.

번역 자리로 올라갈 때에는 자리의 밑 부분으로 올라가고, 자리로 올라 가서는 반드시 자리의 가운데로 나아간다.

賈疏 ●"賓升席自西方". ◎注"升由"至"中席". ○釋曰: 按曲禮云: "席南 鄕·北鄕, 以西方爲上." 今升席自西方, 云"升由下"者, 以賓統於主人, 以東方 爲上, 故以西方爲升由下也.

번역 ●經文: "賓升席自西方". ◎鄭注: "升由"~"中席". ○『예기』「곡례 (曲禮)」편을 살펴보면 "자리가 남향이나 북향으로 되어 있을 때에는 서쪽 을 상석으로 삼는다."[32]라고 했다. 현재 자리로 올라갈 때 서쪽을 이용한다 고 했고, 정현이 "자리로 올라갈 때에는 자리의 밑 부분으로 올라간다."라고 한 것은 빈객은 주인에게 통솔되어 동쪽을 상등으로 삼는다. 그렇기 때문에 서쪽을 자리로 올라갈 때 밑 부분으로 올라가는 것으로 여긴 것이다.

경문 乃設折俎.

번역 그리고는 곧 절조(折俎)[33]를 진설한다.

鄭注 牲體枝解節折在俎.

번역 희생물의 몸체와 사지를 해체하고 절단하여 도마에 담아내는 것이다.

賈疏 ●"乃設折俎". ◎注"牲體"至"在俎". ○釋曰: 凡解牲體之法, 有全蒸其豚, 解爲二十一體. 體解, 卽此折俎是也. 是以下有賓俎脊·脅·肩, 介俎脊·脅·肫·胳, 是體解也.

번역 ●經文: "乃設折俎". ◎鄭注: "牲體"~"在俎". ○희생물을 해체하는 법도에는 새끼돼지를 통째로 익혀서 21마디로 해체하는 방법이 있다. 몸체를 해체하게 되면 바로 여기에서 말한 절조에 담게 된다. 이러한 까닭으로 아래 문장에서 빈객이 받는 도마에 등뼈·갈비·어깨 부위를 올리고, 개(介)의 도마에는 등뼈·갈비·정강이·후경골 부위를 올린다고 한 것이니, 이것은 희생물의 몸체를 해체한 것이다.

경문 主人阼階東疑立. 賓坐, 左執爵, 祭脯醢.

번역 주인은 동쪽 계단의 동쪽에서 의립(疑立)을 한다. 빈객은 자리에 앉아서 좌측 손으로 술잔을 잡고 포와 젓갈로 제사를 지낸다.

---

32) 『예기』「곡례상(曲禮上)」【19d】: <u>席南鄕北鄕, 以西方爲上</u>; 東鄕西鄕, 以南方爲上.

33) 절조(折俎)는 제사나 연회를 시행할 때, 희생물을 도축하여, 사지를 해체하고, 그런 뒤에 도마 위에 올리게 되는데, 이 도마를 '절조'라고 부른다.

鄭注 坐, 坐於席. 祭脯醢者以右手.

번역 앉는다는 말은 자리에 앉는다는 뜻이다. 포와 젓갈로 제사지내는 것은 우측 손을 이용한다.

賈疏 ●"主人"至"脯醢". ◎注"坐坐"至"右手". ○釋曰: 知賓坐坐於席上者, 上文賓升席, 下文降席, 故知此坐在席可知. 云"祭脯醢者以右手"者, 此經左執爵, 明祭用右手, 是以鄕射亦云"右祭脯醢".

번역 ●經文: "主人"~"脯醢". ◎鄭注: "坐坐"~"右手". ○빈객이 앉는다는 말이 자리 위에 앉는 것임을 알 수 있는 이유는 앞의 문장에서 빈객이 자리에 올라간다고 했고, 아래문장에서는 자리에서 내려간다고 했다. 그렇기 때문에 이곳에서 앉는다고 한 말이 자리에 앉는 것임을 알 수 있다. 정현이 "포와 젓갈로 제사지내는 것은 우측 손을 이용한다."라고 했는데, 이곳 경문에서는 좌측 손으로 술잔을 잡는다고 했으니, 제사를 지낼 때 우측 손을 이용하게 됨을 나타낸다. 이러한 까닭으로 『의례』「향사례(鄕射禮)」편에서도 "우측 손으로 포와 젓갈로 제사를 지낸다."[34]라고 말한 것이다.

경문 奠爵于薦西, 興, 右手取肺, 却左手執本, 坐, 弗繚, 右絶末以祭, 尙左手, 嚌之. 興, 加于俎.

번역 술잔은 음식이 차려진 곳 서쪽에 내려놓고 자리에서 일어나며 우측 손으로 희생물의 폐를 들고 좌측 손으로 두터운 부위를 잡으며, 자리에 앉아서 그것을 비틀어 우측 손으로 끝부분을 떼어내어 그것으로 제사를 지내는데, 좌측 손을 올리며, 그것을 맛본다. 일어나서 남은 것을 도마에 올려둔다.

---

34) 『의례』「향사례(鄕射禮)」: 主人阼階東疑立, 賓坐, 左執爵, 右祭脯醢, 奠爵于薦西, 興取肺, 坐絶祭, 尙左手嚌之, 興加于俎, 坐捝手, 執爵, 遂祭酒, 興席末坐, 啐酒, 降席坐, 奠爵, 拜告旨, 執爵興.

鄭注 興, 起也. 肺離之. 本, 端厚大者. 繚猶紾也. 大夫以上, 威儀多. 紾絶之, 尚左手者, 明垂紾之, 乃絶其末. 嚌, 嘗也.

번역 '흥(興)'자는 일어난다는 뜻이다. 희생물의 폐를 가른다. '본(本)'은 두텁고 큰 부위를 뜻한다. '요(繚)'자는 비튼다는 뜻이다. 대부 이상의 계층은 의례 절차가 많다. 비틀어서 떼어내는데 좌측 손을 올리는 것은 밑으로 늘어뜨리며 비틀고 그 끝을 떼어낸다는 사실을 나타낸다. '제(嚌)'자는 맛본다는 뜻이다.

賈疏 ●"奠爵"至"于俎". ◎注"興起"至"嘗也". ○釋曰: 奠爵於薦右者, 爲取肺奠之將擧, 故奠於右. 禮記·少儀云"取俎進俎, 不坐", 是以取時奠爵興, 至加于俎又興也. 云"肺離之. 本, 端厚大"者, 此是擧肺刲者, 於下記文. 本謂根本, 肺之大端, 故云厚大. 云"繚, 猶紾也"者, 弗繚卽弗紾, 一也. 云"大夫以上, 威儀多"者, 此鄕飮酒大夫禮, 故云繚祭, 鄕射士禮, 云絶祭. 但云繚必兼絶, 言絶不得兼繚, 是以此經云繚兼言絶也. 言大夫以上, 則天子諸侯亦繚絶兼有, 但禮篇亡, 無以可知也. 按周禮·大祝云: 辨九祭, "七曰絶祭, 八曰繚祭", 注云: "本同, 禮多者繚之, 禮略者絶則祭之." 亦據此與鄕射而言也. 大夫已上爲繚祭, 燕禮·大射雖諸侯禮, 以賓皆大夫爲之, 臣在君前, 故不爲繚祭, 皆爲絶祭也. 云"嚌, 嘗也"者, 嚌至齒則嘗之也.

번역 ●經文: "奠爵"~"于俎". ◎鄭注: "興起"~"嘗也". ○"술잔은 음식이 차려진 곳 서쪽에 내려놓는다."라고 했는데, 폐를 잡고 내려둔 것을 들어야 하기 때문에 그 우측에 놓아두는 것이다. 『예기』「소의(少儀)」편을 살펴보면 "도마에서 제수를 취하거나 도마에 제수를 진설할 때에는 무릎을 꿇지 않는다."[35]라고 했는데, 이러한 까닭으로 희생물의 고기를 잡을 때 술잔을 내려놓고 일어나는 것이며, 도마에 올려둘 때에도 다시 일어나는 것이다. 정현이 "희생물의 폐를 가른다. '본(本)'은 두텁고 큰 부위를 뜻한다."라고 했는데, 이것은 희생물의 폐를 들어 가르는 것으로, 아래 기문에 나온다.

---

35) 『예기』「소의(少儀)」【437c】: 取俎·進俎不坐.

'본(本)'은 근본을 뜻하니, 폐 중에서도 큰 부위이다. 그렇기 때문에 두텁고 크다고 했다. 정현이 "'요(繚)'자는 비튼다는 뜻이다."라고 했는데, 불료(弗繚)와 불진(弗紾)은 동일한 말이다. 정현이 "대부 이상의 계층은 의례 절차가 많다."라고 했는데, 이곳에서 말하는 향음주례는 대부의 예법에 해당한다. 그렇기 때문에 '요제(繚祭)'라고 했다. 『의례』「향사례(鄕射禮)」편의 기록은 사의 예법에 해당한다. 그렇기 때문에 '절제(絶祭)'라고 했다. 다만 비튼다고 말하면 반드시 잘라낸다는 말도 하게 되지만, 잘라낸다고 말하면 비튼다는 말을 할 수 없다. 이러한 까닭으로 이곳 경문에서는 비튼다고 말하고서 잘라낸다는 말도 함께 언급한 것이다. 이것이 대부 이상 계층의 예법을 말한 것이라면, 천자와 제후 또한 희생물에 대해서 비틀고 잘라낸다는 말을 함께 쓰게 되는데, 관련 예법을 기록한 『의례』의 편이 망실되어서 알 수 있는 방도가 없다. 『주례』「대축(大祝)」편을 살펴보면 아홉 종류의 제사를 변별하며 "일곱 번째는 절제(絶祭)이고 여덟 번째는 요제(繚祭)이다."[36]라고 했고, 정현의 주에서는 "본래는 같은 것이지만 의례절차가 많은 경우 희생물의 특정부위를 비틀어서 잘라내는 것이며, 의례절차가 간소한 경우 희생물의 특정부위를 잘라내서 제사지내는 것이다."라고 했다. 이 또한 이곳 기록과 「향사례」편의 기록에 근거해서 한 말이다. 대부 이상의 계층은 요제를 지낸다고 했는데, 『의례』「연례(燕禮)」편과 「대사례(大射禮)」편은 제후의 예법에 해당하지만 빈객들은 모두 대부로 채우게 되고 신하가 군주 앞에 있게 되므로 요제를 지낼 수 없다. 그렇기 때문에 둘 모두 절제를 지내는 것이다. 정현이 "'제(嚌)'자는 맛본다는 뜻이다."라고 했는데, 깨물어서 이빨에 댄다면 그것을 맛보는 것이다.

경문 坐挩手, 遂祭酒.

번역 앉아서 손을 씻고, 그에 따라 술로 제사를 지낸다.

---

36) 『주례』「춘관(春官)·대축(大祝)」: 辨九祭, 一曰命祭, 二曰衍祭, 三曰炮祭, 四曰周祭, 五曰振祭, 六曰擩祭, <u>七曰絶祭, 八曰繚祭</u>, 九曰共祭.

鄭注 挩, 拭也. 古文挩作說.

번역 '세(挩)'자는 씻는다는 뜻이다. 고문에서는 '세(挩)'자를 탈(說)자로 기록했다.

賈疏 ●"坐挩手遂祭酒". ◎注"挩拭"至"作說". ○釋曰: 按內則事佩之中 有帨, 則賓客自有帨巾以拭手也. 坐挩手, 因事曰遂, 因坐祭酒, 故云遂也. 按 鄕射"坐挩手, 執爵遂祭", 此不言執爵, 省文也.

번역 ●經文: "坐挩手遂祭酒". ◎鄭注: "挩拭"～"作說". ○『예기』「내칙 (內則)」편을 살펴보면 어른을 섬기며 허리에 차는 물건 중에는 수건이 포함되어 있으니, 빈객은 직접 수건을 차고 있어서 이것으로 손을 씻는 것이 다. 앉아서 손을 씻고, 그 일에 따르게 되므로 '수(遂)'라고 했으니, 앉은 것에 따라서 술로 제사를 지내는 것이다. 그렇기 때문에 '수(遂)'라고 했다. 『의례』「향사례(鄕射禮)」편을 살펴보면 "앉아서 손을 씻고 술잔을 잡고서 그에 따라 제사를 지낸다."[37]라고 했다. 그런데 이곳에서 술잔을 잡는다고 말하지 않은 것은 문장을 생략해서 기록했기 때문이다.

경문 興, 席末坐啐酒.

번역 빈객은 자리에서 일어나 자리 끝단에 앉아 술을 맛본다.

鄭注 啐亦嘗也.

번역 '쵀(啐)'자 또한 맛본다는 뜻이다.

賈疏 ●"興席末坐啐酒". ◎注"啐亦嘗也". ○釋曰: 言"席末", 謂於席之尾,

---

37) 『의례』「향사례(鄕射禮)」: 主人阼階東疑立, 賓坐, 左執爵, 右祭脯醢, 奠爵于 薦西, 興取肺, 坐絶祭, 尙左手嚌之, 興加于俎, 坐挩手, 執爵, 遂祭酒, 興席末 坐, 啐酒, 降席坐, 奠爵, 拜告旨, 執爵興.

故云末. 鄕飮酒義云: "祭薦·祭酒, 敬禮也. 嚌肺, 嘗禮也. 啐酒, 成禮也. 於席末, 言是席之正, 非專爲飮食也. 此所以貴禮而賤財也." 注云: "祭薦·祭酒·嚌肺於席中, 唯啐酒於席末", 是也. 啐酒於席末者, 酒是財, 賤財之義也. 云"啐亦嘗"者, 亦前肺云嚌, 是至齒爲嘗. 此酒云啐, 謂入口爲嘗, 雖至齒, 入口不同, 皆是嘗也. 又肺於前用之不得言成禮, 酒後乃用, 故云成禮, 異於肺也.

번역 ●經文: "興席末坐啐酒". ◎鄭注: "啐亦嘗也". ○'석말(席末)'이라고 했는데, 자리의 꼬리부분을 뜻한다. 그렇기 때문에 '말(末)'이라고 했다. 「향음주의」편에서는 "음식과 술로 제사지내는 것은 주인이 시행하는 예를 공경하는 것이다. 희생물의 폐를 맛보는 것은 주인이 차려준 예를 맛보는 것이다. 술을 입에 대어 조금 마시는 것은 주인이 시행하는 예를 완성하는 것이다. 술을 조금 마실 때에는 자리의 끝단에서 하니, 이것은 자리의 올바름을 뜻하는 것으로, 전적으로 음식을 위해서가 아니다. 이것은 예를 존귀하게 여기며 재물을 천시하는 방법이다."라고 했고, 정현의 주에서는 "음식으로 제사를 지내고 술로 제사를 지내며 폐를 맛보는 것은 모두 자리의 중앙에서 시행하며, 오직 술을 입에 대는 것만 자리의 끝단에서 한다."라고 했다. 자리의 끝단에서 술을 맛본다고 한 것은 술은 재물에 해당하여 재물을 천시하는 뜻이 된다. 정현이 "'쵀(啐)'자 또한 맛본다는 뜻이다."라고 했는데, 앞에서 폐에서는 '제(嚌)'라고 했고, 이것은 이빨에 대어 맛을 본다는 뜻이다. 이곳에서 술에 대해 '쵀(啐)'라고 했는데, 입안에 넣어 맛본다는 뜻이다. 비록 이빨에 대는 것과 입안에 넣는 것이 다른 것이지만 둘 모두 맛본다는 뜻이 된다. 또한 폐는 이전단계에서 사용하여 이것으로는 예를 완성했다고 말할 수 없는데, 술은 그 이후에 사용하게 되므로 예를 완성한다고 말한 것으로, 폐를 사용하는 것과의 차이점이다.

경문 降席, 坐奠爵, 拜, 告旨, 執爵, 興. 主人阼階上答拜.

번역 빈객은 자리에서 내려와 자리에 앉아 술잔을 내려놓고 절을 한 뒤에 술이 맛있다고 아뢰고, 술잔을 잡고서 일어난다. 주인은 동쪽 계단 위에서 답배를 한다.

鄭注 降席, 席西也. 旨, 美也.

번역 자리에서 내려간다는 것은 자리의 서쪽으로 내려가는 것이다. '지(旨)'자는 맛있다는 뜻이다.

賈疏 ●"降席"至"答拜". ◎注"降席"至"美也". ○釋曰: 賓拜告旨, 主人拜崇酒, 其節同, 義卽異矣. 賓言旨, 甘主人之味, 啐則拜之. 主人云崇者, 崇, 充也, 謝賓以酒惡相充實, 飲訖, 乃崇酒. 先後亦同也.

번역 ●經文: "降席"~"答拜". ◎鄭注: "降席"~"美也". ○빈객이 절을 하고 술이 맛있다고 아뢰고, 주인이 절을 하여 술을 가득 채우는 것에 있어서 그 절차는 동일하지만 의미에 있어서는 차이가 난다. 빈객이 맛있다고 말하는 것은 주인이 차려준 맛있는 것을 달게 여겨 그것을 맛보게 되면 절을 하는 것이다. 주인이 시행하는 절차에 대해서 '숭(崇)'이라고 했는데, 숭(崇)자는 채운다는 뜻이니, 빈객에게 자신이 마련한 술은 맛이 없는데도 상호 가득 채워 감사를 표하며, 다 마시게 되면 술을 가득 채운다. 이것은 선후 또한 동일한 것이다.

경문 賓西階上北面坐, 卒爵, 興, 坐奠爵, 遂拜, 執爵, 興. 主人阼階上答拜.

번역 빈객은 서쪽 계단 위에서 북쪽을 바라보며 자리에 앉고 술잔을 다 비운 이후에 일어나며 앉아서 술잔을 내려놓고, 그에 따라 절을 하며, 술잔을 잡고 일어난다. 주인은 동쪽 계단 위에서 답배를 한다.

鄭注 卒, 盡也. 於此盡酒者, 明此席非專爲飲食起.

번역 '졸(卒)'자는 모두 마신다는 뜻이다. 이 시기에 술을 모두 마시는

것은 이 자리가 전적으로 술을 마시거나 음식을 먹기 위해 마련된 것이
아니라는 뜻을 나타내기 위해서이다.

賈疏 ●“賓西”至“答拜”. ◎注“卒盡”至“食起”. ○釋曰: 言“遂拜”者, 亦因
奠爵不起, 因拜也. 云“於此盡酒者, 明此席非專爲飮食起”者, 但此席爲賓賢
能起, 故謂在席盡爵, 於此西階上卒之也. 云“不專爲飮食”者, 啐酒於席末, 兼
爲飮食之事, 故以不專言之也.

번역 ●經文: “賓西”~“答拜”. ◎鄭注: “卒盡”~“食起”. ○“그에 따라 절
을 한다.”라고 했는데, 이 또한 술잔을 내려놓는 것에 따라 자리에서 일어나
지 않고, 또 그에 따라 절을 했다는 뜻이다. 정현이 “이 시기에 술을 모두
마시는 것은 이 자리가 전적으로 술을 마시거나 음식을 먹기 위해 마련된
것이 아니라는 뜻을 나타내기 위해서이다.”라고 했는데, 이 자리는 현명한
자와 능력이 뛰어난 자를 빈객으로 예우하기 위해서 마련된 것이다. 그렇
기 때문에 자리에서 잔을 비운다는 뜻으로, 서쪽 계단 위에서 모두 마신다
는 의미이다. “전적으로 술을 마시거나 음식을 먹기 위해 마련된 것이 아니
다.”라고 했는데, 자리의 끝단에서 술을 맛보는 것 등은 술을 마시고 음식을
먹는 일에 포함된다. 그렇기 때문에 ‘부전(不專)’이라고 말한 것이다.

그림 1-1 ◼ 치(觶)

※ **참조:** 좌-『삼재도회(三才圖會)』「기용(器用)」1권
　　　　　상우-『삼례도집주(三禮圖集注)』12권 ; 하우-『육경도(六經圖)』9권

● 그림 1-2   ■ 비(篚)

大筐

篚有盖

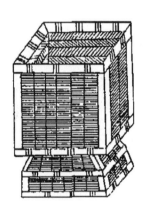
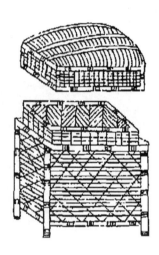

※ 참조: 『삼례도집주(三禮圖集注)』 12권

그림 1-3 ◼ 세(洗)

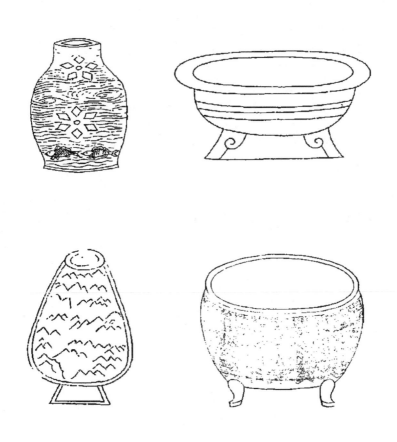

※ **참조**: 상좌-『삼례도집주(三禮圖集注)』13권 ; 상우-『삼례도(三禮圖)』4권
    하좌-『육경도(六經圖)』6권 ; 하우-『삼재도회(三才圖會)』「기용(器用)」1권

● 그림 1-4 ◼ 수(遂)의 행정구역 및 담당자

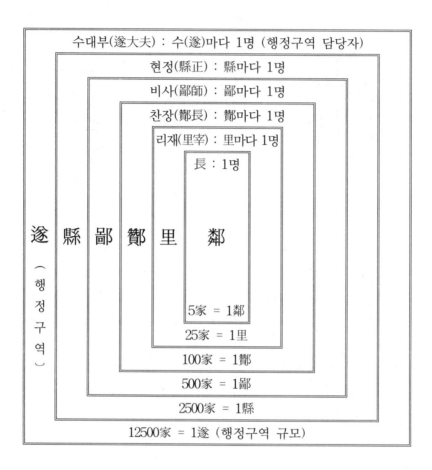

그림 1-5 ▣ 작(爵)

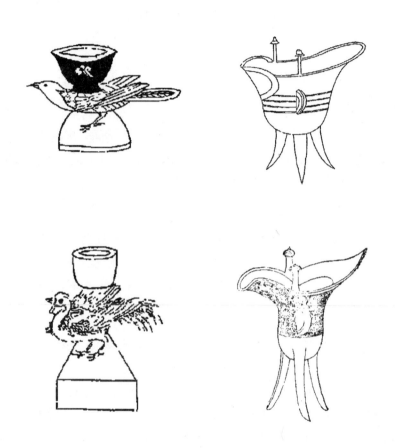

※ **참조**: 상좌-『삼례도집주(三禮圖集注)』12권 ; 상우-『삼례도(三禮圖)』3권
　　　　하좌-『육경도(六經圖)』6권 ; 하우-『삼재도회(三才圖會)』「기용(器用)」1권

질소(質素) · 사빈(事賓)

【696d】

故聖人制之以道, 鄉人 · 士 · 君子尊於房戶之間, 賓主共之也. 尊有玄酒, 貴其質也. 羞出自東房, 主人共之也. 洗當東榮, 主人之所以自絜而以事賓也.

직역 故로 聖人은 制하길 道로써 하니, 鄉人 · 士 · 君子가 房戶의 間에 尊함은 賓主가 共함이다. 尊에 玄酒에 有함은 그 質함을 貴함이다. 羞는 東房으로 自하여 出하니, 主人이 共함이다. 洗는 東榮에 當하니, 主人이 自히 絜하여 이로써 賓을 事하는 所以이다.

의역 그렇기 때문에 성인은 도(道)를 통해서 이러한 예법을 제작하였으니, 향대부(鄉大夫) · 주장(州長) · 당정(黨正) · 경(卿) · 대부(大夫)가 방(房)과 호(戶) 사이에 술동이를 두는 것은 빈객과 주인이 함께 사용한다는 뜻을 나타내는 것이다. 술동이에는 현주(玄酒)가 포함되어 있으니, 질박함을 귀하게 여기기 때문이다. 음식들은 동쪽 방으로부터 내오니, 주인이 이를 통해 빈객에게 이바지하기 때문이다. 씻는 장소는 동쪽 처마 부근이 되니, 주인이 제 스스로 청결하게 하여, 이를 통해 빈객을 섬기는 방법이 되기 때문이다.

集說 疏曰: 鄉人, 謂鄉大夫也. 士, 謂州長黨正也. 君子, 謂卿大夫也. 尊於房戶之間賓主共之者, 設酒尊於東房之西, 室戶之東, 在賓主之間. 酒雖主人之設, 而賓亦以之酢主人, 故云賓主共之也. 北面設尊, 玄酒在左, 是在酒尊之西也. 地道尊右, 設玄酒在西者, 貴其質素故也. 共之者, 供於賓也. 榮, 屋翼也, 設洗於庭, 當屋之翼. 必在東者, 示主人以此自潔而事賓也. 從冠義以來,皆記者疊出儀禮經文於上, 而陳其義於下以釋之, 他皆倣此.

번역 공영달의 소에서 말하길, '향인(鄕人)'은 향대부(鄕大夫)를 뜻한다. '사(士)'는 주장(州長)과 당정(黨正)을 뜻한다. '군자(君子)'는 경(卿)과 대부(大夫)를 뜻한다. "방(房)과 호(戶) 사이에 술동이를 놓아두는 것은 빈객과 주인이 함께 하는 것이다."라는 말은 동쪽 방의 서쪽과 실(室)의 호 동쪽에 설치하는데, 이곳은 빈객과 주인의 중간이 된다. 술은 비록 주인이 설치하지만, 빈객 또한 이것을 이용해서 주인에게 술을 따라준다. 그렇기 때문에 "빈객과 주인이 함께 한다."라고 말한 것이다. 북쪽을 바라보도록 술동이를 설치하고, 현주(玄酒)[1]는 좌측에 놓아두니, 이 자리는 술을 담은 술동이가 놓인 서쪽에 해당한다. 땅의 도리에서는 우측을 높이고 현주를 설치할 때 좌측에 두는 것은 질박함과 소박함을 귀하게 여기기 때문이다. "공(共)한다."는 말은 빈객에게 이바지한다는 뜻이다. '영(榮)'자는 새의 날개처럼 펼쳐진 처마이니, 마당에 세(洗)를 설치할 때에는 그 위치가 지붕의 처마 부근이 된다. 반드시 동쪽에 두는 것은 주인이 이것을 통해 제 스스로 청결하게 하여 빈객을 섬긴다는 뜻을 보이기 위해서이다. 『예기』「관의(冠義)」편으로부터 그 이하의 편들은 모두 『예기』를 기록한 자가 그 앞에 『의례』의 경문을 거듭 제시하고, 그 뒤에 그 의미를 진술하여 풀이한 것이니, 다른 편들도 모두 이에 따르고 있다.

---

1) 현주(玄酒)는 고대의 제례(祭禮)에서 술 대신 사용한 물[水]을 뜻한다. '현주'의 '현(玄)'자는 물은 흑색을 상징하므로, 붙여진 글자이다. '현주'의 '주(酒)'자의 경우, 태고시대 때에는 아직 술이 없었기 때문에, 물을 술 대신 사용했다. 따라서 후대에는 이 물을 가리키며 '주'자를 붙이게 된 것이다. '현주'를 사용하는 것은 가장 오래된 예법 중 하나이므로, 후대에도 이러한 예법을 존승하여, 제사 때 '현주' 또한 사용했던 것이며, '현주'를 술 중에서도 가장 귀한 것으로 여겼다. 『예기』「예운(禮運)」편에는 "故玄酒在室, 醴醆在戶."라는 기록이 있는데, 이에 대한 공영달(孔穎達)의 소(疏)에서는 "玄酒, 謂水也. 以其色黑, 謂之玄. 而太古無酒, 此水當酒所用, 故謂之玄酒."라고 풀이했다.

大全 嚴陵方氏曰: 鄕人士君子, 則擧四例之禮皆同, 固兼言之也. 玄酒者, 以水爲之, 其爲色則幽, 爲味則淡, 貴其質也. 東房者, 主人所在, 故曰主人共之. 洗者, 承盥洗之器, 東榮, 亦主人所在, 故曰主人所以自潔.

번역 엄릉방씨2)가 말하길, 향인(鄕人)·사(士)·군자(君子)라고 했으니, 네 가지 용례의 예법이 모두 동일하다는 사실에 근거한 것이다. 그렇기 때문에 굳이 함께 언급한 것이다. '현주(玄酒)'라는 것은 물을 술로 삼은 것으로, 그 색깔은 그윽하고 그 맛은 담백하니, 질박함을 귀하게 여긴 것이다. '동방(東房)'은 주인이 머무는 곳이다. 그렇기 때문에 "주인이 공급한다."라고 말했다. '세(洗)'라는 것은 손을 씻고 술잔을 씻는 물을 담는 그릇이고, '동영(東榮)' 또한 주인이 머무는 곳이다. 그렇기 때문에 "주인이 제 스스로 청결하게 하는 것이다."라고 말했다.

鄭注 鄕人, 鄕大夫也. 士, 州長·黨正也. 君子, 謂卿·大夫·士也. 卿·大夫·士飮國中賢者, 亦用此禮也. 共尊者, 人臣卑, 不敢專大惠. 羞, 燕私, 可以自專也. 絜, 猶淸也.

번역 '향인(鄕人)'은 향대부(鄕大夫)를 뜻한다. '사(士)'는 주장(州長)과 당정(黨正)을 뜻한다. '군자(君子)'는 경(卿)·대부(大夫)·사(士)를 뜻한다. 경·대부·사가 나라 안에 있는 현명한 자들에게 술을 대접할 때에도 또한 이러한 예법을 사용한다. 술동이를 함께 사용하는 것은 신하는 그 신분이 미천하여 감히 술을 사용하는 큰 은혜로움을 자기마음대로 할 수 없기 때문이다. 음식은 사적으로 시행하는 연회에 사용되는 것이니, 자기마음대로 할 수 있다. '결(絜)'자는 청결함을 뜻한다.

---

2) 엄릉방씨(嚴陵方氏, ?~?) : =방각(方慤)·방씨(方氏)·방성부(方性夫). 송대(宋代)의 유학자이다. 이름은 각(慤)이다. 자(字)는 성부(性夫)이다.『예기집해(禮記集解)』를 지었고,『예기집설대전(禮記集說大全)』에는 그의 주장이 많이 인용되고 있다.

釋文 鄉人·士·君子, 周禮: "天子六鄉." 鄭司農云: "百里內爲六鄉, 外爲六
遂." 司徒職云: "五家爲比, 五比爲閭, 四閭爲族, 五族爲黨, 五黨爲州, 五州爲
鄉." 鄉大夫, 每鄉卿一人. 州長, 每州中大夫一人. 黨正, 每黨下大夫一人. 族
師, 每族上士一人. 閭胥, 每閭中士一人. 比長, 五家下士一人. 諸侯則三鄉.
長, 丁丈反, 篇內皆同. 謂卿, 去京反, 注同. 飮, 於鴆反. 羞音脩. 共音恭. 榮如
字, 屋翼也, 劉音營. 淸如字, 皇才性反.

번역 '향인(鄉人)'·'사(士)'·'군자(君子)'에 대해서, 『주례』에서는 "천자
는 육향(六鄉)이다."라고 했고, 정사농은 "100리(里) 이내에 육향(六鄉)을
설치하고, 100리 밖에는 육수(六遂)를 설치한다."라고 했다. 『주례』「사도
(司徒)」편의 직무 기록에서는 "5가(家)는 1비(比)가 되며, 5비(比)는 1여
(閭)가 되며, 4여(閭)는 1족(族)이 되고, 5족(族)은 1당(黨)이 되며, 5당(黨)
은 1주(州)가 되고, 5주(州)는 1향(鄉)이 된다."라고 했다. '향대부(鄉大夫)'
로는 매 향(鄉)마다 경(卿) 1명을 배치하게 된다. '주장(州長)'으로는 매 주
(州)마다 중대부(中大夫) 1명을 배치하게 된다. '당정(黨正)'으로는 매 당
(黨)마다 하대부(下大夫) 1명을 배치하게 된다. '족사(族師)'로는 매 족(族)
마다 상사(上士) 1명을 배치하게 된다. '여서(閭胥)'로는 매 여(閭)마다 중
사(中士) 1명을 배치하게 된다. '비장(比長)'으로는 5가(家)마다 하사(下士)
1명을 배치하게 된다. 제후의 경우에는 삼향(三鄉)을 설치한다. '長'자는 '丁
(정)'자와 '丈(장)'자의 반절음이며, 이 편에 나오는 글자들도 모두 그 음이
이와 같다. '謂卿'에서의 '卿'자는 '去(거)'자와 '京(경)'자의 반절음이며, 정
현의 주에 나오는 글자도 그 음이 이와 같다. '飮'자는 '於(어)'자와 '鴆(짐)'
자의 반절음이다. '羞'자의 음은 '脩(수)'이다. '共'자의 음은 '恭(공)'이다.
'榮'자는 글자대로 읽으며, 지붕에 새의 날개처럼 설치하는 처마로, 유음(劉
音)은 '營(영)'이다. '淸'자는 글자대로 읽으며, 황음(皇音)은 '才(재)'자와 '性
(성)'자의 반절음이다.

孔疏 ●"鄉人"至"賓也". ○正義曰: 此一節明設尊及玄酒, 貴其質素, 又羞
出東房及東榮設洗主人事賓之義也. 鄉人, 謂鄉大夫也. 士, 謂州長·黨正也.

君子者, 謂卿·大夫也.

번역 ●經文: "鄕人"~"賓也". ○이곳 문단은 술동이와 현주(玄酒)를 설치하는 것은 질박함과 소박함을 귀하게 여긴다는 사실을 나타내고, 또한 음식을 동방(東房)으로부터 내오고, 동쪽 처마 밑에 세(洗)를 설치하여, 주인이 빈객을 섬기는 뜻에 대해서도 나타내고 있다. '향인(鄕人)'은 향대부(鄕大夫)를 뜻한다. '사(士)'는 주장(州長)과 당정(黨正)을 뜻한다. '군자(君子)'는 경(卿)과 대부(大夫)를 뜻한다.

孔疏 ●"尊於房戶之間, 賓主共之也"者, 以鄕大夫等唯有東房, 故設酒尊於東房之西室戶之東, 在賓主之間, 示賓主之共有此酒也. 酒雖主人之設, 賓亦以酢主人, 故云"賓主共之"也.

번역 ●經文: "尊於房戶之間, 賓主共之也". ○향대부(鄕大夫) 등은 오직 동방(東房)만 가지고 있기 때문에, 술동이는 동방의 서쪽이자 실(室)의 호(戶) 동쪽에 설치하는데, 이곳은 빈객과 주인의 중간이 되어, 이를 통해 빈객과 주인이 함께 이 술을 사용하게 된다는 사실을 나타낸다. 술은 비록 주인이 설치하지만, 빈객 또한 이것을 이용해서 주인에게 술을 따라준다. 그렇기 때문에 "빈객과 주인이 함께 한다."라고 말한 것이다.

孔疏 ●"尊有玄酒, 貴其質也"者, 北面設尊, 玄酒在左, 謂在酒尊之西也. 所以設玄酒在西者, 地道尊右[3], 貴其質素故也.

번역 ●經文: "尊有玄酒, 貴其質也". ○북쪽을 바라보도록 술동이를 설치하고 현주(玄酒)를 좌측에 두는데, 이것은 술을 담은 술동이의 서쪽에

---

3) '우(右)'자에 대하여. 『십삼경주소(十三經注疏)』 북경대 출판본에서는 "'우'자를 『민본(閩本)』·『감본(監本)』·『모본(毛本)』에서는 동일하게 기록하고 있으며, 위씨(衛氏)의 『집설(集說)』에서도 동일하게 기록하고 있는데, 『고문(考文)』에서 인용하고 있는 송(宋)나라 때의 판본에서는 '좌(左)'자로 기록하였다."라고 했다.

둔다는 뜻이다. 현주를 서쪽에 설치하는 이유는 땅의 도리에서는 우측을 존귀하게 높이니, 질박함과 소박함을 존귀하게 여기기 때문이다.

孔疏 ●"羞出自東房, 主人共之也"者, 謂供於賓也.

번역 ●經文: "羞出自東房, 主人共之也". ○빈객에게 공급한다는 뜻이다.

孔疏 ●"洗當東榮", 榮, 屋翼也. 設洗於庭當屋翼也. 必在東者, 示主人所以自絜以事賓. 從冠義以來, 皆記者疊出儀禮經文, 每於一事之下釋明儀禮經義, 每義皆擧經文於上, 陳其義於下以釋之也. 他皆倣此也.

번역 ●經文: "洗當東榮". ○'영(榮)'자는 지붕에 새의 날개처럼 달려 있는 처마를 뜻한다. 마당에서도 지붕의 날개 같은 처마에 해당하는 곳 아래에 세(洗)를 설치한다. 반드시 동쪽에 두는 이유는 주인이 제 스스로 청결하게 하여 빈객을 섬긴다는 뜻을 드러내기 위해서이다. 『예기』「관의(冠義)」편으로부터 그 이후의 편들은 모두 『예기』를 기록한 자가 『의례』의 경문을 그 앞에 거듭 기록하고, 각각 한 가지 사안 아래에 『의례』의 경문에 드러난 뜻을 풀이하였으니, 각각의 뜻들은 모두 그 앞에 제시된 『의례』의 경문에 근거한 것이고, 그 뒤에 그 의미를 진술하여 풀이한 것이다. 다른 기록들도 모두 이처럼 되어 있다.

訓纂 郝仲輿曰: 聖人制之, 以道鄕人士君子, 文義甚明. 制之, 謂制此禮. 道, 敎也, 猶論語"道之以政"之道, 鄕人·士·君子, 鄕人之賢者, 卽賓·介·僎之類.

번역 학중여[4)]가 말하길, 성인이 제정하여 이를 통해 향인·사·군자를 가르친다는 말은 문맥과 뜻이 매우 분명하다. '제지(制之)'는 이러한 예법을

---

4) 학경(郝敬, A.D.1558~A.D.1639) : =학중여(郝仲輿)·학초망(郝楚望). 명(明)나라 때의 학자이다. 자(字)는 중여(仲輿)이고, 호(號)는 초망(楚望)이다. 경학에 능통하여, 수많은 저서를 남겼다.

제정하였다는 뜻이다. '도(道)'자는 가르친다는 뜻이니, 『논어』에서 "정치로써 인도한다."[5]라고 했을 때의 '도(道)'자와 같고, '향인(鄕人)'·'사(士)'·'군자(君子)'는 향인들 중 현명한 자를 뜻하니, 빈(賓)·개(介)·준(僎)[6] 등의 부류에 해당한다.

訓纂 王氏念孫曰: 自冠義至聘義六篇, 皆列儀禮經文於上, 而釋之於下. 尊於房戶之間, 儀禮經文也. 賓主共之, 記者釋經也. "鄕人士君子"五字, 與下文不相屬. 案"故聖人制之以道鄕人士君子"十二字, 當作一句讀. 道, 讀如"道之以德"之道. 鄕人, 一鄕之人. 士君子, 謂士大夫. 賓介謂士. 主人爲大夫, 大夫謂之君子, 諸公大夫亦謂之君子. 故曰以道鄕人士君子也. 鄭以鄕人爲鄕大夫, 士爲州長黨正, 君子爲卿大夫, 又謂"鄕大夫飮國中賢者亦用此禮", 於是鄕飮酒禮自賓賢能及蠟祭習射而外, 又增其一而爲四矣.

번역 왕념손[7]이 말하길, 『예기』「관의(冠義)」편으로부터 「빙의(聘義)」편에 이르기까지 총 6개 편은 모두 『의례』의 경문을 앞에 기술하고, 그 뒤에 그 뜻을 풀이하는 체제로 기술되어 있다. "방과 호 사이에 술동이를 둔다."라는 말은 『의례』의 경문이다. "빈객과 주인이 함께 한다."는 말은 『예기』를 기록한 자가 경문을 풀이한 것이다. '향인사군자(鄕人士君子)'라는 다섯 글자는 아래 문장과 서로 연결되지 않는다. '고성인제지이도향인사군자(故聖人制之以道鄕人士君子)'라는 12글자를 살펴보니, 마땅히 하나의 구문으로 풀이해야 한다. '도(道)'자는 "덕으로써 인도한다."라고 했을 때의 '도(道)'자로 풀이한다. '향인(鄕人)'은 하나의 향(鄕)에 속한 사람들을 뜻한

---

5) 『논어』「위정(爲政)」 : 子曰, "道之以政, 齊之以刑, 民免而無恥, 道之以德, 齊之以禮, 有恥且格."

6) 준(僎)은 준(遵)이라고도 부르며, 향음주례(鄕飮酒禮) 등을 시행할 때 주인(主人)이 시행하는 의례절차를 보좌하던 사람이다.

7) 왕념손(王念孫, A.D.1744 ~ A.D.1832) : 청(淸)나라 때의 학자이다. 자(字)는 회조(懷租)이고, 호(號)는 석구(石臞)이다. 부친은 왕안국(王安國)이고, 아들은 왕인지(王引之)이다. 대진(戴震)에게 학문을 배웠다. 저서로는 『독서잡지(讀書雜志)』 등이 있다.

다. '사군자(士君子)'는 사와 대부를 뜻한다. 빈객과 개(介)는 사를 가리킨
다. 주인은 대부가 되니, 대부를 '군자(君子)'라고 부른 것이며, 여러 공들과
대부에 대해서도 '군자(君子)'라고 부른 것이다. 그렇기 때문에 "이로써 향
인과 사 및 군자를 인도한다."라고 했다. 정현은 향인은 향대부를 뜻하며,
사는 주장과 당정을 뜻하고, 군자는 경과 대부를 뜻한다고 했으며, 또한
"향대부가 나라 안에 있는 현명한 자들에게 술을 대접할 때에도 또한 이러
한 예법을 사용한다."라고 했는데, 향음주례를 사용하는 경우는 현명한 자
와 능력이 있는 자를 빈객으로 대우하고, 납(臘)[8]제사를 지내며 활쏘기를
익히는 것 외에도 한 가지 사례가 증가하여 총 네 가지 부류가 된다.

集解 愚謂: 道, 猶禮也. 鄉人, 謂鄉大夫·州長·黨正之屬也. 士, 所賓賢能之
士也. 君子, 卿大夫爲僕者也. 羞, 謂籩·豆之實也. 鄉射記曰, "薦, 脯以籩",
"醢以豆, 出自東房", 是也. 又鄉飮酒記曰, "俎由東壁, 自西階升", 則俎實與
庶羞不由房中出矣.

번역 내가 생각하기에, '도(道)'자는 예를 뜻한다. '향인(鄉人)'은 향대부·
주장·당정 등의 부류를 뜻한다. '사(士)'는 현명한 자와 능력이 있는 자를
빈객으로 대접할 때의 사를 뜻한다. '군자(君子)'는 경과 대부들 중 의례의
진행을 돕는 자를 뜻한다. '수(羞)'는 변(籩)과 두(豆)에 담아내는 음식을 뜻
한다. 『의례』「향사례(鄉射禮)」편의 기문에서 "천(薦)은 포를 변에 담아내는
것이다."라고 했고, "젓갈은 두(豆)에 담아서 동쪽 방으로부터 나온다."라고

---

8) 납(臘)은 엽(獵)이라고도 부른다. 짐승을 사냥하여 조상 및 오사(五祀)에게
지내는 제사를 뜻한다. 고대에는 백신(百神)들에 대한 제사를 사(蜡)라고
불렀고, 조상에 대한 제사를 '납'이라고 불렀는데, 진한대(秦漢代) 이후로는
이 둘을 통칭하여, '납'이라고 불렀다. 『예기』「월령(月令)」편에는 "天子, 乃
祈來年于天宗, 大割, 祠于公社及門閭, 臘先祖·五祀, 勞農以休息之."라는 기
록이 있고, 이에 대한 공영달(孔穎達)의 소(疏)에서는 "臘, 獵也. 謂獵取禽
獸以祭先祖五祀也."라고 풀이했다. 또한 『춘추좌씨전』「희공(僖公) 5년」편에
는 "宮之奇以其族行, 曰虞不臘矣."라는 기록이 있는데, 이에 대한 두예(杜
預)의 주에서는 "臘, 歲終祭衆神之名."이라고 풀이했다. 즉 '납'은 한 해가
끝날 무렵 뭇 신들에게 지내는 제사의 명칭이라는 뜻이다.

한 말이 바로 이것을 가리킨다. 또『의례』「향음주례(鄕飮酒禮)」편의 기문에서는 "도마는 동쪽 벽으로부터 나와 서쪽 계단을 통해 올라간다."라고 했으니, 도마에 담아내는 것과 여러 찬들은 방안에서 나오는 것이 아니다.

참고 『주례』「지관사도(地官司徒)」 기록

경문 鄕老, 二鄕則公一人. 鄕大夫, 每鄕卿一人. 州長, 每州中大夫一人. 黨正, 每黨下大夫一人. 族師, 每族上士一人. 閭胥, 每閭中士一人. 比長, 五家下士一人.

번역 '향로(鄕老)'는 2개의 향(鄕)마다 공(公) 1명이 담당한다. '향대부(鄕大夫)'는 매 향(鄕)마다 경(卿) 1명이 담당한다. '주장(州長)'은 매 주(州)마다 중대부(中大夫) 1명이 담당한다. '당정(黨正)'은 매 당(黨)마다 하대부(下大夫) 1명이 담당한다. '족사(族師)'는 매 족(族)마다 상사(上士) 1명이 담당한다. '여서(閭胥)'는 매 여(閭)마다 중사(中士) 1명이 담당한다. '비장(比長)'은 5개의 가(家)마다 하사(下士) 1명이 담당한다.

鄭注 老, 尊稱也. 王置六鄕, 則公有三人也. 三公者, 內與王論道, 中參六官之事, 外與六鄕之敎, 其要爲民, 是以屬之鄕焉. 州・黨・族・閭・比, 鄕之屬別. 正・師・胥, 皆長也. 正之言政也. 師之言帥也. 胥, 有才知之稱. 載師職曰: "以官田・牛田・賞田・牧田任遠郊之地." 司勳職曰: "掌六鄕之賞地." 六鄕地在遠郊之內, 則居四同. 鄭司農云: "百里內爲六鄕, 外爲六遂."

번역 '노(老)'자는 존귀하게 높여서 부르는 칭호이다. 천자는 육향을 설치하니, 공(公)은 3명이 있게 된다. '삼공(三公)'9)은 내적으로 천자와 함께

---

9) 삼공(三公)은 중앙정부의 가장 높은 관직자 3명을 합쳐서 부르는 말이다. '삼공'에 속한 관직명에 대해서는 각 시대별로 차이가 있다. 『사기(史記)』「은본기(殷本紀)」편에는 "以西伯昌, 九侯, 鄂侯, 爲三公."이라는 기록이 있다. 즉 은나라 때에는 서백(西伯)인 창(昌), 구후(九侯), 악후(鄂侯)들을 '삼

도를 논의하고, 중간에 여섯 관부의 일들을 돕고, 외적으로 육향에 대한 교화에 참여하니, 그 요점은 백성들을 위한 것이다. 그렇기 때문에 그들을 향(鄕)에 배속시킨 것이다. 주(州)·당(黨)·족(族)·여(閭)·비(比)는 향(鄕)에 속한 하위 행정단위이다. 정(正)·사(師)·서(胥)는 모두 해당 단위의 수장을 뜻한다. '정(正)'자는 정치를 뜻한다. '사(師)'자는 통솔한다는 뜻이다. '서(胥)'자는 재능과 지혜를 가지고 있는 자의 칭호이다.『주례』「재사(載師)」편의 직무 기록에서는 "왕실의 경작지, 왕실에서 소를 기르기 위한 경작지, 왕실에서 상으로 하사하기 위한 경작지, 육축(六畜)10)을 방목하기 위한 경작지에 대한 것으로 원교의 땅을 담당한다."11)라고 했고,『주례』「사훈(司勳)」편의 직무 기록에서는 "육향 중 상으로 하사하는 땅에 대한 일을 담당한다."12)라고 했다. 따라서 육향에 해당하는 땅은 원교 안에 포함되어 있으니, 사방 200리(里)의 규모라는 점에서 같다. 정사농은 "국성에서 100리 이내의 땅은 육향으로 삼고, 그 밖은 육수로 삼는다."라고 했다.

賈疏 ●"鄕老"至"下士一人". ○釋曰: 鄕老者, 謂三公. 按下曲禮, 三公於諸侯曰天子之老. 此鄭注云"老尊稱", 未必是年老. 二鄕則公一人者, 在朝三公八命, 卽典命云"三公八命", 是也. 分陝而治則九命, 則大宗伯云"九命作伯", 是也. "鄕大夫每鄕卿一人"者, 六鄕則卿六人, 各主一鄕之事, 然總屬司徒, 非

공'으로 삼았다. 또한 주(周)나라 때에는 태사(太師), 태부(太傅), 태보(太保)를 '삼공'으로 삼았다.『서』「주서(周書)·주관(周官)」편에는 "立太師·太傅·太保, 茲惟三公, 論道經邦, 燮理陰陽."이라는 기록이 있다. 한편『한서(漢書)』「백관공경표서(百官公卿表序)」에 따르면 사마(司馬), 사도(司徒), 사공(司空)을 '삼공'으로 삼았다는 기록이 있다.

10) 육축(六畜)은 여섯 종류의 가축을 뜻한다. 말[馬], 소[牛], 양(羊), 닭[雞], 개[犬], 돼지[豕]를 가리킨다.『춘추좌씨전』「소공(昭公) 25년」편에는 "爲六畜·五牲·三犧, 以奉五味."라는 기록이 있고, 이에 대한 두예(杜預)의 주에서는 "馬·牛·羊·雞·犬·豕."라고 풀이했다.

11)『주례』「지관(地官)·재사(載師)」: 以廛里任國中之地, 以場圃任園地, 以宅田·士田·賈田任近郊之地, 以官田·牛田·賞田·牧田任遠郊之地, 以公邑之田任甸地, 以家邑之田任稍地, 以小都之田任縣地, 以大都之田任畺地.

12)『주례』「하관(夏官)·사훈(司勳)」: 司勳掌六鄕賞地之法, 以等其功.

六官典兼鄕大夫. 知者, 以鄭注大司馬云: "軍吏選於六官六鄕之吏爲之", 旣六官六鄕並言, 故知別置. "州長每州中大夫一人"者, 每鄕有五州, 州長以中大夫爲之, 亦四命. "黨正每黨下大夫一人"者, 五黨爲州, 黨正使下大夫爲之, 亦四命. "族師每族上士一人"者, 五族爲黨, 族師使上士一人爲之, 亦三命. "閭胥每閭中士一人"者, 四閭爲族, 巷門爲閭. 胥, 有才智之稱, 閭胥使中士一人爲之, 亦再命. "比長五家下士一人"者, 五比爲閭, 比長使下士一人爲之, 亦一命. 特言五家者, 明閭胥已上至鄕皆有家數, 故其職云: "五家爲比, 五比爲閭, 四閭爲族, 五族爲黨, 五黨爲州, 五州爲鄕." 從少至多, 故於比言五家爲本也.

번역 ●經文: "鄕老"~"下士一人". ○'향로(鄕老)'는 삼공(三公)을 뜻한다.『예기』「곡례하(曲禮下)」편을 살펴보면, 삼공은 제후에 대해서 스스로를 '천자에게 소속된 노신'이라고 지칭한다고 했다.13) 이곳 문장에 대한 정현의 주에서는 "'노(老)'자는 존귀하게 높여서 부르는 칭호이다."라고 했으니, 나이 많은 노인에 해당할 필요는 없다. "2개의 향(鄕)마다 공(公) 1명이 담당한다."라고 했는데, 천자의 조정에 속해 있는 삼공은 8명(命)의 등급이니,『주례』「전명(典命)」편에서 "삼공은 8명(命)이다."14)라고 한 말이 이러한 사실을 나타낸다. 섬 땅을 중심으로 천하를 양분하여 다스린다면 9명(命)의 등급이 되니,『주례』「대종백(大宗伯)」편에서 "9명(命)에는 백(伯)으로 삼는다."15)라고 한 말이 이러한 사실을 나타낸다. "'향대부(鄕大夫)'는 매 향(鄕)마다 경(卿) 1명이 담당한다."라고 했는데, 육향이 있으니 경은 6명이 있게 되어, 각각 1개의 향에 대한 일을 주관하지만, 최종적으로 사도(司徒)16)에게 속하여 여섯 관부의 관리들이 향대부를 겸하는 것이 아니다.

---

13)『예기』「곡례하(曲禮下)」【56b~c】: 五官之長曰伯, 是職方, 其擯於天子也, 曰天子之吏. 天子同姓謂之伯父, 異姓謂之伯舅. <u>自稱於諸侯, 曰天子之老</u>, 於外曰公, 於其國曰君.

14)『주례』「춘관(春官)·전명(典命)」: 王之三公八命, 其卿六命, 其大夫四命. 及其出封, 皆加一等. 其國家·宮室·車旗·衣服·禮儀亦如之.

15)『주례』「춘관(春官)·대종백(大宗伯)」: 九命作伯.

16) 사도(司徒)는 대사도(大司徒)라고도 부른다. 본래 주(周)나라 때의 관리로, 국가의 토지 및 백성들에 대한 교화(敎化)를 담당했다. 전설상으로는 소호

이러한 사실을 알 수 있는 이유는 『주례』「대사마(大司馬)」편에 대한 정현의 주에서 "군리(軍吏)는 여섯 관부의 육향에 속한 관리들 중에서 선발하여 정한다."라고 했는데, 여섯 관부와 육향을 함께 언급하고 있으므로, 해당 관리를 별도로 두게 됨을 알 수 있다. "'주장(州長)'은 매 주(州)마다 중대부(中大夫) 1명이 담당한다."라고 했는데, 매 향마다 5개의 주가 있고, 주장은 중대부로 임명하니 또한 4명(命)의 등급이 된다. "'당정(黨正)'은 매 당(黨)마다 하대부(下大夫) 1명이 담당한다."라고 했는데, 5개의 당은 1개의 주가 되며, 당정은 하대부를 임명하니 또한 4명(命)의 등급이 된다. "'족사(族師)'는 매 족(族)마다 상사(上士) 1명이 담당한다."라고 했는데, 5개의 족은 1개의 당이 되고, 족사는 상사 1명으로 임명하니 또한 3명(命)의 등급이 된다. "'여서(閭胥)'는 매 여(閭)마다 중사(中士) 1명이 담당한다."라고 했는데, 4개의 여는 1개의 족이 되고, 거리와 마을 문을 공유하는 규모는 여(閭)가 된다. '서(胥)'자는 재주와 지혜가 있는 자를 지칭하는 칭호이고, 여서는 중사 1명으로 임명하니 또한 2명(命)의 등급이 된다. "'비장(比長)'은 5개의 가(家)마다 하사(下士) 1명이 담당한다."라고 했는데, 5개의 비는 1개의 여가 되고, 비장은 하사 1명으로 임명하니 또한 1명(命)의 등급이 된다. 특별히 '오가(五家)'라고 말한 것은 여서로부터 그 이상으로 향에 이르기까지 모두 그 규모에 맞는 가(家)의 수치가 있다. 그렇기 때문에 그 직무에서는 "5개의 가는 1개의 비가 되고, 5개의 비는 1개의 여가 되며, 4개의 여는 1개의 족이 되고, 5개의 족은 1개의 당이 되며, 5개의 당은 1개의 주가 되고, 5개의 주는 1개의 향이 된다."라고 한 것이다. 이러한 기록은 적은 것으로부터 많은 것 순으로 기록되어 있다. 그렇기 때문에 비에 대해서 오가(五家)라고 말하여, 그 규모가 가장 기본이 되는 단위임을 나타낸 것이다.

(少昊) 시대 때부터 설치되었다고 전해진다. 주나라의 육경(六卿) 중 하나였으며, 전한(前漢) 애제(哀帝) 원수(元壽) 2년(B.C. 1)에는 승상(丞相)의 관직명을 고쳐서, 대사도(大司徒)라고 불렀고, 대사마(大司馬), 대사공(大司空)과 함께 삼공(三公)의 반열에 있었다. 후한(後漢) 때에는 다시 '사도'로 명칭을 고쳤고, 그 이후로는 이 명칭을 계속 사용하다가 명(明)나라 때 폐지되었다. 명나라 이후로는 호부상서(戶部尙書)를 '대사도'라고 불렀다.

賈疏 ◎注"老尊"至"六遂". ○釋曰: 言"老尊稱也"者, 以其天子所父事三老者同名, 故云老尊稱也. 云"王置六鄉則公有三人也"者, 於周禮不見公之人數, 六鄉之數, 周禮有其文, 此經云二鄉則公一人, 明知公有三人. 按: 成王周官"立太師太傅太保, 玆惟三公", 亦是公有三人之事. 云"三公者內與王論道"者, 成王周官云: "玆惟三公, 論道經邦." 考工記云: "坐而論道謂之王公." 鄭雖言天子諸侯, 公中亦含三公, 是其內與王論道也. 云"中參六官之事"者, 按書傳云: "天子三公, 一曰司徒公, 二曰司馬公, 三曰司空公." 彼注云: "周禮, 天子六卿, 與大宰·司徒同職者則謂之司徒公, 與宗伯·司馬同職者則謂之司馬公, 與司寇·司空同職者則謂之司空公. 一公兼二卿, 擧下以爲稱." 是其中參六官之事. 云"外與六鄉之敎", 卽此經是也. 云"其要爲民, 是以屬之鄉焉"者, 三公無正職, 是以三百六十官之中不見三公之任, 唯此六鄉之內而言三公, 故云屬之鄉焉. 不言三孤者, 以其佐公論道, 三公有事之所亦有三孤, 故不言之. 云"州黨族閭比鄉之屬別"者, 五者皆屬於鄉而名號有別也. 云"正·師·胥皆長也"者, 自州已下至比長五官, 州比自稱長矣. 唯有黨正·族師·閭胥不言長, 故鄭云正師胥皆長也. 云"正之言政也"者, 取施政敎者先自正故也. 云"師之言帥也"者, 以其帥領百家, 故言帥也. 云"胥有才智之稱"者, 此釋閭胥以其有才智, 故爲中士, 以領一閭. 雖不稱長, 亦有長義. 引載師職云賞田任遠郊之地, 又引司勳職言掌六鄉之賞地者, 欲見賞地在六鄉之中, 同在遠郊之內. 云"六鄉地在遠郊之內則居四同"者, 按: 司馬法"王城百里爲遠郊", 於王城四面, 則方二百里開方之, 二二如四, 故云居四同. 言此者, 破賈·馬六鄉之地在遠郊五十里內, 五十里外置六遂. 鄭司農云"百里內爲六鄉外爲六遂"者, 司徒掌六鄉, 在百里內, 上以釋訖百里外爲六遂. 以其遂人掌六遂, 按遂人職云"掌邦之野", 郊外曰野, 故知百里外爲六遂.

번역 ◎鄭注: "老尊"~"六遂". ○정현이 "'노(老)'자는 존귀하게 높여서 부르는 칭호이다."라고 했는데, 천자가 부친처럼 섬기는 세 명의 노신들에 대해서는 동일하게 '노(老)'자를 붙여서 부르기 때문에, "'노(老)'자는 존귀하게 높여서 부르는 칭호이다."라고 했다. 정현이 "천자는 육향을 설치하니, 공(公)은 3명이 있게 된다."라고 했는데, 『주례』에는 공이 몇 명인지 나타나지 않지만, '육향(六鄕)'이라는 수치는 『주례』에 기록이 나온다. 이곳 경문에서 2개의 향(鄕)마다 공 1명이 담당한다고 했으니, 공에는 3명이 있었음을 알 수 있다. 성왕의 『서』「주관(周官)」편에서는 "태사(太師)[17]·태부(太傅)[18]·태보(太保)[19]를 세우니 이들이 삼공이다."[20]라고 했다. 이 또한 공을 맡고 있는 자가 세 사람임을 나타낸다. 정현이 "'삼공(三公)'은 내적으로 천자와 함께 도를 논의한다."라고 했는데, 성왕의 「주관」편에서는 "이들이 삼공이니, 도를 논의하고 나라를 다스린다."라고 했고, 『고공기』에서는 "앉아서 도를 논의하는 자들을 '왕(王)'과 '공(公)'이라고 부른다."[21]라고 했다. 정현은 비록 '왕(王)'과 '공(公)'에 대해서 천자와 제후라고 풀이했지만, 공 중에는 또한 삼공도 포함되니, 이것은 내적으로 천자와 함께 도를 논의한다는 사실을 나타낸다. 정현이 "중간에 여섯 관부의 일들을 돕는다."라고 했는데, 『서전』을 살펴보면 "천자는 삼공을 두니, 첫 번째는 사도공(司徒公)이라 부르고 두 번째는 사마공(司馬公)이라 부르며 세 번째는 사공공(司空公)이라 부른다."라고 했고, 그 주에서는 "『주례』에서 천자는 육경(六卿)[22]을 둔다고 했는데, 대재(大宰)[23]와 사도(司徒)의 직무를 겸비하는 자

---

17) 태사(太師)는 주(周)나라 때의 관직으로, 삼공(三公) 중 하나이며, 삼공 중 서열은 첫 번째이다. 천자를 보좌하여 국정 전반을 다스렸다. 이 관직은 진(秦)나라 때 폐지되었다가, 한(漢)나라 때 다시 설치되기도 하였다.

18) 태부(太傅)는 주(周)나라 때의 관직으로, 삼공(三公) 중 하나이며, 삼공 중 서열은 두 번째에 해당한다. 천자를 보좌하여 국정 전반을 다스렸다. 『서』「주서(周書)·주관(周官)」편에는 "立太師·太傅·太保, 茲惟三公, 論道經邦, 燮理陰陽."이라는 기록이 있다. 이 관직은 진(秦)나라 때 폐지되었다가, 한(漢)나라 때 다시 설치되기도 하였다.

19) 태보(太保)는 주(周)나라 때의 관직으로, 삼공(三公) 중 하나이며, 삼공 중 서열은 세 번째이다. 천자를 보좌하여 국정 전반을 다스렸다. 이 관직은 춘추시대(春秋時代) 이후 폐지되었다가, 한(漢)나라 때 다시 설치되기도 하였다.

20) 『서』「주서(周書)·주관(周官)」 : 立太師太傅太保, 茲惟三公, 論道經邦, 燮理陰陽, 官不必備, 惟其人.

21) 『주례』「동관고공기(冬官考工記)」 : 坐而論道, 謂之王公.

22) 육경(六卿)은 여섯 명의 경(卿)을 가리키는데, 주로 여섯 명의 주요 관직자들을 뜻한다. 각 시대마다 해당하는 관직명과 담당하는 영역에는 차이가 있었다. 『서』「하서(夏書)·감서(甘誓)」편에는 "大戰于甘, 乃召六卿."이라는

를 '사도공(司徒公)'이라 부르며, 종백(宗伯)24)과 사마(司馬)25)의 직무를

기록이 있고, 이에 대한 공안국(孔安國)의 전(傳)에서는 "天子六軍, 其將皆命卿."이라고 풀이했다. 즉 천자는 6개의 군(軍)을 소유하고 있는데, 각 군의 장수를 '경(卿)'으로 임명하였기 때문에, 이들 육군(六軍)의 수장을 '육경'이라고 부른다는 뜻이다. 이 기록에 따르면 하(夏)나라 때에는 육군의 장수를 '육경'으로 불렀다는 결론이 도출된다. 한편『주례(周禮)』의 체제에 따르면, 주(周)나라에서는 여섯 개의 관부를 설치하였고, 이들 관부의 수장을 '경'으로 임명하였다. 따라서 천관(天官)의 총재(冢宰), 지관(地官)의 사도(司徒), 춘관(春官)의 종백(宗伯), 하관(夏官)의 사마(司馬), 추관(秋官)의 사구(司寇), 동관(冬官)의 사공(司空)이 '육경'에 해당한다.『한서(漢書)·백관공경표상(百官公卿表上)』편에는 "夏殷亡聞焉, 周官則備矣. 天官冢宰, 地官司徒, 春官宗伯, 夏官司馬, 秋官司寇, 冬官司空, 是爲六卿, 各有徒屬職分, 用於百事."라는 기록이 있다.

23) 대재(大宰)는 태재(太宰) 또는 총재(冢宰)라고도 부른다. 은대(殷代) 때 설치된 관직이라고 전해지며, 주대(周代)에서는 '총재'라고도 불렀다.『주례』의 체제상으로는 천관(天官)의 수장이며, 경(卿) 1명이 담당했다. '대재'가 담당했던 일은 여러 가지이며, 국정(國政)의 전반적인 것들을 관리하였다. 또한『주례』「천관(天官)·대재(大宰)」편에는 "祀五帝, 則掌百官之誓戒與其具脩."라고 하여, 오제(五帝)에게 제사를 지내게 되면, 뭇 관리들에게 근신하라고 권고하는 일 및 제물이 갖추어진 것을 확인하고, 그 청결상태 등을 감독했다고 기록하고 있다.

24) 종백(宗伯)은 대종백(大宗伯)이라고도 부른다. 주(周)나라 때에는 육경(六卿) 중 하나에 해당하는 고위 관직이었다.『주례』의 체제 속에서는 춘관(春官)의 수장이 된다. 종묘(宗廟)에 대한 제사 등 주로 예제(禮制)와 관련된 일을 담당하였다. 후대의 관직체계에서는 예부(禮部)에 해당하기 때문에, 예부상서(禮部尙書)를 또한 '대종백' 혹은 '종백'이라고도 부른다.『서』「주서(周書)·주관(周官)」편에는 "宗伯掌邦禮, 治神人, 和上下."라는 기록이 있다. 또『주례』「춘관(春官)·종백(宗伯)」편에는 "乃立春官宗伯, 使帥其屬而掌邦禮, 以佐王和邦國."이라는 기록이 있는데, 이에 대한 정현의 주에서는 "宗伯, 主禮之官."이라고 풀이했다. 한(漢)나라 때에는 태재(太宰)라는 이름으로 관직명을 고치기도 했다. 한편 진(秦)나라 때에는 종실(宗室)의 일들을 담당하는 종정(宗正)이라는 관리가 있었는데, 한나라 때에는 이 관직명을 '종백'으로 고치기도 했다.

25) 사마(司馬)라는 관직은 전설상으로는 소호(少昊) 시대부터 설치되었다고 전해진다. 주(周)나라 때에는 육경(六卿) 중 하나였으며, 하관(夏官)의 수장이며, 대사마(大司馬)라고도 불렀다. 군대와 관련된 일을 담당했다. 한(漢)나라 무제(武帝) 때에는 태위(太尉)라는 관직명을 고쳐서 대사마(大司馬)라고 불렀고, 후한(後漢) 때에는 다시 태위(太尉)로 고쳐 불렀다. 남북조시대

겸비하는 자를 '사마공(司馬公)'이라 부르고, 사구(司寇)[26]와 사공(司空)[27]
의 직무를 겸비하는 자를 '사공공(司空公)'이라 부른다. 1명의 공이 2명의
경이 맡는 임무를 겸하는데 하위의 것을 들어 명칭으로 삼은 것이다."라고
했다. 이것은 중간에 여섯 관부의 일들을 돕는다는 사실을 나타낸다. 정현
이 "외적으로 육향에 대한 교화에 참여한다."라고 했는데, 이곳 경문의 내
용이 여기에 해당한다. 정현이 "그 요점은 백성들을 위한 것이다. 그렇기
때문에 그들을 향(鄕)에 배속시킨 것이다."라고 했는데, 삼공에는 고정된
직무가 없다. 이러한 까닭으로 360개의 관직 중에서 삼공의 임무가 드러나
지 않는 것이며, 오직 육향에 대한 내용 안에서 삼공을 언급했으므로, "향에
배속시켰다."라고 했다. '삼고(三孤)'[28]를 언급하지 않은 것은 삼공을 도와

(南北朝時代)에는 대장군(大將軍)과 함께 이대(二大)로 칭해지기도 했으나,
청(淸)나라 때 폐지되었다. 후세에서는 병부상서(兵部尙書)의 별칭으로 사
용하기도 했고, 시랑(侍郞)을 소사마(少司馬)로 칭하기도 하였다.

26) 사구(司寇)는 주(周)나라 때 설치되었던 관직이다. 하(夏)나라와 은(殷)나라
때에도 이미 존재했었다고 주장하기도 한다. 주나라 때에는 육경(六卿) 중
하나였으며, 대사구(大司寇)라고도 불렀다. 형벌이나 옥사에 관련된 일을
담당하였고, 감찰 임무를 맡기도 하였다. 춘추시대(春秋時代)에는 여러 제
후국들에 이 관직이 설치되었으며, 공자(孔子) 또한 노(魯)나라에서 '사구'
를 지냈다고 전해지기도 한다. 청(淸)나라 때에는 형부상서(刑部尙書)를
'대사구'로 불렀으며, 시랑(侍郞)을 소사구(少司寇)로 불렀다.

27) 사공(司空)은 주(周)나라 때의 관리로, 토목 공사 및 각종 건설과 기물 제
작 등을 주관했다. 전설상으로는 소호(少昊) 시대 때부터 설치되었다고 전
해진다. 주나라의 육경(六卿) 중 하나였으며, 동관(冬官)의 수장인 대사공
(大司空)에 해당한다. 한(漢)나라 때에는 어사대부(御史大夫)를 '대사공'으
로 고쳐 불렀고, 대사마(大司馬), 대사도(大司徒)와 함께 삼공(三公)의 반열
에 있었다. 후대에는 대(大)자를 빼고 '사공'으로 불렀다. 청(淸)나라 때에
는 공부상서(工部尙書)를 '대사공'으로 부르고, 시랑(侍郞)을 소사공(少司
空)으로 불렀다.

28) 삼고(三孤)는 소사(少師)·소부(少傅)·소보(少保)를 가리킨다. 삼공(三公)을
보좌하는 역할이었지만, '삼공'에게 배속되었던 것은 아니다. '삼고'는 일종
의 특별직으로, 그들의 신분은 '삼공'보다 낮지만, 육경(六卿)보다는 높았
다. 한편 '삼고'와 '육경'을 합쳐서 '구경(九卿)'으로 보는 견해도 있다. 『서』
「주서(周書)·주관(周官)」편에는 "少師·少傅·少保曰三孤."라는 기록이 있고,
이에 대한 공안국(孔安國)의 전(傳)에서는 "此三官名曰三孤. 孤, 特也. 言卑

서 도를 논의하니, 삼공이 어떠한 일을 처리할 때에는 삼고 또한 그 자리에 포함되므로 언급하지 않은 것이다. 정현이 "주(州)·당(黨)·족(族)·여(閭)·비(比)는 향(鄕)에 속한 하위 행정단위이다."라고 했는데, 다섯 가지는 모두 향에 속한 행정단위이지만 명칭에 있어서는 구별이 된다. 정현이 "정(正)·사(師)·서(胥)는 모두 해당 단위의 수장을 뜻한다."라고 했는데, 주로부터 그 이하로 비에 이르기까지 그 수장은 다섯 관직이 되는데, 주와 비에 대해서는 그 수장에 대해 '장(長)'이라고 부른다. 오직 당정(黨正)·족사(族師)·여서(閭胥)에 대해서만 '장(長)'자를 붙여서 부르지 않았다. 그렇기 때문에 정현이 "정(正)·사(師)·서(胥)는 모두 해당 단위의 수장을 뜻한다."라고 말한 것이다. 정현이 "'정(正)'자는 정치를 뜻한다."라고 했는데, 정치와 교화를 시행하는 자는 우선적으로 스스로를 바르게 한다는 뜻에서 의미를 취했기 때문이다. 정현이 "'사(師)'자는 통솔한다는 뜻이다."라고 했는데, 100개의 가(家)를 통솔하기 때문에 통솔한다고 말했다. 정현이 "'서(胥)'자는 재능과 지혜를 가지고 있는 자의 칭호이다."라고 했는데, 이것은 여서가 재주와 지혜를 가지고 있다는 뜻을 풀이한 것이다. 그렇기 때문에 이러한 자를 중사로 삼아 1개의 려(閭)를 통솔하도록 만든 것이다. 비록 '장(長)'이라는 명칭을 붙여서 부르지 않았지만, 이러한 글자에는 모두 장(長)자의 뜻이 포함된 것이다. 정현이 『주례』「재사(載師)」편의 직무 기록을 인용하여 "상으로 하사하기 위한 경작지에 대한 것으로 원교의 땅을 담당한다."라고 했고, 또 『주례』「사훈(司勳)」편의 직무 기록을 인용하여 "육향 중 상으로 하사하는 땅에 대한 일을 담당한다."라고 했는데, 이것은 상으로 하사하는 땅이 육향에 포함되며, 동일하게 원교에 속한다는 사실을 나타내고자 한 것이다. 정현이 "육향에 해당하는 땅은 원교 안에 포함되어 있으니, 사방 200리(里)의 규모라는 점에서 같다."라고 했는데, 『사마법』을 살펴보면 "왕성에서 100리(里) 떨어진 곳을 원교로 삼는다."라고 했는데, 왕성의 네 면에 대해서 사방 200리의 땅을 개방법으로 계산하면, 2곱하기 2는 4가 된다. 그렇기 때문에 "4를 점한다는 점에서 같다."라고 했다. 이러한 사실을 언급한 것은

於公, 尊於卿, 特置此三者."라고 풀이했다.

가의29)와 마융30)이 육향의 땅이 원교 50리 이내에 있고 50리 밖에는 육수를 설치한다고 했던 주장을 논파하기 위한 것이다. 정사농이 "국성에서 100리 이내의 땅은 육향으로 삼고, 그 밖은 육수로 삼는다."라고 했는데, 사도는 육향을 담당하는데 그 땅은 100리 이내에 있고, 앞에서 이를 통해 100리 밖에 육수를 설치한다고 했다. 수인(遂人)은 육수를 담당하는데, 『주례』「수인(遂人)」편의 직무 기록을 살펴보면 "나라의 야(野)에 대한 일을 담당한다."31)라고 했다. 교외를 '야(野)'라고 부른다. 그렇기 때문에 100리 밖에 육수를 설치한다는 사실을 알 수 있다.

참고 『주례』「지관(地官)·대사도(大司徒)」 기록

경문 令五家爲比, 使之相保; 五比爲閭, 使之相受; 四閭爲族, 使之相葬; 五族爲黨, 使之相救; 五黨爲州, 使之相賙; 五州爲鄕, 使之相賓.

번역 5개의 가(家)를 1개의 비(比)로 삼아 수장을 세워 서로 보존토록 했고, 5개의 비(比)를 1개의 여(閭)로 삼아 수장을 세워 서로 수용토록 했으며, 4개의 여(閭)를 1개의 족(族)으로 삼아 수장을 세워 서로 장례의 일을 돕도록 했고, 5개의 족(族)을 1개의 당(黨)으로 삼아 수장을 세워 서로 구제토록 했으며, 5개의 당(黨)을 1개의 주(州)로 삼아 수장을 세워 서로 구휼토

---

29) 가의(賈誼, B.C.200~B.C.168) : =가생(賈生)·가시중(賈侍中)·가장사(賈長沙)·가태부(賈太傅). 전한(前漢) 때의 유학자이다. 23세 때 박사(博士)가 되었고, 이후 태중대부(太中大夫)에 올랐다. 오행설(五行說)을 유학에 가미하여, 국가 및 예악(禮樂) 등에 대한 제도를 제정하였다. 저서로는 『신서(新書)』 등이 있다.

30) 마융(馬融, A.D.79~A.D.166) : =마계장(馬季長). 후한대(後漢代)의 경학자(經學者)이다. 자(字)는 계장(季長)이며, 마속(馬續)의 동생이다. 고문경학(古文經學)을 연구하였으며, 『주역(周易)』, 『상서(尙書)』, 『모시(毛詩)』, 『논어(論語)』, 『효경(孝經)』 등을 두루 주석하고, 『노자(老子)』, 『회남자(淮南子)』 등도 주석하였지만 현재 전해지지 않는다.

31) 『주례』「지관(地官)·수인(遂人)」 : 遂人掌邦之野.

록 했고, 5개의 주(州)를 1개의 향(鄕)으로 삼아 수장을 세워 서로 빈객으로 예우토록 했다.

鄭注 此所以勸民者也. 使之者, 皆謂立其長而教令使之. 保猶任也. 救, 救凶災也. 賓, 賓客其賢者. 故書受爲授, 杜子春云: “當爲受, 謂民移徙所到則受之, 所去則出之.” 又云: “賙當爲糾, 謂糾其惡.” 玄謂受者, 宅舍有故, 相受寄託也. 賙者, 謂禮物不備, 相給足也. 閭二十五家, 族百家, 黨五百家, 州二千五百家, 鄕萬二千五百家.

번역 이것은 백성들을 권면하는 것이다. ‘사지(使之)’라는 말들은 모두 그들의 수장을 세워서 가르치고 통솔하도록 시킨다는 뜻이다. ‘보(保)’자는 임한다는 뜻이다. ‘구(救)’자는 흉사와 재앙에서 구제한다는 뜻이다. ‘빈(賓)’자는 현명한 자를 빈객으로 대접한다는 뜻이다. 옛 기록에서는 ‘수(受)’자를 수(授)자로 기록했는데, 두자춘[32]은 “마땅히 수(受)자로 기록해야 하니, 백성들이 옮겨 다니는데 찾아온 자들은 받아들이고 떠나는 자들은 내보낸다는 뜻이다.”라고 했다. 또 “‘주(賙)’자는 마땅히 규(糾)자가 되어야 하니, 악함을 바로잡는다는 뜻이다.”라고 했다. 내가 생각하기에 ‘수(受)’자는 거주지에 변고가 발생하면 서로 의탁하는 것을 받아들인다는 뜻이다. ‘주(賙)’자는 예법에 따른 사물들이 제대로 갖춰지지 않았을 때 서로 보태어 충족시킨다는 뜻이다. 여(閭)는 25개의 가(家)로 구성되어 있고, 족(族)은 100개의 가로 구성되어 있으며, 당(黨)은 500개의 가로 구성되어 있고, 주(州)는 2,500개의 가로 구성되어 있으며, 향(鄕)은 12,500개의 가로 구성되어 있다.

賈疏 ●“令五”至“相賓”. ○釋曰: 此經說大司徒設比閭至於州鄕等第家數, 各立其官長, 敎勸於民. 大司徒主六鄕, 故令六鄕之內, 使五家爲一比, 則

---

32) 두자춘(杜子春, B.C.30?~A.D.58?) : 후한(後漢) 때의 학자이다. 유흠(劉歆)에게서 수학하였다. 정중(鄭衆)과 가규(賈逵)에게 학문을 전수하였다.

有下士爲比長主之, 使五家相保, 不爲罪過. "五比爲閭"者, 二十五家爲一閭, 立中士爲閭胥. "使之相受"者, 閭胥使二十五家有宅舍破損者受寄託. "四閭 爲族, 使之相葬"者, 百家立一上士爲族師, 使百家之內有葬者, 使之相助益, 故云使之相葬. "五族爲黨, 使之相救"者, 五百家立一下大夫爲黨正, 民有凶 禍者, 使民相救助, 故云使之相救. "五黨爲州, 使之相賙"者, 二千五百家爲州, 立一中大夫爲州長, 民有禮物不備, 使賙給之. "五州爲鄕, 使之相賓"者, 萬二 千五百家爲鄕, 立一六命卿爲鄕大夫, 鄕內之民有賢行者, 則行鄕飮酒之禮賓 客之, 擧貢也, 故云使之相賓.

번역 ●經文: "令五"~"相賓". ○이곳 경문은 대사도가 비(比) 및 여(閭) 로부터 주(州) 및 향(鄕) 등을 설치할 때 그 가(家)의 수를 차등시키고, 각각 에 해당 수장을 세워서 백성들을 가르치고 권면하게 한다는 사실을 논의하 고 있다. 대사도는 육향을 주관한다. 그렇기 때문에 육향에 대해서 5개의 가(家)를 1개의 비(比)로 삼으니, 하사(下士)가 비장(比長)이 되어 그 단위를 주관하고, 5개의 가로 하여금 상호 보존토록 해서 죄나 과실을 범하지 않도 록 만든다. "5개의 비(比)를 1개의 여(閭)로 삼는다."라고 했는데, 25개의 가 는 1개의 여가 되며, 중사(中士)를 여서(閭胥)로 세운다. "서로 수용토록 했 다."라고 했는데, 여서는 25개의 가로 하여금 그 거주지가 파손되는 경우가 발생하면 의탁을 수용토록 만드는 것이다. "4개의 여(閭)를 1개의 족(族)으 로 삼아 수장을 세워 서로 장례의 일을 돕도록 했다."라고 했는데, 100개의 가에 대해서 1명의 상사(上士)를 족사(族師)로 세우고, 100개의 가 단위에 장례의 일이 발생했을 때, 상호 도와주도록 만드는 것이다. 그렇기 때문에 "서로 장례의 일을 돕도록 했다."라고 했다. "5개의 족(族)을 1개의 당(黨)으 로 삼아 수장을 세워 서로 구제토록 했다."라고 했는데, 500개의 가에 대해 서 1명의 하대부(下大夫)를 당정(黨正)으로 세우고, 백성들에게 흉사나 재 앙이 발생했을 때, 백성들로 하여금 서로 구제하고 돕도록 만든다. 그렇기 때문에 "서로 구제토록 했다."라고 했다. "5개의 당(黨)을 1개의 주(州)로 삼아 수장을 세워 서로 구휼토록 했다."라고 했는데, 2,500개의 가를 1개의 주로 삼아 1명의 중대부(中大夫)를 주장(州長)으로 세워서, 백성들 중 예법

에 따른 사물들이 제대로 갖춰지지 않았을 때 보태도록 만든다. "5개의 주
(州)를 1개의 향(鄕)으로 삼아 수장을 세워 서로 빈객으로 예우토록 했다."
라고 했는데, 12,500개의 가를 1개의 향으로 삼아 6명(命)의 등급을 가진
1명의 경을 향대부(鄕大夫)로 세워서, 향내의 백성들 중 현명한 행실을 가진
자가 있다면 향음주례를 시행하여 빈객으로 예우토록 하고 그를 천거토록
했다. 그렇기 때문에 "서로 빈객으로 예우토록 했다."라고 했다.

賈疏 ◎注"此所"至"百家". ○釋曰: 云"此所以勸民者也"者, 此經相保·相
受·相葬·相救·相賙·相賓等, 皆是民間之事, 故云所以勸民也. 云"使之者皆謂
立其長而敎令使之"者, 民不獨治, 必須君長, 故云皆謂立其長而敎令使之. 立
長, 謂若比長·閭胥至鄕大夫等. 杜子春云"當爲受, 謂民移徙所到則受之, 所
去則出之"者, 按比長職云"五家相受相和親", 與此文同, 皆謂一閭之內無出
入之法. 比長職又云"徙於國及郊, 則從而授之", 注云: "徙謂不便其居也. 或
國中之民出徙郊, 或郊民入徙國中." 彼是出鄕閭外, 與此閭內自相容受不同,
故後鄭易之, 以爲宅舍有故, 相受寄託解之. 子春又云"賙當爲糾, 謂糾其惡".
後鄭不從者, 此一經相保相受之等, 皆是相勸爲善, 無相糾惡之事, 故後鄭存
賙字, 謂禮物不備, 相給足解之. 云"閭二十五家"云云, 知之者, 按此經五家爲
比, 五州爲鄕, 轉相增, 故其家數可知.

번역 ◎鄭注: "此所"~"百家". ○정현이 "이것은 백성들을 권면하는 것이
다."라고 했는데, 이곳 경문에 나온 '상보(相保)'·'상수(相受)'·'상장(相葬)'·'상
구(相救)'·'상주(相賙)'·'상빈(相賓)' 등은 모두 백성들 사이에서 시행되는 일
이다. 그렇기 때문에 "백성들을 권면하는 것이다."라고 했다. 정현이 "'사지
(使之)'라는 말들은 모두 그들의 수장을 세워서 가르치고 통솔하도록 시킨다
는 뜻이다."라고 했는데, 백성들은 자기 홀로 다스릴 수 없으므로, 반드시
수장이 필요하다. 그렇기 때문에 "모두 그들의 수장을 세워서 가르치고 통솔
하도록 시킨다는 뜻이다."라고 했다. "수장을 세운다."는 말은 비장(比長)이
나 여서(閭胥)로부터 향대부(鄕大夫) 등에 이르는 자들을 뜻한다. 두자춘은
"마땅히 수(受)자로 기록해야 하니, 백성들이 옮겨 다니는데 찾아온 자들은

받아들이고 떠나는 자들은 내보낸다는 뜻이다."라고 했는데, 『주례』「비장
(比長)」편의 직무 기록을 살펴보면 "5개의 가는 서로 수(受)하고 서로 화친
한다."[33]라고 하여 이곳 문장과 동일하게 기록되어 있으니, 이 모두는 1개의
여(閭)에서 출입하는 법도가 없음을 뜻한다. 「비장」편의 직무 기록에서는 또
한 "국성이나 교외로 이사를 가게 되면 그에 따라 해당 관리를 붙여준다."[34]
라고 했고, 정현의 주에서는 "이사를 가는 것은 거처지가 불편하기 때문이다.
국성 안의 백성이 밖으로 나가 교외로 이사를 가거나 교외의 백성이 안으로
들어와 국성으로 이사를 오는 것이다."라고 했다. 「비장」편의 내용은 향과
여 밖으로 벗어나는 것인데, 이곳에서 말한 것은 여 안에서 자체적으로 서로
수용하는 것이므로 다르다. 그렇기 때문에 정현이 글자를 바꾸고, 거주지에
변고가 발생하면 서로 의탁하는 것을 받아들인다고 풀이한 것이다. 두자춘은
또한 "'주(賙)'자는 마땅히 규(糾)자가 되어야 하니, 악함을 바로잡는다는 뜻
이다."라고 했는데, 정현이 그의 견해에 따르지 않은 것은 이곳 경문에서 말
한 상보(相保)나 상수(相受) 등의 말들은 모두 서로 권면하여 선을 시행토록
하는 것이니, 서로 악을 규제하는 사안이 없다. 그렇기 때문에 정현은 '주(賙)'
자를 그대로 놔두고, 예법에 따른 사물들이 제대로 갖춰지지 않았을 때 서로
보태어 충족시킨다고 풀이한 것이다. 정현이 "여(閭)는 25개의 가(家)로 구성
되어있다."라는 등등의 말을 했는데, 이러한 사실을 알 수 있는 것은 이곳
경문을 살펴보면 5개의 가는 1개의 비가 된다고 했고, 5개의 주는 1개의 향이
된다고 했으니, 점차적으로 그 수가 증가하게 된다. 그렇기 때문에 해당 행정
단위의 가(家) 수치를 알 수 있는 것이다.

---

33) 『주례』「지관(地官)·비장(比長)」 : 比長, 各掌其比之治. <u>五家相受, 相和親</u>, 有
　　辠奇衺則相及.
34) 『주례』「지관(地官)·비장(比長)」 : 徙于國中及郊, 則從而授之.

참고 『논어』「위정(爲政)」기록

경문 子曰, 道之以政①, 齊之以刑②, 民免而無恥③. 道之以德④, 齊之以禮, 有恥且格⑤.

번역 공자가 말하길, 법과 교령으로 인도하고 형벌로 정돈한다면, 백성들이 구차하게 모면하며 부끄러움이 없다. 도덕으로 인도하고 예로 정돈한다면, 부끄러움도 생기고 올바르게 된다.

何注-① 孔曰: 政, 謂法敎.

번역 공씨가 말하길, '정(政)'자는 법과 교령을 뜻한다.

何注-② 馬曰: 齊整之以刑罰.

번역 마씨가 말하길, 형벌로 정돈한다는 뜻이다.

何注-③ 孔曰: 免, 苟免.

번역 공씨가 말하길, '면(免)'자는 구차하게 모면한다는 뜻이다.

何注-④ 包曰: 德, 謂道德.

번역 포씨가 말하길, '덕(德)'자는 도덕을 뜻한다.

何注-⑤ 格, 正也.

번역 '격(格)'자를 올바르다는 뜻이다.

邢疏 ●"子曰"至"且格". ○正義曰: 此章言爲政以德之效也.

번역 ●經文: "子曰"~"且格". ○이 문장은 정치를 덕에 따라 시행했을 때의 효과를 말한 것이다.

邢疏 ●"道之以政"者, 政, 謂法敎; 道, 謂化誘. 言化誘於民, 以法制敎命也.

번역 ●經文: "道之以政". ○'정(政)'자는 법과 교령을 뜻하고, '도(道)'자는 변화시키고 유도한다는 뜻이다. 백성들을 변화시키고 유도할 때 법제와 교령으로 한다는 뜻이다.

邢疏 ●"齊之以刑"者, 齊, 謂齊整; 刑, 謂刑罰. 言道之以政而民不服者, 則齊整之以刑罰也.

번역 ●經文: "齊之以刑". ○'제(齊)'자는 정돈한다는 뜻이며, '형(刑)'자는 형벌을 뜻한다. 법과 교령으로 인도했는데 백성들이 복종하지 않는다면, 형벌로 정돈한다는 뜻이다.

邢疏 ●"民免而無恥"者, 免, 苟免也. 言君上化民, 不以德而以法制刑罰, 則民皆巧詐苟免, 而心無愧恥也.

번역 ●經文: "民免而無恥". ○'면(免)'자는 구차하게 모면한다는 뜻이다. 군주가 백성들을 교화할 때 덕으로 하지 않고 법제와 형벌로 한다면, 백성들은 모두 교활하게 속이고 구차하게 모면하여, 마음에 부끄러워함이 없게 된다는 뜻이다.

邢疏 ●"道之以德, 齊之以禮, 有恥且格"者, 德, 謂道德; 格, 正也. 言君上化民, 必以道德. 民或未從化, 則制禮以齊整, 使民知有禮則安, 失禮則恥. 如此則民有愧恥而不犯禮, 且能自脩而歸正也.

번역 ●經文: "道之以德, 齊之以禮, 有恥且格". ○'덕(德)'자는 도덕을 뜻하며, '격(格)'자는 올바르다는 뜻이다. 군주가 백성들을 교화할 때에는 반드시 도덕으로 해야 한다는 뜻이다. 백성들 중 간혹 교화에 따르지 않는 자가 있다면, 예를 제정하여 정돈해야 하니, 백성들로 하여금 관련 예법에 맞게 하면 편안하게 되고, 예법을 위반하면 부끄럽게 됨을 알게끔 하는 것

이다. 이처럼 한다면 백성들은 부끄러워하는 마음이 생겨서 예를 범하지
않으며, 또한 제 스스로 수양하여 올바름으로 회귀할 수 있게 된다.

集註 道, 猶引導, 謂先之也. 政, 謂法制禁令也. 齊, 所以一之也. 道之而不
從者, 有刑以一之也. 免而無恥, 謂苟免刑罰, 而無所羞愧, 蓋雖不敢爲惡, 而
爲惡之心未嘗忘也.

번역 '도(道)'자는 인도한다는 뜻이니, 솔선수범한다는 의미이다. '정
(政)'자는 법제와 금령을 뜻한다. '제(齊)'자는 일치시키는 것이다. 인도했는
데도 따르지 않는 자가 있으면 형벌을 두어서 일치시키는 것이다. '면이무
치(免而無恥)'는 구차하게 형벌을 모면하고도 부끄러워함이 없다는 뜻이
니, 비록 감히 악을 시행하지 않았더라도 악을 시행하려는 마음은 없어지
지 않은 것이다.

集註 禮, 謂制度品節也. 格, 至也. 言躬行以率之, 則民固有所觀感而興起
矣, 而其淺深厚薄之不一者, 又有禮以一之, 則民恥於不善, 而又有以至於善
也. 一說, 格, 正也. 書曰: 格其非心.

번역 '예(禮)'자는 제도와 계층에 따른 예절 등을 뜻한다. '격(格)'자는
이르다는 뜻이다. 직접 시행하여 통솔한다면, 백성들은 진실로 보고 느껴서
흥기되는 점이 생기고, 얕고 깊음 및 두텁고 얇은 차이는 또한 예를 통해
일치시키니, 이처럼 한다면 백성들은 불선을 저지르는 것에 대해 부끄러워
하고 또한 선으로 이르게 된다. 일설에는 '격(格)'자를 올바르다는 뜻이니,
『서』에서는 "그릇된 마음을 바로잡는다."[35]라고 했다고 주장한다.

集註 愚謂: 政者, 爲治之具. 刑者, 輔治之法. 德禮則所以出治之本, 而德
又禮之本也. 此其相爲終始, 雖不可以偏廢, 然政刑能使民遠罪而已, 德禮之

---

35) 『서』「주서(周書)·경명(冏命)」 : 惟予一人無良, 實賴左右前後有位之士, 匡其
不及, 繩愆糾謬, <u>格其非心</u>, 俾克紹先烈.

效, 則有以使民日遷善而不自知. 故治民者不可徒恃其末, 又當深探其本也.

번역 내가 생각하기에, 정치는 다스리는 도구이다. 형벌은 다스림을 보충하는 법이다. 덕과 예는 다스림이 도출되는 근본이고, 덕은 또한 예의 근본이다. 이것은 상호 시작과 마침이 되어 비록 어느 한 쪽을 없앨 수 없지만, 정치와 형벌은 백성들로 하여금 죄를 짓는 것에서 멀리 떨어지게만 할 수 있을 따름이며, 덕과 예의 효과는 백성들로 하여금 날마다 선으로 옮겨가면서도 스스로 인지할 수 없게 만든다. 그렇기 때문에 백성들을 다스리는 자는 말단만을 믿어서는 안 되니, 또한 그 근본에 해당하는 것을 깊이 탐구해야만 한다.

참고 『의례』「향사례(鄕射禮)」기록

기문 薦, 脯用籩, 五臠, 祭半臠, 橫于上. 醢以豆, 出自東房. 臘長尺二寸.

번역 음식을 올릴 때, 포는 변(籩)을 이용해서 담는데, 다섯 조각을 올리고 반개의 조각으로 제사를 지내고서 그 위에 가로로 올린다. 젓갈은 두(豆)를 이용해서 담고, 동쪽 방으로부터 내온다. '직(臘)'은 그 길이가 1척 2촌이다.

鄭注 脯用籩, 籩宜乾物也. 醢以豆, 豆宜濡物也. 臘猶脡也, 爲記者異耳. 祭橫于上, 殊之也. 於人爲縮. 臘廣狹未聞也. 古文臘爲戠, 今文或作植.

번역 포를 변(籩)에 담는데, 변은 말린 음식을 담기에 적합하기 때문이다. 젓갈은 두(豆)에 담는데, 두는 젖은 음식을 담기에 적합하기 때문이다. '직(臘)'은 곧은 포[脡]와 같은데, 기록을 한 자가 글자를 달리 기록한 것일 뿐이다. 제사를 지낸 포를 그 위에 가로로 올려두는 것은 구별을 하기 위해서이다. 사람의 입장에서는 세로 방향이 된다. 직의 너비에 대해서는 들어보지 못했다. 고문에서는 '직(臘)'자를 자(戠)자로 기록했고, 금문에서는 '식(植)'자로 기록하기도 한다.

賈疏 ●“薦脯”至“二寸”. ◎注“脯用”至“作植”. ○釋曰: 云“豆, 宜濡物也”者, 按王制云: “一爲乾豆.” 鄭云: “謂腊之以爲祭祀豆實.” 與此違者, 以其豆實則醢也. 鄭注周禮·醢人云: “作醢及臡者, 必先膊乾其肉, 乃後細莝之, 雜以梁麴及鹽漬, 以美酒塗置甄中, 百日則成矣.” 是乾以爲豆實, 醢是也. 云“朓猶脡也, 爲記者異耳”者, 鄕飮酒記云: “脯五脡.” 此云五朓, 朓與脡不同, 非訓之, 是記者異, 名不同, 非別有義, 故鄭云朓猶脡也. 云“於人爲縮”者, 脯法於人爲縮者, 鄕飮酒記引曲禮云: “以脯脩置者, 左胊右末.” 鄭注曲禮云: “屈中曰胊.” 取左手案之, 右手擘之, 便故. 於人爲縮. 橫, 祭半朓橫上, 於脯爲橫, 於人則爲縱也.

번역 ●記文: “薦脯”~“二寸”. ◎鄭注: “脯用”~“作植”. ○정현이 “두(豆)는 젖은 음식을 담기에 적합하다.”라고 했는데, 『예기』「왕제(王制)」편을 살펴보면 “첫 번째는 두에 담을 말린 고기를 마련하기 위해서이다.”[36]라고 했고, 정현은 “고기를 말려서 제사 때 두에 올리는 용도로 삼는다.”라고 하여, 이곳 기록과 차이를 보이는 것은 두에 채우는 것이 젓갈이기 때문이다. 『주례』「해인(醢人)」편에 대한 정현의 주에서는 “젓갈과 뼈가 섞인 젓갈을 만들 때에는 반드시 그보다 앞서 고기를 얇게 떠서 말려야 하고, 그런 뒤에 가늘게 가르며, 누룩 및 소금과 섞어서 맛좋은 술을 발라 항아리에 담으며, 100일이 지나게 되면 완성된다.”라고 했다. 이것은 말린 것을 두에 담아낸다는 사실을 나타내니 젓갈이 여기에 해당한다. 정현이 “‘직(朓)’은 곧은 포[脡]와 같은데, 기록을 한 자가 글자를 달리 기록한 것일 뿐이다.”라고 했는데, 『의례』「향음주례(鄕飮酒禮)」편의 기문에서는 “포는 오정(五脡)이다.”라고 했고, 여기에서는 ‘오직(五朓)’이라고 하여, 직(朓)자와 정(脡)자가 달리 기록되어 있는데, 이것은 그 뜻을 달리 풀이한 것이 아니며, 기록을 한 자가 글자를 달리 기록한 것이다. 명칭이 다르다고 해서 별도의 의미가 있는 것은 아니다. 그렇기 때문에 정현은 “직(朓)자는 정(脡)자와 같다.”라고 했다. 정현이 “사람의 입장에서는 세로 방향이 된다.”라고 했는데, 포를

---

36) 『예기』「왕제(王制)」【155d】: 天子諸侯無事, 則歲三田, 一爲乾豆, 二爲賓客, 三爲充君之庖.

제사지내고 내려놓는 법도에 있어서 사람에게 있어서는 세로 방향이 되는데, 「향음주례」편의 기문에서는 『예기』「곡례(曲禮)」편을 인용해서 "포를 놓을 때에는 굽힌 쪽을 좌측으로 가도록 하고, 끝부분을 우측으로 가도록 놓는다."[37]라고 했고, 「곡례」편에 대한 정현의 주에서는 "중간을 구부리는 것을 '구(朐)'라고 부른다."라고 했다. 좌측 손으로 누르고 우측 손으로 찢는 것은 편리하기 때문이다. 그래서 사람의 입장에서는 세로 방향이 된다. '횡(橫)'은 반개의 조각으로 제사를 지내고서 그 위에 가로로 두는 것이니, 포의 입장에서는 가로 방향이 되며, 사람의 입장에서는 세로 방향이 된다.

참고 『의례』「향음주례(鄕飮酒禮)」 기록

기문 俎由東壁, 自西階升.

번역 도마는 동쪽 벽으로부터 내와서 서쪽 계단을 통해 올라간다.

鄭注 亨狗旣孰, 載之俎, 饌於東方.

번역 개를 삶아서 익으면 도마에 올리고, 동쪽에 차려놓는다.

賈疏 ●"俎由"至"階升". ◎注"亨狗"至"東方". ○釋曰: 亨狗於東方, 孰乃載之於俎, 饌陳於東壁, 旣饌於東方, 恐由東階升, 故記辯之, 云"自西階升"也.

번역 ●記文: "俎由"~"階升". ◎鄭注: "亨狗"~"東方". ○동쪽에서 개고기를 삶고, 그것이 익으면 도마에 담는데, 동쪽 벽에 진설하고 동쪽에 진설하는 것이 끝나면 동쪽 계단을 통해 올라간다고 오해할 것을 염려했기 때문에, 이러한 사실을 기록하여 변별한 것이다. 그래서 "서쪽 계단을 통해 올라간다."라고 했다.

---

37) 『예기』「곡례상(曲禮上)」【26d】: 凡進食之禮, 左殽右胾, 食居人之左, 羹居人之右. 膾炙處外, 醯醬處內, 葱渫處末, 酒漿處右, 以脯脩置者, 左朐右末.

참고 　『의례』「향음주례(鄕飮酒禮)」 기록

경문 　尊兩壺于房戶間, 斯禁. 有玄酒, 在西. 設篚于禁南, 東肆, 加二勺于兩壺.

번역 　술동이는 2개의 호(壺)를 방과 방문 사이에 두고, 술동이 받침대를 둔다. 현주(玄酒)를 두는데 그 서쪽에 둔다. 술동이 받침대 남쪽에 광주리를 설치하는데, 동쪽으로 진설하고, 2개의 호에 2개의 술 국자를 올려놓는다.

鄭注 　斯禁, 禁切地無足者. 玄酒在西, 上也. 肆, 陳也.

번역 　'사금(斯禁)'은 술동이 받침대 중 지면과 맞닿는 부분에 다리가 없는 것이다. 현주를 서쪽에 두는 것은 상등의 자리이기 때문이다. '사(肆)'자는 진설한다는 뜻이다.

賈疏 　●"尊兩"至"兩壺". ◎注"斯禁"至"陳也". ○釋曰: 凡設尊之法, 但醴尊見其質, 皆在房內, 故士冠禮禮子·婚禮禮婦, 醴皆在房隱處. 若然, 聘禮禮賓尊於東廂·不在房者, 見尊欲與卑者爲禮, 相變之法. 設酒之尊, 皆於顯處見其文, 是以此及醮子與鄉射·特牲·少牢·有司徹皆在房戶之間是也. 燕禮·大射尊, 在東楹之西者, 君尊專大惠也. 云"設篚于禁南, 東肆"者, 言東肆以頭首爲記, 從西向東爲肆, 則大頭在西也. 云"斯禁, 禁切地無足"者, 斯, 澌也, 澌, 盡之名, 故知切地無足. 昏禮·冠禮皆云禁者, 士禮以禁戒爲名, 卿大夫士並有禁名, 故鄭以大夫士雙言也. 是以玉藻云: "大夫側尊用棜, 士側尊用禁." 注云: "棜, 斯禁也, 大夫士禮之異也." 禮器云"大夫士棜禁", 注云: "棜, 斯禁也. 謂之棜者, 無足, 有似於棜, 或因名云耳. 大夫用斯禁, 士用棜禁." 然則禁是定名, 言棜者是其義稱. 故禮器大夫士總名爲棜禁. 按特牲禮云"實獸於棜", 注云: "棜之制, 如今大木輿矣." 則棜是輿, 非承尊之物, 以禁與斯禁, 無足似輿, 故世人名爲棜. 若然, 周公制禮, 少牢名爲棜, 則以周公爲世人, 或有本無"世人"字者, 是以少牢不名斯禁, 謂之爲棜, 取不爲酒戒. 特牲云"壺禁在東序", 記云"壺棜禁饌于東序", 注云: "禁言棜者, 祭尚厭飫, 得與大夫同器, 不爲神戒也." 其實不用云棜禁, 不敢與大夫同名斯禁. 作記解注, 故云士用棜禁, 明與少牢棜同也. 若然, 士之棜禁, 大夫之斯禁, 名雖異, 其形同, 是以禮器同名椸禁也. 其餘士冠·昏禮禮賓用醴, 不飲, 故無禁, 不爲酒戒. 若天子諸侯承尊之物謂之豐, 上有舟, 是尊與卑異號也.

번역 ●經文: "尊兩"~"兩壺". ◎鄭注: "斯禁"~"陳也". ○술동이를 진설하는 법도에 있어서, 단술을 담은 술동이는 질박함을 드러내는 것이므로, 모두 방안에 진설한다. 그렇기 때문에 『의례』「사관례(士冠禮)」편에서 자식을 예우하고, 『의례』「사혼례(士昏禮)」편에서 며느리를 예우할 때, 단술은 모두 방안의 은밀한 곳에 두는 것이다. 만약 그렇다면 『의례』「빙례(聘禮)」편에서 빈객을 예우하며 술동이를 동쪽 상(廂)에 두고 방안에 두지 않았는데, 존귀한 자가 미천한 자와 함께 해당 의례를 진행하고자 함을 드러내기 위해서 상호 변경된 예법에 따른 것이다. 삼주(三酒)[38] 등을 담은 술동이는 모두 잘 드러나는 곳에 설치하여 화려함을 드러낸다. 이러한 까닭으로 이곳 기록과 자식에게 초(醮)를 할 때, 그리고 『의례』「향사례(鄕射禮)」·「특생궤식례(特牲饋食禮)」·「소뢰궤식례(少牢饋食禮)」·「유사철(有司徹)」편에서는

---

38) 삼주(三酒)는 상황에 따라 사용되는 세 가지 술을 뜻한다. 세 가지 술은 사주(事酒), 석주(昔酒), 청주(淸酒)를 가리킨다. 『주례』「천관(天官)·주정(酒正)」편에는 "辨三酒之物, 一曰事酒, 二曰昔酒, 三曰淸酒."라는 기록이 있다. 각 술들에 설명은 주석마다 약간의 차이를 보인다. 위의 기록에 대해서 정현의 주에서는 "鄭司農云, '事酒, 有事而飮也, 昔酒, 無事而飮也, 淸酒, 祭祀之酒.' 玄謂事酒, 酌有事者之, 其酒則今之醳酒也. 昔酒, 今之酋久白酒, 所謂舊醳者也. 淸酒, 今中山冬釀接夏而成."이라고 풀이했다. 즉 정사농(鄭司農)의 주장에 따르면, '사주'는 어떤 사안이 있어서 마시게 되는 술을 뜻하고, '석주'는 특별한 일이 없을 때 마시는 술을 뜻하며, '청주'는 제사를 지낼 때 쓰는 술을 뜻한다. 한편 정현의 주장에 따르면, '사주'는 일을 맡아본 자에게 따라주는 술을 뜻하는데, 그 술은 정현 시대의 역주(醳酒)에 해당하고, '석주'는 오래 숙성시킨 술로 백주(白酒)와 같은 것이며, '청주'는 중산(中山) 지역에서 겨울에 술을 담가서 여름쯤 다 익은 술을 뜻한다. 그리고 위의 기록에 대해서 손이양(孫詒讓)의 『정의(正義)』에서는 "三酒之中, 事酒較濁, 亦隨時釀之, 酋繹卽孰. 昔酒較淸, 則冬釀春孰. 淸酒尤淸, 則冬釀夏孰."이라고 풀이했다. 즉 손이양의 주장에 따르면, '사주'는 비교적 탁한 술이며, 또한 수시로 빚은 술을 말하는데, 술독을 열어두어서 곧바로 숙성시키는 술을 뜻한다. '석주'는 비교적 맑은 술이며, 겨울에 빚어서 봄쯤에 다 익는 술을 뜻한다. '청주'는 더욱 맑은 술이며, 겨울에 빚어서 여름쯤에 익는 술을 뜻한다.

모두 방과 방문 사이에 두었던 것이다.『의례』「연례(燕禮)」편과 「대사례(大
射禮)」편에서는 술동이가 동쪽 기둥의 서쪽에 있다고 했는데, 군주는 존귀
하여 큰 은혜를 전적으로 부릴 수 있기 때문이다. "술동이 받침대 남쪽에
광주리를 설치하는데, 동쪽으로 진설한다."라고 했는데, '동사(東肆)'라는 것
은 머리 부분을 기준으로 기록한 것이니, 서쪽에서 동쪽 방향으로 두는 것이
사(肆)가 되므로, 머리 부분이 서쪽에 놓이게 된다. 정현이 "'사금(斯禁)'은
술동이 받침대 중 지면과 맞닿는 부분에 다리가 없는 것이다."라고 했는데,
'사(斯)'자는 시(澌)자의 뜻이니, '시(澌)'자는 다한다는 명칭이다. 그렇기 때
문에 지면과 맞닿는 부분에 다리가 없다는 사실을 알 수 있다. 「사혼례」편과
「사관례」편에서는 모두 '금(禁)'이라고 했는데, 사 계층의 예법에서는 금
(禁)이라는 훈계의 뜻으로 명칭을 정하고, 경과 대부 및 사는 모두 금(禁)이
라는 명칭을 사용하게 된다. 그렇기 때문에 정현은 대부와 사를 함께 언급한
것이다. 이러한 이유로『예기』「옥조(玉藻)」편에서는 "대부가 진설하는 하
나의 술동이에는 받침대로 어(棜)를 사용하고, 사가 진설하는 하나의 술동
이에는 금(禁)을 사용한다."[39]라고 했고, 정현의 주에서는 "'어(棜)'는 사금
(斯禁)을 뜻하니, 대부와 사의 예법에 나타나는 차이점이다."라고 했다.『예
기』「예기(禮器)」편에서는 "대부와 사는 술동이 받침인 어(棜)와 금(禁)을
둔다."[40]라고 했고, 정현의 주에서는 "'어(棜)'는 사금(斯禁)에 해당한다. 이
기물에 대해서 '어(棜)'라고 부르는 이유는 다리가 없는 모양이 들것[棜]과
흡사한 점이 있기 때문이고, 혹은 이러한 것에 연유해서 명칭을 그렇게 불렀
기 때문일 것이다. 대부는 '사금(斯禁)'을 사용하고, 사는 '어금(棜禁)'을 사
용한다."라고 했다. 그렇다면 '금(禁)'이라는 것은 본래 정해진 명칭이고, '어
(棜)'라는 것은 그 의미에 따라 부르는 말이다. 그러므로 「예기」편에서는
대부와 사에 대해서 총괄적으로 '어금(棜禁)'이라고 했던 것이다. 「특생궤식
례」편을 살펴보면 "짐승은 어(棜) 위에 올려둔다."[41]라고 했고, 정현의 주에

---

39)『예기』「옥조(玉藻)」【378b】：凡尊必尙玄酒. 唯君面尊. 唯饗野人皆酒. <u>大夫
側尊用棜, 士側尊用禁.</u>

40)『예기』「예기(禮器)」【300d】：有以下爲貴者, 至敬不壇, 埽地而祭. 天子諸侯
之尊廢禁, <u>大夫士棜禁.</u> 此以下爲貴也.

서는 "어(梜)를 제작하는 방법은 오늘날 큰 나무로 만든 수레의 윗부분과 같다."라고 했으니, 이때의 '어(梜)'는 수레의 윗부분과 비슷한 것으로, 술동이를 받치는 물건이 아니다. 그런데도 금(禁)과 사금(斯禁)은 다리가 없어서 그 모습이 수레의 윗부분과 유사하기 때문에, 세간의 사람들이 이것을 '어(梜)'라고 불렀던 것이다. 만약 그렇다면 주공이 예법을 제정했을 때, 「소뢰궤식례」편에서는 그 명칭을 어(梜)라고 했으니, 주공을 세간의 사람들로 여긴 것이거나 본래는 '세인(世人)'이라는 두 글자가 없었던 것이다. 이러한 까닭으로 「소뢰궤식례」편에서는 '사금(斯禁)'이라고 부르지 않고 '어(梜)'라고 했으니, 술만을 마시기 위한 목적이 아니라는 훈계의 뜻을 취한 것이다. 「특생궤식례」편에서는 "호(壺)와 금(禁)은 동쪽 서(序)에 둔다."[42]라고 했고, 기문에서는 "호(壺)와 어금(梜禁)은 동쪽 서(序)에 차려놓는다."[43]라고 했으며, 정현의 주에서는 "금(禁)에 대해서 어(梜)자를 붙여서 부른 것은 제사에서는 배불리 흠향시키는 것을 숭상하므로, 대부와 동일한 기물을 사용할 수 있기 때문이니, 신을 위해 훈계하는 것이 아니다."라고 했다. 실제로는 해당 기물을 사용하지 않으면서도 어금(梜禁)이라고 말한 것은 감히 대부와 동일하게 사금(斯禁)이라고 부를 수 없기 때문이다. 기문을 작성하고 주석을 풀이하기 위해서 "사는 어금(梜禁)을 사용한다."라고 했으니, 「소뢰궤식례」편에서 말한 어(梜)와 동일하다는 사실을 나타낸다. 만약 그렇다면 사가 사용하는 어금(梜禁)과 대부가 사용하는 사금(斯禁)은 명칭이 다르지만 그 형태는 동일한 것이다. 이러한 까닭으로 「예기」편에서는 동일하게 어금(梜禁)이라고 불렀다. 나머지 「사관례」편과 「사혼례」편에서는 빈객을 예우하며 단술을 사용했는데, 그 술을 마시지 않기 때문에 금(禁)을 두지 않으니, 술로 인한 경계를 하지 않기 때문이다. 천자와 제후의 경우 술동이를 받치는 사물은 '풍(豐)'이라고 부르고, 그 위에 주(舟)를 두니, 이것은 존귀한 자가 미천한 자에 대해 명칭을 달리하는 것이다.

---

41) 『의례』「특생궤식례(特牲饋食禮)」 : 梜在其南, 南順, 實獸于其上, 東首.

42) 『의례』「특생궤식례(特牲饋食禮)」 : 壺禁在東序.

43) 『의례』「특생궤식례(特牲饋食禮)」 : <u>壺梜禁饌于東序</u>, 南順, 覆兩壺焉, 蓋在南.

경문 設洗于阼階東南, 南北以堂深, 東西當東榮. 水在洗東, 篚在洗西, 南肆.

번역 세(洗)는 동쪽 계단의 동남쪽에 설치하는데, 남북 방향으로는 당의 깊숙한 곳에 두고 동서 방향으로는 동쪽 처마 부근이 된다. 물은 세의 동쪽에 두고, 광주리는 세의 서쪽에 두는데, 남쪽으로 진설한다.

鄭注 榮, 屋翼.

번역 ‘영(榮)’은 새의 날개처럼 펼쳐진 처마이다.

賈疏 ●"設洗"至"南肆". ◎注"榮屋翼". ○釋曰: 云"南北以堂深"者, 堂深, 謂從堂廉北至房室之壁, 堂下洗北去堂遠近深淺取於堂上深淺. 假令堂深三丈, 洗亦去堂三丈, 以此爲度. 云"榮, 屋翼"者, 榮在屋棟兩頭, 與屋爲翼, 若鳥之有翼, 故斯干詩美宣王之室云: "如鳥斯革, 如翬斯飛." 與屋爲榮, 故云榮也.

번역 ●經文: "設洗"~"南肆". ◎鄭注: "榮屋翼". ○"남북 방향으로는 당의 깊숙한 곳에 둔다."라고 했는데, 당의 깊숙한 곳은 당의 모서리로부터 북쪽으로 방과 실의 벽까지를 뜻한다. 당하의 세(洗)는 북쪽으로 당과의 거리 및 깊이를 당상의 깊이에 따른다. 가령 당의 깊이가 3장이라면 세 또한 당과 3장만큼 떨어뜨리니, 이것을 치수로 삼는다. 정현이 "‘영(榮)’은 새의 날개처럼 펼쳐진 처마이다."라고 했는데, 영은 지붕의 마룻대 양쪽 끝에 있으며, 지붕과 함께 날개 모양처럼 펼쳐져 마치 새의 날개처럼 된다. 그렇기 때문에 『시』「사간(斯干)」편에서는 선왕의 실을 찬미하며, "새의 날개와 같고, 기이한 새가 날아가는 것과 같구나."[44]라고 하여, 지붕과 함께 영(榮)으로 여겼다. 그렇기 때문에 ‘영(榮)’이라고 말한 것이다.

---

44) 『시』「소아(小雅)·사간(斯干)」 : 如跂斯翼, 如矢斯棘, <u>如鳥斯革, 如翬斯飛</u>, 君子攸躋.

그림 2-1 ◼ 준(尊)

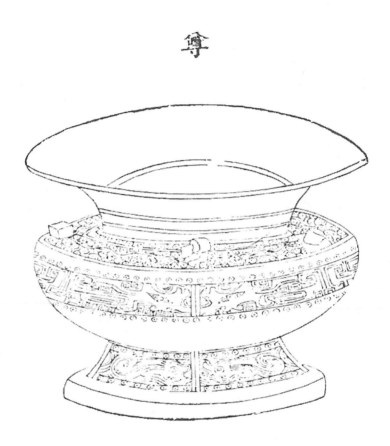

※ **참조**: 『삼재도회(三才圖會)』「기용(器用)」 1권

● 그림 2-2 ▣ 호(壺)

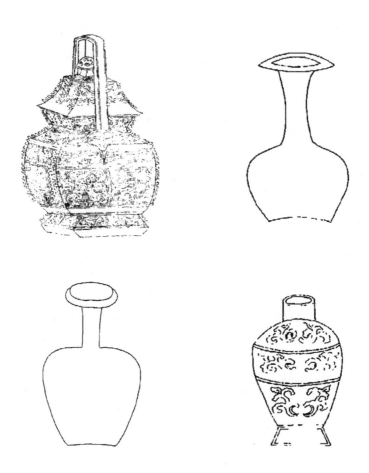

※ **참조**: 상좌-『삼재도회(三才圖會)』「기용(器用)」1권 ; 상우-『삼례도집주(三禮
圖集注)』5권
하좌-『삼례도(三禮圖)』4권 ; 하우-『육경도(六經圖)』6권

그림 2-3 ▣ 금(禁)과 어(㭬)

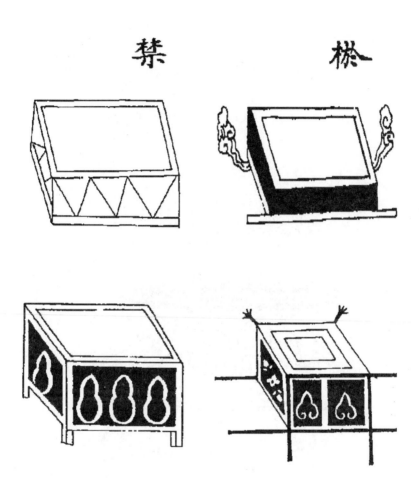

※ **참조:** 상단-『삼례도집주(三禮圖集注)』12권
　　　　하단-『육경도(六經圖)』9권

● 그림 2-4 ▣ 주(舟)와 풍(豊)

※ **참조**: 주-『삼재도회(三才圖會)』「기용(器用)」 1권
　　　　　　풍-『삼례도집주(三禮圖集注)』 12권

그림 2-5 ■ 수레의 여(輿)

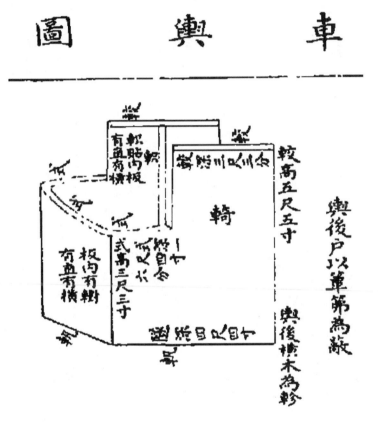

※ **참조:** 『향당도고(鄕黨圖考)』 1권

그림 2-5 ■ 작(勺)

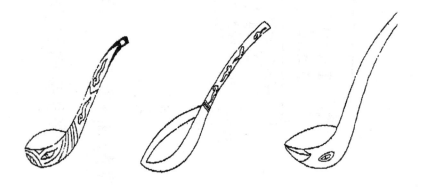

勺龍　　　疏勺　　　　蒲勺

※ **참조**: 『삼례도집주(三禮圖集注)』 12권; 14권

빈주(賓主) · 개선(介僎) · 삼빈(三賓)의 의미

【697b】

> 賓主, 象天地也. 介僎, 象陰陽也. 三賓, 象三光也.

직역 賓主는 天地를 象함이다. 介僎은 陰陽을 象함이다. 三賓은 三光을 象함이다.

의역 빈객과 주인을 두는 것은 천지(天地)를 본뜬 것이다. 보좌관인 개(介)와 준(僎)을 두는 것은 음양(陰陽)을 본뜬 것이다. 삼빈(三賓)을 두는 것은 삼광(三光)을 본뜬 것이다.

集說 贊皇浩齋曰: 立賓以象天, 所以尊之也. 立主以象地, 所以養之也. 介以輔賓, 僎以輔主人, 象陰陽之輔天地也. 三賓, 衆賓之長也. 其以輔賓, 猶三光之輔于天也. 三光, 星之大者有三, 其名不可得而考, 先儒謂三大辰, 心爲大辰, 伐爲大辰, 北辰亦爲大辰, 理或然也.

번역 찬황호재가 말하길, 빈객을 세워서 하늘을 본뜨는 것은 존귀하게 받들기 위해서이다. 주인을 세워서 땅을 본뜨는 것은 길러주기 위해서이다. 개(介)를 두어서 빈객을 보좌하고 준(僎)을 두어서 주인을 보좌하는 것은 음양(陰陽)이 천지를 보좌하는 것을 본뜬 것이다. '삼빈(三賓)'은 빈객 무리들의 수장을 뜻한다. 그를 두어서 빈객을 보좌하는 것은 삼광(三光)이 하늘을 보좌하는 것과 같다. '삼광(三光)'은 별 중에서도 거대한 세 가지 별이니, 그별의 이름에 대해서는 고찰할 수 없는데, 선대 유학자들은 3개의 대진(大辰)이라고 하여, 심수(心宿)가 대진(大辰)이 되고, 벌성(伐星)이 대진이 되며, 북진(北辰) 또한 대진이 된다고 했는데,[1] 이치상 혹여 그러하기도 할 것 같다.

孔疏 ●"賓主"至"務焉". ○正義曰: 此一節明賓主介僎坐, 謂位之義也.

번역 ●經文: "賓主"~"務焉". ○이곳 문단은 빈객과 주인 및 개와 준이 앉는 자리를 나타내고 있으니, 그 자리를 마련한 의미를 뜻한다.

孔疏 ●"賓主, 象天地也. 介僎, 象陰陽也"者, 天地則陰陽著成爲天地, 故賓在西北, 天地嚴凝之氣著, 主在東南, 天地溫厚之氣著. 介坐在西南, 象陰之微氣. 僎在東北, 象陽之微氣.

번역 ●經文: "賓主, 象天地也. 介僎, 象陰陽也". ○천지의 경우 음양(陰陽)이 나타나 완성이 되어 천지가 된다. 그렇기 때문에 빈객이 서북쪽에 있는 것은 천지의 엄준하고 응결되는 기운이 드러나는 곳이기 때문이며, 주인이 동남쪽에 있는 것은 천지의 온화하고 후덕한 기운이 드러나는 곳이기 때문이다. 개의 자리가 서남쪽에 있는 것은 음(陰)의 미미하게 일어나는 기운을 본뜬 것이다. 준(僎)이 동북쪽에 있는 것은 양(陽)의 미미하게 일어나는 기운을 본뜬 것이다.

孔疏 ●"三賓象三光"者, 謂衆賓也.

번역 ●經文: "三賓象三光". ○여러 빈객들을 뜻한다.

集解 愚謂: 賓者, 主人之所敬事, 象乎天之尊, 主人以禮下人, 象乎地之卑, 故曰賓主象天地. 介·僎以輔賓主之禮, 猶陰陽以助天地之化, 故曰介僎象陰陽. 三賓, 衆賓之長也. 衆賓不惟三人, 其長者三人耳. 鄕飮酒禮主人"西階上獻衆賓, 衆賓之長升拜受者三人", 是也. 三賓席於賓西, 衆賓立於堂下. 三賓之尊次於介, 猶三光之尊次於月, 故曰三賓象三光.

번역 내가 생각하기에, 빈객은 조인이 공경스럽게 섬기는 대상이니 하

---

1) 『춘추공양전』 「소공(昭公) 17년」 : 大火爲大辰, 伐爲大辰. 北辰亦爲大辰.

늘의 존귀함을 본뜨는 것이고, 주인은 예법에 따라 상대보다 자신을 낮추니 땅의 낮음을 본뜨는 것이다. 그렇기 때문에 "빈객과 주인은 천지를 본뜬다."라고 했다. 개(介)와 준(僎)은 빈객과 주인이 시행하는 예법을 도우니, 음양이 천지의 조화로운 작용을 돕는 것과 같다. 그렇기 때문에 "개와 준은 음양을 본뜬다."라고 했다. '삼빈(三賓)'은 여러 빈객들의 수장을 뜻한다. 빈객 무리들은 3명에만 그치는 것이 아니지만, 그들의 수장은 3명일 따름이다. 『의례』「향음주례(鄕飮酒禮)」편에서 주인에 대해 "서쪽 계단 위에서 여러 빈객들에게 술을 따라 바치면, 빈객 무리들의 수장이 당상으로 올라와서 절을 하며 받는데, 그 사람은 3명이다."[2]라고 한 말이 이러한 사실을 나타낸다. 삼빈의 자리는 빈객의 서쪽에 놓이고, 여러 빈객들은 당하에 서 있게 된다. 삼빈의 존귀함은 개 다음이니, 삼광의 존귀함이 달 다음인 것과 같다. 그렇기 때문에 "삼빈은 삼광을 본뜬다."라고 했다.

참고 『춘추공양전』소공(昭公) 17년 기록

경문 冬, 有星孛于大辰.

번역 겨울 대진(大辰)에서 패성이 나타났다.

전문 孛者何? 彗星也.

번역 '패(孛)'는 무엇을 말하는가? 혜성을 뜻한다.

何注 三孛皆發問者, 或言入, 或言于, 或言方, 嫌爲孛異, 猶問錄之.

번역 세 차례 패(孛)자가 기록되었을 때 모두 질문을 던진 것은 어떤 것은 입(入)이라 했고 어떤 것은 우(于)라 했으며 어떤 것은 방(方)이라 하

---

2) 『의례』「향음주례(鄕飮酒禮)」: 主人揖, 升, 坐取爵于西楹下, 降洗, 升, 實爵, 于西階上獻衆賓. 衆賓之長升, 拜受者三人.

여 패(孛)자에 다른 의미가 있는 것으로 오해할 수 있으므로 질문을 하고 기록한 것이다.

徐疏 ●"孛者何". ○解云: 欲言星名, 星名未有孛; 欲言非星, 錄爲星稱, 故執不知問.

번역 ●傳文: "孛者何". ○별의 명칭을 드러내고자 했다면 별의 명칭 중에는 패(孛)라는 것이 없고, 별이 아님을 드러내고자 했다면 별의 명칭으로 기록을 했다. 그렇기 때문에 모르는 점을 들어 질문한 것이다.

徐疏 ◎注"三孛"至"錄之". ○解云: 言三孛皆發問者, 卽文十四年"秋, 七月, 有星孛入于北斗", 傳云"孛者何? 彗星也. 其言入于北斗何? 北斗有中也. 何以書? 記異也"; 哀十三年"冬, 十有一月, 有星孛于東方", 傳云"孛者何? 彗星也. 其言于東方何? 見于旦也. 何以書? 記異也", 幷此三處皆言"孛者何", 故言三孛皆發問也. 所以三處皆問之者, 正以文十四年經言"入于北斗", 此經言"于大辰", 哀十三年經言"于東方", 三文甚異, 卽嫌爲孛之不同, 是以處處猶發問而詳錄之, 故云或言入, 或言于, 或言方, 嫌爲孛異, 猶問錄之.

번역 ◎何注: "三孛"~"錄之". ○하휴가 "세 차례 패(孛)자가 기록되었을 때 모두 질문했다."라고 했는데, 문공 14년에 "가을 7월에 패성이 북두성으로 들어갔다."[3]라고 했고, 전문에서는 "패(孛)는 무엇을 말하는가? 혜성을 뜻한다. 북두성으로 들어갔다고 한 말은 무슨 뜻인가? 북두성의 첫 번째 별인 괴(魁)로 들어갔다는 뜻이다. 어찌하여 기록했는가? 기이한 일이므로 기록한 것이다."[4]라고 했으며, 애공 13년에는 "겨울 11월 패성이 동쪽에서 나타났다."[5]라고 했고, 전문에서는 "패(孛)는 무엇을 말하는가? 혜성을 뜻

---

3) 『춘추』「문공(文公) 14년」: 秋, 七月, 有星孛入于北斗.
4) 『춘추공양전』「문공(文公) 14년」: 孛者何? 彗星也. 其言入于北斗何? 北斗有中也. 何以書, 記異也.
5) 『춘추』「애공(哀公) 13년」: 冬, 十有一月, 有星孛于東方.

한다. 동쪽에서 나타났다고 한 말은 무슨 뜻인가? 아침 무렵에 나타났다는
뜻이다. 어찌하여 기록했는가? 기이한 일이므로 기록한 것이다.”6)라고 했
는데, 이곳 기록까지 합치면 세 군데의 기록에서 모두 ‘패자하(孛者何)’라고
했다. 그렇기 때문에 “세 차례 패(孛)자가 기록되었을 때 모두 질문했다.”라
고 말한 것이다. 세 군데에서 모두 질문을 했던 이유는 문공 14년의 경문에
서는 “북두성으로 들어갔다.”라고 했고, 이곳 경문에서는 “대진에서 나타났
다.”라고 했으며, 애공 13년의 경문에서는 “동쪽에서 나타났다.”라고 하여,
세 문장이 매우 다르니, 각각의 패(孛)자가 다르다는 의심이 생긴다. 이러
한 까닭으로 패(孛)자가 나온 곳마다 질문을 던지고 상세히 기록한 것이다.
그렇기 때문에 “어떤 것은 입(入)이라 했고 어떤 것은 우(于)라 했으며 어
떤 것은 방(方)이라 하여 패(孛)자에 다른 의미가 있는 것으로 오해할 수
있으므로 질문을 하고 기록한 것이다.”라고 했다.

전문 其言于大辰何?

번역 대진에서 나타났다는 말은 무슨 뜻인가?

何注 據北斗言入于, 大辰非常名.

번역 북두성의 경우 ‘입우(入于)’라고 말한 것에 기준을 둔 것이니, 대진
(大辰)은 일상적인 명칭이 아니다.

徐疏 ◎注“據北斗言入于”. ○解云: 正以此經不言入, 宜言于, 北據入而
難之. 云大辰非常名者, 正以東方七宿皆謂之辰, 故曰大辰非七宿之常名, 而
經擧之, 因以爲難也.

번역 ◎何注: “據北斗言入于”. ○이곳 경문에서는 ‘입(入)’이라고 말하

---

6) 『춘추공양전』「애공(哀公) 13년」 : 孛者何? 彗星也, 其言于東方何? 見于旦
也. 何以書, 記異也.

지 않았으니 마땅히 '우(于)'라고만 해야 하는데, 북두성의 경우 입(入)이라고 기록한 것에 따라 의문시했던 것이다. "대진(大辰)은 일상적인 명칭이 아니다."라고 했는데, 동방에 속한 7개의 별자리에 대해서는 모두 진(辰)자를 붙여서 부른다. 그렇기 때문에 대진은 7개 별자리를 가리키는 일상적인 명칭이 아니라고 했고, 경문에서 이러한 말을 제시했으므로, 그에 따라 의문시한 것이다.

전문 在大辰也. 大辰者何? 大火也.

번역 대진에 있다는 뜻이다. '대진(大辰)'이란 무엇을 말하는가? 대화성을 뜻한다.

何注 大火謂心.

번역 '대화(大火)'는 심수(心宿)를 뜻한다.

徐疏 ●"大辰者何". ○解云: 正以大辰之名非一而已, 不知何者, 故執不知問.

번역 ●傳文: "大辰者何". ○'대진(大辰)'이라는 명칭은 한 가지 뜻만을 가리키는 것이 아니다. 무슨 뜻인지 알 수 없기 때문에, 모르는 점을 들어 질문한 것이다.

徐疏 ◎注"大火謂心". ○解云: 左氏傳"心爲大火", 是也. 而釋天云"柳, 鶉火"者, 正以柳在南方, 亦可爲出火之候故也, 不謂心星非大火, 然則爾雅不言心爲大火者, 文不備也.

번역 ◎何注: "大火謂心". ○『좌씨전』에서 "심수는 대화성이다."[7]라고 한 말이 이러한 사실을 나타낸다. 그런데 『이아』「석천(釋天)」편에서 "유수

---

7) 『춘추좌씨전』「양공(襄公) 9년」: 是故味爲鶉火, 心爲大火.

(柳宿)는 순화(鶉火)[8]이다."[9]라고 한 것은 유수는 남쪽에 있으니, 대화성이 출현하는 시후가 될 수 있기 때문이다. 즉 이 말은 심수가 대화성이 아니라고 말한 것이 아니다. 그렇다면『이아』에서 심수가 대화성이라고 말하지 않은 것은 문장을 상세히 기록하지 않았기 때문이다.

전문 大火爲大辰, 伐爲大辰.

번역 대화성(大火星)은 대진이 되고, 벌성(伐星)은 대진이 된다.

何注 伐, 謂參伐也. 大火與伐, 天所以示民時早晚, 天下所取正, 故謂之大辰. 辰, 時也.

번역 '벌(伐)'은 삼수(參宿)에 있는 벌(伐)[10]이다. 대화성과 벌성은 하늘이 농사 시기의 빠르거나 늦음을 보여주어 천하의 백성들이 그에 따라 기준으로 정하는 것이다. 그렇기 때문에 '대진(大辰)'이라고 부른다. '진(辰)'자는 시간을 의미한다.

徐疏 ●"大火爲大辰". ○解云: 卽釋天云"大火謂之大辰", 李氏云"大火,

---

8) 순화(鶉火)는 12차(次) 중 하나이다. 28수(宿) 중 남방의 류수(柳宿), 성수(星宿), 장수(張宿)가 여기에 해당한다. 또한 '순화'는 순심(鶉心)이라고도 부르며, 남방에 해당하는 7개의 별자리 중 '류수'를 가리키는 용어로도 사용되며, 7개의 별자리를 모두 가리키는 '주조(朱鳥)' 또는 '순(鶉)'을 뜻하는 용어로도 사용된다. 28수 중 남방에 해당하는 별자리는 정(井), 귀(鬼), 류(柳), 성(星), 장(張), 익(翼), 진(軫)이 되며, 이들을 주조(朱鳥) 7수(宿)라고 부른다. 그런데 이중 앞부분에 있는 '정'과 '귀'는 새의 머리 부분에 해당한다고 여겨서, 순수(鶉首)라고 불렸고, 가운데에 있는 '류', '성', '장'은 몸통에 해당한다는 뜻에서, '순화' 또는 '순심'이라고 불렸으며, 뒷부분에 있는 '익'과 '진'은 꼬리에 해당한다고 여겨서, 순미(鶉尾)라고 불렸다.『춘추좌씨전』「소공(昭公) 8년」편에는 "歲在鶉火, 是以卒滅."이라는 기록이 있다.

9) 『이아』「석천(釋天)」: 味謂之柳. 柳, 鶉火也.

10) 벌(伐)은 삼수(參宿) 근처에 있는 별자리로, 벌성(伐星)을 뜻한다. '삼수'의 중앙 부분 근처에 있으며, 작은 세 개의 별로 이루어져 있다.

蒼龍宿之心, 以候四時, 故曰大辰", 孫氏·郭氏云"大火, 心也. 在中最明, 故時候主焉", 是也.

번역 ●傳文: "大火爲大辰". ○『이아』「석천(釋天)」편에서 "대화성을 대진이라고 부른다."[11]라고 했고, 이씨가 "대화성은 창룡칠수 중의 심수로, 이를 통해 사계절을 살핀다. 그렇기 때문에 '대진(大辰)'이라고 부른다."라고 했으며, 손씨와 곽씨가 "대화성은 심수이다. 가운데 있어 가장 밝기 때문에 시후를 살피는 주된 별자리이다."라고 한 말이 바로 이러한 뜻을 나타낸다.

徐疏 ◎注"伐, 謂參伐也". ○解云: 正以伐在參傍, 與參連體而六星, 故言伐謂參伐, 伐與參爲一候故也.

번역 ◎何注: "伐, 謂參伐也". ○벌성은 삼수 곁에 있고, 삼수와 연결하면 6개의 별이 된다. 그렇기 때문에 "벌은 삼수와 벌성이다."라고 말한 것이니, 벌성과 삼수는 동일한 시후에 나타나기 때문이다.

전문 北辰亦爲大辰.

번역 북진 또한 대진이 된다.

何注 北辰, 北極, 天之中也. 常居其所, 迷惑不知東西者, 須視北辰以別心伐所在, 故加亦. 亦者, 兩相須之意.

번역 '북진(北辰)'은 북극성이니 하늘의 중심이 된다. 항상 제자리에 머물러 있기 때문에, 미혹되어 방위를 알 수 없을 때 북진을 살펴보고서 심수와 벌성의 위치를 구별할 수 있다. 그렇기 때문에 '역(亦)'자를 붙여서 말한 것이다. '역(亦)'은 양쪽 모두 상호 필요로 한다는 뜻이다.

---

11) 『이아』「석천(釋天)」: 天駟, 房也. 大辰, 房·心·尾也. <u>大火謂之大辰</u>.

徐疏 ◎注“北辰, 北極”. ○解云: 卽釋天云“北極謂之北辰”, 李氏云“北極, 天心, 居北方, 正四時, 謂之北辰”, 孫氏·郭氏曰“北極, 天之中, 以正四時, 謂之北辰”, 是也. 云天中也者, 以天面言之故也. 然則謂之極者, 取於居中之義矣. 而春秋說云“北者, 高也. 極者, 藏也. 言大一之星, 高居深藏, 故名北極也”者, 與先儒說違, 其何氏兩解乎? 云常居其所者, 謂常居紫微宮所矣.

번역 ◎何注: “北辰, 北極”. ○『이아』「석천(釋天)」편에서 “북극성은 북진이다.”라고 했고, 이씨가 “북극성은 하늘의 중앙으로, 북쪽에 있으며 사계절의 운행을 바르게 하기 때문에 ‘북진(北辰)’이라고 부른다.”라고 했으며, 손씨와 곽씨가 “북극성은 하늘의 중심으로, 사계절의 운행을 바르게 하기 때문에 ‘북진(北辰)’이라고 부른다.”라고 한 말이 바로 이러한 뜻을 나타낸다. “하늘의 중앙이다.”라고 했는데, 하늘의 표면을 기준으로 말했기 때문이다. 그렇다면 ‘극(極)’자를 붙여서 부르는 것은 중앙에 있다는 뜻에 따른 것이다. 그런데 『춘추설』에서는 “북(北)자는 높다는 뜻이다. 극(極)자는 숨는다는 뜻이다. 커다란 하나의 별이 높은 곳에 있으며 깊숙한 곳에 숨어 있다는 뜻이다. 그렇기 때문에 ‘북극(北極)’이라고 부른다.”라고 하여, 선대 학자들의 주장과 위배되는데, 하휴는 두 해석 중 어느 것을 따른 것인가? “항상 제자리에 머물러 있다.”라는 말은 항상 자미궁(紫微宮)의 자리에 머물러 있다는 뜻이다.

전문 何以書? 記異也.

번역 어찌하여 기록했는가? 기이한 일이므로 기록한 것이다.

何注 心者, 天子明堂布政之宮, 亦爲孛. 彗者, 邪亂之氣, 掃故置新之象, 是後周分爲二, 天下兩主, 宋南里以亡.

번역 ‘심(心)’은 천자가 명당(明堂)12)에서 정사를 펼치는 건물을 뜻하니,

---

12) 명당(明堂)은 일반적으로 고대 제왕이 정교(政敎)를 베풀던 장소를 지칭하는 용어로 사용되었다. 이곳에서는 조회(朝會), 제사(祭祀), 경상(慶賞), 선

또한 패(孛)가 된다. '혜(彗)'는 사특하고 혼란스럽게 만드는 기운으로, 옛 것을 치우고 새로운 것을 두는 형상이다. 이것은 이후 주나라가 양분되어 천하에 두 명의 주군이 생기고, 송나라 남리로 들어가 패망한 것을 나타낸다.

徐疏 ◎注“心者”至“之宮”. ○解云: 春秋說文. 星經亦云. 云亦爲孛者, 亦如北斗爲彗所孛矣.

번역 ◎何注: “心者”~“之宮”. ○이것은『춘추설』의 기록이다.『성경』에서는 또한 “또한 패(孛)가 된다.”라고 말한 것은 북두성이 혜성에 의해 어지럽혀지는 것과 같다는 뜻이라고 했다.

徐疏 ◎注“是後”至“以亡”. ○解云: 言周分爲二, 天下兩主者, 謂敬王在成周, 王猛居王城, 故下二十二年“秋, 劉子·單子以王猛入于王城”, 傳云“王城者何? 西周也”, 何氏云“時居王城邑, 自號西周王”; 經又言“冬, 十月, 王子猛卒”, 二十三年秋, “尹氏立王子朝”. 然則王猛卒後, 子朝復篡, 恒與敬王處據相拒, 故云周分爲二, 天下兩主也, 是以運斗樞云“星孛賊起, 守大辰於五堂, 亂兵塡門, 三王爭, 周以分”, 是也. 然則彼有三王爭者, 通前後言之. 今此云“周分爲二, 天下兩主”者, 正以子猛·子朝之篡是一也. 言宋南里以亡者, 卽下二十一年夏, “宋華亥·向甯·華定自陳入于宋南里以畔”, 是也.

번역 ◎何注: “是後”~“以亡”. ○“주나라가 양분되어 천하에 두 명의 주군이 생겼다.”라고 했는데, 경왕은 성주에 있었고 왕맹은 왕성에 있었다. 그렇기 때문에 22년에는 “유자와 단자가 왕자 맹을 모시고 왕성으로 들어갔다.”[13]라고 했고, 전문에서는 “왕성(王城)이란 어디인가? 서주를 뜻한다.”[14]

사(選士), 양로(養老), 교학(敎學) 등의 국가 주요 업무가 시행되었다.『맹자』「양혜왕하(梁惠王下)」편에는 “夫明堂者, 王者之堂也.”라는 용례가 있고,『옥태신영(玉台新詠)』「목난사(木蘭辭)」편에도 “歸來見天子, 天子坐明堂.”이라는 용례가 있다. ‘명당’의 규모나 제도는 시대마다 다르다. 또한 ‘명당’이라는 건물군 중에서 남쪽의 실(室)을 가리키는 용어로도 사용되었다.

13)『춘추』「소공(昭公) 22년」: 秋, 劉子單子以王猛入于王城.

라고 했으며, 하휴는 "당시 왕성의 도읍에 머물러 있었고, 스스로 서주의 왕이라고 칭했다."라고 했다. 경문에서는 또한 "겨울 10월에 왕자 맹이 죽었다."15)라고 했으며, 23년 가을에는 "윤씨가 왕자 조를 주왕으로 세웠다."16)라고 했다. 그렇다면 왕자 맹이 죽은 이후 왕자 조는 재차 제위를 찬탈하여, 항상 경왕이 머물던 곳과 서로 적대시하였다. 그렇기 때문에 "주나라가 양분되어 천하에 두 명의 주군이 생겼다."라고 말한 것이다. 이러한 까닭으로 『운두추』에서 "패성이 역적을 일으켜서 오당에서 대진을 지키고, 역도가 문을 메우고 세 왕이 다투니 주나라가 나뉘게 되었다."라고 말한 것이다. 그렇다면 세 왕이 다툰다고 말한 것은 전후의 사정을 통괄해서 말한 것이다. 이곳에서 "주나라가 양분되어 천하에 두 명의 주군이 생겼다."라고 말한 것은 왕자 맹과 왕자 조가 찬탈한 것을 하나로 보았기 때문이다. "송나라 남리로 들어가 패망했다."라고 했는데, 21년 여름에 "송나라 화해·향녕·화정이 진나라로부터 송나라 남리로 들어가 반란을 일으켰다."17)라고 한 말을 가리킨다.

참고 『의례』「향음주례(鄕飮酒禮)」 기록

경문 主人揖升, 坐取爵于西楹下, 降洗, 升實爵, 于西階上獻衆賓. 衆賓之長升拜受者三人.

번역 주인은 읍을 하고 당상으로 올라가서, 자리에 앉아 서쪽 기둥 아래에서 술잔을 잡고, 당하로 내려와 술잔을 씻고, 당상으로 올라가 술잔에 술을 따르며, 서쪽 계단 위에서 여러 빈객들에게 술을 따라 바친다. 빈객무리들의 수장이 당상으로 올라와서 절을 하며 받는데, 그 사람은 3명이다.

---

14) 『춘추공양전』「소공(昭公) 22년」: <u>王城者何? 西周也.</u> 其言入何? 簒辭也.
15) 『춘추』「소공(昭公) 22년」: 冬, 十月, 王子猛卒.
16) 『춘추』「소공(昭公) 23년」: 尹氏立王子朝.
17) 『춘추』「소공(昭公) 21년」: 宋華亥·向甯·華定自陳入于宋南里以畔.

鄭注 長, 其老者, 言三人, 則衆賓多矣.

번역 '장(長)'은 그들 중 가장 나이가 많은 자를 뜻하는데, 3명이라고 말했다면, 빈객 무리들의 수가 많은 것이다.

賈疏 ●"主人"至"三人". ◎注"長其"至"多矣". ○釋曰: 云"主人揖升"者, 從三人爲首, 一一揖之而升也. 云"降洗, 升實爵"者, 以下不更言洗, 則以下因此不復洗矣. 云"西階上獻衆賓"者, 下別言衆賓之長三人, 則衆賓之中兼言堂下衆賓, 故鄭云"衆賓多矣". 自三人已下, 於下便以次歷言之矣. 云"拜受者三人", 則堂下衆賓不拜受矣.

번역 ●經文: "主人"~"三人". ◎鄭注: "長其"~"多矣". ○"주인이 읍을 하고 당상으로 올라간다."라고 했는데, 여러 빈객들 중 나이가 많은 3명을 수장으로 삼아 그들에게 일일이 읍을 하고서 당상으로 올라간다. "당하로 내려와 술잔을 씻고, 당상으로 올라가 술잔에 술을 따른다."라고 했는데, 뒤에서 재차 술잔을 씻는다고 말하지 않았다면, 뒤의 절차는 이곳의 절차에 따르게 되어 재차 술잔을 씻지 않는 것이다. "서쪽 계단 위에서 여러 빈객들에게 술을 따라 바친다."라고 했는데, 뒤에서 여러 빈객들 중 수장에 해당하는 3명을 별도로 언급했다면, '중빈(衆賓)'이라는 말에는 당하에 있게 되는 빈객 무리들도 포함된 것이다. 그렇기 때문에 정현이 "빈객 무리들의 수가 많은 것이다."라고 했다. 3명으로부터 그 이하에 대해서는 뒤에서 순차적으로 언급을 했다. "절을 하며 받는 자는 3명이다."라고 했는데, 당하에 있게 되는 여러 빈객들은 절을 하며 술잔을 받지 않는다.

그림 3-1 ◨ 심수(心宿)

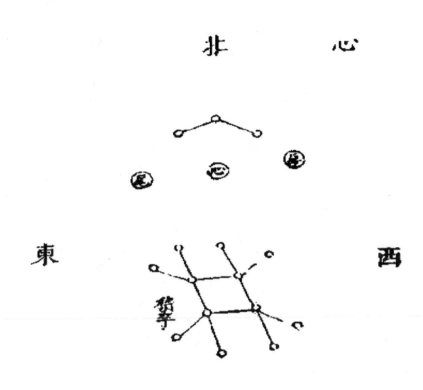

※ **참조:** 『삼재도회(三才圖會)』「천문(天文)」 2권

그림 3-2 ◼ 유수(柳宿)

※ **참조**: 『삼재도회(三才圖會)』「천문(天文)」 3권

그림 3-3 ◨ 삼수(參宿)

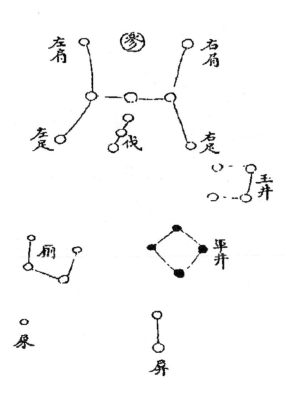

※ **참조**: 『흠정사고전서(欽定四庫全書)』「도서편(圖書編)」17권

● 그림 3-4   ▣ 자미궁(紫微宮)

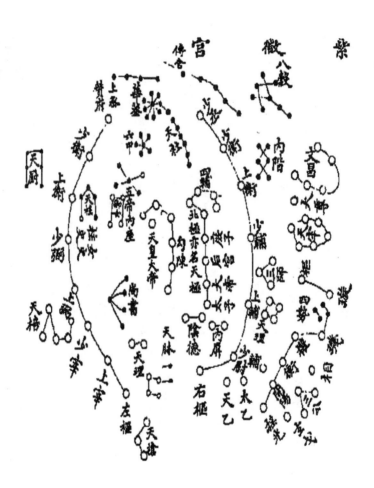

※ **참조**: 『흠정사고전서(欽定四庫全書)』「도서편(圖書編)」 16권

그림 3-5 ▣ 명당(明堂)

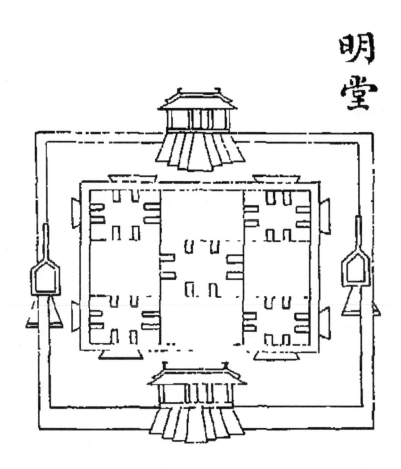

明堂

※ **참조**: 『삼례도집주(三禮圖集注)』 4권

삼양(三讓)의 의미

【697b】

讓之三也, 象月之三日而成魄也.

직역 讓의 三함은 月이 三日하고 魄을 成함을 象함이다.

의역 양보하길 세 차례 하는 것은 달이 3일이 되어 백(魄)이 드러나게 되는 것을 본뜬 것이다.

集說 劉氏曰: 以月魄思之, 望後爲生魄. 然人未嘗見其魄, 蓋以明盛則魄不可見. 月魄之可見, 惟晦前三日之朝, 月自東出, 明將滅而魄可見. 朔後三日之夕, 月自西將墮, 明始生而魄可見. 過此則明漸盛, 而魄不復可見矣. 蓋明讓魄則魄現, 明不讓魄則魄隱. 魄陰象賓, 明陽象主. 主人讓賓至於三, 象明之讓魄在前後三日, 故曰讓之三也, 象月之三日而成魄也.

번역 유씨[1]가 말하길, 월백(月魄)을 기준으로 생각해보면 보름 이후에 백(魄)이 생겨난다. 그러나 사람들은 일찍이 그 백(魄)을 본적이 없으니, 아마도 밝음이 가득하면 백(魄)을 볼 수 없기 때문일 것이다. 월백(月魄)을 볼 수 있는 것은 오직 그믐 3일 이전 아침에 달이 동쪽으로부터 나타났을

---

1) 장락유씨(長樂劉氏, A.D.1017~A.D.1086) : =유씨(劉氏)·유이(劉彝)·유집중(劉執中). 북송(北宋) 때의 성리학자이다. 자(字)는 집중(執中)이다. 복주(福州) 출신이며, 어려서 호원(胡瑗)에게서 학문을 배웠다. 『정속방(正俗方)』, 『주역주(周易注)』를 지었으나 현존하지 않는다. 『칠경중의(七經中議)』, 『명선집(明善集)』, 『거이집(居易集)』 등이 남아 있다.

때이니, 밝음이 사라지게 되어 백(魄)을 볼 수 있게 된다. 초하루 이후 3일
이 지난 저녁에 달은 서쪽으로부터 밑으로 떨어지니, 밝음이 생겨나기 시
작하여 백(魄)을 볼 수 있게 된다. 이 시기를 지나게 되면 밝음이 점차 왕성
해져서 백(魄)을 재차 볼 수 없게 된다. 밝음이 백(魄)에게 양보하게 되면
백(魄)은 드러나게 되고, 밝음이 백(魄)에게 양보를 하지 않으면 백(魄)은
숨게 된다. 백(魄)은 음(陰)에 해당하며 빈객을 상징하고, 밝음은 양(陽)에
해당하며 주인을 상징한다. 주인이 빈객에게 양보하길 세 차례 하게 되는
것은 밝음이 백(魄)에게 앞뒤로 3일 동안 양보하는 것을 본뜬 것이다. 그렇
기 때문에 "양보하길 세 차례 하는 것은 달이 3일이 되어 백(魄)을 이루는
것을 본뜬 것이다."라고 말한 것이다.

集解 愚謂: 三日, 謂望後三日也. 魄, 月之有體而無光處也. 月二日而明生,
三日而明著, 故三日謂之朏. 旣望二日而魄生, 三日而魄著, 明著則進而盈, 魄
著則退而闕, 故三讓者, 象月之三日而成魄也.

번역 내가 생각하기에, '삼일(三日)'은 보름 이후 3일을 뜻한다. '백(魄)'
은 달에 있어서 본체가 있지만 빛이 없는 곳을 뜻한다. 달은 2일째가 되었
을 때 밝음이 생겨나고 3일째가 되었을 때 밝음이 드러나게 된다. 그렇기
때문에 3일째가 되는 날을 굴(朏)이라고 부른다. 보름 이후 2일째가 되었을
때 백이 생겨난다면, 3일째가 되면 백이 드러나게 된다. 밝음이 드러나면
나아가 채우게 되고 백이 드러나게 되면 물러나 이지러지게 된다. 그렇기
때문에 세 차례 사양하는 것은 달이 3일째가 되었을 때 백을 이루는 것을
본뜬 것이다.

• 제 5 절 •

사면지좌(四面之坐)의 의미

【697c】

四面之坐, 象四時也.

직역 四面의 坐는 四時를 象함이다.

의역 네 방면에 둘러앉는 것은 사계절을 본뜬 것이다.

集說 浩齋曰: 謂賓主介僎之坐, 象春夏秋冬也. 或曰: 介有剛辨之義, 僎有巽入之義, 各從其類, 理或然歟.

번역 호재가 말하길, 빈객과 주인 및 개(介)와 준(僎)이 앉는 자리는 춘·하·추·동을 본떴다는 뜻이다. 어떤 자들은 개(介)에게는 강변(剛辨)의 뜻이 포함되어 있고, 준(僎)에게는 손입(巽入)의 뜻이 포함되어 있어서, 각각 그 부류에 따른 것이라고 했는데, 이치상 혹여 그러하기도 할 것 같다.

大全 嚴陵方氏曰: 天地者, 陰陽之體, 陰陽者, 天地之用, 故賓主象天地, 介僎象陰陽也. 三賓, 又衆賓之所觀法而瞻仰者, 故象三光. 後言介僎象日月, 則此言陰陽, 蓋主日月耳. 旣象日月, 又象三光者, 蓋介僎兩而三賓三, 固以象三兩之數. 介僎之輔賓主, 猶日月之運陰陽, 以成天地之光也, 故取象於日月陰陽之義. 三讓而後成禮, 猶月三日而後成魄也. 夫魄陰也, 而禮由陰作, 故以況之, 且陽道饒而主進, 陰道乏而主退, 則讓亦陰事也. 四面之坐, 則賓主介僎, 各坐於一方之面也. 夫有天地以爲之體, 必資陰陽以爲之用, 有陰陽以爲之用, 然後三光之象垂, 三光之象垂, 然後有盈虧之理, 月有盈虧之理, 然後四時之序成, 故取象之序如此.

번역 엄릉방씨가 말하길, '천지(天地)'는 음양의 체(體)가 되고, '음양(陰陽)'은 천지의 용(用)이 된다. 그렇기 때문에 빈객과 주인은 천지를 본뜬 것이고, 개(介)와 준(僕)은 음양을 본뜬 것이다. '삼빈(三賓)'은 여러 빈객들 중 관찰하여 법도로 삼고 우러러보는 자들이다. 그렇기 때문에 삼광(三光)을 본뜬 것이다. 뒤에서는 개(介)와 준(僕)이 해와 달을 본떴다고 했으니, 이곳에서 '음양(陰陽)'이라고 말한 것은 아마도 해와 달에 주안점을 둔 것일 따름이다. 이미 해와 달을 본뜬 것이라고 했는데, 또한 삼광(三光)을 본 떴다고 한 것은 아마도 개(介)와 준(僕)은 2이고, 삼빈(三賓)은 3이니, 진실로 이를 통해서 3과 2라는 수를 본뜬 것이다. 개(介)와 준(僕)이 빈객과 주인을 보좌하는 것은 해와 달이 음양을 운행하여 천지의 빛을 완성시키는 것과 같다. 그렇기 때문에 해와 달 및 음양을 본뜬다는 뜻에서 그 의미를 취한 것이다. 세 차례 사양을 한 이후에야 예가 완성되는 것은 달이 3일이 지난 이후에 백(魄)을 이루는 것과 같다. 백(魄)은 음(陰)에 해당하는데, 예(禮)는 음(陰)을 통해서 만들어진다. 그렇기 때문에 이를 통해서 비유를 한 것이고, 또한 양(陽)의 도는 넘쳐서 나아가는 것을 위주로 하고, 음(陰)의 도는 부족하여 물러나는 것을 위주로 하니, 사양을 하는 것은 또한 음(陰)에 해당하는 일이다. 네 방면에 둘러앉았다면, 빈객과 주인 및 개(介)와 준(僕)이 각각 한 방면을 차지하여 앉은 것이다. 천지가 있어야만 이것을 체(體)로 삼는데, 반드시 음양에 바탕을 두고 이것을 용(用)으로 삼아야 하며, 음양을 용(用)으로 삼은 이후에야 삼광(三光)의 형상이 드리워지는 것이고, 삼광의 형상이 드리워진 이후에야 차고 이지러지는 이치가 있게 되며, 달에 차고 이지러지는 이치가 있은 이후에야 사계절의 질서가 완성된다. 그렇기 때문에 본뜨는 순서를 이처럼 한 것이다.

鄭注 陰陽, 助天氣養成萬物之氣也. "三賓, 象天三光"者, 繫於天也. 古文禮"僕"皆作"遵".

번역 '음양(陰陽)'은 하늘의 기운이 만물을 양육하여 완성시켜주는 일을 돕는 기운이다. "삼빈(三賓)은 하늘의 삼광(三光)을 본뜬 것이다."라는 말은 하늘에 걸려 있음을 뜻한다. 고문(古文) 『예경』에서는 '준(僎)'자를 모두 '준(遵)'자로 기록하였다.

釋文 介音戒, 下倣此, 輔賓者. 僎音遵, 輔主人者. 魄, 普百反, 說文作霸, 云"月始生魄然也". 坐, 才臥反, 又如字.

번역 '介'자의 음은 '戒(계)'이며, 아래에 마오는 글자들도 이에 따르며, 빈객(賓客)을 보좌하는 자이다. '僎'자의 음은 '遵(준)'이며, 주인(主人)을 보좌하는 자이다. '魄'자는 '普(보)'자와 '百(백)'자의 반절음이며, 『설문』에서는 '霸'자로 기록했고, "달에 처음으로 백(魄)함이 생겨나는 것을 뜻한다."라고 했다. '坐'자는 '才(재)'자와 '臥(와)'자의 반절음이며, 또한 글자대로 읽기도 한다.

孔疏 ●"四面之坐, 象四時也"者, 主人東南象夏始, 賓西北象冬始, 僎東北象春始, 介西南象秋始, 其四時不離天地陰陽之內而坐, 卽是賓主介僎之所象也.

번역 ●經文: "四面之坐, 象四時也". ○주인이 동남쪽에 있는 것은 여름의 시작을 본뜬 것이고, 빈객이 서북쪽에 있는 것은 겨울의 시작을 본뜬 것이며, 준(僎)이 동북쪽에 있는 것은 봄의 시작을 본뜬 것이고, 개(介)가 서남쪽에 있는 것은 가을의 시작을 본뜬 것이니, 사계절이라는 것은 천지 및 음양을 벗어나지 않고 자리하게 되므로, 빈객·주인·개(介)·준(僎)이 본뜨는 대상이 된다.

• 제 6 절 •

의(義) · 인(仁) · 성(聖) · 예(禮) · 덕(德)

【698a】

天地嚴凝之氣, 始於西南而盛於西北, 此天地之尊嚴氣也, 此天地之義氣也. 天地溫厚之氣, 始於東北而盛於東南, 此天地之盛德氣也, 此天地之仁氣也. 主人者尊賓, 故坐賓於西北, 而坐介於西南以輔賓. 賓者, 接人以義者也, 故坐於西北. 主人者, 接人以仁, 以德厚者也, 故坐於東南, 而坐僕於東北以輔主人也. 仁義接, 賓主有事, 俎豆有數, 曰聖, 聖立而將之以敬, 曰禮, 禮以體長幼, 曰德. 德也者, 得於身也, 故曰古之學術道者, 將以得身也, 是故聖人務焉.

직역 天地의 嚴凝한 氣는 西南에서 始하여 西北에서 盛하니, 此는 天地의 尊嚴한 氣이며, 此는 天地의 義氣이다. 天地의 溫厚한 氣는 東北에서 始하여 東南에서 盛하니, 此는 天地의 盛德한 氣이며, 此는 天地의 仁氣이다. 主人者는 賓을 尊이라, 故로 西北에 賓을 坐하고, 西南에 介를 坐하여 賓을 輔라. 賓者는 人을 接하길 義로써 하는 者라, 故로 西北에 坐라. 主人者는 人을 接하길 仁으로 하고, 德厚로써 하는 者라, 故로 東南에 坐하고, 東北에 僕을 坐하여 主人을 輔라. 仁義가 接하고, 賓主에 事가 有하며, 俎豆에 數가 有라, 曰, 聖이니, 聖이 立하고 將하길 敬으로써 하면,曰, 禮이니, 禮로써 長幼를 體하면, 曰, 德이라. 德이라는 者는 身에 得이라, 故로 曰, 古의 學術道한 者는 將히 이로써 身을 得이라, 是故러 聖人이 務라.

의역 천지의 엄준하고 차가운 기운은 서남쪽에서 발원하여 서북쪽에서 융성해지니, 이것은 천지의 존엄한 기운에 해당하며, 또한 천지의 의로운 기운에 해당한다. 천지의 온화하고 후덕한 기운은 동북쪽에서 발원하여 동남쪽에서 융성해지니, 이것은 천지의 융성한 덕의 기운이고, 또한 천지의 인자한 기운이다. 주인의 역할을 맡은 자는 빈객을 존귀하게 받든다. 그렇기 때문에 서북쪽에 빈객을 앉히고 서남쪽에 개(介)를 앉혀서 빈객을 보필하게 하는 것이다. 빈객이 된 자는 의로움을 통해 상대 방과 교우하는 자이다. 그렇기 때문에 서북쪽에 앉는 것이다. 또한 주인이 된 자는 인자함과 후덕함으로써 상대방과 교우하는 자이다. 그렇기 때문에 동남쪽에 앉고 동북쪽에 준(僎)을 앉혀서 주인을 보필하게 하는 것이다. 인(仁)과 의(義)를 통해 서로 교우하고, 빈객과 주인에게는 각각 시행하는 일이 있으며, 도마와 두(豆)와 같은 하찮은 기물에 있어서도 합당하게 정해진 수치가 있으니, 이처럼 모든 것에 두루 소통된 것을 '성(聖)'이라 부르고, 성스러움이 성립되고 공경함으로써 이끈다 면 이것을 '예(禮)'라고 부르며, 예를 실천하여 장유유서와 같은 인륜의 질서를 체득 한 것을 '덕(德)'이라고 부른다. 덕은 제 자신이 터득한 것이다. 그렇기 때문에 "고대 의 학문・술책・도(道)라는 것은 장차 이를 통해서 제 자신을 터득시키는 것이다." 라고 말한 것이다. 그래서 성인(聖人)은 이러한 분야에 대해 노력했던 것이다.

集說 主人者厚其飮食之禮, 仁之道也. 爲賓者謹其進退之節, 義之道也. 求 諸天地之氣, 以定其主賓之位, 至於俎豆, 亦莫不有當然之數焉. 聖, 通明也, 謂 禮義所在通貫而顯明也. 敬其天理之節, 體夫人倫之序, 所得者皆吾身之實理也. 孔子觀於鄕而知王道之易易, 謂其足以正身而安國也. 聖人務焉, 豈無意哉?

번역 주인이 된 자는 음식을 대접하는 예를 후하게 베푸니, 인(仁)의 도 에 해당한다. 빈객이 된 자는 나아가고 물러나는 예절을 조심스럽게 실천 하니, 의(義)의 도에 해당한다. 천지의 기운에서 찾아서 이를 통해 주인과 빈객의 자리를 정립하고, 도마와 두(豆)에 있어서도 타당한 수치가 있지 않은 것이 없다. '성(聖)'자는 두루 통하여 밝다는 뜻이니, 예의(禮義)에 대 해 통괄하여 밝게 드러냈다는 뜻이다. 천리의 절문을 공경스럽게 대하며 인륜(人倫)의 질서를 체득하는데, 터득하는 것은 모두 내 자신의 실리(實 理)이다. 공자는 향음주례(鄕飮酒禮)를 관찰하고서 왕도(王道)가 다스려지 고 있음을 알았다고 했는데,[1] 자신을 올바르게 하여 나라를 편안케 하기에

---

1) 『예기』「향음주의」【700a】: 孔子曰, "吾觀於鄕, 而知王道之易易也."

충분하다는 뜻이다. "성인(聖人)이 힘썼다."라고 했는데, 어찌 이것 이외의
다른 뜻이 있겠는가?

集說 浩齋曰: 天下之禮義無所不通, 而器數皆有合於自然者, 聖之謂也.
無所不通, 無所不敬, 禮之所由制也. 禮之行不在乎他, 在吾長幼之分而已. 性
之德也, 禮得於身之謂德, 由學而後得於身, 則與先得於人心之同然者亦無異
矣. 故曰古之學術道者, 將以得身也.

번역 호재가 말하길, 천하의 예의(禮義)에 소통되지 않는 것이 없고, 기물
의 수에 있어서도 모두 자연의 이치에 부합되는 것을 '성(聖)'이라고 부른다.
소통되지 않는 것이 없고 공경하지 않는 것이 없으니, 예(禮)가 이를 통해서
제작된다. 예의 시행은 다른 곳에 있지 않고 내 자신이 장유유서 등의 본분을
실천하는데 달려 있을 따름이다. 성(性)의 덕(德)에 있어서, 예를 내 자신이
터득한 것을 '덕(德)'이라 부르는 것이고, 학문을 배운 이후에야 내 자신이
얻을 수 있다면, 앞서 다른 사람의 마음에서도 동일하게 여기는 것을 터득한
것 또한 차이가 없다. 그렇기 때문에 "고대의 학문과 술책과 도(道)는 장차
이를 통해서 제 자신을 터득시키는 것이다."라고 말한 것이다.

大全 嚴陵方氏曰: 二氣運於五行, 而五行以水爲本, 水以陰而凝, 凝則爲
嚴, 以陽而溫, 溫則爲厚, 則嚴凝者, 陰之氣也, 陰生於午, 而終於子, 故嚴凝之
氣, 始於西南, 而盛於西北. 溫厚者, 陽之氣也, 陽生於子, 而終於午, 故溫厚之
氣, 始於東北, 而盛於東南. 秋斂冬藏義也, 故嚴凝爲義, 春作夏長仁也, 故溫
厚爲仁. 介僎者, 所以輔賓主而接人者也. 接人則爲賓主之先, 故坐於陰陽所始
之地, 賓主則坐於陰陽之盛地焉. 坐賓黨於陰之地, 以賓者接人以義故也. 坐主
黨於陽之地, 以主人者接人以仁故也. 主人必三揖, 仁之至也, 賓必三讓, 義之
盡也. 旣曰接人以仁, 又曰以德厚者, 蓋謂盛德溫厚也. 以接人以仁爲盛德溫
厚, 則接人以義爲嚴凝尊嚴, 可知矣. 賓主之際, 其精至於仁義相接, 其粗見於
俎豆有數, 非夫知禮之情者, 莫之能與, 故曰聖也. 聖之事旣立, 然非將之以敬,
則亦忘而廢禮矣, 故曰聖立而將之敬曰禮. 禮者, 天地有序, 長幼有序, 然後各

得其體, 故曰禮以體長幼曰德. 各得其體, 豈他求哉? 故曰德也者, 得於身也. 然禮之所體, 固不止乎長幼, 而此止以是爲言者, 以鄕飮酒之禮, 主於序齒故也. 道在於我, 故學術道者, 將以得身, 以鄕飮酒制之以道, 故必以道言之也.

번역 엄릉방씨가 말하길, 두 기운은 오행(五行)의 범주에서 운행하고, 오행은 수(水)를 근본으로 삼으며, 수는 음(陰)을 통해서 응결되며, 응결되면 엄준하게 된다. 또한 양(陽)을 통해서 온화하게 되는데, 온화하면 후덕하게 되니, 엄준하고 응결된다는 것은 음(陰)의 기운이 되고, 음(陰)은 오(午)에서 생겨나서 자(子)에서 마친다. 그렇기 때문에 엄준하고 응결되는 기운은 서남쪽에서 시작되어 서북쪽에서 융성해지는 것이다. 한편 온화하고 후덕한 것은 양(陽)의 기운이 되고, 양(陽)은 자(子)에서 생겨나서 오(午)에서 마친다. 그렇기 때문에 온화하고 후덕한 기운은 동북쪽에서 시작되어 동남쪽에서 융성해지는 것이다. 가을의 수렴함과 겨울의 보관함은 의(義)에 해당한다. 그렇기 때문에 엄준하고 응결되는 것은 의(義)가 된다. 봄의 일어남과 여름의 길러줌은 인(仁)에 해당한다. 그렇기 때문에 온화하고 후덕한 것은 인(仁)이 된다. 개(介)와 준(僎)은 빈객과 주인을 보필하여 상대방과 교섭하는 자이다. 상대방과 교섭한다면 빈객과 주인보다 앞서서 행동하게 된다. 그렇기 때문에 음양(陰陽)이 시작되는 지점에 앉는 것이고, 빈객과 주인은 음양이 융성해지는 지점에 앉는 것이다. 음(陰)에 해당하는 장소에 빈객을 앉히는 것은 빈객은 상대방과 교섭함에 의(義)로써 하기 때문이다. 양(陽)에 해당하는 장소에 주인을 앉히는 것은 주인은 상대방과 교섭함에 인(仁)으로써 하기 때문이다. 주인이 반드시 세 차례 읍을 하는 것은 인(仁)의 지극함에 해당하고, 빈객이 반드시 세 차례 사양을 하는 것은 의(義)의 극진함에 해당한다. 이미 상대방과 교섭함에 인(仁)으로써 한다고 말하고, 재차 덕의 후함으로써 한다고 말한 것은 아마도 융성한 덕과 온화함 및 후덕함을 뜻하는 것 같다. 상대방과 교섭함을 인(仁)으로써 하는 것이 융성한 덕과 온화함 및 후덕함이 된다면, 상대방과 교섭함에 의(義)로써 하는 것은 엄준하고 응결됨과 존엄함이 됨을 알 수 있다. 빈객과 주인의 사이에 있어서 그 정미함은 인의(仁義)로 서로 교섭하는 것에 이르고, 그 거침도 도마와 두(豆)에 정해진 수치가 있다는 사실을 통해 드러나니, 무릇 예의 실정을 알지 못하는 자라면, 이러한 일에 참여할 수 없는 것이다. 그렇기 때문에 "성(聖)이다."라고 말한 것이다. 성(聖)에 대한 사안이 이미 확립되더라도 공경함으로써 이끌지 않는다면, 또한 태만하게 되어 예를 폐지하게 된다. 그렇기 때문에 "성(聖)이 확립되고 공경함으로써 이끄는 것을 '예(禮)'라고 부른다."라고 말한 것이다. '예(禮)'라는 것은 천지에 질서가 있는 것으로, 나이든 자와 어린 자 사이에 질서가 생긴 이후에야 각각 그 체(體)를 얻게 된다. 그렇기 때문에 "예(禮)를 시행하여 장유유서를 체득하는 것을 '덕(德)'이라고 부른다."라고 말한 것이다. 각각 그 체(體)를 얻었는데 어찌 다른 것을 찾겠는가? 그렇기 때문에 "덕(德)이라는 것은 자신에게 체득시키는 것이다."라고 말한 것이다. 그런데 예가 체(體)로 삼는 것은 진실로 장유유서에만 그치는 것이 아닌데도, 이곳에서는 단지 장유유서만을 언급하였다. 그 이유는 향음주례(鄕飲酒禮)에서는 나이에 따라 순서 정하는 것을 위주로 하기 때문이다. 도는 나에게 있다. 그렇기 때문에 학문을 하고 술수를 부리며 도(道)라는 것은 장차 자신에게 체득시키는 것이니, 향음주례를 제작할 때 도(道)로써 만들었기 때문에 기어코 도(道)를 통해 언급한 것이다.

鄭注 凝, 猶成也. 賓者接人以義, 言賓故以成主人之惠[2]. 以僕輔主人, 以其仕在官也. 聖, 通也, 所以通賓主之意也. 將, 猶奉也. 術, 猶藝也. 得身者, 謂成己令名, 免於刑罰也. 言"學術道", 則此說賓賢能之禮.

번역 '응(凝)'자는 "완성하다[成]."는 뜻이다. 빈객은 상대방과 교섭하길 의(義)로써 한다는 말은 빈객이 찾아와서 주인의 덕(德)를 완성시킨다는 뜻이다. 준(僕)을 통해서 주인을 보필하니, 벼슬살이하는 자는 관직에 몸담고 있기 때문이다. '성(聖)'자는 "통한다[通]."는 뜻이니, 빈객과 주인의 뜻을 소통시키는 것이다. '장(將)'자는 "받들다[奉]."는 뜻이다. '술(術)'자는

---

2) '언빈고이성주인지혜(言賓故以成主人之惠)'에 대하여. 『십삼경주소(十三經注疏)』 북경대 출판본에서는 "『예기훈찬(禮記訓纂)』에서는 '고(故)'자를 '래(來)'자로 기록하였고, '혜(惠)'자를 '덕(德)'자로 기록하였다."라고 했다.

재예[藝]를 뜻한다. '득신(得身)'이라는 말은 자신의 영예로운 명성을 완성하고 형벌에서 벗어난다는 뜻이다. '학술도(學術道)'라고 말했다면, 이것은 현명하고 능력이 있는 자를 빈객으로 대접하는 예를 설명한 것이다.

釋文 凝, 魚矜反.

번역 '凝'자는 '魚(어)'자와 '矜(긍)'자의 반절음이다.

孔疏 ●"曰聖"者, 聖, 通也. 謂上諸事並是通賓主之意也.

번역 ●經文: "曰聖". ○'성(聖)'자는 "통한다[通]."는 뜻이다. 즉 앞서 제시한 여러 가지 사안들은 모두 빈객과 주인의 뜻을 소통시킨다는 의미이다.

孔疏 ●"聖立而將之以敬曰禮"者, 謂通賓主之事其道已立, 能將行之以恭敬, 乃謂之禮也.

번역 ●經文: "聖立而將之以敬曰禮". ○빈객과 주인의 사안을 소통시켜서 그 도(道)가 이미 확립되었다면, 장차 공경함으로써 그 일을 시행할 수 있으니, 이것을 '예(禮)'라고 부른다는 뜻이다.

孔疏 ●"禮以體長幼曰德", 德者, 得也. 旣能有禮以體我長幼, 以事得宜, 故曰"德"也.

번역 ●經文: "禮以體長幼曰德". ○'덕(德)'이라는 것은 "얻다[得]."는 뜻이다. 이미 예(禮)를 갖출 수 있어서 나에게 있는 장유유서의 도리를 체득하여 이를 통해 그 사안을 합당하게 할 수 있다. 그렇기 때문에 '덕(德)'이라고 말한 것이다.

孔疏 ●"德也者, 得於身也", 重釋稱"德"之義, 是得善行於其身, 謂身之所行者得於理也.

번역 ●經文: “德也者, 得於身也”. ○‘덕(德)’이라고 지칭하는 의미를 거듭 풀이한 말이니, 제 자신을 통해서 그 행실을 옳게 할 수 있는 것은 제 자신이 시행하는 것들이 이치에 부합됨을 뜻한다.

孔疏 ●“古之學術道者, 將以得身也”者, 術者, 藝也. 言古之人學此才藝之道也.

번역 ●經文: “古之學術道者, 將以得身也”. ○‘술(術)’이라는 것은 재예[藝]를 뜻한다. 즉 고대인들은 이러한 재예의 도(道)를 배웠다는 뜻이다.

孔疏 ●“將以得身也”, 謂使身得成也. 此謂賓賢之人有術道. 今以賓敬接待之, 事其尊敬, 學習術道, 身得成就而有令名.

번역 ●經文: “將以得身也”. ○제 자신으로 하여금 완성을 이루게 한다는 뜻이다. 이것은 현명한 사람들 중 재예와 도(道)를 갖춘 자들에 대해서 빈객으로 대접한다는 의미이다. 현재 빈객의 예법에 따라 공경스럽게 그들을 대우하니, 존경스러운 자들을 섬겨서 재예와 도(道)를 학습하고, 제 자신이 성취를 이루어서 영예로움을 얻게 된다.

孔疏 ●“是故聖人務焉”者, 以上賓主德義之事於禮最重, 故聖人務行焉.

번역 ●經文: “是故聖人務焉”. ○앞의 내용들은 빈객과 주인의 덕(德)과 의(義)에 대한 사안인데, 이것은 예(禮) 중에서도 가장 중요한 사안이기 때문에, 성인이 힘써 시행하는 것이다.

集解 賓席於牖間, 其位在西北; 介席於西階上, 其位在西南; 主人席於阼階上, 其位在東南; 僎席於賓東, 其位在東北. 賢能之士, 方進身之始, 則貴於難進易退, 而有介然不苟之意, 故其接人也主於義, 主於義則其進也必正矣. 主人興賢能而獻之君, 則貴於愛賢下士, 而有藹然相親之情, 故其接人也主於

仁, 主於仁則其好賢也有誠, 而其德厚矣. 介者賓之次, 故坐於西南以輔賓. 鄕
飮酒之禮, 就先生而謀賓·介, 則僎乃贊成主人之禮者, 故坐於東北以輔主人.
“仁義相接”以下, 又兼習射尙齒之禮而言之. 蓋賓以不苟進爲義, 主人以好賢
爲仁, 仁義相接者, 賓賢能之義也. 賓主相與有事, 以習禮樂者, 習射之義也.
六十者三豆, 以至九十者六豆, 俎·豆有數, 以明齒讓者, 尙齒之義也. 明乎三
者之義, 則謂之聖, 言其有通明之識也. 通明之識立, 而以敬心奉而行之, 則謂
之禮. 體猶成也, 立也. 禮行於賓賢, 則以體仁義; 行於習射, 則以體禮樂; 行於
尙齒, 則以體長幼. 獨言“體長幼”者, 擧其一, 餘從可知也. 得於身, 言身實有
此德也. 古之學術道者, 非徒明乎其義, 必將得之於身, 故聖王務於行此三者
之禮, 欲天下之勉於德也.

번역 빈객의 자리는 들창 사이에 설치하는데 그 위치는 서북쪽이 된다.
개(介)의 자리는 서쪽 계단 위에 설치하는데 그 위치는 서남쪽이 된다. 주
인의 자리는 동쪽 계단 위에 설치하는데 그 위치는 동남쪽이 된다. 준(僎)
의 자리는 빈객의 동쪽에 설치하는데 그 위치는 동북쪽이 된다. 현명하고
능력이 있는 사가 이제 막 자신을 진출시키려고 하는 초기라면, 나아가길
어렵게 여기고 물러나길 쉽게 여기는 것을 귀하게 여겨서 한결같고 구차하
지 않으려는 뜻이 있다. 그렇기 때문에 남과 교섭할 때에는 의로움을 위주
로 하고, 의로움을 위주로 한다면 그가 나아갈 때에는 반드시 올바르게 된
다. 주인이 현명한 자와 능력이 있는 자를 선발하여 군주에게 천거를 한다
면, 현명한 자를 친애하고 자신을 사보다 낮추는 것을 귀하게 여겨서, 온화
하게 서로 친애하려는 정감이 있다. 그렇기 때문에 남과 교섭할 때에는 인
자함을 위주로 하고, 인자함을 위주로 한다면 그가 현명한 자를 좋아하는
것에는 진실됨이 있고 그의 덕은 두터운 것이다. 개(介)는 빈객의 다음 서
열이 되기 때문에 서남쪽에 앉아서 빈객을 돕는다. 향음주례에서는 선생에
게 나아가 빈객과 개로 삼을 자를 상의하니, 준(僎)은 곧 주인이 시행하는
예법을 도와서 완성시키는 자이다. 그렇기 때문에 동북쪽에 앉아서 주인을
돕는다. “인자함과 의로움으로 서로 교섭한다.”라는 말로부터 그 이하의 내
용은 활쏘기를 연습할 때 나이를 숭상하는 예법도 함께 언급한 것이다. 빈

객은 구차하게 나아가지 않는 것을 의로움으로 삼고, 주인은 현명한 자를 좋아하는 것을 인자함으로 삼으니, 인자함과 의로움으로 서로 교섭한다는 것은 현명한 자와 능력이 있는 자를 빈객으로 예우하는 뜻에 해당한다. 빈객과 주인이 함께 참여하여 어떠한 일을 시행할 때 이를 통해 예악을 익히는 것은 활쏘기를 연습하는 뜻에 해당한다. 60세인 자가 3개의 두(豆)에 차려내는 음식을 받는다는 것으로부터 90세인 자가 6개의 두에 차려내는 음식을 받는다는 것에 이르기까지 도마와 두에는 정해진 수가 있으니, 이를 통해 나이에 따라 서로 사양함을 드러내니, 곧 나이를 숭상하는 뜻에 해당한다. 세 가지의 뜻에 해박하다면 이러한 자를 '성(聖)'이라고 부르니, 두루 통하여 해박한 식견을 가지고 있다는 뜻이다. 두루 통하여 해박한 식견이 성립되고 이를 통해 마음이 받드는 것을 공경하여 실천한다면 이것을 '예(禮)'라고 부른다. '체(體)'자는 완성한다는 뜻이며 성립한다는 뜻이다. 예가 현명한 자를 빈객으로 대우하는 일에 시행된다면 인과 의를 체득하는 것이며, 활쏘기를 연습하는 일에 시행된다면 예와 악을 체득하는 것이고, 나이를 숭상하는 일에 시행된다면 장유유서를 체득하는 것이다. 그런데 유독 '체장유(體長幼)'라고만 말한 것은 한 가지를 제시한 것으로, 나머지도 이에 따르게 됨을 알 수 있다. '득어신(得於身)'은 본인이 실제로 이러한 덕을 소유한다는 뜻이다. '고지학술도(古之學術道)'라는 말은 단지 그 뜻을 해박하게 알 뿐만 아니라 반드시 자신을 통해 체득하는 것이다. 그렇기 때문에 성인은 이러한 세 가지 예법을 시행하는데 힘썼으니, 천하 사람들이 덕에 힘쓰도록 만들고자 해서이다.

예(禮)·재(財)와 경(敬)·양(讓)

【698d~699a】

祭薦·祭酒, 敬禮也. 嚌肺, 嘗禮也. 啐酒, 成禮也. 於席末, 言是
席之正, 非專爲飮食也, 爲行禮也. 此所以貴禮而賤財也. 卒
觶·致實於西階上, 言是席之上, 非專爲飮食也. 此先禮而後財
之義也. 先禮而後財, 則民作敬讓而不爭矣.

직역 薦을 祭함과 酒를 祭함은 禮를 敬함이다. 肺를 嚌함은 禮를 嘗함이다.
酒를 啐함은 禮를 成함이다. 席末에서 함은 是席의 正을 言함이니 專히 飮食을
爲함이 非이며, 禮를 行함이 爲이다. 此는 禮를 貴하고 財를 賤하는 所以이다. 觶를
卒하고, 實을 致함은 西階上에서 하니, 是席의 上을 言함이며, 專히 飮食을 爲함이
非이며, 此는 禮를 先하고 財를 後하는 義이다. 禮를 先하고 財를 後하면, 民은
敬讓을 作하고 不爭한다.

의역 주인이 차려준 음식과 술로 빈객이 제사를 지내는 것은 주인이 시행하는
예를 공경하는 것이다. 빈객이 도마 위에 차려진 희생물의 폐(肺)를 가져다가 입으
로 씹어서 맛을 보는 것은 주인이 차려준 예를 맛보는 것이다. 빈객이 술을 입에
대어 조금 마시는 것은 주인이 시행하는 예를 완성하는 것이다. 술을 조금 마실
때에는 자리의 끝단에서 하니, 이것은 자리의 올바름을 뜻하는 것으로, 전적으로
음식을 위해서가 아니며, 예를 시행하기 위해서이다. 따라서 이것은 예를 존귀하게
여기며 재물을 천시하는 방법이다. 서쪽 계단 위에서는 잔을 한꺼번에 비우고, 잔
안에 있는 술을 모두 마셔버리는데, 이것은 자리의 상단을 뜻하는 것이며, 전적으
로 음식을 위해서가 아니다. 따라서 이것은 예를 앞세우고 재물을 뒤로 하는 도의
에 해당한다. 예를 앞세우고 재물을 뒤로 한다면, 백성들은 공경함과 겸양의 미덕

을 진작시켜서 다투지 않게 된다.

集說 疏曰: 祭薦者, 主人獻賓, 賓卽席祭所薦脯醢也. 祭酒者, 賓旣祭薦, 又祭酒也, 此是賓敬重主人之禮也. 賓旣祭酒之後, 興取俎上之肺嚌齒之, 所以嘗主人之禮也. 啐, 謂飮主人酒而入口, 所以成主人之禮也. 席末, 席西頭也. 按儀禮, 祭薦祭酒嚌肺, 皆在席之中, 惟啐酒在席末. 又嚌肺在前, 祭酒在後. 此先云祭酒者, 嚌是嘗嚌之名, 祭酒是未飮之稱, 故祭酒與祭薦相連, 表其敬禮之事, 敬主人之物, 故祭薦祭酒嚌肺皆在席中. 啐酒入於己, 故在席末. 於席上者, 是貴禮; 於席末啐酒, 是賤財也. 啐纔始入口, 猶在席末, 卒觶則盡爵, 故遠在西階上. 云卒觶者, 論其將欲卒觶之事. 致實, 則論其盡酒之體. 酒爲觶中之實, 今致盡此實也.

번역 공영달의 소에서 말하길, '제천(祭薦)'은 주인이 빈객에게 술을 따라주면, 빈객은 자리에 나아가서 차려진 포와 젓갈로 제사를 지낸다는 뜻이다. '제주(祭酒)'는 빈객이 차려진 음식으로 제사를 지내고 나면, 재차 술로 제사를 지낸다는 뜻이니, 이것은 빈객이 주인이 시행하는 예를 공경하고 중시하는 것이다. 빈객이 술로 제사를 지낸 이후, 일어나서 도마 위에 차려진 희생물의 폐(肺)를 가져다가 이빨로 씹으니, 주인이 차려준 예를 맛보기 위해서이다. '쵀(啐)'자는 주인이 따라준 술을 마셔서 입에 넣는다는 뜻이니, 주인이 차려준 예를 완성시키기 위해서이다. '석말(席末)'은 자리의 서쪽 끝을 뜻한다. 『의례』를 살펴보면, 차려진 음식으로 제사를 지내고 술로 제사를 지내며 폐를 맛보는 것은 모두 자리의 중앙에서 시행하는데, 오직 술을 마시는 것만은 석말(席末)에서 시행하고, 또 폐를 씹어서 맛보는 절차가 그 앞에 놓이고, 술로 제사를 지내는 절차가 그 뒤에 놓인다. 그런데 이곳에서는 먼저 술로 제사를 지낸다고 말했다. 그 이유는 '제(嚌)'자는 맛을 본다는 뜻의 명칭이고, 술로 제사를 지낸다는 것은 아직 술을 마시지 않았을 때 쓰는 명칭이다. 그렇기 때문에 술로 제사를 지내는 것과 차려진 음식으로 제사를 지낸다는 것을 서로 연이어 기록해서, 예를 공경하는 사안을 드러낸 것이며, 주인이 차려준 사물을 공경하게 대하기 때문에, 차려

진 음식으로 제사를 지내고 술로 제사를 지내며 폐를 씹어서 맛보는 절차
를 모두 자리의 중앙에서 시행하는 것이다. 술을 마시는 것은 자신에게 술
이 들어가는 것이기 때문에 석말(席末)에서 하는 것이다. 석상(席上)에서
한다는 것은 예를 존귀하게 대하는 것이며, 석말(席末)에서 술을 마시는
것은 재물을 천시하는 것이다. 술을 입에 대어 적은 양을 처음으로 입에
넣을 때에는 여전히 석말(席末)에 위치하는 것이고, 치(觶)를 비우게 되면,
술잔의 술을 모두 마시기 때문에 멀리 떨어진 서쪽 계단 위에 있게 된다.
'졸치(卒觶)'라고 말한 것은 장차 치(觶)를 비우려고 하는 사안을 논의한
것이다. '치실(致實)'이라고 말했으니, 술을 다 비우는 체(體)를 논의한 것이
다. 술은 잔 안에 채우는 것이며, 현재 그 채운 것을 모두 비운 것이다.

集說 呂氏曰: 敬, 禮也. 食, 財也. 人之所以爭者, 無禮而志於財也. 如知貴
禮而賤財, 先禮而後財之義, 則敬讓行矣.

번역 여씨가 말하길, 공경함은 예가 되고 음식은 재물이 된다. 사람들이
다투는 것은 예가 없고 재물에만 뜻을 두기 때문이다. 만약 예를 존귀하게
여기며 재물을 천시하고, 예를 앞세우고 재물을 뒤로 하는 도의를 알게 된
다면, 공경함과 겸양의 미덕이 시행된다.

大全 石林葉氏曰: 碎酒於席末, 旣爲賤財, 則祭脯醢以敬禮, 嚌肺以嘗禮,
皆居席之正, 是爲貴禮也. 賓辭於西堦上, 旣爲後財, 則羞出東房, 洗當東榮,
雖非席之上, 猶爲先禮也. 蓋鄕飮酒之禮, 非專爲飮食而已. 其啐爵也, 其卒觶
也, 皆避其席, 亦所以防酒禍也. 貴禮而先之, 則民敬順, 賤財而後之, 則無酒
禍而民不爭, 聖人所務, 蓋如此也.

번역 석림섭씨[1]가 말하길, 자리의 끝단에서 술을 입에 대는 것 자체가

---

1) 석림섭씨(石林葉氏, ?~A.D.1148) : =섭몽득(葉夢得)·섭소온(葉少蘊). 남송
(南宋) 때의 유학자이다. 자(字)는 소온(少蘊)이고, 호(號)는 몽득(夢得)이
다. 박학다식했다고 전해지며, 『춘추(春秋)』에 대한 조예가 깊었다.

재물을 천시하는 일이 되니, 포와 젓갈로 제사를 지내서 예를 공경스럽게
하며, 폐(肺)를 씹어서 예를 맛보는 것은 모두 자리의 중앙에서 하게 되니,
이것은 예를 존귀하게 대하는 것이다. 빈객이 서쪽 계단 위에서 사양하는
것 자체가 재물을 뒤로 하는 것이니, 음식을 동쪽 방으로부터 내오고 세
(洗)를 동쪽 처마 부근에 설치하는 것은 비록 자리의 상단에서 하는 것은
아니지만, 예를 앞세우는 행위가 된다. 향음주례(鄕飮酒禮)는 전적으로 술
을 마시고 음식을 먹기 위해서가 아니다. 잔을 입에 대고 잔을 비우는 것은
모두 그 자리를 피해서 하니, 이 또한 과음하는 것을 방지하기 위해서이다.
예를 존귀하게 대하고 앞세운다면 백성들은 공경을 행하며 순종하게 되고,
재물을 천시하고 뒤로 하게 된다면 과음하는 일이 없고 백성들이 다투지
않으니, 성인이 힘썼던 것은 아마도 이와 같은 것들이다.

鄭注 "非專爲飮食", 言主於相敬以禮也. 致實, 謂盡酒也. 酒爲觴實. 祭薦·
祭酒·嚌肺於席中, 唯啐酒於席末也.

번역 "전적으로 음식을 위해서가 아니다."라는 말은 예에 따라 서로 공
경하는 것에 주안점을 두었다는 뜻이다. '치실(致實)'은 술을 모두 비운다는
뜻이다. 술은 술잔에 채우는 것이다. 음식으로 제사를 지내고, 술로 제사를
지내며, 폐(肺)를 맛보는 것은 모두 자리의 중앙에서 시행하며, 오직 술을
입에 대는 것만 자리의 끝단에서 한다.

釋文 祭薦, 本亦作▼(薦/豕), 同. 嚌, 才細反. 肺, 芳廢反. 啐, 七內反. 專
爲, 于僞反, 下及注"專爲"同.

번역 '祭薦'에서의 '薦'자는 판본에 따라서 또한 '▼(薦/豕)'자로도 기록
하는데, 두 글자의 음은 동일하다. '嚌'자는 '才(재)'자와 '細(세)'자의 반절음
이다. '肺'자는 '芳(방)'자와 '廢(폐)'자의 반절음이다. '啐'자는 '七(칠)'자와
'內(내)'자의 반절음이다. '專爲'에서의 '爲'자는 '于(우)'자와 '僞(위)'자의 반
절음이며, 아래문장 및 정현의 주에 나오는 '專爲'에서의 '爲'자도 그 음이

이와 같다.

孔疏 ●"祭薦"至"爭矣". ○正義曰: 此一節明飮酒之禮, 祭薦·祭酒相尊敬之心, 貴禮賤財之義.

번역 ●經文: "祭薦"~"爭矣". ○이곳 문단은 술을 마시는 예에서, 음식으로 제사를 지내고 술로 제사를 지내어 서로를 존경하는 마음과 예를 존귀하게 여기며 재물을 천시하는 뜻을 나타내고 있다.

孔疏 ●"祭薦"者, 主人獻賓, 賓卽席祭所薦時脯醢也.

번역 ●經文: "祭薦". ○주인이 빈객에게 술을 따라주면, 빈객은 자리로 나아가서 차려진 음식으로 제사를 지낼 때, 포와 젓갈로 지낸다는 뜻이다.

孔疏 ●"祭酒"者, 賓旣祭薦又祭酒也.

번역 ●經文: "祭酒". ○빈객이 차려진 음식으로 제사를 지내고 나면, 또한 술로 제사를 지낸다.

孔疏 ●"敬禮也"者, 言賓旣祭薦又祭酒, 是賓敬重主人之禮也.

번역 ●經文: "敬禮也". ○빈객이 차려진 음식으로 제사를 지내고 또 술로 제사를 지내는데, 이것은 빈객이 주인이 시행하는 예를 공경하고 중시하는 일에 해당함을 뜻한다.

孔疏 ●"嚌肺者, 嘗2)禮也", 旣祭酒之後, 興, 取俎上之肺嚌齒之, 所以嘗主人之禮也.

---

2) '상(嘗)'자에 대하여. 『십삼경주소(十三經注疏)』 북경대 출판본에서는 "'상'자는 본래 '자(者)'자로 기록되어 있었는데, 앞의 경문에는 '상'자로 기록되어 있고, 이곳 기록은 경문의 내용을 인용한 것이기 때문에, 글자를 수정하였다."라고 했다.

번역 ●經文: "嚌肺者, 嘗禮也". ○술로 제사를 지낸 이후, 일어나서 도마 위에 있는 희생물의 폐(肺)를 가져다가 이빨로 씹으니, 주인이 시행하는 예를 맛보기 위해서이다.

孔疏 ●"啐酒, 成禮也, 於席末"者, 啐, 謂飮主人酒而入口, 成主人之禮.

번역 ●經文: "啐酒, 成禮也, 於席末". ○'쵀(啐)'자는 주인이 따라준 술을 맛보아서 입으로 조금 마신다는 뜻으로, 주인이 시행하는 예를 완성하는 것이다.

孔疏 ●"於席末", 謂席西頭也. 按鄕飮酒禮祭薦·祭酒·嚌肺皆在席之中, 唯啐酒在席之末. 又鄕飮酒禮云: "祭脯醢, 奠爵, 右取肺, 卻左手." "右絶末以祭, 尙左手. 嚌之, 興, 加于俎, 坐挩手, 遂祭酒." 嚌肺在前, 祭酒在後, 此先云"祭酒"者, 嚌是嘗嚌之名, 祭酒是未飮之稱, 故祭酒與祭薦相連, 表其敬禮之事.

번역 ●經文: "於席末". ○자리의 서쪽 끝단을 뜻한다. 『의례』「향음주례(鄕飮酒禮)」편을 살펴보면, 차려진 음식으로 제사를 지내고, 술로 제사를 지내며, 폐(肺)를 맛보는 것은 모두 자리의 중앙에서 시행하고, 오직 술을 입에 대는 것만 자리의 끝단에서 한다. 또한 「향음주례」편에서는 "포와 젓갈로 제사를 지내고, 잔을 내려놓으며, 우측 손으로 희생물의 폐(肺)를 잡고, 좌측 손으로 두터운 부위를 잡는다."라고 했고, "우측 손으로 끝부분을 떼어내어 그것으로 제사를 지내는데, 좌측 손을 올리며, 그것을 맛본다. 일어나서 남은 것을 도마에 올려둔다. 앉아서 손을 씻고, 그에 따라 술로 제사를 지낸다."라고 했다.[3] 폐를 맛보는 것은 그 앞에 시행하고, 술로 제사를 지내는 것은 그 뒤에 시행하는데, 이곳에서는 먼저 "술로 제사를 지낸다."라고 언급했다. 그 이유는 '제(嚌)'자는 맛을 본다는 명칭이고, 술로 제사를

---

3) 『의례』「향음주례(鄕飮酒禮)」: 主人阼階東疑立. 賓坐, 左執爵, 祭脯醢, 奠爵于薦西, 興右手取肺, 卻左手執本, 坐, 弗繚, 右絶末以祭, 尙左手嚌之, 興加于俎, 坐, 挩手, 遂祭酒, 興, 席末坐, 啐酒, 降席坐, 奠爵, 拜告旨, 執爵興.

지내는 것은 아직 술을 마시지 않았다는 것을 가리킨다. 그렇기 때문에 술로 제사를 지내고 음식으로 제사를 지내는 것을 서로 연이어 기록하여, 예를 공경하는 일들을 드러낸 것이다.

孔疏 ●"言是席之正, 非專爲飮食也"者, 若此席專爲飮食, 應於席中啐酒, 今乃席末啐酒. 此席之設, 本不爲飮食, 是主人敬重於賓, 故設席耳. "祭薦·祭酒·嚌肺在席中"者, 敬主人之物, 故在席中. 啐酒入於己, 故在席末也.

번역 ●經文: "言是席之正, 非專爲飮食也". ○만약 이러한 자리가 전적으로 술을 마시고 음식을 먹기 위한 것이라면, 마땅히 자리의 중앙에서 술을 마셔야 하는데, 현재는 자리의 끝단에서 술을 맛보고 있다. 이것은 자리를 설치한 것이 본래부터 술을 마시고 음식을 먹기 위한 것이 아니며, 주인이 빈객을 공경하고 중시하기 때문에 자리를 설치한 것일 뿐이다. "차려진 음식으로 제사를 지내고, 술로 제사를 지내며, 폐(肺)를 맛보는 것은 자리의 중앙에서 한다."는 말은 주인이 차려준 사물을 공경하는 것이다. 그렇기 때문에 자리의 중앙에서 하는 것이다. 술을 맛보는 것은 자신의 입으로 들어가는 것이기 때문에 자리의 끝단에서 하는 것이다.

孔疏 ●"此所以貴禮而賤財也"者, 於席上祭薦·祭酒是貴禮, 席末啐酒是賤財也.

번역 ●經文: "此所以貴禮而賤財也". ○자리 위에서 차려진 음식으로 제사지내고 술로 제사지내는 것은 예를 존귀하게 대하는 것이며, 자리의 끝단에서 술을 마시는 것은 재물을 천시하는 것이다.

孔疏 ●"卒觶, 致實於西階上, 言是席之上, 非專爲飮食也"者, 卒觶, 主人酬賓, 賓卒立以兵觶也[4]. 致實, 謂致盡其所實之酒於西階上. 不就席卒觶者,

---

4) '주인수빈빈졸립이병치야(主人酬賓賓卒立以兵觶也)'에 대하여. 『십삼경주소(十三經注疏)』 북경대 출판본에서는 "혜동(惠棟)의 『교송본(校宋本)』에는

言此席之上, 非專爲飮食也, 故不於席所而卒觶. 啐纔始入口, 猶在席末也. 卒觶則盡爵, 故遠在西階上. 前文方論設席之禮, 故言"是席之正", 此覆說前席, 故變文"言是席之上", 上亦正也.

번역 ●經文: "卒觶, 致實於西階上, 言是席之上, 非專爲飮食也". ○'졸치(卒觶)'는 좌측에 있는 자가 빈객에게 술을 권하여, 빈객이 일어나서 술잔을 비운다는 뜻이다. '치실(致實)'은 술잔에 채워진 술을 서쪽 계단 위에서 모두 비운다는 뜻이다. 자리에 나아가서 치(觶)를 들어 잔을 비우지 않는 것은 여기에 설치된 자리는 전적으로 술을 마시고 음식을 먹기 위해서가 아니다. 그렇기 때문에 자리가 펼쳐진 곳에서 잔을 비우지 않는 것이다. 술을 입에 대어 처음으로 입으로 넘길 때에는 오히려 자리의 끝단에서 시행한다. '졸치(卒觶)'는 잔을 비우는 것이기 때문에 멀리 떨어진 서쪽 계단 위에서 한다. 앞의 문장에서는 자리를 설치하는 예를 논의하였기 때문에 "자리의 바름이다."라고 말한 것이고, 이곳 문단에서는 앞에서 말한 자리의 설치를 재차 설명했기 때문에, 문장을 바꿔서 "자리의 상(上)을 뜻한다."라고 말한 것이니, '상(上)'자 또한 '정(正)'자의 뜻이다.

孔疏 ●"此先禮而後財之義也"者, 先禮則貴, 後財則賤, 則亦上下互而相通也.

번역 ●經文: "此先禮而後財之義也". ○예를 앞세운다면 존귀하게 대하는 것이고 재물을 뒤로 한다면 천시하는 것이니, 또한 앞뒤의 문장이 서로 호환되도록 해서 서로 통하도록 한 것이다.

孔疏 ◎注"致實"至"末也". ○正義曰: 以經卒觶·致實, 旣云"卒觶", 論其

'병(兵)'자를 '입(立)'자로 기록하였고, 『민본(閩本)』에는 '병'자가 빠져 있고, 『감본(監本)』·『모본(毛本)』에는 '거(據)'자로 기록되어 있다. 완원(阮元)은 '살펴보니, 이 모든 기록은 잘못되었다. 노문초(盧文弨)의 『종산찰기(鍾山札記)』에서는 좌인수빈빈입이졸치야(左人酬賓賓立以卒觶也)로 기록해야 한다고 했다.'"라고 했다.

將欲卒觶之時擧其事者; 致實, 論其盡酒之體, 故更言"致實"也. 云"酒爲觴實"者, 以盡酒稱致實之意, 酒爲觴中之實, 今致盡此實也. 云"祭薦·祭酒·嚌肺於席中, 唯啐酒於席末也"者, 皆鄕飮酒禮文.

번역 ◎鄭注: "致實"~"末也". ○경문에서는 졸치(卒觶)와 치실(致實)이라고 했는데, '졸치(卒觶)'라고 말한 것은 장차 치(觶)를 비우려고 할 때 그 사안을 제시하여 논의한 것이고, '치실(致實)'은 술을 비우는 체(體)를 논의한 것이다. 그렇기 때문에 재차 '치실(致實)'이라고 말한 것이다. 정현이 "술은 잔을 채우는 것이다."라고 했는데, 술 비우는 것을 '치실(致實)'이라고 지칭하는 뜻은 술은 술잔을 채우는 것인데 현재의 상황은 채워진 것을 모두 마시는 것이다. 정현이 "음식으로 제사를 지내고, 술로 제사를 지내며, 폐(肺)를 맛보는 것은 모두 자리의 중앙에서 시행하며, 오직 술을 입에 대는 것만 자리의 끝단에서 한다."라는 했는데, 이 모두 『의례』「향음주례(鄕飮酒禮)」편에 기록된 문장이다.

• 제 8 절 •

존장(尊長) · 양로(養老)와 효제(孝弟)

【699c】

> 鄕飮酒之禮: 六十者坐, 五十者立侍以聽政役, 所以明尊長也.
> 六十者三豆, 七十者四豆, 八十者五豆, 九十者六豆, 所以明養
> 老也. 民知尊長養老, 而后乃能入孝弟, 民入孝弟, 出尊長養老,
> 而后成敎, 成敎而后國可安也. 君子之所謂孝者, 非家至而日見
> 之也. 合諸鄕射, 敎之鄕飮酒之禮, 而孝弟之行立矣.

직역 鄕飮酒의 禮에서는 六十者는 坐하고, 五十者는 立하여 侍해서 政役을 聽하니, 長을 尊함을 明하는 所以이다. 六十者는 三豆하고, 七十者는 四豆하며, 八十者는 五豆하고, 九十者는 六豆하니, 老를 養함을 明하는 所以이다. 民이 長을 尊하며 老를 養함을 知한 后에야 곧 能히 入하여 孝弟하고, 民이 入하여 孝弟하고, 出하여 長을 尊하며 老를 養한 后에야 敎를 成하며, 敎를 成한 后에야 國을 可히 安이라. 君子가 謂한 所의 孝者는 家에 至하여 日마다 見함이 非이다. 諸鄕射를 合하여, 敎하길 鄕飮酒의 禮로써 하여, 孝弟의 行이 立이라.

의역 향음주례(鄕飮酒禮)에서는 나이가 60세인 자들은 당상에 앉고, 50세인 자들은 당하에 서서 시중을 들며 심부름을 하니, 연장자를 존귀하게 대함을 나타내는 방법이다. 60세인 자에게는 음식을 대접하며 3개의 두(豆)를 내놓고, 70세인 자들에게는 4개의 두를 내놓으며, 80세인 자들에게는 5개의 두를 내놓고, 90세인 자들에게는 6개의 두를 내놓으니, 노인을 봉양함을 나타내는 방법이다. 백성들이 연장자를 존귀하게 대하며 노인을 봉양해야 함을 안 이후에야 집에 들어가서 효제(孝悌)의 덕목을 실천할 수 있고, 백성들이 집에 들어가서 효제를 실천하고 나와서 연장자를 존귀하게 대하며 노인을 봉양한 이후에야 교화가 완성되며, 교화가 완성된 이후에야 나라를 편안하게 만들 수 있다. 군자가 말하는 '효(孝)'라는 것은 집집마다 들어가서 날마다 그 덕목을 드러내는 것이 아니다. 여러 향사례(鄕射禮) 등과 합하여 향음주례를 가르침으로써 효제의 덕행이 성립되는 것이다.

集說 坐者, 坐于堂上. 立者, 立于堂下. 豆當從偶數, 此但十年而加一豆, 非正禮也. 舊說此是黨正屬民飮酒正齒位之禮, 非賓興賢能之禮也.

번역 '좌(坐)'라는 것은 당상에 앉는다는 뜻이다. '입(立)'이라는 것은 당하에 서 있다는 뜻이다. 두(豆)는 마땅히 짝수로 맞춰야 하는데, 이곳 기록에서는 단지 10년 단위로 1개의 두를 추가한다고 했으니 정식 예법이 아니다. 옛 학설에서는 이 기록은 당정(黨正)이 백성들을 불러 모아서 음주를 베풀며, 나이에 따라 서열을 올바르게 하는 예를 뜻하는 것이지, 현명한 자와 능력이 있는 자를 빈객으로 대접하는 예는 아니라고 주장한다.

大全 嚴陵方氏曰: 六十者坐, 則七十以上, 亦坐可知. 五十者立, 則四十以下, 亦立可知. 聽政者, 聽上之人有所正也. 聽役者, 聽上之人有所使也. 必五十以下則立, 六十以上則坐, 蓋五十曰艾, 艾則服官政之時, 固宜立侍以聽政役, 六十曰耆, 耆則指使之時, 固宜坐以加政役於人也. 尊卑在儀, 養老在物, 故坐立之不同, 所以明尊長. 豆數之不一, 所以明養老也. 唯六十非肉不飽, 故六十以上, 始有豆數也. 前言俎豆有數, 而此不及俎者, 以俎大而豆小, 由其禮之小, 故止擧器之小者, 以明之也. 民知尊長, 則能入弟矣. 知養老, 則能入孝矣. 民入而孝弟於其家, 出而尊長養老於其國, 則其敎豈有虧乎? 故曰而後成敎. 敎旣成矣, 而國豈有危疑之禍乎? 故曰而後國可安也. 之, 禮也, 特行之於一學而已, 固非家至也. 然敎之所及, 乃與家至不異, 特行之於一時而已, 固非日見也. 然敎之所形, 乃與日見不殊, 亦由制之以道而已. 射義曰卿大夫士之射也, 必先行飮酒之禮, 故言合諸鄕射也.

번역 엄릉방씨가 말하길, 60세인 자가 앉는다면 70세 이상인 자들 또한 앉는다는 사실을 알 수 있다. 50세인 자가 서 있다면 40세 이하인 자들 또한 서 있게 된다는 사실을 알 수 있다. '청정(聽政)'이라는 말은 당상에 있는 사람들이 올바르게 하는 것들을 듣는다는 뜻이다. '청역(聽役)'이라는 말은 당상에 있는 사람들이 부리는 일들을 듣는다는 뜻이다. 반드시 50세 이하의 자들만 서 있고 60세 이상인 자들만 앉는 것은 50세인 자는 '애(艾)'라고 부르니, 애(艾)에 해당하는 자들은 관료가 되어 정무에 참여할 때, 마땅히 서서 시중을 들며 정무와 사역을 듣고, 60세인 자를 '기(耆)'라고 부르니, 기(耆)에 해당하는 자들은 남에게 지시할 때, 마땅히 앉아서 다른 사람에게 정무와 사역을 맡기기 때문이다.[1] 신분의 등급을 나누는 것은 의례절차에 달려 있고 노인을 봉양하는 것은 사물에 달려 있다. 그렇기 때문에 앉거나 서 있는 차이를 두는 것은 연장자를 존귀하게 대함을 나타내는 방법이다. 한편 두(豆)의 수가 동일하지 않은 것은 노인을 봉양함을 나타내는 방법이다. 다만 60세인 자들은 고기를 먹지 않으면 포만감을 느끼지 못한다.[2] 그렇기 때문에 60세 이상인 자들에 대해서만 비로소 두(豆)를 내놓는 수치가 정해져 있는 것이다. 앞에서는 도마와 두에 정해진 수치가 있다고 했는데, 이곳 문장에서 도마를 언급하지 않은 것은 도마는 크고 두는 작은데, 이러한 의례는 예 중에서도 작은 것이기 때문에, 단지 기물 중에서도 작은 것을 제시해서 나타낸 것이다. 백성들이 연장자를 존귀하게 높일 줄을 안다면 집에 들어가서 공손함을 따를 수 있다. 백성들이 노인을 봉양할 줄 안다면 집에 들어가서 효도를 할 수 있다. 백성들이 들어가 집에서 효도와 공손의 덕목을 실천하고, 밖으로 나와 나라에서 연장자를 존귀하게 높이며 노인을 봉양하게 된다면, 그 교화에 어찌 이지러짐이 있겠는가? 그렇기 때문에 "그 이후에야 교화를 이룬다."라고 말한 것이다. 교화가 이미 이루어졌다면, 나

---

1) 『예기』「곡례상(曲禮上)」【12b】: 人生十年曰幼, 學. 二十曰弱, 冠. 三十曰壯, 有室. 四十曰强, 而仕. <u>五十曰艾, 服官政. 六十曰耆, 指使.</u> 七十曰老, 而傳. 八十九十曰耄, 七年曰悼, 悼與耄, 雖有罪, 不加刑焉. 百年曰期, 頤.

2) 『예기』「왕제(王制)」【177d】: 五十始衰, <u>六十非肉不飽,</u> 七十非帛不煖, 八十非人不煖, 九十雖得人不煖矣. 五十杖於家, 六十杖於鄉, 七十杖於國, 八十杖於朝, 九十者, 天子欲有問焉, 則就其室, 以珍從. / 『예기』「내칙(內則)」【359c~360a】: 凡養老, 有虞氏以燕禮, …… <u>五十始衰, 六十非肉不飽,</u> 七十非帛不煖, 八十非人不煖, 九十雖得人不煖矣.

라에 어찌 위태로움과 의심을 불러일으키는 재앙이 발생하겠는가? 그렇기 때문에 "그 이후에야 나라를 안정시킬 수 있다."라고 말한 것이다. '지(之)' 자는 예(禮)를 뜻하니, 한 가지 배움에 대해서 단지 그 예를 실천할 따름이며, 진실로 집마다 찾아가서 실천하는 것이 아니다. 그리고 교화가 미치는 것은 곧 집안에서 실천하는 것과 다르지 않지만, 단지 한 시기에만 시행할 따름이며, 진실로 날마다 드러내는 것이 아니다. 그런데 교화를 통해 드러나는 것은 곧 날마다 드러나는 것과 차이가 나지 않으니, 또한 도(道)로 제정한 것에서 연유될 따름이다. 『예기』「사의(射義)」편에서는 경·대부·사가 사례(射禮)를 시행할 때에는 반드시 그보다 앞서서 음주의 예법을 시행한다고 한 것이다.[3] 그래서 "여러 향사례를 합한다."라고 말한 것이다.

鄭注 此說鄕飮酒, 謂黨正"國索鬼神而祭祀, 則以禮屬民而飮酒于序, 以正齒位"之禮也. 其鄕射, 則州長"春秋以禮會民而射于州序"之禮也. 謂之"鄕"者, 州·黨, 鄕之屬也. 或則鄕之所居州·黨, 鄕大夫親爲主人焉, 如今郡國下令長, 於鄕射飮酒, 從大守相臨之禮也.

번역 이 구문에서 설명하는 '향음주(鄕飮酒)'는 『주례』「당정(黨正)」편에서 "나라에서 귀신을 찾아 제사를 지내게 되면 예법에 따라 백성들을 모으고, 서(序)에서 음주를 하며 나이에 따른 서열을 바로잡는다."[4]고 했던 예(禮)를 뜻한다. '향사(鄕射)'는 『주례』「주장(州長)」편에서 "봄과 가을에는 예법에 따라 백성들을 모아서 주(州)에 있는 서(序)에서 활쏘기를 한다."[5]고 했던 예(禮)를 뜻한다. '향(鄕)'자를 붙여서 부르는 이유는 주(州)와 당(黨)이라는 행정구역은 향(鄕)에 소속된 구역이기 때문이다. 혹은 향(鄕)

---

3) 『예기』「사의(射義)」【705a~b】: 古者諸侯之射也, 必先行燕禮. 卿·大夫·士之射也, 必先行鄕飮酒之禮. 故燕禮者, 所以明君臣之義也. 鄕飮酒之禮者, 所以明長幼之序也.

4) 『주례』「지관(地官)·당정(黨正)」: 國索鬼神而祭祀, 則以禮屬民, 而飮酒于序以正齒位: 壹命齒于鄕里, 再命齒于父族, 三命而不齒.

5) 『주례』「지관(地官)·주장(州長)」: 若以歲時祭祀州社, 則屬其民而讀法, 亦如之. 春秋以禮會民而射于州序.

의 관청이 위치하는 주(州)와 당(黨)에 해당하여, 향대부(鄕大夫)가 직접 주인의 임무를 맡은 것이니, 예를 들어 현재 군국(郡國) 휘하에 있는 영장 (슈長)이 향음주례에 대해서, 태수와 상을 따라 임하게 되는 예와 같다.

釋文 弟音悌, 下同. 行, 下孟反. 索, 色百反. 屬音燭. 大守音泰, 下手又反. 相, 悉亮反, 漢制, 郡有大守, 國有相, 或息羊反, 則以連下句.

번역 '弟'자의 음은 '悌(제)'이며, 아래문장에 나오는 글자도 그 음이 이 와 같다. '行'자는 '下(하)'자와 '孟(맹)'자의 반절음이다. '索'자는 '色(색)'자 와 '百(백)'자의 반절음이다. '屬'자의 음은 '燭(촉)'이다. '大守'에서의 '大'자 음은 '泰(태)'이며, '守'자는 '手(수)'자와 '又(우)'자의 반절음이다. '相'자는 '悉(실)'자와 '亮(량)'자의 반절음이며, 한(漢)나라 때의 제도에서는 군(郡) 에는 태수(大守)가 있었고, 국(國)에는 상(相)이 있었는데, 혹은 '相'자를 '息 (식)'자와 '羊(양)'자의 반절음으로도 풀이하니, 이처럼 하게 되면 아래구문 과 연결해서 풀이한다.

孔疏 ●"鄕飮"至"立矣". ○正義曰: 此明黨正飮酒·正齒位之事.

번역 ●經文: "鄕飮"~"立矣". ○이 문장은 『주례』「당정(黨正)」편에서 술을 마시고 나이에 따라 서열을 바르게 한다는 사안을 나타내고 있다.

孔疏 ●"六十者坐, 五十者立侍"者, 按鄕飮酒禮, 賓賢能, 則用處士爲賓, 其次爲介, 其次爲衆賓, 皆以年少者爲之. 此正齒位之禮, 其賓·介等皆用年老 者爲之. 其餘爲衆賓, 賓內年六十以上於堂上, 於賓席之西南面坐, 若不盡, 則 於介席之北東面北上. 其五十者, 則立於西階下, 東面北上, 示有陪侍之義, 非 卽在六十者, 傍同南面立也.

번역 ●經文: "六十者坐, 五十者立侍". ○『의례』「향음주례(鄕飮酒禮)」 편을 살펴보면, 현명한 자와 능력이 있는 자를 빈객으로 대접한다면, 처사 (處士)를 빈객으로 삼고, 그 다음으로 뛰어난 자를 개(介)로 삼으며, 그 다음으로 뛰어난 자들을 빈객 무리들로 삼는데, 모두 나이가 어린 자들로 삼게 된다. 이곳의 경우는 나이에 따라 서열을 바르게 하는 예에 해당하여, 빈객과 개(介) 등은 모두 나이가 많은 자들로 삼게 된다. 나머지 사람들은 빈객 무리들이 되고, 빈객들 중 나이가 60세 이상인 자들은 당상에 있게 되고, 빈객의 자리 서쪽에서도 남쪽을 바라보는 위치에 앉고, 만약 다 앉히지 못한다면, 개(介)가 앉는 자리의 북쪽에서 동쪽을 바라보는 자리에서 북쪽 끝에서부터 서열에 따라 앉게 된다. 50세인 자들은 서쪽 계단 아래에 위치하며 동쪽을 바라보며 서열에 따라 북쪽 끝에서부터 위치하니, 시중을 든다는 뜻을 나타내며, 60세인 자들이 앉는 곳에 포함되지 못한 자들은 그 곁에서 함께 남쪽을 바라보며 서 있게 된다.

孔疏 ●"以聽政役"者, 所以立於階下, 示其聽受六十以上政事役使也.

번역 ●經文: "以聽政役". ○계단 아래에 서 있는 것은 60세 이상인 자들의 정무와 심부름을 받든다는 뜻을 보이기 위해서이다.

孔疏 ●"所以明尊長也"者, 言欲明尊敬六十之長老, 故立而聽政役.

번역 ●經文: "所以明尊長也". ○60세를 넘긴 연장자를 존경한다는 뜻을 드러내고자 했기 때문에, 서서 정무와 심부름을 받드는 것이다.

孔疏 ●"六十者三豆"至"九十者六豆"者, 以其每十年加一豆, 非正禮, 故不得爲籩豆偶也. 其五十者亦有豆也, 但二豆而已, 則鄕飮酒禮"衆賓立於堂下"者, 皆二豆. 其賓·介之豆, 無正文, 當依衆賓之年而加之也.

번역 ●經文: "六十者三豆"~"九十者六豆". ○매 10년 단위마다 1개의 두(豆)를 추가하는 것은 정식 예법이 아니다. 그렇기 때문에 변(籩)과 두(豆)를 짝수로 맞추지 못한 것이다. 50세인 자들에게도 두를 차려주는데, 다만 2개의 두(豆)만 있을 따름이니, 『의례』「향음주례(鄕飮酒禮)」편에서 "빈객 무리들은 당하에 서 있다."라고 했을 때의 사람들에게는 모두 2개의 두를 차려준다. 빈객과 개(介)에게 차려내는 두에 대해서는 남아 있는 경문이 없지만, 마땅히 빈객 무리들의 나이에 따라서 추가했을 것이다.

孔疏 ●"所以明養老也", 豆是供養之物, 故云"明養老". 立侍, 是陪侍之儀, 故云"明尊長也".

번역 ●經文: "所以明養老也". ○두(豆)는 공양을 하는 기물이다. 그렇기 때문에 "노인을 봉양함을 나타낸다."라고 말한 것이다. 서서 시중을 드는 것은 곁에서 시중을 드는 의례절차에 해당한다. 그렇기 때문에 "연장자를 존중함을 나타낸다."라고 말한 것이다.

孔疏 ●"而后乃能入孝弟"者, 人若知尊長養老, 則能入孝弟之行也.

번역 ●經文: "而后乃能入孝弟". ○사람들이 만약 연장자를 존귀하게 대하며 노인을 봉양할 줄 안다면, 집에 들어가서 효제(孝悌)의 덕행을 실천할 수 있게 된다.

孔疏 ●"民入孝弟", 謂入門而能行孝弟.

번역 ●經文: "民入孝弟". ○문으로 들어가서 효제(孝悌)의 덕목을 실천할 수 있다는 뜻이다.

孔疏 ●"出尊長養老"者, 謂出門而能尊長養老也.

번역 ●經文: "出尊長養老". ○문밖으로 나와서 연장자를 존중하며 노인을 봉양할 수 있다는 뜻이다.

孔疏 ●"合諸鄕射, 敎之鄕飮酒之禮, 而孝弟之行立矣"者, 諸, 于也. 謂春秋二時聚合其民于州長鄕射之禮, 以敎之鄕飮酒之禮, 謂十月黨正飮酒是敎之鄕飮酒之禮, 旣州長敎射, 黨正敎飮酒, 則民知尊長養老, 故孝弟之行以此而成立也.

번역 ●經文: "合諸鄕射, 敎之鄕飮酒之禮, 而孝弟之行立矣". ○'저(諸)' 자는 우(于)자의 뜻이다. 봄과 가을이라는 두 시기에 주장(州長)에게 백성 들을 모아 향사례(鄕射禮)를 시행하도록 하여, 향음주례(鄕飮酒禮)를 교육 시킨다는 뜻이니, 10월에 당정(黨正)은 음주를 하는데 이것은 향음주례를 가르치는 것이며, 주장이 이미 활쏘기를 가르쳤고 당정이 음주에 대해 가 르쳤다면, 백성들은 연장자를 존중하며 노인을 봉양할 줄 알게 된다. 그렇 기 때문에 효제(孝悌)의 덕행이 이것을 통해서 성립되는 것이다.

孔疏 ◎注"此說"至"禮也". ○正義曰: 鄭知此經所說是黨正正齒位者, 以 儀禮·鄕飮酒之篇無正齒位之禮. 今此云"六十者坐, 五十者立侍", 故知是黨 正正齒位之禮. 此謂初飮酒之時正齒位, 及其禮末, 皆以醉爲度, 雜記云"一國 之人皆若狂", 是也. 云"其鄕射, 則州長春秋以禮會民而射于州序之禮也"者, 此則州長職文. 引之者, 證經中之"鄕射"也. 云"謂之鄕者, 州·黨, 鄕之屬也" 者, 旣是州長·黨正射飮, 而並謂之鄕者, 此州·黨屬鄕, 故云"鄕之屬也". 云"或 則鄕之所居州黨"者, 鄭更云別解, 此州·黨謂之鄕, 鄕之所居此州·黨行飮酒射 之禮, 鄕大夫則代此州長·黨正爲主人, 故得稱鄕射·鄕飮酒也. 若鄕之州·黨, 鄕所不居, 則鄕大夫不得爲主人, 亦不得稱鄕射·鄕飮酒, 但謂之州射·黨正飮 酒可也. 云"如今郡國下令長於鄕射飮酒"者, 謂郡治之下, 及王侯有國治之下, 滿萬戶以上之令, 不滿萬戶之長, 於己縣或射或飮酒, 則從郡之大守及王國之 相來自行禮, 相監臨之儀, 不用令長禮也. 令長射而飮酒, 似州長·黨正也. 太 守與相來監臨, 似鄕大夫監臨也, 故引以相證也.

번역 ◎鄭注: "此說"~"禮也". ○정현은 이곳 경문에서 설명하는 내용 이 당정(黨正)이 나이에 따라 서열을 올바르게 하는 것에 해당한다는 사실 을 알았는데, 그 이유는 『의례』「향음주례(鄕飮酒禮)」편에는 나이에 따라 서열을 정한다는 의례 절차가 기록되어 있지 않기 때문이다. 그런데 현재 이곳 경문에서는 "60세가 된 자는 앉고, 50세가 된 자는 서 있다."라고 했다.

그렇기 때문에 이 내용이 당정이 나이에 따라 서열을 바로잡는 예에 해당한다는 사실을 알았던 것이다. 이 내용은 최초 음주를 할 때, 나이에 따라 서열을 바르게 하는 것이고, 그 의례의 말미에서는 모두 술에 취하는 것을 법도로 삼으니,『예기』「잡기(雜記)」편에서 "한 나라의 사람들이 모두 들떠서 마치 미치광이와 같다."[6]라고 한 말이 바로 이것을 가리킨다. 정현이 "'향사(鄕射)'는『주례』「주장(州長)」편에서 '봄과 가을에는 예법에 따라 백성들을 모아서 주(州)에 있는 서(序)에서 활쏘기를 한다.'고 했던 예를 뜻한다."라고 했는데, 이것은 「주장」편에 나오는 직무 기록이다. 정현이 이 기록을 인용한 것은 이곳 경문에 나오는 '향사(鄕射)'라는 말을 증명하기 위해서이다. 정현이 "'향(鄕)'자를 붙여서 부르는 이유는 주(州)와 당(黨)이라는 행정구역은 향(鄕)에 소속된 구역이기 때문이다."라고 했는데, 이미 주장과 당정이 활쏘기를 하며 음주를 하는 것에 해당하는데, 둘 모두에 대해서 '향(鄕)'자를 붙여서 부른 것은 주(州)와 당(黨)이 향(鄕)에 소속되어 있기 때문이다. 그래서 "향(鄕)에 소속된 구역이다."라고 말한 것이다. 정현이 "혹은 향(鄕)의 관청이 위치하는 주(州)와 당(黨)에 해당한다."라고 했는데, 정현이 재차 별도의 해석을 제시한 것으로, 여기에서 말하는 '주(州)'와 '당(黨)'에 대해서 '향(鄕)'이라고 부르는 것은 향(黨)의 관청이 위치하는 곳이 바로 여기에서 말하는 '주(州)'와 '당(黨)'에 해당하고, 이곳에서 음주를 하며 활 쏘는 예(禮)를 시행하는 것으로, 향대부(鄕大夫)는 주장과 당정을 대신하여 주인의 역할을 맡는다. 그렇기 때문에 향사례(鄕射禮)나 향음주례(鄕飮酒禮)라고 지칭할 수 있는 것이다. 만약 향(鄕)의 하위 행정구역인 주(州)와 당(黨)이 향(鄕)의 관청이 위치한 곳이 아니라면, 향대부는 주인의 임무를 맡을 수 없고, 또한 그 의례에 대해서 향사례나 향음주례라고 지칭할 수 없으며, 단지 '주사(州射)'나 '당정음주(黨正飮酒)'라고 부르는 것이 옳다. 정현이 "예를 들어 현재 군국(郡國) 휘하에 있는 영장(令長)이 향음주례(鄕飮酒禮)에 임한다."라고 했는데, 군(郡)의 통치아래에 있거나 왕후

---

6) 『예기』「잡기하(雜記下)」【520c】: 子貢觀於蜡, 孔子曰, "賜也, 樂乎?" 對曰, "<u>一國之人皆若狂</u>, 賜未知其樂也." 子曰, "百日之蜡, 一日之澤, 非爾所知也.

(王侯)가 소유한 국(國)의 통치아래에 있을 때, 만 호(戶) 이상의 행정단위 수장을 영(令)이라고 부르며, 만 호(戶)가 안 되는 행정단위 수장을 장(長)이라고 하는데, 자신의 현(縣)에서 활쏘기를 하거나 음주를 하게 되면, 군(郡)의 수장인 태수 및 왕국의 상이 찾아와서 직접 의례를 시행하며, 상이 직접 임해서 감독하는 의례에서는 영(令)과 장(長)이 따르는 예를 사용하지 않는다. 영과 장이 활쏘기를 하고 음주를 할 때에는 주장이나 당정이 시행하던 것처럼 한다. 태수와 상이 찾아와서 감독하여 임할 때에는 향대부가 직접 임하여 감독할 때처럼 한다. 그렇기 때문에 이 내용을 인용하여 상호 증명했던 것이다.

集解 愚謂: 上文所言, 皆以釋儀禮鄕飮酒禮之義也. 此又別言正齒位之禮, 事與上殊, 故又以"鄕飮酒之禮"別起其文也. 鄕飮酒禮自賓·介以至於堂下之衆賓, 皆惟一籩一豆, 脯醢而已. 疏謂"堂下衆賓有二豆", 誤也. 籩豆必偶, 而士冠禮醴子, 士昏禮饗婦, 鄕飮酒禮·燕禮, 皆惟脯醢, 蓋以籩豆相配而爲偶也. 鄕飮酒禮之一籩一豆者, 禮之正也. 養老以飮食爲重, 正齒位之禮, 豆以十年遞加者, 禮之變也. 然豆加則籩亦加, 籩豆相配, 亦皆爲偶數矣. 鄕射之禮, 自賓介以下亦尙齒, 故合諸鄕射, 敎以鄕飮酒之禮, 而孝弟之行立矣.

번역 내가 생각하기에, 앞에서 말한 내용은 모두 『의례』「향음주례(鄕飮酒禮)」편에 나타난 의미를 풀이한 것이다. 이곳에서는 별도로 나이에 따라 자리를 바로잡는 예법을 언급하여, 그 사안이 앞의 내용과 달라졌다. 그렇기 때문에 '향음주지례(鄕飮酒之禮)'라는 말을 기록하여 별도로 다른 내용을 기술한 것이다. 「향음주례」편에서는 빈객과 개로부터 당하에 있는 여러 빈객 무리들에 대해서 모두 1개의 변(籩)과 1개의 두(豆)에 포와 젓갈만 차려낼 따름이라고 했다. 공영달의 소에서 "당하에 있는 여러 빈객들에게는 2개의 두를 차려준다."라고 한 말은 잘못된 주장이다. 변과 두는 반드시 짝수로 맞추니, 『의례』「사관례(士冠禮)」편에서 자식에게 단술을 따라주고, 『의례』「사혼례(士昏禮)」편에서 며느리에게 잔치를 베풀어주며, 또 『의례』「향음주례」와 「연례(燕禮)」편에서도 모두 포와 젓갈만 차리며, 변과 두를 서로 짝지어 짝수로 맞춘다고 했다. 따라서 향음주례에서 1개의 변과 1개의 두를 차려내는 것이 예법의 정규 규범이다. 노인을 봉양할 때에는 술을 마시고 음식 먹는 것을 중대하게 여기는데, 나이에 따른 서열을 올바르게 하는 예법에서 두를 10년 단위로 단계적으로 증가시키는 것은 예법 중에서도 변례에 해당한다. 그러나 두를 추가하게 되면 변 또한 추가하게 되니, 변과 두가 서로 짝하게 되어, 이러한 경우에도 모두 짝수로 맞춘다. 향사례에서 빈객과 개로부터 그 이하의 자들도 나이 많은 것을 숭상하기 때문에, 향사례와 합하여 향음주례를 가르쳐 효제의 행실이 성립되는 것이다.

참고 구문비교

예기·향음주의 君子之所謂孝者, 非家至而日見之也.

효경·광지덕장(廣至德章) 君子之敎以孝也, 非家至而日見之也.

참고 『효경』「광지덕장(廣至德章)」 기록

경문 子曰: 君子之敎以孝也, 非家至而日見之也①. 敎以孝, 所以敬天下之爲人父者也. 敎以悌, 所以敬天下之爲人兄者也②. 敎以臣. 所以敬天下之爲人君者也③.

번역 공자가 말하길, 군자가 효를 가르친다는 것은 집집마다 찾아가서 날마다 만나보는 것이 아니다. 효를 가르치는 것은 천하의 모든 아비된 자들을 공경하는 것이다. 공손함을 가르치는 것은 천하의 모든 형된 자들을 공경하는 것이다. 신하의 도리를 가르치는 것은 천하의 모든 군주된 자들을 공경하는 것이다.

何注-① 言敎不必家到戶至, 日見而語之. 但行孝於內, 其化自流於外.

번역 교화를 시킬 때에는 집집마다 찾아가서 날마다 만나보며 일러줄 필요는 없다. 단지 내적으로 효를 시행하여, 감화된 것이 외적으로 저절로 흘러나오는 것이다.

邢疏 ◎注"言敎"至"於外". ○正義曰: 此依鄭注也. 祭義所謂孝悌發諸朝廷, 行乎道路, 至乎閭巷, 是流於外..

번역 ◎李注: "言敎"~"於外". ○이것은 정씨의 주에 따른 것이다. 『예기』「제의(祭義)」편에서 "효제의 도리가 조정에서 지켜지기 시작하여, 도로에서 행해지고, 향리에서 시행된다."7)라고 한 말은 바로 외적으로 흘러나온다는 뜻이다.

何注-② 擧孝悌以爲敎, 則天下之爲人子弟者, 無不敬其父兄也.

번역 효와 공손의 덕목을 들어서 가르침으로 삼는다면, 천하의 자식 및 동생의 입장에 있는 자들은 자신의 부친과 형에게 공경하지 않는 자가 없게 된다.

邢疏 ◎注"擧孝"至"父兄也". ○正義曰: 云"擧孝悌以爲敎"者, 此依王注也. 按禮記·祭義曰: "祀乎明堂, 所以敎諸侯之孝也. 食三老五更於太學, 所以敎諸侯之弟也." 此卽謂發諸朝廷, 至乎州里是也. 云"則天下之爲人子弟者, 無不敬其父兄也"者, 言皆敬也. 按舊注用應劭漢官儀云"天子無父, 父事三老, 兄事五更", 乃以事父事兄爲敎孝悌之禮. 按禮, 敎敬自有明文. 假令天子事三老蓋同, 庶人倍年以長之敬本非敎孝子之事, 今所不取也.

번역 ◎李注: "擧孝"~"父兄也". ○"효와 공손의 덕목을 들어서 가르침으로 삼는다."라고 했는데, 이것은 왕씨의 주에 따른 것이다. 『예기』「제의

---

7) 『예기』「제의(祭義)」【570a】: <u>孝弟發諸朝廷, 行乎道路, 至乎州巷</u>, 放乎獀狩, 修乎軍旅, 衆以義死之而弗敢犯也.

(祭義)」편을 살펴보면 "명당(明堂)에서 제사를 지내는 것은 제후들이 지녀
야 할 효의 도리를 가르치는 방법이다. 태학에서 삼로와 오경8)에게 식사를
대접하는 것은 제후들이 지녀야 할 공손의 도리를 가르치는 방법이다."9)라
고 했는데, 이것은 곧 조정에서 지켜지기 시작하여 향리까지 도달한다는
뜻이다. "천하의 자식 및 동생의 입장에 있는 자들은 자신의 부친과 형에게
공경하지 않는 자가 없게 된다."라고 했는데, 모두 공경한다는 뜻이다. 옛
주석을 살펴보면 응소10)의『한관의』를 인용하여, "천자에게는 부친이 없으
니 삼로를 부친으로 섬기고 오경을 형으로 섬긴다."라고 했다. 즉 부친을
섬기고 형을 섬긴다는 것을 효와 공손을 가르치는 예법으로 삼은 것이다.
예법을 살펴보면 공경을 가르친다는 것에 대해서는 이전부터 전해지는 기
록이 있다. 가령 천자가 삼로를 섬기는 경우와 같은 것들이 그에 해당하는
데, 서인이 나이가 많다고 하여 연장자로 대우하는 공경은 본래 효자의 덕

---

8) 삼로오경(三老五更)은 삼로(三老)와 오경(五更)을 뜻한다. 이들은 국가의 요
직에 있다가 나이가 들어 퇴직한 자들이다. 정현은 '삼로'와 '오경'은 3명과
5명이 아닌 각각 1명씩이라고 풀이했다. 그리고 1명씩인데도 '삼(三)'자와
'오(五)'자를 붙여서 부르는 이유에 대해서, '삼진(三辰)'과 '오성(五星)'에서
명칭을 빌려왔기 때문이라고 해석하였고, 또한 '삼덕(三德)'과 '오사(五事)'를
알고 있는 자들이기 때문에, 이러한 명칭이 붙었다고 풀이하기도 한다.『예
기』「문왕세자」편에는 "適東序, 釋奠於先老, 遂設三老, 五更, 群老之席位焉."
이란 기록이 있는데, 이에 대한 정현의 주에서는 "三老五更各一人也, 皆年
老更事致仕者也. 天子以父兄養之, 示天下之孝悌也. 名以三五者, 取象三辰五
星, 天所因以照明天下者."라고 풀이했고, 또한『예기』「악기(樂記)」편에는
"食三老五更於大學."이란 기록이 있는데, 이에 대한 정현의 주에서는 "三老
五更, 互言之耳, 皆老人更知三德五事者也."라고 풀이했다. 그리고 참고적으
로 공영달(孔穎達)의 소(疏)에서는 "三德謂正直, 剛, 柔. 五事謂貌, 言, 視,
聽, 思也."라고 해석하여, '삼덕'은 정직(正直), 강직함[剛], 부드러움[柔]이라
고 풀이했고, 오사(五事)는 '올바른 용모[貌]', '올바른 말[言]', '올바르게 봄
[視]', '올바르게 들음[聽]', '올바르게 생각함[思]'이라고 풀이했다.
9)『예기』「제의(祭義)」【570b】: 祀乎明堂, 所以敎諸侯之孝也. 食三老·五更於
大學, 所以敎諸侯之弟也. 祀先賢於西學, 所以敎諸侯之德也. 耕藉, 所以敎諸
侯之養也. 朝覲, 所以敎諸侯之臣也. 五者天下之大敎也.
10) 응소(應劭, ?~?) : 후한(後漢) 때의 학자이다. 자(字)는 중원(仲遠)·중원(仲
援)·중원(仲瑗)이다. 저서로는『율략론(律略論)』·『풍속통의(風俗通義)』·『한
관의(漢官儀)』·『한서집해(漢書集解)』등이 있다.

목을 가르치는 일이 아니므로, 여기에서는 그 설명을 취하지 않는다.

何注-③ 擧臣道以爲敎, 則天下之爲人臣者, 無不敬其君也.

번역 신하의 도리를 들어 가르침으로 삼는다면, 천하의 모든 신하된 자들은 자신의 군주를 공경하지 않는 자가 없게 된다.

邢疏 ◎注"擧臣"至"君也". ○正義曰: 此依王注也. 按祭義云"朝覲所以敎諸侯之臣也"者, 諸侯, 列國之君也. 君朝覲於王, 則身行臣禮. 言聖人制此朝覲之法, 本以敎諸侯之爲臣也. 則諸侯之卿大夫, 亦各放象其君, 而行事君之禮也. 劉炫以爲將敎爲臣之道, 固須天子身行者, 按禮運曰: "故先王患禮之不達於下也, 故祭帝於郊." 謂郊祭之禮, 冊祝稱臣, 是亦以見天子以身率下之義也.

번역 ◎李注: "擧臣"~"君也". ○이것은 왕씨의 주에 따른 것이다. 『예기』「제의(祭義)」편을 살펴보면 "조근(朝覲)[11]의 의례를 시행하는 것은 제후들이 지녀야 할 신하의 도리를 가르치는 방법이다."[12]라고 했는데, '제후(諸侯)'는 제후국의 군주를 뜻한다. 제후가 천자에게 조근을 하게 되면 본인은 신하의 예법을 시행한다. 성인이 이러한 조근의 법도를 제정한 것은 본래 제후가 신하의 입장임을 가르치기 위한 것이다. 그렇다면 제후에게 소속된 경과 대부 또한 각각 자신의 군주를 본받게 되므로, 군주를 섬기는 예법을

---

11) 조근(朝覲)은 군주가 신하를 만나보는 예법(禮法)을 뜻한다. 군주가 신하를 만나보는 예법에는 조(朝), 근(覲), 종(宗), 우(遇), 회(會), 동(同) 등이 있었는데, 이것을 총칭하여 '조근'으로 부르기도 한다. 한편 '조근'은 신하가 군주를 찾아뵙는 예법을 뜻하기도 한다. 고대에는 제후가 천자를 찾아뵐 때, 각 계절별로 그 명칭을 다르게 불렀다. 봄에 찾아뵙는 것을 조(朝)라고 부르며, 여름에 찾아뵙는 것을 종(宗)이라고 부르고, 가을에 찾아뵙는 것을 근(覲)이라고 부르며, 겨울에 찾아뵙는 것을 우(遇)라고 부른다. '조근'은 이러한 예법들을 총칭하는 말이다.

12) 『예기』「제의(祭義)」【570b】: 祀乎明堂, 所以敎諸侯之孝也. 食三老・五更於大學, 所以敎諸侯之弟也. 祀先賢於西學, 所以敎諸侯之德也. 耕藉, 所以敎諸侯之養也. 朝覲, 所以敎諸侯之臣也. 五者天下之大敎也.

시행한다는 뜻이다. 유현13)은 신하된 자의 도리를 가르치기 위한 것으로 천자 본인이 시행해야만 하는 것이라고 여겼는데, 『예기』「예운(禮運)」편을 살펴보면 "선왕은 예가 천하에 두루 달통하지 않을까를 염려하기 때문에 교외에서 상제에게 제사를 지낸다."라고 했으니, 교제사의 예법에서 축문을 기록할 때에는 천자에 대해서 '신(臣)'이라고 지칭하니, 이 또한 천자가 직접 그 휘하의 자들을 통솔한다는 뜻을 드러내는 것이다.

邢疏 ●"子曰"至"君者也". ○正義曰: 此夫子述廣至德之義. 言聖人君子, 教人行孝事其親者, 非家家悉至而日見之. 但教之以孝, 則天下之爲人父者, 皆得其子之敬也; 教之以悌, 則天下之爲人兄者, 皆得其弟之敬也; 教之以臣, 則天下之爲人君者, 皆得其臣之敬.

번역 ●經文: "子曰"~"君者也". ○이것은 공자가 지덕(至德)의 뜻을 폭넓게 설명한 것이다. 성인군자가 사람들을 가르쳐서 효를 시행하여 자신의 부모를 섬기게 하는 것은 집집마다 일일이 찾아가서 날마다 만나보는 것이 아니다. 단지 효를 가르쳐서 천하의 아비된 자들이 모두 자식의 공경을 받도록 하는 것이며, 공손함을 가르쳐서 천하의 형된 자들이 모두 동생의 공경을 받도록 하는 것이고, 신하의 도리를 가르쳐서 천하의 군주된 자들이 모두 신하의 공경을 받도록 하는 것이다.

경문 詩云, "愷悌君子, 民之父母①." 非至德, 其孰能順民如此其大者乎!

번역 『시』에서는 "화락하고 간이한 군자여, 백성들의 부모로다."14)라고 했다. 지극한 덕이 아니라면 그 누가 백성들을 순종시킴에 이처럼 위대하게 할 수 있겠는가!

---

13) 유현(劉炫, ?~?) : 수(隋)나라 때의 학자이다. 자는 광백(光伯)이며, 경성(景城) 출신이다. 태학박사(太學博士) 등을 지냈다. 『논어술의(論語述義)』, 『춘추술의(春秋述義)』, 『효경술의(孝經述義)』 등을 저술하였다.

14) 『시』「대아(大雅)·형작(泂酌)」 : 泂酌彼行潦, 挹彼注茲, 可以饙饎. 豈弟君子, 民之父母.

何注-① 愷, 樂也. 悌, 易也. 義取君以樂易之道化人, 則爲天下蒼生之父母也.

번역 '개(愷)'자는 즐겁다는 뜻이다. '제(悌)'자는 쉽다는 뜻이다. 군주가 즐겁고 쉬운 도리로 백성들을 교화하므로, 천하의 백성들에 대해서 부모가 된다는 뜻에서 의미를 취한 것이다.

邢疏 ◎注"愷樂"至"母也". ○正義曰: "愷·樂"·"悌·易", 釋詁文. 云"義取君以樂易之道化人, 則爲天下蒼生之父母也"者, 亦言引詩大意如此. 蒼生, 尙書文, 謂天下黔首蒼蒼然, 衆多之貌也. 孔安國以爲蒼蒼然生草木之處, 今不取也.

번역 ◎李注: "愷樂"~"母也". ○"'개(愷)'자는 즐겁다는 뜻이다."15)라고 했고, "'제(悌)'자는 쉽다는 뜻이다."16)라고 했는데, 이것은『이아』「석고(釋詁)」편의 기록이다. "군주가 즐겁고 쉬운 도리로 백성들을 교화하므로, 천하의 백성들에 대해서 부모가 된다는 뜻에서 의미를 취한 것이다."라고 했는데, 이 또한『시』를 인용한 전반적인 뜻이 이와 같다는 말이다. '창생(蒼生)'이라는 말은『상서』에 나오는 말인데,17) 천하의 백성들이 울창한 수풀처럼 많이 모여 있는 모습을 뜻한다. 공안국18)은 빽빽하게 초목이 생장하는 장소를 뜻한다고 여겼지만, 여기에서는 그 의견을 채택하지 않는다.

邢疏 ●"詩云"至"者乎". ○正義曰: 夫子旣述至德之敎已畢, 乃引大雅·泂酌之詩以贊美之. 愷, 樂也. 悌, 易也. 言樂易之君子, 能順民心而行敎化, 乃爲

---

15)『이아』「석고(釋詁)」: 怡·懌·悅·欣·衎·喜·愉·豫·愷·康·妠·般, 樂也.

16)『이아』「석고(釋詁)」: 平·均·夷·弟, 易也.

17)『서』「우서(虞書)·익직(益稷)」: 禹曰, 兪哉, 帝光天之下, 至于海隅蒼生, 萬邦黎獻, 共惟帝臣, 惟帝時擧, 敷納以言, 明庶以功, 車服以庸, 誰敢不讓, 敢不敬應, 帝不時, 敷同日奏罔功.

18) 공안국(孔安國, ?~?): 전한(前漢) 때의 학자이다. 자(字)는 자국(子國)이다. 고문상서학(古文尙書學)의 개조(開祖)로 알려져 있다.『십삼경주소(十三經注疏)』의『상서정의(尙書正義)』에는 공안국의 전(傳)이 수록되어 있는데, 통상적으로 이 주석은 후대인들이 공안국의 이름에 가탁하여 붙인 문장으로 인식되고 있다.

民之父母. 若非至德之君, 其誰能順民心如此其廣大者乎? 孰, 誰也. 按禮記·表記稱: "子言之: '君子所謂仁者, 其難乎? 詩云: 凱弟君子, 民之父母. 凱以强敎之, 弟以說安之. 使民有父之尊, 有母之親. 如此而後可以爲民父母矣, 非至德其孰能如此乎?'" 此章於"孰能"下加"順民", "如此"下加"其大"者, 與表記爲異, 其大意不殊. 而皇侃以爲幷結要道·至德兩章, 或失經旨也. 劉炫以爲詩美民之父母, 證君之行敎, 未證至德之大, 故於詩下別起歎辭, 所以異於餘章, 頗近之矣.

번역 ●經文: "詩云"~"者乎". ○공자는 지극한 덕의 교화에 대해 기술하고 그것이 끝나자 곧 『시』「대아(大雅)·형작(泂酌)」편을 인용하여 찬미한 것이다. '개(愷)'자는 즐겁다는 뜻이다. '제(悌)'자는 간이하다는 뜻이다. 즐겁고 간이한 도를 따르는 군자는 백성들의 마음을 순종시켜서 교화를 시행하여 백성들의 부모가 될 수 있다는 뜻이다. 만약 지극한 덕을 갖춘 군주가 아니라면 그 누가 백성들의 마음을 이처럼 광대하게 순종시킬 수 있겠는가? '숙(孰)'자는 누구라는 뜻이다. 『예기』「표기(表記)」편을 살펴보면 "공자가 말하길, 군자가 말하는 인(仁)이란 그처럼 어렵단 말인가? 『시』에서는 '화락하고 간이한 군자는 백성의 부모로다.'라고 했는데, 화락함으로 굳세게 가르치고, 간이함으로 기쁘고 편안하게 해준다. 백성들로 하여금 부친의 존엄함을 갖추고, 모친의 친애함을 갖추게 했으니, 이처럼 한 이후에야 백성의 부모가 될 수 있다. 그런데 지극한 덕을 갖춘 성인이 아니라면, 그 누가 이처럼 할 수 있겠는가?"19)라고 했다. 이곳에서는 '숙능(孰能)'이라는 글자 뒤에 '순민(順民)'이라는 글자를 추가했고, '여차(如此)'라는 글자 뒤에 '기대(其大)'라는 글자를 추구하여, 「표기」편과 차이를 보이지만, 전반적인 뜻은 차이가 없다. 그리고 황간20)은 「광요도장」과 「광지덕장」에 대해서 결

---

19) 『예기』「표기(表記)」【631b】: 子言之, "君子之所謂仁者, 其難乎! 詩云, '凱弟君子, 民之父母.' 凱以强敎之, 弟以說安之. 樂而毋荒, 有禮而親, 威莊而安, 孝慈而敬, 使民有父之尊, 有母之親, 如此而后可以爲民父母矣, 非至德其孰能如此乎?"

20) 황간(皇侃, A.D.488~A.D.545) : =황씨(皇氏). 남조(南朝) 때 양(梁)나라의 경학자이다. 『주례(周禮)』, 『의례(儀禮)』, 『예기(禮記)』 등에 해박하여, 『상복문구의소(喪服文句義疏)』, 『예기의소(禮記義疏)』, 『예기강소(禮記講疏)』

론을 맺은 것이라고 여겼는데, 아마도 본지를 놓친 것 같다. 유현은『시』에서 백성들의 부모가 됨을 찬미한 것은 군주가 교화를 시행한 것을 증명한 것이지 지극한 덕의 위대함을 증명한 것이 아니라고 여겼다. 그렇기 때문에『시』의 인용문 뒤에 별도로 찬미하는 말을 덧붙여서, 다른 장들과 차이를 두었다고 했는데, 아마도 정답에 가까운 것 같다.

참고 『예기』「곡례상(曲禮上)」기록

경문-12b 人生十年日幼, 學. 二十曰弱, 冠. 三十曰壯, 有室. 四十曰强, 而仕. 五十曰艾, 服官政. 六十曰耆, 指使. 七十曰老, 而傳. 八十九十曰耄, 七年曰悼, 悼與耄21), 雖有罪, 不加刑焉. 百年曰期, 頤.

등을 지었지만, 현재는 전해지지 않는다. 그 일부가 마국한(馬國翰)의『옥함산방집일서(玉函山房輯佚書)』에 수록되어 있다.

21) '모(耄)'자에 대하여.『십삼경주소(十三經注疏)』북경대 출판본에서는 "『민본(閩本)』·『감본(監本)』·『모본(毛本)』·『악본(岳本)』·『가정본(嘉靖本)』에서는 동일하게 '모'자로 기록한다.『석경(石經)』에는 '▼(耂/毛)'자로 기록되어 있고, 위씨(衛氏)의『집설(集說)』에서도 동일하게 '▼(耂/毛)'자로 기록하고 있다.『경전석문(經典釋文)』에서는 '모(旄)자는 판본에 따라서 또한 모(耄)자로도 기록한다.'라고 했다. 완원(阮元)의『교감기(校勘記)』에서는 '살펴보니, ▼(耂/毛)자가 정자(正字)이며, 모(耄)자는 속자(俗字)이고, 모(旄)자는 가차자(假借字)이다.『정의본(正義本)』에서는 ▼(耂/毛)자로 기록해야 한다.『경전석문(經典釋文)』에도 또한 판본에 따라서 간혹 80세를 질(耋)이라고 부르고, 90세를 모(旄)라고 부른다고 기록하는데, 이 말은 후대인들이 잘못하여 첨가한 말이라고 했다. 전대흔(錢大昕)은『예기』「곡례(曲禮)」편에는 왈질(曰耋)이라는 두 글자가 있으니, 질(耋)자라고 기록한 것은『고본(古本)』에 해당하는데, 육덕명(陸德明)이 이 글자를 후대인들이 잘못해서 첨가한 것으로 여긴 것은 잘못된 생각이다. 장림(臧琳)의『경의잡기(經義雜記)』에서는『정주본(鄭注本)』에는 왈질(曰耋)이라는 두 글자가 기록되어 있지 않으므로, 「곡례」편에 대한 정현의 주에서 질(耋)자에 대해 풀이하지 않은 것인데, 어떤 판본에서는 또한 이 글자가 덧붙여져 있으니, 육덕명이 『정주본』에 대해서 잘못하여 첨가한 것이라고 비판한 것이다. 살펴보니 소(疏)에서는 사람에 대해 간혹 80세가 되면 질(耋)이라고 부르고, 혹은 90세에 대해서 모(耄)라고도 부른다. 그렇기 때문에 이 두 글자는 각각 80세나

번역 사람이 태어나서 10세가 되면, 그런 사람을 어리다는 뜻에서 유(幼)라고 부르고, 학문에 입문하도록 한다. 20세가 되면, 아직 장성한 것이 아니기 때문에 약(弱)이라고 부르고, 관례(冠禮)를 해준다. 30세가 되면, 장성하였기 때문에 장(壯)이라고 부르고, 혼인을 시켜서 가정을 이루게 한다. 40세가 되면, 지기(志氣)가 강성해졌기 때문에 강(强)이라고 부르고, 하위 관료에 임명한다. 50세가 되면 머리가 희끗희끗해져서 마치 쑥잎처럼 되기 때문에 애(艾)라고 부르고, 고위관료에 임명하여 국정(國政)에 참여하도록 한다. 60세가 되면, 노인에 가까워지기 때문에 기(耆)라고 부르고, 제 스스로 일을 처리하기보다는 남에게 지시를 하며 시키게 된다. 70세가 되면, 나이가 들었기 때문에 노(老)라고 부르고, 가사(家事)를 아들에게 전수한다. 80세나 90세가 되면, 정신이 흐려지고 잘 잊어버리기 때문에 모(耄)라고 부르고, 한편 7세가 된 아이들은 가엾기 때문에 도(悼)라고 부르는데, 이 두 부류의 사람들은 비록 죄를 지었다고 하더라도, 그것은 실수로 죄를 범한 것이지 고의로 한 것이 아니기 때문에, 형벌을 내리지 않는다. 100세가 되면, 수명이 거의 다 되어가기 때문에, 기(期)라고 부르고, 남의 도움 없이는 아무 것도 할 수 없으니, 모든 일들에 대해서 봉양을 해주어야 한다.

鄭注 名曰幼, 時始可學也. 內則曰: "十年出就外傅, 居宿於外, 學書計." 有室, 有妻也. 妻稱室. 艾, 老也. 指事使人也. 六十不與服戎, 不親學. 傳家事, 任子孫, 是謂宗子之父. 耄, 惛忘也. 春秋傳曰: "謂老將知, 耄又及之." 悼, 憐愛也. 愛幼而尊老. 期猶要也. 頤, 養也. 不知衣服食味, 孝子要盡養道而已.

번역 10세가 된 사람을 '유(幼)'라고 부르니, 이 시기에 비로소 학문을

90세를 동시에 나타내는 글자가 된다고 했다. 이것은 곧 『정의본(正義本)』에 왈질(曰耋)이라는 두 글자가 없었다는 것을 가리킨다. 『송감본(宋監本)』을 살펴보니, ▼(耂/毛)자로 기록하고 있고, 그 이후의 판본들도 동일하게 기록하고 있다. 『설문해자(說文解字)』에 근거한다면 마땅히 ▼(蒿/老)자로 기록해야 하니, 이 글자는 노(老)자를 부수로 삼고 있고, 호(蒿)자가 소리부가 된다.'라고 했다. 손이양(孫詒讓)의 『교기(校記)』에서는 '『무주본(撫州本)』에서는 모(耄)자로 기록되어 있다.'"라고 했다.

익힐 수 있는 것이다. 『예기』「내칙(內則)」편에서는 "10살이 되면 집을 벗어나서 외부에 있는 스승을 찾아가며, 집밖에 거주하면서 스승에게서 육서(六書)22)와 구수(九數)23)를 익혔다."24)라고 했다. '유실(有室)'은 아내를 맞아들인다는 뜻이다. 아내를 '실(室)'이라고 부른다. '애(艾)'자는 "늙었다[老]."는 뜻이다. '지사(指使)'는 일을 지시하여 사람을 시킨다는 뜻이다. 60세가 되면, 병역에 복무하지 않으며,25) 제자의 예를 갖춰서 배움을 구하는 일을 하지 않는다.26) '전(傳)'자는 가사(家事)를 전수하여, 자손들에게 맡긴다는 뜻이니, 이 내용은 종자(宗子)의 부친에게 해당하는 말이다. '모(耄)'자는 정신이 흐릿해지고 잘 잊어버린다는 뜻이다. 『춘추전』에서 말하길, "속담에서는 나이가 들어 지혜롭게 되자, 곧 망령기가 든다."27)라고 했다. '도(悼)'자는 가엽게 여겨서 애착을 가진다는 뜻이다. 형벌을 내리지 않는 이유는 나이가 너무 어린 자를 가엽게 여기고, 나이가 많은 자를 존중하기 때문이다. '기(期)'자는 "요구한다[要]."는 뜻이다. '이(頤)'자는 "봉양한다[養]."는 뜻이다. 100세가 된 사람들은 의복을 입고 음식을 먹는 것 등에 대해서 분별할 수 없으므로, 자식은 봉양의 도리를 다할 수 있도록 기약할 따름이다.

---

22) 육서(六書)는 한자의 구성과 형성에 대한 여섯 가지 이론으로, 상형(象形), 지사(指事: =處事), 회의(會意), 형성(形聲: =諧聲), 전주(轉注), 가차(假借)를 뜻한다. 『주례』「지관(地官)·보씨(保氏)」편에는 "五日六書."라는 기록이 있는데, 이에 대한 정현의 주에서는 정사농(鄭司農)의 주장을 인용하여, "六書, 象形·會意·轉注·處事·假借·諧聲也."라고 풀이했다.

23) 구수(九數)는 고대의 아홉 가지 계산 방법이다. 방전(方田), 속미(粟米), 차분(差分), 소광(少廣), 상공(商功), 균수(均輸), 방정(方程), 영부족(贏不足), 방요(旁要)를 뜻한다. 『주례』「지관(地官)·보씨(保氏)」편에는 "六日九數."라는 기록이 있는데, 이에 대한 정현의 주에서는 정중(鄭衆)의 주장을 인용하여, "九數, 方田·粟米·差分·少廣·商功·均輸·方程·贏不足·旁要."라고 풀이했다.

24) 『예기』「내칙(內則)」【368a】: 九年, 敎之數日. <u>十年, 出就外傅, 居宿於外, 學書計</u>.

25) 『예기』「왕제(王制)」【178b】: 五十不從力政, <u>六十不與服戎</u>, 七十不與賓客之事, 八十齊喪之事, 弗及也.

26) 『예기』「왕제(王制)」【178c】: 五十而爵, <u>六十不親學</u>, 七十致政, 唯衰麻爲喪.

27) 『춘추좌씨전』「소공(昭公) 1년」: 諺所<u>謂老將知而耄及之</u>者, 其趙孟之謂乎!

孔疏 ●"五十曰艾, 服官政"者, 四十九以前通曰强, 年至五十, 氣力已衰, 髮蒼白, 色如艾也. 五十是知天命之年, 堪爲大夫服事也. 大夫得專事其官政, 故曰"服官政"也. 鄭康成注孝經云: "張官設府謂之卿大夫." 卽此之謂也. 熊 氏云: "按中候·運衡云'耆者旣艾', 注云: '七十曰艾.' 言七十者, 以時堯年七十, 故以七十言之. 又中候·準讖哲云: '仲父年艾, 誰將逮政.' 注云'七十曰艾'者, 云誰將逮政, 是告老致政, 致政當七十之時, 故以七十曰艾."

번역 ●經文: "五十曰艾, 服官政". ○49세 이전을 통괄적으로 '강(强)'이 라고 부르는데, 나이가 50세에 이르게 되면, 기력이 쇠퇴하게 되므로, 모발 이 창백해져서, 그 색깔이 마치 쑥잎의 색처럼 된다. 50세는 하늘이 부여해 준 수명을 아는 나이가 되고,[28] 대부가 되어 임무를 감당할 수 있게 된다.[29] 한편 대부는 해당 관청의 업무를 전담하여 관리할 수 있기 때문에, "관정(官 政)에 복무한다."라고 말한 것이다. 『효경』에 대한 정현의 주를 살펴보면, "관원을 임명하고 관부를 설치하는 일은 경과 대부가 하는 일들을 가리킨 다."라고 하였으니, 이 말은 곧 '관정'에 복무한다는 뜻이다. 웅안생은 "『상 서중후』「운형(運衡)」편을 살펴보면, '나이가 기(耆)에 이르러, 머리가 창백 하게 되었다.'라고 했는데, 이 문장에 대한 주에서 '70세를 애(艾)라고 부른 다.'라고 했다. 이처럼 애(艾)에 해당하는 나이를 70세라고 언급한 이유는 당시에는 장수했다고 여긴 나이가 70세였기 때문에, 70세를 '애'에 해당한 다고 기록한 것이다. 또한 『상서중후』「준참철(準讖哲)」편에서는 '중보(仲 父)의 나이가 애(艾)에 이르렀으니, 그 누가 정사에 나아가겠는가.'라고 했 고, 해당하는 주에서는 '70세를 애(艾)라고 부른다.'라고 했다. 이 문장에서 '수장체정(誰將逮政)'이라는 말은 곧 나이가 들어 임무수행이 어렵다고 아 뢰고, 일선에서 물러난다는 뜻이니, 정치에서 물러나는 나이는 70세에 해당 한다.[30] 그렇기 때문에 70세를 '애'라고 부른 것이다."라고 했다.

---

28) 『논어』「위정(爲政)」: 子曰, "吾十有五而志于學, 三十而立, 四十而不惑, 五 十而知天命, 六十而耳順, 七十而從心所欲, 不踰矩."
29) 『예기』「왕제(王制)」【178c】: 五十而爵, 六十不親學, 七十致政, 唯衰麻爲喪.
30) 『예기』「왕제(王制)」【178c】: 五十而爵, 六十不親學, 七十致政, 唯衰麻爲喪.

孔疏 ●"六十曰耆, 指使"者, 賀瑒云: "耆, 至也, 至老之境也. 六十耳順, 不得執事, 但指事使人也." 鄭注射義云: "耆耋皆老也."

번역 ●經文: "六十曰耆, 指使". ○하창은 "'기(耆)'자는 '도달한다[至].'는 뜻으로, 노인의 경계에 도달했음을 의미한다. 60세에는 말만 듣고도 본지를 파악한다고 하니,31) 단지 일을 지시하며 사람을 부리게 될 따름이다."라고 했다. 『예기』「사의(射義)」편에 대한 정현의 주에서는 "'기'자와 '질(耋)'자는 모두 늙었다는 뜻이다."32)라고 했다.

참고 『예기』「왕제(王制)」 기록

경문-117d 五十始衰, 六十非肉不飽, 七十非帛不煖, 八十非人不煖, 九十雖得人不煖矣. 五十杖於家, 六十杖於鄕, 七十杖於國, 八十杖於朝, 九十者, 天子欲有問焉, 則就其室, 以珍從.

번역 나이가 50세가 되면 비로소 쇠약해지기 시작하며, 60세가 되면 고기로 만든 음식이 아니라면 배가 부르지 않게 되고, 70세가 되면 비단으로 된 옷이 아니라면 따뜻해지지 않게 되고, 80세가 되면 다른 사람의 체온이 아니라면 따뜻해지지 않게 되고, 90세가 되면 비록 다른 사람의 체온을 얻게 되더라도 따뜻해지지 않게 된다. 나이가 50세가 되면 그의 집 안에서 지팡이를 짚을 수 있고, 60세가 되면 향(鄕) 안에서 지팡이를 짚을 수 있으며, 70세가 되면 국(國) 안에서 지팡이를 짚을 수 있고, 80세가 되면 조정에서도 지팡이를 짚을 수 있으며, 나이가 90세가 된 자에게, 천자가 자문하고자 한다면, 천자가 그의 집에 직접 찾아가서 하되, 맛좋고 귀한 음식물을 가지고 간다.

---

31) 『논어』「위정(爲政)」: 子曰, "吾十有五而志于學, 三十而立, 四十而不惑, 五十而知天命, 六十而耳順, 七十而從心所欲, 不踰矩."

32) 이 문장은 『예기』「사의(射義)」편의 "幼壯孝弟, 耆耋好禮, 不從流俗, 修身以俟死, 者不? 在此位也."라는 기록에 대한 정현의 주이다.

集說 杖, 所以扶衰弱. 五十始衰, 故杖. 未五十者, 不得執也. 巡守而就見百年者, 泛言衆庶之老也. 此就見九十者, 專指有爵者也. 祭義又言八十君問則就之者, 亦異禮也. 珍, 與常珍之珍同. 從之以往, 致尊養之義也.

번역 지팡이는 쇠약해진 몸을 받치는 도구이다. 나이가 50세가 되면 비로소 쇠약해지기 시작하기 때문에, 지팡이를 짚는 것이다. 나이가 50세가 안된 자는 지팡이를 짚을 수가 없다. 천자가 순수(巡守)[33]를 함에 나이가 100세가 된 자에게는 직접 찾아가서 본다는 것[34]은 일반 백성들 중 나이든 노인을 포함하여 말한 것이다. 여기에서 천자가 90세가 된 자에게 찾아가 본다는 것은 전적으로 작위를 가지고 있는 자들을 가리킨다. 『예기』「제의(祭義)」편에서 또한 "80세가 된 자에게, 군주가 자문하게 되면, 곧 직접 찾아간다."[35]고 말한 것은 다른 경우의 예법이다. 진(珍)이란 앞의 경문에 나온 '상진(常珍)'이라고 할 때의 진과 같은 뜻이다. 그것을 가지고서 찾아가

---

33) 순수(巡守)는 '순수(巡狩)'라고도 부른다. 천자가 수도를 벗어나 제후의 나라를 시찰하는 것을 뜻한다. '순수'의 '순(巡)'자는 그곳으로 행차를 한다는 뜻이고, '수(守)'자는 제후가 지키는 영토를 뜻한다. 제후는 천자가 하사해준 영토를 대신 맡아서 수호하는 것이기 때문에, 천자가 그곳에 방문하여, 자신의 영토를 어떻게 관리하고 있는지를 시찰하게 된다. 『서』「우서(虞書)·순전(舜典)」편에는 "歲二月, 東巡守, 至于岱宗, 柴."라는 기록이 있고, 이에 대한 공안국(孔安國)의 전(傳)에서는 "諸侯爲天子守土, 故稱守. 巡, 行之."라고 풀이했으며, 『맹자』「양혜왕하(梁惠王下)」편에서는 "天子適諸侯曰巡狩. 巡狩者, 巡所守也."라고 기록하였다. 한편 『예기』「왕제(王制)」편에는 "天子, 五年, 一巡守."라는 기록이 있고, 『주례』「추관(秋官)·대행인(大行人)」편에는 "十有二歲王巡守殷國."이라는 기록이 있다. 즉 「왕제」편에서는 천자가 5년에 1번 순수를 시행하고, 「대행인」편에서는 12년에 1번 순수를 시행한다고 기록하고 있는데, 이러한 차이점에 대해서 정현은 「왕제」편의 주에서 "五年者, 虞夏之制也. 周則十二歲一巡守."라고 풀이했다. 즉 5년에 1번 순수를 하는 제도는 우(虞)와 하(夏)나라 때의 제도이며, 주(周)나라에서는 12년에 1번 순수를 했다.

34) 『예기』「왕제(王制)」【151d~152a】: 歲二月, 東巡守, 至於岱宗, 柴而望祀山川, 覲諸侯, 問百年者, 就見之. / 『예기』「제의(祭義)」【571a】: 天子巡守, 諸侯待于竟, 天子先見百年者.

35) 『예기』「제의(祭義)」【569a】: 八十不俟朝, 君問則就之.

는 것은 그를 존중하고 봉양하는 뜻을 지극히 하는 것이다.

大全 嚴陵方氏曰 三十曰壯, 四十曰强, 壯强則盛極矣. 盛之極, 亦趨於衰而已, 故五十爲始衰之年, 自此以往, 宜有以扶其衰, 九十雖得人不煖, 則以衰之極養之, 宜無所不至故也.

번역 엄릉방씨가 말하길, 30세가 되면 장(壯)하다고 부르고, 40세가 되면 강(强)하다고 부르니, 건장하고 굳강한 것은 왕성함이 지극한 것이다. 왕성함이 지극한 것은 또한 쇠함으로 달려갈 따름이다. 그렇기 때문에 50세가 비로소 쇠하게 되는 나이가 되니, 이로부터 더 나아가게 된다면, 마땅히 그 쇠함을 도와줄 것이 있어야 하고, 나이가 90세가 되면 비록 다른 사람의 체온을 얻더라도 따뜻해지지 않게 되니, 쇠함이 지극하게 된 자를 봉양함에는 마땅히 하지 못할 것이 없게 되는 까닭이다.

大全 馬氏曰 人之大化有四, 嬰孩也, 少壯也, 老耄也, 死亡也. 始衰, 離於少壯之年, 而入於老耄之時也. 先王之時, 下無凍餒之民者, 蓋五畝之宅, 樹之以桑, 而七十可以衣帛矣, 鷄豚狗彘之畜, 無失其時, 而六十則可以食肉矣.

번역 마씨가 말하길, 사람의 생장에는 큰 변화가 네 단계가 있으니, 어린아이일 때이며, 젊고 건장한 젊은이일 때이며, 늙고 쇠약해진 노인일 때이며, 죽었을 때이다.[36] 비로소 쇠약해지기 시작했다는 것은 젊고 건정하던 나이에서 멀어져서, 늙고 쇠약해지는 때로 접어든 것이다. 선왕이 다스리던 때 천하에 얼어 죽고 굶어죽은 백성들이 없었다는 이유는 무릇 5무(畝) 크기의 집에 뽕나무를 심게 해서, 70세가 된 자들은 비단으로 된 옷을 입을 수가 있었고, 닭·새끼돼지·개·돼지를 사육함에 기르는 시기를 놓치지 않게 해서, 60세가 된 자들은 고기를 먹을 수가 있었던 것이다.[37]

---

36) 『열자(列子)』「천서(天瑞)」: 人自生至終, 大化有四. 嬰孩也, 少壯也, 老耄也, 死亡也.

37) 『맹자』「양혜왕상(梁惠王上)」: 五畝之宅, 樹之以桑, <u>五十</u>者可以衣帛矣. 鷄豚

참고 『예기』「사의(射義)」기록

경문-705a~b 古者諸侯之射也, 必先行燕禮. 卿·大夫·士之射也, 必先行鄕飮酒之禮. 故燕禮者, 所以明君臣之義也. 鄕飮酒之禮者, 所以明長幼之序也.

번역 고대에 제후들이 사례(射禮)를 실시할 때에는 반드시 그보다 앞서서 연례(燕禮)를 시행했다. 경·대부·사가 사례를 실시할 때에는 반드시 그보다 앞서서 향음주례(鄕飮酒禮)를 시행했다. 그러므로 연례라는 것은 군신관계에서의 도의를 밝히는 방법이다. 또한 향음주례라는 것은 장유관계에서의 질서를 밝히는 방법이다.

鄭注 言別尊卑老稚, 然後射, 以觀德行也.

번역 신분에 따른 차이와 나이에 따른 차이를 구별한 이후에 활쏘기를 하여 덕행을 관찰한다는 뜻이다.

孔疏 ●“鄕飮酒之禮者, 所以明長幼之序”者, 此“鄕飮酒”謂黨正飮酒, 以鄕統名, 則前篇云“六十者坐, 五十者立侍”, 是也.

번역 ●經文: “鄕飮酒之禮者, 所以明長幼之序”. ○이곳에서 ‘향음주(鄕飮酒)’라고 한 말은 당정(黨正)이라는 관리가 실시하는 음주연회이니, ‘향(鄕)’이라는 말로 총괄적인 명칭을 정했다면, 앞 편에서 “60이 된 자는 앉아 있고, 50이 된 자는 서서 시중을 든다.”라고 한 말이 바로 이것을 가리킨다.

狗彘之畜, 無失其時, 七十者可以食肉矣. / 이 편에 나온 내용에서는 나이가 서로 다르다. 『맹자』「진심상(盡心上)」에는 “五畝之宅, 樹牆下以桑, 匹婦蠶之, 則老者足以衣帛矣. 五母雞, 二母彘, 無失其時, 老者足以無失肉矣. 百畝之田, 匹夫耕之, 八口之家可以無飢矣. 所謂西伯善養老者, 制其田里, 敎之樹畜, 導其妻子使養其老. 五十非帛不煖, 七十非肉不飽, 不煖不飽, 謂之凍餒. 文王之民無凍餒之老者, 此之謂也.”란 기록이 있는데, 이 편에 나온 내용에서도 나이가 서로 다르다.

集說　呂氏曰: 諸侯之射, 大射也. 卿・大夫・士之射, 鄕射也. 射者, 男子之事. 必飾之以禮樂者, 所以養人之德, 使之周旋中禮也. 蓋燕與鄕飮, 因燕以娛賓, 不可以無禮, 故有大射鄕射之禮. 禮不可以無義, 故明君臣之義與長幼之序焉.

번역　여씨가 말하길, '제후지사(諸侯之射)'는 대사례(大射禮)를 뜻한다. '경대부사지사(卿大夫士之射)'는 향사례(鄕射禮)를 뜻한다. 활쏘기는 남자들이 하는 일이다. 반드시 예악으로써 문식을 더하는 것은 사람의 덕을 배양하여, 그로 하여금 행동을 함에 예에 맞추게끔 하기 위해서이다. 무릇 연례(燕禮)와 향음주례(鄕飮酒禮)는 연회를 통해서 빈객을 즐겁게 해주는 것인데, 예(禮)가 없어서는 안 된다. 그렇기 때문에 대사례와 향사례를 두는 것이다. 예에는 의(義)가 없어서는 안 된다. 그렇기 때문에 군신관계에서 지켜야 하는 도의와 장유관계에서 지켜야 하는 질서를 밝히는 것이다.

귀천(貴賤)과 융쇄(隆殺)의 변별

【700a】

孔子曰: "吾觀於鄕, 而知王道之易易也." 主人親速賓及介, 而眾賓自從之, 至于門外, 主人拜賓及介, 而眾賓自入, 貴賤之義別矣. 三揖至于階, 三讓以賓升, 拜至獻酬辭讓之節繁, 及介省矣, 至于眾賓, 升受坐祭立飮, 不酢而降, 隆殺之義辨矣.

직역 孔子가 日, "吾는 鄕을 觀하고, 王道의 易易함을 知했다." 主人이 親히 賓과 介를 速하고, 眾賓이 自히 從하여, 門外에 至하면, 主人은 賓과 介에게 拜하고 眾賓은 自히 入하니, 貴賤의 義가 別이라. 三揖하여 階에 至하고, 三讓하여 賓이 升하며, 至에 拜하고 獻酬하며 辭讓의 節이 繁하고, 介에 及해서는 省하며, 眾賓에 至해서는 升하여 受하고, 坐하여 祭하며, 立하여 飮하고, 不酢하고 降하니, 隆殺의 義가 辨이라.

의역 공자가 말하길, "나는 향음주례(鄕飮酒禮)를 관찰하고서 왕도(王道)가 잘 다스려지고 있음을 알았다."라고 했다. 주인이 직접 빈객과 개(介)를 초빙하고, 빈객 무리들은 직접 따라오며, 문밖에 당도하게 되면, 주인은 빈객과 개(介)에게 절을 하고, 빈객 무리들은 직접 들어오니, 이러한 차별을 통해 신분의 차이에 따른 도의가 구별된다. 세 차례 읍을 하여 계단에 당도하고, 세 차례 사양을 하여 빈객이 당에 오르며, 빈객이 당도한 것에 대해 절을 하고 술을 건네 권하며 사양을 하게 되어 그 절차가 복잡한데 개(介)에 대해서는 생략하고, 빈객 무리들에게 있어서는 직접 올라와서 잔을 받고 앉아서 제사를 지내며 서서 술을 마시고, 주인에게 술을 따라주지 않고 내려가니, 이러한 차별을 통해 예법을 융성하게 하느냐 또는 낮춰서 하느냐의 도의가 분별된다.

集說 疏曰: 主人旣拜其來至, 又酌酒獻賓, 賓酢主人, 主人又酌而自飮以酬賓, 介酢主人則止. 主人不酢介, 是及介省矣. 主人獻衆賓于西階上, 受爵坐祭立飮, 不酢主人而降, 於賓禮隆, 衆賓禮殺, 是隆殺之義別矣.

번역 공영달의 소에서 말하길, 주인은 이미 빈객이 찾아와 당도한 것에 대해 절을 했는데, 재차 술을 따라 빈객에게 주며, 빈객은 주인에게 술을 권하고, 주인은 또한 술을 따라 제 스스로 마셔 빈객에게 술을 권하고, 개(介)가 주인에게 술을 따라주면 그치게 된다. 주인이 개(介)에게 술을 따라주지 않는 것이 바로 개(介)에 대해서는 생략한다는 뜻이다. 주인이 서쪽 계단 위에서 빈객 무리에게 술을 바치고, 술잔을 받고 자리에 앉아서 제사를 지내며 서서 마시는데, 주인에게 술을 따라주지 않고 내려가니, 빈객에 대해서는 예법을 융성하게 시행하고 빈객 무리들에 대해서는 예법을 낮추기 때문이다. 이것은 융성하게 하며 낮추는 도의가 구별된다는 뜻이다.

集說 方氏曰: 主酌賓爲獻, 賓答主, 主又答賓爲酬, 是禮也. 三賓則備之. 至於介則省酬焉, 至於衆賓則又省酢矣. 升受坐祭立飮者, 其升而受爵者, 惟祭酒則坐, 飮酒則立也. 蓋飮酒所以養老, 以其卑, 不敢坐而當其養故也. 此所以殺於三賓.

번역 방씨가 말하길, 주인이 빈객에게 술을 따라주는 것은 '헌(獻)'이 되고, 빈객이 주인에게 답례하고, 주인이 재차 빈객에게 답례를 하는 것은 '수(酬)'가 되니, 이것은 정규 예법이다. 삼빈(三賓)에 대해서는 이러한 절차들을 갖춘다. 개(介)에 대해서는 수(酬)를 생략하고, 빈객 무리들에 대해서는 또한 초(酢)도 생략한다. 올라가서 술잔을 받고 자리에 앉아서 제사를 지내며 서서 마시는 것은 올라가서 잔을 받는 자는 단지 술에 대한 제사를 지낼 때에만 앉고, 술을 마실 때에는 서 있게 된다는 의미이다. 무릇 술을 마시는 것은 노인을 봉양하기 위한 것인데, 자신의 신분이 낮아서 감히 앉아서 봉양의 예법을 감당할 수 없기 때문이다. 이것은 삼빈보다 낮추는 방법이다.

大全 藍田呂氏曰: 禮之所尊, 尊其義也. 其文則擯相習之, 其義則君子知之, 脩其文, 達其義, 然後可以化民成俗也. 貴賤明, 隆殺辨, 和樂而不流, 弟長而無遺, 安燕而不亂, 此五者, 皆見于飲酒之禮, 而可以化民成俗也, 故曰: "吾觀于鄕, 而知王道之易易也." 易, 謂易行, 易易者, 甚言其易也. 禮主乎別, 節文雖繁, 而不可亂也. 因親疎長幼貴賤之等差, 以爲屈伸隆殺之節文, 明辨密察, 然後盡乎制禮之意矣. 尊無二上, 非獨爲君臣言之, 國之所尊君也, 雖諸父不能抗之, 家之所尊父也, 雖母不能抗之. 群居五人, 長者必異席, 則群居亦有尊也. 喪祭燕飲, 皆有賓有衆賓矣, 則賓亦有尊也, 故飲酒之禮, 賓介與衆賓, 送迎之節有等, 此所以別貴賤也, 賓介與衆賓異矣. 三揖三讓, 拜至獻酬, 辭讓之節, 則賓與介又有等矣, 故介之升也, 不三揖三讓, 不拜洗, 主人不之阼階拜送, 不嚌肺, 不啐酒, 不告旨, 不自酢酬授主人爵, 主人不擧酬, 省於賓可知矣. 及衆賓, 則升受坐祭立飮不酢, 其拜受者, 衆賓之長, 三人餘, 則不拜, 省於介可知矣. 於一等之中, 寢又省焉, 此所以辨隆殺也.

번역 남전여씨가 말하길, 예에서 존귀하게 여기는 것은 그 도의를 존귀하게 여기는 것이다. 그 형식에 있어서는 부관들이 익히는 것이고, 그 도의에 대해서는 군자가 아는 것인데, 그 형식을 가다듬고 그 도의에 통달한 연후에야 백성들을 교화하고 풍속을 이룰 수 있다. 신분의 등급을 밝히고, 융성하게 하고 감쇄하는 것을 변별하며, 화락하되 방탕하게 흐르지 않고, 나이가 어린 자와 많은 자가 화목하게 지내며 소외되는 자가 없고, 안락하되 음란하지 않으니, 이 다섯 가지는 모두 향음주례(鄕飲酒禮)를 통해 나타나므로, 이를 통해서 백성들을 교화하고 풍속을 이룰 수 있다. 그렇기 때문에 "내가 향음주례를 관찰하고 왕도(王道)가 수월하게 시행되고 있음을 알았다."라고 말한 것이다. '이(易)'자는 잘 시행된다는 뜻이니, '이이(易易)'라는 말은 잘 시행된다는 사실을 강조한 말이다. 예는 변별하는 것을 위주로 하니, 형식이 비록 복잡하더라도 문란하게 될 수 없다. 관계의 친밀한 정도와 나이의 차이 및 신분의 등급에 연유하여, 굽히고 펼치며 융성하게 하고 감쇄하는 형식으로 삼으니, 자세히 분별하고 면밀하게 관찰한 이후에야 예를 제정한 뜻을 다 드러낼 수 있다. 존귀하게 받드는 자는 두 명이 있을

수 없는데,[1] 이 말은 유독 군신관계를 위해서만 하는 말이 아니니, 나라에
서 존귀하게 받드는 자는 군주이므로, 비록 군주의 제부(諸父)들이라 하더
라도 그에게 대등하게 할 수 없고, 가정에서 존귀하게 받드는 자는 부친이
므로, 비록 모친이라 하더라도 그에게 대등하게 할 수 없다. 또한 모여 앉은
사람이 다섯 사람이라면, 그들 중 가장 연장자인 자는 반드시 무리들과 자
리를 따로 해서 앉으니,[2] 여러 사람들이 모여 있는 자리에도 존귀하게 받
드는 자가 있게 된다. 상례(喪禮)・제례(祭禮)・연례(燕禮)・음주례(飮酒禮)에
서는 모두 빈객과 빈객 무리들을 두니, 빈객 중에서도 존귀하게 받드는 자
가 있는 것이다. 그렇기 때문에 향음주례에서는 빈객과 개(介) 및 빈객 무
리들에 대해서, 전송하고 맞이하는 절차에 차등이 있는 것이니, 이것은 귀
천의 등급을 분별하는 방법이므로, 빈객과 개(介) 및 빈객 무리들에 따라
차이가 있는 것이다. 세 차례 읍을 하고 세 차례 사양을 하며, 당도한 것에
대해 절을 하고 술을 건네고 권하게 되는데, 사양의 절차에는 빈객과 개
(介) 사이에도 차등이 있다. 그렇기 때문에 개(介)가 당에 오르게 되면, 세
차례 읍을 하고 세 차례 사양하는 절차를 시행하지 않고, 잔을 씻어준 것에
대해 절을 하지 않으며, 주인은 동쪽 계단으로 가서 절을 하며 전하는 일을
하지 않고, 희생물의 폐(肺)를 맛보는 일을 하지 않으며, 술을 입에 대지
않고, 음식의 맛에 대해서 아뢰지 않으며, 제 스스로 술을 따라서 주인의
술잔을 건네지 않으며, 주인도 술잔을 들어서 권하지 않으니, 빈객보다 절
차를 생략했다는 사실을 알 수 있다. 빈객 무리들에 있어서는 올라가서 잔
을 받고 앉아서 제사를 지내며 서서 술을 마시되 술을 따르지 않으니, 절을
하며 받는 자는 빈객 무리들의 수장이고, 이 세 사람을 제외한 나머지 사람
들에 대해서는 절을 하지 않으니, 개(介)보다도 절차를 생략했다는 사실을

---

1) 『예기』「증자문(曾子問)」【233b】: 曾子問曰: 喪有二孤, 廟有二主, 禮與. 孔
   子曰: 天無二日, 土無二王, 嘗禘郊社, 尊無二上, 未知其爲禮也. / 『예기』「방
   기(坊記)」【611c~d】: 子云, "天無二日, 土無二王, 家無二主, 尊無二上, 示
   民有君臣之別也. 春秋不稱楚越之王喪, 禮君不稱天, 大夫不稱君, 恐民之惑也.
   詩云, '相彼盍旦, 尙猶患之.'"
2) 『예기』「곡례상(曲禮上)」【15b】: 群居五人, 則長者必異席.

알 수 있다. 동일한 등급의 사람들에 대해서도 점진적으로 생략했으니, 이 것은 융성하게 높이며 감쇄시킴을 변별하는 방법이다.

鄭注 鄕, 鄕飮酒也. 易易, 謂敎化之本, 尊賢尙齒而已. 速, 謂卽家召之. 別, 猶明也. 繁, 猶盛也. 小減曰省. 辨, 猶別也. 尊者禮隆, 卑者禮殺, 尊卑別也.

번역 '향(鄕)'자는 향음주례(鄕飮酒禮)를 뜻한다. '이이(易易)'는 교화의 근본이 현명한 자를 존중하고 나이가 많은 자를 숭상하는 것일 뿐임을 뜻 한다. '속(速)'자는 그 집으로 찾아가서 초빙한다는 뜻이다. '별(別)'자는 "드 러낸다[明]."는 뜻이다. '번(繁)'자는 "융성하다[盛]."는 뜻이다. 조금 감소시 키는 것을 '성(省)'이라고 부른다. '변(辨)'자는 "구별하다[別]."는 뜻이다. 존귀한 자에 대해서는 예를 융성하게 시행하고, 미천한 자에 대해서는 예 를 감쇄시켜 시행하니, 신분의 등급이 구별된다.

釋文 易易, 皆以豉反, 注及下"易易"同. 別, 彼列反, 注及下注同. 省, 所領 反, 徐疏辛反, 注同. 酢音胙. 殺, 色戒反, 注及下同.

번역 '易易'라고 했을 때의 두 글자는 모두 '以(이)'자와 '豉(시)'자의 반 절음이며, 정현의 주 및 아래문장에 나오는 '易易'도 모두 그 음이 이와 같 다. '別'자는 '彼(피)'자와 '列(렬)'자의 반절음이며, 이곳 문장 및 아래문장에 대한 정현의 주에 나오는 글자도 그 음이 이와 같다. '省'자는 '所(소)'자와 '領(령)'자의 반절음이며, 서음(徐音)은 '疏(소)'자와 '辛(신)'자의 반절음이 고, 정현의 주에 나오는 글자도 그 음이 이와 같다. '酢'자의 음은 '胙(조)'이 다. '殺'자는 '色(색)'자와 '戒(계)'자의 반절음이며, 정현의 주 및 아래문장에 나오는 글자도 그 음이 이와 같다.

孔疏 ●"孔子"至"易也". ○正義曰: 謂孔子先觀鄕飮酒之禮, 而稱"知王道 之易易", 故記者引之, 結成鄕飮酒之義.

번역 ●經文: "孔子"~"易也". ○공자는 먼저 향음주례(鄕飮酒禮)를 관

찰하고, "왕도(王道)가 잘 시행되고 있음을 알았다."라고 칭찬을 했기 때문에, 『예기』를 기록한 자가 그 말을 인용하여, 향음주례의 뜻을 결론 맺었다는 의미이다.

孔疏 ●"吾觀於鄕"者, 鄕, 謂鄕飮酒. 言我觀看鄕飮酒之禮, 有尊賢尙齒之法, 則知王者教化之道, 其事甚易, 以尊賢・尙齒爲教化之本故也. 不直云"易", 而云"易易"者, 取其簡易之義, 故重言"易易", 猶若尙書"王道蕩蕩"・"王道平平", 皆重言, 取其語順故也.

번역 ●經文: "吾觀於鄕". ○'향(鄕)'자는 향음주례(鄕飮酒禮)를 뜻한다. 즉 내가 향음주례 시행하는 것을 살펴보았는데, 현명한 자를 존중하고 나이든 자를 숭상하는 법도가 포함되어 있어서, 천자의 교화하는 도리가 매우 잘 시행되고 있음을 알 수 있으니, 현명한 자를 존중하고 나이든 자를 숭상하는 일을 교화의 근본으로 삼았기 때문이라는 뜻이다. '이(易)'라고만 말하지 않고 '이이(易易)'라고 말한 것은 간이하다는 뜻에서 그 의미를 취한 것이다. 그렇기 때문에 '이이(易易)'라고 거듭 말한 것이니, 이것은 마치 『상서』에서 "왕도(王道)가 넓고 크다."라고 한 말이나 "왕도가 안정되고 질서가 있다."라고 한 말에서 모두 중첩되게 기록한 것과 같으니,3) 그 어순(語順)에서 의미를 취했기 때문이다.

孔疏 ●"主人"至"別矣". ○正義曰: 此一經明鄕飮酒之禮主人待賓之異, 明貴賤之別也.

번역 ●經文: "主人"～"別矣". ○이곳 경문은 향음주례(鄕飮酒禮)에서 주인이 빈객을 대우할 때 나타나는 차이점을 통해서, 신분의 등급에 따른 구별을 드러낸다고 설명하고 있다.

---

3) 『서』「주서(周書)・홍범(洪範)」: 無偏無黨, 王道蕩蕩, 無黨無偏, 王道平平, 無反無側, 王道正直, 會其有極, 歸其有極.

孔疏 ●"衆賓自從之"者, 主人親自速賓, 幷往速介, 而衆賓不須往速, 自從賓·介而來也.

번역 ●經文: "衆賓自從之". ○주인이 직접 빈객을 초빙하고, 이울러 찾아가서 개(介)를 초빙하지만, 빈객 무리들에 대해서는 찾아가서 초빙할 필요가 없으니, 그들이 직접 빈객과 개(介)를 따라서 찾아오기 때문이다.

孔疏 ●"而衆賓自入"者, 謂賓·介至門, 主人拜賓及介, 而衆賓不須拜, 自入門, 是賓·介貴於衆賓, "貴賤之義別矣".

번역 ●經文: "而衆賓自入". ○빈객과 개(介)가 문에 당도하면, 주인은 빈객과 개(介)에게 절을 하지만, 빈객 무리들에 대해서는 절을 할 필요가 없으니, 그들이 직접 문으로 들어오기 때문이며, 이것은 빈객과 개(介)가 빈객 무리들보다 존귀함을 나타낸다. 그래서 "신분의 귀천에 따른 도의가 구별된다."라고 말했다.

孔疏 ●"三揖"至"辨也". ○正義曰: 此明主人於賓·介禮隆殺分別也.

번역 ●經文: "三揖"~"辨也". ○이곳 경문은 주인이 빈객과 개(介)에 대해서 예법을 융성하게 하거나 감쇄시켜서 구별한다는 사실을 나타내고 있다.

孔疏 ●"拜至, 獻酬辭讓之節繁"者, 主人於賓, 三揖·三讓, 拜其來至, 又酌酒獻賓, 賓酢主人, 主人又酌而自飮, 以酬賓, 是辭讓之節, 其數繁多也.

번역 ●經文: "拜至, 獻酬辭讓之節繁". ○주인은 빈객에 대해서 세 차례 읍을 하고 세 차례 사양을 하며, 그가 찾아와서 당도한 것에 대해 절을 하며, 또 술을 따라서 빈객에게 건네고, 빈객은 주인에게 술을 따라주며, 주인은 재차 술을 따라서 제 스스로 마시고, 이것을 통해서 빈객에게 술을 권하는데, 이것은 사양의 예절에 해당하며, 그 절차가 복잡하고 많다는 뜻이다.

孔疏 ●"及介, 省矣"者, 按鄕飮酒, 介酢主人則止, 主人不酢介也, 是"及介, 省矣".

번역 ●經文: "及介, 省矣". ○『의례』「향음주례(鄕飮酒禮)」편을 살펴보면, 개(介)가 주인에게 술을 따라주면 그 절차를 멈추고, 주인은 개(介)에게 술을 따라주지 않으니, 이것이 "개(介)에 대해서는 생략한다."는 뜻이다.

孔疏 ●"至于衆賓, 升受·坐祭·立飮, 不酢而降"者, 按鄕飮酒之禮, 主人獻衆賓于西階上, 受爵, 坐祭, 立飮, 不酢主人, 而降西階東面也.

번역 ●經文: "至于衆賓, 升受·坐祭·立飮, 不酢而降". ○『의례』「향음주례(鄕飮酒禮)」편을 살펴보면, 주인은 빈객 무리들에 대해서 서쪽 계단 위에서 술을 건네고, 술잔을 받으면 앉아서 제사를 지내고 서서 마시며, 주인에게 술을 따라주지 않고, 서쪽 계단을 통해 내려와서 동쪽을 바라보게 된다.

孔疏 ●"隆殺之義辨矣"者, 於賓禮隆, 衆賓禮殺, 是隆殺之義別也.

번역 ●經文: "隆殺之義辨矣". ○빈객에 대한 예법은 융성하게 치르며, 빈객 무리들에 대한 예법을 감쇄하니, 이것이 바로 융성하게 하고 감쇄하는 도의를 분별한다는 뜻이다.

集解 愚謂: 禮行於鄕, 而人無不化者, 故可以知王道之易行也.

번역 내가 생각하기에, 예를 향(鄕)에서 시행하는데 사람들 중 교화되지 않은 자가 없기 때문에 왕도가 잘 시행되고 있음을 알 수 있다.

集解 敖氏繼公曰: 主人旣速介, 卽先歸, 介及衆賓皆同至賓之門外, 俟賓同往也.

번역 오계공4)이 말하길, 주인이 개(介)를 찾아가 초빙하게 되면 먼저 되돌아오고, 개와 빈객 무리들은 모두 빈객의 집문 밖으로 가서 빈객과 함께 가기를 기다린다.

集解 愚謂: 主人於賓及介皆拜迎, 於衆賓揖之而已, 故曰拜賓及介, 而衆賓從之.

번역 내가 생각하기에, 주인은 빈객과 개(介)에 대해서 모두 절을 하며 맞이하는데, 빈객 무리들에 대해서는 읍만 할 따름이다. 그렇기 때문에 "빈객과 개(介)에게는 절을 하지만 여러 빈객들은 뒤따른다."라고만 말한 것이다.

集解 愚謂: 鄕飮酒禮"主人以介揖·讓·升, 拜如賓禮", 則其揖·讓·拜至之禮亦與賓同. 然其獻之也, 於其席前, 而不於阼階上, 介之受獻, 不拜洗, 不濟肺, 不啐酒, 不告旨, 不親酢, 又主人不酬, 是其禮省於賓矣. 至於衆賓, 則升而拜受者惟其長三人, 坐祭·立飮, 不酢主人而降. 賓之禮隆, 介殺於賓, 衆賓又殺於介, 此隆殺之義也.

번역 내가 생각하기에, 『의례』「향음주례(鄕飮酒禮)」편에서는 "주인은 개와 읍을 하고 사양하며 당상으로 올라가며 절을 하는데 빈객에 대한 예법처럼 한다."5)라고 했으니, 읍을 하고 사양하며 당도한 것에 대해 절을 하는 예법은 빈객에 대한 경우와 동일한 것이다. 그러나 술을 따라서 바치는 일에 있어서는 자리 앞에서 하며 동쪽 계단 위에서 하지 않고, 개(介)가 따라준 술잔을 받을 때에도 술잔 씻은 것에 대해 절을 하지 않고, 희생물의 폐를 씹어서 맛보지 않으며, 술을 입에 대어 맛보지 않고, 술이 맛있다고 아뢰지 않으며, 직접 술을 따라 권하지 않고, 주인 또한 술을 권하지 않으니, 이것은 해당 예법이 빈객보다 생략된 것이다. 빈객 무리들에 있어서는 당상에 올라

---

4) 오계공(敖繼公, ?~?) : 원(元)나라 때의 학자이다. 자(字)는 군선(君善)·군수(君壽)이다. 이름이 계옹(繼翁)이었다고 하기도 한다. 저서로는 『의례집설(儀禮集說)』 등이 있다.
5) 『의례』「향음주례(鄕飮酒禮)」: 主人以介揖·讓升, 拜, 如賓禮.

가서 절을 하며 술잔을 받는 것은 오직 그들의 수장에 해당하는 세 사람일 뿐이며, 앉아서 술에 대해 제사를 지내고 일어나서 술을 마시며 주인에게 술을 따라 권하지 않고 당하로 내려간다. 빈객에 대한 예법은 융성하고, 개 (介)에 대한 것은 빈객보다 줄어들며, 빈객 무리들에 대한 것은 또한 개(介) 보다도 줄어드니, 이것은 융성하게 하고 감쇄시키는 도의에 해당한다.

참고 구문비교

예기・향음주의 孔子曰: 吾觀於鄉, 而知王道之易易也. 主人親速賓及介, 而衆賓自從之, 至于門外, 主人拜賓及介, 而衆賓自入, 貴賤之義別矣. 三揖至于階, 三讓以賓升, 拜至獻酬辭讓之節繁, 及介省矣, 至于衆賓, 升受坐祭立飮, 不酢而降, 隆殺之義辨矣.

순자・악론(樂論) 吾觀於鄉, 而知王道之易易也. 主人親速賓及介, 而衆賓皆從之, 至於門外, 主人拜賓及介, 而衆賓皆入, 貴賤之義別矣. 三揖至于階, 三讓以賓升. 拜至獻酬辭讓之節繁, 及介省矣, 至於衆賓, 升受坐祭立飮, 不酢而降, 隆殺之義辨矣.

공자가어・관향사(觀鄉射) 孔子曰: 吾觀於鄉, 而知王道易易也. 主人親速賓及介, 而衆賓皆從之, 至於正門之外, 主人拜賓及介, 而衆賓自入, 貴賤之義別矣. 三揖至於階, 三讓以賓升, 拜至獻酬辭讓之節繁, 及介升則省矣, 至于衆賓, 升而受爵, 坐祭立飮, 不酢而降, 殺之義辯矣.

참고 『예기』「증자문(曾子問)」 기록

경문-233b 曾子問曰, "喪有二孤, 廟有二主, 禮與?" 孔子曰, "天無二日, 土無二王, 嘗禘郊社, 尊無二上, 未知其爲禮也."

번역 증자가 "상중에 두 명의 상주가 있고, 묘(廟)에 두 개의 신주가 있는 것이 예법에 맞는 일입니까?"라고 질문하자 공자는 "하늘에 두 개의 태양이 없고, 땅 위에 두 명의 제왕이 없듯이 상(嘗)·체(禘)[6]·교(郊)·사(社)[7]제사처럼 중요한 제사에서도 각각 존귀하게 받드는 대상은 두 명이 없으니, 그처럼 두 명의 상주가 있고, 두 개의 신주를 두는 일이 예법에 맞는지에 대해서는 들어보지도 못했다."라고 대답했다.

鄭注 怪時有之. 尊喩卑也. 神雖多, 猶一一祭之.

번역 증자는 당시에 이러한 일들이 있다는 사실을 괴이하게 여겨서 질문한 것이다. 공자는 존귀한 대상인 신을 예시로 들어서, 신보다 낮은 대상인 인간에 대한 일들을 깨우쳐준 것이다. 신들은 비록 그 대상이 많지만, 오히려 일일이 구분하여 각각의 신들에게 제사를 지낸다.

孔疏 ●"孔子曰: 天無二日, 土無二王"者, 天有二日, 則草木枯萎, 土有二王, 則征伐不息, 老子云, "天得一以淸, 地得一以寧", 是也.

번역 ●經文: "孔子曰: 天無二日, 土無二王". ○하늘에 두 개의 태양이 있으면 초목이 말라 죽게 되고, 땅에 두 명의 제왕이 있으면 정벌이 끊이지 않는다. 『노자』에서 "하늘은 하나를 얻어서 맑아졌고, 땅은 하나를 얻어서 편안해졌다."[8]라고 한 말이 바로 이러한 뜻을 나타낸다.

---

6) 체상(禘嘗)은 체(禘)제사와 상(嘗)제사를 뜻한다. 주(周)나라의 예법에 따르면, 여름에 종묘에서 지내는 제사를 '체(禘)'제사라고 불렀고, 가을에 종묘에서 지내는 제사를 '상(嘗)'제사라고 불렀다. 고대에는 '체상'이라는 용어를 이용하여, 군주가 조상에게 지내는 제사를 범칭하였다.
7) 교사(郊社)는 본래 천지(天地)에 대한 제사를 뜻한다. 교(郊)는 천(天)에 대한 제사를 뜻하고, 사(社)는 지(地)에 대한 제사를 뜻한다. '교사(郊祀)'라고도 부르고, '교제(郊祭)'라고도 부른다. 또한 하늘에 대한 제사만을 지칭하기도 한다.
8) 『노자』 「39장」 : 昔之得一者, <u>天得一以淸, 地得一以寧</u>, 神得一以靈, 谷得一以盈, 萬物得一以生, 侯王得一以爲天下貞, 其致之.

孔疏 ◎注“尊喩卑也”者, 尊謂天無二日, 土無二王, 嘗·禘·郊·社, 尊無二上. 卑謂喪有二孤, 廟有二主. 喩, 明也. 尊者, 尙不可二, 明卑者不二可知也. 擧尊以明卑, 故云“尊喩卑也”. 云“神雖多, 猶一一祭之”者, 解嘗·禘·郊·社尊無二上之意. 以嘗禘之時, 雖衆神並在, 猶先尊後卑, 一一祭之, 不一時總祭, 故云“尊無二上”也.

번역 ◎鄭注: “尊喩卑也”. ○‘존(尊)’자가 나타내는 의미는 하늘에 두 개의 태양이 없고, 땅에 두 명의 제왕이 없듯이, 상(嘗)·체(禘)·교(郊)·사(社) 제사에서도 각각 존귀하게 받드는 대상에는 두 명이 없다는 뜻이다. ‘비(卑)’자가 나타내는 의미는 상중에 두 명의 상주가 있고, 묘(廟) 중에 두 개의 신주가 있음을 뜻한다. ‘유(喩)’자는 “밝혀준다.”라는 뜻이다. 존귀한 대상에 대해서도 오히려 두 개로 둘 수 없으니, 이러한 사실을 통해 낮은 대상들에 대해서도 두 개의 대상을 둘 수 없음을 깨우쳐주고 있다는 사실을 알 수 있다. 존귀한 대상을 근거로 하여, 낮은 대상에 대해 깨우쳐주고 있기 때문에, 정현이 “존귀한 대상인 신을 예시로 들어서, 낮은 자인 인간에 대한 일들을 깨우쳐주었다.”라고 말한 것이다. 또한 정현이 “신들은 비록 그 대상이 많지만, 오히려 일일이 구분하여 각각의 신들에게 제사를 지낸다.”라고 하였는데, 이 말은 ‘상’·‘체’·‘교’·‘사’제사에서 각각 떠받드는 대상에 두 가지가 없다는 뜻을 풀이해준 말이다. ‘상’과 ‘체’제사를 지낼 때에는 비록 뭇 신들이 모두 제사 대상에 포함되어 있지만, 오히려 존귀한 신을 앞에 두고, 낮은 신들을 뒤에 둠으로써, 하나하나 제사를 지내게 되며, 한 번에 총괄적으로 제사를 지내지 않는다. 그렇기 때문에 경문에서 “존귀하게 받드는 대상은 두 명이 없다.”라고 말한 것이다.

大全 臨川吳氏曰: 上天之照萬物者, 唯一日, 下土之君萬邦者, 唯一王. 祫嘗之所尊, 唯一太祖, 禘祭之所尊, 唯一所自出之帝, 郊之所尊, 唯一上帝, 社之所尊, 唯一后土, 所尊之神在上無或有與同者, 故曰無二上. 若日若王若四祭之上神, 皆唯有一, 而無二, 況主喪之孤依神之主而可二乎.

번역 임천오씨[9]가 말하길, 하늘 위에서 만물을 비춰주는 대상은 오직 하나의 태양이며, 땅 아래에서 모든 나라를 다스리는 대상도 오직 하나의 제왕이다. 협(祫)제사10)와 상(嘗)제사에서 떠받드는 대상은 오직 하나의 태조이고, 체(禘)제사에서 떠받드는 대상은 오직 시조가 되는 제(帝)이며, 교(郊)제사에서 떠받드는 대상은 오직 하나의 상제(上帝)이고, 사(社)제사에서 떠받드는 대상은 오직 하나의 후토(后土)11)이니, 떠받드는 신들 중 천상에 있는 대상들에 대해서, 혹여 그들을 한 곳에 묶어서 함께 제사를 지내는 경우가 없기 때문에, "이상(二上)이 없다."고 말한 것이다. 해와 같은 경우도, 제왕과 같은 경우도, 네 종류의 제사에서 떠받드는 상신(上神)12)의 경우에서도 모두 오직 하나의 대상만 둘 뿐이지 두 명의 대상이 없는데, 하물며 상례를 주관하는 상주와 신령이 귀의하는 신주에 있어서, 두 개를 둘 수 있겠는가?

集解　尊無二上者, 言所祭雖衆, 而所尊者則一而已. 嘗・禘合食群主, 而所尊者唯太祖, 郊祭及日・月・三望, 而所尊者唯上帝, 社祭及四方, 而所尊者唯后土也.

번역　"존귀하게 받드는 대상에 두 명이 없다."는 말은 제사를 드리는 대상이 비록 많지만, 존귀하게 높이는 대상은 오직 1명일뿐이라는 뜻이다.

---

9) 오징(吳澄, A.D.1249~A.D.1333) : =임천오씨(臨川吳氏)・오유청(吳幼淸)・초려오씨(草廬吳氏). 송원대(宋元代)의 유학자이다. 이름은 징(澄)이다. 자(字)는 유청(幼淸)이다. 저서로『예기해(禮記解)』가 있다.

10) 협제(祫祭)는 협(祫)이라고도 부른다. 신주(神主)들을 태조(太祖)의 묘(廟)에 모두 모셔놓고 지내는 제사이다.『춘추공양전』「문공(文公) 2년」에 "八月, 丁卯, 大事于大廟, 躋僖公, 大事者何. 大祫也. 大祫者何. 合祭也, 其合祭奈何. 毁廟之主, 陳于大祖."라는 기록이 있다.

11) 후토(后土)는 토지신을 뜻한다.『주례』「춘관(春官)・대종백(大宗伯)」편에는 "王大封, 則先告后土."라는 기록이 있고, 이에 대한 정현의 주에서는 "后土, 土神也."라고 풀이했다.

12) 상신(上神)은 천상(天上)에 있는 신(神), 즉 천신(天神)을 뜻한다.『공자가어(孔子家語)』「문례(問禮)」편에는 "陳其犧牲, 備其鼎俎. …… 以降上神與其先祖."라는 기록이 있고, 이에 대한 왕숙(王肅)의 주에서는 "上神, 天神."이라고 풀이하였다.

상(嘗)제사와 체(禘)제사를 지낼 때, 여러 신주를 한 장소에 모아서 흠향을 시키지만, 존귀하게 높이는 대상은 오직 태조일 뿐이며, 교(郊)제사와 해[日]과 달[月] 및 삼망(三望)13)의 제사에서는 존귀하게 높이는 대상이 오직 상제(上帝)일 뿐이며, 사(社)제사 및 사방(四方)에 대한 제사에서는 존귀하게 높이는 대상이 오직 후토(后土)일 뿐이다.

참고 『예기』「방기(坊記)」기록

경문-611c~d 子云, "天無二日, 土無二王, 家無二主, 尊無二上, 示民有君臣之別也. 春秋, 不稱楚·越之王喪, 禮, 君不稱天, 大夫不稱君, 恐民之惑也. 詩云, '相彼盍旦, 尙猶患之.'" 子云, "君不與同姓同車, 與異姓同車不同服, 示民不嫌也. 以此坊民, 民猶得同姓以弑其君."

번역 공자가 말하길, "하늘에는 두 개의 태양이 없고, 땅에는 두 명의 천자가 없으며, 가정에는 두 명의 주인이 없고, 존귀함에는 두 명의 윗사람이 없으니, 백성들에게 군주와 신하의 구별이 있음을 보여주는 것이다. 『춘추』에서는 초왕이나 월왕의 상사를 장례라고 지칭하지 않았고, 예법에 있어서는 제후에 대해 하늘을 일컫지 않았으며, 대부에 대해 제후라고 일컫지 않으니, 백성들이 의혹하게 될까 염려하기 때문이다. 『시』에서는 '저 아침이 오기를 울부짖는 새를 보니, 오히려 사람들이 그것을 싫어하는구나.'라고 하였는데, 신하가 어찌 군주에게 참람되게 굴겠는가?"라고 했다. 또 공자가 말하길, "군주는 동성인 자와는 수레에 함께 타지 않고, 이성인 자와는 수레에 함께 타더라도 의복을 동일하게 입지 않으니, 백성들에게 혐의로 둘 것이 없음을 보여주는 것이다. 이를 통해 백성들이 잘못을 저지르지

---

13) 삼망(三望)은 제사의 명칭이다. 망(望)은 일종의 제사 형식이다. 제사 대상이 여러 산천(山川)들일 경우, 그 중 가장 크고 높은 대상이 있는 지역에 가서, 나머지 여러 산천들을 두루 바라보며 지내는 제사이다. '삼(三)'자를 붙여 부른 것은 제후의 입장에서 '망'제사를 지내는 대상이 3가지이기 때문이다. 참고로 천자에게는 사망(四望)의 제사가 있다.

않도록 방지하더라도, 백성들 중에는 오히려 동성인 자를 추대하여 자신의
군주를 시해하는 자가 있다."라고 했다.

鄭注 楚·越之君, 僭號稱王, 不稱其喪, 謂不書"葬"也. 春秋傳曰: "吳·楚之
君不書'葬', 辟其僭號也." 臣者天君, 稱天子爲天王, 稱諸侯不言天公, 辟王也.
大夫有臣者稱之曰主, 不言君, 辟諸侯也. 此者皆爲使民疑惑, 不知孰者尊也.
周禮曰: "主友之讎, 視從父昆弟." "盍旦", 夜鳴求旦之鳥也, 求不可得也, 人
猶惡其欲反晝夜而亂晦明, 況於臣之僭君, 求不可得之類, 亂上下惑衆也. 同
姓者, 謂先王·先公子孫有繼及之道者也, 其非此則無嫌也. 僕·右恒朝服, 君
則各以時事, 唯在軍同服爾.

번역 초나라와 월나라의 군주는 참람되게도 스스로를 왕(王)이라고 지
칭했는데, 그들의 상사에 대해서 일컫지 않았다는 것은 기록에 '장(葬)'이라
고 쓰지 않았다는 뜻이다. 『춘추전』에서는 "오나라와 초나라의 제후에 대
해서 '장(葬)'이라고 쓰지 않은 것은 참람된 칭호를 피한 것이다."[14]라고
했다. 신하는 자신의 군주를 하늘처럼 여기는데, 천자에 대해서는 '천왕(天
王)'이라고 일컫지만 제후에 대해서는 '천공(天公)'이라고 일컫지 않으니,
천자의 예법을 피하기 위해서이다. 대부들 중 자신의 신하를 가지고 있는
자의 경우에도, 그의 신하는 대부를 '주(主)'라고만 일컫고 '군(君)'이라고
일컫지 않으니 제후의 예법을 피하기 위해서이다. 이러한 것들은 모두 백
성들로 하여금 의혹을 발생시켜 누가 더 존귀한 자인지 모르게 만들기 때
문이다. 『주례』에서는 "대부인 주군의 벗 원수에 대해서는 종부와 곤제의
원수에 견준다."[15]라고 했다. '갈단(盍旦)'은 밤에 울부짖으며 아침이 오기
를 바라는 새이니, 얻을 수 없는 것을 구하는 것으로, 사람들은 오히려 낮과
밤을 거슬러서 어둠과 밝음을 문란하게 만들고자 하는 것도 미워하는데,

---

14) 『춘추공양전』「선공(宣公) 18년」: 甲戌, 楚子旅卒, 何以不書葬. <u>吳楚之君不
書葬, 辟其號也</u>.

15) 『주례』「지관(地官)·조인(調人)」: 凡和難, 父之讎辟諸海外, 兄弟之讎辟諸千里
之外, 從父兄弟之讎不同國, 君之讎眡父, 師長之讎眡兄弟, <u>主友之讎眡從父兄弟</u>.

하물며 신하로서 군주에게 참람되게 구는 자에게는 어찌하겠는가? 얻을 수 없는 것을 구하는 부류는 상하 계층을 문란하게 만들고 백성들을 미혹시키는 것이다. '동성(同姓)'은 선왕이나 선공(先公)[16]의 자손들 중 지위를 계승할 수 있는 도를 지닌 자들을 뜻하는데, 이러한 자들이 아니라면 혐의로 삼을 것이 없다. 수레를 모는 자와 우측에 위치하는 호위무사는 항상 조복(朝服)[17]을 착용하고, 군주의 경우에는 각각 그 시기와 사안에 따르게 되지만, 오직 군대에 있어서만큼은 복식을 동일하게 할 따름이다.

大全 嚴陵方氏曰: 日者, 人君之象. 在天者, 旣無二日, 有土者, 故無二王. 大而有土者, 旣無二王, 小而有家者, 故無二主. 凡此皆以尊無二上故也, 故曰示民有君臣之別也.

번역 엄릉방씨가 말하길, 태양은 군주를 상징한다. 하늘에 있어서 이미 두 개의 태양이 없으니, 땅에 있어서도 두 명의 천자가 있을 수 없다. 거시적 관점에서 땅에 이미 두 명의 천자가 없으니, 미시적 관점에서 가정에도 두 명의 주인이 있을 수 없다. 무릇 이러한 것들은 모두 존귀함에 있어서 두 명의 윗사람이 있을 수 없기 때문이다. 그래서 "백성들에게 군주와 신하의 구별이 있음을 보여준다."라고 했다.

---

16) 선공(先公)은 본래 천자 및 제후의 선조들을 존귀하게 높여 부르는 말이다. 따라서 '선왕(先王)'이라는 말과 동일하게 사용된다. 그러나 주(周)나라에 대해 선왕과 대비해서 사용하게 되면, 후직(后稷)의 후손 중 태왕(太王) 이전의 선조를 지칭한다. 주나라는 건립 이후 자신의 선조에 대해 추왕(追王)을 하여 왕(王)자를 붙였는데, 태왕인 고공단보(古公亶父)까지 왕(王)자를 붙였기 때문이다.
17) 조복(朝服)은 군주와 신하가 조회를 열 때 착용하는 복장을 뜻한다. 중요한 의식을 치를 때 착용하는 예복(禮服)을 가리키기도 한다.

참고 『예기』「곡례상(曲禮上)」 기록

경문-15b 群居五人, 則長者必異席.

번역 모여 앉은 사람이 다섯 사람이 된다면, 그들 중 가장 연장자가 되는 자는 반드시 무리들과 자리를 따로 해서 앉는다.

鄭注 席以四人爲節, 因宜有所尊.

번역 자리는 네 명을 기준으로 하며, 자리를 따로 마련하는 것은 마땅히 존귀하게 대우해줘야 하는 점에 따르는 것이다.

孔疏 ●"群居五人, 則長者必異席"者, 謂朋友居處法也. 群, 朋友也. 子夏曰"吾離群", 是也. 古者地敷橫席而容四人, 四人則推長者居席端. 若有五人會, 應一人別席, 因推長者一人於異席也.

번역 ●經文: "群居五人, 則長者必異席". ○이 문장은 친우들끼리 한 장소에 있을 때의 예법에 대한 내용이다. '군(群)'자는 친우들을 뜻한다. 자하가 "나는 벗들을 떠났다."[18]라고 한 말이 '군'자의 용례이다. 고대에는 땅에 펼쳐서 까는 넓은 자리가 있었는데, 그 자리에는 총 4명이 앉을 수 있었다. 따라서 4명이 모인 경우라면, 그 중 가장 연장자를 추대하여, 자리의 끝단에 앉도록 권하게 된다. 만약 다섯 명이 모인 경우라면, 자리에 수용할 수 있는 인원을 넘게 되므로, 마땅히 한 사람의 자리를 별도로 마련해야 되는데, 이러한 상황에 연유하여, 연장자 한 사람을 별도의 자리에 앉도록 권하는 것이다.

孔疏 ◎注"席以"至"所尊". ○正義曰: 熊氏云, "知四人爲節者, 以此云'群居五人, 則長者必異席', 旣長者一人異席, 餘則四人矣." 按公食大夫禮云: "蒲

---

18) 『예기』「단궁상(檀弓上)」【82c~d】: 子夏投其杖而拜曰, 吾過矣, 吾過矣, 吾離群而索居, 亦已久矣.

筵常, 加萑席尋." 此以蒲席者, 故得容四人, 此群居之法. 若賓主禮席, 皆無同坐之法, 故「鄕飮酒」賓介異席, 又云: "衆賓之席, 皆不屬焉", 不相連屬也. 鄕射 "衆賓之席繼而西", 謂相連屬也. 燕禮及大射公三重, 大夫再重, 是皆異席也.

번역 ◎鄭注: "席以"~"所尊". ○웅안생이 말하길, "자리의 크기가 네 사람을 기준으로 삼았다는 사실을 알 수 있는 이유는 이곳 경문에서 '다섯 사람이 앉게 된다면, 그 중 가장 연장자에 대해서는 반드시 자리를 따로 해서 앉게 한다.'라고 했기 때문이니, 이미 연장자 한 사람에게 자리를 별도로 설치해준다면, 그 나머지 인원들은 곧 네 명이 된다."라고 했다.『의례』「공사대부례(公食大夫禮)」편을 살펴보면, "6척(尺)으로 된 포연(蒲筵: =蒲席, 부들로 짠 자리)을 깔고, 3척으로 된 추석(萑席, 익모초로 짠 자리)을 덧붙인다."[19]라고 하였다. 즉 '포석(蒲席)'을 깐다고 하였기 때문에, 자리는 일반적으로 네 사람을 수용할 수 있는 것이며, 이 내용들은 여러 명이 함께 앉을 때의 예법에 해당한다. 만약 빈객과 주인이 의례절차를 시행하며 앉게 된다면, 모든 경우에 있어서 빈객과 주인이 같은 자리에 앉는 예법이 없게 된다. 그렇기 때문에『의례』「향음주례(鄕飮酒禮)」편에서 빈객과 개(介)는 자리를 달리 해서 앉는다고 한 것이며, 또 "여러 빈객들의 좌석들도 모두 붙여 두지 않고 각각 떨어트린다."[20]라고 하였으니, 자리가 서로 붙어 있지 않다는 뜻이다.『의례』「향사례(鄕射禮)」편에서 "여러 빈객들의 좌석을 연이어 붙여서 서쪽에 설치한다."[21]라고 하였는데, 이 내용은 자리를 서로 붙여두는 경우를 뜻한다. 그리고『의례』「연례(燕禮)」및「대사례(大射禮)」편에서, 자리를 깔 때 제후는 삼중(三重)으로 하고, 대부는 이중(二重: =再重)으로 한다는 말도 모두 자리를 별도로 설치하는 경우를 뜻한다.

---

19)『의례』「공사대부례(公食大夫禮)」: 司宮具几與蒲筵常, 緇布純. 加萑席尋, 玄帛純. 皆卷自末. 宰夫筵出自東房.

20)『의례』「향음주례(鄕飮酒禮)」: 乃席賓·主人·介. 衆賓之席皆不屬焉.

21)『의례』「향사례(鄕射禮)」: 乃席, 賓南面, 東上, 衆賓之席繼而西, 席主人於阼階上, 西面.

集解 愚謂: 席之度九尺, 足以容四人也.

번역 내가 생각하기에, 자리의 너비가 9척(尺) 정도는 되어야 충분히 네 사람을 수용할 수 있다.

참고 『의례』「향음주례(鄕飮酒禮)」 기록

경문 鄕飮酒之禮. 主人就先生而謀賓·介.

번역 향(鄕)에서 음주를 하는 예법이다. 주인은 선생에게 나아가서 누구를 빈객과 개(介)로 삼을지 의논한다.

鄭注 主人, 謂諸侯之鄕大夫也. 先生, 鄕中致仕者. 賓·介, 處士賢者. 周禮大司徒之職: "以鄕三物敎萬民而賓興之: 一曰六德, 知·仁·聖·義·忠·和; 二曰六行, 孝·友·睦·姻·任·恤; 三曰六藝, 禮·樂·射·御·書·數." 鄕大夫以 "正月之吉, 受法于司徒, 退而頒之于其鄕吏, 使各以敎其所治, 以考其德行, 察其道藝", 及三年大比, "而興賢者·能者. 鄕老及鄕大夫帥其吏與其衆寡, 以禮禮賓之. 厥明, 獻賢能之書於王", 是禮乃三年正月而一行也. 諸侯之鄕大夫, 貢士於其君, 蓋如此云. 古者年七十而致仕, 老於鄕里, 大夫名曰父師, 士名曰少師, 而敎學焉, 恒知鄕人之賢者. 是以大夫就而謀之, 賢者爲賓, 其次爲介, 又其次爲衆賓, 而與之飮酒, 是亦將獻之, 以禮禮賓之也. 今郡國十月行此飮酒禮, 以黨正每歲 "邦索鬼神而祭祀, 則以禮屬民而飮酒于序, 以正治謂" 之說, 然此篇無正齒位之事焉. 凡鄕黨飮酒必於民聚之時, 欲其見化, 知尙賢尊長也. 孟子曰: "天下有達尊三, 爵也·德也·齒也."

번역 '주인(主人)'은 제후에게 소속된 향대부(鄕大夫)를 뜻한다. '선생(先生)'은 향(鄕)에 속한 사람들 중 나이가 들어 관직에서 물러난 자를 뜻한다. '빈(賓)'과 '개(介)'는 모두 처사 중에서도 현명한 자로 선발한다. 『주례』「대사도(大司徒)」편의 직무기록에서는 "향의 삼물(三物)로 만민을 교화하고 빈객으로 대우하며 천거한다. 삼물 중 첫 번째는 육덕(六德)이니, 지(知)・인(仁)・성(聖)・의(義)・충(忠)・화(和)이고, 두 번째는 육행(六行)이니, 효(孝)・우(友)・목(睦)・인(姻)・임(任)・휼(恤)이며, 세 번째는 육예(六藝)이니, 예(禮)・악(樂)・사(射)・어(御)・서(書)・수(數)이다."[22]라고 했다.『주례』「향대부(鄕大夫)」편에서는 "정월 초하루에 사도에게 교화의 법도를 받고 물러나 향에 속한 아전들에게 반포하여, 각각 그들이 다스려야 하는 자들을 가르치고, 이를 통해 그들의 덕행을 살피고 도예를 관찰하도록 시킨다."[23]라고 했으며, 3년이 지나 대비(大比)를 하게 되면, "현명한 자와 능력이 있는 자를 흥기시킨다. 향로와 향대부는 그들의 아전들을 이끌고 여러 선한 자들과 함께 예법에 따라 그들을 예우한다. 그 다음날 현명한 자와 능력이 뛰어난 자의 명단을 기록한 문서를 천자에게 바친다."[24]라고 했으니, 여기에서 말한 의례는 3년마다 정월에 한 차례 시행하는 것이다. 제후에게 속한 향대부가 자신의 주군에게 사를 천거할 때에도 이처럼 말했을 것이다. 고대에는 70세가 되어 관직에서 물러난 자는 향리에서 노인으로 대접을 받았는데, 대부였다가 물러난 자를 '부사(父師)'라고 불렀고, 사였다가 물러난 자를 '소사(少師)'라고 불렀으며, 이들이 향리의 학교에서 학생들을 가르쳤으므로, 향리의 사람들 중 누가 현명한가를 항상 알고 있었다. 이러한 이유로 향대부가 그들에게 나아가 상의하여, 현명한 자를 빈객으로 삼고 그 다음으로 현명한 자를 개(介)로 삼으며 또 그 다음으로 현명한 자를 빈객 무리로 삼아, 그들과 함께 음주를 하는 것인데, 이 또한 장차 그들을 천거하기 위해서이므로, 예법에 따라 빈객으로 예우하는 것이다. 현재 군국에서 10월에 이러한 음주의 의례를 시행하는 것은『주례』「당정(黨正)」편에서 "나라

---

22)『주례』「지관(地官)・대사도(大司徒)」: 以鄕三物敎萬民而賓興之: 一曰六德, 知・仁・聖・義・忠・和; 二曰六行, 孝・友・睦・姻・任・恤; 三曰六藝, 禮・樂・射・御・書・數.

23)『주례』「지관(地官)・향대부(鄕大夫)」: 正月之吉, 受敎法于司徒, 退而頒之于其鄕吏, 使各以敎其所治, 以攷其德行, 察其道藝.

24)『주례』「지관(地官)・향대부(鄕大夫)」: 三年則大比, 攷其德行・道藝, 而興賢者・能者, 鄕老及鄕大夫帥其吏與其衆寡, 以禮禮賓之. 厥明, 鄕老及鄕大夫群吏獻賢能之書于王, 王再拜受之, 登于天府, 內史貳之.

에서 귀신을 찾아 제사를 지내게 되면 예법에 따라 백성들을 모으고, 서(序)에서 음주를 하며 나이에 따른 서열을 바로잡는다."25)라고 했던 주장에 따른 것이다. 그런데 「향음주례」편에는 나이에 따른 서열을 바로잡는다는 사안이 없다. 향당에서 음주를 할 때에는 반드시 백성들을 모을 수 있는 시기에 시행하니, 그들이 교화의 법도를 보고 현명한 자를 숭상하고 연장자를 존귀하게 높여야 함을 알게끔 하기 위해서이다. 『맹자』에서는 "천하에는 모두가 존경하는 것이 세 가지이니, 작위·덕·나이이다."26)라고 했다.

買疏 ●"鄕飮"至"賓介". ○釋曰: 自此至"介亦如之", 論鄕大夫與先生謀賓介, 幷戒告之儀. "主人就先生而謀賓介"者, 謂鄕大夫尊敬之, 先就庠學者, 若先生謀此二人道藝優者爲賓, 稍劣者爲介.

번역 ●經文: "鄕飮"~"賓介". ○이곳 구문으로부터 "개(介)에 대해서도 이처럼 한다."라는 구문까지는 향대부가 선생과 함께 빈객과 개(介)로 선발할 자들을 논의하고, 아울러 그들에게 청하고 알리는 의례를 논의하고 있다. "주인은 선생에게 나아가서 누구를 빈객과 개(介)로 삼을지 의논한다."라고 했는데, 향대부는 그들을 존경하여 우선 상(庠)이라는 학교로 나아간다는 뜻으로, 예를 들어 선생은 이 두 사람에 대해 논의하여, 도예가 더 뛰어난 자를 빈객으로 삼고 보다 못한 자를 개(介)로 삼는 것이다.

買疏 ◎注"主人"至"齒也". ○釋曰: 云"賓·介, 處士賢者"者, 按玉藻云大夫素帶, 士練帶, 居士錦帶, 弟子縞帶. 鄭玄以居士在士之下·弟子之上, 解爲道藝處士, 非朝廷之士. 此處士亦名君子, 卽鄕射禮云"徵唯所欲, 以告於先生君子可也". 鄭亦云: "君子有大德行不仕者, 以其未仕, 有德自處, 故名處士君子也." 云賢者, 義取鄕大夫之興賢能者而言也. 云"周禮"至"書數", 並大司徒

---

25) 『주례』「지관(地官)·당정(黨正)」: 國索鬼神而祭祀, 則以禮屬民, 而飮酒于序以正齒位. 壹命齒於鄕里, 再命齒於父族, 三命而不齒.

26) 『맹자』「공손추하(公孫丑下)」: 天下有達尊三, 爵一, 齒一, 德一. 朝廷莫如爵, 鄕黨莫如齒, 輔世長民莫如德.

職文. 故彼鄭注云: "物猶事也. 興猶擧也. 民三事敎成, 鄕大夫擧其賢者能者, 以飮酒之禮賓客之, 旣則獻其書於王矣. 知, 明於事; 仁, 愛人以及物; 聖, 通而先識; 義, 能斷時宜; 忠, 言以中心; 和, 不剛不柔. 善於父母爲孝; 善於兄弟爲友; 睦, 親於九族; 姻, 親於外親; 任, 信於友道; 恤, 振憂貧者. 禮, 五禮之義; 樂, 六樂之歌舞; 射, 五射之法; 御, 五御之節; 書, 六書之品; 數, 九數之計." 引此天子司徒者, 欲兼諸侯司徒, 亦使鄕大夫敎民以三物, 敎成亦使鄕大夫行鄕飮酒之禮, 尊之爲賓客, 興擧之也. 云"鄕大夫"已下至"於王", 並周禮·地官·鄕大夫職文. 云"正月之吉", 謂周之正月朔日也. 云"受法于司徒"者, 謂六鄕大夫皆於大司徒處受三物, 敎民賓擧之法也. 云"退而頒之于其鄕吏, 使各以敎其所治"者, 吏卽州長·黨正·族師·閭胥之等是也. 云"以考其德行, 察其道藝"者, 德行卽六德·六行, 道藝正謂民中有道藝者, 考察知其優者, 擬擧之也. 云"及三年大比, 而興賢者·能者", 大比謂三年大案比戶口之時而興擧之, 賢者卽德行者也, 能者卽道藝者也. 云"鄕老", 謂三公, 二鄕公一人. 云"及鄕大夫帥其吏"者, 卽帥其鄕吏州長已下. 云"與其衆寡"者, 卽鄕中之人也. 云"以禮禮賓之"者, 以鄕飮酒之禮禮而賓擧之也. 云"厥明, 獻賢能之書於王"者, 今日行鄕飮酒之禮, 至其明日, 獻此賢能之書于王, 王再拜而受之, 登于天府也. 云"是禮乃三年正月而一行也"者, 欲見彼是天子鄕大夫法, 諸侯鄕大夫無文, 以此約之, 故云"諸侯之鄕大夫貢士於其君, 蓋亦如此云". 但無正文, 故云"蓋"以疑之也. 云"古者年七十"至"學焉", 按略說云: "大夫七十而致仕, 老於鄕里, 名曰父師, 士曰少師, 以敎鄕人子弟於門塾之基, 而敎之學焉", 是也. 云"賢者爲賓, 其次爲介, 又其次爲衆賓, 而與之飮酒. 是亦將獻之, 以禮禮賓之也"者, 謂據此經諸侯鄕大夫貢士之法, 亦如天子之鄕大夫貢法, 故云"亦"也. 若據鄕貢一人, 其介與衆賓不貢之矣, 但立介與衆賓, 輔賓行鄕飮酒之禮, 待後年還以貢之耳. 按射義云"古者天子之制, 諸侯歲獻貢士", 注引舊說"大國三人, 次國二人, 小國一人". 大國三鄕, 次國二鄕, 小國一鄕, 所貢之士與鄕同. 則鄕送一人至君所, 其國有遂, 數亦同其鄕, 幷有公邑·采地, 皆有賢能貢之, 而貢士與鄕數同. 不言遂與公邑·采地所貢者, 蓋當鄕送一人至君所, 君又總校德之大小, 取以貢之, 縱取鄕外, 仍準鄕數爲定. 鄕大夫雖行飮酒禮客之于其君, 簡訖, 仍更行飮酒禮賓之於王. 是易·觀"盥而不薦", 鄭注云: "諸侯貢士

於天子, 鄕大夫貢士於其君, 必以禮賓之." 唯主人觀而獻賓, 賓盥而酢主人,
設薦俎則弟子也. 是鄕大夫及諸侯貢士皆行飮酒禮禮賓也. 云"今郡國"至"之
說然"者, 鄭欲解此鄕飮酒貢士法, 彼漢時所行飮酒禮者是正齒位, 與此不同
之意. 漢時已罷諸侯之國而爲郡, 郡有大守, 而封王子·母弟者仍爲國, 故云郡
國也. 云"十月行此飮酒禮"者, 謂行此鄕飮酒禮也. 云"以黨正每歲邦索鬼神
而祭祀"者, 則禮記·郊特牲云: "蜡者, 索也, 歲十二月, 合聚萬物而索饗之."
周謂之十二月, 卽夏之十月, 農功畢而蜡祭也. 云"則以禮屬民而飮酒于序, 以
正齒位"者, 屬, 聚也, 謂當蜡祭之月, 黨正聚民於序學中, 以三時務農, 將闕於
禮, 此時農隙, 故行正齒位之禮. 則禮記·鄕飮酒義云: "六十者坐, 五十者立侍.
六十者三豆, 七十者四豆, 八十者五豆, 九十者六豆. 年長者在上." 是正齒位
之法也. 云"之說然"者, 漢時十月飮酒禮, 取此黨正之文, 而然與此篇鄕飮酒
禮異也. 云"此篇無正齒位焉"者, 以其此篇以德行爲本而貢之, 無黨正正齒位
法也. 云"凡鄕黨飮酒必於民聚之時"者, 此鄕飮酒必於三年大比民聚之時, 黨
正鄕飮酒亦於大蜡民聚之時也. 云皆"欲其見化, 知尙賢尊長也"者, 尙賢, 據
此篇鄕飮酒; 尊長, 據黨正鄕飮酒也. 但黨正飮酒, 以鄕大夫臨觀行禮, 或鄕大
夫居此黨內, 則亦名鄕飮酒也. 云"孟子"者, 孟子·公孫丑篇: 齊王召, 孟子不
肯朝, 後不得已而朝之. 宿於大夫景丑之家, 景子譏之曰: 禮云"父召, 無諾; 君
召, 不俟駕而行". 固將朝矣. 聞君命而遂不果, 宜與夫禮若不相似然. 對曰:
"天下有達尊三, 爵也, 德也, 齒也. 朝廷莫如爵, 鄕黨莫如齒, 輔世長民莫如德.
惡得有其一以慢其二哉", 是也. 引之者, 證鄕大夫飮酒是尙德也, 黨正飮酒尊
長尙齒也. 爵則於此無所當, 連引之耳.

번역 ◎鄭注: "主人"~"齒也". ○정현이 "'빈(賓)'과 '개(介)'는 모두 처사
중에서도 현명한 자로 선발한다."라고 했는데, 『예기』「옥조(玉藻)」편을 살
펴보면 대부의 허리띠는 흰 비단으로 만들고,[27] 사의 허리띠는 명주로 만
들며,[28] 은둔해 있는 사들은 허리띠를 비단으로 만들고, 제자들은 허리띠
를 흰색의 생견으로 만든다고 했다.[29] 정현은 '거사(居士)'를 사(士)보다 아

---

27) 『예기』「옥조(玉藻)」【384c】: 大夫素帶, 辟垂.
28) 『예기』「옥조(玉藻)」【384c】: 士練帶, 率下辟.

래이며 제자(弟子)보다 위라고 여겨서, 도예를 갖춘 처사라고 풀이했으니,
조정에 속한 사가 아니다. 이곳에서 말한 '처사(處士)' 또한 명망이 있는
군자로, 『의례』「향사례(鄕射禮)」편에서 "초빙하는 것은 주인이 부르고 싶
은 자이며, 선생 및 군자에게 청해도 괜찮다."30)라고 한 자들에 해당하니,
정현 또한 "군자 중 큰 덕행을 갖추고 있으면서도 벼슬을 하지 않은 자들이
니, 아직 등용되지 않았지만 덕에 따라 처신하였기 때문에 명망이 있는 처
사이자 군자이다."라고 했다. '현자(賢者)'라고 말한 것은 향대부가 현명하
고 능력이 있는 자를 흥기시킨다는 뜻에서 의미를 취해 말했기 때문이다.
정현이 '『주례(周禮)』'라고 한 말로부터 '서수(書數)'라고 한 말까지는 모두
『주례』「대사도(大司徒)」편의 직무 기록이다. 그렇기 때문에 「대사도」편에
대한 정현의 주에서는 "'물(物)'자는 사안[事]을 뜻한다. '흥(興)'자는 '천거
하다[擧].'는 뜻이다. 백성들에 대해 이러한 세 가지 사안의 가르침이 완성
되면 향대부는 그들 중 현명하고 유능한 자를 천거하여, 음주의 예법으로
빈객으로 예우하고, 그것이 끝나면 그의 이력을 기록하여 천자에게 천거한
다. '지(知)'는 어떤 사안에 대해서 해박하게 아는 것이다. '인(仁)'은 사람을
친애하여 사물에게까지 미치는 것이다. '성(聖)'은 이치를 통괄하여 어떠한
일이 발생하기 이전에 아는 것이다. '의(義)'는 시의에 따라 판단할 수 있는
것이다. '충(忠)'은 올곧은 마음에 따라 말하는 것이다. '화(和)'는 너무 억세
지도 않고 너무 유약하지도 않은 것이다. 부모에게 잘하는 것은 '효(孝)'가
되고, 형제에게 잘하는 것은 '우(友)'가 된다. '목(睦)'은 구족(九族)31)에게
친근하게 대하는 것이다. '인(姻)'은 외친에게 친근하게 대하는 것이다. '임
(任)'은 도를 함께 하는 벗에게 신의를 지키는 것이다. '휼(恤)'은 가난한

---

29) 『예기』「옥조(玉藻)」【384c】: 居士錦帶, 弟子縞帶.

30) 『의례』「향사례(鄕射禮)」: 徵唯所欲, 以告于鄕先生·君子可也.

31) 구족(九族)은 친족을 범칭하는 말이다. 자신을 중심으로 위로 고조부(高祖
父)까지의 네 세대, 아래로 현손(玄孫)까지의 네 세대까지 포함된 친족을
지칭한다. 『서』「우서(虞書)·요전(堯典)」편에는 "克明俊德, 以親九族."이라는
기록이 있는데, 이에 대한 공안국(孔安國)의 전(傳)에서는 "以睦高祖, 玄孫
之親."이라고 풀이하였다. 일설에는 '구족'을 부친쪽 친척 중 4촌, 모친쪽
친척 중 3촌, 처쪽 친척 중 2촌까지를 지칭하는 용어라고도 풀이한다.

자를 구휼하는 것이다. '예(禮)'는 오례(五禮)[32]의 도의를 뜻한다. '악(樂)'
은 육악(六樂)의 노래와 춤을 뜻한다. '사(射)'는 오사(五射)[33]의 법식을 뜻
한다. '어(御)'는 오어(五御)[34]의 절차를 뜻한다. '서(書)'는 육서(六書)의 품

---

32) 오례(五禮)는 고대부터 전해져 온 다섯 종류의 예제(禮制)를 뜻한다. 즉 길
례(吉禮), 흉례(凶禮), 군례(軍禮), 빈례(賓禮), 가례(嘉禮)를 가리킨다. 『주
례』「춘관(春官)·소종백(小宗伯)」편에는 "掌五禮之禁令與其用等."이라는 기
록이 있는데, 이에 대한 정현의 주에서는 정사농(鄭司農)의 주장을 인용하
여, "五禮, 吉·凶·軍·賓·嘉."라고 풀이했다.

33) 오사(五射)는 사례(射禮)를 시행할 때 사용되는 다섯 가지 활 쏘는 예법을
뜻한다. 다섯 가지 활 쏘는 예법은 백시(白矢), 삼련(參連), 섬주(剡注), 양
척(襄尺), 정의(井儀)이다. '백시'는 화살을 쏘아서 과녁을 꿰뚫는다는 뜻이
다. 화살이 과녁을 꿰뚫게 되면, 화살 끝에 달려 있는 흰 깃털만 보인다는
의미에서 '백시'라고 부른다. '삼련'은 앞서 한 발의 화살을 쏘고, 뒤이어 3
발의 화살을 연이어 쏜다는 뜻이다. '섬주'는 화살을 쏠 때 끝부분의 깃털
이 위로 올라가고, 화살촉이 밑으로 내려간 형태로 화살이 날아가는 것을
뜻한다. '양척'은 신하가 군주와 함께 화살을 쏠 때, 군주가 화살을 쏘는
장소로부터 1척(尺) 정도 물러나서 쏘는 것을 뜻한다. '정의'는 4발의 화살
을 쏘아서 과녁을 명중시킬 때, 정(井)자의 형태가 되도록 쏘는 것을 뜻한
다. 『주례』「지관(地官)·보씨(保氏)」편에는 "養國子以道, 乃敎之六藝, 一曰五
禮, 二曰六樂, 三曰五射, 四曰五馭, 五曰六書, 六曰九數."라는 기록이 있고,
이에 대한 정현의 주에서는 정사농(鄭司農)의 주장을 인용하여, "五射, 白
矢·參連·剡注·襄尺·井儀也."라고 풀이했으며, 가공언(賈公彦)의 소(疏)에서
는 "云白矢者, 矢在侯而貫侯過, 見其鏃白; 云參連者, 前放一矢, 後三矢連續
而去也; 云剡注者, 謂羽頭高鏃低而去, 剡剡然; 云襄尺者, 臣與君射, 不與君
並立, 襄君一尺而退; 云井儀者, 四矢貫侯, 如井之容儀也."라고 풀이했다.

34) 오어(五馭)는 오어(五御)라고도 부르며, 수레를 몰 때 사용되는 다섯 가지
기술을 뜻한다. 다섯 가지 기술은 명화란(鳴和鸞), 축수곡(逐水曲), 과군표
(過君表), 무교구(舞交衢), 축금좌(逐禽左)이다. '명화란'은 수레를 몰 때 방
울 소리가 조화롭게 울린다는 뜻이다. '화(和)'와 '란(鸞)'은 모두 수레에 다
는 일종의 방울인데, 수레를 편안하게 몰기 때문에 소리가 조화롭게 울린
다는 뜻이다. '축수곡'은 물길 옆에 있는 도로를 따라 수레를 몬다는 뜻이
다. 즉, 물길의 굴곡에 따른 굽이진 곳을 이동하면서도 수레가 물에 빠지
지 않도록 운전을 잘 한다는 뜻이다. '과군표'는 군주가 있는 곳은 깃발 등
으로 표시를 하는데, 그곳을 지나갈 때에는 수레를 몰지 않는다는 뜻이다.
일종의 군주에게 공경의 뜻을 표하는 방법이다. '무교구'는 교차로에서 수
레끼리 교차하게 될 때, 서로에게 피해를 주지 않기 위해 춤추는 절도에
따라 서로 수레를 돌린다는 뜻이다. '축금좌'는 사냥할 때 수레를 모는 방

급을 뜻한다. '수(數)'는 구수(九數)의 셈법을 뜻한다."라고 했다. 천자에게
속한 사도의 직무를 인용한 것은 제후에게 속한 사도 또한 향대부를 시켜
서 백성들을 삼물에 따라 가르치고, 가르침이 완성되면 또한 향대부를 시
켜서 향음주례를 시행하여 그들을 존귀하게 높여 빈객으로 삼고 흥기시키
고 천거하게 됨을 아울러 설명하고자 해서이다. 정현이 「향대부(鄕大夫)」
라고 한 말로부터 그 이하로 '어왕(於王)'이라는 말까지는 모두 『주례』「지
관(地官)·향대부(鄕大夫)」편의 직무 기록이다. '정월지길(正月之吉)'이라고
했는데, 주나라의 역법으로 정월 초하루를 뜻한다. "사도에게 교화의 법도
를 받는다."라고 했는데, 육향(六鄕)을 담당하는 대부들은 모두 대사도가
있는 곳에서 삼물에 대한 가르침을 받으니, 백성들을 가르치고 빈객으로
대우하며 천거하는 법도를 뜻한다. "물러나 향에 속한 아전들에게 반포하
여, 각각 그들이 다스려야 하는 자들을 가르치게 한다."라고 했는데, '이
(吏)'는 주장(州長)·당정(黨正)·족사(族師)·여서(閭胥) 등을 가리킨다. "이
를 통해 그들의 덕행을 살피고 도예를 관찰하도록 시킨다."라고 했는데,
'덕행(德行)'은 육덕(六德)과 육행(六行)을 뜻하며, '도예(道藝)'는 백성들
중 도와 기예를 갖춘 자들을 뜻하니, 관찰하고 살펴서 뛰어난 자를 파악하
여 천거토록 하는 것이다. "3년이 지나 대비(大比)를 하게 되면, 현명한 자

법이다. 사냥을 할 때 존귀한 자는 좌측에 타서 활을 쏘게 되는데, 짐승을
잘 맞출 수 있도록 수레의 좌측 방향으로 짐승을 몬다는 뜻이다. 『주례』「지
관(地官)·보씨(保氏)」편에는 "養國子以道, 乃敎之六藝, 一曰五禮, 二曰六樂,
三曰五射, 四曰五馭, 五曰六書, 六曰九數."라는 기록이 있고, 이에 대한 정
현의 주에서는 정사농(鄭司農)의 주장을 인용하여, "五馭, 鳴和鸞·逐水曲·
過君表·舞交衢·逐禽左."라고 풀이했으며, 가공언(賈公彦)의 소(疏)에서는
"云五馭者, 馭車有五種. 云鳴和鸞者, 和在式, 鸞在衡. 按韓詩云, '升車則馬動,
馬動則鸞鳴, 鸞鳴則和應.' 先鄭依此而言. 云逐水曲者, 無正文, 先鄭以意而言,
謂御車隨逐水勢之屈曲而不墜水也. 云過君表者, 謂若毛傳云, '褐纏旃以爲門,
裘纏質以爲樹, 間容握, 驅而入, 擊則不得入.' 穀梁亦云, '艾蘭以爲防, 置旃以
爲轅門, 以葛覆質以爲槸, 流旁握, 御擊者不得入.' 是其過君表卽褐纏旃是也.
云舞交衢者, 衢, 道也, 謂御車在交道, 車旋應於舞節. 云逐禽左者, 謂御驅逆
之車, 逆驅禽獸使左, 當人君以射之, 人君自左射. 故毛傳云, '故自左膘而射之,
達于右腢, 爲上殺.' 又禮記云, '佐車止, 則百姓田獵', 是也."라고 풀이했다.

와 능력이 있는 자를 흥기시킨다."라고 했는데, '대비(大比)'는 3년마다 대규모로 호구조사를 할 때 뛰어난 자를 천거하는 것을 뜻하니, '현자(賢者)'는 덕행을 갖춘 자이며, '능자(能者)'는 도와 기예를 갖춘 자이다. '향로(鄕老)'라고 했는데, 삼공(三公)을 뜻하는 것으로, 2개의 향(鄕)마다 1명의 공(公)이 담당한다. "향대부와 그들의 아전들을 이끈다."라고 했는데, 향리인 주장으로부터 그 이하의 자들을 이끈다는 뜻이다. "여러 선한 자들과 함께한다."라고 했는데, 향리에 속한 자들을 뜻한다. "예법에 따라 그들을 예우한다."라고 했는데, 향음주례의 예법으로 예우하여 빈객으로 대접하며 천거한다는 뜻이다. "그 다음날 현명한 자와 능력이 뛰어난 자의 명단을 기록한 문서를 천자에게 바친다."라고 했는데, 금일 향음주례를 시행하고, 그 다음날이 되면 현명한 자와 능력이 뛰어난 자의 명단을 작성하여 천자에게 바치고, 천자는 재배를 하며 그것을 받아 천부(天府)에 보관한다. 정현이 "여기에서 말한 의례는 3년마다 정월에 한 차례 시행하는 것이다."라고 했는데, 『주례』의 기록은 천자에게 속한 향대부가 따르는 법도이며, 제후에게 속한 향대부가 따르는 법도는 관련 기록이 없으니, 이를 통해 간추린 것임을 드러내고자 한 것이다. 그렇기 때문에 "제후에게 속한 향대부가 자신의 주군에게 사를 천거할 때에도 이처럼 말했을 것이다."라고 말한 것이다. 다만 관련 경문의 기록이 없기 때문에 '개(蓋)'자를 덧붙여서 확정하지 않은 것이다. 정현이 "고대에는 나이가 70인 사람이"라고 한 말로부터 '학언(學焉)'이라고 한 말까지에 대해서, 『약설』을 살펴보면 "대부는 70세가 되면 관직에서 물러나며, 향리에서 노인으로 대접을 받는데, 그들을 '부사(父師)'라고 부르며, 사의 신분이었다면 '소사(少師)'라고 부른다. 이를 통해 향리에 속한 자제들을 향리의 문 옆에 있는 숙(塾)이라는 학교에서 가르쳐서, 학생들을 지도하게끔 한다."라고 했다. 정현이 "현명한 자를 빈객으로 삼고 그 다음으로 현명한 자를 개(介)로 삼으며 또 그 다음으로 현명한 자를 빈객 무리로 삼아, 그들과 함께 음주를 하는 것인데, 이 또한 장차 그들을 천거하기 위해서이므로, 예법에 따라 빈객으로 예우하는 것이다."라고 했는데, 이곳 경문에서 제후에게 속한 향대부가 사를 천거하는 법도가 천자에게 속한 향대부가 천거하는 법도와 같다는 뜻이다. 그렇기 때문에 '역(亦)'이라고 했다. 만약 향에서 1명만을 천거한다면, 개(介)와 빈객 무리들로 선정된 자들은 천거하지 않는 것이다. 그런데도 개(介)와 빈객 무리들을 세우는 것은 빈객을 도와 향음주례를 시행하기 위한 것이며, 또 이후에 재차 천거될 때까지 기다리게 하는 것이다.『예기』「사의(射義)」편을 살펴보면 "고대에 제정된 천자의 제도에서 제후는 해마다 사를 선발해서 천자에게 천거한다."[35]라고 했고, 정현의 주에서는 옛 학설을 인용해서 "대국(大國)은 3명을 바치고, 차국(次國)은 2명을 바치며, 소국(小國)은 1명을 바친다."라고 했다. 대국은 3개의 향을 두고, 차국은 2개의 향을 두며, 소국은 1개의 향을 두니, 그들이 천거하는 사는 향의 수와 동일하다. 따라서 향에서 1명씩을 천거하여 군주가 있는 곳으로 가게하고, 그 나라에 속한 수(遂)의 행정단위는 그 수가 향(鄕)과 동일하며, 또 공읍(公邑)과 채지(采地)에서도 모두 현명하고 능력이 뛰어난 자들을 천거하게 되는데, 천거하는 사의 수는 향의 수와 동일하다. 그런데 수와 공읍 및 채지에서 천거하는 자들을 언급하지 않은 것은 향마다 1명씩 천거하여 군주가 있는 곳으로 가게하면, 군주는 또한 그들이 가진 덕의 우열을 가늠하여, 그들 중에서 선발하여 재차 천거를 하는데, 비록 향 이외의 땅에서도 선발하지만, 향의 수에 따라 확정을 하기 때문이다. 향대부가 비록 향음주례를 시행하여 빈객으로 대우하고 자신의 군주에게 보내지만, 그 예법은 간결하고 그 절차가 끝나면 재차 향음주례를 시행하여 빈객으로 대우하고 천자에게 보내게 된다.『역』「관괘(觀卦䷓)」에서는 "손만 씻고 천(薦)을 하지 않는다."[36]라고 했고, 정현의 주에서는 "제후는 천자에게 사를 천거하고, 향대부는 자신의 군주에게 사를 천거하는데, 반드시 예법에 따라 빈객으로 대우한다."라고 했다.

---

35)『예기』「사의(射義)」【707b~c】: 是故, <u>古者天子之制: 諸侯歲獻貢士於天子</u>, 天子試之於射宮, 其容體比於禮, 其節比於樂, 而中多者得與於祭. 其容體不比於禮, 其節不比於樂, 而中少者不得與於祭. 數與於祭而君有慶, 數不與於祭而君有讓. 數有慶而益地, 數有讓則削地. 故曰射者, 射爲諸侯也. 是以諸侯君臣盡志於射, 以習禮樂. 夫君臣習禮樂而以流亡者, 未之有也.

36)『역』「관괘(觀卦)」: 觀, <u>盥而不薦</u>, 有孚顒若.

오직 주인만이 그들을 살펴서 빈객으로 삼아 그에게 술을 따라주는데, 빈객은 손을 씻고 주인에게 술을 따르며 고기를 담은 도마를 설치하는 것은 제자에 해당한다. 이것은 향대부 및 제후가 사를 천거할 때 모두 향음주례의 의례를 시행하여 빈객으로 예우함을 나타낸다. 정현이 '금군국(今郡國)'이라고 한 말로부터 '지설연(之說然)'이라고 한 말까지는 정현이 이곳에서 향음주례를 시행하여 사를 천거하는 법도를 풀이하고자 했던 것으로, 정현이 설명한 것은 한나라 때 음주의 의례를 시행하는 것으로 이것은 나이에 따른 서열을 바로잡는 것이다. 따라서 이곳에서 말하는 의미와는 다르다는 사실을 나타내고자 했다. 한나라 때에는 이미 제후국을 없애고 군(郡)으로 편제하였는데, 군에는 태수를 두었으며 왕자나 모친의 동생을 분봉하면 국(國)이 되었다. 그렇기 때문에 '군국(郡國)'이라고 말한 것이다. "10월에 이러한 음주의 의례를 시행한다."라고 했는데, 향음주례를 시행한다는 뜻이다. "『주례』「당정(黨正)」편에서 나라에서 귀신을 찾아 제사를 지낸다."라고 했는데, 『예기』「교특생(郊特牲)」편에서는 "'사(蜡)'라는 것은 찾는다는 뜻이다. 한 해의 12월에 모든 것이 닫히게 되면, 만물을 취합하여 신을 찾아서 제사를 지내는 것이다."[37]라고 했다. 주나라의 역법으로 12월이라고 한 것은 하나라의 10월에 해당하는데, 농사가 끝나서 사제사를 지내게 된다. "예법에 따라 백성들을 모으고, 서(序)에서 음주를 하며 나이에 따른 서열을 바로잡는다."라고 했는데, '속(屬)'자는 취합한다는 뜻이니, 사제사를 지내는 달이 되면, 당정은 백성들을 학교인 서에 모아서 세 계절 동안 농사에 힘써 예법에 대해서는 소략했으므로, 이 계절은 농한기에 해당하기 때문에 나이에 따라 서열을 바로잡는 예법을 시행한 것이다. 즉 『예기』「향음주의」편에서 "60세인 자는 당상에 앉고, 50세인 자는 당하에 서서 시중을 든다. 60세인 자에게는 3개의 두(豆)에 음식을 차려주고, 70세인 자에게는 4개의 두에 차려주며, 80세인 자에게는 5개의 두에 차려주고, 90세인 자에게는 6개의 두에 차려준다. 나이가 많은 자가 상등에 위치한다."라고 했으니, 이

---

37) 『예기』「교특생(郊特牲)」【330b】: 天子大蜡八, 伊耆氏始爲蜡. <u>蜡也者, 索也. 歲十二月合, 聚萬物而索饗之也.</u>

것은 바로 나이에 따른 서열을 바로잡는 법도이다. '지설연(之說然)'이라고
했는데, 한나라 때에는 10월에 음주의 예법을 시행했는데, 이것은 「당정」편
의 기록에 따른 것이다. 따라서 이곳에서 말한 「향음주례」의 기록과는 차
이가 있다. 정현이 "「향음주례」편에는 나이에 따른 서열을 바로잡는다는
사안이 없다."라고 했는데, 「향음주례」편에서는 덕행을 근본으로 삼아 이
것을 갖춘 자를 천거하며, 당정이 나이에 따른 서열을 바로잡는 법도가 없
다. 정현이 "향당에서 음주를 할 때에는 반드시 백성들을 모을 수 있는 시
기에 시행한다."라고 했는데, 향음주례는 반드시 3년마다 대비(大比)를 하
며 백성들을 모을 수 있는 시기에 시행하며, 당정이 향음주례를 시행하는
것 또한 대사(大蜡)를 지내 백성들을 모을 수 있는 시기에 시행한다. 정현
이 "그들이 교화의 법도를 보고 현명한 자를 숭상하고 연장자를 존귀하게
높여야 함을 알게끔 하기 위해서이다."라고 했는데, '상현(尙賢)'이라고 한
말은 「향음주례」편에서 향음주례를 시행하는 것에 기준을 둔 말이며, '존장
(尊長)'이라고 한 말은 「당정」편에서 향음주례를 시행하는 것에 기준을 둔
말이다. 다만 당정이 음주의 의례를 시행할 때 향대부가 그 일에 임해 의례
절차를 시행하는 것을 살펴보거나 또는 향대부가 당의 행정구역에 있는
경우라면, 이것을 '향음주(鄕飮酒)'라고 부를 수 있다. '맹자(孟子)'라고 했
는데, 이것은 『맹자』「공손추(公孫丑)」편으로, 제나라왕이 초빙을 했는데
맹자는 기꺼이 조회에 나가려하지 않았고, 이후 부득이하게 조회를 했다.
대부인 경추씨의 집에 유숙을 했는데, 경자는 비판을 하며 "예법에 따르면
부친이 부르시면 느긋하게 대답하지 않고, 군주가 부르시면 수레에 멍에를
맬 때까지 기다리지 않고 길을 떠난다고 했습니다. 근데 조회를 하려다가
군주의 명을 듣고는 마침내 결행을 하지 않았으니, 예법과 맞지 않은 것
같습니다."라고 했다. 그러자 맹자는 "천하에는 모두가 존경하는 것이 세
가지이니, 작위·덕·나이이다. 조정에서는 작위만한 것이 없고, 향당에서는
나이만한 것이 없으며 세상을 돕고 백성들을 기르는 것에는 덕만한 것이
없다. 그런데 어찌하여 하나를 가지고 있는 자가 둘을 가지고 있는 자에게
태만하게 굴 수 있는가?"라고 했다. 정현이 이 문장을 인용한 것은 향대부

가 음주의 예법을 시행하는 것은 덕을 숭상하는 것이며, 당정이 음주의 예법을 시행하는 것은 어른을 존중하고 나이를 숭상하는 뜻에 해당함을 증명하기 위해서이다. 작위에 대한 것은 이곳의 내용과 해당하는 것이 없지만, 내용이 연결되어 인용한 것일 뿐이다.

경문 主人戒賓, 賓拜辱. 主人答拜, 乃請賓, 賓禮辭, 許. 主人再拜, 賓答拜.

번역 주인이 빈객으로 정한 자에게 그 사실을 알려주면, 빈객은 자신의 집까지 수고롭게 찾아온 것에 대해 절을 한다. 주인은 답배를 하고 빈객이 되어주길 청하고, 빈객은 예사(禮辭)[38]를 하고서 수락한다. 주인은 재배를 하고 빈객은 답배를 한다.

鄭注 戒, 警也, 告也. 拜辱, 出拜其自屈辱至己門也. 請, 告以其所爲來之事. 不固辭者, 素所有志.

번역 '계(戒)'자는 경계한다는 뜻이고, 알려준다는 뜻이다. '배욕(拜辱)'은 문밖으로 나와서 주인이 직접 자신을 굽혀 수고롭게 자신의 집까지 찾아온 것에 대해 절을 하는 것이다. '청(請)'은 찾아오게 된 용건을 일러주는 것이다. 고사(固辭)를 하지 않는 것은 본래부터 참여하려는 뜻이 있기 때문이다.

賈疏 ●"主人"至"答拜". ◎注"戒警"至"有志". ○釋曰: 云"拜辱, 出拜其自屈辱至己門也"者, 知賓出門者, 見冠禮主人宿賓, 賓出門左, 鄕射戒賓亦出門, 故知此亦出門. 云"所爲來之事"者, 謂行鄕飮酒之禮也. 云"不固辭者, 素所有志"者, 不如士相見固辭, 此禮辭卽許者, 以其主人與先生謀時, 賓已知欲貢己, 又賓以學習德業, 擬爲賓主情意相許, 是以不固辭, 爲素有志也. 按冠禮

---

38) 예사(禮辭)는 빈객과 주인은 예법에 따라 세 번 사양을 하게 되는데, 처음 사양하는 것을 '예사'라고 부르며, 두 번째 사양하는 것을 '고사(固辭)'라고 부르고, 세 번째 사양하는 것을 '종사(終辭)'라고 부른다.

主人先拜, 賓答拜, 此賓先拜, 主人答拜者, 彼冠禮主人戒同寮, 同寮尊, 又使
之加冠於子, 尊重之, 故主人先拜. 此則鄕大夫尊矣, 賓是鄕人, 卑矣. 又將貢
己, 尊敬主人, 故賓先拜辱也. 是以下注云"去又拜辱者, 以送謝之"也.

번역 ●經文: "主人"~"答拜". ◎鄭注: "戒警"~"有志". ○정현이 "'배욕
(拜辱)'은 문밖으로 나와서 주인이 직접 자신을 굽혀 수고롭게 자신의 집까
지 찾아온 것에 대해 절을 하는 것이다."라고 했는데, 빈객이 대문 밖으로
나온다는 사실을 알 수 있는 것은『의례』「사관례(士冠禮)」편을 살펴보면
주인이 빈객에게 관례에 참여해줄 것을 알릴 때, 빈객은 문의 좌측으로 나
오고,『의례』「향사례(鄕射禮)」편에서는 빈객에게 알릴 때 또한 대문 밖으
로 나오기 때문에 이러한 상황에서도 문밖으로 나오게 된다는 사실을 알
수 있다. '찾아오게 된 용건'이라고 했는데, 향음주례를 시행하고자 한다는
뜻이다. 정현이 "고사(固辭)를 하지 않는 것은 본래부터 참여하려는 뜻이
있기 때문이다."라고 했는데,『의례』「사상견례(士相見禮)」편에서 고사(固
辭)를 한 것과 같지 않으니, 이곳에서 예사를 하고서 곧바로 수락을 하는
것은 주인이 선생과 상의를 할 때 빈객은 이미 자신을 천거하고자 한다는
사실을 알게 되었고, 또 빈객은 덕과 과업을 익혀서 빈객과 주인의 정감과
뜻이 서로 허용을 한 상태이다. 이러한 까닭으로 고사를 하지 않는 것으로,
본래부터 참여하려는 뜻이 있기 때문이다. 「사관례」편을 살펴보면, 주인이
먼저 절을 하고 빈객이 답배를 하는데, 이곳에서는 빈객이 먼저 절을 하고
주인이 답배를 했다. 그 이유는 「사관례」편의 내용은 주인이 자신의 동료
에게 용건을 알리는 것이고, 동료는 존귀한 자이며 또한 그로 하여금 자신
의 아들에게 관을 씌워주도록 하니 상대를 존중하는 것이다. 그렇기 때문
에 주인이 먼저 절을 한다. 이곳의 경우는 향대부는 존귀한 신분이며, 빈객
은 향에 속한 사람이므로 신분이 미천하다. 또 자신을 천거하려고 하므로
주인을 존경하는 것이다. 그래서 주인이 수고롭게 찾아온 것에 대해 빈객
이 먼저 절을 하는 것이다. 이러한 까닭으로 아래문장의 주에서는 "주인이
떠나려고 할 때에도 수고롭게 찾아온 것에 대해 절을 하는 것은 이를 통해
전송하며 사례하기 때문이다."라고 한 것이다.

경문 主人退, 賓拜辱.

번역 주인이 떠나게 되면 빈객은 주인이 수고롭게 찾아온 것에 대해 절을 한다.

鄭注 退猶去也. 去又拜辱者, 以送謝之.

번역 '퇴(退)'자는 떠난다는 뜻이다. 떠날 때에도 수고롭게 찾아온 것에 대해 절을 하는 것은 이를 통해 전송하며 사례하기 때문이다.

경문 介亦如之.

번역 개(介)에 대해서도 이처럼 한다.

鄭注 如戒賓也.

번역 빈객에게 알려줄 때처럼 한다는 뜻이다.

賈疏 ●"介亦如之". ◎注"如戒賓也". ○釋曰: 言"如戒賓"者, 亦如上主人戒賓已下·賓拜辱已上之事. 謀賓介及戒亦言賓介, 意不言衆賓, 衆賓德劣, 但謀介時雖不言衆賓, 亦當謀之, 故上注兼言其次爲衆賓. 至於戒速之日必當遣人戒速使知. 但略而不言, 故下云"賓及衆賓皆從之", 是也. 鄕飮酒義云: "主人親速賓及介, 而衆賓自從之." 亦據不得主人戒速而爲自從也.

번역 ●經文: "介亦如之". ◎鄭注: "如戒賓也". ○정현이 "빈객에게 알려줄 때처럼 한다."라고 했는데, 앞에서 주인이 빈객에게 알려준다는 것으로부터 빈객이 수고롭게 찾아온 것에 대해 절을 한다는 사안까지 동일하게 따른다는 뜻이다. 빈객과 개(介)로 정할 자를 논의하고 그들에게 이러한 사실을 알려줄 때에도 빈객과 개(介)에 대해서 언급하고 빈객 무리들에 대해서는 언급하지 않았는데, 빈객 무리들로 선정되는 자들은 덕이 상대적으로 부족하기 때문이다. 다만 개(介)로 선정할 자를 논의할 때 비록 빈객 무리들에 대해서는 언급하지 않았지만, 마땅히 그들에 대해서는 논의를 한다. 그렇기 때문에 앞의 주석에서는 개(介) 다음으로 뛰어난 자를 빈객 무리로 삼는다고 함께 언급한 것이다. 이러한 사실을 알려주는 날에는 반드시 사람을 보내 그들에게도 알려서 이러한 사실을 인지하게끔 해야 한다. 다만 생략에서 언급을 하지 않은 것일 뿐이다. 그렇기 때문에 아래문장에서 "빈객과 빈객 무리들이 모두 뒤따라 도착한다."라고 말한 것이다. 「향음주의」편에서는 "주인이 직접 빈객과 개(介)를 초빙하고, 빈객 무리들은 직접 따라온다."라고 했는데, 이 또한 주인이 직접 초빙할 수 없어 스스로 뒤따라온다는 것에 근거한 말이다.

참고 『의례』「향음주례(鄕飮酒禮)」 기록

경문 主人速賓, 賓拜辱, 主人答拜, 還, 賓拜辱.

번역 주인이 빈객을 초대하면, 빈객은 수고롭게 찾아온 것에 대해 절을 하고, 주인은 답배를 하며, 주인이 돌아갈 때에도 빈객은 수고롭게 찾아온 것에 대해 절을 한다.

鄭注 速, 召也. 還猶退.

번역 '속(速)'자는 부른다는 뜻이다. '환(還)'자는 물러간다는 뜻이다.

賈疏 ●"主人"至"拜辱". ○釋曰: 自此至"皆從之", 論主人往賓門召之使來之事. 按鄕射云: "主人朝服, 乃速賓. 賓朝服出迎, 再拜." 彼云乃速賓, 此不云主人乃者, 彼戒速別服, 故云乃以間之. 此戒速, 雖與彼同, 但此戒速同服, 故不云乃. 云"主答拜, 還, 賓拜辱", 按聘禮云賓入境, 至近郊, 使下大夫至賓館, 下大夫遂以賓入賓送, 不拜. 又公食大夫禮使大夫戒賓, "大夫還, 賓不拜送, 遂從之", 鄭注云: "不拜送者, 爲從之不終事." 皆不拜送. 此獨拜送者, 亦是鄕大夫尊, 賓卑, 又擬貢, 故特拜辱而送之, 異於餘者.

번역 ●經文: "主人"~"拜辱". ○이곳 구문으로부터 "모두 따른다."라는 구문까지는 주인이 빈객의 집 대문까지 찾아가서 그를 초대하여 그로 하여금 찾아오게 하는 사안을 논의하고 있다. 『의례』「향사례(鄕射禮)」편을 살펴보면, "주인은 조복(朝服)을 착용하고서 빈객을 초대한다. 빈객은 조복을 착용하고서 대문 밖으로 나와 주인을 맞이하며 재배를 한다."39)라고 했다. 「향사례」편에서 '내속빈(乃速賓)'이라고 했는데, 이곳에서 '주인내(主人乃)'라고 말하지 않은 것은 「향사례」편에서 빈객에게 그 사실을 알리고 초빙할 때에는 복장을 구별하기 때문에 '내(乃)'자를 기록하여 틈을 둔 것이다. 이곳에서 빈객에게 그 사실을 알리고 초빙할 때에는 비록 「향사례」편과 상황이 같지만, 이곳에서 빈객에게 알리고 초빙할 때에는 복장이 동일하다. 그렇기 때문에 '내(乃)'자를 붙이지 않은 것이다. "주인은 답배를 하며, 주인이 돌아갈 때에도 빈객은 수고롭게 찾아온 것에 대해 절을 한다."라고 했는데, 『의례』「빙례(聘禮)」편을 살펴보면 빈객이 국경으로 들어서서 근교에 도착하면, 하대부를 시켜서 빈객의 숙소에 찾아가게 하고, 하대부는 그에 따라 빈객을 들이고 빈객을 전송하는데 절을 하지 않는다. 또 『의례』「공사대부례(公食大夫禮)」편에서는 대부를 시켜서 빈객에게 그 사실을 알리며, "대부가 되돌아가면 빈객은 절을 하며 전송하지 않고, 그에 따라 그 뒤를 따른다."40)라고 했으며, 정현의 주에서는 "절을 하며 전송하지 않는 것은 그 뒤를 따르게 되어 일을 마치는 것이 아니기 때문이다."라고 했다. 이러한 기록들에서는 모두 절을 하며 전송하지 않는다고 했다. 그런데 이곳에서만 절을 하며 전송을 했으니, 이 또한 향대부는 신분이 존귀하고 빈객으로 선정된 자는 신분이 미천하기 때문이며, 또한 천거를 받게 되기 때문에 특별히 수고롭게 찾아온 것에 대해 절을 하며 전송을 하여 다른 경우와 차이를 둔 것이다.

---

39) 『의례』「향사례(鄕射禮)」: 主人朝服乃速賓. 賓朝服出迎, 再拜.
40) 『의례』「공사대부례(公食大夫禮)」: 大夫還, 賓不拜送, 遂從之. 賓朝服卽位于 大門外, 如聘.

경문 介亦如之.

번역 개(介)에 대해서는 또한 이처럼 한다.

鄭注 如速賓也.

번역 빈객을 초빙할 때처럼 한다는 뜻이다.

경문 賓及衆賓皆從之.

번역 빈객과 빈객 무리들이 모두 뒤따라오게 된다.

鄭注 從猶隨也. 言及衆賓, 介亦在其中矣.

번역 '종(從)'자는 따른다는 뜻이다. '급중빈(及衆賓)'이라고 했으니, 개(介) 또한 그 안에 포함되는 것이다.

賈疏 ●"賓及"至"從之". ◎注"從猶"至"中矣". ○釋曰: 鄭云"言及衆賓, 介亦在其中矣"者, 上文戒及速皆言賓與介, 不言衆賓, 及從主人來, 卽言賓及衆賓, 衆賓不戒不速, 尚從主人, 則介在從主人可知也.

번역 ●經文: "賓及"~"從之". ◎鄭注: "從猶"~"中矣". ○정현이 "'급중빈(及衆賓)'이라고 했으니, 개(介) 또한 그 안에 포함되는 것이다."라고 했는데, 앞에서는 알리고 초빙을 할 때 모두 빈객과 개를 언급했으며, 빈객 무리들에 대해서는 언급하지 않았다. 주인을 뒤따라오게 될 때에는 빈객과 빈객 무리를 언급했는데, 빈객 무리들에 대해서는 알리지도 않고 초빙도 하지 않지만 오히려 주인을 뒤따르게 되므로, 개(介)가 주인을 뒤따르는 무리에 포함된다는 사실을 알 수 있다.

참고 『의례』「향음주례(鄕飮酒禮)」기록

경문 賓降洗.

번역 빈객이 당하로 내려와 술잔을 씻는다.

鄭注 將酢主人.

번역 주인에게 술을 따라주기 위해서이다.

賈疏 ●"賓降洗". ◎注"將酢主人". ○釋曰: 自此已下至"西階上答拜", 論賓酢主人之事. 云"將酢主人"者, 按爾雅云: "酢, 報也." 前得主人之獻, 今將酌以報之, 故降洗而致絜敬, 故云將酢主人也.

번역 ●經文: "賓降洗". ◎鄭注: "將酢主人". ○이곳 구문으로부터 그 이하로 "서쪽 계단 위에서 답배를 한다."라는 구문까지는 빈객이 주인에게 술을 따라 권하는 사안을 논의하고 있다. 정현이 "주인에게 술을 따라주기 위해서이다."라고 했는데, 『이아』를 살펴보면 "초(酢)는 보답하는 것이다."[41]라고 했다. 앞서 주인이 바친 술잔을 받았고, 현재 술을 따라서 보답을 하려고 하기 때문에 당하로 내려가서 술잔을 씻어 청결과 공경함을 지극히 나타낸다. 그렇기 때문에 "주인에게 술을 따라주기 위해서이다."라고 했다.

경문 主人降.

번역 주인이 당하로 내려간다.

鄭注 亦從賓也. 降, 降立阼階東, 西面.

번역 이 또한 빈객의 뒤를 따르는 것이다. 내려간다는 것은 내려가서

---

41) 『이아』「석고(釋詁)」: 酬·酢·侑, 報也.

동쪽 계단의 동쪽에 서서 서쪽을 바라본다는 뜻이다.

買疏 ●"主人降". ◎注"降立"至"西面". ○釋曰: 知面位如此者, 按下云 "主人復阼階東, 西面", 故知此當於阼階東西面也.

번역 ●經文: "主人降". ◎鄭注: "降立"~"西面". ○바라보는 방향과 서 있는 자리가 이와 같다는 사실을 알 수 있는 이유는 아래문장을 살펴보면 "주인은 동쪽 계단의 동쪽으로 되돌아가서 서쪽을 바라본다."라고 했다. 그 렇기 때문에 이곳에서도 동쪽 계단의 동쪽에서 서쪽을 바라보게 된다는 사실을 알 수 있다.

경문 賓坐奠爵, 興辭.

번역 빈객은 앉아서 술잔을 내려놓고 일어나서 주인이 따라 내려오는 것을 사양한다.

鄭注 西階前也.

번역 서쪽 계단 앞에서 한다.

買疏 ●"賓坐奠爵興辭". ◎注"西階前也". ○釋曰: 鄭知"西階前"者, 鄕射 云: "賓西階前東面坐奠爵, 興, 辭降." 此亦然, 故也.

번역 ●經文: "賓坐奠爵興辭". ◎鄭注: "西階前也". ○정현이 "서쪽 계단 앞에서 한다."라고 했는데, 이러한 사실을 알 수 있는 이유는 『의례』「향사 례(鄕射禮)」편에서 "빈객은 서쪽 계단 앞에서 동쪽을 바라보며 자리에 앉 아서 술잔을 내려놓고, 일어나서 주인이 내려오는 것을 사양한다."[42]라고 했고, 이곳의 상황 또한 이와 같기 때문이다.

---

42) 『의례』「향사례(鄕射禮)」: 賓以虛爵降. 主人降. 賓西階前東面坐奠爵, 興辭降.

경문 主人對, 賓坐取爵, 適洗南, 北面. 主人阼階東, 南面辭洗. 賓坐奠爵
于篚, 興對. 主人復阼階東, 西面. 賓東北面盥, 坐取爵, 卒洗, 揖讓如初, 升.
主人拜洗, 賓答拜, 興, 降盥, 如主人禮. 賓實爵主人之席前, 東南面酢主人. 主
人阼階上拜, 賓少退. 主人進受爵, 復位, 賓西階上拜送爵, 薦脯醢. 主人升席
自北方, 設折俎, 祭如賓禮.

번역 주인이 응대를 하면 빈객은 앉아서 잔을 잡고, 세(洗)의 남쪽으로
가서 북쪽을 바라본다. 주인은 동쪽 계단의 동쪽에서 남쪽을 바라보며 술잔
씻는 것을 사양한다. 빈객은 앉아서 광주리에 술잔을 놓아두고 일어나서
응대한다. 주인은 동쪽 계단의 동쪽으로 되돌아가서 서쪽을 바라본다. 빈객
은 동북쪽을 향하여 손을 씻고 앉아서 잔을 잡고 술잔 씻는 일을 마치며,
읍과 사양하길 처음에 했던 것처럼 하고 당상으로 올라간다. 주인은 술잔을
씻은 것에 대해 절을 하고 빈객은 답배를 하며 일어나서 당하로 내려가서
손을 씻는데 주인이 시행한 예법처럼 한다. 빈객은 술잔에 술을 채우고 주인
의 자리 앞에서 동남쪽을 바라보며 주인에게 술을 권한다. 주인이 동쪽 계단
위에서 절을 하면 빈객은 조금 뒤로 물러난다. 주인이 나아가 술잔을 받고
자신의 자리로 되돌아가며 빈객은 서쪽 계단 위에서 절을 하며 술잔을 보내
고, 포와 젓갈을 올린다. 주인은 북쪽을 통해 자리로 올라가고, 절조(折俎)를
진설하며, 제사를 지내는데 빈객이 시행한 예법처럼 한다.

鄭注 祭者, 祭薦俎及酒, 亦嚌啐.

번역 제사를 지낸다는 것은 포·젓갈·도마에 올린 고기와 술로 제사를
지내는 것이며, 또한 희생물을 맛보고 술을 맛본다.

賈疏 ●"主人"至"賓禮". ◎注"祭者"至"嚌啐". ○釋曰: 此賓坐取爵, 適洗
南盥, 坐取爵, 卒洗, 以此言之, 則賓未盥, 主人辭洗. 按鄉射禮盥訖將洗, 主人
乃辭洗, 先後不同者, 彼與鄉人習禮輕, 故盥訖乃辭洗, 此鄉人將賓擧之, 故未
盥先辭洗, 重之故也. 若然, 鄉射禮內兼有鄉大夫, 卽尊與州長同於盥後辭洗

者, 以其盥後辭洗是禮之常故也. 但鄕射“賓坐取爵適洗, 坐奠爵于篚下”, 主人辭洗之時, 賓方奠爵于篚下, 此不奠爵篚下, 便言奠爵于篚者, 鄕射云“賓坐取爵洗”之時, 未得主人之命, 故得奠於篚下, 得主人之命, 乃奠于篚. 此則賓取爵適洗, 未奠之時, 主人卽辭, 故奠于篚也. 云“揖讓如初, 升”者, 謂前主人卒洗, 一揖一讓升也. 云“降盥, 如主人禮”者, 謂如主人降盥禮, 則此賓降, 主人亦降, 賓辭降, 主人對, 一與主人降辭已下同也. 云“祭如賓禮”者, 如上賓祭時, “坐左執爵, 右祭脯醢, 奠爵于薦西, 興, 右手取肺, 卻左手執本, 坐, 弗繚, 右絕末以祭, 尙左手, 嚌之. 興, 加于俎. 坐挩手, 遂祭酒. 興, 席末坐, 啐酒.” 故云祭如賓禮. 云“祭者, 祭薦俎及酒”者, 薦謂脯醢, 俎卽離肺也. 云“亦嚌啐”者, 直云祭如賓禮. 嫌祭不嚌啐, 故鄭明之. 云亦嚌肺啐酒, 是以下文云“不告旨”, 明亦啐也.

번역 ●經文: “主人”~“賓禮”. ◎鄭注: “祭者”~“嚌啐”. ○빈객은 앉아서 술잔을 잡고 세(洗)로 가서 남쪽을 바라보며 손을 씻고 앉아서 술잔을 잡으며 술잔 씻는 것을 마무리한다고 했는데, 이를 통해 말해보자면 빈객이 아직 손을 씻지 않았을 때 주인은 술잔 씻는 것을 사양한다. 『의례』「향사례(鄕射禮)」편을 살펴보면 손 씻는 것을 마치고 술잔을 씻으려고 할 때 주인은 술잔 씻는 것을 사양하여, 선후가 동일하지 않은데, 「향사례」편은 향인들과 예법을 익히는 것으로 상대적으로 수위가 낮다. 그렇기 때문에 손 씻는 것을 마친 뒤에야 술잔 씻는 것을 사양하는 것이며, 이곳의 상황은 향인을 빈객으로 삼아 천거하려는 것이기 때문에 아직 손을 씻기 이전에 먼저 술잔 씻는 것을 사양하니, 그 절차를 중대하게 여기기 때문이다. 만약 그렇다면 「향사례」편에서 말한 의례에는 향대부도 포함되는데, 그는 존귀함에도 불구하고 주장과 마찬가지로 손을 씻은 뒤에 술잔 씻는 것을 사양한다. 그 이유는 손을 씻은 이후에 술잔 씻는 것을 사양하는 것이 일반적인 예법이기 때문이다. 다만 「향사례」편에서는 “빈객은 앉아서 술잔을 잡고 세(洗)가 있는 곳으로 가서 자리에 앉아 광주리 아래에 술잔을 내려놓는다.”[43]라고 했는데, 주인이 술잔 씻는 것에 대해 사양할 때 빈객은 광주리

---

43) 『의례』「향사례(鄕射禮)」: 賓坐取爵, 適洗北面坐, 奠爵于篚下, 興, 盥洗.

아래에 술잔을 놓아두려고 한다. 여기에서는 광주리 아래에 술잔을 내려놓
지 않고 곧바로 광주리에 술잔을 내려놓는다고 했다. 그 이유는 「향사례」
편에서 "빈객이 앉아서 술잔을 잡고 술잔을 씻는다."라고 했던 시기에는
아직 주인의 명령을 받지 못했기 때문에 광주리 아래에 술잔을 내려놓을
수 있는 것이며, 주인의 명령을 받은 뒤에야 광주리에 술잔을 놓아둘 수
있다. 이곳의 상황은 빈객이 술잔을 잡고 세(洗)로 가서 아직 술잔을 내려
놓지 않았을 때 주인이 곧 사양을 했다. 그렇기 때문에 광주리에 술잔을
놓아둘 수 있다. "읍과 사양하길 처음에 했던 것처럼 하고 당상으로 올라간
다."라고 했는데, 이전에 주인은 술잔 씻는 것을 마치고 한 차례 읍과 사양
을 하고서 당상에 올라갔던 것처럼 한다는 뜻이다. "당하로 내려가서 손을
씻는데 주인이 시행한 예법처럼 한다."라고 했는데, 주인이 당하로 내려가
서 손을 씻을 때의 예법처럼 한다는 뜻이니, 빈객이 당하로 내려가면 주인
또한 내려가고 빈객이 내려오는 것을 사양하면 주인이 응대를 하니, 주인
이 당하로 내려가고 사양을 한 것으로부터 그 이하의 절차를 모두 동일하
게 한다는 뜻이다. "제사를 지내는데 빈객이 시행한 예법처럼 한다."라고
했는데, 앞에서 빈객이 제사를 지냈을 때, "자리에 앉아서 좌측 손으로 술잔
을 잡고 우측 손으로 포와 젓갈로 제사를 지내며 술잔은 음식이 차려진
곳 서쪽에 내려놓고 자리에서 일어나며 우측 손으로 희생물의 폐를 들고
좌측 손으로 두터운 부위를 잡으며, 자리에 앉아서 그것을 비틀어 우측 손
으로 끝부분을 떼어내어 그것으로 제사를 지내는데, 좌측 손을 올리며, 그
것을 맛본다. 일어나서 남은 것을 도마에 올려둔다. 앉아서 손을 씻고, 그에
따라 술로 제사를 지낸다. 자리에서 일어나 자리 끝단에 앉아 술을 맛본다."
라고 했다. 그렇기 때문에 "제사를 지내는데 빈객이 시행한 예법처럼 한
다."라고 말한 것이다. 정현이 "제사를 지낸다는 것은 포·젓갈·도마에 올린
고기와 술로 제사를 지내는 것이다."라고 했는데, '천(薦)'자는 포와 젓갈을
뜻하고, '조(俎)'는 떼어낸 폐를 뜻한다. 정현이 "또한 희생물을 맛보고 술을
맛본다."라고 했는데, 단지 "제사를 지내는데 빈객이 시행한 예법처럼 한
다."라고만 말하면 제사를 지내고서 희생물과 술을 맛보지 않는다는 오해
를 할 수 있다. 그렇기 때문에 정현이 그 사실을 명시하여, 또한 폐를 맛보

고 술을 맛본다고 말한 것이다. 이러한 까닭으로 아래문장에서는 "맛있다고 아뢰지 않는다."라고 했으니, 이 또한 술을 맛본다는 사실을 나타낸다.

경문 不告旨.

번역 주인은 술이 맛있다고 알리지 않는다.

鄭注 酒, 己物也.

번역 술은 자신이 마련한 것이기 때문이다.

경문 自席前適阼階上, 北面坐卒爵, 興, 坐奠爵, 遂拜, 執爵興. 賓西階上答拜.

번역 주인은 자리 앞으로부터 동쪽 계단 위로 가서 북쪽을 바라보며 자리에 앉아 술잔을 비우고 일어나며 다시 앉아서 술잔을 놓아두고, 그에 따라 절을 하며, 술잔을 잡고서 일어난다. 빈객은 서쪽 계단 위에서 답배를 한다.

鄭注 自席前者, 啐酒席末, 因從北方降, 由便也.

번역 자리 앞으로부터 나아가는 것은 술을 맛볼 때 자리의 끝에서 하여 그에 따라 북쪽을 통해 자리에서 내려가니, 그것이 편리하기 때문이다.

賈疏 ●"自席"至"答拜". ◎注"自席"至"便也". ○釋曰: 按曲禮云席"東鄕·西鄕以南方爲上, 南鄕·北鄕以西方爲上." 凡升席, 必由下, 降由上. 今主人當降自南方, 以啐酒於席末, 遂因從席北頭降, 又從北向南, 北面拜, 是由便也. 若降由上之正, 亦是便, 故下云主人作相"降席自南方", 不由北方, 亦由便也.

번역 ●經文: "自席"~"答拜". ◎鄭注: "自席"~"便也". ○『예기』「곡례(曲禮)」편을 살펴보면 자리에 대해서 "동향이나 서향으로 되어 있을 때에는 남쪽을 상석으로 삼고, 남향이나 북향으로 되어 있을 때에는 서쪽을 상석으로 삼는다."[44]라고 했다. 자리에 올라갈 때에는 반드시 하등의 부분을 이용하고, 내려갈 때에는 상등의 부분을 이용한다. 현재 주인은 남쪽을 통해 내려가야만 하는데, 자리의 끝에서 술을 맛보았으므로, 그에 따라 자리의 북쪽을 통해서 내려가고, 또한 북쪽으로부터 남쪽을 향하여 북쪽을 바라보며 절을 하니, 이것은 편리하기 때문이다. 만약 정규 규범처럼 자리상등의 부분을 통해 내려가는 것이라면 이 또한 편리하기 때문이다. 그렇기 때문에 아래문장에서 주인은 의례의 진행을 도울 사람을 세우고 "남쪽을 통해 자리에서 내려온다."라고 했는데, 이것은 북쪽을 이용하지 않은 것으로, 이 또한 편리함에 따르기 때문이다.

경문 主人坐奠爵于序端, 阼階上北面再拜崇酒. 賓西階上答拜.

번역 주인은 앉아서 서(序)의 끝단에 술잔을 내려놓고, 동쪽 계단 위에서 북쪽을 바라보며 술을 가득 채운 것에 대해 재배를 한다. 빈객은 서쪽 계단 위에서 답배를 한다.

鄭注 東西牆謂之序. 崇, 充也, 言酒惡, 相充實.

번역 동쪽과 서쪽에 있는 담을 '서(序)'라고 부른다. '숭(崇)'자는 채운다는 뜻이니, 술이 조악한데도 상호 가득 채웠다는 의미이다.

賈疏 ●"主人坐奠爵于序端". ◎注"東西"至"充實". ○釋曰: "奠爵于序端"者, 擬後酬賓訖, 取此爵以獻介也. 云"東西牆謂之序"者, 爾雅·釋宮文. 但彼云"東西廂", 廂卽牆, 故變言之也.

번역 ●經文: "主人坐奠爵于序端". ◎鄭注: "東西"~"充實". ○"서(序)의 끝단에 술잔을 내려놓는다."라고 했는데, 이후 빈객에게 술을 권하는 일을 마치면 이 술잔을 가져다가 개(介)에게 술을 따라 바쳐야 하기 때문이

---

44) 『예기』「곡례상(曲禮上)」 【19d】: 席南鄕北鄕, 以西方爲上; 東鄕西鄕, 以南方爲上.

다. 정현이 "동쪽과 서쪽에 있는 담을 '서(序)'라고 부른다."라고 했는데, 이 것은 『이아』「석궁(釋宮)」편의 기록이다.[45] 다만 『이아』에서는 '동서상(東西廂)'이라고 기록했는데, 상(廂)은 곧 담을 뜻한다. 그렇기 때문에 글자를 바꿔서 기록한 것이다.

경문 主人坐取觶于篚, 降洗. 賓降, 主人辭降. 賓不辭洗, 立當西序, 東面.

번역 주인은 앉아서 광주리에서 치(觶)를 잡고 당하로 내려가서 술잔을 씻는다. 빈객이 내려오면 주인은 내려오는 것을 사양한다. 빈객은 술잔을 씻어준 것에 대해 사양하지 않고, 서쪽 서(序)와 마주하는 곳에 서서 동쪽을 바라본다.

鄭注 不辭洗者, 以其將自飮.

번역 술잔을 씻어준 것에 대해 사양하지 않는 것은 주인이 직접 마시려고 하는 술이기 때문이다.

賈疏 ●"主人"至"東面". ○釋曰: 自此至"復位", 論主人酬賓之事.

번역 ●經文: "主人"~"東面". ○이곳 구문으로부터 "자리로 되돌아온다."라는 구문까지는 주인이 빈객에게 술을 권하는 사안을 논의하고 있다.

賈疏 ◎注"不辭"至"自飮". ○釋曰: 酬酒先飮, 乃酬賓, 故云"將自飮". 若然, 旣自飮而盥洗者, 禮法宜絜故也. 若然, 經云"賓降主人辭", 應奠爵, 不言者, 理在可知, 故爲文略也.

번역 ◎鄭注: "不辭"~"自飮". ○술을 권할 때에는 먼저 술을 마시고서야 빈객에게 권한다. 그렇기 때문에 "장차 직접 마시려고 한다."라고 했다.

---

45) 『이아』「석궁(釋宮)」: 牖戶之間謂之扆, 其內謂之家. <u>東西牆謂之序.</u>

만약 그렇다면 이미 자신이 직접 마시는 것인데도 손을 씻고 술잔을 씻는 것은 예법에 따라서는 마땅히 청결하게 해야 하기 때문이다. 만약 그렇다면 경문에서 "빈객이 내려가면 주인이 사양한다."라고 했으니, 마땅히 술잔을 내려놓아야 하는데, 이러한 사실을 언급하지 않은 것은 이치상 그처럼 한다는 사실을 알 수 있다. 그렇기 때문에 문장을 생략한 것이다.

경문 卒洗, 揖讓升. 賓西階上疑立. 主人實觶酬賓, 阼階上北面坐奠觶, 遂拜, 執觶興. 賓西階上答拜.

번역 술잔 씻는 것을 마치면 읍과 사양을 하며 당상으로 올라간다. 빈객은 서쪽 계단 위에서 의립(疑立)을 한다. 주인은 치(觶)에 술을 채우고 빈객에게 술을 권하고, 동쪽 계단 위에서 북쪽을 바라보며 앉아서 술잔을 놓아두고, 그에 따라 절을 하며, 술잔을 잡고서 일어난다. 빈객은 서쪽 계단 위에서 답배를 한다.

鄭注 酬, 勸酒也. 酬之言周, 忠信爲周.

번역 '수(酬)'는 술을 권한다는 뜻이다. '수(酬)'자는 주(周)자의 뜻이니, 충심과 신의를 갖춘 것이 '주(周)'의 의미이다.

賈疏 ●"卒洗"至"答拜". ◎注"酬勸"至"爲周". ○釋曰: 云"賓西階上疑立"者, 待主人自飲故也. 云"酬之言周, 忠信爲周"者, 此解主人將酬賓, 先自飲之意. 以其酬賓若不自先飲, 主人不忠信, 恐賓不飲, 示忠信之道, 故先自飲, 乃飲賓爲酬也. 忠信爲周, 國語文.

번역 ●經文: "卒洗"~"答拜". ◎鄭注: "酬勸"~"爲周". ○"빈객은 서쪽 계단 위에서 의립(疑立)을 한다."라고 했는데, 주인 스스로 술을 마실 때까지 기다리기 때문이다. 정현이 "'수(酬)'자는 주(周)자의 뜻이니, 충심과 신의를 갖춘 것이 '주(周)'의 의미이다."라고 했는데, 이것은 주인이 빈객에게 술을 권하려고 하여 먼저 자신이 마시는 의미를 풀이한 것이다. 빈객에게 술을 권하면서 만약 자신이 먼저 마시지 않는다면 주인은 충심과 신의를 가진 것이 아니며, 빈객이 마시지 않을까를 염려하여 충심과 신의의 도를 나타낸다. 그렇기 때문에 먼저 마시고서야 빈객에게 술을 권하는 것이 수(酬)이다. 충심과 신의를 갖춘 것이 주(周)라고 한 말은 『국어』의 기록이다.46)

경문 坐祭, 遂飮, 卒觶, 興, 坐奠觶, 遂拜, 執觶興. 賓西階上答拜. 主人降洗, 賓降, 辭如獻禮. 升, 不拜洗.

번역 앉아서 술로 제사를 지내고 그에 따라 술을 마시며 치(觶)를 비우면 일어나고 다시 자리에 앉아서 치를 놓아두고 그에 따라 절을 하며, 다시 치를 잡고 일어난다. 빈객은 서쪽 계단 위에서 답배를 한다. 주인이 당하로 내려가서 술잔을 씻으면 빈객은 내려가는데, 주인이 사양을 할 때에는 처음 술을 따라서 바칠 때의 예법처럼 한다. 당상으로 올라가면 빈객은 술잔을 씻어준 것에 대해 절을 하지 않는다.

鄭注 不拜洗, 殺於獻.

번역 술잔을 씻어준 것에 대해 절을 하지 않는 것은 주인이 처음 술을 따라서 바쳤을 때보다 낮추기 때문이다.

賈疏 ●"坐祭"至"拜洗". ◎注"不拜洗殺於獻". ○釋曰: 云"坐祭, 遂飮"者, 因坐祭卽飮, 飮卒觶, 因事曰遂, 故曰遂. 云"辭, 如獻禮"者, 主人辭賓降, 主人爲己洗爵, 此與獻賓時同, 故云"辭如獻禮". 禮殺升堂, 不拜洗, 與獻時異, 故別言之, 使不蒙如也. 禮殺於獻者, 獻時拜洗, 禮初不殺故也.

번역 ●經文: "坐祭"~"拜洗". ◎鄭注: "不拜洗殺於獻". ○"앉아서 술로

---

46) 『국어(國語)』「노어하(魯語下)」: 懷和爲每懷, 咨才爲諏, 咨事爲謀, 咨義爲度, 咨親爲詢, 忠信爲周.

제사를 지내고 그에 따라 술을 마신다."라고 했는데, 앉아서 술로 제사를 지낸 것에 따라서 곧바로 술을 마시고, 술을 마셔서 치(觶)를 비우게 되니, 그 사안에 따라서 시행하는 것을 '수(遂)'라고 부른다. 그렇기 때문에 수(遂)라고 기록한 것이다. "사양을 할 때에는 처음 술을 따라서 바칠 때의 예법처럼 한다."라고 했는데, 주인은 빈객이 당하로 내려오는 것을 사양하는 것이니, 주인은 자신을 위해 술잔을 씻는 것으로, 이것은 빈객에게 술을 따라서 바칠 때와 동일하다. 그렇기 때문에 "사양을 할 때에는 처음 술을 따라서 바칠 때의 예법처럼 한다."라고 했다. 예법을 낮추어 당상에 올라가고 술잔을 씻어준 것에 대해 절을 하지 않는 것은 처음 술을 따라서 바칠 때와 차이를 보이는 것이다. 그렇기 때문에 별도로 언급한 것이니, 앞의 것에 따라 이해하지 않게끔 하는 것이다. 처음 술을 따라서 바칠 때보다 예법을 낮춘다는 것은 처음 술을 따라서 바칠 때에는 술잔을 씻어준 것에 대해 절을 하는 것으로, 예법을 시행하는 초기에는 낮추지 않기 때문이다.

경문 賓西階上立, 主人實觶賓之席前, 北面, 賓西階上拜, 主人少退, 卒拜, 進, 坐奠觶于薦西.

번역 빈객은 서쪽 계단 위에 서고, 주인은 빈객의 자리 앞에서 치(觶)에 술을 채우고 북쪽을 바라보며, 빈객이 서쪽 계단 위에서 절을 하면, 주인은 조금 물러나며, 빈객이 절을 마치면 주인은 나아가 앉아서 음식이 차려진 곳 서쪽에 치를 내려놓는다.

鄭注 賓已拜, 主人奠其觶.

번역 빈객이 절하는 것을 마치면 주인은 치(觶)를 내려놓는다.

賈疏 ●"賓西"至"薦西". ◎注"賓已"至"其觶". ○釋曰: "賓已拜, 主人奠其觶"者, 非久停, 下文賓取之"奠于薦東", 是也.

번역 ●經文: "賓西"~"薦西". ◎鄭注: "賓已"~"其觶". ○정현이 "빈객

이 절하는 것을 마치면 주인은 치(觶)를 내려놓는다.”라고 했는데, 오래도록 머물러 있는 것이 아니니, 아래문장에서 빈객이 술잔을 잡고 “음식이 차려진 곳 동쪽에 내려놓는다.”라고 한 말이 이러한 사실을 나타낸다.

경문 賓辭, 坐取觶, 復位. 主人阼階上拜送, 賓北面坐奠觶于薦東, 復位.

번역 빈객이 사양을 하고 앉아서 치(觶)를 잡고 자신의 자리로 되돌아간다. 주인은 동쪽 계단 위에서 절을 하며 술잔을 전하고, 빈객은 북쪽을 바라보며 자리에 앉아서 음식이 차려진 곳 동쪽에 술잔을 내려놓고 자신의 자리로 되돌아간다.

鄭注 酬酒不擧, 君子不盡人之歡, 不竭人之忠, 以全交也.

번역 술을 권하는데도 술잔을 들지 않는 것은 군자는 남이 자신에게 남김없이 호의 베푸는 것을 바라지 않고, 남이 자신에게 충심을 다하는 것을 바라지 않음으로써, 상호간의 우호를 온전히 유지하기 때문이다.[47]

賈疏 ●“賓辭”至“復位”. ◎注“酬酒”至“交也”. ○釋曰: 賓辭, 不解所辭之事, 按鄕射: “二人擧觶于賓與大夫, 進, 坐奠于薦右, 賓與大夫辭, 坐受觶以興.” 注云: “辭, 辭其坐奠觶.” 以彼云賓與大夫辭, 卽云坐受觶以興. 若自手受之以擧觶, 是禮已, 故賓與大夫可以當亢答之禮, 得云辭其親奠. 此禮初, 賓謙卑, 不辭其奠, 故經不云坐受以興. 然此辭是主人復親酌己, 故鄕射主人酬賓云賓辭, 鄭注云“辭主人復親酌己”, 是也. 云“酬酒不擧, 君子不盡人之歡, 不竭人之忠, 以全交也”者, 並曲禮文. 按彼歡謂飮食, 忠謂衣服, 引之幷謂飮食者, 鄭於彼歡與忠相對解之, 故歡爲飮食, 忠爲衣服, 通而言之, 總爲飮食, 於義合也. 云“全交”者, 所有飮食與己已盡之, 恐人嫌貧而交絶, 故不盡爲全交, 酬酒不飮亦是全交, 故引爲證也. 此以奠於薦東, 爲酬酒不擧. 按燕禮二人媵爵于公, “奠

---

47)『예기』「곡례상(曲禮上)」【34c】: 君子不盡人之歡, 不竭人之忠, 以全交也.

于薦南", 彼皆擧爲旅酬而在左者, 鄭彼注云: "奠于薦南, 不敢必君擧也." 按特
牲主人酬賓, "奠于薦北", 彼擧旅而在左者, 鄭彼云: "行神惠." 故不與此同也.

번역 ●經文: "賓辭"~"復位". ◎鄭注: "酬酒"~"交也". ○빈객이 사양한
다고 했는데, 사양하는 사안에 대해 풀이하지 않았지만, 『의례』「향사례(鄕
射禮)」편을 살펴보면 "두 사람은 빈객과 대부에게 술잔을 들어 올리고, 나
아가 음식이 차려진 곳 우측에 술잔을 내려놓으며, 빈객과 대부가 사양을
하고, 앉아서 치(觶)를 받고서 일어난다."[48]라고 했고, 정현의 주에서는 "사
양을 한다는 것은 앉아서 술잔 내려놓는 일을 사양하는 것이다."라고 했다.
「향사례」편에서는 빈객과 대부가 사양한다고 했고, 곧바로 앉아서 치를 잡
고 일어난다고 했다. 직접 손으로 받아서 치를 들어 올리는 것이라면 이것은
예법에 따른 것이다. 그렇기 때문에 빈객과 대부는 대등하게 답례를 시행할
수 있어서, 직접 술잔 내려놓는 것을 사양한다고 말할 수 있다. 이곳의 내용
은 의례의 초반부에 해당하여 빈객은 겸손하게 자신을 낮추므로 술잔 내려
놓는 것을 사양하지 않는다. 그렇기 때문에 경문에서는 앉아서 받고 일어난
다고 말하지 않았다. 그렇다면 여기에서 사양한다고 한 말은 주인이 재차
직접 자신에게 술을 따라주는 것을 사양하는 것이다. 그렇기 때문에 「향사
례」편에서는 주인이 빈객에게 술을 따라 권할 때 빈객이 사양한다고 말한
것이며, 정현의 주에서는 "주인이 재차 자신에게 직접 술 따라주는 것을 사
양하는 것이다."라고 말한 것이다. 정현이 "술을 권하는데도 술잔을 들지
않는 것은 군자는 남이 자신에게 남김없이 호의 베푸는 것을 바라지 않고,
남이 자신에게 충심을 다하는 것을 바라지 않음으로써, 상호간의 우호를
온전히 유지하기 때문이다."라고 했는데, 이 모두는 『예기』「곡례(曲禮)」편
의 기록이다. 「곡례」편을 살펴보면 '환(歡)'은 술을 마시고 음식 먹는 것을

---

48) 『의례』「향사례(鄕射禮)」: 司正降復位, 使二人擧觶于賓與大夫. 擧觶者皆洗
觶, 升, 實之, 西階上北面皆坐, 奠觶, 拜, 執觶興. 賓與大夫皆席末答拜. 擧觶
者皆坐, 祭, 遂飮卒觶, 興, 坐, 奠觶拜, 執觶興. 賓與大夫皆答拜. 擧觶者逆降,
洗, 升實觶, 皆立于西階上北面, 東上. 賓與大夫拜. 擧觶者皆進坐, 奠于薦右.
賓與大夫辭, 坐受觶以興.

뜻하며, '충(忠)'은 의복을 뜻하는데, 이곳에서 이 문장을 인용하여 둘 모두에 대해 술을 마시고 음식을 먹는 것으로 풀이한 것은 정현이 「곡례」편에 대해서는 환(歡)과 충(忠)을 상대적인 것으로 풀이했다. 그렇기 때문에 환(歡)을 술을 마시고 음식 먹는 것으로 여겼고, 충(忠)을 의복을 뜻하는 것으로 여긴 것인데, 통괄해서 말한다면 둘 모두 음식으로 여기는 것이 의미상 부합된다. "우호를 온전히 한다."라고 했는데, 술을 마시고 음식을 먹는 것에 있어서 자신에게 모든 것을 베풀도록 한다면 상대가 가난하게 되어 교류가 단절될 것이 염려된다. 그렇기 때문에 다하지 않도록 하는 것이 우호를 온전히 하는 것이며, 술을 권할 때 마시지 않는 것 또한 우호를 온전히 하는 것이다. 그렇기 때문에 이 문장을 인용해서 증거로 삼았다. 이곳에서 술잔을 음식이 차려진 곳 동쪽에 놓아두었던 것은 술을 권하지만 술잔을 들어 마시지 않기 때문이다. 『의례』「연례(燕禮)」편을 살펴보면 두 사람이 공에게 잉작(媵爵)[49]을 하며 "음식이 차려진 곳 남쪽에 술잔을 내려놓는다."라고 했다. 「연례」편에서는 모두 술잔을 든다고 한 것은 여수(旅酬)를 위한 것이므로 음식이 차려진 곳 좌측에 놓아두는데, 정현의 주에서는 "음식이 차려진 곳 남쪽에 두는 것은 반드시 군주가 들도록 할 수 없기 때문이다."라고 했다. 『의례』「특생궤식례(特牲饋食禮)」편을 살펴보면 주인이 빈객에게 술을 권하며 "음식이 차려진 곳 북쪽에 술잔을 내려놓는다."라고 했는데, 「특생궤식례」편에서 여수를 시행하며 좌측에 둔다고 했던 것에 대해 정현은 "신령의 은혜에 따라 시행하기 때문이다."라고 했다. 그러므로 이곳의 내용과 동일하지 않은 것이다.

---

49) 잉작(媵爵)은 술을 따라주는 예법 절차 중 하나이다. 연례(燕禮)를 실시할 때, 술을 따라주는 절차가 끝나면, 재차 명령을 하여, 군주에게 술을 따르도록 시키는데, 이것을 '잉작'이라고 부른다. 또한 '잉작'의 시점을 서로 술을 따라서 주고받는 절차의 시작으로 삼기도 한다. 『의례』「연례(燕禮)」편에는 "小臣自阼階下, 請媵爵者, 公命長."이라는 기록이 있고, 호배휘(胡培翬)의 『정의(正義)』에서는 "李氏如圭云: 媵爵者, 獻酬禮成, 更擧酒於公, 以爲旅酬之始"라고 풀이했다.

경문 主人揖, 降. 賓降, 立于階西, 當序, 東面.

번역 주인이 읍을 하고 당하로 내려간다. 빈객이 당하로 내려가서 계단의 서쪽에 서서 서(序)를 마주하는 곳에서 동쪽을 바라본다.

鄭注 主人將與介爲禮, 賓謙, 不敢居堂上.

번역 주인은 개(介)와 의례를 시행하고자 하므로, 빈객은 겸손히 처신하여 감히 당상에 머물지 못하는 것이다.

賈疏 ●“主人”至“東西”. ◎注“主人”至“堂上”. ○釋曰: 自此下至“主人介右答拜”, 論主人獻介之事.

번역 ●經文: “主人”~“東西”. ◎鄭注: “主人”~“堂上”. ○이곳 구문으로부터 아래의 “주인은 개(介)의 우측에서 답배를 한다.”라고 한 구문까지는 주인이 개(介)에게 술을 따라 바치는 사안을 논의하고 있다.

경문 主人以介揖讓升, 拜如賓禮. 主人坐取爵于東序端, 降洗. 介降, 主人辭降, 介辭洗, 如賓禮. 升, 不拜洗.

번역 주인은 개(介)와 읍과 사양을 하며 당상으로 올라가고 절을 하며 빈객에 대한 예법처럼 한다. 주인은 앉아서 동쪽 서(序)의 끝단에서 술잔을 잡고 당하로 내려가서 술잔을 씻는다. 개(介)가 당하로 내려오면 주인은 내려오는 것을 사양하고, 개(介)는 주인이 술잔 씻는 것을 사양하니, 빈객에 대한 예법처럼 한다. 주인은 당상으로 올라가는데, 개(介)는 술잔 씻어 준 것에 대해 절을 하지 않는다.

鄭注 介禮殺也.

번역 개(介)에 대한 예법은 빈객보다 줄어들기 때문이다.

賈疏 ●"主人"至"拜洗". ◎注"介禮殺也". ○釋曰: 按上主人迎賓之時, 介與衆賓從入, 又主人與客三揖至於階之時, 介與衆賓亦隨至西階下東面. 今此文云揖讓升, 如客禮, 則唯於升堂時相讓, 無庭中三揖之事矣. 升堂而云拜者, 謂拜至亦如賓矣. 云"介禮殺也"者, 謂不拜洗, 是以鄕飮酒義云"三讓以賓升, 拜至・獻酬・辭讓之節繁, 及介省矣", 是也.

번역 ●經文: "主人"~"拜洗". ◎鄭注: "介禮殺也". ○앞의 문장을 살펴보면 주인이 빈객을 맞이할 때, 개(介)와 빈객 무리들은 뒤따라 들어온다고 했고, 또 주인이 빈객과 세 차례 읍을 하여 계단에 도달할 때, 개(介)와 빈객 무리들은 또한 그에 따라 서쪽 계단 밑으로 와서 동쪽을 바라본다고 했다. 이곳에서는 읍과 사양을 하여 당상으로 올라가며 빈객의 예법처럼 한다고 했으니, 단지 당상에 올라가며 상대에게 사양을 하는 것에만 해당하고, 마당에서 세 차례 읍을 하는 일은 없다. 당상에 올라가서 절을 한다는 것은 당도한 것에 대해 절을 하는 것으로, 이 또한 빈객에 대한 예법과 같다. 정현이 "개(介)에 대한 예법은 빈객보다 줄어들기 때문이다."라고 했는데, 술잔 씻어준 것에 대해 절을 하지 않는다는 것을 가리키니, 이러한 이유로 「향음주의」편에서는 "세 차례 사양을 하여 빈객이 당에 오르며, 빈객이 당도한 것에 대해 절을 하고 술을 건네 권하며 사양을 하게 되어 그 절차가 복잡한데 개(介)에 대해서는 생략한다."라고 했다.

경문 介西階上立.

번역 개(介)는 서쪽 계단 위에 서 있는다.

鄭注 不言疑者, 省文.

번역 의립(疑立)이라고 말하지 않은 것은 문장을 생략했기 때문이다.

賈疏 ◎注"不言疑者, 省文". ○釋曰: 此決上獻酬辭賓時, 賓於西階上疑立, 此亦當獻酒節而不言疑者, 省文也.

번역 ◎鄭注: “不言疑者, 省文”. ○이것은 앞에서 빈객에게 술을 따라 바치고 술을 권하며 사양하는 절차를 시행할 때 빈객은 서쪽 계단 위에서 의립(疑立)을 한다는 말을 통해서 판결할 수 있으니, 이곳에서 말한 상황은 술을 바치는 절차에 해당하는데도 의립(疑立)이라고 말하지 않은 것은 문장을 생략했기 때문이다.

경문 主人實爵介之席前, 西南面獻介. 介西階上北面拜, 主人少退. 介進, 北面受爵, 復位. 主人介右北面拜送爵, 介少退.

번역 주인은 개(介)의 자리 앞에서 술잔에 술을 채우고, 서남쪽을 바라보며 개(介)에게 술을 바친다. 개(介)는 서쪽 계단 위에서 북쪽을 바라보며 절을 하고, 주인은 조금 뒤로 물러난다. 개(介)는 나아가서 북쪽을 바라보며 술잔을 받고 자신의 자리로 되돌아간다. 주인은 개(介)의 우측에서 북쪽을 바라보며 절을 하고 술잔을 건네고, 개(介)는 조금 뒤로 물러난다.

鄭注 主人拜于介右, 降尊以就卑也. 今文無北面.

번역 주인이 개(介)의 우측에서 절을 하는 것은 자신의 존귀함을 낮춰서 낮은 곳으로 나아가기 때문이다. 금문에는 ‘북면(北面)’이라는 글자가 없다.

賈疏 ●“主人”至“少退”. ◎注“主人”至“北面”. ○釋曰: 云主人“介之席前, 西南面獻介”者, 以介席東面, 故邪向之. 若獻賓時, 於賓席前北面向之也. “主人拜于介右, 降尊以就卑也”者, 以主人獻賓時, 主人自在阼階, 今於獻介, 主人來在西階介右, 是介卑, 故降主人之尊, 就西階介之東北面拜也. 至旅酬皆同階者, 禮殺故也.

번역 ●經文: “主人”~“少退”. ◎鄭注: “主人”~“北面”. ○주인이 “개(介)의 자리 앞에서 서남쪽을 바라보며 개(介)에게 술을 바친다.”라고 했는데, 개(介)의 자리는 동쪽을 바라보고 있다. 그렇기 때문에 비스듬히 그를 향하는 것이다. 만약 빈객에게 술을 바칠 때라면 빈객의 자리 앞에서 북쪽을 바라보아 그를 향하게 된다. 정현이 "주인이 개(介)의 우측에서 절을 하는 것은 자신의 존귀함을 낮춰서 낮은 곳으로 나아가기 때문이다."라고 했는데, 주인이 빈객에게 술을 바칠 때, 주인은 동쪽 계단에 있게 되는데, 현재 개(介)에게 술을 바치며 주인은 다가가 서쪽 계단의 개(介) 우측에 있게 되니, 이것은 개(介)가 있는 미천한 곳이다. 그렇기 때문에 주인의 존귀함을 낮춰서 서쪽 계단에서 개(介)가 동북쪽을 바라보는 것으로 나아가 절을 하는 것이다. 여수(旅酬)를 할 때에도 모두 같은 계단에서 하는 것은 예법을 낮추기 때문이다.

경문 主人立于西階東, 薦脯醢. 介升席自北方, 設折俎. 祭如賓禮, 不嚌肺, 不啐酒, 不告旨. 自南方降席, 北面坐卒爵, 興, 坐奠爵, 遂拜, 執爵興. 主人介右答拜.

번역 주인은 서쪽 계단의 동쪽에 서서 포와 젓갈을 올린다. 개(介)는 북쪽을 통해 자리로 올라가고 절조(折俎)를 진설한다. 제사를 지낼 때에는 빈객이 따르는 예법처럼 하되, 희생물의 폐를 맛보지 않고 술을 맛보지 않으며 술이 맛있다고 아뢰지 않는다. 남쪽을 통해 자리에서 내려오고 북쪽을 바라보며 앉아서 술잔을 비우며, 자리에서 일어나고, 다시 앉아서 술잔을 내려놓고 그에 따라 절을 하며, 술잔을 잡고서 일어난다. 주인은 개(介)의 우측에서 답배를 한다.

鄭注 不嚌啐, 下賓.

번역 희생물을 맛보지 않고 술을 맛보지 않는 것은 빈객보다 낮추기 때문이다.

賈疏 ●"主人"至"答拜". ◎注"不嚌啐下賓". ○釋曰: 云"主人立于西階東"者, 始獻介之時近西, 在介右, 今於設薦之時, 主人無事, 稍近東. 按上獻賓薦設之時, 主人云"疑立", 此不言者, 文略也. 云"主人介右答拜"者, 還近西於前立處答拜也.

번역 ●經文: "主人"~"答拜". ◎鄭注: "不嚌啐下賓". ○"주인은 서쪽 계단의 동쪽에 선다."라고 했는데, 처음 개(介)에게 술을 바칠 때에는 조금 서쪽으로 이동하여 개(介)의 우측에 있게 되는데, 현재는 음식을 진설하는 시기이며, 주인은 시행할 일이 없어서 보다 동쪽과 가까운 곳에 있게 된다. 앞의 문장을 살펴보면 빈객에게 술을 바치고 음식을 진설할 때 주인은 "의립(疑立)을 한다."라고 말했고, 이곳에서는 이러한 사실을 언급하지 않았는데, 문장을 생략했기 때문이다. "주인은 개(介)의 우측에서 답배를 한다."라고 했는데, 이전에 서 있던 곳보다 조금 서쪽인 자리로 되돌아와서 답배를 한다.

경문 介降洗, 主人復阼階, 降辭如初.

번역 개(介)는 당하로 내려가서 술잔을 씻고 주인은 동쪽 계단으로 되돌아가며, 개(介)는 주인이 내려오는 것을 사양하니 처음과 동일하게 따른다.

鄭注 如賓酢之時.

번역 빈객이 술을 권할 때와 동일하게 한다는 뜻이다.

賈疏 ●"介降"至"如初". ◎注"如賓酢之時". ○釋曰: 自此至"介降立于賓南", 論介酢主人之事. 云"主人復阼階, 降辭如初"者, 如賓酢主人之時, 介辭主人從己降, 主人辭介爲己洗, 一皆如之也.

번역 ●經文: "介降"~"如初". ◎鄭注: "如賓酢之時". ○이곳 구문으로부터 "개(介)는 당하로 내려가서 빈객의 남쪽에 선다."라는 구문까지는 개(介)가 주인에게 술 권하는 사안을 논의하고 있다. "주인은 동쪽 계단으로 되돌아가며, 개(介)는 주인이 내려오는 것을 사양하니 처음과 동일하게 따른다."라고 했는데, 빈객이 주인에게 술을 권할 때와 동일하게 하여, 개(介)는 주인이 자신을 따라 당하로 내려오는 것을 사양하고, 주인은 개(介)가 자신을 위해 술잔 씻는 것을 사양하는 것으로, 이 모두는 동일하게 따른다는 뜻이다.

경문 卒洗, 主人盥.

번역 술잔 씻는 것을 마치면 주인은 손을 씻는다.

鄭注 盥者, 當爲介酌.

번역 손을 씻는 것은 개(介)가 술을 권하기 때문이다.

賈疏 ●"卒洗主人盥". ◎注"盥者當爲介酌". ○釋曰: 此主人自飮而盥者, 尊介也. 是以鄕射云: 大夫將酢, 主人卒洗, "主人盥". 注云: "盥者, 雖將酌自飮, 尊大夫, 不敢褻." 是其類也.

번역 ●經文: "卒洗主人盥". ◎鄭注: "盥者當爲介酌". ○이것은 주인이 직접 술을 마시기 위해 손을 씻는 것이니, 개(介)를 존귀하게 대하기 때문이다. 이러한 까닭으로『의례』「향사례(鄕射禮)」편에서는 대부가 술을 권하려고 할 때, 주인은 술잔 씻는 것을 마치고서 "주인이 손을 씻는다."라고 말한 것이고, 정현의 주에서는 "손을 씻는 것은 비록 술을 권하며 직접 술을 마시는 것이지만, 대부를 존귀하게 높이기 위한 것이니, 감히 더럽게 할 수 없기 때문이다."라고 했다. 이것이 바로 그 부류에 해당한다.

경문 介揖讓升, 授主人爵于兩楹之間.

번역 개(介)는 읍과 사양을 하며 당상으로 올라가고, 양쪽 기둥 사이에서 주인에게 술잔을 건넨다.

鄭注 就尊南授之. 介不自酌, 下賓. 酒者, 賓主共之.

번역 술동이 남쪽으로 나아가서 술잔을 건네는 것이다. 개(介)는 직접 술을 따르지 않으니, 빈객보다 낮추기 때문이다. 술은 빈객과 주인이 함께 사용하는 것이다.

賈疏 ●"介揖"至"之間". ○釋曰: "揖讓升"者, 謂一揖一讓升也. 云"授主人爵于兩楹之間", 以爵授主人也.

번역 ●經文: "介揖"~"之間". ○"읍과 사양을 하며 당상으로 올라간다."라고 했는데, 한 차례 읍과 사양을 하고서 당상으로 올라간다는 뜻이다. "양쪽 기둥 사이에서 주인에게 술잔을 건넨다."라고 했는데, 술잔을 주인에게 건넨다는 뜻이다.

賈疏 ◎注"就尊"至"共之". ○釋曰: 知兩楹間是尊南者, 以上云尊於房戶間, 房戶間當兩楹之北, 故云"就尊南授之"也. 云"介不自酌, 下賓"者, 以其賓親酌以酢主人, 此不自酌, 故云下賓也. 云"酒者, 賓主共之"者, 此鄭解酒賓主共之, 故賓自酌以酢主人, 介卑, 故不敢酌, 是以鄕飮酒義云"尊於房戶之間, 賓主共之", 是也.

번역 ◎鄭注: "就尊"~"共之". ○양쪽 기둥 사이가 술동이 남쪽에 해당한다는 사실을 알 수 있는 것은 앞에서 방과 방문 사이에 술동이를 둔다고 했고, 방과 방문 사이는 양쪽 기둥의 북쪽에 해당한다. 그렇기 때문에 정현이 "술동이 남쪽으로 나아가서 술잔을 건네는 것이다."라고 했다. 정현이 "개(介)는 직접 술을 따르지 않으니, 빈객보다 낮추기 때문이다."라고 했는데, 빈객은 직접 술을 따라서 주인에게 권하였는데, 여기에서는 직접 술을 따르지 않는다고 했다. 그렇기 때문에 빈객보다 낮춘다고 말했다. 정현이 "술은 빈객과 주인이 함께 사용하는 것이다."라고 했는데, 이것은 정현이 빈객과 주인이 술을 함께 사용하는 것임을 풀이한 것이다. 그렇기 때문에 빈객은 직접 술을 따라서 주인에게 권하는 것이며, 개(介)는 신분이 낮기 때문에 감히 직접 술을 따르지 않는다. 이러한 까닭으로 「향음주의」편에서는 "방(房)과 호(戶) 사이에 술동이를 두는 것은 빈객과 주인이 함께 사용한다는 뜻을 나타내는 것이다."라고 했다.

경문 介西階上立. 主人實爵, 酢于西階上, 介右坐奠爵, 遂拜, 執爵興. 介

答拜. 主人坐祭, 遂飮, 卒爵, 興, 坐奠爵, 遂拜, 執爵興. 介答拜. 主人坐奠爵于西楹南, 介右再拜崇酒. 介答拜.

번역 개(介)는 서쪽 계단 위에 선다. 주인은 잔에 술을 채우고 서쪽 계단 위에서 술을 권하고, 개(介)의 우측에 앉아서 술잔을 내려놓고 그에 따라 절을 하며, 술잔을 잡고서 일어난다. 개(介)는 답배를 한다. 주인은 앉아서 술로 제사를 지내고, 그에 따라 술을 마시며, 술잔을 비우고서 일어나며, 다시 앉아서 술잔을 내려놓고 그에 따라 절을 하며 술잔을 잡고서 일어난다. 개(介)는 답배를 한다. 주인은 서쪽 기둥의 남쪽에 앉아서 술잔을 내려놓고, 개의 우측에서 재배를 하며 술을 채운다. 개(介)는 답배를 한다.

鄭注 奠爵西楹南, 以當獻衆賓.

번역 서쪽 기둥의 남쪽에 술잔을 내려놓는 것은 여러 빈객들에게 술을 바쳐야 하기 때문이다.

賈疏 ●"介西"至"答拜". ○釋曰: 此主人旣受爵, 介無事, 故於西階上立. 不言疑立, 可知也, 亦省文.

번역 ●經文: "介西"~"答拜". ○이것은 주인이 잔을 받은 상황이며 개(介)는 할일이 없기 때문에 서쪽 계단 위에 서 있는 것이다. 의립(疑立)이라고 말하지 않았지만, 의립을 한다는 사실을 알 수 있기 때문에, 이 또한 문장을 생략한 것이다.

賈疏 ◎注"奠爵"至"衆賓". ○釋曰: 知此奠爵爲衆賓者, 按下文云"主人揖升坐取爵于西楹下", 是也. 鄕射無介, 故獻衆賓時於東序端, 取爵獻訖, 奠爵于篚也.

번역 ◎鄭注: "奠爵"~"衆賓". ○여기에서 술잔을 내려놓는 것이 빈객 무리들을 위한 것임을 알 수 있는 이유는 아래문장을 살펴보면 "주인은 읍을 하여 당상에 올라가서, 서쪽 기둥 밑에 앉아 잔을 잡는다."라고 했기 때문이다. 『의례』「향사례(鄕射禮)」편에는 개(介)에 대한 기록이 없다. 그렇기 때문에 빈객 무리들에게 술을 따라서 바칠 때에는 동쪽 서(序)의 끝단에서 하며, 술잔을 들어 술 바치는 일이 끝나면 광주리에 술잔을 내려놓는다.

경문 主人復阼階, 揖降. 介降立于賓南.

번역 주인은 동쪽 계단으로 되돌아가서 읍을 하고 당하로 내려간다. 개(介)는 당하로 내려가서 빈객의 남쪽에 서 있는다.

賈疏 ●"主人"至"賓南". ○釋曰: 向來主人與介行禮於西階上, 事訖, 故復阼階揖讓降. 介降立于賓南者, 以將獻衆賓, 故介無事, 就賓南也.

번역 ●經文: "主人"~"賓南". ○이전에 주인과 개(介)는 서쪽 계단 위에서 관련 의례를 시행했는데, 그 사안이 끝났기 때문에 동쪽 계단으로 되돌아가서 읍과 사양을 하며 당하로 내려가는 것이다. 개(介)는 당하로 내려가서 빈객의 남쪽에 서 있게 되는데, 빈객 무리들에게 술을 따라 바치려고 하기 때문에, 개(介)에게는 시행할 일이 없으므로, 빈객의 남쪽으로 나아가는 것이다.

경문 主人西南面三拜衆賓, 衆賓皆答壹拜.

번역 주인은 서남쪽을 바라보며 빈객 무리들에 대해 세 차례 절을 하고, 빈객 무리들은 모두 한 차례 답배를 한다.

鄭注 三拜·壹拜, 示徧, 不備禮也. 不升拜, 賤也.

번역 세 차례 절을 하고 한 차례 절을 하는 것은 모두에게 절을 한다는 뜻을 보여주는 것이니, 예법을 제대로 갖추지 않기 때문이다. 당상에 올라가서 절을 하지 않는 것은 신분이 미천하기 때문이다.

賈疏 ●“主人”至“壹拜”. ◎注“三拜”至“賤也”. ○釋曰: 自此已下至“奠于
篚”, 論獻衆賓之事. 云“西南面”者, 以其主人在阼階下, 衆賓在賓·介之南, 故
西南向拜之. 云“三拜·壹拜, 示徧, 不備禮也”者, 衆賓各得主人一拜, 主人亦徧
得一拜, 是不備禮, 故鄕射云: “三拜衆賓, 衆賓皆答壹拜.” 彼注云: “三拜, 示徧
也. 壹拜, 不備禮也.” 大夫禮皆然, 故少牢云: “主人三拜簒者, 簒者皆答拜.” 鄭
云: “三拜, 旅之示徧也.” 又有司徹云: “主人降南面, 拜衆賓于門東三拜, 衆賓
門東北面, 皆答壹拜.” 大夫尊, 故也. 士則答再拜, 故特牲云: 主人“三拜衆賓,
衆賓答再拜.” 鄭云“衆賓再拜者, 士賤, 旅之, 得備禮”, 是也. 云“不升拜, 賤也”
者, 此決上主人與賓·介行禮皆升堂拜, 至此三拜, 賓賤, 故不升拜至也.

번역 ●經文: “主人”~“壹拜”. ◎鄭注: “三拜”~“賤也”. ○이곳 구문으
로부터 그 이하로 “광주리에 술잔을 놓는다.”라는 구문까지는 빈객 무리에
게 술을 따라 바칠 때의 사안을 논의하고 있다. “서남쪽을 바라본다.”라고
했는데, 주인은 동쪽 계단 아래에 있고, 빈객 무리들은 빈객과 개(介)의 남
쪽에 있다. 그렇기 때문에 서남쪽을 바라보며 절을 하는 것이다. 정현이
“세 차례 절을 하고 한 차례 절을 하는 것은 모두에게 절을 한다는 뜻을
보여주는 것이니, 예법을 제대로 갖추지 않기 때문이다.”라고 했는데, 빈객
무리들은 각각 주인으로부터 한 차례 절하는 것을 받았고, 주인 또한 모두
에 대해서 한 차례 절하는 것을 받았는데, 이것은 예법을 제대로 갖추지
않은 것이다. 그렇기 때문에 『의례』「향사례(鄕射禮)」편에서는 “빈객 무리
에게 세 차례 절을 하면, 빈객 무리들은 모두 한 차례 답배를 한다.”라고
한 것이고, 그 주에서는 “세 차례 절을 하는 것은 두루 하게 됨을 드러내는
것이다. 한 차례 절을 하는 것은 예법을 제대로 갖추지 않은 것이다.”라고
했다. 대부의 예법에서도 모두 이처럼 한다. 그렇기 때문에 『의례』「소뢰궤
식례(少牢饋食禮)」편에서는 “주인은 찬자에게 세 차례 절을 하고, 찬자는
모두 한 차례 절을 한다.”라고 했고, 정현은 “세 차례 절을 하는 것은 무리
들에 대해 두루 함을 드러내는 것이다.”라고 했으며 또 『의례』「유사철(有
司徹)」편에서는 “주인은 내려가서 남쪽을 바라보며 문의 동쪽에서 빈객 무
리에게 절을 하는데 세 차례 절을 하고, 빈객 무리들은 문의 동쪽에서 북쪽

을 바라보며 모두 한 차례 답배를 한다."라고 했는데, 대부는 존귀하기 때문
이다. 사의 경우 두 차례 답배를 한다. 그렇기 때문에『의례』「특생궤식례
(特牲饋食禮)」편에서는 주인이 "빈객 무리들에게 세 차례 절을 하고, 빈객
무리들은 두 차례 답배를 한다."라고 했으며, 정현의 주에서는 "빈객 무리
들이 두 차례 절을 하는 것은 사는 미천하기 때문에 두루 함에 예법을 갖출
수 있기 때문이다."라고 했다. 정현이 "당상에 올라가서 절을 하지 않는 것
은 신분이 미천하기 때문이다."라고 했는데, 이것은 앞에서 주인이 빈객과
개(介)에게 의례를 시행하며 모두 당상에 올라가서 절을 한 것에 따라 판단
할 수 있으니, 이곳에서 세 차례 절을 한다는 것은 빈객이 미천하기 때문이
다. 그래서 당상에 올라가서 당도한 것에 대해 절을 하지 않는다.

경문 主人揖升, 坐取爵于西楹下, 降洗, 升實爵, 于西階上獻衆賓. 衆賓之
長升拜受者三人.

번역 주인은 읍을 하고 당상으로 올라가서, 자리에 앉아 서쪽 기둥 아래
에서 술잔을 잡고, 당하로 내려와 술잔을 씻고, 당상으로 올라가 술잔에
술을 따르며, 서쪽 계단 위에서 여러 빈객들에게 술을 따라 바친다. 빈객
무리들의 수장이 당상으로 올라와서 절을 하며 받는데, 그 사람은 3명이다.

鄭注 長, 其老者, 言三人, 則衆賓多矣.

번역 '장(長)'은 그들 중 가장 나이가 많은 자를 뜻하는데, 3명이라고 말
했다면, 빈객 무리들의 수가 많은 것이다.

賈疏 ●"主人"至"三人". ◎注"長其"至"多矣". ○釋曰: 云"主人揖升"者,
從三人爲首, 一一揖之而升也. 云"降洗, 升實爵"者, 以下不更言洗, 則以下因
此不復洗矣. 云"西階上獻衆賓"者, 下別言衆賓之長三人, 則衆賓之中兼言堂
下衆賓, 故鄭云"衆賓多矣". 自三人已下, 於下便以次歷言之矣. 云"拜受者三
人", 則堂下衆賓不拜受矣.

번역 ●經文: "主人"~"三人". ◎鄭注: "長其"~"多矣". ○"주인이 읍을 하고 당상으로 올라간다."라고 했는데, 여러 빈객들 중 나이가 많은 3명을 수장으로 삼아 그들에게 일일이 읍을 하고서 당상으로 올라간다. "당하로 내려와 술잔을 씻고, 당상으로 올라가 술잔에 술을 따른다."라고 했는데, 뒤에서 재차 술잔을 씻는다고 말하지 않았다면, 뒤의 절차는 이곳의 절차에 따르게 되어 재차 술잔을 씻지 않는 것이다. "서쪽 계단 위에서 여러 빈객들에게 술을 따라 바친다."라고 했는데, 뒤에서 여러 빈객들 중 수장에 해당하는 3명을 별도로 언급했다면, '중빈(衆賓)'이라는 말에는 당하에 있게 되는 빈객 무리들도 포함된 것이다. 그렇기 때문에 정현이 "빈객 무리들의 수가 많은 것이다."라고 했다. 3명으로부터 그 이하에 대해서는 뒤에서 순차적으로 언급을 했다. "절을 하며 받는 자는 3명이다."라고 했는데, 당하에 있게 되는 여러 빈객들은 절을 하며 술잔을 받지 않는다.

경문 主人拜送.

번역 주인은 절을 하며 술잔을 건넨다.

鄭注 於衆賓右.

번역 빈객 무리들의 우측에서 한다.

賈疏 ●"主人拜送". ◎注"於衆賓右". ○釋曰: 知在衆賓右, 拜送者約上文介右而知也.

번역 ●經文: "主人拜送". ◎鄭注: "於衆賓右". ○빈객 무리들의 우측에서 한다는 사실을 알 수 있는 것은 절을 하며 술잔을 건네는 것은 앞 문장에서 개(介)의 우측에서 한다고 한 내용을 요약해보면 알 수 있기 때문이다.

경문 坐祭, 立飮, 不拜旣爵. 授主人爵, 降復位.

번역 앉아서 술로 제사를 지내고 일어나서 마시는데 술잔을 비운 뒤에 절을 하지 않는다. 주인에게 술잔을 건네고 당하로 내려가서 자신의 자리로 되돌아간다.

鄭注 旣, 卒也. 卒爵不拜, 立飮, 立授, 賤者禮簡.

번역 '기(旣)'자는 마친다는 뜻이다. 술잔을 모두 비우고서 절을 하지 않고, 서서 술을 마시고 서서 건네는 것은 미천한 자에 대한 예법은 간략하기 때문이다.

賈疏 ●"坐祭"至"復位". ◎注"旣卒"至"禮簡". ○釋曰: 云"卒爵不拜, 立飮, 立授, 爵賤者禮簡"者, 賓賢能, 以賢者爲賓, 其次爲介, 不間長幼. 其三賓德劣于賓·介, 則數年之長幼, 故上衆賓之長也. 賓介則坐祭, 坐飮, 又拜旣爵, 此三賓則坐祭, 與賓·介同, 不拜旣爵·立飮·立授則異, 賤, 故禮簡也.

번역 ●經文: "坐祭"~"復位". ◎鄭注: "旣卒"~"禮簡". ○정현이 "술잔을 모두 비우고서 절을 하지 않고, 서서 술을 마시고 서서 건네는 것은 미천한 자에 대한 예법은 간략하기 때문이다."라고 했는데, 현명한 자와 능력이 뛰어난 자를 빈객으로 우대할 때, 현명한 자를 빈객으로 삼고 그 다음으로 뛰어난 자를 개(介)로 삼는데, 나이를 따지지 않는다. 3명의 빈객은 그 덕이 빈객과 개(介)로 선발된 자보다 작으니, 그들의 나이를 따지기 때문에 나이가 많은 자를 빈객 무리들의 수장으로 높여준다. 빈객과 개(介)의 경우라면 앉아서 제사를 지내고 앉아서 술을 마시며, 또 술잔을 비우고 나면 절을 하니, 이곳에서 말한 3명의 빈객은 앉아서 제사를 지낸다는 점에서는 빈객이나 개(介)와 동일하지만, 술잔을 비우고서 절을 하지 않고 서서 술을 마시며 서서 건넨다는 점에서는 차이가 있다. 이들은 신분이 미천하기 때문에 예법도 간략한 것이다.

경문 衆賓獻, 則不拜受爵, 坐祭, 立飮.

번역 빈객 무리들에게 술을 바치게 되면, 절을 하며 술잔을 받지 않고,

앉아서 제사를 지내며 서서 술을 마신다.

鄭注 次三人以下也, 不拜, 禮彌簡.

번역 3명의 빈객보다 밑의 서열에 해당하니, 절을 하지 않는 것은 그 예법이 보다 더 간략하기 때문이다.

賈疏 ●"衆賓"至"立飮". ◎注"次三"至"彌簡". ○釋曰: 此據堂下衆賓不拜受, 簡於三人, 故云"禮彌簡"也.

번역 ●經文: "衆賓"~"立飮". ◎鄭注: "次三"~"彌簡". ○이것은 당하에 있는 빈객 무리들이 절을 하며 술잔을 받지 않는 것에 근거한 것으로, 3명의 빈객보다 간략하기 때문에 "예법이 보다 더 간략하기 때문이다."라고 했다.

경문 每一人獻, 則薦諸其席.

번역 3명의 빈객에 대해서 한 사람씩 술을 따라 바칠 때마다 그들의 자리에 음식을 올린다.

鄭注 謂三人也.

번역 3명의 빈객을 뜻한다.

賈疏 ●"每一"至"其席". ◎注"謂三人也". ○釋曰: 上已云獻, 此以下別言薦. 云每一人, 還發三人而言. 云"每一人獻則薦諸其席", 則一一得獻, 卽薦之, 以其言席, 又下別言衆賓, 則此三是三人, 故鄭云"三人"也.

번역 ●經文: "每一"~"其席". ◎鄭注: "謂三人也". ○앞에서는 이미 '헌(獻)'이라고 했으므로, 이곳 구문으로부터 그 이하의 기록에서는 구별하여

'천(薦)'이라고 말한 것이다. '매일인(每一人)'이라고 한 것은 재차 3명의 빈객에 대해 말한 것이다. "한 사람씩 술을 따라 바칠 때마다 그들의 자리에 음식을 올린다."라고 했는데, 각각의 사람이 술잔을 받게 되면 곧 이러한 음식을 올리며, 이것은 그들의 자리를 기준으로 말한 것이고, 또 밑에서는 별도로 '중빈(衆賓)'이라고 했으니, 여기에서 말한 '삼(三)'자는 3명의 빈객을 뜻한다. 그렇기 때문에 정현이 "3명의 빈객을 뜻한다."라고 말한 것이다.

경문 衆賓辯有脯醢.

번역 빈객 무리들에 대해서도 포와 젓갈을 두루 올리게 된다.

鄭注 亦每獻薦於其位, 位在下. 今文辯皆作徧.

번역 3명의 빈객에 대한 것처럼 이러한 경우에서도 술잔을 바칠 때마다 그들의 자리에 음식을 올리는데, 그들의 자리는 당하에 있다. 금문에서는 '편(辯)'자를 모두 편(徧)자로 기록했다.

賈疏 ●"衆賓辯有脯醢". ◎注"亦每"至"作徧". ○釋曰: 云"亦每獻薦於其位"者, 如上三人, 一一薦之. 知位在下者, 以其言堂下立侍, 不合有席, 旣不言席, 故位在下, 旣不言其數, 則鄕人有學識者, 皆來觀禮, 皆入飮酒之內. 是以鄕射云: 旅酬堂上, "辯, 卒受者興, 以旅在下者", 明衆賓在堂下也.

번역 ●經文: "衆賓辯有脯醢". ◎鄭注: "亦每"~"作徧". ○"술잔을 바칠 때마다 그들의 자리에 음식을 올린다."라고 했는데, 앞에서 말한 3명의 빈객에 대해서는 각각의 사람에게 음식을 올리는데 이처럼 한다는 뜻이다. 그들의 자리가 당하에 있다는 사실을 알 수 있는 것은 당하에 서서 시중을 든다고 했으니 자리를 깔아주는 것이 아니며, 이미 자리에 대해 언급하지 않았기 때문에 그들이 서 있는 위치가 당하가 되며, 그들의 수에 대해서 언급하지 않았다면 향인들 중 학식이 있는 자는 모두 찾아와서 의례의 진행을 살펴보니 모두들 음주의 예법에 참여하게 된다. 이러한 까닭으로 『의례』「향사례(鄕射禮)」편에서는 당상에서 여수(旅酬)를 하며, "두루 돌아가면 마지막으로 술잔을 받은 자가 일어나서 당하에 있는 자에게 여수를 시행한다."[50]라고 했다. 이것은 빈객 무리들이 당하에 있음을 나타낸다.

경문 主人以爵降, 奠于篚.

번역 주인은 술잔을 가지고 당하로 내려가서 광주리에 술잔을 내려놓는다.

鄭注 不復用也.

번역 다시 사용하지 않기 때문이다.

賈疏 ●"主人"至"于篚". ○釋曰: 以此合一獻徧, 不復用, 故以主人爵降, 奠於篚也.

번역 ●經文: "主人"~"于篚". ○일헌의 예법을 두루 시행하여 다시 사용하지 않는다. 그렇기 때문에 주인은 술잔을 가지고 당하로 내려가서 광주리에 내려놓는 것이다.

---

50) 『의례』「향사례(鄕射禮)」: 辯, 卒受者興, 以旅在下者于西階上.

그림 9-1 ▣ 허리띠 : 대(帶)·혁대(革帶)·대대(大帶)

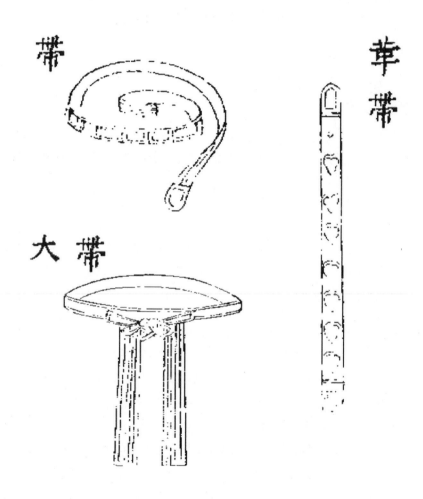

◎ 혁대(革帶): 가죽으로 만든 허리띠로, 대(帶)와 혁대는 옷과 연결하여 결속함

대대(大帶): 주로 예복(禮服)에 착용하는 것으로, 혁대에 결속함

※ **출처:** 『삼재도회(三才圖會)』「의복(衣服)」2권

악공(樂工)과 사정(司正)

【700d】

工入升歌三終, 主人獻之. 笙入三終, 主人獻之. 間歌三終, 合樂三終. 工告樂備遂出. 一人揚觶, 乃立司正焉. 知其能和樂而不流也.

직역 工이 入하여 升하여 歌하길 三終하면, 主人이 獻이라. 笙이 入하여 三終하면, 主人이 獻이라. 間歌하길 三終하고, 合樂하길 三終이라. 工이 樂備함을 告하고 遂히 出이라. 一人이 觶를 揚하면, 곧 司正을 立이라. 그 能히 和樂하되 不流함을 知라.

의역 악공(樂工)이 들어와 당상으로 올라가서 세 차례 노래를 부르면, 주인은 술을 따라서 그에게 건넨다. 생황을 연주하는 자가 들어와 당하에서 세 차례 연주하면, 주인은 술을 따라서 그에게 건넨다. 당상과 당하에 있는 악공들이 번갈아가며 연주와 노래를 세 차례 끝마치고, 또 합주를 세 차례 끝마치게 된다. 이러한 절차가 끝나면 악공은 악정(樂正)에게 음악을 모두 연주했다고 아뢰고, 악정은 다시 빈객에게 아뢴 뒤에 나간다. 주인에게 소속된 관리 1명이 치(觶)를 들어 올리면, 주인은 곧 의례를 돕던 자 1명을 사정(司正)으로 삼아서, 음주를 하며 실수하지 못하도록 감독하게 시킨다. 따라서 이처럼 시행하면, 화락하면서도 방탕하게 되지 않을 수 있다는 사실을 알 수 있다.

集說 工入而升堂, 歌鹿鳴·四牡·皇皇者華, 每一篇而一終, 三篇終, 則主人酌以獻工焉. 吹笙者入於堂下, 奏南陔·白華·華黍, 亦每一篇而一終, 三篇終, 則主人亦酌以獻之也. 間者, 代也. 笙與歌皆畢, 則堂上與堂下更代而作, 堂上先歌魚麗, 則堂下笙由庚, 此爲一終. 次則堂上歌南有嘉魚, 則堂下笙崇丘, 此爲二終. 又其次堂上歌南山有臺, 則堂下笙由儀, 爲三終也. 合樂三終者, 謂堂上下歌瑟及笙並作也. 工歌關雎, 則笙吹鵲巢合之. 工歌葛覃, 則笙吹釆蘩合之. 工歌卷耳, 則笙吹釆蘋合之. 如此皆竟, 工以樂備告樂正, 樂正告於賓而遂出. 蓋樂正自此不復升堂矣, 故云遂出也. 一人者, 主人之吏也. 此人擧觶之後, 主人使相禮者一人爲司正, 恐旅酬時有懈惰失節者以董正之也. 如此, 則雖和樂而不至於流放矣.

번역 악공(樂工)이 들어와 당상에 올라가서 '녹명(鹿鳴)'·'사모(四牡)'·'황황자화(皇皇者華)'를 노래하는데, 각 한 편마다 하나의 종(終)이 되고, 세 편을 모두 마치면 주인은 술을 따라서 악공에게 건넨다. 생(笙)을 부는 자는 당하에 자리하여 '남해(南陔)'·'백화(白華)'·'화서(華黍)'를 연주하는데, 또한 각 한 편마다 하나의 종(終)이 되고, 세 편을 모두 마치면 주인은 또한 술을 따라서 그에게 건넨다. '간(間)'은 "교대하다[代]."는 뜻이다. 생황을 연주하고 노래를 부르는 일이 모두 끝나면, 당상과 당하에 있는 악공들이 번갈아가며 연주와 노래를 하니, 당상에 있는 자들이 먼저 '어려(魚麗)'편을 노래하면, 당하에 있는 자들은 '유경(由庚)'편을 생황으로 연주하는데, 이것이 첫 번째 종(終)이 된다. 그 다음으로 당상에 있는 자들이 '남유가어(南有嘉魚)'편을 노래하면, 당하에 있는 자들은 '숭구(崇丘)'편을 생황으로 연주하니, 이것이 두 번째 종(終)이 된다. 또 그 다음으로 당상에 있는 자들이 '남산유대(南山有臺)'편을 노래하면, 당하에 있는 자들은 '유의(由儀)'편을 생황으로 연주하니, 이것이 세 번째 종(終)이 된다. '합악삼종(合樂三終)'이라는 말은 당상과 당하에 있는 자들이 노래하고 슬(瑟)과 생황을 함께 연주한다는 뜻이다. 악공이 '관저(關雎)'편을 노래하면 생황으로는 '작소(鵲巢)'편을 불어서 합주한다. 또 악공이 '갈담(葛覃)'편을 노래하면 생황으로는 '채번(釆蘩)'편을 불어서 합주한다. 또 악공이 '권이(卷耳)'편을 노래하면 생황으로는 '채빈(釆蘋)'편을 불어서 합주한다. 이처럼 하길 모두 끝마치면, 악공은 음악에 대한 연주가 모두 갖춰졌음을 악정(樂正)에게 아뢰고, 악정은 빈객에게 아뢴 뒤에 결국 밖으로 나가게 된다. 악정은 이 시점부터 재차 당상에 오르지 않기 때문에, '수출(遂出)'이라고 부른 것이다. '일인(一人)'이라는 사람은 주인이 부리는 관리이다. 이 사람이 치(觶)를 든 이후에 주인은 의례의 진행을 돕는 자 1명을 시켜서 사정(司正)으로 삼으니, 서로 술을 권하게 될 때 풀어지고 태만하게 되어 절도를 잃는 자가 발생할 것을 염려하여 감독해서 바로잡고자 했기 때문이다. 이처럼 한다면 비록 화락하더라도 방탕한 곳으로 흐르지 않게 된다.

大全 朱子曰: 今按, 鹿鳴, 卽謂今日燕飮之事, 所以導達主人之誠意, 而美嘉賓之德也. 四牡, 言其去家而仕於朝, 辭親而從王事, 於此乎始也. 皇皇者華, 言其將爲君使, 而賦政於外也. 學記曰: "宵雅肄三, 官其始也." 正謂此也. 蓋此三詩, 先王所制以爲燕飮之樂, 用之鄕人, 用之邦國, 各取其象而歌之也. 合樂, 謂歌樂衆聲俱作, 堂上有歌瑟, 堂下有笙磬, 合奏此詩也.

번역 주자가 말하길, 내가 살펴보니, '녹명(鹿鳴)'이라는 시가의 뜻은 곧 오늘날 연회를 하며 음주하는 사안은 주인의 정성된 뜻을 소통시키고, 빈객의 덕을 찬미하기 위함임을 뜻한다. '사모(四牡)'라는 시가의 뜻은 집을 떠나 조정에서 벼슬살이를 하며, 부친에 대한 일을 사양하고 군주에 대한 일을 쫓는 것이 이것으로부터 시작됨을 뜻한다. '황황자화(皇皇者華)'라는 시가의 뜻은 장차 군주의 사신이 되어, 외지에서 정책을 시행한다는 뜻이다.『예기』「학기(學記)」편에서 "『시』「소아(小雅)」 세 편의 시를 익히게 하여, 벼슬살이하는 것에 대해 가르친다."[1]라고 한 말이 바로 이것을 가리킨다. 무릇 이러한 세 편의 시가는 선왕이 제정하여 연회를 하며 음주를 할 때 사용하는 음악으로 삼고, 그것을 향인에게 사용하고 나라사람들에게 사용했으니, 각각 그 본뜬 형상을 취하여 노래를 불렀던 것이다. '합악(合樂)'은 노래하고 연주하는 여러 소리들을 함께 내는 것으로, 당상에는 노래를 부르는 자와 슬(瑟)을 연주하는 자 등이 있었고, 당하에는 생황과 경(磬)을 연주하는 자 등이 있었는데, 이 사람들이 이러한 시가를 함께 연주하는 것이다.

---

1)『예기』「학기(學記)」【446c】: 宵雅肄三, 官其始也.

제10절 악공(樂工)과 사정(司正) **283**

鄭注 工, 謂樂正也. 樂正旣告備而降. 言"遂出"者, 自此至去不復升也. 流, 猶失禮也. 立司正以正禮, 則禮不失可知. 一人, 或爲"二人".

번역 '공(工)'자는 악정(樂正)2)을 뜻한다. 악정이 음악을 모두 연주했다고 아뢴 뒤에 내려간다는 뜻이다. '수출(遂出)'이라고 말한 것은 이 시점부터 끝날 때까지 재차 당상에 오르지 않기 때문이다. '유(流)'자는 실례(失禮)를 범한다는 뜻이다. 사정(司正)을 두어서 예를 바로잡는다면, 예에 대해서 실수를 하지 않게 된다는 사실을 알 수 있다. '일인(一人)'을 다른 판본에서는 '이인(二人)'으로 기록하기도 한다.

釋文 笙音生. 間, 間厠之間. 合如字, 徐音閤. 復, 扶又反.

번역 '笙'자의 음은 '生(생)'이다. '間'자는, '간측(間厠)'이라고 할 때의 '間'자이다. '合'자는 글자대로 읽으며, 서음(徐音)은 '閤(합)'이다. '復'자는 '扶(부)'자와 '又(우)'자의 반절음이다.

孔疏 ●"工入"至"流也". ○正義曰: 此一節論鄕飮酒設樂樂賓, 罷則以禮正之, 不至流邪之事也.

번역 ●經文: "工入"~"流也". ○이곳 문단은 향음주례(鄕飮酒禮)에서 악기를 설치하여 빈객을 즐겁게 하며, 그것이 끝나면 예법에 따라 올바르게 하여, 방탕하거나 잘못된 일로 빠지지 않게끔 한다는 사실을 논의하고 있다.

---

2) 악정(樂正)은 음악을 담당했던 관리들의 우두머리를 뜻한다. 정(正)자는 우두머리를 뜻하는 장(長)자와 같다. 한편 『주례』에는 '악정'이라는 직책은 보이지 않으며, 대신 대사악(大司樂)이라는 직책이 있다. 한편 『의례』「향사례(鄕射禮)」편에는 "樂正先升, 北面立于其西."라는 기록이 있는데, 이에 대한 가공언(賈公彦)의 소(疏)에서는 "案周禮有大司樂, 樂師, 天子之官. 此樂正, 諸侯及士大夫之官."이라고 풀이했다. 즉 '악정'은 제후 및 대부(大夫)의 관리였고, 천자에게는 대신 '대사악'과 악사(樂師)라는 관리가 소속되어 있었다. 따라서 간혹 '악정'을 '대사악'과 같은 의미로 사용하기도 한다.

孔疏 ●“工入, 升歌三終”者, 謂升堂歌鹿鳴·四牡·皇皇者華, 每一篇而一終也.

번역 ●經文: “工入, 升歌三終”. ○악공이 당상에 올라가서, 녹명(鹿鳴)·사모(四牡)·황황자화(皇皇者華)라는 편들을 노래하는데, 각각의 한 편마다 하나의 종(終)이 된다는 뜻이다.

孔疏 ●“主人獻之, 笙入三終”者, 謂吹笙之人, 入於堂下, 奏南陔·白華·華黍, 每一篇一終也.

번역 ●經文: “主人獻之, 笙入三終”. ○생황을 부르는 사람이 당하로 가서, 남해(南陔)·백화(白華)·화서(華黍)라는 편들을 연주하는데, 각각의 한 편마다 하나의 종(終)이 된다는 뜻이다.

孔疏 ●“主人獻之”者, 謂獻笙入3)也.

번역 ●經文: “主人獻之”. ○생황을 연주하는 자에게 술을 건넨다는 뜻이다.

孔疏 ●“間歌三終”者, 間, 代也. 謂笙歌已竟, 而堂上與堂下更代而作也. 堂上人先歌魚麗, 則堂下笙由庚, 此爲一終. 又堂上歌南有嘉魚, 則堂下笙崇丘, 此爲二終也. 又堂上歌南山有臺, 則堂下笙由儀, 此爲三終也. 此皆鄉飮酒之文, 故鄭注鄉飮酒云: “間, 代也. 謂一歌則一吹也. 魚麗言大平年豐物多也. 此采其物多酒旨, 所以優賓也. 南有嘉魚言大平君子有酒, 樂與賢者共之也. 此采其能以禮下賢者, 賢者蘖蔓而歸之, 與之燕樂也. 南山有臺言大平之治, 以賢者爲本. 此采其愛友賢者, 爲邦家之基, 民之父母, 旣欲其身之壽考, 又欲其名德之長也. 由庚·崇丘·由儀今亡, 其義未聞也.”

---

3) ‘입(入)’자에 대하여. 『십삼경주소(十三經注疏)』 북경대 출판본에서는 “‘입’자를 『예기훈찬(禮記訓纂)』에서는 ‘인(人)’자로 기록하였다.”라고 했다.

번역 ●經文: "間歌三終". ○'간(間)'자는 "교대하다[代]."는 뜻이다. 생황을 연주하고 노래 부르는 일이 끝나면, 당상에 있는 악공들과 당하에 있는 악공들이 번갈아가며 노래와 연주를 한다는 뜻이다. 당상에 있는 사람들이 먼저 어려(魚麗)편의 시가를 노래하면, 당하에 있는 자들은 유경(由庚)편의 시가를 생황으로 연주하니, 이것이 첫 번째 종(終)이 된다. 또 당상에 있는 사람들이 남유가어(南有嘉魚)편의 시가를 노래하면, 당하에 있는 자들은 숭구(崇丘)편의 시가를 생황으로 연주하니, 이것이 두 번째 종(終)이 된다. 또 당상에 있는 사람들이 남산유대(南山有臺)편의 시가를 노래하면, 당하에 있는 사람들이 유의(由儀)편의 시가를 생황으로 연주하니, 이것이 세 번째 종(終)이 된다. 이것은 모두 『의례』「향음주례(鄕飮酒禮)」편에 나오는 문장이다. 그렇기 때문에 「향음주례」편에 대한 정현의 주에서는 "'간(間)'자는 '교대한다[代].'는 뜻이다. 즉 한 차례 노래를 부르면 한 차례 생황을 부는 것이다. '어려(魚麗)'편의 시가는 태평하며 그 해에 풍년이 들어서 사물이 많다는 뜻이다. 이것은 그 사물들을 채집하여 맛좋은 술을 많이 담가서 빈객을 대접한다는 의미이다. '남유가어(南有嘉魚)'편의 시가는 태평하여 군주가 술을 베풀고 악공과 현명한 자들도 함께 나눈다는 뜻이다. 이것은 능력이 있는 자를 뽑아서 현명한 자들을 예우하니, 현명한 자들은 연이어 귀의하며, 그들과 더불어 연회를 베풀며 음악을 연주한다는 의미이다. '남산유대(南山有臺)'편의 시가는 태평성세의 다스림에서는 현명한 자들을 근본으로 삼는다는 뜻이다. 이것은 우애롭고 현명한 자들을 뽑아서 나라의 기틀로 삼고, 백성들의 부모에 대해서는 그의 장수를 기원하며, 또한 명성과 덕이 높아지고자 한다는 의미이다. '유경(由庚)'·'숭구(崇丘)'·'유의(由儀)'편의 시가는 현재는 망실되어 전해지지 않고, 그 의미에 대해서도 들어보지 못했다."⁴⁾라고 한 것이다.

孔疏 ●"合樂三終"者, 謂堂上下歌瑟及笙並作也. 若工歌關雎, 則笙吹鵲

---

4) 이 문장은 『의례』「향음주례(鄕飮酒禮)」편의 "乃間歌魚麗, 笙由庚; 歌南有嘉魚, 笙崇丘; 歌南山有臺, 笙由儀."라는 기록에 대한 정현의 주이다.

巢合之. 若工歌葛覃, 則笙吹采蘩合之. 若工歌卷耳, 則笙吹采蘋合之. 所以知
然者, 則鄉飮酒云: "乃合樂, 周南5): 關雎·葛覃·卷耳, 鵲巢·采蘩·采蘋." 鄭云:
"合樂謂歌樂6)與衆聲俱作. 周南·召南, 國風篇也, 王后國君夫人房中之樂歌
也. 關雎言后妃之德, 葛覃言后妃之職, 卷耳言后妃之志, 鵲巢言國君夫人之
德, 采蘩言國君夫人不失職, 采蘋言卿大夫之妻能脩其法度也."

번역 ●經文: "合樂三終". ○당상과 당하에 있는 악공들이 노래를 부르
고 슬(瑟)과 생황을 함께 연주한다는 뜻이다. 만약 악공이 관저(關雎)편의
시가를 노래하면, 생황으로는 작소(鵲巢)편의 시가를 연주하여 합주한다.
만약 악공이 갈담(葛覃)편의 시가를 노래하면, 생황으로는 채번(采蘩)편의
시가를 연주하여 합주한다. 만약 악공이 권이(卷耳)편의 시가를 노래하면,
생황으로는 채빈(采蘋)편의 시가를 연주하여 합주한다. 이처럼 한다는 사실
을 알 수 있는 이유는『의례』「향음주례(鄉飮酒禮)」편에서 "곧 합악(合樂)을
하게 되면,『시』「주남(周南)」편으로는「관저(關雎)」・「갈담(葛覃)」・「권이(卷
耳)」편을 연주하고,『시』「소남(召南)」편으로는「작소(鵲巢)」・「채번(采蘩)」・
「채빈(采蘋)」편을 연주한다."7)라고 했고, 정현의 주에서는 "합악(合樂)은
노래를 부르고 악기를 연주하여 여러 소리를 함께 내는 것이다.『시』「주남
(周南)」편과「소남(召南)」편은 '국풍(國風)'에 해당하는 편이니, 왕후 및 제
후의 부인들이 방안에서 연주하거나 노래를 부를 때 사용하는 시가이다.
'관저(關雎)'라는 시가는 후비(后妃)의 덕을 노래하는 것이고, '갈담(葛覃)'
이라는 시가는 후비의 직무를 노래하는 것이며, '권이(卷耳)'라는 시가는 후

---

5) '주남(周南)'에 대하여. '주남'이라는 글자 뒤에는 본래 '소남(召南)'이라는
　두 글자가 더 기록되어 있었는데, 완원(阮元)의『교감기(校勘記)』에서는
　"혜동(惠棟)의『교송본(校宋本)』에는 '소남'이라는 두 글자가 없고, 위씨(衛
　氏)의『집설(集說)』도 동일하게 기록되어 있다."라고 했다.

6) '악(樂)'자에 대하여. '악'자는 본래 없던 글자인데, 완원(阮元)의『교감기(校
　勘記)』에서는 "혜동(惠棟)의『교송본(校宋本)』에는 '가(歌)'자 뒤에 '악'자가
　기록되어 있다. 살펴보니 '악'자를 기록하는 것이『의례』「향음주례(鄉飮酒
　禮)」편에 대한 정현의 주 기록과 부합된다."라고 했다.

7)『의례』「향음주례(鄉飮酒禮)」: 乃合樂. 周南, 關雎·葛覃·卷耳, 召南, 鵲巢·采
　蘩·采蘋. 工告樂正曰, "正歌備." 樂正告于賓, 乃降.

비의 뜻을 노래하는 것이고, '작소(鵲巢)'라는 시가는 제후 부인의 덕을 노래
하는 것이며, '채번(采蘩)'이라는 시가는 제후 부인이 직무를 잃지 않음에
대해서 노래하는 것이고, '채빈(采蘋)'이라는 시가는 경과 대부의 처들이 법
도를 잘 갈고 닦는다는 사실을 노래한 것이다."라고 했기 때문이다.

孔疏 ●"工告樂備, 遂出"者, 工謂樂正, 工先告樂正, 樂正告賓以樂備, 而
遂下堂也. 言"遂出"者, 樂正自此至去不復升堂也. 鄕飮酒云: "工告于樂正,
樂正告于賓, 乃降." 注云: "樂正降者, 以正歌備無事也. 降立西階東北面."

번역 ●經文: "工告樂備, 遂出". ○'공(工)'은 악정(樂正)을 뜻하는데, 악
공(樂工)이 먼저 악정에게 아뢰면, 악정은 빈객에게 음악이 모두 연주되었
다는 사실을 아뢰고 마침내 당을 내려간다. '수출(遂出)'이라고 말한 것은
악정이 이 시점부터 끝날 때까지 재차 당상에 올라가지 않기 때문이다. 『의
례』「향음주례(鄕飮酒禮)」편에서는 "악공이 악정에게 아뢰면, 악정은 빈객
에게 아뢰고, 곧 내려간다."[8]라고 했고, 이 문장에 대한 정현의 주에서는
"악정이 내려가는 것은 정규 의례에서 시행되는 음악이 모두 끝나서 다시
금 할 일이 없기 때문이다. 당하로 내려가서 서쪽 계단의 동쪽에 서서 북쪽
을 바라보게 된다."라고 했다.

孔疏 ●"一人揚觶, 乃立司正焉"者, 一人, 謂主人之吏也. 一人擧觶之後,
乃立司正. 樂旣備, 將留賓旅酬, 爲有懈隋, 故主人使相禮者一人爲司正以監
之也. 擧觶, 示將行旅酬也. 鄕飮酒云: "作相爲司正." 又云: "司正洗觶, 升自
西階, 阼階上北面受命于主人. 主人曰: '請安于賓.' 司正告于賓, 賓禮辭許."
注云: "爲賓欲去, 留之, 告賓於西階." 又云: "司正旣擧觶而薦諸其位." 注云:
"司正, 主人之屬也. 無獻, 因其擧觶而薦之."

번역 ●經文: "一人揚觶, 乃立司正焉". ○'일인(一人)'은 주인에게 소속
된 관리이다. 이러한 자가 '치(觶)'를 들어 올린 이후에는 곧 사정(司正)을

---

8) 『의례』「향음주례(鄕飮酒禮)」: 工告樂正曰, "正歌備." 樂正告于賓, 乃降.

세우게 된다. 음악이 모두 끝나면 장차 빈객들과 함께 서로 술을 권하게 되는데 태만하거나 나태한 자가 생길 수 있다. 그렇기 때문에 주인은 의례의 진행을 돕던 한 명을 사정으로 삼아서 감독하게 만든다. 치(觶)를 들어 올리는 것은 장차 서로 술을 권하는 의식을 진행하게 된다는 뜻을 나타내기 위해서이다. 『의례』「향음주례(鄕飮酒禮)」편에서는 "상(相)을 사정으로 삼는다."라고 했고, 또한 "사정이 치(觶)를 씻어서, 서쪽 계단으로부터 올라가고, 동쪽 계단 위에서 북쪽을 바라보며 주인에게 명령을 받는다. 주인은 '빈객에게 편안히 연회를 즐기도록 청하라.'라고 말한다. 그러면 사정은 이 사실을 빈객에게 아뢰고, 빈객은 예사(禮辭)를 하고서 수용한다."라고 했고,[9] 정현의 주에서는 "빈객이 물러가고자 하기 때문에 그를 머물게 하는 것으로, 서쪽 계단에서 빈객에게 아뢰게 된다."라고 했다. 또 「향음주례」편에서는 "사정이 치(觶)를 들어 올리고서 빈객들의 자리에 음식을 올린다."[10]라고 했고, 정현의 주에서는 "사정은 주인에게 소속된 자이다. 헌(獻)을 하는 절차가 없으므로, 치(觶)를 들어 올린 것에 연유하여 음식을 올린다."라고 했다.

孔疏 ●"知其能和樂而不流也"者, 結之也. 流, 失禮也. 工升歌後, 立司正以正之, 故知鄕飮酒能和樂不流邪失禮也.

번역 ●經文: "知其能和樂而不流也". ○결론을 맺은 말이다. '유(流)'자는 실례(失禮)를 범한다는 뜻이다. 악공(樂工)이 당상에 올라가서 노래를 부른 이후, 사정(司正)을 세워서 예법을 올바르게 시행토록 하기 때문에, 향음주례(鄕飮酒禮)에서는 화락하게 하면서도 잘못되거나 실례를 범하는 곳으로 흐르지 않게끔 한다는 사실을 알 수 있다.

---

9) 『의례』「향음주례(鄕飮酒禮)」: 主人降席自南方, 側降, 作相爲司正. 司正禮辭許諾. 主人拜, 司正答拜. 主人升, 復席. 司正洗觶, 升自西階, 阼階上北面受命于主人. 主人曰, "請安于賓." 司正告于賓, 賓禮辭許. 司正告于主人. 主人阼階上再拜, 賓西階上答拜. 司正立于楹間以相拜. 皆揖復席.

10) 『의례』「향음주례(鄕飮酒禮)」: 司正旣擧觶而薦諸其位. 凡旅不洗. 不洗者不祭.

訓纂 荀子樂論作"二人揚觶".

번역 『순자』「악론(樂論)」편에서는 '일인양치(一人揚觶)'를 '이인양치(二人揚觶)'로 기록했다.

訓纂 劉氏台拱曰: "焉知其能和樂而不流", 焉字當下屬. 焉, 語辭, 猶於是也. 下"焉知其能弟長而無遺", "焉知其安燕而不亂", 並同.

번역 유태공[11]이 말하길, '언지기능화락이불류(焉知其能和樂而不流)'로 구문을 끊어서 '언(焉)'자는 마땅히 뒤에 속해야 한다. '언(焉)'자는 어조사이니, '이에[於是]'라는 뜻이다. 뒤에서도 '언지기능제장이무유(焉知其能弟長而無遺)'라고 끊고, '언지기안연이불란(焉知其安燕而不亂)'이라고 끊어야 한다.

集解 愚謂: 升歌而笙不升者, 貴人聲也. 先升歌, 次笙, 次間歌, 次合樂, 此正樂之四節也. 四者備, 則樂備矣. 鄕飮酒禮末有無算樂, 正樂雖備, 弦歌之工尚未得降, 惟樂正旣告"樂備", 遂降立於堂下, 以至於禮畢而遂出也. 一人揚觶者, 謂主人獻衆賓之後, 一人擧觶於賓, 賓取奠於薦西, 至旅酬, 則賓取以酬主人於阼階上也. 司正, 飮酒之間監察儀法者也. 行禮之始謂之相, 將旅酬則立之爲司正. 蓋旅酬之後, 爵行無算, 恐飮多或至惰慢, 故立司正以監之也. 一人擧觶在升歌之前, 立司正在樂備之後, 而謂"一人擧觶, 乃立司正"者, 蓋立司正爲將旅酬, 而一人擧觶乃旅酬之始, 二事相因故也. 作樂樂賓, 可謂"和樂"矣, 又立司正以防其失, 此和樂而不流也.

번역 내가 생각하기에, 당상에서 노래를 부르지만 생황을 연주하는 자가 당상으로 올라가지 않는 것은 육성을 존귀하게 여기기 때문이다. 먼저 당상에 올라가서 노래를 부르고 그 다음으로 생황을 연주하며 그 다음으로

---

11) 유태공(劉台拱, A.D.1751~A.D.1805): 청(淸)나라 때의 경학자이다. 천문학(天文學), 율려학(律呂學), 문자학(文字學) 등에 조예가 깊었다.

번갈아가며 노래를 부르고 그 다음으로 합주를 하는데, 이것은 정규 음악의 네 마디이다. 네 가지가 갖춰지게 되면 음악이 갖춰진 것이다. 향음주례에서는 말미에 음악 연주하는 것을 셈하지 않는데, 정규 음악이 비록 갖춰졌더라도, 현을 타고 노래를 부르는 악공은 오히려 당하로 내려올 수 없으니, 악정에게 "음악이 갖춰졌다."고 아뢴다면, 그에 따라 내려가서 당하에서 있으며, 의례절차가 끝나게 되면 밖으로 나간다. 한 사람이 치(觶)를 든다고 했는데, 주인이 빈객 무리에게 술을 따라서 바친 뒤 한 사람이 빈객에게 치(觶)를 들고, 빈객은 그것을 가져다가 음식이 차려진 곳 서쪽에 놓아두며, 여수(旅酬)를 시행하게 되면 빈객은 그것을 들어 동쪽 계단에서 주인에게 술을 권한다. '사정(司正)'은 음주를 할 때 예의범절을 감독하는 자이다. 의례를 시행할 초기에는 이들을 '상(相)'이라고 부르는데, 여수를 시행하게 되면 그를 사정으로 세운다. 여수를 시행한 이후에는 잔을 돌릴 때 그 수를 셈하지 않으니, 과음을 하여 태만하게 되는 지경에 이르게 될까를 염려하기 때문에 사정을 세워서 감독하도록 시킨다. 한 사람이 치(觶)를 들어 올리는 것은 악공이 당상으로 올라가서 노래를 부르기 이전이며, 사정을 세우는 것은 음악이 갖춰진 이후가 되는데, "한 사람이 치(觶)를 들면 곧 사정을 세운다."라고 말한 것은 사정을 세우는 것은 여수를 시행하려고 하는 것이며, 한 사람이 치(觶)를 들어야만 여수가 시작되어, 두 사안이 서로 연관되기 때문이다. 음악을 연주하여 빈객을 즐겁게 만든다면 "화락하다."라고 부를 수 있고, 또 사정을 세워서 실례를 방지하니, 이것이 화락하면서 방탕하게 되지 않는 것이다.

集解　儀禮賈疏謂"合樂者, 堂上有歌·瑟, 堂下有笙·磬, 合奏是詩", 與孔疏異, 朱子是賈氏而非孔疏. 竊謂歌與笙以三篇爲三終, 間歌與合樂皆以六篇爲三終, 蓋間歌則以二篇相間爲一終, 合樂則以二篇相合爲一終, 若如賈氏, 則合樂爲六終矣. 似當以孔疏爲是.

번역　『의례』에 대한 가공언[12]의 소에서는 "음악을 합주한다는 것은 당상에서 노래를 부르고 슬(瑟)을 연주하며, 당하에서 생황을 연주하고 경(磬)

을 연주하는데, 해당 시가를 합주하는 것이다."라고 하여, 공영달의 소와는
차이를 보이며, 주자는 가공언의 주장이 옳고 공영달의 소 내용이 잘못되었
다고 했다. 내가 생각하기에 노래를 부르고 생황을 연주하는 것은 3편을
3종(終)으로 삼고, 번갈아가며 노래를 부르고 합악을 하는 것은 모두 6편을
3종(終)으로 삼으니, 번갈아가며 노래를 부르는 것은 2편을 서로 번갈아가
며 시연하여 1종(終)으로 삼는 것이고, 합악을 하는 것은 2편을 서로 합주해
서 1종(終)으로 삼는 것이다. 만약 가공언의 주장대로라면 합악을 하는 것은
6종(終)이 된다. 따라서 공영달의 소에서 설명한 내용이 옳은 것 같다.

참고 구문비교

예기·향음주의 工入升歌三終, 主人獻之. 笙入三終, 主人獻之. 間歌三
終, 合樂三終. 工告樂備遂出. 一人揚觶, 乃立司正焉. 知其能和樂而不流也.

순자·악론(樂論) 工入升歌三終, 主人獻之. 笙入三終, 主人獻之. 間歌三
終, 合樂三終. 工告樂備遂出. 二人揚觶, 乃立司正焉. 知其能相樂而不流也.

공자가어·관향사(觀鄕射) 工入升歌三終, 主人獻賓. 笙入三終, 主人又
獻之. 間歌三終, 合樂三闋. 工告樂備而遂出. 一人揚觶, 乃立司正焉. 知其能
和樂而不流也.

참고 『시』「소아(小雅)·녹명(鹿鳴)」

呦呦鹿鳴, (유유록명) : 우우하고 우는 사슴의 울음소리여,
食野之苹. (식야지평) : 들판의 풀들을 뜯고 있구나.
我有嘉賓, (아유가빈) : 나에겐 아름다운 손님이 있어,

12) 가공언(賈公彦, ?~?) : 당(唐)나라 때의 유학자이다. 정현(鄭玄)을 존숭하였
　　다. 예학(禮學)에 조예가 깊었다. 『주례소(周禮疏)』, 『의례소(儀禮疏)』 등의
　　저서를 남겼으며, 이 저서들은 『십삼경주소(十三經注疏)』에 포함되었다.

鼓瑟吹笙. (고슬취생) : 비파를 타며 생황을 불고 있노라.

吹笙鼓簧, (취생고황) : 생황을 불어 연주하니,

承筐是將. (승광시장) : 광주리를 받들어 올리는구나.

人之好我, (인지호아) : 나를 좋아하는 사람이여,

示我周行. (시아주행) : 나에게 지극히 선한 도를 보여줄지어다.

呦呦鹿鳴, (유유록명) : 우우하고 우는 사슴의 울음소리여,

食野之蒿. (식야지호) : 들판의 풀들을 뜯고 있구나.

我有嘉賓, (아유가빈) : 나에겐 아름다운 손님이 있어,

德音孔昭. (덕음공소) : 덕음이 매우 밝구나.

視民不恌, (시민불조) : 백성들에게 보여 경박하지 않게 하니,

君子是則是傚. (군자시칙시효) : 군자는 이를 본받고 따르리라.

我有旨酒, (아유지주) : 나에게 맛있는 술이 있어,

嘉賓式燕以敖. (가빈식연이오) : 아름다운 손님이 연회를 하며 노니는구나.

呦呦鹿鳴, (유유록명) : 우우하고 우는 사슴의 울음소리여,

食野之芩. (식야지금) : 들판의 풀들을 뜯고 있구나.

我有嘉賓, (아유가빈) : 나에겐 아름다운 손님이 있어,

鼓瑟鼓琴. (고슬고금) : 비파와 거문고를 타고 있노라.

鼓瑟鼓琴, (고슬고금) : 비파와 거문고를 타니,

和樂且湛. (화락차담) : 화락하고도 즐겁구나.

我有旨酒, (아유지주) : 나에게 맛있는 술이 있어,

以燕樂嘉賓之心. (이연락가빈지심) : 연회로 아름다운 손님의 마음을 즐
                                       겁게 하는구나.

毛序 鹿鳴, 燕群臣嘉賓也. 旣飮食之, 又實幣帛筐篚, 以將其厚意, 然後,
忠臣嘉賓, 得盡其心矣.

모서 「녹명(鹿鳴)」편은 뭇 신하들과 아름다운 손님들에 대해 연회를 베푸
는 내용이다. 음식을 대접하고 또 폐백을 광주리에 담아 후덕한 정감을 나눠
야 하니, 그런 뒤에야 충신과 아름다운 손님이 그 마음을 다할 수 있게 된다.

참고 『시』「소아(小雅)·사모(四牡)」

四牡騑騑, (사모비비) : 네 필의 수말이 쉼 없이 달려가니,
周道倭遲. (주도위지) : 큰 길 굽어 있구나.
豈不懷歸, (기불회귀) : 어찌 되돌아감을 생각하지 않겠느냐마는,
王事靡盬, (왕사미고) : 왕명에 따른 일을 견고히 하지 않을 수 없으니,
我心傷悲. (아심상비) : 내 마음이 서글프구나.

四牡騑騑, (사모비비) : 네 필의 수말이 쉼 없이 달려가니,
嘽嘽駱馬. (탄탄락마) : 저리도 많은 낙마로구나.
豈不懷歸, (기불회귀) : 어찌 되돌아감을 생각하지 않겠느냐마는,
王事靡盬, (왕사미고) : 왕명에 따른 일을 견고히 하지 않을 수 없으니,
不遑啓處. (불황계처) : 편히 있을 겨를이 없구나.

翩翩者鵻, (편편자추) : 훨훨 나는 저 비둘기여,
載飛載下, (재비재하) : 날아 올라 내려앉으니,
集于苞栩. (집우포허) : 촘촘히 자라나는 상수리나무에 앉는구나.
王事靡盬, (왕사미고) : 왕명에 따른 일을 견고히 하지 않을 수 없으니,
不遑將父. (불황장부) : 부친을 봉양할 겨를이 없구나.

翩翩者鵻, (편편자추) : 훨훨 나는 저 비둘기여,
載飛載止, (재비재지) : 날아 올라 내려앉으니,
集于苞杞. (집우포기) : 촘촘히 자라나는 구기자나무에 앉는구나.
王事靡盬, (왕사미고) : 왕명에 따른 일을 견고히 하지 않을 수 없으니,
不遑將母. (불황장모) : 모친을 봉양할 겨를이 없구나.

駕彼四駱, (가피사락) : 저 네 필의 낙마에 멍에를 메어,
載驟駸駸. (재취침침) : 달려가길 재촉한다.
豈不懷歸, (기불회귀) : 어찌 되돌아감을 생각하지 않겠느냐마는,
是用作歌, (시용작가) : 이에 노래를 지어 부르니,
將母來諗. (장모래심) : 모친을 봉양하고자 와서 고하는구나.

毛序 四牡, 勞使臣之來也, 有功而見知, 則說矣.

모서 「사모(四牡)」편은 사신이 찾아온 것에 대해 위로하는 내용이니, 공이 있어 상대가 알아준다면 기뻐하게 된다.

참고 『시』「소아(小雅)·황황자화(皇皇者華)」

皇皇者華, (황황자화) : 휘황찬란한 꽃이여,
于彼原隰. (우피원습) : 저 언덕과 습지에 피어 있구나.
駪駪征夫, (신신정부) : 무리지어 신속히 달려가는 사신들이여,
每懷靡及. (매회미급) : 매번 미치지 못할 것처럼 생각하는구나.

我馬維駒, (아마유구) : 내 말은 망아지여서,
六轡如濡. (육비여유) : 여섯 고삐가 젖은 듯 윤기가 나는구나.
載馳載驅, (재치재구) : 달리며 채찍질을 하니,
周爰咨諏. (주원자추) : 두루 방문하여 논의하는구나.

我馬維騏, (아마유기) : 내 말은 준마여서,
六轡如絲. (육비여사) : 여섯 고삐가 곧고 곧구나.
載馳載驅, (재치재구) : 달리며 채찍질을 하니,
周爰咨謀. (주원자모) : 두루 방문하여 논의하는구나.

我馬維駱, (아마유락) : 내 말은 낙마여서,
六轡沃若. (육비옥약) : 여섯 고삐가 윤이 나는구나.
載馳載驅, (재치재구) : 달리며 채찍질을 하니,
周爰咨度. (주원자도) : 두루 방문하여 논의하는구나.

我馬維駰, (아마유인) : 내 말은 인마여서,
六轡旣均. (육비기균) : 여섯 고삐가 고르고 고르구나.
載馳載驅, (재치재구) : 달리며 채찍질을 하니,
周爰咨詢. (주원자순) : 두루 방문하여 논의하는구나.

毛序 皇皇者華, 君遣使臣也, 送之以禮樂, 言遠而有光華也.

모서 「황황자화(皇皇者華)」편은 군주가 사신을 파견하는 내용이니, 예악에 따라 그를 전송함으로, 먼 곳에 가서 빛을 발한다는 내용이다.

참고 『시』「소아(小雅)·남해(南陔)」

* 가사가 망실됨

毛序 南陔, 孝子相戒以養也.

모서 「남해(南陔)」편은 자식이 서로 경계하여 부모를 봉양하는 것을 읊은 시이다.

참고 『시』「소아(小雅)·백화(白華)」

* 가사가 망실됨

毛序 白華, 孝子之絜白也.

모서 「백화(白華)」편은 자식의 결백함을 읊은 시이다.

참고 『시』「소아(小雅)·화서(華黍)」

* 가사가 망실됨

毛序 華黍, 時和歲豐, 宜黍稷也. 有其義而亡其辭.

모서 「화서(華黍)」편은 사계절이 조화롭고 풍년이 들어 서직을 사용하는 것이 마땅함을 읊은 시이다. 그 의미만 남아있고 가사는 망실되었다.

참고 『시』「소아(小雅)·어려(魚麗)」

魚麗于罶, (어려우류) : 물고기가 통발에 걸리나니,
鱨鯊. (상사) : 자가사리와 모래무지로다.
君子有酒旨且多. (군자유주지차다) : 군자에게 맛있는 술이 있고 또 이
　　　　　　　　　　　　　　　　　물고기 또한 많도다.

魚麗于罶, (어려우류) : 물고기가 통발에 걸리나니,
魴鱧. (방례) : 방어와 가물치로다.
君子有酒多且旨. (군자유주다차지) : 군자에게 많은 술이 있고 또 물고
　　　　　　　　　　　　　　　　　기가 맛있도다.

魚麗于罶, (어려우류) : 물고기가 통발에 걸리나니,
鰋鯉. (언리) : 메기와 잉어로다.
君子有酒旨且有. (군자유주지차유) : 군자에게 맛있는 술이 있고 이 물
　　　　　　　　　　　　　　　　　고기 또한 있도다.

物其多矣, (물기다의) : 물고기가 많기도 하며,
維其嘉矣. (유기가의) : 품질이 좋기도 하구나.

物其旨矣, (물기지의) : 물고기가 맛있기도 하며,
維其偕矣. (유기해의) : 품질이 비슷비슷하구나.

物其有矣, (물기유의) : 물고기가 있기도 하며,
維其時矣. (유기시의) : 제철에 잡았구나.

毛序 魚麗, 美萬物盛多, 能備禮也. 文武以天保以上治內, 采薇以下治外,
始於憂勤, 終於逸樂. 故美萬物盛多, 可以告於神明矣.

모서 「어려(魚麗)」편은 만물이 풍성하여 예법을 제대로 갖출 수 있음을
찬미한 시이다. 문왕과 무왕은 「천보(天保)」편 이상의 시가로 국내를 다스
리고, 「채미(采薇)」편 이하의 시가로 국외를 다스려서, 우려와 노력으로 시

작하여 편안함과 즐거움으로 마쳤다. 그렇기 때문에 만물이 풍성하여 신명에게 아뢸 수 있음을 찬미한 것이다.

참고 『시』「소아(小雅)·유경(由庚)」

* 가사가 망실됨

毛序 由庚, 萬物得由其道也.

모서 「유경(由庚)」편은 만물이 도리에 따를 수 있음을 읊은 시이다.

참고 『시』「소아(小雅)·남유가어(南有嘉魚)」

南有嘉魚, (남유가어) : 남쪽에 좋은 물고기가 있어,
烝然罩罩. (증연조조) : 천천히 가리질을 하는구나.
君子有酒, (군자유주) : 군자에게 술이 있어,
嘉賓式燕以樂. (가빈식연이락) : 아름다운 손님과 이를 통해 연회를 하
　　　　　　　　여 즐기는구나.

南有嘉魚, (남유가어) : 남쪽에 좋은 물고기가 있어,
烝然汕汕. (증연산산) : 천천히 그물질을 하는구나.
君子有酒, (군자유주) : 군자에게 술이 있어,
嘉賓式燕以衎. (가빈식연이간) : 아름다운 손님과 이를 통해 연회를 하
　　　　　　　　여 즐기는구나.

南有樛木, (남유규목) : 남쪽에는 밑으로 굽은 나무가 있어,
甘瓠纍之. (감호류지) : 맛있는 박이 매달려 있구나.
君子有酒, (군자유주) : 군자에게 술이 있어,
嘉賓式燕綏之. (가빈식연수지) : 아름다운 손님과 이를 통해 연회를 하
　　　　　　　　여 편안케 하는구나.

翮翮者雕, (편편자추) : 경쾌하게 날아가는 비둘기
烝然來思. (증연래사) : 천천히 날아오며 머물 곳을 찾는구나.
君子有酒, (군자유주) : 군자에게 술이 있어,
嘉賓式燕又思. (가빈식연우사) : 아름다운 손님과 이를 통해 연회를 하
고 또 연회를 하는구나.

毛序 南有嘉魚, 樂與賢也, 太平君子至誠樂與賢者共之也.

모서 「남유가어(南有嘉魚)」편은 현명한 자와 함께 하는 것을 즐거워하는 시이니, 태평한 시대의 군자는 지극한 정성으로 현명한 자와 함께 하길 즐거워한다.

참고 『시』「소아(小雅)·숭구(崇丘)」

* 가사가 망실됨

毛序 崇丘, 萬物得極其高大也.

모서 「숭구(崇丘)」편은 만물이 매우 높고 커질 수 있음을 읊은 시이다.

참고 『시』「소아(小雅)·남산유대(南山有臺)」

南山有臺, (남산유대) : 남산에는 대(臺)라는 풀이 있고,
北山有萊. (북산유래) : 북산에는 내(萊)라는 풀이 있도다.
樂只君子, (낙지군자) : 군자를 얻음을 즐거워하니,
邦家之基. (방가지기) : 나라의 기틀로 삼았도다.
樂只君子, (낙지군자) : 군자를 얻음을 즐거워하니,
萬壽無期. (만수무기) : 만수의 복을 얻음에 기한이 없구나.

南山有桑, (남산유상) : 남산에는 뽕나무가 있고,

北山有楊. (북산유양) : 북산에는 버드나무가 있도다.

樂只君子, (낙지군자) : 군자를 얻음을 즐거워하니,

邦家之光. (방가지광) : 나라의 정치와 교화가 밝아졌도다.

樂只君子, (낙지군자) : 군자를 얻음을 즐거워하니,

萬壽無疆. (만수무강) : 만수의 복을 얻음에 경계가 없구나.

南山有杞, (남산유기) : 남산에는 구기자나무가 있고,

北山有李. (북산유이) : 북산에는 자두나무가 있도다.

樂只君子, (낙지군자) : 군자를 얻음을 즐거워하니,

民之父母. (민지부모) : 백성들의 부모로다.

樂只君子, (낙지군자) : 군자를 얻음을 즐거워하니,

德音不已. (덕음불이) : 칭송이 그치지 않는구나.

南山有栲, (남산유고) : 남산에는 옻나무가 있고,

北山有杻. (북산유뉴) : 북산에는 사철나무가 있도다.

樂只君子, (낙지군자) : 군자를 얻음을 즐거워하니,

遐不眉壽. (하불미수) : 장수함이 멀지 않구나.

樂只君子, (낙지군자) : 군자를 얻음을 즐거워하니,

德音是茂. (덕음시무) : 칭송이 무성하구나.

南山有枸, (남산유구) : 남산에는 헛개나무가 있고,

北山有楰. (북산유유) : 북산에는 광나무가 있도다.

樂只君子, (낙지군자) : 군자를 얻음을 즐거워하니,

遐不黃耉. (하불황구) : 장수함이 멀지 않구나.

樂只君子, (낙지군자) : 군자를 얻음을 즐거워하니,

保艾爾後. (보애이후) : 너의 후손을 보호하고 편안히 하는구나.

毛序 南山有臺, 樂得賢也, 得賢則能爲邦家, 立太平之基矣.

모서 「남산유대(南山有臺)」편은 현자를 얻음을 즐거워한 시이니, 현자를 얻으면 나라를 잘 다스려 태평성세의 기초를 세울 수 있다.

참고 『시』「소아(小雅)·유의(由儀)」

* 가사가 망실됨

毛序 由儀, 萬物之生, 各得其宜也, 有其義而亡其辭.

모서 「유의(由儀)」편은 만물이 생장함에 각각 마땅함을 얻었음을 읊은 시인데, 그 의미만 남아있고 가사는 망실되었다.

참고 『시』「주남(周南)·관저(關雎)」

關關雎鳩, (관관저구) : 관관! 하며 조화롭게 우는 저 저구새여,
在河之洲. (재하지주) : 하수의 모래섬에 있구나.
窈窕淑女, (요조숙녀) : 그윽하고 유유자적하는 숙녀여,
君子好逑. (군자호구) : 군주의 좋은 배필이구나.

參差荇菜, (참차행채) : 둘쭉날쭉한 마름나물을,
左右流之. (좌우류지) : 좌우에서 취하는구나.
窈窕淑女, (요조숙녀) : 그윽하고 유유자적하는 숙녀를,
寤寐求之. (오매구지) : 오매불망 찾는구나.
求之不得, (구지부득) : 찾아도 얻지 못하니,
寤寐思服. (오매사복) : 오매불망 그리워하는구나.
悠哉悠哉, (유재유재) : 사모하고 사모하여,
輾轉反側. (전전반측) : 이리저리 뒤척이는구나.

參差荇菜, (참차행채) : 둘쭉날쭉한 마름나물을,
左右采之. (좌우채지) : 좌우에서 따는구나.
窈窕淑女, (요조숙녀) : 그윽하고 유유자적하는 숙녀를,
琴瑟友之. (금슬우지) : 금슬(琴瑟)로 사귀고자하는구나.
參差荇菜, (참차행채) : 둘쭉날쭉한 마름나물을,
左右芼之. (좌우모지) : 좌우에서 고르는구나.

窈窕淑女, (요조숙녀) : 그윽하고 유유자적하는 숙녀를,
鍾鼓樂之. (종고락지) : 종과 북으로 즐겁게 하고자 하는구나.

毛序 關雎, 后妃之德也. 風之始也, 所以風天下而正夫婦也, 故用之鄕人焉,
用之邦國焉. 風, 風也敎也, 風以動之, 敎以化之. 詩者志之所之也, 在心爲志,
發言爲詩. 情動於中而形於言, 言之不足, 故嗟歎之, 嗟歎之不足, 故永歌之, 永
歌之不足, 不知手之舞之足之蹈之也. 情發於聲, 聲成文, 謂之音. 治世之音, 安
以樂, 其政和, 亂世之音, 怨以怒, 其政乖, 亡國之音, 哀以思, 其民困. 故正得失
動天地感鬼神, 莫近於詩. 先王, 以是經夫婦, 成孝敬, 厚人倫, 美敎化, 移風俗.
故詩有六義焉, 一曰風, 二曰賦, 三曰比, 四曰興, 五曰雅, 六曰頌. 上以風化下,
下以風刺上, 主文而譎諫, 言之者無罪, 聞之者足以戒. 故曰風. 至于王道衰, 禮
義廢政敎失, 國異政, 家殊俗, 而變風變雅作矣. 國史明乎得失之迹, 傷人倫之
廢, 哀刑政之苛, 吟詠情性, 以風其上. 達於事變而懷其舊俗者也. 故變風, 發乎
情, 止乎禮義, 發乎情, 民之性也, 止乎禮義, 先王之澤也. 是以, 一國之事繫一
人之本, 謂之風, 言天下之事, 形四方之風, 謂之雅. 雅者, 正也, 言王政之所由
廢興也. 政有小大, 故有小雅焉, 有大雅焉. 頌者, 美盛德之形容, 以其成功告於
神明者也. 是謂四始, 詩之至也. 然則關雎麟趾之化, 王者之風, 故繫之周公, 南,
言化自北而南也. 鵲巢騶虞之德, 諸侯之風也, 先王之所以敎. 故繫之召公. 周
南召南, 正始之道, 王化之基. 是以, 關雎, 樂得淑女以配君子, ·憂在進賢, 不淫
其色, 哀窈窕, 思賢才, 而無傷善之心焉, 是關雎之義也.

모서 「관저(關雎)」편은 후비의 덕을 노래한 시이다. 풍(風)에 따른 교화
가 시작되는 것이니, 천하를 교화하여 부부를 바로잡는 것이다. 그렇기 때문
에 향리 사람들에게 사용하고, 나라 사람들에게도 사용하는 것이다. '풍(風)'
은 풍(風)에 따라 바꾸고 교화를 시키는 것이니, 바람을 일으켜 움직이게
하고 교화를 시켜서 변화하게 만드는 것이다. '시(詩)'는 뜻이 지향하는 것이
니, 마음에 있을 때에는 '지(志)'가 되고 말로 표현되면 '시(詩)'가 된다. 정감
은 마음에서 움직여 말로 나타나는데, 말로는 표현하기 부족하기 때문에
탄식을 하고, 탄식으로도 부족하기 때문에 노래를 부르며, 노래로도 부족하

기 때문에 스스로 손발을 너울거리며 춤을 추는 것도 모르게 된다. 정감이 소리[聲]로 나타나고, 소리가 문채를 이루면 이것을 '음(音)'이라고 부른다. 태평한 시대의 음(音)은 편안하면서도 즐거우니 그 정치가 조화롭기 때문이며, 혼란한 시대의 음(音)은 원망하며 성내니 그 정치가 어그러졌기 때문이고, 망국의 음(音)은 애통하고 그리워하니 백성들이 고달프기 때문이다. 그러므로 득실을 올바르게 하고 천지와 귀신을 감동시키는 것으로는 시(詩)만한 것이 없다. 이를 통해 부부의 도리를 바로잡고 효와 공경을 이루며 인륜의 질서를 두텁게 하고 교화를 아름답게 하며 풍속을 바꾼다. 그러므로 시(詩)에는 육의(六義)가 있으니, 첫 번째는 '풍(風)'이고, 두 번째는 '부(賦)'이며, 세 번째는 '비(比)'이고, 네 번째는 '흥(興)'이며, 다섯 번째는 '아(雅)'이고, 여섯 번째는 '송(頌)'이다. 위에서는 풍(風)에 따라 아랫사람을 교화하고, 아래에서는 풍(風)에 따라 윗사람을 풍자하니, 문장을 위주로 하며 은근히 간언을 하여, 이것을 말하는 자는 죄를 받지 않고 이것을 듣는 자는 경계로 삼기에 충분하다. 그렇기 때문에 '풍(風)'이라고 부른다. 왕도가 쇠하게 되자 예의가 없어지고 정치와 교화가 실추되어 나라마다 정치를 달리하고 집마다 풍속을 달리하니, 변풍(變風)과 변아(變雅)가 일어났다. 사관은 득실의 자취를 밝히고 인륜의 도리가 없어지는 것을 상심하며 형벌과 정치가 가혹하게 되는 것을 애석하게 여겨서, 그 성정을 노래하여 윗사람을 풍자했다. 사안의 변화에 달통하고 옛 풍속을 그리워한 것이다. 그렇기 때문에 변풍은 정감에서 나타나서 예의에서 그치니, 정감에서 나타나는 것은 백성들의 본성이며, 예의에서 그치는 것은 선왕의 은택이다. 이러한 까닭으로 한 나라의 일이 한 사람의 근본에 관계된 것을 '풍(風)'이라고 부르고, 천하의 일들을 말하여 사방의 풍속을 드러내는 것을 '아(雅)'라고 부른다. 아(雅)는 바르다는 뜻이니, 왕도의 정치가 이를 통해 폐하거나 흥하게 됨을 뜻한다. 정치에는 작은 것도 있고 큰 것도 있기 때문에 소아(小雅)가 있고 대아(大雅)가 있다. '송(頌)'은 융성한 덕성의 모습을 찬미하여, 신명에게 공덕을 이루었다고 아뢰는 것이다. 앞서 언급한 것들을 '사시(四始)'라고 부르니, 시(詩)의 지극함이다. 그러므로 「관저(關雎)」편과 「인지(麟趾)」편에 나타난 교화는 천자의 풍(風)에 해당하기 때문에 주공(周公)에게 관련시킨 것이며, '남(南)'

은 교화가 북쪽으로부터 남쪽으로 퍼지는 것을 뜻한다. 「작소(鵲巢)」편과 「추우(騶虞)」편에 나타난 덕은 제후의 풍(風)에 해당하기 때문에 선왕이 이를 통해 교화한 것이다. 그러므로 소공(召公)에게 관련시켰다. 「주남(周南)」편과 「소남(召南)」편은 시작을 올바르게 하는 도이며, 왕도의 교화가 기틀로 삼는 것이다. 이러한 까닭으로 「관저」편은 숙녀를 얻어 군자에 짝하게 됨을 기뻐한 것이며, 현자를 등용시키는 일을 항상 걱정하고 여색에 빠지지 않았고, 요조숙녀를 그리워하고 현명한 인재를 사모하여, 선함을 해치려는 마음이 없으니, 이것이 바로 「관저」편의 뜻이다.

참고 『시』「소남(召南)·작소(鵲巢)」

維鵲有巢, (유작유소) : 저 까치 둥지를 트는데,
維鳩居之. (유구거지) : 저 비둘기가 거기에 사는구나.
之子于歸, (지자우귀) : 저 부인이 시집을 옴에,
百兩御之. (백양어지) : 100대의 수레로 맞이하는구나.

維鵲有巢, (유작유소) : 저 까치 둥지를 트는데,
維鳩方之. (유구방지) : 저 비둘기가 차지하는구나.
之子于歸, (지자우귀) : 저 부인이 시집을 감에,
百兩將之. (백양장지) : 100대의 수레로 전송하는구나.

維鵲有巢, (유작유소) : 저 까치 둥지를 트는데,
維鳩盈之. (유구영지) : 저 비둘기가 가득하구나.
之子于歸, (지자우귀) : 저 부인이 시집을 가고 옴에,
百兩成之. (백양성지) : 100대의 수레로 예법을 완성하는구나.

毛序 鵲巢, 夫人之德也. 國君, 積行累功, 以致爵位, 夫人起家而居有之, 德如鳲鳩, 乃可以配焉.

모서 「작소(鵲巢)」편은 부인의 덕을 노래한 시이다. 제후가 행실과 공

적을 쌓아 작위를 이루고, 부인이 집에서 일어나 그곳에 머물고 차지하니, 그 덕이 마치 비둘기와 같아 제후의 짝이 될 수 있다.

참고 『시』「주남(周南)·갈담(葛覃)」

葛之覃兮, (갈지담혜) : 칡덩굴이여,
施于中谷, (시우중곡) : 계속 안에 뻗어,
維葉萋萋. (유엽처처) : 그 잎이 우거졌구나.
黃鳥于飛, (황조우비) : 황조가 날아올라,
集于灌木, (집우관목) : 관목에 모이나니,
其鳴喈喈. (기명개개) : 그 울음소리가 조화롭고도 멀리까지 들리는구나.

葛之覃兮, (갈지담혜) : 칡덩굴이여,
施于中谷, (시우중곡) : 계속 안에 뻗어,
維葉莫莫. (유엽막막) : 그 잎이 잘 무르익었구나.
是刈是濩, (시예시확) : 베고 삶아서,
爲絺爲綌, (위치위격) : 정밀한 갈포와 거친 갈포를 만드나니,
服之無斁. (복지무역) : 정밀하면서도 싫어함이 없구나.

言告師氏, (언고사씨) : 내 여사(女師)13)에게 가르침을 받고자 아뢰어,
言告言歸. (언고언귀) : 나에게 부인의 도를 가르쳐 달라 이르도다.
薄汙我私, (박한아사) : 내 연복(燕服)14)에 공정을 기울이고,
薄澣我衣. (박한아의) : 내 의복을 세탁하노라.
害澣害否, (할한해부) : 어떤 것을 세탁하고 어떤 것을 하지 않는단 말인가,
歸寧父母. (귀녕부모) : 돌아가 부모를 편안히 섬길 따름이라.

毛序 葛覃, 后妃之本也. 后妃在父母家, 則志在於女功之事, 躬儉節用, 服

---

13) 여사(女師)는 고대에 귀족의 여식들을 교육했던 선생을 뜻한다.
14) 연복(燕服)은 평상시 한가하게 거처할 때 착용하는 복장을 뜻한다. 또한 연회를 할 때 착용하는 복장을 뜻하기도 한다.

澣濯之衣, 尊敬師傅, 則可以歸安父母, 化天下以婦道也.

모서 「갈담(葛覃)」편은 후비의 본성을 읊은 시이다. 후비가 부모의 집에 있었을 때에는 그 뜻이 여공이 하는 일에 있어서 몸소 검소하고 절약하여 세탁한 의복을 입었고 사부를 존경했으니, 돌아가서 부모를 편안하게 하며 천하를 부인의 도로 교화할 수 있었다.

참고 『시』「소남(召南)·채번(采蘩)」

于以采蘩, (우이채번) : 어디에서 흰쑥을 따는가,
于沼于沚. (우소우지) : 못가에서 따고 물가에서 따도다.
于以用之, (우이용지) : 어디에서 사용하는가,
公侯之事. (공후지사) : 제후의 제사에서 사용하도다.

于以采蘩, (우이채번) : 어디에서 흰쑥을 따는가,
于澗之中. (우간지중) : 산골짜기에서 따도다.
于以用之, (우이용지) : 어디에서 사용하는가,
公侯之宮. (공후지궁) : 제후의 종묘에서 사용하도다.

被之僮僮, (피지동동) : 머리장식의 공경스럽고 공경스러움이여,
夙夜在公. (숙야재공) : 이른 아침부터 밤늦게까지 제사에 참여하는구나.
被之祁祁, (피지기기) : 머리장식의 침착하고 차분함이여,
薄言還歸. (박언환귀) : 제복을 제거하고 차분히 돌아가는구나.

毛序 采蘩, 夫人不失職也, 夫人可以奉祭祀, 則不失職矣.

모서 「채번(采蘩)」편은 부인이 자신의 본분을 잃지 않았음을 노래한 시이니, 부인이 제사를 제대로 받들 수 있다면 자신의 본분을 잃지 않은 것이다.

참고 『시』「주남(周南)·권이(卷耳)」

采采卷耳, (채채권이) : 권이를 뜯고 뜯지만,
不盈頃筐. (불영경광) : 주둥이가 기운 광주리도 채우지 못하는구나.
嗟我懷人, (차아회인) : 아, 내가 임을 그리워하여,
寘彼周行. (치피주행) : 저 조정의 반열에 놓아두노라.

陟彼崔嵬, (척피최외) : 저 산 위의 바위에 오르려하는데,
我馬虺隤. (아마훼퇴) : 내 말이 병약하구나.
我姑酌彼金罍, (아고작피금뢰) : 내 잠시 저 황금 술동이에서 술을 부어,
維以不永懷! (유이불영회) : 길이 그리워하지 않을 것이다.

陟彼高岡, (척피고강) : 저 높은 산 등마루에 오르려하는데,
我馬玄黃. (아마현황) : 내 말이 병약하여 누렇게 되었구나.
我姑酌彼兕觥, (아고작피시굉) : 내 잠시 저 뿔잔에 술을 부어,
維以不永傷! (유이불영상) : 길이 그리워하지 않을 것이다.

陟彼砠矣, (척피저의) : 저 돌산 흙무더기에 오르려하는데,
我馬瘏矣, (아마도의) : 내 말이 병약하구나,
我僕痡矣, (아복부의) : 내 마부도 병약하구나,
云何吁矣! (운하우의) : 어찌 나로 하여금 근심스럽게 하는가.

毛序 卷耳, 后妃之志也, 又當輔佐君子, 求賢審官, 知臣下之勤勞. 內有進賢之志, 而無險詖私謁之心, 朝夕思念, 至於憂勤也.

모서 「권이(卷耳)」편은 후비의 뜻을 나타낸 시이며, 또 마땅히 군자를 돕고 현자를 찾아 관직을 살펴서 신하의 노고를 알아야 한다는 뜻이다. 내적으로 현자를 등용하려는 뜻이 있고, 바르지 못하거나 사사로이 청탁하려는 마음이 없어서, 아침저녁으로 생각하고 그리워하여 근심하고 수고롭게 된 것이다.

참고 『시』「소남(召南)·채빈(采蘋)」

于以采蘋, (우이채빈) : 어디에서 큰 쑥을 따는가,
南澗之濱. (남간지빈) : 저 남쪽 골짜기 물가에서 따도다.
于以采藻, (우이채조) : 어디에서 마름을 따는가,
于彼行潦. (우피행료) : 저 흐르는 물에서 따도다.

于以盛之, (우이성지) : 어디에 담는가,
維筐及筥. (유광급거) : 네모나고 둥근 광주리에 담도다.
于以湘之, (우이상지) : 어디에 삶는가,
維錡及釜. (유기급부) : 세 발 달린 가마솥과 가마솥에 삶도다.

于以奠之, (우이전지) : 어디에 차려내는가,
宗室牖下. (종실유하) : 대종(大宗)의 종묘 들창 아래에 차려내도다.
誰其尸之, (수기시지) : 누가 주관하는가,
有齊季女. (유제계녀) : 저 공경스러운 소녀로다.

毛序 采蘋, 大夫妻能循法度也, 能循法度, 則可以承先祖共祭祀矣.

모서 「채빈(采蘋)」편은 대부의 아내가 법도를 잘 따를 수 있음을 읊은 시이니, 법도를 잘 따를 수 있다면 선조를 받들어 제사를 치를 수 있다.

참고 『예기』「학기(學記)」 기록

경문-446c 宵雅肄三, 官其始也.

번역 『시』「소아(小雅)」 세 편의 시를 익히게 하여, 벼슬살이하는 것을 가르친다.

鄭注 宵之言小也. 肄, 習也. 習小雅之三, 謂鹿鳴·四牡·皇皇者華也. 此皆君臣宴樂相勞苦之詩, 爲始學者習之, 所以勸之以官, 且取上下相和厚.

번역 '소(宵)'자는 '소(小)'자를 뜻한다. '이(肄)'자는 "익히다[習]."는 뜻이다. 『시』「소아(小雅)」 세 편의 시를 익히게 하니, 「녹명(鹿鳴)」·「사모(四牡)」·「황황자화(皇皇者華)」편을 뜻한다. 이 시들은 모두 군주와 신하가 연회를 하며 서로의 노고를 위로하는 내용이니, 처음 학문을 배우는 자가 익히도록 한 것은 그들에게 관리에 대한 일을 권면하기 위함이며, 또한 상하 계층이 서로 조화롭고 후덕하다는 뜻을 취하기 위함이다.

孔疏 ●"宵雅肄三, 官其始也", 宵, 小也. 肄, 習也. 當祭菜之時, 便歌小雅, 習其三篇, 鹿鳴·四牡·皇皇者華, 取其上下之官, 勸其始學之人, 使上下順序也, 故云"官其始也". 亦謂以官勸其始也.

번역 ●經文: "宵雅肄三, 官其始也". ○'소(宵)'자는 '소(小)'자의 뜻이다. '이(肄)'자는 "익히다[習]."는 뜻이다. 나물로 제사를 지낼 때, 곧 『시』「소아(小雅)」편을 노래 부르게 하여, 이 세 편의 시를 익히도록 하니, 「녹명(鹿鳴)」·「사모(四牡)」·「황황자화(皇皇者華)」편을 뜻하며, 상하 각 계층의 관리에 대한 의미를 취하여, 처음으로 학문을 하는 자들에게 권면을 해서, 상하계층으로 하여금 그 질서에 따르도록 하는 것이다. 그렇기 때문에 "그 시작을 다스리다."라고 말한 것이다. 이 말은 또한 관리에 대한 일을 통해 시작하는 자들에게 권면한다는 뜻도 된다.

孔疏 ◎注"宵之"至"和厚". ○正義曰: 宵, 音近小, 故讀從"小". 按鄕飮酒禮·燕禮皆歌鹿鳴·四牡·皇皇者華. 又襄四年穆叔如晉, 歌小雅三篇, 故知"鹿鳴·四牡·皇皇者華也". 云"爲始學者, 習之所以勸之以官"者, 小雅三篇, 皆君臣燕樂及相勞苦. 今爲學者歌之, 欲使學者得爲官, 與君臣相燕樂, 各自勸勵, 故云"所以勸之以官也". 此云"始"者, 謂學者始來入學, 故云"始入學習之"也.

번역 ◎鄭注: "宵之"~"和厚". ○'소(宵)'자는 그 음이 '소(小)'자의 음에 가깝다. 그렇기 때문에 '소(小)'자로 읽는 것이다. 『의례』「향음주례(鄕飮酒禮)」·

「연례(燕禮)」편을 살펴보면, 모두 「녹명(鹿鳴)」·「사모(四牡)」·「황황자화(皇皇者華)」편을 노래 부른다. 또한 양공(襄公) 4년에 목숙(穆叔)이 진(晉)나라에 갔을 때, 「소아(小雅)」 3편을 노래 불렀다고 했기 때문에,15) 이 시들이 「녹명(鹿鳴)」·「사모(四牡)」·「황황자화(皇皇者華)」편을 가리킨다는 사실을 알 수 있다. 정현이 "처음 학문을 배우는 자가 익히도록 한 것은 그들에게 관리에 대한 일을 권면하기 위함이다."라고 했는데, 「소아」 3편은 모두 군주와 신하가 연회를 즐기고 서로의 노고를 위로하는 내용들이다. 현재 학생들에게 이 시가를 노래 부르도록 하여, 학생들로 하여금 관리가 되어, 군주와 신하가 서로 연회를 하는데 참여할 수 있도록 하고, 각각 스스로 노력하도록 한 것이다. 그렇기 때문에 "그들에게 관리에 대한 일을 권면하기 위함이다."라고 말한 것이다. 이곳에서 '시(始)'라고 한 말은 학생 중 처음으로 입학한 자를 뜻한다. 그렇기 때문에 "처음으로 입학하여 익힌다."라고 말한 것이다.

大全　臨川吳氏曰: 學者, 將以居官任事也. 誦詩者, 必欲其達於政, 而能專對. 小雅三詩, 皆言爲君使之事, 使之肄習, 蓋敎以官事於其始也.

번역　임천오씨가 말하길, 학생은 장차 관직에 몸담아 임무를 맡게 된다. 시를 외우게 한 것은 반드시 그 정무에 달통하여 혼자 그 임무를 처리할 수 있게끔 한 것이다.16) 『시』「소아(小雅)」 세 편의 시 내용은 모두 군주를 위해 임무를 시행하는 일에 해당하는데, 그들로 하여금 이 시를 익히게 하는 것은 관리에 대한 일을 통해 그 시작부터 일삼도록 가르치기 위함이다.

---

15) 『춘추좌씨전』「양공(襄公) 4년」: 穆叔如晉, 報知武子之聘也. 晉侯享之, 金奏肆夏之三, 不拜. 工歌文王之三, 又不拜. 歌鹿鳴之三, 三拜.

16) 『논어』「자로(子路)」: 子曰, "誦詩三百, 授之以政, 不達, 使於四方, 不能專對, 雖多, 亦奚以爲?"

참고 『의례』「향음주례(鄕飮酒禮)」 기록

경문 揖讓升. 賓厭介升, 介厭衆賓升, 衆賓序升, 卽席.

번역 주인은 읍과 사양을 하여 당상으로 올라간다. 빈객은 개(介)에게 염(厭)을 하고 당상으로 올라가며, 개(介)는 빈객 무리의 수장인 3명에게 염(厭)을 하고 당상으로 올라가고, 빈객 무리의 수장인 3명은 서열에 따라 당상으로 올라가서 자신의 자리로 나아간다.

鄭注 序, 次也. 卽, 就也. 今文厭皆爲揖.

번역 '서(序)'자는 차례를 뜻한다. '즉(卽)'자는 나아간다는 뜻이다. 금문에서는 '염(厭)'자를 모두 읍(揖)자로 기록했다.

賈疏 ●"揖讓"至"卽席". ◎注"序次"至"爲揖". ○釋曰: 自此至"擧觶者降", 論徧獻衆賓訖, 將以旅酬之事. 云"衆賓序升"者, 謂三賓堂上有席者, 以年長爲首, 以次卽席也. 云"今文厭皆爲揖", 不從者, 以賓相引以手, 不得爲揖故也.

번역 ●經文: "揖讓"~"卽席". ◎鄭注: "序次"~"爲揖". ○이곳 구문으로부터 "치(觶)를 든 자가 내려간다."라는 구문까지는 빈객 무리에게 두루 술 바치는 일이 끝나서 여수(旅酬)를 시행하려는 사안을 논의하고 있다. "빈객 무리들이 서열에 따라 당상으로 올라간다."라고 했는데, 당상에 자리를 마련하는 빈객 무리들의 수장인 3명의 빈객을 뜻하는 것으로, 이들 중 나이가 많은 자가 수장이 되어 차례대로 자신의 자리로 나아간다는 의미이다. 정현이 "금문에서는 '염(厭)'자를 모두 읍(揖)자로 기록했다."라고 했는데, 그 기록에 따르지 않은 것은 빈객이 서로에 대해 두 손을 당겨서 가슴쪽에 대는 것을 읍(揖)이라 할 수 없기 때문이다.

경문 一人洗, 升, 擧觶于賓.

번역 주인에게 속한 아전 1명이 술잔을 씻고 당상으로 올라가서 빈객에게 치(觶)를 들어 올린다.

鄭注 一人, 主人之吏. 發酒端曰擧.

번역 '일인(一人)'은 주인의 아전을 뜻한다. 술 마시는 발단을 일으키는 것을 '거(擧)'라고 부른다.

賈疏 ●"一人"至"于賓". ◎注"一人"至"曰擧". ○釋曰: 此一人擧觶, 爲旅酬也. 云"發酒端曰擧"者, 從上至下徧飮訖, 又從上而起, 是發酒端曰擧也.

번역 ●經文: "一人"~"于賓". ◎鄭注: "一人"~"曰擧". ○아전 1명이 치(觶)를 들어 올리는 것은 여수(旅酬)를 하기 위해서이다. 정현이 "술 마시는 발단을 일으키는 것을 '거(擧)'라고 부른다."라고 했는데, 윗사람으로부터 아랫사람에 이르기까지 두루 술 마시는 것이 끝나면, 재차 윗사람으로부터 시작하는데, 이것은 술 마시는 발단을 일으키는 것을 '거(擧)'라고 부른다는 사실을 나타낸다.

경문 實觶, 西階上坐奠觶, 遂拜, 執觶興, 賓席末答拜. 坐祭, 遂飮, 卒觶興, 坐奠觶, 遂拜, 執觶興, 賓答拜. 降洗, 升實觶, 立于西階上, 賓拜.

번역 아전이 치(觶)에 술을 채우고 서쪽 계단 위에 앉아서 치(觶)를 내려놓고 그에 따라 절을 하며 다시 치(觶)를 잡고 일어나며, 빈객은 자리의 끝단에서 답배를 한다. 아전이 앉아서 술로 제사를 지내고 그에 따라 술을 마시며, 치(觶)를 비우고서 일어나며 앉아서 치(觶)를 놓아두고 그에 따라 절을 하며 치(觶)를 잡고서 일어나고, 빈객은 답배를 한다. 아전이 당하로 내려가서 술잔을 씻고 당상으로 올라가서 치(觶)에 술을 채우며 서쪽 계단 위에 서 있고 빈객이 절을 한다.

鄭注 賓拜, 拜將受觶.

번역 빈객이 절을 하는 것은 치(觶)를 받게 되는 것에 절을 하는 것이다.

賈疏 ●"實觶"至"賓拜". ◎注"賓拜拜將受觶". ○釋曰: 云"賓席末答拜"者, 謂於席西南面, 非謂席上, 近西爲末, 以其無席上拜法也. 已下賓拜皆然.

번역 ●經文: "實觶"~"賓拜". ◎鄭注: "賓拜拜將受觶". ○"빈객은 자리의 끝단에서 답배를 한다."라고 했는데, 자리에서 서쪽에서 남쪽을 바라보며 한다는 뜻이니, 자리 위를 뜻하는 것이 아니며, 서쪽과 가까운 곳이 끝단이 되는데, 자리 위에서 절을 하는 법도가 없기 때문이다. 이하의 기록 중 빈객이 절을 한다는 것은 모두 이처럼 한다.

경문 進, 坐奠觶于薦西. 賓辭, 坐受以興.

번역 아전이 앞으로 나아가 자리에 앉아 음식이 차려진 곳 서쪽에 치(觶)를 놓아둔다. 빈객은 사양을 하고, 앉아서 술잔을 잡고서 일어난다.

鄭注 擧觶不授, 下主人也. 言坐受者, 明行事相接, 若親受, 謙也.

번역 치(觶)를 들어 올리고서 직접 건네지 않는 것은 주인의 예법보다 낮추기 때문이다. "앉아서 받는다."라고 말한 것은 일을 시행하는 것이 서로 연접해 있어서 마치 직접 받은 것처럼 하는 것으로, 겸손에 해당함을 나타낸다.

賈疏 ●"進坐"至"以興". ◎注"擧觶"至"謙也". ○釋曰: 云"擧觶不授, 下主人也"者, 決上主人獻賓皆親授而奠之, 今不親授, 是下主人. 鄕射注云: "不授, 賤不敢也." 下主人明. 此亦賤不敢授也. 云"言坐受者, 明行事相接, 若親受, 謙也"者, 若於人手相授受, 名爲受, 不於人取之, 不得言受. 今於地取之而言受者, 以主人奠之, 賓取之而無隔絶, 雖於地, 若手受之, 故云明行事相接若親受之謙也.

번역 ●經文: "進坐"~"以興". ◎鄭注: "擧觶"~"謙也". ○정현이 "치(觶)를 들어 올리고서 직접 건네지 않는 것은 주인의 예법보다 낮추기 때문이다."라고 했는데, 앞에서 주인이 빈객에게 술을 따라 바칠 때에는 모든 경우 직접 건네며 술잔을 내려놓았는데, 이곳에서는 직접 건네지 않았으니 주인의 예법보다 낮춘 것이다. 『의례』「향사례(鄕射禮)」편에 대한 정현의 주에서는 "건네지 않은 것은 미천하므로 그 예법을 감당할 수 없기 때문이다."라고 했는데, 이것은 주인의 예법보다 낮춘다는 사실을 나타낸다. 이곳의 경우에도 아전은 신분이 미천하여 감히 직접 건네지 못하는 것이다. 정현이 "앉아서 받는다고 말한 것은 일을 시행하는 것이 서로 연접해 있어서 마치 직접 받은 것처럼 하는 것으로, 겸손에 해당함을 나타낸다."라고 했는데, 사람이 손으로 서로 주고받을 때에는 받는 것을 '수(受)'라고 부르는데, 상대에게서 받은 것이 아니라면 '수(受)'라고 부를 수 없다. 이곳의 상황은 땅에서 가져가는 것인데도 '수(受)'라고 말했다. 주인이 술잔을 내려놓았을 때 빈객이 그것을 가져갈 때에는 간극이 없으므로, 비록 땅에 내려놓았지만 손으로 직접 받는 것과 같다. 그렇기 때문에 "일을 시행하는 것이 서로 연접해 있어서 마치 직접 받은 것처럼 하는 것으로, 겸손에 해당함을 나타낸다."라고 말한 것이다.

경문 擧觶者西階上拜送, 賓坐奠觶于其所.

번역 치(觶)를 들어 올리는 자가 서쪽 계단 위에서 절을 하며 술잔을 건네고, 빈객은 앉아서 음식이 차려진 곳 서쪽에 치(觶)를 내려놓는다.

鄭注 所, 薦西也.

번역 '소(所)'는 음식이 차려진 곳 서쪽을 뜻한다.

賈疏 ●"擧觶"至"其所". ◎注"所薦西也". ○釋曰: 賓奠於其所者, 待作樂後立司正, 賓乃取此觶以酬主人, 以其將擧, 故且奠之於右也.

번역 ●經文: "擧觶"~"其所". ◎鄭注: "所薦西也". ○빈객이 음식이 차려

진 곳 서쪽에 술잔을 내려놓는 것은 음악이 연주된 후 사정(司正)을 세울 때까지 기다리니, 빈객은 그제야 놓아둔 치(觶)를 들고서 주인에게 술을 권하는데, 앞으로 술잔을 들어 올려야 하기 때문에 잠시 우측에 술잔을 내려놓는 것이다.

경문 擧觶者降.

번역 치(觶)를 들어 올린 자는 당하로 내려간다.

鄭注 事已.

번역 그 사안이 끝났기 때문이다.

賈疏 ●“擧觶者降”. ◎注“事已”. ○釋曰: 按鄕射“擧觶者降”, 後有大夫, 此不言者, 大夫觀禮之人, 或來或否, 故不言也.

번역 ●經文: “擧觶者降”. ◎鄭注: “事已”. ○『의례』「향사례(鄕射禮)」편을 살펴보면 “치(觶)를 들어 올린 자는 당하로 내려간다.”라고 말한 뒤에 대부가 등장하는데, 이곳에서는 언급하지 않았다. 대부는 의례의 진행을 살펴보기 위해 찾아온 자인데, 어떤 경우에는 찾아오고 어떤 경우에는 찾아오지 않기 때문에 언급하지 않은 것이다.

경문 設席于堂廉, 東上.

번역 당의 측면 가장자리에 자리를 설치하는데 동쪽을 상등으로 삼는다.

鄭注 爲工布席也. 側邊曰廉. 燕禮曰: “席工於西階上少東, 樂正先升, 北面.” 此言樂正先升, 立于西階東, 則工席在階東.

번역 악공을 위해 자리를 펴는 것이다. 측면의 가장자리를 ‘염(廉)’이라고 부른다. 『의례』「연례(燕禮)」편에서는 “서쪽 계단 위에서 조금 동쪽으로 치우친 곳에 악공의 자리를 마련하고, 악정이 먼저 당상으로 올라가서 북쪽을 바라본다."라고 했다. 이곳에서 악정이 먼저 올라가서 서쪽 계단의 동쪽에 선다고 했으니, 악공의 자리는 계단의 동쪽에 있게 된다.

賈疏 ●"設席"至"東上". ◎注"爲工"至"階東". ○釋曰: 自此下至"樂正告于賓乃降", 論主人樂賓之事. 大判總爲作樂, 其中別有四節之殊: 有歌, 有笙, 有間, 有合, 次第不同也. 按燕禮"席工于西階上", 卽云"樂正先升", 大射亦云"席工于西階上, 工六人四瑟", 始云"小樂正從之", 不同者, 燕禮主於歡心, 尙樂, 故先云樂正先升, 大射主於射, 略於樂, 故辨工數, 乃云樂正從之也. 若然, 此主於樂, 不與燕同, 而席工下辨工數, 乃云樂正升者, 此臣禮避君也. 至於鄕射亦應主於射, 略於樂, 而不言工數, 先云樂正, 而不與大射同者, 亦是避君之事也. 云"爲工布席也"者, 以鄕射·燕禮·大射皆席工連言, 此不言席工, 文不具爾, 故此爲工布席. 下云工入升, 明此席也. 引燕禮者, 欲證此席爲工, 又取此工席在西階東, 以其此經云堂廉東上, 不言階東, 故取燕禮西階上少東, 樂正又在工西. 此下云樂正於西階東, 據樂正於西階東, 而立在工西, 則知工席更在階東·北面可知. 但此言近堂廉, 亦在階東, 彼云階東亦近堂廉也.

번역 ●經文: "設席"~"東上". ◎鄭注: "爲工"~"階東". ○이곳 구문으로부터 "악정이 빈객에게 아뢰고 내려간다."라고 한 구문까지는 주인이 빈객을 즐겁게 만드는 사안을 논의한 것이다. 대략적으로는 음악을 연주하는 것인데, 그 안에서는 네 가지 절차로 구별된다. 노래를 부르는 것, 생황을 연주하는 것, 노래와 연주를 교대로 하는 것, 노래와 연주를 합하는 것 등의 차이가 있다. 『의례』「연례(燕禮)」편을 살펴보면 "서쪽 계단 위에 악공의 자리를 설치한다."라고 했고, 곧바로 "악정이 먼저 당상으로 올라간다."라고 했으며, 『의례』「대사례(大射禮)」편에서도 "서쪽 계단 위에 악공의 자리를 설치하는데, 악공은 6명이고, 그들 중 슬(瑟)을 연주하는 자는 4명이다."라고 했고, 처음으로 "소악정이 뒤따른다."라고 하여 차이를 보인다. 그 이유는 「연례」편은 마음을 즐겁게 만드는 것을 위주로 하여 음악을 숭상하기 때문에 우선적으로 악정이 먼저 올라간다고 했고, 「대사례」편은 활쏘기를 위주로 하여 음악에 대한 것은 간소하게 한다. 그렇기 때문에 악공의 수를 구별하고서 소악정이 뒤따른다고 말한 것이다. 만약 그렇다면 이곳의 내용은 음악에 대한 것을 위주로 하면서도 「연례」편의 내용과 차이를 보이고, 악공의 자리를 설치한다고 말한 뒤에 악공의 수를 구분하고, 그런 뒤에야 악정이 당상으로 올라간다고 했다. 그 이유는 이곳의 내용은 신하의 예법이므로 군주의 예법을 피하기 때문이다. 『의례』「향사례(鄕射禮)」편에 있어서도 마땅히 활쏘기를 위주로 하여 음악에 대한 일은 간소하게 해야 하는데, 악공의 수를 언급하지 않았고, 우선적으로 악정에 대한 내용을 언급하여 「대사례」편과 차이를 보인다. 그 이유 또한 군주에 대한 사안을 피하기 때문이다. 정현이 "악공을 위해 자리를 펴는 것이다."라고 했는데, 「향사례」·「연례」·「대사례」편에서는 모두 '석공(席工)'이라고 말했지만, 이곳에서는 '석공(席工)'이라고 기록하지 않았으니, 문장을 자세히 기록하지 않았기 때문이다. 그래서 이곳에서 말한 내용 또한 악공을 위해 자리를 펴는 것임을 알 수 있다. 아래문장에서 악공이 들어와서 당상으로 올라간다고 했으니, 이곳에서 설치하는 자리가 악공을 위한 것임을 나타낸다. 정현이 「연례」편의 내용을 인용한 것은 이곳에서 설치한 자리가 악공을 위한 것임을 증명하기 위한 것이며, 또한 악공의 자리가 서쪽 계단의 동쪽에 있다는 내용을 인용하였는데, 그 이유는 이곳 경문에서 "당의 측면 가장자리에 자리를 설치하는데 동쪽을 상등으로 삼는다."라고만 말하고 계단의 동쪽이라고 언급하지 않았기 때문이다. 그래서 「연례」편에서 서쪽 계단 위에서 조금 동쪽으로 떨어진 곳에 설치한다는 내용을 인용한 것이며, 악정은 또한 악공의 서쪽에 있게 된다. 이곳 아래 구문에서는 악정은 서쪽 계단의 동쪽에 있다고 했는데, 악정이 서쪽 계단의 동쪽에 위치하여 악공의 서쪽에 서 있게 된다는 사실에 근거해보면, 악공의 자리는 계단의 동쪽에 있으며 북쪽을 향하게 된다는 사실을 알 수 있다. 다만 이곳에서는 당의 측면 가장자리에 가깝다고 말했는데, 이 또한 계단의 동쪽이 되며, 「연례」편에서 계단의 동쪽이라고 한 곳 또한 당의 측면 가장자리와 가까운 지점이 된다.

경문 工四人, 二瑟, 瑟先. 相者二人, 皆左何瑟, 後首, 挎越, 內弦, 右手相.

번역 악공은 4명인데, 2명은 슬(瑟)을 연주하는 자이며, 슬을 연주하는 자가 먼저 들어온다. 악공을 돕는 자 2명은 모두 좌측으로 슬을 메는데, 슬의 머리 부분이 뒤로 가도록 하며 아래에 있는 구멍에 손을 넣어 현이 안쪽을 향하도록 하며, 우측 손으로는 슬 연주자를 부축한다.

鄭注 四人, 大夫制也. 二瑟, 二人鼓瑟, 則二人歌也. 瑟先者, 將入, 序在前也. 相, 扶工也, 衆賓之少者爲之, 每工一人. 鄕射禮曰 "弟子相工如初入", 天子相工使視瞭者, 凡工, 瞽矇也, 故有扶之者. "師冕見, 及階, 子曰: '階也.' 及席, 子曰: '席也.'" 固相師之道. 後首者, 變于君也. 挎, 持也. 相瑟者則爲之持瑟. 其相歌者, 徒相也. 越, 瑟下孔也. 內弦, 側擔之者.

번역 4명이라고 했는데, 이것은 대부의 제도에 해당한다. '이슬(二瑟)'이라고 했는데, 2명은 슬을 연주하니, 나머지 2명은 노래를 부르는 것이다. '슬선(瑟先)'이라고 했는데, 악공들이 들어오려고 할 때, 순서상 앞에 위치한다는 뜻이다. '상(相)'은 악공을 부축하는 자이니, 빈객 무리들 중 나이가 어린 자가 그 일을 담당하며, 악공마다 1명씩 두게 된다. 『의례』「향사례(鄕射禮)」편에서는 "제자들은 악공을 돕길 처음 들어올 때처럼 한다."[17]라고 했는데, 천자의 의례에서 악공을 돕는 자는 시료(視瞭)라는 관리를 시키는데, 악공들은 장님이므로 부축할 자를 두어야 하기 때문이다. "악사 면이 찾아뵙자 계단에 이르러서 공자는 '계단입니다.'라고 했고, 자리에 이르러서 공자는 '자리입니다.'"[18]라고 했으니, 이것은 진실로 악사를 돕는 도리에 해당한다. 머리 부분을 뒤로 가게 하는 것은 군주의 예법에서 변화를 준 것이다. '고(挎)'자는 잡는다는 뜻이다. 슬 연주자를 돕는 자는 그를 위해

---

17) 『의례』「향사례(鄕射禮)」: <u>弟子相工如初入</u>, 降自西階, 阼階下之東南, 堂前三笴, 西面, 北上, 坐.

18) 『논어』「위령공(衛靈公)」: <u>師冕見, 及階, 子曰, "階也." 及席, 子曰, "席也."</u> 皆坐, 子告之曰, "某在斯, 某在斯." 師冕出. 子張問曰, "與師言之道與?" 子曰, "然, 固相師之道也."

슬을 잡게 된다. 노래하는 악공을 돕는 자는 좌측 손으로 드는 것이 없고 우측 손으로 부축만 할 따름이다. '월(越)'은 슬 아래에 있는 구멍이다. 현을 안쪽으로 한다는 것은 옆으로 맨다는 뜻이다.

賈疏 ●"工四"至"手相". ◎注"四人"至"之者". ○釋曰: 云"四人, 大夫制也"者, 此鄕大夫飮酒而云四人, 大射諸侯禮而云六人, 故知四人者, 大夫制也. 燕禮亦諸侯禮, 而云四人者, 鄭彼注: 工四人者, 燕禮輕, 從大夫制也. 鄕射是諸侯之州長, 士爲之, 其中兼有鄕大夫, 以三物詢衆庶行射禮法, 故工亦四人, 大夫制也. 若然, 士當二人, 天子當八人, 爲差次也. 云"二瑟, 二人鼓瑟, 則二人歌也"者, 旣云工四人二人瑟, 明二人鼓瑟可知也. 云"相, 扶工也, 衆賓之少者爲之"者, 見鄕射云: "樂正適西方, 命弟子." 弟子則衆賓之少者也. 云"每工一人"者, 按周禮瞽三百人, 又此經二人瑟, 相者二人, 皆左何瑟. 又大射僕人正相大師, 以諸文言之, 故知每工一人. 若然, 此經工四人, 二人瑟, 相二人, 則工二人. 歌雖不言相, 亦二人可知. 以空手無事, 故不言也. 云"鄕射禮曰弟子相工如初入"者, 彼謂將射, 樂正命弟子相工遷樂於下, 降時如初入之次第, 亦瑟先歌後, 引之, 證弟子相工之事. 天子相工亦使瞽矇爲之, 知者, 見周禮・瞽矇職云"凡樂事相瞽", 是也. 云"凡工, 瞽矇也"者, 鄭司農云: 無目眹謂之瞽, 有目眹而無見謂之矇, 有目無眸子謂之瞍, 故詩・大雅云"矇瞍奏工", 是也. 引論語者, 證瞽人無目, 須扶之義也. 云師, 卽大師之官, 無目矇瞽之長也. 云"後首者, 變於君也"者, 按燕禮云: "小臣左何瑟, 面鼓." 注云: "燕尙樂, 可鼓者在前." 此鄕飮酒亦尙樂, 而不面鼓, 是變於君也. 按大射主於射, 略於樂, 鄕射亦應主於射, 略於樂, 所以面鼓, 亦是變於君也. 云"拊, 持也"者, 瑟底有孔越, 以指深入謂之拊也. 云"其相歌者, 徒相也"者, 徒, 空也, 無可荷空, 以右手相, 以經不言故也. 云"內弦, 側擔之者", 以左於外, 側擔之使弦向內也.

번역 ●經文: "工四"~"手相". ◎鄭注: "四人"~"之者". ○정현이 "4명이라고 했는데, 이것은 대부의 제도에 해당한다."라고 했는데, 이곳의 내용은 향대부가 음주를 하는 예법이므로 4명이라고 한 것이고,『의례』「대사례(大射禮)」편은 제후의 예법이므로 6명이라고 한 것이다. 그렇기 때문에 4명이라고 한 것은 대부의 제도에 해당함을 알 수 있다. 『의례』「연례(燕禮)」편의 내용 또한 제후의 예법인데도 4명이라고 했다. 그 이유에 대해 정현은 「연례」편에 대한 주에서 악공이 4명이라고 했는데, 연례는 상대적으로 덜 중요한 의식이므로 대부의 제도에 따르기 때문이라고 했다. 『의례』「향사례(鄕射禮)」편의 내용은 제후에게 소속된 주장(州長)이 시행하는데 사가 그 임무를 맡고 그중에는 향대부가 포함되는 경우도 있고, 삼물(三物)[19]로 대중들의 의견을 묻고 활 쏘는 예법을 시행하기 때문에 악공 또한 4명으로 맞추어 대부의 제도에 따르게 된다. 만약 그렇다면 사는 마땅히 2명의 악공을 두어야 하고 천자는 8명의 악공을 두어야 하니, 순차적인 차등에 따르기 때문이다. 정현이 "'이슬(二瑟)'이라고 했는데, 2명은 슬을 연주하니, 나머지 2명은 노래를 부르는 것이다."라고 했는데, 악공이 4명인데 2명은 슬을 연주한다고 했으니, 2명이 슬을 연주한다는 사실을 알 수 있다. 정현이 "'상(相)'은 악공을 부축하는 자이니, 빈객 무리들 중 나이가 어린 자가 그 일을 담당한다."라고 했는데, 「향사례」편을 살펴보면 "악정은 서쪽으로 가서 제자에게 명한다."라고 했고, 제자는 빈객 무리들 중 나이가 어린 자를 뜻한다. 정현이 "악공마다 1명씩 두게 된다."라고 했는데, 『주례』를 살펴보면 장님 악공은 300명이라고 했고, 또 이곳 경문에서는 2명이 슬을 연주하고 부축하는 자가 2명인데 모두 좌측으로 슬을 멘다고 했다. 또 「대사례」편에서는 복인의 수장이 태사를 부축한다고 했는데, 이러한 기록들을 통해 말했기 때문에 악공마다 1명씩 두게 됨을 알 수 있다. 만약 그렇다면 이곳 경문에서는 악공이 4명이고 그들 중 2명이 슬을 연주하며 부축하는 자가 2명이라고 했으니, 나머지 악공은 2명이 된다. 노래를 부르는 악공에 대해서는 비록 도와주는 자를 언급하지 않았지만, 이들에 대해서도 도와주는 자 2명을 두게 됨을 알 수 있다. 그러나 그들은 손으로 무언가를 들며 시행하는 일이 없기 때문에 언급하지 않은 것이다. 정현이 "『의례』「향사례(鄕射禮)」편에서는 제자

---

19) 삼물(三物)은 세 가지 사안으로, 육덕(六德), 육행(六行), 육예(六藝)를 뜻한다. '물(物)'자는 사(事)자의 뜻이다. '육덕'은 지(知)·인(仁)·성(聖)·의(義)·충(忠)·화(和)를 뜻한다. '육행'은 효(孝)·우(友)·목(睦)·인(姻)·임(任)·휼(恤)을 뜻한다. '육예'는 예(禮)·악(樂)·사(射)·어(御)·서(書)·수(數)를 뜻한다.

들은 악공을 돕길 처음 들어올 때처럼 한다."라고 했는데, 「향사례」편의 내용은 활쏘기를 시작하려고 하여, 악정이 제자들에게 명령해서 악공을 도와 악기를 당하로 옮기게 한 것이고, 당하로 내려갈 때 처음 들어왔을 때의 서열처럼 하는 것이니, 이러한 경우에서도 슬을 연주하는 자가 앞에 서고 노래를 부르는 자가 뒤에 선다. 이 내용을 인용한 것은 제자들이 악공을 돕는다는 사안을 증명하기 위해서이다. 천자의 의례에 있어서 악공을 돕는 자는 또한 시료(眡瞭)라는 관리를 시키게 되는데, 이러한 사실을 알 수 있는 이유는 『주례』「시료(眡瞭)」편의 직무 기록에서는 "음악을 연주하는 일에 있어서는 장님 악공을 돕는다."라고 했기 때문이다. 정현이 "악공들은 장님 이다."라고 했는데, 정사농은 눈이 없는 자를 '고(瞽)'라고 부르며, 눈은 있지 만 볼 수 없는 자를 '몽(矇)'이라고 부르고, 눈은 있지만 눈동자가 없는 자를 '수(瞍)'라고 부른다. 그렇기 때문에 『시』「대아(大雅)」에서는 "몽(矇)과 수 (瞍)가 자신의 일에 따라 연주한다."[20]라고 한 것이다. 정현이 『논어』를 인 용한 것은 고(瞽)에게는 눈이 없어서 부축해야 할 필요가 있다는 뜻을 증명 하기 위한 것이다. '사(師)'는 태사를 맡은 관리이니, 눈이 없는 악공들의 수장이다. 정현이 "머리 부분을 뒤로 가게 하는 것은 군주의 예법에서 변화 를 준 것이다."라고 했는데, 「연례」편을 살펴보면 "소신이 좌측으로 슬을 메는데 머리 부분을 앞에 둔다."라고 했고, 정현의 주에서는 "연례에서는 음악을 숭상하므로 머리 부분을 앞에 둘 수 있다."라고 했다. 이곳에서 말한 향음주례 또한 음악을 숭상하는데도 머리 부분을 앞에 두지 않았으니, 군주 의 예법에서 변화를 주었기 때문이다. 「대사례」편을 살펴보면 활쏘기를 위 주로 하여 음악에 대한 일을 소략하게 하는데, 「향사례」편 또한 마땅히 활쏘 기를 위주로 하여 음악에 대한 일도 소략하게 해야 한다. 그런데도 머리 부분을 앞으로 두는 것은 이 또한 군주의 예법에서 변화를 주기 때문이다. 정현이 "'고(拷)'자는 잡는다는 뜻이다."라고 했는데, 슬 아래에는 구멍이 있 어서 손가락을 넣는데 이것을 '고(拷)'라고 부른다. 정현이 "노래하는 악공 을 돕는 자는 좌측 손으로 드는 것이 없고 우측 손으로 부축만 할 따름이다."

---

20) 『시』「대아(大雅)·영대(靈臺)」: 於論鼓鍾, 於樂辟廱. 鼉鼓逢逢, <u>矇瞍奏公</u>.

라고 했는데, '도(徒)'자는 비었다는 뜻으로, 손으로 멜 것이 없어 손이 비어 있으니, 우측 손으로 부축만 하게 된다. 이것을 말한 이유는 경문에서 이러한 사실을 언급하지 않았기 때문이다. 정현이 "현을 안쪽으로 한다는 것은 옆으로 맨다는 뜻이다."라고 했는데, 좌측 손을 바깥쪽으로 둘러 측면으로메서 현이 안쪽을 향하도록 하는 것이다.

경문 樂正先升, 立于西階東.

번역 악정이 먼저 당상으로 올라가서 서쪽 계단의 동쪽에 선다.

鄭注 正, 長也.

번역 '정(正)'자는 우두머리라는 뜻이다.

賈疏 ●"樂正"至"階東". ◎注"正長也". ○釋曰: 按周禮有大司樂·樂師, 天子之官. 此樂正者, 諸侯及大夫·士之官, 當天子大司樂. 言先升, 對後升. 云 "長", 樂官之長也.

번역 ●經文: "樂正"~"階東". ◎鄭注: "正長也". ○『주례』를 살펴보면 대사악(大司樂)과 악사(樂師)라는 관리가 있는데, 이들은 천자에게 소속된 관리이다. 이곳에서 말한 '악정(樂正)'은 제후 및 대부와 사에게 소속된 관리이며, 천자에게 소속된 대사악에 해당한다. 먼저 올라간다고 말한 것은 뒤에 올라오는 것과 대비한 것이다. '장(長)'이라고 했는데, 악관들의 수장을 뜻한다.

경문 工入, 升自西階. 北面坐. 相者東面坐, 遂授瑟, 乃降.

번역 악공이 들어서서 서쪽 계단을 통해 당상으로 올라간다. 북쪽을 바라보며 앉는다. 악공을 부축하는 자는 동쪽을 바라보며 앉고 그에 따라 슬(瑟)을 건네고 당하로 내려간다.

鄭注 降立于西方, 近其事.

번역 당하로 내려가서 서쪽에 서 있게 되니, 자신이 처리해야 할 일과 가까운 곳에 있기 때문이다.

賈疏 ●"工入"至"乃降". ◎注"降立"至"其事". ○釋曰: 工入升, 不言歌瑟 先後, 按上文已云瑟先其歌可知也. 鄭知"降立於西方, 近其事"者, 鄕射云: "樂正適西方, 命弟子贊工遷樂." 故知西方是近其事也.

번역 ●經文: "工入"~"乃降". ◎鄭注: "降立"~"其事". ○악공이 들어 와서 당상으로 올라간다고 했는데, 노래를 부르는 자와 슬(瑟) 연주하는 자의 선후 순서를 언급하지 않았다. 앞의 문장을 살펴보면 이미 슬을 연주 하는 자가 앞에 선다고 했으니, 노래를 부르는 자의 순서를 알 수 있다. 정현이 "당하로 내려가서 서쪽에 서 있게 되니, 자신이 처리해야 할 일과 가까운 곳에 있기 때문이다."라고 했는데, 이러한 사실을 알 수 있는 이유는 『의례』「향사례(鄕射禮)」편에서 "악정은 서쪽으로 가서 제자들에게 명령하 여 악공을 도와 악기를 옮기도록 시킨다."라고 했다. 그렇기 때문에 서쪽이 자신이 치러야 할 일과 가까운 위치가 됨을 알 수 있다.

경문 工歌鹿鳴·四牡·皇皇者華.

번역 악공은 「녹명(鹿鳴)」·「사모(四牡)」·「황황자화(皇皇者華)」편을 노 래 부른다.

鄭注 三者皆小雅篇也. 鹿鳴, 君與臣下及四方之賓燕, 講道修政之樂歌也. 此采其己有旨酒, 以召嘉賓, 嘉賓旣來, 示我以善道. 又樂嘉賓有孔昭之明德, 可則傚也. 四牡, 君勞使臣之來樂歌也. 此采其勤苦王事, 念將父母, 懷歸傷 悲, 忠孝之至, 以勞賓也. 皇皇者華, 君遣使臣之樂歌也. 此采其更是勞苦, 自 以爲不及, 欲諮謀于賢知而以自光明也.

번역 세 편은 모두 『시』「소아(小雅)」에 속한 편이다. 「녹명(鹿鳴)」편은 군주가 신하들 및 사방에서 찾아온 빈객들과 연회를 하며, 도를 강론하고 정치를 정돈할 때 사용하는 음악과 노래이다. 이 시는 자신에게 맛있는 술이 있어 이를 통해 아름다운 손님을 부르고, 아름다운 손님이 찾아와 나에게 선한 도를 보여준다는 내용을 채록한 것이다. 또 아름다운 손님에게 크고도 밝은 명덕이 있어 본받을 수 있음을 노래하였다. 「사모(四牡)」편은 군주가 사신이 온 것에 대해 그 노고를 위로하며 사용하는 음악과 노래이다. 이 시는 천자의 일에 열심히 하고 고생하고 있는데, 부모를 생각하게 되면 돌아가고자 생각하여 상심하게 되니 충과 효의 지극함에 해당함으로 빈객을 위로했음을 채록한 것이다. 「황황자화(皇皇者華)」편은 군주가 사신을 파견하며 사용하는 음악과 노래이다. 이 시는 그들이 수고롭게 일하고 고생하여 스스로 매번 미치지 못할 것처럼 생각하여, 현명하고 지혜로운 자와 상의하여 스스로를 빛내고자 함을 채록한 것이다.

賈疏 ●"工歌"至"者華". ◎注"三者"至"光明". ○釋曰: 凡歌詩之法, 皆歌其類. 此時貢賢能, 擬爲卿大夫, 或爲君所燕食, 以鹿鳴詩也; 或爲君出聘, 以皇皇者華詩也; 或使反爲君勞來, 以四牡詩也. 故賓賢能而預歌此三篇, 使習之也. 云"三者皆小雅篇也"者, 其詩見於小雅之內也. 云"鹿鳴, 君與臣下及四方之賓燕, 講道修政之樂歌也"者, 自此已下, 鄭皆先引詩序於上, 復引詩經於下, 以其子夏作序, 所以序述經意, 故鄭並引之也. 按鹿鳴序云: "鹿鳴, 燕群臣嘉賓也." 然後群臣嘉賓得盡其心之事, 還依序而言也. 云"此采其己有旨酒, 以召嘉賓, 嘉賓旣來, 示我以善道"至"可則傚也"者, 按彼經云"我有旨酒, 以燕樂嘉賓之心", 又云"示我周行", "德音孔昭, 視民不恌, 是則是傚"之事. 四牡序云: "勞使臣之來也." 經云: "王事靡盬, 我心傷悲", "豈不懷歸", "將母來諗." 皇皇者華序云: "君遣使臣也." 經云: "於彼原隰, 駪駪征夫, 每懷靡及", "周爰諮謀"之事, 故鄭依而引之爲證也.

번역 ●經文: "工歌"~"者華". ◎鄭注: "三者"~"光明". ○시를 노래하는 법도에 있어서 모두 해당하는 부류의 시가를 노래하게 된다. 지금 여기에서

324 譯註 禮記集說大全 鄕飮酒義 附『正義』·『訓纂』·『集解』

말하는 시기는 현명하고 능력이 뛰어난 자를 천거하여 경이나 대부에 견주는 것인데, 이들은 간혹 군주에게 연회를 대접받아 식사를 할 수 있으므로 「녹명(鹿鳴)」편의 시를 노래한 것이고, 또는 군주를 위해 다른 나라로 빙문을 갈 수 있으므로 「황황자화(皇皇者華)」편의 시를 노래한 것이며, 또는 사신이 되어 군주를 위해 수고롭게 찾아오기도 하므로 「사모(四牡)」편의 시를 노래한 것이다. 따라서 현명한 자와 능력이 뛰어난 자를 빈객으로 대접하며 미리 이러한 세 편의 시를 노래하여 그들로 하여금 관련 일들을 익히게 한다. 정현이 "세 편은 모두『시』「소아(小雅)」에 속한 편이다."라고 했는데, 여기에서 말한 시들은『시』「소아(小雅)」편에 나오기 때문이다. 정현이 "「녹명」편은 군주가 신하들 및 사방에서 찾아온 빈객들과 연회를 하며, 도를 강론하고 정치를 정돈할 때 사용하는 음악과 노래이다."라고 했는데, 이곳 기록으로부터 그 이하의 내용에 있어서 정현은 모든 경우 먼저 그 앞에『시』의 「서」를 인용하고, 그 뒤에『시』의 경문을 재차 인용하였는데, 자하가 「서」를 작성한 것은 경문의 뜻을 서술하기 위한 것이다. 그렇기 때문에 정현이 둘 모두 인용한 것이다. 「녹명」편의 「서」를 살펴보면 "「녹명」편은 뭇 신하들과 아름다운 손님들에 대해 연회를 베푸는 내용이다."라고 했다. 그런 뒤에 뭇 신하들과 아름다운 손님이 자신의 마음을 다할 수 있는 사안을 「서」의 기록에 따라 언급한 것이다. 정현이 "이 시는 자신에게 맛있는 술이 있어 이를 통해 아름다운 손님을 부르고, 아름다운 손님이 찾아와 나에게 선한 도를 보여준다는 내용을 채록한 것이다."라고 한 말로부터 "본받을 수 있다."라고 한 말에 대해,『시』의 경문을 살펴보면 "나에게 맛있는 술이 있어, 연회로 아름다운 손님의 마음을 즐겁게 하는구나."라고 했고, 또 "나에게 지극히 선한 도를 보여 줄지어다."라고 했으며, "덕음이 매우 밝구나. 백성들에게 보여 경박하지 않게 하니, 이를 본받고 따르리라."라고 한 사안에 해당한다. 「사모」편의 「서」에서는 "사신이 찾아온 것에 대해 위로하는 내용이다."라고 했고, 경문에서는 "왕명에 따른 일을 견고히 하지 않을 수 없으니, 내 마음이 서글프구나."라고 했고, "어찌 되돌아감을 생각하지 않겠느냐."라고 했으며, "모친을 봉양하고자 와서 고하는구나."라고 했다. 「황황자화」편의 「서」에서는 "군주가 사신을 파견하는 내용이다."라고 했고, 경문에서는 "저 언덕과 습지에 피어 있구

나. 무리지어 신속히 달려가는 사신들이여, 매번 미치지 못할 것처럼 생각하는구나."라고 했고, "두루 방문하여 논의하는구나."라고 한 사안에 해당한다. 그렇기 때문에 정현이 그에 따라 인용하여 증명한 것이다.

경문 卒歌, 主人獻工. 工左瑟, 一人拜, 不興, 受爵. 主人阼階上拜送爵.

번역 노래를 마치면 주인은 악공에게 술을 따라 바친다. 악공은 좌측 손으로 슬(瑟)을 잡고, 악공들의 수장 한 사람이 절을 하며 일어나지 않고 술잔을 받는다. 주인은 동쪽 계단 위에서 절을 하며 술잔을 건넨다.

鄭注 一人, 工之長也. 凡工賤, 不爲之洗.

번역 '일인(一人)'은 악공들의 수장을 뜻한다. 모든 악공들은 미천하기 때문에 그들을 위해서 술잔을 씻지 않는다.

賈疏 ●"卒歌"至"送爵". ◎注"一人"至"之洗". ○釋曰: 云"一人, 工之長也"者, 謂就四人之內爲首者也. 云"凡工賤, 不爲之洗"者, 下大師爲之洗, 是君賜者爲之洗, 明自外不爲之洗也. 按此鄕飮酒及燕禮同是主歡心尙樂之事, 故有升歌笙間合樂, 及其獻工獻笙後間合不獻, 以知二節自前已得獻, 故不復重獻. 鄕射主於射, 略於樂, 無笙間, 唯有合樂, 笙工並爲, 至終總獻之. 大射亦主於射, 略於樂, 但不間歌, 不合樂, 故有升歌, 鹿鳴三終, 主人獻工, 乃後下管新宮, 不復得獻, 此君禮異於鄕射也. 若鄕射與大射同略於樂, 大射不略升歌而略笙間合者, 二南是卿大夫之正, 小雅是諸侯之正, 鄭注鄕射云"不略合樂者, 不可略其正." 諸侯不略鹿鳴之等, 義亦然也.

번역 ●經文: "卒歌"~"送爵". ◎鄭注: "一人"~"之洗". ○정현이 "'일인(一人)'은 악공들의 수장을 뜻한다."라고 했는데, 4명의 악공 중에서도 우두 머리가 되는 자를 뜻한다. 정현이 "모든 악공들은 미천하기 때문에 그들을 위해서 술잔을 씻지 않는다."라고 했는데, 아래에서 태사를 위해서는 술잔을 씻는다고 했으니, 이것은 군주가 하사를 하는 경우 그를 위해서 술잔을 씻는 것이며, 그 이외에는 그를 위해 술잔을 씻지 않는 것을 나타낸다. 「향음주례」편과『의례』「연례(燕禮)」편을 살펴보면 둘 모두 마음을 즐겁게 하는 것을 위주로 하여 음악을 숭상하는 사안이다. 그렇기 때문에 당상에 올라가서 노래를 부르고 생황을 연주하며 교대로 시행하고 합주를 하게 되는데, 악공에게 술을 따라주고 생황을 연주하는 자에게 술을 따라준 이후 교대로 연주하거나 합주를 할 때에는 술을 따라주지 않으니, 두 절차 이전에 이미 술을 따라 주었기 때문에 재차 술을 따라주지 않는다는 사실을 알 수 있다.『의례』「향사례(鄕射禮)」편은 활쏘기를 위주로 하여, 음악에 대한 것을 간략히 하여 생황을 연주하며 교대로 시행하는 것이 없고 오직 합주만 있어, 생황을 연주하는 자와 악공이 모두 그 일을 시행하여 마지막이 되어서야 총괄적으로 술을 따라준다.『의례』「대사례(大射禮)」편 또한 활쏘기를 위주로 하여 음악에 대한 것을 간략히 하는데, 교대로 노래를 부르지 않고 합주도 하지 않는다. 그렇기 때문에 당상에 올라가서 노래를 불러, 「녹명(鹿鳴)」 등의 시가를 3종(終)하게 되면 주인은 악공에게 술을 따라주고 그런 뒤에 당하에서 관악기로 「신궁(新宮)」편을 연주하는데, 재차 술을 따라줄 수 없으니, 이것은 군주에 대한 예법으로 「향사례」편과 차이를 두는 것이다. 「향사례」와 「대사례」편은 모두 음악에 대한 것을 간략히 하는데, 「대사례」의 경우 당상에 올라가서 노래 부르는 사안은 간략히 하지 않고, 생황을 연주하며 교대로 시행하고 합주를 하는 사안에 대해서는 간략히 한다. 그 이유는『시』「주남(周南)」과 「소남(召南)」에 해당하는 시가는 경과 대부가 사용하는 정악에 해당하고,『시』「소아(小雅)」에 해당하는 시가는 제후의 정악에 해당한다. 「향사례」편에 대한 정현의 주에서는 “합주에 대해 간략히 하지 않는 것은 정악에 대해서는 간략히 할 수 없기 때문이다.”라고 했다. 따라서 제후의 예법에서 「녹명」편의 시가 등에 대해 간략히 하지 않는 의미 또한 이러하다.

경문 薦脯醢, 使人相祭.

번역 포와 젓갈을 올리고, 주인은 사람을 시켜서 제사지내는 것을 돕도록 만든다.

鄭注 使人相者, 相其祭酒·祭薦.

번역 사람을 시켜서 돕는다는 것은 술로 제사를 지내고 포와 젓갈로 제사지내는 것을 돕는다는 뜻이다.

賈疏 ●"薦脯醢使人相祭". ◎注"使人"至"祭薦". ○釋曰: 知"使人相祭"者, 以相者扶工之人, 每事使之指授, 故知還使相者爲之. 知"祭酒·祭薦"者, 以其云獻薦脯醢卽云相祭, 知相其祭酒祭薦也.

번역 ●經文: "薦脯醢使人相祭". ◎鄭注: "使人"~"祭薦". ○"사람을 시켜서 제사지내는 것을 돕도록 만든다."라고 했는데, 이러한 사실을 알 수 있는 것은 도와주는 자는 악공을 부축하는 사람으로, 매사에 그로 하여금 가리키거나 건네게 시킨다. 그렇기 때문에 다시금 그자를 시켜서 그 일을 시행토록 하는 것이다. "술로 제사를 지내고, 음식으로 제사를 지낸다."라고 했는데, 이러한 사실을 알 수 있는 이유는 술을 바치고 포와 젓갈을 올린다고 한 뒤에 곧바로 제사를 돕는다고 했다. 그렇기 때문에 술로 제사를 지내고 음식으로 제사 지내는 것을 돕는다는 사실을 알 수 있다.

경문 工飮, 不拜旣爵, 授主人爵.

번역 악공이 술을 마시는데 절을 하지 않고 술잔을 비우며, 주인에게 술잔을 건넨다.

鄭注 坐授之.

번역 앉아서 건네는 것이다.

賈疏 ◎注“坐授之”. ○釋曰: 知“坐授之”者, 以經不云“興”, 故知坐授之也.

번역 ◎鄭注: “坐授之”. ○정현이 “앉아서 건네는 것이다.”라고 했는데, 이 말이 사실임을 알 수 있는 이유는 경문에서 “일어난다.”라고 말하지 않았기 때문에, 앉아서 건넨다는 사실을 알 수 있다.

경문 衆工則不拜, 受爵, 祭飮, 辯有脯醢, 不祭.

번역 여러 악공들은 절을 하지 않고 술잔을 받아서 제사를 지내고서 마시며, 여러 악공들에게 두루 포와 젓갈을 올리는데, 이것으로 제사를 지내지 않는다.

鄭注 祭飮, 獻酒重, 無不祭也. 今文辯爲徧.

번역 제사를 지내고 마시는 것은 술을 바치는 절차가 중대하여 제사를 지내지 않는 경우가 없기 때문이다. 금문에서는 ‘편(辯)’자를 편(徧)자로 기록했다.

賈疏 ●“衆工”至“不祭”. ◎注“祭飮”至“爲徧”. ○釋曰: 言“獻酒重, 無不祭也”者, 衆工諸事皆不備, 尙祭飮, 則知得獻酒無有不祭, 故知獻酒重無不祭也. 其正酬亦祭, 至於旅酬以下, 則不祭而已. 故下記云: “凡旅不洗, 不洗者, 不祭.” 鄭注云: “敬禮殺也. 不甚絜也.” 此衆工亦不洗而祭, 是以云獻酒重無不祭也.

번역 ●經文: “衆工”~“不祭”. ◎鄭注: “祭飮”~“爲徧”. ○정현이 “술을 바치는 절차가 중대하여 제사를 지내지 않는 경우가 없다.”라고 했는데, 여러 악공들에 대한 사안들은 모두 갖추지 않지만, 여전히 술로 제사를 지내고서야 마신다면, 술을 바쳤을 때 제사를 지내지 않는 경우가 없음을 알 수 있다. 그렇기 때문에 술을 바치는 절차가 중대하여 제사를 지내지 않는 경우가 없음을 알 수 있다. 정식으로 술을 권할 때에도 제사를 지내며, 여수(旅酬)를 한 이후가 되면 제사를 지내지 않을 따름이다. 그렇기 때문에 아래 기문에서는 "여수를 할 때에는 술잔을 씻지 않으니, 술잔을 씻지 않는 것은 제사를 지내지 않기 때문이다."라고 했고, 정현의 주에서는 "공경의 예법을 줄이기 때문이다. 청결함을 지극히 하지 않는다."라고 했다. 여러 악공들에게 술을 따라서 줄 때에도 술잔을 씻지 않지만 제사를 지낸다. 이러한 까닭으로 "술을 바치는 절차가 중대하여 제사를 지내지 않는 경우가 없다."라고 했다.

경문 大師, 則爲之洗, 賓·介降, 主人辭降. 工不辭洗.

번역 태사에게 술을 따라준다면, 그를 위해 술잔을 씻고, 빈객과 개(介)가 당하로 내려가면 주인은 내려오는 것을 사양한다. 태사는 술잔 씻는 것을 사양하지 않는다.

鄭注 大夫若君賜之樂, 謂之大師, 則爲之洗, 尊之也. 賓·介降, 從主人也. 工, 大師也. 上旣言獻工矣, 乃言大師者, 大師或瑟, 或歌也. 其獻之, 瑟則先, 歌則後.

번역 대부의 경우 군주가 하사한 악공을 '대사(大師)'라고 부르니, 그를 위해서 술잔을 씻는 것은 그를 존귀하게 높이기 때문이다. 빈객과 개(介)가 당하로 내려오는 것은 주인을 뒤따라 내려오는 것이다. '공(工)'은 태사를 뜻한다. 앞에서는 이미 '헌공(獻工)'이라고 했고, 그런 뒤에 '대사(大師)'라고 언급했으니, 태사는 슬을 연주하거나 노래를 부르는 것이다. 그에게 술을 건넬 때, 슬을 연주하는 자라면 먼저 주고 노래를 부르는 자라면 뒤에 준다.

賈疏 ●"大師"至"辭洗". ◎注"大夫"至"則後". ○釋曰: 天子諸侯有常官, 則有大師也. 大夫則無常官, 若君賜之樂, 幷樂人與之, 則亦謂之大師, 主人爲之洗. 若然, 工非大師則無洗. 云"賓介降, 從主人也"者, 按鄕射云: "大師則爲之洗, 賓降." 注云: "大夫不降, 尊也." 此旣大夫禮, 則有大夫亦不降可知也. 云"工, 大師也"者, 旣言大師則爲之洗, 而云工不辭洗, 故知工卽大師. 是以論語云"師冕見, 孔子爲之相", 鄭云: "相, 扶工." 是工爲樂人之總稱也. 云"上旣言獻工矣, 乃言大師者, 大師或瑟, 或歌也"者, 以其前工有瑟有歌, 後別言大

師, 則大師能瑟, 或在瑟中, 若大師能歌, 或在歌中, 故云大師或瑟或歌也. 云
“其獻之, 瑟則先, 歌則後”者, 以其序入及升堂, 皆瑟先歌後, 其獻法皆先瑟後
歌, 是以知獻之瑟先歌後, 隨大師所在, 以次獻之也. 燕禮云: “卒歌, 主人洗
升, 獻工, 工不興, 左瑟, 一人拜, 受爵.” 注云: “左瑟, 便其右. 一人, 工之長者
也.” 燕禮諸侯禮有常官, 不言大師, 以燕禮主爲臣子, 故工四人, 從大夫制, 其
大師入工, 不別言之也. 大射云: “主人洗升, 實爵, 獻工, 工不興, 左瑟.” 注云:
“大師無瑟, 於是言左瑟者, 節也.” 若大師在歌, 亦先得獻, 與燕異也.

번역 ●經文: “大師”~“辭洗”. ◎鄭注: “大夫”~“則後”. ○천자와 제후
에게는 고정된 관리가 있어서 태사를 두게 된다. 대부의 경우라면 고정된
관리가 없는데, 군주가 음악을 하사하게 되면 음악을 연주하는 자까지도
보내니, 또한 그를 태사라고 부르며, 주인은 그를 위해 술잔을 씻는다. 만약
그렇다면 악공 중 태사가 아닌 자에 대해서는 술잔을 씻는 일이 없다. 정현
이 “빈객과 개(介)가 당하로 내려오는 것은 주인을 뒤따라 내려오는 것이
다.”라고 했는데,『의례』「향사례(鄕射禮)」편을 살펴보면 “태사에 대해서라
면 그를 위해 술잔을 씻고, 빈객이 내려간다.”라고 했고, 정현의 주에서는
“대부는 내려가지 않으니 존귀하기 때문이다.”라고 했다. 이곳에서 말한 의
례는 대부의 예법이므로 대부 또한 내려가지 않는다는 사실을 알 수 있다.
정현이 “‘공(工)’은 태사를 뜻한다.”라고 했는데, 이미 태사에 대해서라면
그를 위해 술잔을 씻는다고 했고, “공(工)은 술잔 씻는 것을 사양하지 않는
다.”라고 했다. 그렇기 때문에 공(工)이 태사에 해당함을 알 수 있다. 이러
한 까닭으로『논어』에서는 “사(師)인 면(冕)이 찾아뵙자 공자는 그를 도왔
다.”라고 했고, 정현은 “상(相)자는 악공을 부축했다는 뜻이다.”라고 했으
니, 이것은 ‘공(工)’자가 음악 관련 종사자들을 총칭하는 말임을 나타낸다.
정현이 “앞에서는 이미 ‘헌공(獻工)’이라고 했고, 그런 뒤에 ‘대사(大師)’라
고 언급했으니, 태사는 슬을 연주하거나 노래를 부르는 것이다.”라고 했는
데, 앞에 나온 악공은 슬을 연주하는 자가 있고 노래를 부르는 자가 있으며,
뒤에서 별도로 태사를 언급했으니, 태사가 슬을 잘 연주할 수 있다면 슬
연주자들 중에 있게 되고, 만약 태사가 노래를 잘 부를 수 있다면 노래를

부르는 자들 중에 있게 된다. 그렇기 때문에 태사는 슬을 연주하거나 노래를 부른다고 했다. 정현이 "그에게 술을 건넬 때, 슬을 연주하는 자라면 먼저 주고 노래를 부르는 자라면 뒤에 준다."라고 했는데, 들어가고 당상에 올라가는 순서에 있어서 모든 경우 슬을 연주하는 자가 먼저하고 노래를 부르는 자가 뒤에 하니, 술을 따라 건네는 법도에 있어서도 모든 경우 슬을 연주하는 자에게 먼저 주고 노래를 부르는 자에게 뒤에 준다. 이러한 까닭으로 술을 건넬 때 슬을 연주한다면 먼저 주고 노래를 부른다면 뒤에 한다는 사실을 알 수 있으니, 태사가 있는 곳에 따라 순차에 의거해 술을 건네는 것이다. 『의례』「연례(燕禮)」편에서는 "노래를 마치면 주인은 술잔을 씻고 당상으로 올라가서 악공에게 바치며, 악공은 자리에서 일어나지 않고 좌측 손으로 슬을 잡고 한 사람이 일어나 절을 하며 술잔을 받는다."라고 했고, 정현의 주에서는 "좌측 손으로 슬을 잡는 것은 우측 손으로 술잔을 잡기가 편하기 때문이다. 한 사람은 악공들의 우두머리를 뜻한다."라고 했다. 「연례」편은 제후의 예법으로 고정된 관리가 있는데 태사를 언급하지 않았다. 「연례」편은 신하와 자식을 위한 것이 위주가 되므로 악공을 4명으로 정해 대부의 제도를 따르며, 태사도 악공에 포함되어 별도로 언급하지 않았기 때문이다. 『의례』「대사례(大射禮)」편에서는 "주인이 술잔을 씻고 당상으로 올라가서 술잔에 술을 채우고 악공에게 건네면 악공은 자리에서 일어나지 않고 좌측 손으로 슬을 잡는다."라고 했고, 정현의 주에서는 "태사는 슬을 들고 있지 않은데, 여기에서 좌측 손으로 슬을 잡는다고 말한 것은 다른 악공들이 슬을 좌측 손으로 잡게 되는 절차이기 때문이다."라고 했다. 만약 태사가 노래를 부르는 자에 속해 있다면 또한 먼저 술을 받을 수 있으니, 「연례」편과는 차이를 보인다.

경문 笙入堂下, 磬南, 北面立. 樂南陔·白華·華黍.

번역 생황을 연주하는 자는 들어와 당하에 위치하는데, 경(磬)의 남쪽에서 북쪽을 바라보며 선다. 「남해(南陔)」·「백화(白華)」·「화서(華黍)」편을 연주한다.

鄭注 笙, 吹笙者也, 以笙吹此詩以爲樂也. 南陔・白華・華黍, 小雅篇也, 今亡, 其義未聞. 昔周之興也, 周公制禮作樂, 采時世之詩以爲樂歌, 所以通情, 相風切也, 其有此篇明矣. 後世衰微, 幽・厲尤甚, 禮樂之書, 稍稍廢棄. 孔子曰: "吾自衛反魯, 然後樂正, 雅・頌各得其所." 謂當時在者而復重雜亂者也, 惡能存其亡者乎? 且正考父校商之名頌十二篇于周大師, 歸以祀其先王. 至孔子二百年之間, 五篇而已, 此其信也.

번역 '생(笙)'자는 생황을 연주하는 자를 뜻하니, 생황을 이용해서 이러한 시가를 연주하여 음악을 시연한다. 「남해(南陔)」・「백화(白華)」・「화서(華黍)」편은 『시』「소아(小雅)」에 속한 편들인데 지금은 망실되어 없으므로, 그 의미에 대해서는 들어보지 못했다. 예전 주나라가 흥성했을 때 주공은 예악을 제정하였고, 당시의 시가를 채집하여 음악과 노래로 삼아 정감을 소통시키고 상호 은유적으로 경계토록 했으니, 이러한 편들이 있었음이 분명하다. 후세에는 쇠락하였고 유왕과 여왕에 이르러서는 더욱 심해져서 예악을 기록한 서적들은 점차 없어지게 되었다. 공자는 "내가 위나라에서 노나라로 돌아온 이후 음악이 바르게 되었고, 아와 송도 각각 제자리를 얻었다."[21]라고 했다. 이것은 당시에 남아있던 것도 복잡하게 뒤섞여 있었음을 나타내는데, 어찌 없어진 것을 다시 복원할 수 있었겠는가? 또 정고보는 상송(商頌) 12편을 주나라 태사에게서 받아 되돌아와 이를 이용해 선왕에게 제사를 지냈다. 공자에게 이르는 200년의 기간 동안 5편만이 남아있었을 뿐이니, 이것이 그 증거이다.

賈疏 ●"笙入"至"華黍". ○釋曰: 此升歌訖得獻, 乃始入也. 云"磬南, 北面"者, 磬旣南面, 其南當有擊磬者在磬南・北面, 而云笙入磬南北面者, 在磬者之南北面也.

번역 ●經文: "笙入"~"華黍". ○이것은 당상에 올라가서 노래를 부르는 것이 끝나 술잔을 받은 뒤에 비로소 들어간다는 사실을 나타낸다. "경

---

21) 『논어』「자한(子罕)」 : 子曰, "吾自衛反魯, 然後樂正, 雅頌各得其所."

(磬)의 남쪽에서 북쪽을 바라보며 선다."라고 했는데, 경은 이미 남쪽을 바라보도록 설치되며, 그 남쪽에는 마땅히 경을 연주하는 자가 있어, 경의 남쪽에서 북쪽을 바라보게 되는데, 생황을 연주하는 자가 들어와서 경의 남쪽에서 북쪽을 바라보며 선다고 했으니, 경을 연주하는 자 남쪽에서 북쪽을 바라보는 것이다.

賈疏 ◎注"笙吹"至"信也". ○釋曰: 言"小雅篇也"者, 今序仍在魚麗之下, 是小雅也. 云"今亡, 其義未聞"者, 按詩魚麗之下見子夏序, 序此三篇. 按彼子夏序云"南陔, 孝子相戒以養也. 白華, 孝子之絜白也. 華黍, 時和歲豐, 宜黍稷也." 此已上是子夏序, 文則云"有其義而亡其辭"者, 此是毛公續序. 云有其義, 指子夏序有其義也; 云而亡其辭者, 謂詩辭亡矣. 若然, 彼亡辭, 此亡義, 與此義異也. 云"昔周之興也, 周公制禮作樂"至"明矣"者, 欲明周公制此儀禮之時, 有此三篇之意也. 云"後世衰微, 幽·厲尤甚"者, 禮運云: 孔子曰: 我觀周道, 幽厲傷之, 吾舍魯何適. 是幽厲尤甚者也. 禮樂之書稍稍廢棄者, 自幽·厲已後, 稍稍更加廢棄, 此篇之失也. 又引孔子以下至"其信"者, 欲明孔子以前, 已亡三篇之意也. 按南陔注云: "孔子論詩, 雅·頌各得其所, 時俱在耳. 篇第當在於此, 時遭戰國及秦之世而亡之, 其義則與衆篇之義合編, 故存. 至毛公爲詁訓傳, 乃分衆篇之義, 各置於其篇端." 彼詩鄭注又與此不同者, 鄭君注禮之時, 未見毛傳, 以爲此篇孔子前亡. 注詩之時, 旣見毛傳, 以爲孔子後失. 必知戰國及秦之世者, 以子夏作序, 具序三篇之義, 明其詩見在, 毛公之時亡其辭, 故知當戰國及秦之世也.

번역 ◎鄭注: "笙吹"~"信也". ○정현이 "『시』「소아(小雅)」에 속한 편들이다."라고 했는데, 지금의 「서」에서는 「어려(魚麗)」편 뒤에 수록되어 있으니, 이것은 「소아」에 해당한다. 정현이 "지금은 망실되어 없으므로, 그 의미에 대해서는 들어보지 못했다."라고 했는데, 『시』를 살펴보면 「어려」편 뒤에는 자하가 지은 「서」가 나타나는데, 여기에서 말한 세 편에 대해서 「서」를 작성했다. 자하의 「서」를 살펴보면 "「남해(南陔)」편은 자식이 서로 경계하여 부모를 봉양하는 것을 읊은 시이다. 「백화(白華)」편은 자식의 결백함을 읊은 시이다. 「화서(華黍)」편은 사계절이 조화롭고 풍년이 들어 서직을 사

용하는 것이 마땅함을 읊은 시이다."라고 했다. 이것은 자하의 「서」에 해당
하는데, 그 기록에 있어서 "그 의미만 남아있고 가사는 망실되었다."라고
한 말은 모공이 뒤이어 기록한 「서」이다. "그 의미가 남아있다."라고 한 것
은 자하의 「서」에 그 의미가 나타난 것을 가리킨다. 또한 "그 가사가 망실되
었다."라고 한 것은 『시』에는 해당 가사가 망실되어 없다는 뜻이다. 만약
그렇다면 『시』에서는 가사가 망실되었다고 했고, 이곳에서는 의미가 없어
졌다고 했으니, 여기에서 말한 의미와는 차이가 있다. 정현이 "예전 주나라
가 흥성했을 때 주공은 예악을 제정하였다."라고 한 말로부터 "분명하다."라
는 기록까지는 주공이 『의례』를 제정했을 때 여기에서 말한 세 편의 시가가
남아있었다는 뜻을 나타내고자 한 것이다. 정현이 "후세에는 쇠락하였고 유
왕과 여왕에 이르러서는 더욱 심해졌다."라고 했는데, 『예기』「예운(禮運)」
편에서는 공자가 "내가 주나라의 도를 살펴보니, 유왕과 여왕 때 크게 손상
되었는데, 내가 노나라를 버리고 어디로 간단 말인가?"[22]라고 했다. 이것은
유왕과 여왕 때 더욱 심해졌다는 사실을 나타낸다. 정현이 "예악을 기록한
서적들은 점차 없어지게 되었다."라고 했는데, 유왕과 여왕 이후에는 점차
없어지게 되어 여기에서 말한 시가들도 없어진 것이다. 또 공자의 말을 인용
한 것으로부터 "그 증거이다."라고 한 말까지는 공자 이전에 이미 여기에서
말한 세 편의 시가가 망실되었다는 뜻을 나타내고자 한 것이다. 「남해」편의
주를 살펴보면 "공자가 『시』를 논의하자 아와 송이 각각 제자리를 얻었다고
했으니, 당시에는 모두 남아있었을 따름이다. 편의 순서는 마땅히 여기에
수록된 것과 같은데, 전국시대 및 진나라를 거치면서 없어진 것이며, 그 의
미에 있어서는 여러 편들의 의미와 합쳐져서 편제되었기 때문에 보존되었
다. 모공이 그것을 풀이하여 「모전」을 작성했을 때, 여러 편들의 의미를 나
눠서 각각 해당 편의 말미에 두었다."라고 했다. 『시』에 대한 정현의 주와
이곳의 기록이 동일하지 않은 것은 정현이 『예』를 주석할 때 아직까지 「모

---

22) 『예기』「예운(禮運)」【272c】: 孔子曰: 嗚呼哀哉! 我觀周道, 幽厲傷之, 吾舍
魯何適矣? 魯之郊禘, 非禮也, 周公其衰矣. 杞之郊也, 禹也, 宋之郊也, 契也,
是天子之事守也. 故天子祭天地, 諸侯祭社稷.

전」을 보지 못하여, 여기에서 말한 편들이 공자 이전에 망실되었다고 여긴 것이다. 그리고 『시』의 주석을 작성했을 때에는 이미 「모전」을 살펴보아 공자 이후에 망실되었다고 여긴 것이다. 전국시대와 진나라를 거치면서 없어졌다는 사실을 확신할 수 있는 것은 자하가 「서」를 작성했을 때 세 편의 의미에 대해서 모두 「서」를 작성했으니, 그 시들이 남아있었음을 나타내며, 모공의 시대에는 그 가사가 없어졌다. 그렇기 때문에 전국시대와 진나라를 거치면서 없어졌다는 사실을 알 수 있다.

경문 主人獻之于西階上. 一人拜, 盡階, 不升堂, 受爵, 主人拜送爵. 階前坐祭, 立飮, 不拜旣爵, 升授主人爵.

번역 주인은 서쪽 계단 위에서 술을 건넨다. 생황을 연주하는 자들의 수장이 절을 하고 계단 끝가지는 올라가지만 당상으로 올라가지는 않고 잔을 받으며, 주인은 절을 하며 술잔을 건넨다. 계단 앞에 앉아서 술로 제사를 지내고 서서 술을 마시며 절을 하지 않고 술잔을 비우며 당상으로 올라가서 주인에게 술잔을 건넨다.

鄭注 一人, 笙之長者也. 笙三人, 和一人, 凡四人. 鄕射禮曰: “笙一人拜于下.”

번역 ‘일인(一人)’은 생황을 연주하는 자들의 수장을 뜻한다. 생황을 연주하는 자는 3명이고, 작은 생황을 연주하는 자가 1명이니 총 4명이 된다. 『의례』「향사례(鄕射禮)」편에서는 “생황을 연주하는 자 1명이 당하에서 절을 한다.”라고 했다.

賈疏 ●“主人”至“人爵”. ◎注“一人”至“於下”. ○辭曰: 自此至“不祭”, 論獻笙者之事. 云“一人拜”者, 謂在地拜, 乃盡階, 不升堂受爵也. 云“一人, 笙之長者也”者, 笙者四人, 今言一人受爵, 明據爲首長者而言也. 云“笙三人, 和一人, 凡四人”者, 按鄕射記云: “三笙一和而成聲.” 注: “三人吹笙, 一人吹和, 凡四人.” 爾雅曰“笙小者謂之和”, 是也. 云“鄕射禮曰: 笙一人拜于下”者, 卽此一人拜者, 亦在堂下可知. 但獻工之時, 拜送在西階東, 以工在階東故也. 此主人拜送笙之時, 在西階上, 以其笙在階下, 故不同也.

번역 ●經文: "主人"~"人爵". ◎鄭注: "一人"~"於下". ○이곳 구문으로부터 "제사를 지내지 않는다."라는 구문까지는 생황을 연주하는 자에게 술을 따라 건네는 사안을 논의하고 있다. "한 사람이 절을 한다."라고 했는데, 바닥에서 절을 한다는 뜻이며, 그런 뒤에는 계단 끝까지 올라가되 당상에 올라가지 않고 술잔을 받는다. 정현이 "'일인(一人)'은 생황을 연주하는 자들의 수장을 뜻한다."라고 했는데, 생황을 연주하는 자는 4명인데, 이곳에서 1명이 술잔을 받는다고 했으니, 그들 중 수장이 되는 자에 근거해서 말한 것임을 나타낸다. 정현이 "생황을 연주하는 자는 3명이고, 작은 생황을 연주하는 자가 1명이니 총 4명이 된다."라고 했는데,『의례』「향사례(鄕射禮)」편의 기문을 살펴보면 "3명의 생황을 연주하는 자와 1명의 화(和)를 연주하는 자가 소리를 이룬다."라고 했고, 정현의 주에서는 "3명이 생황을 불고 1명이 작은 생황을 부니 총 4명이다."라고 했다.『이아』에서는 "생황 중에서도 크기가 작은 것을 '화(和)'라고 부른다."[23]라고 했다. 정현이 "『의례』「향사례(鄕射禮)」편에서는 생황을 연주하는 자 1명이 당하에서 절을 한다."라고 했는데, 여기에서 말한 1명이 절을 한다는 것 또한 당하에서 하는 것임을 알 수 있다. 다만 악공에게 술을 따라줄 때에는 서쪽 계단의 동쪽에서 절을 하며 술잔을 건네는데, 악공은 계단의 동쪽에 있기 때문이다. 이곳에서 주인이 절을 하며 생황을 연주하는 자에게 술잔을 건넬 때에는 서쪽 계단 위에 있게 되니, 생황을 연주하는 자가 계단 밑에 있기 때문에, 차이가 생긴 것이다.

경문 衆笙則不拜, 受爵, 坐祭, 立飮, 辯有脯醢, 不祭.

번역 생황을 연주하는 무리들에게 술을 건네는 경우라면, 그들은 절을 하지 않고 술잔을 받으며 앉아서 술로 제사를 지내고 일어나서 마시며, 그들에게 두루 포와 젓갈을 올리는데, 이것으로 제사를 지내지 않는다.

---

23)『이아』「석악(釋樂)」: 大笙謂之巢, <u>小者謂之和</u>.

鄭注 亦受爵于西階上, 薦之者於其位, 磬南. 今文辯爲徧.

번역 이러한 경우에도 서쪽 계단 위에서 술잔을 받고, 음식을 올리는 것은 그들의 자리에서 하니 경(磬)의 남쪽에 해당한다. 금문에서는 '편(辯)' 자를 편(徧)자로 기록했다.

賈疏 ●"衆笙"至"不祭". ◎注"亦受"至"爲徧". ○釋曰: 衆笙除一人之外, 二人者不備禮, 故亦受爵於西階上者, 與一人同也. 云"薦之皆於其位, 磬南" 者, 依前笙入, 立于磬南之處, 是其類也.

번역 ●經文: "衆笙"~"不祭". ◎鄭注: "亦受"~"爲徧". ○생황을 연주하는 무리들 중 앞서 절을 했던 1명을 제외하고 나머지 2명에 대해서는 예법을 제대로 갖추지 않는다. 서쪽 계단 위에서 술잔을 받는 것은 생황을 연주하는 자들의 수장에 대한 것과 동일하다. 정현이 "음식을 올리는 것은 그들의 자리에서 하니 경(磬)의 남쪽에 해당한다."라고 했는데, 앞서 생황을 연주하는 자들이 들어섰을 때 경(磬)의 남쪽에 서 있다고 한 것에 의거한 말이니, 이것도 그 부류에 해당하기 때문이다.

경문 乃間歌魚麗, 笙由庚; 歌南有嘉魚, 笙崇丘; 歌南山有臺, 笙由儀.

번역 교대로 연주하여 「어려(魚麗)」편을 노래 부르면 「유경(由庚)」편을 생황으로 연주하고, 「남유가어(南有嘉魚)」편을 노래 부르면 「숭구(崇丘)」편을 생황으로 연주하며, 「남산유대(南山有臺)」편을 노래 부르면 「유의(由儀)」편을 생황으로 연주한다.

鄭注 間, 代也, 謂一歌則一吹. 六者皆小雅篇也. 魚麗, 言大平年豐物多也. 此采其物多酒旨, 所以優賓也. 南有嘉魚, 言大平君子有酒樂與賢者共之也. 此采其能以禮下賢者, 賢者纍蔓而歸之, 與之燕樂也. 南山有臺, 言大平之治以賢者爲本. 此采其愛友賢者, 爲邦家之基, 民之父母, 旣欲其身之壽考, 又欲其名德之長也. 由庚·崇丘·由儀, 今亡, 其義未聞.

번역 '간(間)'자는 번갈아가며 한다는 뜻이니, 한 차례 노래를 부르면 한 차례 연주하는 것이다. 여섯 편의 시가는 모두 『시』「소아(小雅)」에 속한 편들이다. 「어려(魚麗)」편은 태평하게 되어 풍년이 들어 물자가 풍족함을 노래한 시이다. 이 시가는 산물이 풍부하고 술이 맛있어서 빈객을 우대할 수 있다는 뜻을 채록한 것이다. 「남유가어(南有嘉魚)」편은 태평한 시대에 군자는 술과 음악을 갖춰 현명한 자들과 함께 즐기는 것을 노래한 시이다. 이 시가는 예법에 따라 현명한 자에게 자신을 낮출 수 있고, 현명한 자도 연이어 귀의하니, 그들과 연회를 하며 즐긴다는 뜻을 채록한 것이다. 「남산유대(南山有臺)」편은 태평한 시대의 통치에서는 현명한 자를 근본으로 삼는다는 것을 노래한 시이다. 이 시가는 현명한 자를 아끼고 친밀하게 여기는 것이 나라의 기틀이 되며, 백성들의 부모에 대해서는 그의 장수를 기원하고 또 명예와 덕이 신장되기를 바란다는 뜻을 채록한 것이다. 「유경(由庚)」·「숭구(崇丘)」·「유의(由儀)」편은 현재 망실되어 그 의미에 대해서는 들어보지 못했다.

賈疏 ●"乃間"至"由儀". ○釋曰: 此一經堂下吹笙, 堂上升歌, 間代而作, 故謂之"乃間"也.

번역 ●經文: "乃間"~"由儀". ○이곳 경문은 당하에서 생황을 연주하고 당상에서 노래를 부르는데 교대로 시연하는 것이다. 그렇기 때문에 '내간(乃間)'이라고 했다.

賈疏 ◎注"間代"至"未聞". ○釋曰: 云"謂一歌則一吹"者, 謂堂上歌魚麗終, 堂下笙中吹由庚續之. 以下皆然. 此魚麗·南有嘉魚·南山有臺, 其詩見在. 云"六者皆小雅篇也"者, 見編在小雅之內, 故知之. 見在者, 鄭君亦先引其序, 後引其詩. 按魚麗序云: "魚麗, 美萬物盛多也." 詩云: "君子有酒, 旨且多." 南有嘉魚序云: "大平之君子至誠, 樂與賢者共之也." 詩云: "君子有酒, 嘉賓式燕以樂." 南山有臺序云: "樂得賢也. 得賢則能爲邦家立大平之基矣." 詩云:

"樂只君子, 邦家之基." 又云: "樂只君子, 民之父母, 遐不眉壽", 是也. 此其鄭
君所言義意. 云"由庚·崇丘·由儀, 今亡, 其義未聞"者, 按詩序云: "由庚, 萬物
得由其道也. 崇丘, 萬物得極其高大也. 由儀, 萬物之生, 各得其宜也." "有其
義而亡其辭", 此毛公續序, 義與南陔·白華·華黍同. 堂上歌者不亡, 堂下笙者
卽亡, 蓋當時方以類聚, 笙歌之詩, 各自一處, 故存者倂存, 亡者倂亡也.

번역 ◎鄭注: "間代"~"未聞". ○정현이 "한 차례 노래를 부르면 한 차례
연주하는 것이다."라고 했는데, 당상에서 「어려(魚麗)」편을 노래로 불러 그
것이 마치면 당하에서 생황으로 「유경(由庚)」편을 연주하여 잇는다는 뜻이
다. 그 이하의 시연은 모두 이처럼 한다. 여기에서 말한 시가 중 「어려」·「남유
가어(南有嘉魚)」·「남산유대(南山有臺)」편은 모두 남아있다. 정현이 "여섯
편의 시가는 모두 『시』「소아(小雅)」에 속한 편들이다."라고 했는데, 『시』의
분류에 있어 「소아」에 속해 있기 때문에 이러한 사실을 알 수 있다. 현존하는
시가들에 대해서 정현은 또한 먼저 해당하는 「서」를 인용하고 그 이후에 그
시를 인용했다. 「어려」편의 「서」를 살펴보면 "「어려」편은 만물이 풍성한 것
을 찬미한 시이다."라고 했고, 『시』에서는 "군자에게 맛있는 술이 있고 또
이 물고기 또한 많도다."라고 했다. 「남유가어」편의 「서」에서는 "태평한 시
대의 군자는 지극한 정성으로 현명한 자와 함께 하길 즐거워한다."라고 했고,
『시』에서는 "군자에게 술이 있어, 아름다운 손님과 이를 통해 연회를 하여
즐기는구나."라고 했다. 「남산유대」편의 「서」에서는 "현자를 얻음을 즐거워
한 시이니, 현자를 얻으면 나라를 잘 다스려 태평성세의 기초를 세울 수 있
다."라고 했고, 『시』에서는 "군자를 얻음을 즐거워하니, 나라의 기틀로 삼았
도다."라고 했고, 또 "군자를 얻음을 즐거워하니, 백성들의 부모로다. 장수함
이 멀지 않구나."라고 했다. 이것이 정현이 말한 의미이다. 정현이 "「유경(由
庚)」·「숭구(崇丘)」·「유의(由儀)」편은 현재 망실되어 그 의미에 대해서는 들
어보지 못했다."라고 했는데, 『시』의 「서」를 살펴보면 "「유경」편은 만물이
도리에 따를 수 있음을 읊은 시이다. 「숭구」편은 만물이 매우 높고 커질
수 있음을 읊은 시이다. 「유의」편은 만물이 생장함에 각각 마땅함을 얻었음
을 읊은 시이다."라고 했고, "그 의미만 남아있고 가사는 망실되었다."라고

했는데, 이것은 모공이 「서」에 이어서 한 말이니, 그 의미는 「남해(南陔)」·
「백화(白華)」·「화서(華黍)」편의 것과 동일하다. 당상에서 노래를 부르는 시
가는 망실되지 않았지만, 당하에서 생황으로 연주하는 시가는 망실되었다.
당시에는 해당하는 부류에 따라 취합을 했으므로, 생황으로 연주하고 노래
를 하는 시가들은 각각 한 곳에 보관되었을 것이다. 그렇기 때문에 보존된
것은 모두 보존된 것이고, 없어진 것은 모두 없어진 것이다.

경문 乃合樂, 周南: 關雎·葛覃·卷耳, 召南: 鵲巢·采蘩·采蘋.

번역 합주를 하여, 「주남(周南)」으로는 「관저(關雎)」·「갈담(葛覃)」·「권
이(卷耳)」편, 「소남(召南)」으로는 「작소(鵲巢)」·「채번(采蘩)」·「채빈(采蘋)」
편을 합주한다.

鄭注 合樂, 謂歌樂與衆聲俱作. 周南·召南, 國風篇也. 王后·國君夫人房中
之樂歌也. 關雎言后妃之德, 葛覃言后妃之職, 卷耳言后妃之志, 鵲巢言國君
夫人之德, 采蘩言國君夫人不失職, 采蘋言卿大夫之妻能修其法度. 昔大王·
王季居于岐山之陽, 躬行召南之敎, 以興王業. 及文王而行周南之敎, 以受命.
大雅云: "刑于寡妻, 至于兄弟, 以御于家邦." 謂此也. 其始一國耳, 文王作邑
于豐, 以故地爲卿士之采地, 乃分爲二國. 周, 周公所食; 召, 召公所食. 於時文
王三分天下有其二, 德化被于南土, 是以其詩有仁賢之風者, 屬之召南焉; 有
聖人之風者, 屬之周南焉. 夫婦之道, 生民之本, 王政之端, 此六篇者, 其敎之
原也. 故國君與其臣下及四方之賓燕, 用之合樂也. 鄕樂者, 風也. 小雅爲諸侯
之樂, 大雅·頌爲天子之樂. 鄕飮酒升歌小雅, 禮盛者可以進取也. 燕合鄕樂,
禮輕者可以逮下也. 春秋傳曰: 肆夏·繁遏·渠, 天子所以享元侯也. 文王·大明·
緜, 兩君相見之樂也. 然則諸侯相與燕, 升歌大雅, 合小雅. 天子與次國·小國
之君燕亦如之, 與大國之君燕, 升歌頌, 合大雅. 其笙間之篇未聞.

번역 '합악(合樂)'은 노래하고 악기를 연주함에 여러 소리들을 함께 내는
것이다. 「주남(周南)」과 「소남(召南)」은 국풍(國風)에 해당하는 편들이다. 왕

후와 제후국의 부인들이 방안에서 연주하고 노래하는 시가이다. 「관저(關雎)」
편은 후비의 덕을 노래한 것이고, 「갈담(葛覃)」편은 후비의 직무를 노래한
것이며, 「권이(卷耳)」편은 후비의 뜻을 노래한 것이고, 「작소(鵲巢)」편은 제
후 부인의 덕을 노래한 것이며, 「채번(采蘩)」편은 제후 부인이 직무를 잃지
않음에 대해서 노래한 것이고, 「채빈(采蘋)」편은 경과 대부의 처들이 법도를
잘 갈고 닦는다는 사실을 노래한 것이다. 예전 태왕과 왕계가 기산의 양지바
른 곳에 거주할 때 몸소 「소남」에 해당하는 가르침을 실천하여 왕업의 기틀
을 일으켰다. 문왕 때에 이르러서는 「주남」에 해당하는 가르침을 시행하여
천명을 받았다. 『시』「대아(大雅)」에서는 "예법으로 처를 대했고, 그것이 형
제에게 이르렀으며, 이로써 집과 나라를 다스릴 수 있었도다."[24]라고 했는데,
바로 이러한 사실을 나타낸다. 시작에 있어서는 한 나라에서 일어났을 따름
이며, 문왕이 풍에 도읍을 만들고 옛 지역을 경사(卿士)[25]의 채읍으로 삼아
두 나라로 나누었다. '주(周)'는 주공이 식읍으로 두었던 곳이며, '소(召)'는
소공이 식읍으로 두었던 곳이다. 당시 문왕은 천하를 3등분하여 그 중 2만큼
을 소유하였고, 덕에 따른 교화가 남쪽 땅까지 미쳤다. 이러한 까닭으로 시에
인자하고 현명한 기풍이 포함된 것은 「소남」에 속하고, 성인다운 기풍이 포
함된 것은 「주남」에 속한 것이다. 부부의 도, 백성의 근본, 왕정의 단서에
있어서 여기에서 말한 여섯 편의 시가는 가르침의 근원이 된다. 그렇기 때문
에 제후는 자신의 신하 및 사방에서 찾아온 빈객들과 연회를 하며 이러한
시가를 사용하여 합주를 하는 것이다. 향악(鄕樂)은 풍(風)에 해당한다. 『시』
「소아(小雅)」에 속한 시가는 제후가 사용하는 음악이며, 『시』「대아(大雅)」와

---

24) 『시』「대아(大雅)·사제(思齊)」 : 惠于宗公, 神罔時怨, 神罔時恫. <u>刑于寡妻, 至</u>
<u>于兄弟, 以御于家邦</u>.

25) 경사(卿士)는 주(周)나라 때 주왕조의 정사(政事)를 총감독했던 직위이다.
육경(六卿)과 별도로 설치되었으며, 육관(六官)의 일들을 총감독했다. 『시』
「소아(小雅)·십월지교(十月之交)」편에는 "皇父卿士, 番維司徒."라는 기록이
있는데, 이에 대한 주희(朱熹)의 『집주(集注)』에서는 "卿士, 六卿之外, 更爲
都官, 以總六官之事也."라고 풀이하였으며, 『춘추좌씨전』「은공(隱公) 3년」
편에는 "鄭武公莊公爲平王卿士."라는 기록이 있는데, 이에 대한 두예(杜預)
의 주에서는 "卿士, 王卿之執政者."라고 풀이하였다.

「송(頌)」에 속한 시가는 천자가 사용하는 음악이다. 향음주례에서는 당상에 올라가서 「소아」에 해당하는 시가를 노래로 부르는데, 그 의례가 융성하므로 수위를 높여 이러한 시가를 사용할 수 있는 것이다. 연례(燕禮)를 할 때에는 합주를 하며 향악을 사용하니, 그 의례가 상대적으로 덜 중요하여 수위를 낮출 수 있는 것이다. 『춘추전』에서는 「사하(肆夏)」·「번알(繁遏)」·「거(渠)」편은 천자가 원후(元侯)[26)]에게 연회를 베풀 때 사용하는 것이다. 「문왕(文王)」·「대명(大明)」·「면(緜)」편은 양측 제후가 서로 만나볼 때 사용하는 음악이라고 했다. 그렇다면 제후가 서로에게 연회를 베풀 때에는 당상에 올라가서 「대아」의 시가를 노래로 부르고, 「소아」의 시가를 합주 때 사용하는 것이다. 천자가 차국 및 소국의 제후들과 연회를 할 때에도 이처럼 하는데, 대국의 제후와 연회를 하게 되면 당상에 올라가서는 「송」의 시가를 노래로 부르고, 「대아」의 시가를 합주 때 사용하는 것이다. 생황으로 연주하고 번갈아 시연할 때의 시가에 대해서는 들어보지 못했다.

賈疏 ●"乃合"至"采蘋". ◎注"合樂"至"未聞". ○釋曰: 此一經論堂上堂下衆聲俱合之事也. 云"合樂, 謂歌樂衆聲俱作"者, 謂堂上有歌瑟, 堂下有笙磬, 合奏此詩, 故云衆聲俱作. 云"周南·召南, 國風篇也"者, 按論語注國風之首篇, 謂"十五國風之篇首", 義可知也. 云"王后國君夫人房中之樂歌也"者, 按燕禮記云: "有房中之樂." 注云"弦歌周南·召南之詩, 而不用鍾磬之節. 謂之房中者,

---

26) 원후(元侯)는 제후들의 수장을 뜻한다. 구주(九州) 중 한 개의 주(州)를 대표하는 제후를 목(牧)이라고 하며, 제후국 전체를 동서(東西)로 구분하여, 각 지역을 대표하는 두 명의 제후를 이백(二伯)이라고 부른다. '원후'는 '목'과 '이백'을 지칭하는 말이다. 『춘추좌씨전』「양공(襄公) 4년」편에는 "三夏, 天子所以享元侯也, 使臣弗敢與聞."이라는 기록이 있는데, 이에 대한 두예(杜預)의 주에서는 "元侯, 牧伯."이라고 풀이했고, 공영달(孔穎達)의 소(疏)에서는 "牧是州長, 伯是二伯, 雖命數不同, 俱是諸侯之長也."이라고 풀이했다. 한편 '원후'는 제후국 중 대국(大國)의 제후를 가리키는 용어로도 사용된다. 그러나 '목'과 '이백' 등은 모두 대국의 군주이기 때문에, 가리키는 대상은 대체적으로 동일하다. 『국어(國語)』「노어하(魯語下)」편에는 "元侯作師, 卿帥之, 以承天子."라는 기록이 있는데, 이에 대한 위소(韋昭)의 주에서는 "元侯, 大國之君."이라고 풀이했다.

后·夫人之所諷誦以事其君子", 是也. 既名房中之樂用鍾鼓奏之者, 諸侯·卿·
大夫燕·饗亦得用之, 故用鍾鼓. 婦人用之, 乃不用鍾鼓, 則謂之房中之樂也. 云
"關雎言后妃之德"以下至"修其法度", 周南三篇卽言后妃, 召南三篇則言夫人,
不同者, 此雖同是文王之化, 召南是文王未受命已前之事, 諸侯之禮, 故稱夫
人, 周南是文王受命稱王之後, 天子之禮, 故稱后也. 云"昔大王·王季居于岐山
之陽"者, 按魯頌云: "后稷之孫, 實維大王, 居岐之陽." 鄭云: "大王自豳徙居岐
陽." 是大王居於岐陽也. 兼言王季者, 王季, 大王之子, 繼大王後亦居岐陽, 至
文王始居于豐, 故兼言王季也. 云"躬行召南之敎, 以興王業"者, 大王得鷟鷟鳴
于岐, 又實始翦商, 王季又纂我祖考, 是其以興王業也. 云"及文王而行周南之
敎, 以受命"者, 文王徙居豐, 得赤雀之命, 故云以受命也. 鄭注鄕射云: "昔大
王·王季·文王始居岐山之陽." 彼兼言文王者, 欲見文王未受命以前, 亦得召南
之化. 知者, 按羔羊詩序云: "召南之國, 化文王之政." 摽有梅序云: "召南之國,
被文王之化." 此不兼言文王者, 據文王徙豐, 受命之後, 專行周南之敎, 是周南
十一篇唯言文王之化, 不言大王·王季也. 大雅云"刑于寡妻"者, 是大雅·思齊
之詩也. 引之者, 證文王施化, 自近及遠, 自微至著之意. 云"其始一國耳"者, 謂
大王自豳遷于岐山, 周原膴膴, 不過百里之地. 言此者, 欲見徙居于豐以後, 二
分天下, 以此故國分與二公, 故云文王作邑于豐, 以故地爲卿士之采地, 乃分爲
二國也. 云"周, 周公所食; 召, 召公所食"者, 此二公身爲三公, 下兼卿士, 卽上
采地一也. 云此者, 欲見采地得稱周召之意. 云"於時文王三分天下有其二, 德
化被于南土"者, 欲見周·召皆稱南之意也. 云"是以其詩有仁賢之風者, 屬之召
南焉"者, 謂文王未受命以前也. 云"有聖人之風者, 屬之周南焉"者, 謂受命以
後也. 故詩序云: "關雎·麟趾之化, 王者之風, 故繫之周公. 鵲巢·騶虞之德, 諸
侯之風也. 先王之所以敎, 故繫之召公." 必將二南繫此二公者, 二南天子之風,
文王受命稱王, 故繫於二公也. 云"夫婦之道, 生民之本, 王政之端"者, 欲見合
樂之時, 作此六篇之意也. 云"故國君與其臣下及四方之賓燕, 用之合樂也"者,
此據燕禮而言之也. 云"鄕樂者, 風也"者, 亦據燕禮而言, 故燕禮記云"遂合鄕
樂"者, 據此鄕飲酒鄕大夫所作也. 云"小雅爲諸侯之樂"者, 則升歌鹿鳴之等是
也. 云"大雅·頌爲天子之樂"者, 肆夏·繁遏·渠之等是也. 云"鄕飲酒升歌小雅,

禮盛者可以進取也"者, 據此鄕飮酒爲饗禮, 升歌鹿鳴, 進取諸侯之樂, 饗禮盛, 可以進取也. 云"燕合鄕樂, 禮輕者可以逮下也"者, 逮, 及也, 以燕禮輕, 故言可以逮下也. 鄭君據儀禮上下而言, 其實饗・燕同樂, 知者, 穆叔如晉, 晉侯饗之, 歌鹿鳴之三, 是與燕禮同樂也. 若然, 鄭云饗或進取, 燕可以逮下者, 饗亦逮下也. 云"春秋傳曰"者, 襄公四年左氏傳文. 彼云: "穆叔如晉, 晉侯享之, 金奏肆夏之三, 不拜. 工歌文王之三, 又不拜. 歌鹿鳴之三, 三拜. 韓獻子使行人子員問之曰: 吾子舍其大, 而重拜其細, 敢問何禮也? 穆叔對曰: 三夏, 天子所以享元侯也, 使臣弗敢與聞. 文王, 兩君相見之樂也, 臣不敢及. 鹿鳴, 所以嘉寡君也, 敢不拜嘉?" 引之者, 證肆夏・繁遏・渠是頌, 謂天子之樂歌. 按鍾師杜子春注引呂叔玉云: "肆夏, 時邁也. 繁遏, 執競也. 渠, 思文也." 鄭君不從, 以爲詩篇名頌之族類也, 此歌之大者載在樂章, 樂崩亦從而亡之, 是以頌不能具是也. 云"然則諸侯相與燕, 升歌大雅, 合小雅. 天子與次國・小國之君燕亦如之, 與大國之君燕, 升歌頌, 合大雅"者, 此約穆叔云肆夏・繁遏・渠天子所以享元侯, 肆夏・繁遏・渠則頌也. 元侯, 大國之君也. 凡合樂者, 通取卑者一節, 故歌頌, 合大雅也. 若元侯自相享, 亦依此. 按詩譜云: "天子・諸侯燕群臣及聘問之賓, 皆歌鹿鳴, 合鄕樂." 鄭云: 諸侯相燕, 天子與國君燕, 與大國之君燕. 國語及襄公四年文言饗引之者, 亦欲饗同也. 向來所言, 皆據升歌合樂有此尊卑之差, 若納賓之樂, 天子與五等諸侯同用肆夏, 是以燕禮納賓用肆夏. 禮記・郊特牲云: "大夫之奏肆夏, 由趙文子始也." 是大夫不得用之, 其諸侯以上同用之也. 云"其笙間之篇未聞"者, 按鄕飮酒禮笙間之樂前與升歌同在小雅, 則知元侯及國君相饗燕, 笙間亦同升歌矣. 而云未聞者, 謂如由庚・由儀之等篇名未聞.

번역 ●經文: "乃合"~"采蘋". ◎鄭注: "合樂"~"未聞". ○이곳 경문은 당상과 당하에서 여러 노래와 악기를 함께 시연하는 사안을 논의하고 있다. 정현이 "'합악(合樂)'은 노래하고 악기를 연주함에 여러 소리들을 함께 내는 것이다."라고 했는데, 당상에서는 노래를 부르고 슬(瑟)을 연주하며, 당하에서는 생황과 경(磬)을 연주하는데, 이러한 시가들을 함께 합주하는 것이다. 그렇기 때문에 "여러 소리들을 함께 내는 것이다."라고 했다. 정현이 "「주남(周南)」과 「소남(召南)」은 국풍(國風)에 해당하는 편들이다."라고 했는데, 『논어』의 주를 살펴보면 국풍의 수편에 대해서 "15개국 국풍의 첫 편이다."라고 했으니, 그 의미를 추론할 수 있다. 정현이 "왕후와 제후국의 부인들이 방안에서 연주하고 노래하는 시가이다."라고 했는데, 『의례』「연례(燕禮)」편의 기문을 살펴보면 "방안에서 사용하는 음악이다."라고 했고, 정현의 주에서는 "현악기와 노래로 「주남」과 「소남」의 시가를 시연하지만 종과 경으로 절도를 맞추지는 않는다. 이것을 방안에서 사용하는 것이라 말한 것은 왕후와 부인이 시를 읊조려서 군주를 섬기는 것이기 때문이다." 라고 했다. 이미 방안에서 사용하는 음악이라고 했는데, 종과 북을 이용해서 연주를 하는 것은 제후·경·대부가 연회를 하거나 향연을 할 때에도 사용할 수 있다. 그렇기 때문에 종과 북을 사용하는 것이다. 부인이 사용하는 경우라면 종과 북을 사용하지 않으니, 이러한 경우에는 방안에서 사용하는 음악이라 부른다. 정현이 "「관저(關雎)」편은 후비의 덕을 노래한 것이다." 라고 한 기록으로부터 "법도를 갈고 닦는다."라고 한 기록까지, 「주남」에 속한 3개의 편은 후비에 대해 노래한 것이고, 「소남」에 속한 3개의 편은 제후 부인에 대해 노래한 것이라서 차이가 있는데, 이것이 비록 동일하게 문왕의 교화를 나타낸 것이라 하더라도, 「소남」은 문왕이 아직 천명을 받기 이전에 대한 사안이므로, 제후의 예법이 된다. 그렇기 때문에 '부인(夫人)'이라고 지칭했다. 또 「주남」은 문왕이 천명을 받아 왕(王)이라 지칭한 이후가 되어, 천자의 예법이 된다. 그렇기 때문에 '후(后)'라고 지칭했다. 정현이 "예전 태왕과 왕계가 기산의 양지바른 곳에 거주하였다."라고 했는데, 『시』「노송(魯頌)」편을 살펴보면 "후직의 후손은 실로 태왕이시니 기산의 양지바른 곳에 머무셨다."[27)라고 했고, 정현은 "태왕은 빈(豳)에서 이주하여 기산의 양지바른 곳에 거주하였다."라고 했다. 이것은 태왕이 기산의 양지바른 곳에 거주했다는 사실을 나타낸다. 그런데 왕계까지 함께 언급한 이유는 왕계는 태왕의 자식이며, 태왕의 뒤를 이어 그 또한 기산의 양지바른 곳에 머물렀기 때문이며, 문왕에 이르러서야 비로소 풍에 거주하기 시

---

27) 『시』「노송(魯頌)·비궁(閟宮)」: <u>后稷之孫, 實維大王. 居岐之陽</u>, 實始翦商. 至于文武, 纘大王之緒, 致天之屆, 于牧之野. 無貳無虞, 上帝臨女. 敦商之旅, 克咸厥功. 王曰叔父, 建爾元子, 俾侯于魯. 大啓爾宇, 爲周室輔.

작했다. 그렇기 때문에 왕계까지도 함께 언급한 것이다. 정현이 "몸소 「소남」에 해당하는 가르침을 실천하여 왕업의 기틀을 일으켰다."라고 했는데, 태왕은 기산에서 봉황이 우는 것을 보아 진실로 은나라를 정벌하기 시작하였고, 왕계 또한 선조를 도왔으니, 이것은 왕업의 기틀을 일으킨 것이다. 정현이 "문왕 때에 이르러서는 「주남」에 해당하는 가르침을 시행하여 천명을 받았다."라고 했는데, 문왕이 이주하여 풍에 거주했을 때에는 적색 참새가 가져온 천명을 받았다. 그렇기 때문에 "이로써 천명을 받았다."라고 했다. 『의례』「향사례(鄕射禮)」편에 대한 정현의 주에서는 "예전 태왕·왕계·문왕은 처음으로 기산의 양지바른 곳에 거주하였다."라고 하여, 문왕까지도 함께 언급을 했다. 그 이유는 문왕이 아직 천명을 받기 이전에는 「소남」편에 따른 교화를 시행했음을 드러내고자 한 것이다. 이러한 사실을 알 수 있는 이유는 『시』「고양(羔羊)」편의 「서」에서 "소남의 나라들은 문왕의 정치에 교화되었다."라고 했고, 『시』「표유매(摽有梅)」편의 「서」에서는 "소남의 나라는 문왕의 교화에 힘입었다."라고 했기 때문이다. 이곳에서 문왕을 함께 언급하지 않은 것은 문왕이 풍으로 이주하고 천명을 받은 이후로는 전적으로 「주남」의 교화를 시행한 것에 근거한 것이다. 이것은 「주남」에 속한 11개의 편들은 문왕의 교화만을 언급한 것이고, 태왕과 왕계에 대해서는 언급하지 않았다는 사실을 나타낸다. 『시』「대아(大雅)」에서는 "예법으로 처를 대했다."라고 했는데, 이것은 『시』「대아(大雅)·사제(思齊)」편이다. 이 시를 인용한 것은 문왕이 교화를 펼침에 가까운 곳으로부터 먼 곳에 이르렀고 은미한 곳으로부터 밝은 곳에 이르렀다는 뜻을 증명하기 위해서이다. 정현이 "시작에 있어서는 한 나라에서 일어났을 따름이다."라고 했는데, 태왕이 빈(豳)으로부터 기산으로 옮겨왔을 때, 주의 평원은 비옥하였지만 100리의 땅에 지나지 않았다. 이 사실을 언급한 것은 풍으로 옮겨온 이후 천하를 2등분하고, 옛 땅의 영토를 나누어 두 명의 공에게 나누어주었다는 사실을 드러내고자 했기 때문이다. 그래서 "문왕이 풍에 도읍을 만들고 옛 지역을 경사(卿士)의 채읍으로 삼아 두 나라로 나누었다."라고 했다. 정현이 "'주(周)'는 주공이 식읍으로 두었던 곳이며, '소(召)'는 소공이 식읍으로 두었던 곳이다."라고 했는데, 여기에서 말한 두 명의 공은 삼공(三公)에 해당하는데, 경사의 임무를 겸하였으니, 앞서 말한 채지 중 1개씩을 받았다. 이러한 사실을 언급한 이유는 채지에 대해서 '주(周)'자나 '소(召)'자를 붙여서 부르는 뜻을 드러내고자 했기 때문이다. 정현이 "당시 문왕은 천하를 3등분하여 그 중 2만큼을 소유하였고, 덕에 따른 교화가 남쪽 땅까지 미쳤다."라고 했는데, '주남(周南)'과 '소남(召南)'에 대해서 모두 '남(南)'자를 붙여서 부르는 의미를 드러내고자 했기 때문이다. 정현이 "이러한 까닭으로 시에 인자하고 현명한 기풍이 포함된 것은 「소남」에 속한다."라고 했는데, 문왕이 아직 천명을 받기 이전이라는 뜻이다. 정현이 "성인다운 기풍이 포함된 것은 「주남」에 속한다."라고 했는데, 천명을 받은 이후를 뜻한다. 그렇기 때문에 『시』의 「서」에서는 "「관저(關雎)」편과 「인지(麟趾)」편에 나타난 교화는 천자의 풍(風)에 해당하기 때문에 주공(周公)에게 관련시킨 것이다. 「작소(鵲巢)」편과 「추우(騶虞)」편에 나타난 덕은 제후의 풍(風)에 해당하기 때문에 선왕이 이를 통해 교화한 것이다. 그러므로 소공(召公)에게 관련시켰다."라고 했다. 기어코 「주남」과 「소남」을 주공과 소공에게 연계시킨 것은 「주남」과 「소남」은 천자의 풍에 해당하는데, 문왕은 천명을 받아 '왕(王)'이라 지칭했기 때문에 주공과 소공에게 연계시킨 것이다. 정현이 '부부의 도, 백성의 근본, 왕정의 단서'라고 했는데, 합악을 할 때 이러한 여섯 편의 시가를 연주하는 뜻을 드러내고자 했기 때문이다. 정현이 "그렇기 때문에 제후는 자신의 신하 및 사방에서 찾아온 빈객들과 연회를 하며 이러한 시가를 사용하여 합주를 하는 것이다."라고 했는데, 이것은 『의례』「연례(燕禮)」편의 기록에 근거해서 말한 것이다. 정현이 "향악(鄕樂)은 풍(風)에 해당한다."라고 했는데, 이 또한 「연례」편의 근거해서 말한 것이다. 그렇기 때문에 「연례」편의 기문에서는 "그에 따라 향악을 합주한다."라고 말한 것이며, 여기에서 말한 향음주례가 향대부가 시행하며 연주하는 시가임에 근거한 것이다. 정현이 "『시』「소아(小雅)」에 속한 시가는 제후가 사용하는 음악이다."라고 했는데, 당상에 올라가서 「녹명(鹿鳴)」 등의 시가를 노래 부른다는 것을 나타낸다. 정현이 "『시』「대아(大雅)」와 「송(頌)」에 속한 시가는 천자가 사용하는 음악이다."라고 했는데, 「사하(肆夏)」·「번알(繁遏)」·「거(渠)」 등의 시가가 여기에 해당한다. 정현이 "향음주례에서는 당상에 올라가서「소아」에 해당하는 시가를 노래로 부르는데, 그 의례가 융성하므로 수위를 높여 이러한 시가를 사용할 수 있는 것이다."라고 했는데, 여기에서 말한 향음주례는 향례(饗禮)에 해당하는데, 당상에 올라가서「녹명」편의 시가를 노래로 부르는 것은 수위를 높여 제후의 음악을 사용하는 것에 근거한 것으로, 향례는 융성하여 수위를 높여 상위의 것을 사용할 수 있다. 정현이 "연례(燕禮)를 할 때에는 합주를 하며 향악을 사용하니, 그 의례가 상대적으로 덜 중요하여 수위를 낮출 수 있는 것이다."라고 했는데, '체(逮)' 자는 미치다는 뜻이니, 연례는 상대적으로 덜 중요하기 때문에 밑의 것을 사용할 수 있다고 말했다. 정현은『의례』의 앞뒤 기록에 근거해서 말한 것인데, 실제로는 향례와 연례에서는 음악을 동일하게 사용한다. 이러한 사실을 알 수 있는 이유는 목숙이 진나라에 갔을 때 진나라 후작은 그에게 향례를 베풀어주며「녹명」등 세 편의 시가를 노래로 불렀으니, 이것은 연례와 음악을 동일하게 사용했음을 나타낸다. 만약 그렇다면 정현이 향례에서 간혹 수위를 높여 상등의 것을 사용하고 연례에서 낮은 것에 따를 수 있다고 말했으니, 향례에서도 수위가 낮은 것에 따를 수 있는 것이다. 정현이 "『춘추전』에서 말하였다."라고 했는데, 이것은 양공 4년에 대한『좌전』의 기록이다. 그 기록에서는 "목숙이 진나라로 갔는데, 진나라 후작이 향례를 베풀어주며「사하」등 세 편의 시가를 금속악기로 연주하였는데 절을 하지 않았다. 악공이「문왕(文王)」등 세 편의 시가를 노래로 불렀는데 또한 절을 하지 않았다.「녹명」등 세 편의 시가를 노래로 부르자 세 차례 절을 했다. 한헌자가 행인 자원을 시켜 그 이유를 묻게 하여 '그대는 큰 것을 버리고 작은 것에 거듭 절을 했으니, 감히 어떤 예법인지 묻겠습니다.'라고 했고, 목숙은 대답하며 '삼하(三夏)[28]는 천자가 원후에게 향례를 베풀며 사용하는 것이니, 사신인 저는 감히 그 음악을 들을 수 없었습니다.「문왕」등의 시가는 두 제후가 서로 만나볼 때 사용하는 음악이니 제가 감히 들을 수 없었습니다.「녹명」등의 시가는 진나라 군주께서 저희 군주를 아름답게 여

---

28) 삼하(三夏)는 고대의 악곡으로 사하(肆夏)·소하(韶夏)·납하(納夏)를 총칭하는 말이다.

겨주신 것인데 감히 그 뜻에 절을 하지 않을 수 있겠습니까?"[29]라고 했다. 이 문장을 인용한 것은 「사하」·「번알」·「거」편의 시가가 「송」에 해당한다는 사실을 증명하기 위해서이니, 천자가 사용하는 음악과 노래에 사용된다는 뜻이다. 『주례』「종사(鍾師)」편에 대한 두자춘의 주를 살펴보면 여숙옥의 주장을 인용하여, "「사하」편은 『시』「주송(周頌)·시매(時邁)」편이다. 「번알」편은 『시』「주송(周頌)·집경(執競)」편이다. 「거」편은 『시』「주송(周頌)·사문(思文)」편이다."라고 했다. 정현이 이러한 주장에 따르지 않은 것은 『시』의 편명을 「송」과 같은 부류로 여겼기 때문이다. 노래로 부르는 것 중 중대한 것들은 악장에 수록되어 있었을 것인데, 『악』이 붕괴되면서 그에 따라 없어진 것이다. 이러한 까닭으로 「송」에서 이러한 것들을 모두 수록하지 못했던 것이다. 정현이 "그렇다면 제후가 서로에게 연회를 베풀 때에는 당상에 올라가서 「대아」의 시가를 노래로 부르고, 「소아」의 시가를 합주 때 사용하는 것이다. 천자가 차국 및 소국의 제후들과 연회를 할 때에도 이처럼 하는데, 대국의 제후와 연회를 하게 되면 당상에 올라가서는 「송」의 시가를 노래로 부르고, 「대아」의 시가를 합주 때 사용하는 것이다."라고 했는데, 이것은 목숙이 「사하」·「번알」·「거」편이 천자가 원후에게 향례를 베풀 때 사용하는 것이라고 한 말을 요약한 것이다. 「사하」·「번알」·「거」는 곧 「송」에 해당한다. '원후(元侯)'는 대국의 제후를 뜻한다. 합악을 할 때 통괄적으로 수위가 낮은 것에 따르는 것을 하나의 마디로 삼는다. 그렇기 때문에 「송」을 노래로 부르고 「대아」를 합주하는 것이다. 만약 원후에 해당하는 자들이 서로에게 향례를 베풀 때라면 또한 이처럼 따른다. 『시보』를 살펴보면 "천자와 제후가 신하들 및 빙문으로 찾아온 빈객에게 연례를 베풀 때에는 모두 「녹명」편의 시가를 노래로 부르고, 향악을 합주한다."라고 했고, 정현은 제후

---

29) 『춘추좌씨전』「양공(襄公) 4년」 : 穆叔如晉, 報知武子之聘也. 晉侯享之, 金奏肆夏之三, 不拜. 工歌文王之三, 又不拜. 歌鹿鳴之三, 三拜. 韓獻子使行人子員問之, 曰, "子以君命辱於敝邑, 先君之禮, 藉之以樂, 以辱吾子. 吾子舍其大, 而重拜其細. 敢問何禮也?" 對曰, "三夏, 天子所以享元侯也, 使臣弗敢與聞. 文王, 兩君相見之樂也, 使臣不敢及. 鹿鳴, 君所以嘉寡君也, 敢不拜嘉? 四牡, 君所以勞使臣也, 敢不重拜? 皇皇者華, 君敎使臣, 曰, '必諮於周.' 臣聞之, '訪問於善爲咨, 咨親爲詢, 咨禮爲度, 咨事爲諏, 咨難爲謀.' 臣獲五善, 敢不重拜?"

들이 서로에게 연례를 베풀거나 천자가 제후국의 군주에게 연례를 베풀거나 대국의 제후에게 연례를 베풀 때를 뜻한다고 했다. 그리고 『국어』 및 양공 4년의 기록에서 향례를 언급한 내용을 인용했는데, 그 이유는 향례와 동일하게 따른다는 사실을 드러내고자 했기 때문이다. 여기까지 설명한 것들은 모두 당상에 올라가서 노래로 부르고 합주를 할 때에는 이처럼 신분의 차이가 있음에 근거한 것이다. 만약 빈객을 안으로 들일 때 사용하는 음악이라면, 천자 및 다섯 등급의 제후들은 동일하게 「사하」편을 사용한다. 이러한 까닭으로 「연례」편에서도 빈객을 안으로 들일 때 「사하」편을 사용했던 것이다. 『예기』「교특생(郊特牲)」편에서는 "대부의 의례에서 「사하」편을 연주하는 것은 조문자로부터 시작되었다."[30]라고 했는데, 이것은 대부는 사용할 수 없고, 제후로부터 그 이상의 계층은 동일하게 사용할 수 있었음을 나타낸다. 정현이 "생황으로 연주하고 번갈아 시연할 때의 시가에 대해서는 들어보지 못했다."라고 했는데, 「향음주례」를 살펴보면 생황을 연주하며 번갈아 시연할 때의 음악은 당상에 올라가서 노래로 부를 때의 음악과 동일하게 「소아」에 해당하니, 원후 및 제후국의 군주가 서로에게 향례나 연례를 베풀 때 생황을 연주하고 번갈아 시연하며 또한 당상에 올라가서 노래로 부르는 시가와 동일하게 따른다는 사실을 알 수 있다. 그런데도 들어보지 못했다고 말한 것은 「유경(由庚)」·「유의(由儀)」 등의 편명에 대해서 들어보지 못했기 때문이다.

경문 工告于樂正曰: "正歌備." 樂正告于賓, 乃降.

번역 악공이 악정에게 아뢰며 "정규 음악이 모두 갖춰졌습니다."라고 하면, 악정은 그 사실을 빈객에게 아뢰고 당하로 내려간다.

鄭注 樂正降者, 以正歌備, 無事也. 降立西階東, 北面.

번역 악정이 당하로 내려가는 것은 정규 음악이 모두 연주되어 할 일이

---

30) 『예기』「교특생(郊特牲)」【320c】 : 大夫之奏肆夏也, 由趙文子始也.

없기 때문이다. 당하로 내려가서 서쪽 계단의 동쪽에 서며 북쪽을 바라본다.

賈疏 ●"工告"至"乃降". ◎注"樂正"至"北面". ○釋曰: 鄭知"降立西階東, 北面"者, 以其堂上時在西階之東, 北面, 知降堂下亦然. 在笙磬之西, 亦得監堂下之樂, 故知位在此也. 此鄕飮酒及鄕射大夫禮卑, 無大師, 故工告樂備. 國君禮備, 有大師告樂備. 大射不告樂備者, 是禮主於射, 略於樂故也.

번역 ●經文: "工告"~"乃降". ◎鄭注: "樂正"~"北面". ○정현이 "당하로 내려가서 서쪽 계단의 동쪽에 서며 북쪽을 바라본다."라고 했는데, 이러한 사실을 알 수 있었던 것은 당상에 있었을 때 서쪽 계단의 동쪽에서 북쪽을 바라보고 있었으므로, 당하로 내려가서도 이처럼 한다는 사실을 알 수 있다. 생황과 경(磬)을 연주하는 자 서쪽에 있다면, 또한 당하에서 시연되는 음악을 감독할 수 있다. 그렇기 때문에 그 자리가 여기에 해당한다는 사실을 알 수 있다. 여기에서 말하는 향음주례와 『의례』「향사례(鄕射禮)」편의 내용은 대부의 예법으로 신분이 낮은 자의 의례이니 태사가 없다. 그렇기 때문에 악공이 음악이 모두 갖춰졌다고 아뢰는 것이다. 제후의 예법이라면 절차를 모두 갖추게 되어 태사가 음악이 모두 갖춰졌다고 아뢰게 된다. 『의례』「대사례(大射禮)」편에서 음악이 모두 갖춰졌다고 아뢰지 않은 것은 그 예법은 활쏘기를 위주로 하여 음악에 대한 일은 간소화하기 때문이다.

경문 主人降席自南方,

번역 주인은 남쪽 방향을 이용해 자리에서 내려온다.

鄭注 不由北方, 由便.

번역 북쪽 방향을 이용하지 않은 것은 편리에 따르기 때문이다.

賈疏 ●"主人降席自南方". ◎注"不由北方由便". ○釋曰: 自此至"退立于

觶南”, 論立司正之事. 云“不從北方, 由便”者, 主人之席南上, 升由下, 降由上, 是其常而言. 不從北方由便者, 解禮, 故所以升由下, 降由上者, 是由便也.

번역　●經文: “主人降席自南方”. ◎鄭注: “不由北方由便”. ○이곳 구문으로부터 “물러나 치(觶)의 남쪽에 선다.”라고 한 구문까지는 사정(司正) 세우는 일을 논의한 것이다. 정현이 “북쪽 방향을 이용하지 않은 것은 편리에 따르기 때문이다.”라고 했는데, 주인의 자리는 남쪽을 상등으로 삼아서 올라갈 때에는 하등의 부분을 이용하고 내려갈 때에는 상등의 부분을 이용하니, 이것은 일반적 규범에 따라 말한 것이다. “북쪽 방향을 이용하지 않은 것은 편리에 따르기 때문이다.”라고 말한 것은 의례를 풀이한 것이다. 그렇기 때문에 하등의 부분을 이용해서 올라가고 상등의 부분을 이용해서 내려오는 것은 편리에 따르는 것이다.

경문　側降.

번역　주인 홀로 당하로 내려온다.

鄭注　賓·介不從.

번역　빈객과 개(介)는 주인을 따라 내려오지 않는다.

賈疏　●“側降”. ◎注“賓介不從”. ○釋曰: 側者, 特也. 賓·介不從, 故言側. 上來主人降, 賓·介皆從降, 此獨不從者, 以其方燕, 禮殺故也.

번역　●經文: “側降”. ◎鄭注: “賓介不從”. ○‘측(側)’자는 홀로라는 뜻이다. 빈객과 개(介)가 따르지 않기 때문에 ‘측(側)’이라고 말했다. 앞에서는 주인이 당하로 내려올 때 빈객과 개(介)가 모두 뒤따라 내려온다고 했는데, 여기에서만 유독 따르지 않는다고 했다. 그 이유는 연례를 시행하고자 해서 예법을 낮추기 때문이다.

경문 作相爲司正. 司正禮辭, 許諾. 主人拜, 司正答拜.

번역 의례의 진행을 돕는 자를 사정(司正)으로 삼는다. 사정은 예사(禮辭)를 하고서 수락한다. 주인이 절을 하면 사정은 답배를 한다.

鄭注 作, 使也. 禮樂之正旣成, 將留賓, 爲有解惰, 立司正以監之, 拜, 拜其許.

번역 '작(作)'자는 시킨다는 뜻이다. 예악의 정규 절차가 이루어졌는데, 빈객을 머물러 있게 하려는데 나태해질 수도 있으므로, 사정을 세워서 감독하게 만든다. 절을 한 것은 수락한 것에 대해 절을 한 것이다.

賈疏 ●"作相爲司正". ◎注"作使"至"其許". ○釋曰: 上經云一相迎于門外, 今將燕使爲司正, 監察賓主之事, 故使相爲司正也. 云"禮樂之正旣成"者, 謂主人與賓行獻酢之禮, 是禮成也. 升歌笙間, 合樂三終, 是樂成也. 故鄭總言禮樂之正旣成也.

번역 ●經文: "作相爲司正". ◎鄭注: "作使"~"其許". ○앞의 경문에서는 한 명의 상(相)이 문밖에서 맞이한다고 했는데, 지금은 연례를 시행하고자 하여 그를 사정으로 삼아 빈객과 주인이 시행하는 일들을 감독하도록 시킨 것이다. 그렇기 때문에 상을 사정으로 삼는다. 정현이 "예악의 정규 절차가 이루어졌다."라고 했는데, 주인이 빈객과 술을 바치고 권하는 예법을 시행했으니, 이것은 예법이 완성된 것이다. 당상에 올라가서 노래를 부르고 생황을 연주하며 번갈아 시연하고 합주를 하여 3종(終)을 했으니, 이것은 음악이 완성된 것이다. 그렇기 때문에 정현은 총괄적으로 "예악의 정규 절차가 이루어졌다."라고 말했다.

경문 主人升, 復席. 司正洗觶, 升自西階, 阼階上北面受命于主人. 主人曰: "請安于賓." 司正告于賓, 賓禮辭, 許.

번역 주인은 당상으로 올라가서 자신의 자리로 되돌아간다. 사정은 치

(觶)를 씻고서 서쪽 계단을 이용해 당상으로 올라가며, 동쪽 계단 위에서 북쪽을 바라보며 주인에게 명령을 받는다. 주인은 "빈객께 편안히 머물러 계시기를 청하라."라고 말한다. 사정은 이러한 명을 빈객에게 아뢰고, 빈객은 예사(禮辭)를 하고서 수락한다.

鄭注 爲賓欲去, 留之, 告賓於西階.

번역 빈객이 떠나고자 하므로 머물러 있게 하는 것으로, 서쪽 계단에서 빈객에게 아뢴다.

賈疏 ●"主人"至"辭許". ◎注"爲賓"至"西階". ○釋曰: 此司正升西階, 適 阼階上, 按鄕射云司正"升自西階, 由楹內適阼階上, 北面", 彼此同. 此不言由 楹內者, 省文也. 云"告賓於西階"者, 鄕射云司正西階上, 故知也.

번역 ●經文: "主人"~"辭許". ◎鄭注: "爲賓"~"西階". ○이곳에서 사정은 서쪽 계단을 이용해서 당상에 올라가고 다시 동쪽 계단 위로 간다고 했는데, 『의례』「향사례(鄕射禮)」편을 살펴보면 사정에 대해서 "서쪽 계단을 통해 당상으로 올라가서 기둥 안쪽을 경유하여 동쪽 계단 위로 가서 북쪽을 바라본다."라고 했으니, 둘 모두 동일한 뜻이 된다. 그런데 이곳에서 기둥 안쪽을 경유한다는 말을 하지 않은 것은 문장을 생략했기 때문이다. 정현이 "서쪽 계단에서 빈객에게 아뢴다."라고 했는데, 「향사례」편에서 사정이 서쪽 계단 위에서 한다고 말했기 때문에 이러한 사실을 알 수 있다.

경문 司正告于主人, 主人阼階上再拜, 賓西階上答拜. 司正立于楹間以相 拜, 皆揖, 復席.

번역 사정은 주인에게 빈객이 수락한 사실을 아뢰고, 주인은 동쪽 계단 위에서 재배를 하고, 빈객은 서쪽 계단 위에서 답배를 한다. 사정은 기둥 사이에 서서 상호에 대해 절을 하며, 주인과 빈객은 모두 읍을 하고 자신의 자리로 되돌아간다.

鄭注 再拜, 拜賓許也. 司正旣以賓許告主人, 遂立楹間以相拜. 賓·主人旣拜, 揖就席.

번역 재배를 하는 것은 빈객이 수락한 것에 대해 절을 하는 것이다. 사정이 빈객이 수락한 사실을 주인에게 아뢰고 나면, 그에 따라 기둥 사이에 서서 상호에 대해 절을 한다. 빈객과 주인이 절하는 것을 마치면 읍을 하고서 자신의 자리로 나아간다.

賈疏 ●"司正"至"復席". ◎注"再拜"至"就席". ○釋曰: 凡相拜者, 當在賓主拜前. 今相拜文在賓拜下者, 以經云"司正告于主人", 因卽拜賓, 賓卽答拜, 文理切, 不得先言相拜, 故退之在下, 其實相時在賓主拜前, 是以鄕射云: "司正告于主人, 遂立楹間以相拜, 主人阼階上再拜, 賓西階上答再拜." 是其相拜在前也. 云"主·賓旣拜, 揖就席"者, 以鄕射賓主拜訖, 卽揖就席故也, 知此亦然也.

번역 ●經文: "司正"~"復席". ◎鄭注: "再拜"~"就席". ○상호에 대해 절을 하는 것은 빈객과 주인이 절을 하기 이전에 해당한다. 그런데 지금 상호에 대해 절을 한다는 기록이 빈객이 절을 한다는 기록 뒤에 수록되어 있다. 그 이유는 경문에서 "사정이 주인에게 아뢴다."라고 했으니, 그에 따라 빈객에게 절을 하고, 빈객은 곧 답배를 하여, 문맥이 이어진다. 그렇기 때문에 그보다 앞서 상호에 대해 절을 한다는 말을 할 수 없기 때문에 그 뒤에 수록했으니, 실제로는 상호에 대해 절을 하는 것은 빈객과 주인이 절을 하기 이전이 된다. 이러한 까닭으로 『의례』「향사례(鄕射禮)」편에서는 "사정이 주인에게 아뢰고, 그에 따라 기둥 사이에 서서 상호에 대해 절을 하고, 주인은 동쪽 계단 위에서 재배를 하고, 빈객은 서쪽 계단 위에서 답배를 한다."라고 말한 것이니, 이것은 상호에 대해 절을 하는 것이 그 이전에 해당함을 나타낸다. 정현이 "빈객과 주인이 절하는 것을 마치면 읍을 하고서 자신의 자리로 나아간다."라고 했는데, 「향사례」편에서는 절하는 절차

를 마치면 곧바로 읍을 하고 자신의 자리로 나아간다고 했기 때문이다. 그
래서 이러한 경우에서도 그처럼 한다는 사실을 알 수 있다.

그림 10-1 ◼ 생(笙)

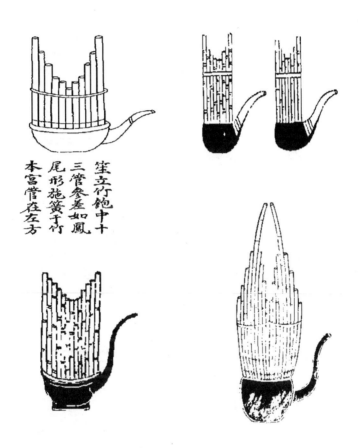

笙立竹飽中十
三管參差如鳳
尾形施簧于竹
本宮管在左方

※ **출처:** 상좌-『주례도설(周禮圖說)』하권 ; 상우-『삼례도집주(三禮圖集注)』5권
　　　　　하좌-『육경도(六經圖)』2권 ; 하우-『삼재도회(三才圖會)』「기용(器用)」3권

그림 10-2 ▣ 슬(瑟)

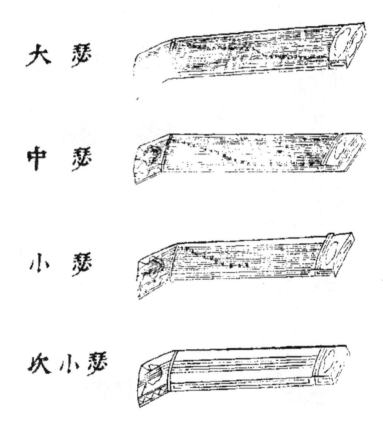

大瑟

中瑟

小瑟

坎小瑟

※ 출처: 『삼재도회(三才圖會)』「기용(器用)」 3권

• 제 11 절 •

제장(弟長)과 무유(無遺)

【701b】

> 賓酬主人, 主人酬介, 介酬衆賓, 少長以齒, 終於沃洗者焉. 知其
> 能弟長而無遺矣.

직역 賓은 主人에게 酬하고, 主人은 介에게 酬하며, 介는 衆賓에게 酬하니, 少長은 齒로써 하며, 沃洗者에게서 終한다. 그 能히 弟長하되 遺가 無함을 知라.

의역 빈객은 주인에게 술잔을 돌리고, 주인은 개(介)에게 술잔을 돌리며, 개는 빈객 무리에게 술잔을 돌리니, 나이가 어린 자나 많은 자는 나이에 따라 서열을 정해서 술잔을 돌리며, 씻을 물을 따라주는 자에게까지 술잔이 돌아가면 끝낸다. 이를 통해서 나이가 어린 자와 많은 자가 서로 우애롭게 지내면서도 빠트리는 자가 없다는 사실을 알 수 있다.

集說 浩齋曰: 前言介之無酬, 衆賓之無酢者, 蓋未歌之時也. 此言賓酬主人, 主人酬介, 介酬衆賓者, 旣歌之後, 行旅酬之時也. 沃洗者, 滌濯之人也. 雖至賤, 旅酬之際, 猶言齒焉, 則貴者可知矣. 自貴及賤無不序齒, 此所以知其能弟長而無遺矣.

번역 호재가 말하길, 앞에서는 개(介)가 술잔을 돌리거나 빈객 무리가 술을 따라주는 일이 없다고 했는데, 아마도 아직 노래를 부르지 않았을 때의 상황인 것 같다. 이곳에서 빈객이 주인에게 술잔을 돌리고, 주인이 개에게 술잔을 돌리며, 개가 빈객 무리에게 술잔을 돌린다고 한 것은 노래가 끝난 이후 여수(旅酬)를 시행하는 때에 해당한다. '옥세자(沃洗者)'는 씻는 일을 담당하는 사람이다. 비록 지극히 미천한 자라 하더라도, 서로 술을 권할 때에는 오히려 나이순으로 한다고 했다면, 존귀한 자에 대한 경우 또한 이처럼 한다는 사실을 알 수 있다. 존귀한 자로부터 미천한 자에 이르기까지, 나이에 따라 서열을 정하지 않는 일이 없으니, 이것은 나이가 어린 자와 많은 자가 서로 우애롭게 지내면서도 빠트리는 자가 없음을 알게 되는 이유이다.

大全 朱子曰: 弟長而無遺, 弟, 悌也, 敬順之意. 言能使少者, 皆承順以事長者, 而無所遺棄也.

번역 주자가 말하길, '제장이무유(弟長而無遺)'라고 했는데, '제(弟)'자는 제(悌)자의 뜻으로, 공경하고 순종하는 의미이다. 나이가 어린 자로 하여금 모든 경우에 받들고 순종하는 자세로 연장자를 섬기게 하여 빠트리는 자가 없도록 한다는 의미이다.

鄭注 遺, 猶脫也, 忘也.

번역 '유(遺)'자는 "누락하다[脫]."는 뜻이며, "잊다[忘]."는 뜻이다.

釋文 少, 詩召反. 沃, 於木反. 弟音悌, 下"弟長"同. 脫, 徒活反, 又音奪.

번역 '少'자는 '詩(시)'자와 '召(소)'자의 반절음이다. '沃'자는 '於(어)'자와 '木(목)'자의 반절음이다. '弟'자의 음은 '悌(제)'이며, 아래문장에 나오는 '弟長'에서의 '弟'자도 그 음이 이와 같다. '脫'자는 '徒(도)'자와 '活(활)'자의 반절음이며, 또한 그 음은 '奪(탈)'도 된다.

孔疏 ●"賓酬"至"遺矣". ○正義曰: 此經明旅酬之時, 賓主少長皆得酬酒, 長幼無被遺棄之事.

번역 ●經文: "賓酬"~"遺矣". ○이곳 경문은 서로 술을 권하게 될 때, 빈객과 주인 및 나이가 어린 자와 연장자는 모두 술을 권할 수 있는데, 나이가 많은 자와 적은 자들 중 제외되는 일이 없다는 사실을 나타내고 있다.

孔疏 ●"少長以齒, 終於沃洗"者, 言旅酬之時, 賓·主人之黨各以少長爲齒, 以次相旅, 至於¹⁾執掌罍洗之人, 以水沃盥洗爵者, 皆預酬酒之限. 此經主人酬介, 介酬衆賓, 雖據旅酬之時, 其少長以齒, 終於沃洗, 是無筭爵之節也. 但因其旅酬, 遂連言無筭爵, 欲見無不周徧, 弟長而無遺, 而知終沃洗是其無筭爵. 按鄕飮酒記"主人之贊者, 西面北上, 不與, 無筭爵, 然後與", 是也.

번역 ●經文: "少長以齒, 終於沃洗". ○서로 술을 권하게 될 때, 빈객과 주인에게 속한 무리들은 각각 나이에 따라 서열을 정하고, 차등적으로 서로의 무리에게 술을 권하는데, 씻는 일을 담당하는 자에게까지 술이 돌아가게 하니, 물을 이용해서 손을 씻게 하고 잔을 씻게 하는 자이기 때문에, 모든 경우에 있어서 술을 권하는 마지막 단계에 참여한다. 이곳 경문에서는 주인이 개(介)에게 잔을 돌리고, 개가 빈객 무리에게 잔을 돌린다고 했는데, 비록 서로 술을 권하는 시점을 기준으로 하고 있지만, 나이가 어린 자와 많은 자는 나이에 따라 서열을 정하고, 씻을 물을 따라주는 자에게까지 돌아가면 끝이 나니, 이것은 잔의 수를 셈함이 없는 절차에 해당한다. 다만 서로에게 술을 권하는 일에 따라서, 연속하여 잔의 수를 셈함이 없는 일을 언급하여, 두루 돌아가지 않는 일이 없음을 드러내고자 한 것이니, 나이가 어린 자와 많은 자에게 두루 돌아가며, 씻을 물을 부어주는 자에게까지 잔이 돌아가는 것을 끝으로 삼는 것이 잔의 수를 셈함이 없는 절차에 해당함을 알 수 있다. 『의례』「향음주례(鄕飮酒禮)」편의 기문(記文)에서 "주인의 의례를 돕는 자는 서쪽을 바라보며 북쪽 끝에서부터 서 있고, 참여를 하지 않으니, 잔의 수를 셈함이 없게 된 이후에야 참여를 한다."²⁾라고 한 말이 바로 이러한 사실을 나타낸다.

---

1) '어(於)'자에 대하여. 『십삼경주소(十三經注疏)』 북경대 출판본에서는 "'어'자를 『예기훈찬(禮記訓纂)』에서는 '려(旅)'자로 기록했다."라고 했다.

2) 『의례』「향음주례(鄕飮酒禮)」: 若有諸公, 則大夫於主人之北, 西面. 主人之贊者西面, 北上, 不與, 無筭爵然後與.

孔疏 ●"知其能弟長而無遺矣"者, 弟, 少也. 言少之與長皆被恩澤而無遺棄也, 故云知其能弟長而無遺也.

번역 ●經文: "知其能弟長而無遺矣". ○'제(弟)'자는 나이가 어린 자를 뜻한다. 즉 나이가 어린 자는 나이가 많은 자와 함께 모두들 은택을 입어서 제외되는 자가 없다는 뜻이다. 그렇기 때문에 나이가 어린 자와 나이가 많은 자에게 두루 돌아가 제외됨이 없음을 안다고 말한 것이다.

참고 구문비교

예기·향음주의 賓酬主人, 主人酬介, 介酬衆賓, 少長以齒, 終於沃洗者焉. 知其能弟長而無遺矣.

순자·악론(樂論) 賓酬主人, 主人酬介, 介酬衆賓, 少長以齒, 終於沃洗者焉. 知其能弟長而無遺也.

공자가어·관향사(觀鄕射) 賓酬主人, 主人酬介, 介酬衆賓, 少長以齒, 終於沃洗者焉. 知其能悌長而無遺矣.

참고 『의례』「향음주례(鄕飮酒禮)」 기록

경문 賓北面坐取俎西之觶, 阼階上北面酬主人. 主人降席, 立于賓東.

번역 빈객은 북쪽을 바라보며 자리에 앉아서 도마의 서쪽에 있는 치(觶)를 잡으며, 동쪽 계단 위에서 북쪽을 바라보며 주인에게 술을 권한다. 주인은 자리에서 내려와 빈객의 동쪽에 선다.

鄭注 初起旅酬也. 凡旅酬者, 少長以齒, 終於沃盥者, 皆弟長而無遺矣.

번역 처음으로 여수(旅酬)의 절차를 시행하는 것이다. 여수를 하는 경우 나이가 어린 자와 연장자는 나이에 따라 서열을 정하며, 씻을 물을 부어 주는 자에게까지 술을 권하여 마치는데, 어린 자와 연장자에게 모두 돌아가 빠트리는 자가 없다.

賈疏 ●"賓北"至"賓東". ○釋曰: 自此至"司正降復位", 論堂上堂下徧行旅酬之事. 云"取俎西之觶"者, 謂前一人擧觶, 奠于薦右, 今爲旅酬而擧之. 前主人酬賓奠于薦東者不擧, 故言俎西以別之. 云"主人降席", 不云自南方北方者, 按下記云: "主人·介凡升席自北方, 降席自南方." 指此文也.

번역 ●經文: "賓北"~"賓東". ○이곳 구문으로부터 "사정이 당하로 내려가서 자신의 자리로 되돌아갔다."라는 구문까지는 당상과 당하에서 두루 여수(旅酬)를 시행하는 사안에 대해 논의하고 있다. "도마의 서쪽에 있는 치(觶)를 잡는다."라고 했는데, 앞서 아전 1명이 치를 들어 음식이 차려진 곳 우측에 내려놓았다고 했는데, 지금은 여수를 시행하기 위해 이 술잔을 드는 것이다. 이전에 주인이 빈객에게 술을 권했을 때에는 음식이 차려진 곳 동쪽에 술잔을 내려놓고 들지 않았다. 그렇기 때문에 도마의 서쪽이라고 언급해서 구별한 것이다. "주인이 자리에서 내려온다."라고 했는데, 남쪽이나 북쪽 등을 언급하지 않은 것은 아래 기문을 살펴보면 "주인과 개(介)는 자리에 오를 때 북쪽 방향을 이용하고, 자리에서 내려올 때 남쪽 방향을 이용한다."라고 했으니, 바로 이곳의 기록을 가리킨다.

賈疏 ◎注"初起"至"遺矣". ○釋曰: 云"凡旅酬者, 少長以齒"以下, 並是鄕飮酒義文, 是以彼云: "賓酬主人, 主人酬介, 介酬衆賓, 少長以齒, 終於沃洗者焉, 知其能弟長而無遺矣." 按下記云: "主人之贊者西面北上, 不與." 注云: "贊, 佐也. 謂主人之屬, 佐助主人禮事, 徹鼏沃盥, 設薦俎者. 與, 及也. 不及, 謂不及獻酒, 言不及獻酒則旅酬, 亦不與旅酬, 所以酬正獻也." 記又云: "無筭爵然後與." 若然, 此旅酬得終於沃洗者, 鄭解酬之大法, 欲見堂上賓·主人之黨無不與, 故鄭君連引無筭爵旅酬, 而言終沃洗也. 其實此時未及沃洗也.

번역 ◎鄭注: "初起"~"遺矣". ○정현이 "여수(旅酬)를 하는 경우 나이가 어린 자와 연장자는 나이에 따라 서열을 정한다."라고 한 말로부터 그 이하의 기록은 모두 「향음주의」편의 기록이다. 이러한 까닭으로 「향음주의」편에서는 "빈객은 주인에게 술을 권하고, 주인은 개(介)에게 술을 권하며, 개는 빈객 무리에게 술을 권하고, 나이가 어린 자나 많은 자는 나이에 따라 서열을 정해서 술잔을 돌리며, 씻을 물을 따라주는 자에게까지 술잔이 돌아가면 끝낸다. 이를 통해서 나이가 어린 자나 많은 자에게 두루 돌아가 빠트리는 자가 없다는 사실을 알 수 있다."라고 했다. 아래 기문을 살펴보면 "주인의 의례를 돕는 자는 서쪽을 바라보며 북쪽 끝에서부터 서 있고, 참여를 하지 않는다."라고 했고, 정현의 주에서는 "'찬(贊)'자는 돕는다는 뜻이다. 주인에게 소속된 아전들 중 주인이 시행하는 의례절차를 도와서 솥을 치우고 손 씻을 물을 붓고 음식과 도마 등을 진설하는 자들이다. '여(與)'자는 미치다는 뜻이다. 미치지 못한다는 것은 술을 건네는 데에는 미치지 못한다는 뜻이니, 술을 건네는 일에 미치지 못한다면 여수에 있어서도 여수에 참여하지 않는 것이니, 정규 절차에 따라 술을 건네서 권하는 것이기 때문이다."라고 했다. 기문에서는 또한 "잔의 수를 셈함이 없게 된 이후에야 참여를 한다."라고 했다. 만약 그렇다면 이곳에서 여수를 하며 씻을 물을 부어주는 자에게까지 술잔이 돌아가서 마칠 수 있다고 했으니, 정현은 술 권하는 큰 규범을 설명하여, 당상에 있는 빈객과 주인의 무리들은 참여하지 않는 경우가 없음을 드러내고자 한 것이다. 그렇기 때문에 정현은 연이어서 무산작의 여수에 대한 내용을 인용하고 씻는 물을 공급하는 자에게 술잔이 돌아가서 마친다고 말한 것이다. 그러나 실제로 이 시기에는 씻는 물을 공급하는 자에게까지는 술잔이 돌아가지 않는다.

경문 賓坐奠觶, 遂拜, 執觶興, 主人答拜. 不祭, 立飮, 不拜, 卒觶, 不洗, 實觶, 東南面授主人.

번역 빈객은 앉아서 치(觶)를 내려놓고 그에 따라 절을 하며 치를 잡고서 일어나고 주인은 답배를 한다. 빈객은 술로 제사를 지내지 않고 서서 마시며 절을 하지 않고 치를 비우면 술잔을 씻지 않고 치에 술을 채우고 동남쪽을 바라보며 주인에게 건넨다.

鄭注 賓立飮卒觶, 因更酌以鄕主人, 將授.

번역 빈객이 서서 마시고 치(觶)를 비우는 것은 다시 술을 따라 주인을 향해 건네야 하기 때문이다.

경문 主人阼階上拜, 賓少退. 主人受觶, 賓拜送于主人之西.

번역 주인은 동쪽 계단 위에서 절을 하고, 빈객은 조금 뒤로 물러난다. 주인은 치(觶)를 받고 빈객은 주인의 서쪽에서 절을 하며 술잔을 건넨다.

鄭注 旅酬同階, 禮殺.

번역 여수(旅酬)를 하며 같은 계단에서 술잔을 주고받는 것은 예법을 낮추기 때문이다.

賈疏 ◎注“旅酬同階禮殺”. ○釋曰: 決上正酬時不同階, 今同階, 故云“禮殺”也.

번역 ◎鄭注: “旅酬同階禮殺”. ○앞에서 정규 절차에 따라 술을 권할 때에는 같은 계단에서 술잔을 주고받지 않았는데, 지금은 같은 계단에서 주고받는 뜻을 풀이한 것이다. 그렇기 때문에 “예법을 낮추기 때문이다.”라고 했다.

경문 賓揖, 復席.

번역 빈객은 읍을 하고 자신의 자리로 되돌아간다.

鄭注 酬主人訖.

번역 주인에게 술을 권하는 절차가 끝났기 때문이다.

경문 主人西階上酬介. 介降席自南方, 立于主人之西, 如賓酬主人之禮. 主人揖, 復席.

번역 주인은 서쪽 계단 위에서 개(介)에게 술을 권한다. 개는 남쪽을 이용해 자리에서 내려오고, 주인의 서쪽에 서니, 빈객이 주인에게 술을 권했을 때의 예법처럼 한다. 주인은 읍을 하고 자신의 자리로 되돌아간다.

鄭注 其酌, 實觶西南面授介. 自此以下旅酬, 酌者亦如之.

번역 주인이 술을 따라 치(觶)를 채우고서 서남쪽을 바라보며 개(介)에게 건넨다. 이곳 구문으로부터 그 이하의 절차에서 여수(旅酬)를 할 때, 술을 따르는 자는 또한 이처럼 한다.

賈疏 ◎注"其酌"至"如之". ○釋曰: 知"西南面授介"者, 按賓酬主人時, 於阼階上東南面向之, 則知此主人酬介于西階上西南面可知. 云"自此已下旅酬, 酌者亦如之"者, 謂亦如主人酬介, 其酬酌皆實觶, 西南面授之, 以其旅酬皆西階上故也.

번역 ◎鄭注: "其酌"~"如之". ○정현이 "서남쪽을 바라보며 개(介)에게 건넨다."라고 했는데, 이 말이 사실임을 알 수 있는 이유는 빈객이 주인에게 술을 권했을 때를 살펴보면, 동쪽 계단 위에서 동남쪽을 바라보아 그를 향한다고 했으니, 이곳에서 주인이 개에게 술을 권한다고 했을 때에도 서쪽 계단 위에서 서남쪽을 바라본다는 사실을 알 수 있다. 정현이 "이곳 구문으로부터 그 이하의 절차에서 여수(旅酬)를 할 때, 술을 따르는 자는 또한 이처럼 한다."라고 했는데, 주인이 개에게 술을 권했을 때, 술을 권하며 따를 때에는 모두 치(觶)를 채우고, 서남쪽을 바라보며 건넨다는 뜻이니, 여수는 모두 서쪽 계단 위에서 진행하기 때문이다.

경문 司正升相旅, 曰: "某子受酬." 受酬者降席.

번역 사정은 당상으로 올라가서 서열에 따라 여수(旅酬)가 지행되도록 도우며, "아무개는 여수의 술잔을 받으시오."라고 말한다. 권한 술잔을 받을 자는 자리에서 내려온다.

鄭注 旅, 序也. 於是介酬衆賓, 衆賓又以次序相酬. 某者, 衆賓姓也, 同姓則以伯仲別之. 又同, 則以且字別之.

번역 '여(旅)'자는 순서라는 뜻이다. 이 시기에 개(介)는 빈객 무리에게 술잔을 권하고, 빈객 무리는 또한 순서에 따라 서로에게 술을 권한다. '모(某)'는 빈객 무리들 중 한 사람의 성(姓)인데, 성이 같은 경우라면 백(伯)이나 중(仲)자를 붙여서 구별한다. 또 이마저도 같을 경우라면 '차자(且字)'[3]로 구별한다.

賈疏 ◎注"旅序"至"別之". ○釋曰: 上文"作相爲司正", 注云: "將留賓, 爲有懈惰, 立司正以監之." 今以賓·主及介旅酬不監之, 至衆賓乃監者, 以其主人與賓·介習禮已久, 又各一位, 不嫌失禮. 至於衆賓, 既不久習禮, 又同在一位, 恐其失禮, 故須監之也. 云"某者, 衆賓姓也"者, 以某在子上, 故知是衆賓姓也. 若單言某, 則是字, 故鄕射云"某酬某子", 注云: "某者, 字也." 云"同姓則以伯仲別之"者, 但此衆賓之內有同姓, 司正命之, 則呼伯仲別之也. 云"又同, 則以且字別之"者, 爲同姓之中有伯仲同者, 則以某甫且字別之也.

번역 ◎鄭注: "旅序"~"別之". ○앞에서는 "의례의 진행을 돕는 자를 사정으로 삼는다."라고 했고, 정현의 주에서는 "빈객을 머물러 있게 하려는데 나태해질

---

3) 차자(且字)는 자(字)의 일종이다. 남자의 경우 관례(冠禮)를 치른 뒤에 자(字)를 받게 되는데, 주(周)나라의 제도에 따르면 20세로부터 50세까지는 이름 대신 자(字)를 붙여서 '아무개 보(甫)'라고 불렸으니, 이것을 '차자'라고 부른다. 50세를 넘기게 되면 형제서열에 따라서 '아무개 백(伯)'이나 '아무개 중(仲)' 등으로 부르게 된다.

수도 있으므로, 사정을 세워서 감독하게 만든다."라고 했다. 지금은 빈객과 주인
및 개(介)가 여수(旅酬)를 하는데 감독하지 않고, 빈객 무리들이 시행할 때가
되어서야 감독한다고 했다. 그 이유는 주인·빈객·개는 예법을 익힌 것이 이미
오래되었고 또한 각각 자신의 자리를 차지하고 있으므로 실례를 범하리라는 염
려를 하지 않기 때문이다. 그러나 빈객 무리들에 있어서는 예법을 익힌 것이
오래되지 않았고 모두가 같은 자리에 있어서 실례를 범하게 되리라 염려되기
때문에 감독할 필요가 있다. 정현이 "'모(某)'는 빈객 무리들 중 한 사람의 성(姓)
이다."라고 했는데, '모(某)'자는 자(子)자 앞에 기록되어 있기 때문에, 빈객 무리
들 중 한 사람의 성에 해당한다는 사실을 알 수 있다. 만약 '모(某)'라고만 말했다
면 이것은 그 사람의 자(字)에 해당한다. 그렇기 때문에 『의례』「향사례(鄕射禮)」
편에서는 "아무개가 아무개 자에게 술을 권한다."라고 했고, 정현의 주에서는
"'모(某)'자는 그 사람의 자에 해당한다."라고 말한 것이다. 정현이 "성이 같은
경우라면 백(伯)이나 중(仲)자를 붙여서 구별한다."라고 했는데, 빈객 무리들 중
에 동성인 자들이 포함되어 있을 때 사정이 그들을 지명한다면, '백(伯)'이나 '중
(仲)'자를 붙여서 구별한다는 뜻이다. 정현이 "또 이마저도 같을 경우라면 '차자
(且字)'로 구별한다."라고 했는데, 동성인 자들 중에서도 백(伯)이나 중(仲)의 서
열이 같은 경우라면, 아무개 보(甫)라고 지칭해서 차자로 구별한다.

경문 司正退立于序端, 東面.

번역 사정은 물러나 서(序)의 끝단에 서서 동쪽을 바라본다.

鄭注 辟受酬者, 又便其贊上贊下也. 始升相, 西階西北面.

번역 권한 술잔을 받을 자들을 위해 자리를 피해주는 것이며, 또한 당상
과 당하의 일들을 돕는데 편리하기 때문이다. 처음 당상으로 올라가서 여
수의 진행을 도울 때에는 서쪽 계단에서 서북쪽을 바라보게 된다.

賈疏 ●"司正"至"東面". ◎注"辟受"至"北面". ○釋曰: 司正初時在堂上

西階西, 北面命受酬者訖, 退立于西序端東面者, 一則按此下文"衆受酬者受
自左", 卽是司正立處, 故須辟之; 二則東面時贊上贊下便也. 云"始升相, 西階
西北面"者, 雖無正文, 以衆賓之席在賓西南面, 介酬在西階上, 司正升相旅,
當在西階西北面命賓, 故知位如此也.

번역 ●經文: "司正"~"東面". ◎鄭注: "辟受"~"北面". ○사정은 최초
당상에 있을 때 서쪽 계단의 서쪽에서 북쪽을 바라보며 여수(旅酬)의 술잔
을 받을 자에게 명령을 내리고 그 일이 끝나면, 서쪽 서(序)의 끝단으로
물러나 서며 동쪽을 바라본다. 첫 번째 이유는 아래문장에서 "빈객 무리들
중 여수의 술잔을 받는 자는 건네는 자의 좌측으로부터 받는다."라고 했으
니, 이곳은 사정이 서 있는 위치이므로 피해줄 필요가 있다. 두 번째는 동쪽
을 바라보고 있을 때 당상과 당하의 일들을 돕기에 편리하다. 정현이 "처음
당상으로 올라가서 여수의 진행을 도울 때에는 서쪽 계단에서 서북쪽을
바라보게 된다."라고 했는데, 비록 경문에 이러한 내용이 없지만 빈객 무리
들의 자리는 빈객의 서쪽에서 남쪽을 바라보는 곳이며, 개(介)가 술을 권하
는 것은 서쪽 계단의 위이고, 사정이 당상으로 올라가서 여수의 진행을 도
울 때에는 마땅히 서쪽 계단에서 서북쪽을 바라보며 빈객에게 명령을 해야
한다. 그렇기 때문에 그 자리가 이와 같다는 사실을 알 수 있다.

경문 受酬者自介右.

번역 여수(旅酬)의 술잔을 받는 자는 개(介)의 우측으로부터 받는다.

鄭注 由介東也. 尊介, 使不失故位.

번역 개(介)의 동쪽으로 받는다는 뜻이다. 개(介)를 존귀하게 높여서 그
가 본래의 자리를 피하지 않게끔 하는 것이다.

賈疏 ●"受酬者自介右". ◎注"由介"至"故位". ○釋曰: 北面以東爲右, 故

鄭云“由介東”也. 云“尊介, 使不失故位”者, 凡授受之法者, 授由其右, 受由其左, 卽下文“衆受酬者”, 是也. 此受介酬者應自介左, 而自介右者, 介位在西, 故云尊介使不失故位也.

번역 ●經文: “受酬者自介右”. ◎鄭注: “由介”~“故位”. ○북쪽을 바라보는 상태에서는 동쪽이 우측이 된다. 그렇기 때문에 정현이 “개(介)의 동쪽으로 받는다.”라고 했다. 정현이 “개를 존귀하게 높여서 그가 본래의 자리를 피하지 않게끔 하는 것이다.”라고 했는데, 술잔을 주고받는 법도에 있어서 건네는 자는 상대의 우측으로부터 하고, 받는 자는 상대의 좌측으로부터 하니, 아래문장에서 ‘빈객 무리들 중 여수(旅酬)의 술잔을 받는 자’라고 한 말이 여기에 해당한다. 이곳에서 개가 권한 술잔을 받는다고 했으니 마땅히 개의 좌측으로부터 받아야 하는데, 개의 우측으로부터 받는다고 했다. 그 이유는 개의 자리는 서쪽에 있기 때문에 “개를 존귀하게 높여서 그가 본래의 자리를 피하지 않게끔 하는 것이다.”라고 말한 것이다.

경문 衆受酬者受自左.

번역 빈객 무리들 중 여수(旅酬)의 술잔을 받는 자는 건네는 자의 좌측으로부터 받는다.

鄭注 後將受酬者, 皆由西變於介也. 今文無衆酬者.

번역 이후 여수의 술잔을 받게 되는 자는 모두 서쪽으로부터 받아서 개(介)에게서 받는 것과 변화를 준다. 금문에는 ‘중수(衆酬)’라는 글자가 없다.

賈疏 ●“衆受”至“自左”. ◎注“後將”至“酬者”. ○釋曰: 言“衆受酬”者, 謂上衆賓之內爲首者一人, 自介右受之, 自第二以下, 幷堂下衆賓皆自左受之. 言“變於介”者, 卽是授受之常法也.

번역 ●經文: “衆受”~“自左”. ◎鄭注: “後將”~“酬者”. ○‘빈객 무리들

중 여수(旅酬)의 술잔을 받는 자'라고 했는데, 앞에서 말한 자는 빈객 무리들 중 수장에 해당하는 1명이며, 그는 개(介)의 우측으로부터 술잔을 받는다. 그 다음 서열로부터 그 이하의 자와 당하에 있는 빈객 무리들은 모두 좌측으로부터 받는다. 정현이 "개(介)에게서 받는 것과 변화를 준다."라고 했는데, 술잔을 주고받는 일상적인 법도에 따르는 것이다.

경문 拜, 興, 飮, 皆如賓酬主人之禮.

번역 절을 하고 일어나서 술을 마시는데, 이 모두는 빈객이 주인에게 술을 권했을 때의 예법과 동일하게 한다.

鄭注 嫌賓以下異也.

번역 빈객으로부터 그 이하의 자들이 따르는 예법에 차이가 생길까 염려했기 때문이다.

경문 辯, 卒受者以觶降, 坐奠于篚.

번역 두루 술을 권하고, 마지막으로 술잔을 받은 자는 치(觶)를 들고 당하로 내려가고 앉아서 광주리에 술잔을 내려놓는다.

鄭注 辯, 辯衆賓之在下者. 鄕射禮曰: "辯, 遂酬在下者, 皆升, 受酬于西階上."

번역 '편(辯)'자는 당하에 있는 빈객 무리들에게 두루 술을 권한다는 뜻이다. 『의례』「향사례(鄕射禮)」편에서는 "두루 돌려 당하에 있는 자들에게까지 술을 권하고, 모두 당상으로 올라가서 서쪽 계단 위에서 권한 술잔을 받는다."라고 했다.

賈疏 ◎注"辯辯"至"階上". ○釋曰: 引鄕射者, 彼禮與此同. 經直言辯, 不云"遂酬在下者, 皆升, 受酬于西階上"者, 文不具, 故引以證也.

번역 ◎鄭注: "辯辯"~"階上". ○정현이 『의례』「향사례(鄕射禮)」편을 인용한 것은 향사례의 내용과 이곳의 내용이 동일하기 때문이다. 경문에서는 단지 '편(辯)'이라고만 말하고 "당하에 있는 자들에게까지 술을 권하고, 모두 당상으로 올라가서 서쪽 계단 위에서 권한 술잔을 받는다."라고 말하지 않았다. 그 이유는 문장을 상세히 기록하지 않았기 때문이다. 그래서 이 내용을 인용해서 증명하였다.

경문 司正降, 復位.

번역 사정은 당하로 내려가서 자신의 자리로 되돌아간다.

鄭注 觶南之位.

번역 치(觶)가 놓인 곳 남쪽의 자리를 뜻한다.

賈疏 ●"司正降復位". ◎注"觶南之位". ○釋曰: 復位者, 以相旅畢, 堂上無事, 故降復觶南之位.

번역 ●經文: "司正降復位". ◎鄭注: "觶南之位". ○자신의 자리로 되돌아가는 것은 여수(旅酬)의 진행 돕는 일이 끝나서 당상에서는 시행할 일이 없다. 그렇기 때문에 당하로 내려가서 치(觶)가 놓인 곳 남쪽의 자리로 되돌아가는 것이다.

경문 使二人擧觶于賓·介, 洗, 升實觶于西階上, 皆坐奠觶, 遂拜, 執觶興. 賓·介席末答拜. 皆坐祭, 遂飮, 卒觶, 興, 坐奠觶, 遂拜, 執觶興, 賓·介席末答拜.

번역 주인의 아전 2명으로 하여금 치(觶)를 빈객과 개(介)에게 들어 올리게 하고, 술잔을 씻고 당상으로 올라가서 서쪽 계단 위에서 치에 술을 채우고, 둘 모두 자리에 앉아서 치를 내려놓고 그에 따라 절을 하며 치를 잡고서 일어난다. 빈객과 개는 자리의 끝단에서 답배를 한다. 둘 모두 앉아서 술로 제사를 지내고, 그에 따라 술을 마시며 치를 비우고서 일어나고 자리에 앉아서 치를 내려놓고 그에 따라 절을 하며 치를 잡고서 일어나며, 빈객과 개는 자리의 끝단에서 답배를 한다.

鄭注 二人亦主人之吏. 若有大夫, 則舉觶于賓與大夫. 燕禮曰: "媵爵者于洗南, 西面北上, 序進盥洗."

번역 '이인(二人)' 또한 주인의 아전이다. 만약 대부가 포함된 경우라면 빈객과 대부에게 치(觶)를 들어 올린다. 『의례』「연례(燕禮)」편에서는 "잉작(媵爵)을 하는 자는 세(洗)의 남쪽에서 서쪽을 바라보며 북쪽 끝에서부터 정렬하고, 차례에 따라 나아가 손을 씻고 술잔을 씻는다."라고 했다.

賈疏 ●"使二"至"答拜". ◎注"二人"至"盥洗". ○釋曰: 自此至"無筭樂", 論賓主燕坐爵樂無數之事. 云"賓介席末答拜"者, 賓於席西南面答拜, 介於席南東面答. 云"二人亦主人之吏"者, 亦上一人舉觶是主人之吏, 以其主人使之, 故知皆是主人之吏也. 云"若有大夫, 則舉觶于賓與大夫"者, 以其大夫尊於介故也. 引燕禮者, 證此二人舉觶將盥時, 亦於洗南西面北上, 以次盥手也.

번역 ●經文: "使二"~"答拜". ◎鄭注: "二人"~"盥洗". ○이곳 구문으로부터 "음악의 연주 횟수를 셈하지 않는다."라는 구문까지는 빈객과 주인이 연회를 하며 술잔을 돌리고 음악을 연주하는 일에 있어서 그 횟수를 셈하지 않는 사안을 논의하고 있다. "빈객과 개(介)는 자리의 끝단에서 답배를 한다."라고 했는데, 빈객은 자리의 서쪽에서 남쪽을 바라보며 답배를 하고, 개는 자리의 남쪽에서 동쪽을 바라보며 답배를 한다. 정현이 "'이인(二人)' 또한 주인의 아전이다."라고 했는데, 앞에서 한 사람이 치(觶)를 들어 올린다고 했을 때 이 사람은 주인의 아전인데, 주인이 그들을 부리기 때문에 여기에서 말한 자들 모두 주인의 아전에 해당함을 알 수 있다. 정현이 "만약 대부가 포함된 경우라면 빈객과 대부에게 치를 들어 올린다."라고 했는데, 대부는 개보다 존귀하기 때문이다. 정현이 『의례』「연례(燕禮)」편

을 인용했는데, 여기에서 말한 두 사람이 치를 들어 올려 손을 씻으려고
할 때에는 또한 세(洗)의 남쪽에서 서쪽을 바라보며 북쪽 끝에서부터 정렬
하여 차례에 따라 손을 씻는다는 사실을 증명하기 위해서이다.

경문 逆降, 洗, 升實觶, 皆立于西階上, 賓·介皆拜.

번역 두 사람은 당상으로 올라갔을 때와는 순서를 반대로 하여 당하로
내려오고, 술잔을 씻고서 당상으로 올라가 치(觶)에 술을 채우는데, 둘 모
두 서쪽 계단 위에 서 있고, 빈객과 개는 모두 절을 한다.

鄭注 於席末拜.

번역 자리의 끝단에서 절을 하는 것이다.

賈疏 ◎注"於席末拜". ○釋曰: 言"席末拜"者, 賓在席西南面, 介在席南東
面, 以其俱是答拜, 故同前席末拜也.

번역 ◎鄭注: "於席末拜". ○정현이 "자리의 끝단에서 절을 하는 것이
다."라고 했는데, 빈객은 자리의 서쪽에서 남쪽을 바라보게 되고, 개(介)는
자리의 남쪽에서 동쪽을 바라보고 있으니, 둘 모두 답배를 하기 때문에 이
전과 동일하게 자리의 끝단에서 절을 한다.

경문 皆進, 薦西奠之, 賓辭, 坐取觶以興. 介則薦南奠之. 介坐受以興. 退,
皆拜送, 降. 賓·介奠于其所.

번역 둘 모두 나아가 음식이 차려진 곳 서쪽에 술잔을 내려놓고, 빈객은
사양을 한 뒤에 앉아서 치(觶)를 잡고 일어난다. 개(介)에 대해서는 음식이
차려진 곳 남쪽에 술잔을 내려놓는다. 개는 앉아서 술잔을 잡고 일어난다.
두 사람은 물러나서 모두 절을 하며 술잔을 건네고 당하로 내려간다. 빈객
과 개는 술잔을 놓았던 자리에 내려놓는다.

鄭注 賓言取, 介言受, 尊卑異文. 今文曰賓受.

번역 빈객에 대해서는 '취(取)'라고 했고 개(介)에 대해서는 '수(受)'라고 했는데, 신분의 차이가 있어서 문장을 달리 기록한 것이다. 금문에서는 '빈수(賓受)'라고 기록했다.

賈疏 ●"皆進"至"其所". ○釋曰: 言"皆進"者, 一人之賓所, 奠觶于薦西, 一人之介所, 奠觶于薦南.

번역 ●經文: "皆進"~"其所". ○"모두 나아간다."라고 했는데, 한 사람은 빈객이 있는 자리로 나아가서 음식이 차려진 곳 서쪽에 치(觶)를 내려놓는 것이고, 다른 한 사람은 개(介)가 있는 자리로 가서 음식이 차려진 곳 남쪽에 치를 내려놓는 것이다.

賈疏 ◎注"賓言"至"異文". ○釋曰: 尊者得卑者物言取, 是以家語云: "定公假馬於季氏, 孔子曰: 君於臣有取無假." 故賓尊言取, 介卑言受也.

번역 ◎鄭注: "賓言"~"異文". ○존귀한 자가 미천한 자가 바친 사물을 받을 때에는 '취(取)'라고 부른다. 이러한 까닭으로 『공자가어』에서는 "정공이 계씨에게서 말을 빌렸는데, 공자는 군주는 신하에 대해서 취(取)하는 경우는 있어도 가(假)하는 경우는 없습니다."라고 했다. 그러므로 빈객은 존귀하여 '취(取)'라고 말한 것이고, 개(介)는 상대적으로 미천하여 '수(受)'라고 말한 것이다.

참고 『의례』「향음주례(鄕飮酒禮)」 기록

기문 主人之贊者西面, 北上, 不與.

번역 주인의 의례 진행을 돕는 자는 서쪽을 바라보며 북쪽 끝에서부터 정렬하는데 참여하지 않는다.

鄭注 贊, 佐也. 謂主人之屬, 佐助主人禮事, 徹鼏, 沃盥, 設薦俎者. 西面北上, 統於堂也. 與, 及也. 不及謂不獻酒.

번역 '찬(贊)'자는 돕는다는 뜻이다. 주인의 아전을 뜻하니, 주인의 의례 진행을 도와서 솥을 치우거나 손 씻을 물을 붇거나 음식을 올리고 도마를 진설하는 자들이다. 서쪽을 바라보며 북쪽 끝에서부터 정렬하는 것은 당상의 사람에게 통솔되기 때문이다. '여(與)'자는 미치다는 뜻이다. 미치지 않는다는 것은 술을 따라주지 않는다는 뜻이다.

買疏 ●"主人"至"不與". ◎注"贊佐"至"獻酒". ○釋曰: 云"西面北上, 統於堂也"者, 以其主人之屬故也.

번역 ●經文: "主人"~"不與". ◎鄭注: "贊佐"~"獻酒". ○정현이 "서쪽을 바라보며 북쪽 끝에서부터 정렬하는 것은 당상의 사람에게 통솔되기 때문이다."라고 했는데, 주인에게 종속된 아전들이기 때문이다.

기문 無筭爵, 然後與.

번역 무산작(無筭爵)을 시행한 뒤에야 참여한다.

鄭注 燕乃及之.

번역 연회를 하면 술을 따라주는 일이 그들에게도 미치는 것이다.

買疏 ◎注"燕乃及之". ○釋曰: 以其主人之屬, 非主人所敬, 故無筭爵乃得酒也.

번역 ◎鄭注: "燕乃及之". ○주인에게 종속된 아전들은 주인에게 공경을 받는 대상이 아니다. 그렇기 때문에 무산작을 한 뒤에야 술을 받을 수 있다.

안연(安燕)과 불란(不亂)

【701c】

降, 說屨升坐, 脩爵無數. 飮酒之節, 朝不廢朝, 莫不廢夕. 賓出, 主人拜送, 節文終遂焉. 知其能安燕而不亂也.

직역 降하여, 屨를 說하고 升하여 坐하며, 爵을 脩함에 無數하다. 飮酒의 節은 朝에는 朝를 不廢하고, 莫에는 夕을 不廢한다. 賓이 出하면, 主人은 拜하여 送하고, 節文하여 終히 遂라. 그 能히 安燕하되 不亂함을 知라.

의역 내려와서 신발을 벗고 다시 자리에 올라가서 앉으며, 잔을 들 때에는 정해진 수치 없이 마신다. 술을 마시는 절도에 있어서, 아침에는 조회를 폐지하지 않고 그 이후에 시행하며, 연회를 마친 저녁에도 자신이 처리해야 할 일을 폐지하지 않는다. 빈객이 밖으로 나가면 주인은 절을 하며 전송하니, 예의 절차들을 마칠 때까지 시행한다. 따라서 편안하게 연회를 즐기면서도 문란하지 않게 됨을 알 수 있다.

集說 浩齋曰: 前此皆立而行禮, 未徹俎, 故未說屨. 至此徹俎之後, 乃說屨升坐而坐燕也. 脩, 擧也. 脩爵無數, 無算爵是也. 凡治事者, 朝以聽政, 而鄕飮聽政罷方行, 是朝不廢朝也. 夕以脩令, 而鄕飮禮畢, 猶可以治私事, 是莫不廢夕也. 若黨正飮酒, 一國若狂則無不醉矣. 節文終遂者, 終, 竟也. 遂, 猶申也. 言雖禮畢, 主人猶送以拜賓, 節文之禮終申遂而無所缺, 則知其安於燕樂而不至於亂矣.

번역 호재가 말하길, 앞에서 언급한 사안들은 모두 서서 의례를 시행하며, 아직 도마를 치우지 않은 것이다. 그렇기 때문에 아직까지 신발을 벗지 않았다. 이 시점에 이르러 도마를 치운 이후가 되면 곧 신발을 벗고 자리에 올라가서 앉으며, 앉아서 연회를 즐긴다. '수(脩)'자는 "든다[擧]."는 뜻이다.
'수작무수(脩爵無數)'는 무산작(無算爵)[1]을 가리킨다. 무릇 정사를 다스리
는 자는 아침에 정무를 듣고, 향음주례(鄕飮酒禮)는 정무 듣는 것을 끝낸
이후에 시행하니, 이것이 아침에 조회를 폐지하지 않는다는 뜻이다. 저녁에
는 지시할 일들을 확정하고, 향음주례가 끝나더라도 사적인 일들을 처리할
수 있으니, 이것이 저녁에도 처리할 일을 폐하지 않는다는 뜻이다. 만약
당정(黨正)이 음주를 하게 되면, 한 나라 전체가 들떠서 마치 광분한 것처
럼 되니, 취하지 않은 자가 없게 된다. '절문종수(節文終遂)'라고 했는데,
'종(終)'자는 "끝내다[竟]."는 뜻이다. '수(遂)'자는 "거듭하다[申]."는 뜻이
다. 비록 정규 의례는 끝났지만, 주인은 여전히 전송을 하며 빈객에게 절을
하고, 예법 절차를 마무리하면서도 거듭 펼쳐서 누락되는 것이 없도록 하
니, 안락한 연회에 편안함을 느끼게 되면서도 문란한 지경에 이르지 않는
다는 사실을 알 수 있다.

大全 馬氏曰: 降, 說屨升坐, 脩爵無數, 宜其醉矣, 然猶不廢朝夕之聽事.
賓出, 主人拜送, 如拜至禮焉, 蓋自始以至終, 皆有節文終遂焉, 此之謂安燕而
不亂也.

번역 마씨[2]가 말하길, 내려가서 신발을 벗고 올라가서 앉으며, 잔을 들
때 정해진 수치가 없다고 했으니, 취하는 것이 마땅하다. 그런데도 오히려
아침과 저녁에 처리해야 할 일들을 폐지하지 않는다. 빈객이 밖으로 나가
면 주인은 절을 하며 전송하는데, 처음 당도했을 때처럼 절을 하니 예를

---

1) 무산작(無筭爵)은 술잔의 수를 헤아리지 않는다는 뜻이다. 여수(旅酬)를 한
이후에, 빈객들의 제자들과 형제들의 자제들은 각각 그들의 수장에게 술을
따르고, 잔을 들어 올리는 것도 각각 그들의 수장에게 한다. 그리고 빈객
들이 잔을 가져다가, 형제들 집단에 술을 권하고, 장형제(長兄弟)들은 잔을
가져다가 빈객의 무리들에게 술을 권하게 된다. 이처럼 여러 차례 술을 따
르고 권하기 때문에, 이러한 절차를 '무산작'이라고 부르는 것이다.

2) 마희맹(馬晞孟, ?~?) : =마씨(馬氏)·마언순(馬彦醇). 자(字)는 언순(彦醇)이
다. 『예기해(禮記解)』를 찬술했다.

지극히 따르는 것이다. 무릇 시작으로부터 끝마칠 때까지 모두 예의 절차에 따라서 마무리를 맺으니, 이것을 두고 편안하게 연회를 즐기면서도 문란하지 않다고 말한다.

鄭注 朝·夕, 朝·莫聽事也. 不廢之者, 旣朝乃飮, 先夕則罷, 其正也. 終遂, 猶充備也.

번역 ‘조(朝)’와 ‘석(夕)’은 아침과 저녁에 처리하는 정무를 뜻한다. 폐지하지 않는다는 것은 아침에 처리해야 할 일을 끝내면 곧 음주를 하고, 저녁이 되기 이전에 모임을 파하니 이것이 올바른 예법이다. ‘종수(終遂)’는 충분히 갖춘다는 뜻이다.

釋文 廢朝, 直遙反, 注“朝夕”·“旣朝”同. 莫音暮, 下同. 先, 悉薦反.

번역 ‘廢朝’에서의 ‘朝’자는 ‘直(직)’자와 ‘遙(요)’자의 반절음이며, 정현의 주에 나오는 ‘朝夕’과 ‘旣朝’에서의 ‘朝’자도 그 음이 이와 같다. ‘莫’자의 음은 ‘暮(모)’이며, 아래문장에 나오는 글자도 그 음이 이와 같다. ‘先’자는 ‘悉(실)’자와 ‘薦(천)’자의 반절음이다.

孔疏 ●“降說”至“亂也”. ○正義曰: 此一經明飮酒之禮, 雖爵行無數, 猶能節文, 自終不至於亂也.

번역 ●經文: “降說”~“亂也”. ○이곳 문단은 음주를 하는 예에서 비록 잔을 들 때 정해진 수치가 없이 들지만, 오히려 예의 절차들에 따를 수 있어서, 끝마칠 때까지 음란한 지경에 이르지 않는다는 사안을 나타내고 있다.

孔疏 ●“降, 說屨升坐”者, 此謂無筭爵之初也. 以前皆立而行禮, 未徹俎, 故未說屨. 至此徹俎之後, 乃說屨升堂坐也.

번역 ●經文: “降, 說屨升坐”. ○이것은 무산작(無筭爵)을 시행하는 초

반부를 뜻한다. 이전의 절차에서는 모두 서서 의례를 시행하며, 아직 도마를 치우지 않은 상태이다. 그렇기 때문에 아직 신발을 벗지 않았던 것이다. 이 시점이 되어 도마를 치운 이후에는 곧 신발을 벗고 당상에 올라가서 앉는다는 뜻이다.

孔疏　●"脩爵無數"者, 謂無筭爵也. 熊氏云: "謂行爵無數矣."

번역　●經文: "脩爵無數". ○'무산작(無筭爵)'을 한다는 뜻이다. 웅안생3)은 "잔을 들 때 정해진 수치가 없다는 뜻이다."라고 말했다.

孔疏　●"朝不廢朝"者, 朝後乃行飮酒之禮, 是"朝不廢朝"也.

번역　●經文: "朝不廢朝". ○아침 정무를 처리한 이후에는 곧 음주의 예법을 시행하니, 이것이 "아침에 조회를 폐지하지 않는다."는 뜻이다.

孔疏　●"莫不廢夕"者, 謂飮酒禮畢, 乃治私家之事, 是"莫不廢夕"也. 謂鄕飮酒之禮, 若黨正飮酒, 一國若狂無不醉也.

번역　●經文: "莫不廢夕". ○음주를 하는 예법이 끝나면, 곧 개인적으로 처리해야 할 일들을 시행하니, 이것이 "저녁에 일처리를 폐지하지 않는다."는 뜻이다. 향음주례(鄕飮酒禮)를 시행할 때, 만약 당정(黨正)이 음주를 하게 된다면, 한 나라 안의 사람들이 들떠서 마치 광분된 것처럼 되어 취하지 않은 자가 없게 된다는 뜻이다.

孔疏　●"節文終遂焉也"者, 終, 謂終竟也; 遂, 謂申也. 言雖至飮畢, 主人

---

3) 웅안생(熊安生, ?~A.D.578) : =웅씨(熊氏). 북조(北朝) 때의 경학자이다. 자(字)는 식지(植之)이다. 『주례(周禮)』, 『예기(禮記)』, 『효경(孝經)』 등 많은 전적에 의소(義疏)를 남겼지만, 모두 산일되어 남아 있지 않다. 현재 마국한(馬國翰)의 『옥함산방집일서(玉函山房輯佚書)』에 『예기웅씨의소(禮記熊氏義疏)』 4권이 남아 있다.

備禮拜而送賓, 節制文章, 終竟申遂, 不有闕少. 故鄭云: "終遂, 猶充備也."

번역 ●經文: "節文終遂焉也". ○'종(終)'자는 마친다는 뜻이며, '수(遂)'자는 거듭[申]이라는 뜻이다. 비록 음주를 마치더라도 주인은 예법을 갖춰서 절을 하며 빈객을 전송하니, 예의 절차들을 끝까지 거듭 시행하여 소홀한 점이 없게끔 한다는 뜻이다. 그렇기 때문에 정현은 "'종수(終遂)'는 충분히 갖춘다는 뜻이다."라고 말한 것이다.

孔疏 ●"知其能安燕而不亂也", 謂安在於燕樂而不至亂也.

번역 ●經文: "知其能安燕而不亂也". ○편안하게 연회를 즐기는데 참여하지만 문란하게 되는 지경에는 이르지 않는다는 뜻이다.

訓纂 錢氏大昕曰: 鄉飲酒云, "說屨, 揖讓升堂, 乃羞, 無算爵." 經文無"修"字, 修乃羞字, 聲相近也. "羞"字爲句, 禮所云"乃羞"也. "爵無數"爲句, 禮所云"無算爵"也.

번역 전대흔[4]이 말하길, 『의례』「향음주례(鄉飲酒禮)」편에서는 "신발을 벗고 읍과 사양을 하며 당상으로 올라가고, 그런 뒤에는 음식을 차려내며, 무산작을 한다."라고 했다. 따라서 『의례』의 경문에는 '수(修)'자가 없으니, 수(修)자는 수(羞)자에 해당하는 것으로, 소리가 서로 비슷해서 생긴 오류이다. 따라서 '수(羞)'자에서 구문을 끊으니, 『의례』에서 '내수(乃羞)'라고 한 말에 해당한다. 또한 '작무수(爵無數)'에서 구문을 끊으니, 『의례』에서 '무산작(無算爵)'이라고 한 말에 해당한다.

---

4) 전대흔(錢大昕, A.D.1728~A.D.1804) : 청(淸)나라 때의 학자이다. 자(字)는 신미(辛楣)·효징(曉徵)이고, 호(號)는 죽정(竹汀)이다. 사학(史學)에 정통하였고, 음운학(音韻學), 지리학(地理學) 등에도 조예가 깊었다.

참고 구문비교

예기·향음주의 降, 說屨升坐, 脩爵無數. 飮酒之節, 朝不廢朝, 莫不廢夕. 賓出, 主人拜送, 節文終遂焉. 知其能安燕而不亂也.

순자·악론(樂論) 降, 說屨升坐, 脩爵無數. 飮酒之節, 朝不廢朝, 暮不廢夕. 賓出, 主人拜送, 節文終遂焉. 知其能安燕而不亂也.

공자가어·관향사(觀鄕射) 降, 脫屨升坐, 修爵無算. 飮酒之節, 旰不廢朝, 暮不廢夕. 賓出, 主人拜送, 節文終遂焉. 知其能安燕而不亂也.

참고 『의례』「향음주례(鄕飮酒禮)」 기록

경문 司正升自西階, 受命于主人. 主人曰: "請坐于賓." 賓辭以俎.

번역 사정이 서쪽 계단을 통해 올라가서 주인에게 명령을 받는다. 주인은 "빈객께 앉으시길 청하라."라고 한다. 빈객은 도마를 이유로 사양한다.

鄭注 至此盛禮俱成, 酒淸肴乾, 賓主百拜, 强有力者猶倦焉. 張而不弛, 弛而不張, 非文武之道. 請坐者, 將以賓燕也. 俎者, 肴之貴者. 辭之者, 不敢以禮殺當貴者.

번역 이 시점에 이르게 되면 융성한 예법 절차가 모두 완성되어, 술은 청주가 사용되고 고기는 말린 고기가 사용되며 빈객과 주인이 수없이 절을 하여[5] 건장한 자라도 피로해진다. 계속 당기기만 하고 느슨하게 풀어주지

---

5) 『예기』「악기(樂記)」【468c】: 夫豢豕爲酒, 非以爲禍也. 而獄訟益繁, 則酒之流生禍也. 是故先王因爲酒禮. 壹獻之禮, 賓主百拜, 終日飮酒而不得醉焉. 此先王之所以備酒禍也. 故酒食者, 所以合歡也. 樂者, 所以象德也. 禮者, 所以綴淫也. 是故先王有大事, 必有禮以哀之; 有大福, 必有禮以樂之. 哀樂之分, 皆以禮終. 樂也者, 聖人之所樂也, 而可以善民心. 其感人深, 其移風易俗, 故先王著其敎焉.

않거나 느슨하게 풀어주기만 하고 당기지 않는 것은 문왕과 무왕의 도가 아니다.6) 앉기를 청하는 것은 빈객에게 연회를 베풀기 위해서이다. 도마는 뼈에 고기가 붙어 있는 귀중한 부위가 담긴 것이다. 사양하는 것은 예법을 낮춘 상태에서 감히 존귀한 것을 감당할 수 없기 때문이다.

賈疏 ●“司正”至“以俎”. ○釋曰: 云“司正升自西階, 受命于主人”, 此不言阼階上受, 按鄕射: “司正升自西階, 阼階上受于主人, 適西階上, 北面, 請坐於賓.” 則此亦同彼. 云“主人曰: 請坐于賓”者, 亦是使司正傳語於賓也.

번역 ●經文: “司正”~“以俎”. ○“사정이 서쪽 계단을 통해 올라가서 주인에게 명령을 받는다.”라고 했는데, 이곳에서 동쪽 계단 위에서 받는다고 말하지 않았는데, 『의례』「향사례(鄕射禮)」편을 살펴보면 “사정은 서쪽 계단을 통해 올라가서 동쪽 계단 위에서 주인에게 명령을 받고, 서쪽 계단 위로 가서 북쪽을 바라보며 빈객에게 앉기를 청한다.”라고 했으니, 이곳에서도 「향사례」편의 절차와 동일하게 따르는 것이다. “주인은 빈객께 앉으시길 청하라고 한다.”라고 했는데, 이 또한 사정을 시켜서 빈객에게 말을 전달하는 것이다.

賈疏 ◎注“至此”至“貴者”. ○釋曰: 自此以上, 皆立行禮, 人皆勞倦, 故請坐於賓也. 云“酒淸肴乾”者, 按聘義云: “酒淸, 人渴而不敢飮也; 肉乾, 人飢而不敢食也.” 彼上云: “聘·射之禮, 至大禮也.” 則是聘·射皆有飮酒禮, 故此鄕飮酒引之. 云“賓主百拜”者, 樂記文. 彼是飮酒禮, 與此同, 故引而相證. 但此鄕飮酒之禮雖無百拜, 擧全數而言也. 云“强有力”者, 亦聘義文. 言此者, 欲見自此以前未得安坐飮食也. 云“張而不弛, 弛而不張, 非文武之道”者, 此雜記文. 略而言之, 此以弓弩喩行禮之法. 張而不弛, 以喩旅酬已前立行禮; 弛而不張, 喩無筭爵以後坐食. 一張一弛, 是文武之道. 張而不弛, 弛而不張, 非文武之道, 故後須坐也. 云“俎者, 肴之貴者”, 謂骨體貴而肉賤, 故云肴之貴者. 云“辭

---

6) 『예기』「잡기하(雜記下)」【520c】: 張而不弛, 文武弗能也. 弛而不張, 文武弗爲也. 一張一弛, 文武之道也.

之者, 不敢以禮殺當貴者”, 自旅以前立行禮, 是盛, 自此後無筭爵, 坐以禮, 謂
之殺, 故今將坐辭以俎, 不敢以禮殺當貴者. 按燕禮司正奠觶于中庭, 請徹俎
而坐. 此禮司正監旅訖, 二人擧觶後將行無筭爵, 始請坐于賓, 不同者, 燕禮司
正之前云二人致爵, 三擧旅, 得爵多, 故司正奠時卽坐燕. 此禮由來未行旅酬,
故使二人擧觶, 徹俎後乃坐也.

번역 ◎鄭注: “至此”~“貴者”. ○이곳 이전의 절차에서는 모두 서서 관
련 의례절차를 시행하여 사람들이 모두 수고롭고 피로해진 상태이다. 그렇
기 때문에 빈객에게 앉기를 청하는 것이다. 정현이 “술은 청주가 사용되고
고기는 말린 고기가 사용된다.”라고 했는데,『의례』「빙례(聘禮)」편을 살펴
보면, “청주는 사람들이 목이 말라도 감히 마시지 않고, 말린 고기는 사람들
이 배가 고파도 감히 먹지 않는다.”라고 했다. 그리고 그 앞의 기록에서는
“빙례와 사례는 지극히 융성한 예법이다.”라고 했다. 빙례와 사례에서는 모
두 음주를 하는 예법이 포함된다. 그렇기 때문에 이곳 「향음주례」의 주석
에서도 그 내용을 인용한 것이다. 정현이 “빈객과 주인이 수없이 절을 한
다.”라고 했는데, 이것은『예기』「악기(樂記)」편의 기록이다. 「악기」편에서
말한 것은 음주의 예법으로, 이곳의 내용과 동일하기 때문에, 그 내용을
인용하여 상호 그 뜻을 증명한 것이다. 다만 이곳에서 말한 향음주례의 절
차에는 ‘백배(百拜)’라는 기록이 없으니, 전체의 수를 기준으로 말한 것이
다. 정현이 “강성하여 힘이 있다.”라고 했는데, 이 또한 「빙례」편의 기록이
다. 이 말을 인용한 것은 이전의 절차에서는 편안하게 앉아서 술을 마시거
나 음식을 먹을 수 없었음을 드러내고자 했기 때문이다. 정현이 “당기기만
하고 느슨하게 풀어주지 않거나 느슨하게 풀어주기만 하고 당기지 않는
것은 문왕과 무왕의 도가 아니다.”라고 했는데, 이것은『예기』「잡기(雜記)」
편의 기록이다. 간략히 말하자면, 이것은 활을 통해서 예법을 시행하는 법
도를 비유한 것이다. 당기기만 하고 풀어주지 않는 것은 여수(旅酬)를 하기
이전에 서서 의례를 시행했다는 것을 비유하고, 느슨하게 풀어주기만 하고
당기지 않는다는 것은 무산작(無筭爵)을 한 이후에 앉아서 음식을 먹는다
는 것을 비유한다. 한 차례 당기면 한 차례 풀어주는 것이 문왕과 무왕의

도이다. 따라서 당기기만 하고 느슨하게 풀어주지 않거나 느슨하게 풀어주기만 하고 당기지 않는 것은 문왕과 무왕의 도가 아니기 때문에, 이후에는 자리에 앉을 필요가 있다. 정현이 "도마는 뼈에 고기가 붙어 있는 귀중한 부위가 담긴 것이다."라고 했는데, 희생물의 몸체 중 뼈는 존귀하고 고기 부위는 상대적으로 미천하다. 그렇기 때문에 "뼈에 고기가 붙어 있는 귀중한 부위가 담긴 것이다."라고 했다. 정현이 "사양하는 것은 예법을 낮춘 상태에서 감히 존귀한 것을 감당할 수 없기 때문이다."라고 했는데, 여수를 하기 이전에는 서서 해당 의례절차를 시행했으니, 이것은 융성한 것에 해당한다. 이 시점으로부터 무산작을 하게 되어 앉아서 의례절차를 시행하니, 이것을 '쇄(殺)'라고 부른 것이다. 그러므로 현재 앉아서 의례절차를 시행하려고 하여 도마를 이유로 사양하는 것이니, 예법을 낮춘 상태에서 감히 존귀한 것을 감당할 수 없기 때문이다. 『의례』「연례(燕禮)」편을 살펴보면, 사정은 마당에 치(觶)를 내려놓고, 도마를 치우고 앉기를 청한다고 했다. 이곳에서 말한 의례절차는 사정이 여수 시행의 감독을 끝내고서 두 사람이 치를 들어 올린 이후 무산작을 시행하려고 하여, 처음으로 빈객에게 앉기를 청하니, 두 사안이 차이를 보인다. 그 이유는 「연례」편에서는 사정의 행동 이전에 두 사람이 술잔을 건네고, 세 사람이 빈객 무리에게 술을 들어 올려서 잔을 받은 자가 많다. 그렇기 때문에 사정이 술잔을 놓아둘 때 곧바로 앉아서 연회를 하는 것이다. 이곳에서 말하는 의례절차는 아직 여수를 하기 이전이기 때문에 두 사람을 시켜서 치를 들어 올리고 도마를 치운 이후에야 자리에 앉는 것이다.

경문 主人請徹俎, 賓許.

번역 주인이 도마를 거두고자 청하면 빈객은 수락한다.

鄭注 亦司正傳請告之.

번역 이 또한 사정이 청하는 말을 전하여 빈객에게 알리는 것이다.

경문 司正降階前, 命弟子俟徹俎.

번역 사정은 당하로 내려가 계단 앞으로 가서 제자에게 도마 거두는 일을 기다리라고 명한다.

鄭注 西階前也. 弟子, 賓之少者. 俎者, 主人之吏設之, 使弟子俟徹者, 明徹俎賓之義.

번역 서쪽 계단 앞을 뜻한다. '제자(弟子)'는 빈객무리들 중 나이가 어린 자들을 뜻한다. 도마는 주인에게 속한 아전이 진설하는데, 제자로 하여금 치우기를 기다리게 하는 것은 도마를 치우는 것이 빈객의 도리임을 드러내기 위해서이다.

賈疏 ●"司正降階". ◎注"西階"至"之義". ○釋曰: 云"弟子, 賓之少者", 以其稱弟子, 故知是賓之少者. 西階前命之, 故知賓弟子. 賓敬主人而使弟子徹俎, 故云"賓之義"也.

번역 ●經文: "司正降階". ◎鄭注: "西階"~"之義". ○정현이 "'제자(弟子)'는 빈객무리들 중 나이가 어린 자들을 뜻한다."라고 했는데, '제자(弟子)'라고 호칭했기 때문에 빈객 무리들 중 나이가 어린 자를 뜻한다는 사실을 알 수 있다. 또한 서쪽 계단 앞에서 명령하기 때문에, 빈객 무리들 중의 제자임을 알 수 있다. 빈객은 주인을 공경하여 제자로 하여금 도마를 치우게 한다. 그렇기 때문에 "빈객의 도리이다."라고 했다.

경문 司正升, 立于序端.

번역 사정이 당상으로 올라가서 서(序)의 끝단에 선다.

鄭注 待事.

번역 시행할 일을 기다리는 것이다.

賈疏 ●“司正”至“席端”. ○釋曰: 司正降階前, 命弟子徹俎訖卽升, 立于序端. 弟子仍未徹俎, 故鄭云“待事”也.

번역 ●經文: “司正”~“席端”. ○사정이 당하로 내려가 계단 앞으로 가서 제자들에게 도마를 치우라고 명하고 그 일이 끝나면 당상으로 올라가서 서(序)의 끝단에 선다. 제자들은 아직 도마를 치우지 않은 상태이기 때문에 정현이 “시행할 일을 기다리는 것이다.”라고 했다.

경문 賓降席, 北面. 主人降席, 阼階上北面. 介降席, 西階上北面. 遵者降席, 席東·南面.

번역 빈객이 자리에서 내려와 북쪽을 바라본다. 주인은 자리에서 내려와 동쪽 계단 위에서 북쪽을 바라본다. 개(介)는 자리에서 내려와 서쪽 계단 위에서 북쪽을 바라본다. 준(遵)은 자리에서 내려와 자리의 동쪽에서 남쪽을 바라본다.

鄭注 皆立, 相須徹俎也. 遵者, 謂此鄉之人仕至大夫者也, 今來助主人樂賓, 主人所榮而遵法者也, 因以爲名. 或有無, 來不來, 用時事耳. 今文遵爲僎, 或爲全.

번역 모두 서 있는 것은 도마 치우는 일을 기다려야 하기 때문이다. 준자(遵者)는 향리의 사람들 중 벼슬에 나아가 대부에 이른 자를 뜻하는데, 현재 찾아와서 주인을 도와 빈객을 즐겁게 하고, 주인은 그것을 영예롭게 생각해서 준칙으로 따르는 자이다. 그러므로 이러한 것에 따라서 ‘준자(遵者)’라고 부른다. 이러한 사람이 향리에 있을 수도 있고 없을 수도 있으며 있더라도 올 수도 있고 오지 않을 수도 있으니, 그때의 사정에 따를 뿐이다. 금문에서는 ‘준(遵)’자를 준(僎)자로 기록했으며 혹은 전(全)자로도 기록했다.

賈疏 ●“賓降階”至“南面”. ○釋曰: 皆立者, 將取俎以授人. 遵不北面者, 以其尊, 故席東·南面向主人.

번역 ●經文: "賓降階"~"南面". ○모두 서 있는 것은 도마를 들어 다른 사람에게 건네려고 하기 때문이다. 준자가 북쪽을 바라보지 않는 것은 존귀하기 때문이다. 그래서 자리의 동쪽에서 남쪽을 바라보아 주인을 향하는 것이다.

賈疏 ◎注"皆立"至"爲全". ○釋曰: 云"皆立, 相須徹俎也"者, 須, 待也, 受俎之人一時徹而授之也. 云"遵者, 謂此鄕之人仕至大夫者也"者, 以鄕射云"大夫若有遵者入門左", 注云: "謂此鄕之人爲大夫者也. 謂之遵者, 方以禮樂化民, 欲其遵法之也." 旣云大夫若有遵, 明士不得有遵, 又士立于下, 不得升堂, 故知此遵是大夫也. 云"或有無"者, 下文云"賓若有遵", 言若者, 不定之辭, 故知或有或無也. 云"來不來, 用時事耳"者, 言來之與不來, 事在當時, 故云用時事耳.

번역 ◎鄭注: "皆立"~"爲全". ○정현이 "모두 서 있는 것은 도마 치우는 일을 기다려야 하기 때문이다."라고 했는데, '수(須)'자는 기다린다는 뜻이니, 도마를 건네받는 사람에게 동시에 치워서 건네기 때문이다. 정현이 "준자(遵者)는 향리의 사람들 중 벼슬에 나아가 대부에 이른 자를 뜻한다."라고 했는데, 『의례』「향사례(鄕射禮)」편에서는 "준자인 대부가 있다면 문의 좌측으로 들어간다."라고 했고, 정현의 주에서는 "향리의 사람들 중 대부인 자를 뜻한다. 이들을 준자라고 부르는 것은 예악을 통해 백성들을 교화하여 그들을 법도로 본받게끔 하기 위해서이다."라고 했다. 이미 준자인 대부라고 했으니, 사 중에는 준자가 있을 수 없음을 나타내며, 또한 사는 당하에 서 있고 당상으로 올라갈 수 없다. 그렇기 때문에 여기에서 말한 준자가 대부에 해당함을 알 수 있다. 정현이 "혹은 있거나 없다."라고 했는데, 아래문장에서 "빈객 중에 만약 준자가 있다면"이라고 했다. '약(若)'이라고 말한 것은 확정하지 않았을 때 쓰는 말이다. 그렇기 때문에 혹은 있거나 혹은 없다는 뜻임을 알 수 있다. 정현이 "올 수도 있고 오지 않을 수도 있으니, 그때의 사정에 따를 뿐이다."라고 했는데, 찾아오거나 찾아오지 않는 것은 그 사안이 당시의 실정에 달린 것이다. 그렇기 때문에 "그때의 사정에 따를 뿐이다."라고 했다.

경문 賓取俎, 還授司正, 司正以降, 賓從之. 主人取俎, 還授弟子, 弟子以降自西階. 主人降自阼階. 介取俎, 還授弟子, 弟子以降, 介從之. 若有諸公·大夫, 則使人受俎, 如賓禮. 衆賓皆降.

번역 빈객은 도마를 들어서 다시 사정에게 건네고, 사정은 이것을 가지고 당하로 내려가며 빈객은 그 뒤를 따라 내려간다. 주인은 도마를 들어서 다시 제자에게 건네고, 제자는 이것을 가지고 서쪽 계단을 통해 당하로 내려간다. 주인은 동쪽 계단을 통해 당하로 내려간다. 개(介)는 도마를 들어서 다시 제자에게 건네고, 제자는 이것을 가지고 당하로 내려가며, 개는 그 뒤를 따라 내려간다. 만약 제공이나 대부가 있다면 다른 사람을 시켜서 도마를 건네게 하며, 빈객이 따르는 예법처럼 한다. 빈객 무리들은 모두 당하로 내려간다.

鄭注 取俎者皆鄕其席, 旣授弟子, 皆降, 復初入之位.

번역 도마를 들고 있는 자들은 모두 자신의 자리를 향하게 되는데, 제자에게 도마를 건네게 되면 모두 당하로 내려가며 처음 들어왔을 때의 자리로 되돌아간다.

賈疏 ●"賓取"至"皆降". ○釋曰: 主人取俎還授弟子, 弟子以降自西階, 按燕禮: "膳宰徹公俎, 降自阼階." 與此不同者, 彼公不降, 故宰夫降阼階. 此主人降自阼階, 故弟子降自西階也.

번역 ●經文: "賓取"~"皆降". ○주인이 도마를 들어서 다시 제자에게 건네고, 제자는 이것을 가지고 서쪽 계단을 통해 당하로 내려가는데,『의례』「연례(燕禮)」편을 살펴보면 "선재는 공에게 바친 도마를 치우며 동쪽 계단을 이용해서 당하로 내려간다."라고 하여, 이곳과 차이를 보인다. 그 이유는 「연례」편에서는 공이 당하로 내려가지 않기 때문에 선부가 동쪽 계단을 통해 당하로 내려가는 것이다. 이곳에서 주인은 동쪽 계단을 통해 내려가기 때문에 자제는 서쪽 계단을 통해 내려간다.

賈疏 ◎注"取俎"至"之位". ○釋曰: 云"取俎者皆鄉其席"者, 以其俎在席前, 鄉席取俎, 還轉授之, 故經皆言"還授"也. 云"旣授弟子, 皆降, 復初入之位"者, 以其下云"揖讓如初升", 故知此降時, 亦復初入之位, 位在東階西階相讓也.

번역 ◎鄭注: "取俎"~"之位". ○정현이 "도마를 들고 있는 자들은 모두 자신의 자리를 향하게 된다."라고 했는데, 도마는 자리 앞에 있으니, 자리를 향한 상태에서 도마를 들게 되며 다시 몸을 돌려 그것을 전달한다. 그렇기 때문에 경문에서는 모두 "다시 건넨다."라고 했다. 정현이 "제자에게 도마를 건네게 되면 모두 당하로 내려가며 처음 들어왔을 때의 자리로 되돌아간다."라고 했는데, 아래문장에서 "읍과 사양하길 처음 당상에 올라갈 때처럼 한다."라고 했다. 그렇기 때문에 이곳에서 당하로 내려간다고 했을 때에도 처음 들어섰을 때의 자리로 되돌아간다는 사실을 알 수 있으니, 그 자리는 동쪽 계단과 서쪽 계단에 해당하여 서로에게 사양을 한다.

경문 說屨, 揖讓如初, 升, 坐.

번역 신발을 벗고 읍과 사양하길 처음처럼 하며 당상에 올라가서 자리에 앉는다.

鄭注 說屨者, 爲安燕當坐也. 必說於下者, 屨賤, 不空居堂. 說屨, 主人先左, 賓先右. 今文說爲稅.

번역 신발을 벗는 것은 편안하게 연회를 즐기기 위해서는 자리에 앉아야 하기 때문이다. 반드시 당하에서 신발을 벗는 것은 신발은 미천하며 당상에 둘 공간이 없기 때문이다. 신발을 벗을 때 주인은 좌측 신발을 먼저 벗고 빈객은 우측 신발을 먼저 벗는다. 금문에서는 '탈(說)'자를 탈(稅)자로 기록했다.

賈疏 ●"說屨"至"升坐". ○釋曰: 自此以下至"再拜", 論無筭爵飮酒禮終送賓之事也. 云"如初, 升, 坐"者, 謂賓主初入, 揖讓而升堂, 升堂雖同, 前則升堂立, 此則卽席坐, 與前異也.

번역 ●經文: "說屨"~"升坐". ○이곳 구문으로부터 그 이하로 "재배를 한다."라는 구문까지는 무산작을 행하고 음주하는 예법이 끝나 빈객을 전송하는 사안을 논의하고 있다. "처음처럼 하며 당상에 올라가서 자리에 앉는다."라고 했는데, 빈객과 주인이 처음 들어섰을 때에는 읍과 사양을 하며 당상으로 올라간다. 당상에 올라가는 것은 비록 동일하지만, 이전에는 당상에 올라가서 서 있었고, 이제는 자리로 나아가 앉으니, 이것이 이전과 차이를 보이는 부분이다.

賈疏 ◎注"說屨"至"爲稅". ○釋曰: 云"說屨者, 爲安燕當坐也"者, 凡堂上行禮之法: 立行禮不說屨, 坐則說屨. 屨空則不宜陳於側, 故降, 說屨, 然後升坐也. 云"說屨, 主人先左, 賓先右"者, 按曲禮云: "上於東階則先右足, 上於西階則先左足." 鄭注云"近於相鄉敬也". 按玉藻著屨之法, 坐左納右, 坐右納左. 今說之亦北面鄉階, 主人先坐左, 賓先坐右, 亦取近爲相鄉敬之義也.

번역 ◎鄭注: "說屨"~"爲稅". ○정현이 "신발을 벗는 것은 편안하게 연회를 즐기기 위해서는 자리에 앉아야 하기 때문이다."라고 했는데, 당상에서 의례절차를 시행하는 법도는 서서 의례절차를 시행할 때에는 신발을 벗지 않고 앉을 때가 되어야만 신발을 벗는다. 신발을 벗어두는 자리는 측면에 놓아두는 것이 마땅하지 않기 때문에 당하로 내려가서 신발을 벗고, 그런 뒤에야 당상에 올라가서 앉는 것이다. 정현이 "신발을 벗을 때 주인은 좌측 신발을 먼저 벗고 빈객은 우측 신발을 먼저 벗는다."라고 했는데,『예기』「곡례(曲禮)」편을 살펴보면 "동쪽 계단으로 오르는 경우에는 오른쪽 발을 먼저 떼고, 서쪽 계단으로 오르는 경우에는 왼쪽 발을 먼저 뗀다."[7]라고 했고, 정현의 주에서는 "서로 경의를 표하는 모습에 가깝게 되기 때문이다."라고 했다.『예기』「옥조(玉藻)」편을 살펴보면 신발을 착용하는 법도를 설명하며, "좌측 무릎을 꿇고서 우측 신발을 신고, 우측 무릎을 꿇고서 좌측 신발을

---

7)『예기』「곡례상(曲禮上)」【18d~19a】: 主人與客讓登, 主人先登, 客從之, 拾級聚足, 連步以上. 上於東階, 則先右足; 上於西階, 則先左足.

신는다.”8)라고 했다. 현재 신발을 벗을 때에도 북쪽을 향해 계단쪽을 향하게 되는데, 주인은 먼저 좌측 무릎을 꿇게 되고 빈객은 먼저 우측 무릎을 꿇게 되니, 이 또한 서로 경의를 표하는 모습에 가깝게 되는 뜻이 된다.

경문 乃羞.

번역 그리고는 음식을 올린다.

鄭注 羞, 進也. 所進者, 狗胾醢也. 鄉設骨體, 所以致敬也. 今進羞, 所以盡愛也. 敬之, 愛之, 所以厚賢也.

번역 ‘수(羞)’자는 올린다는 뜻이다. 올리는 것들은 개고기 적과 젓갈이다. 앞서 희생물의 뼈를 진설한 것은 공경을 지극히 나타내기 위해서이다. 지금 이러한 음식들을 올리는 것은 친애함을 다하기 위해서이다. 공경하고 친애하는 것은 현자를 후하게 대접하기 위해서이다.

賈疏 ●“乃羞”. ◎注“羞進”至“賢也”. ○釋曰: 知“所進者, 狗胾醢”者, 按下記云: “其牲狗.” 禮記又云: “薦羞不踰牲.” 則所羞者狗胾也. 但胾是舊作之物, 諸經又不見以狗作醢, 則胾必狗也. 醢則當兼有餘牲也. 云“鄉設骨體, 所以致敬也. 今進羞所以盡愛也”者, 骨體貴, 人不食, 故云致敬. 胾醢, 賤人所食, 故云盡愛也.

번역 ●經文: “乃羞”. ◎鄭注: “羞進”~“賢也”. ○정현이 “올리는 것들은 개고기 적과 젓갈이다.”라고 했는데, 이 말이 사실임을 알 수 있는 이유는 아래 기문을 살펴보면 “희생물은 개이다.”라고 했다. 또 『예기』에서는 “평소 식사 때 먹는 여러 맛좋은 음식은 제사 때 사용하는 희생물보다 사치해서는

---

8) 『예기』「옥조(玉藻)」【377d~378a】: 君若賜之爵, 則越席再拜稽首受. 登席祭之, 飲卒爵而俟君卒爵, 然後授虛爵. 君子之飲酒也, 受一爵而色洒如也, 二爵而言言斯, 禮已三爵而油油以退. 退則坐取屨, 隱辟而后屨, <u>坐左納右, 坐右納左</u>.

안 된다.”9)라고 했으니, 음식으로 차려내는 것은 개고기 적이다. 다만 젓갈의 경우 오래전에 만들어둔 음식이며, 여러 경문에도 개고기로 젓갈을 만들었다는 것은 나타나지 않으니, 적은 분명 개고기로 만든 것이다. 젓갈의 경우 마땅히 다른 고기로 만든 것도 포함된다. 정현이 “앞서 희생물의 뼈를 진설한 것은 공경을 지극히 나타내기 위해서이다. 지금 이러한 음식들을 올리는 것은 친애함을 다하기 위해서이다.”라고 했는데, 희생물의 뼈는 존귀하여 사람들이 먹지 않는다. 그렇기 때문에 공경을 지극히 한다고 했다. 적과 젓갈은 천한 사람들이 먹는 것이다. 그렇기 때문에 친애함을 다한다고 했다.

경문 無筭爵.

번역 무산작을 시행한다.

鄭注 筭, 數也. 賓主燕飮, 爵行無數, 醉而止也. 鄕射禮曰: “使二人擧觶于賓與大夫.” 又曰: “執觶者洗, 升實觶, 反奠於賓與大夫.” 皆是.

번역 ‘산(筭)’자는 셈한다는 뜻이다. 빈객과 주인이 연회를 하며 술을 마시는데 잔을 돌리는 일에 있어서 그 수를 셈하지 않으며 술에 취하게 되면 그친다. 『의례』「향사례(鄕射禮)」편에서 “두 사람을 시켜서 빈객과 대부에게 치(觶)를 들어 올리게 한다.”라고 했고, 또 “치를 든 자가 술잔을 씻고 당상으로 올라가서 치에 술을 따르고 다시 빈객과 대부에게 내려놓는다.”라고 한 말이 모두 이 절차를 가리킨다.

賈疏 ●“無筭爵”. ◎注“筭數”至“皆是”. ○釋曰: 引“鄕射禮”者, 證此無筭爵從首至末, 更從上至下, 唯醉乃止. 鄭云皆是者, 從首至末皆是行無筭爵之義.

번역 ●經文: “無筭爵”. ◎鄭注: “筭數”~“皆是”. ○정현이 『의례』「향사례(鄕射禮)」편을 인용한 것은 무산작에 있어서 우두머리로부터 말단에 이

---

9) 『예기』「왕제(王制)」 【162d】: 庶羞不踰牲, 燕衣不踰祭服, 寢不踰廟.

르고 재차 위로부터 아래로 이르기를 반복하여 술에 취하고 난 뒤에야 그 치게 됨을 증명하기 위한 것이다. 정현은 "모두 이것이다."라고 했는데, 우 두머리로부터 말단에 이르기까지 모두 무산작을 시행한다는 뜻이다.

경문 無筭樂.

번역 무산악을 시행한다.

鄭注 燕樂亦無數, 或間或合, 盡歡而止也. 春秋襄二十九年: 吳公子札來 聘, 請觀于周樂. 此國君之無筭.

번역 연회에서 사용하는 음악에 있어서도 그 수를 셈하지 않으니, 교대로 연주하거나 합주를 하는데, 모두가 즐거워진 뒤에야 그치게 된다. 『춘추』 양 공 29년 기록에서는 오나라 공자 찰이 찾아와서 빙문을 하며, 주나라의 악무 를 살펴보고자 청했다고 했다.[10) 이것은 제후가 사용하는 무산악에 해당한다.

賈疏 ●"無筭樂". ◎注"燕樂"至"無筭". ○釋曰: 云"燕樂亦無數"者, 亦上 無筭爵也. 按上升歌笙間合樂皆三終, 言有數, 此卽無也. 云"或間或合, 盡歡 而止也"者, 以其不言風·雅, 故知或間如上, 間歌用小雅也; 或合用二南也. 言 "或間或合"者, 於後科用其一, 但不並用也. 引"春秋"者, 彼是國君禮, 此是大 夫禮, 見其異也. 但無筭之樂, 還依尊卑用之. 按春秋爲季札所歌大雅與頌者, 但季札請觀周樂, 魯爲之盡陳. 又魯, 周公之後, 歌樂得與元侯同, 故無筭之 樂, 雅·頌並作也.

번역 ●經文: "無筭樂". ◎鄭注: "燕樂"~"無筭". ○정현이 "연회에서 사 용하는 음악에 있어서도 그 수를 셈하지 않는다."라고 했는데, 앞에서 술잔 의 수를 셈하지 않는 것처럼 하는 것이다. 앞의 내용을 살펴보면 당상에

---

10) 『춘추좌씨전』「양공(襄公) 29년」: 吳公子札來聘, 見叔孫穆子, 說之. 謂穆子 曰, "子其不得死乎! 好善而不能擇人. 吾聞君子務在擇人. 吾子爲魯宗卿, 而任 其大政, 不愼擧, 何以堪之? 禍必及子!"請觀於周樂.

올라가서 노래를 부르고 생황을 연주하며 교대로 시연하고 합주를 하면서 모두 삼종(三終)을 한다고 했으니, 정해진 수를 언급했다. 그런데 이곳에서는 없다고 했다. 정현이 "교대로 연주하거나 합주를 하는데, 모두가 즐거워진 뒤에야 그치게 된다."라고 했는데, 「풍(風)」이나 「아(雅)」 등을 언급하지 않았기 때문에 교대로 할 때에는 앞에서 언급했던 것처럼 교대로 노래하고 연주하며 「소아(小雅)」에 속한 시가를 사용하는 것이고, 또 합주를 할 때에는 「주남(周南)」과 「소남(召南)」에 속한 시가를 사용하는 것이다. "교대로 연주하거나 합주를 한다."라고 말한 것은 이후에는 그 중에서도 하나의 방식을 사용하며 둘 모두 사용하지 않기 때문이다. 정현이 『춘추』를 인용했는데, 『춘추』의 내용은 제후가 따르는 예법이고, 이곳에서 말한 것은 대부가 따르는 예법이니, 그 차이점을 드러내고자 한 것이다. 다만 수를 셈하지 않고 시연하는 음악에 있어서는 신분의 차이에 따라 사용하게 된다. 『춘추』를 살펴보면 계찰을 위해서 「대아(大雅)」와 「송(頌)」에 속한 시가를 사용하였다. 이것은 다만 계찰이 주나라의 악무를 살펴보고자 청해서 노나라에서는 그를 위해 이러한 시가를 모두 연주했던 것이다. 또 노나라는 주공의 후손국이므로, 그들이 노래하고 연주할 수 있는 시가는 원후의 것과 동일하게 따를 수 있다. 그렇기 때문에 무산악을 할 때 「아」와 「송」에 속한 시가를 모두 사용한 것이다.

경문 賓出, 奏陔.

번역 빈객이 밖으로 나가면 「해(陔)」를 연주한다.

鄭注 陔, 陔夏也. 陔之言戒也, 終日燕飮, 酒罷, 以陔爲節, 明無失禮也. 周禮·鍾師"以鍾鼓奏九夏", 是奏陔夏則有鍾鼓矣. 鍾鼓者, 天子諸侯備用之, 大夫·士鼓而已. 蓋建於阼階之西, 南鼓. 鄕射禮曰: "賓興, 樂正命奏陔, 賓降及階, 陔作, 賓出, 衆賓皆出."

번역 '해(陔)'는 「해하(陔夏)」이다. '해(陔)'자는 경계한다는 뜻이니, 종일

토록 연회를 열어 음주를 할 때, 술자리가 파하면「해」를 그 절도로 삼으니, 실례를 범해서는 안 된다는 사실을 드러내는 것이다.『주례』「종사(鍾師)」편 에서는 "종과 북으로 구하(九夏)를 연주한다."[11]라고 했고, 이곳에서는「해하」 를 연주한다고 했으니, 종과 북이 포함되는 것이다. 종과 북은 천자나 제후가 모두 갖춰서 사용하는 것이고, 대부와 사는 북만을 갖춰서 사용할 따름이다. 동쪽 계단의 서쪽에 두고, 치는 면이 남쪽을 향하도록 두었을 것이다.『의례』 「향사례(鄕射禮)」편에서는 "빈객이 일어나면 악정은 명령하여「해」를 연주 토록 하는데, 빈객이 자리에서 내려와 계단에 당도하게 되면「해」를 연주하 고, 빈객이 밖으로 나가면 빈객 무리들은 모두 밖으로 나간다."라고 했다.

賈疏 ●"賓出奏陔". ◎注"陔陔"至"皆出". ○釋曰: 云"陔, 陔夏也"者, 周 禮·鍾師有陔夏, 故云陔夏也. 云"周禮·鍾師以鍾鼓奏九夏"者, 按鍾師云: "凡 樂事, 以鍾鼓奏九夏: 王夏·肆夏·昭夏·納夏·章夏·齊夏·族夏·祴夏·鷔夏." 杜 子春云: "王出入奏王夏, 尸出入奏肆夏, 牲出入奏昭夏, 四方賓來奏納夏, 臣 有功奏章夏, 夫人祭奏齊夏, 族人侍奏族夏, 客醉而出奏陔夏, 公出入奏鷔夏." 言以鍾鼓者, 庭中先擊鍾, 却擊鼓, 而奏此九夏, 故云是奏陔夏則有鍾鼓矣. 云 "鍾鼓者, 天子諸侯備用之"者, 鍾師天子禮有鍾鼓, 大射諸侯禮亦具有鍾鼓, 故云天子諸侯備用之. 云"大夫·士鼓而已"者, 按鄕射云: "不鼓不釋." 明無鍾 可知. 此且語鍾鼓, 若用九夏則尊卑不同, 天子則九夏俱作, 諸侯則不用王夏, 得奏其肆夏以下, 大夫以下, 據此文用陔夏, 其餘無文. 云"蓋建于阼階之西, 南鼓"者, 據此奏陔夏之時, 其鼓約大射建鼓在阼階西·南鼓而知. 無正文, 故 云"蓋". 彼注云: 鼓不在東縣, 南爲君也. 此鄕大夫無東縣, 直有一鼓而已, 故 縣在阼階之西, 南鄕主人也. 引鄕射者, 證賓出遠近陔作之義. 云"賓出, 衆賓 皆出"者, 經賓據正賓, 不言衆賓與介, 則賓出之時, 衆賓與介俱出可知.

번역 ●經文: "賓出奏陔". ◎鄭注: "陔陔"~"皆出". ○정현이 "'해(陔)'는

---

11)『주례』「춘관(春官)·종사(鍾師)」: 凡樂事, <u>以鍾鼓奏九夏</u>: 王夏·肆夏·昭夏·納 夏·章夏·齊夏·族夏·祴夏·鷔夏.

「해하(陔夏)」이다."라고 했는데, 『주례』「종사(鍾師)」편에 「해하」가 나오기 때문에 "「해하(陔夏)」이다."라고 했다. 정현이 "『주례』「종사(鍾師)」편에서는 종과 북으로 구하(九夏)를 연주한다."라고 했는데, 「종사」편을 살펴보면 "음악과 관련된 사안에 대해서는 종과 북으로 구하를 연주한다. 구하는 「왕하(王夏)」·「사하(肆夏)」·「소하(昭夏)」·「납하(納夏)」·「장하(章夏)」·「제하(齊夏)」·「족하(族夏)」·「개하(祴夏)」·「오하(驁夏)」이다."라고 했다. 이에 대해 두자춘은 "천자가 출입할 때에는 「왕하」를 연주하고, 시동이 출입할 때에는 「사하」를 연주하며, 희생물이 출입할 때에는 「소하」를 연주하고, 사방의 빈객이 찾아왔을 때에는 「납하」를 연주하며, 신하에게 공적이 있을 때에는 「장하」를 연주하고, 부인이 제사를 지낼 때에는 「제하」를 연주하며, 족인이 시중을 들 때에는 「족하」를 연주하고, 빈객이 취하여 밖으로 나갈 때에는 「해하」를 연주하고, 공이 출입할 때에는 「오하」를 연주한다."라고 했다. 종과 북을 사용한다고 했으니, 마당에서 먼저 종을 울리고 이어서 북을 울리며 여기에서 말한 구하를 연주하는 것이다. 그렇기 때문에 이러한 「해하」를 연주하게 되면 종과 북이 포함된다고 했다. 정현이 "종과 북은 천자나 제후가 모두 갖춰서 사용하는 것이다."라고 했는데, 「종사」편의 내용은 천자가 시행하는 의례에는 종과 북이 포함된다는 사실을 나타내고, 『의례』「대사례(大射禮)」편은 제후가 시행하는 의례에도 종과 북이 모두 포함된다는 사실을 나타낸다. 그렇기 때문에 천자나 제후가 모두 갖춰서 사용하는 것이라고 했다. 정현이 "대부와 사는 북만을 갖춰서 사용할 따름이다."라고 했는데, 『의례』「향사례(鄕射禮)」편을 살펴보면 "활을 쏠 때 북소리에 맞추지 못하면 계산하지 않는다."라고 했으니, 종이 없다는 사실을 알 수 있다. 이곳에서 종과 북을 말했는데, 만약 구하를 사용하는 경우라면 신분의 차등에 따라 다르고, 천자라면 구하를 모두 연주하고 제후는 「왕하」를 사용할 수 없지만, 「사하」로부터 그 이하의 악무를 모두 사용하며, 대부로부터 그 이하의 계층은 이곳 문장에 근거해보면 「해하」를 사용하는 것이며, 그 나머지 시가를 사용하는 부분에 있어서는 관련 경문이 남아있지 않다. 정현이 "동쪽 계단의 서쪽에 두고, 치는 면이 남쪽을 향하도록 두었을 것이다."라고 했는데, 이것은 「해하」를 연주할 때를 기준으로 한 것이니,

북에 대해서는「대사례」편에서 북을 동쪽 계단의 서쪽에 두며 치는 면이 남쪽을 향하도록 설치한다고 했던 기록을 요약해보면 알 수 있다. 그러나 관련 경문이 남아있지 않기 때문에 '개(蓋)'자를 함께 기록한 것이다. 그리고「대사례」편에 대한 정현의 주에서는 "북은 동쪽에 걸어두지 않고 남쪽을 향하는 것은 군주를 위해서이다."라고 했다. 향대부에게는 동쪽에 걸어두는 악기가 없고 단지 1개의 북만을 사용할 따름이다. 그렇기 때문에 동쪽 계단의 서쪽에 있으며 남쪽을 향하도록 하는 것은 주인을 향하도록 하기 때문이다. 정현이「향사례」편의 기록을 인용한 것은 빈객이 나가게 되면 모두「해하」를 연주한다는 뜻을 증명하기 위해서이다. "빈객이 밖으로 나가면 빈객 무리들은 모두 밖으로 나간다."라고 했는데, 경문에서 말한 빈객은 정식 손님으로 초청한 빈객에 기준한 것이며, 빈객무리와 개(介)에 대해서는 언급하지 않았는데, 빈객이 밖으로 나갈 때 빈객무리와 개 또한 모두 밖으로 나간다는 사실을 알 수 있다.

경문 主人送于門外, 再拜.

번역 주인은 문밖에서 전송하며 재배를 한다.

鄭注 門東, 西面拜也. 賓介不答拜, 禮有終也.

번역 문의 동쪽에서 서쪽을 바라보며 절을 하는 것이다. 빈객과 개(介)는 답배를 하지 않으니, 예에는 마침이 있기 때문이다.

賈疏 ●"主人"至"再拜". ◎注"門東"至"終也". ○釋曰: 云"門東, 西面拜也"者, 此約主人迎賓之時門東西面拜, 今送賓, 還依此位立也. 云"賓介不答拜, 禮有終也"者, 於迎賓介時, 賓介答拜, 今送賓, 主人再拜, 若賓介答拜, 是行禮無終畢, 故賓介不答, 是禮有終也. 不言衆賓者, 迎送俱不拜, 故不言也.

번역 ●經文: "主人"~"再拜". ◎鄭注: "門東"~"終也". ○정현이 "문의

동쪽에서 서쪽을 바라보며 절을 하는 것이다."라고 했는데, 이것은 주인이
빈객을 맞이했을 때 문의 동쪽에서 서쪽을 바라보며 절을 한다는 것을 요
약한 것으로, 현재 빈객을 전송하며 다시 이러한 자리에 서게 된다. 정현이
"빈객과 개(介)는 답배를 하지 않으니, 예에는 마침이 있기 때문이다."라고
했는데, 빈객과 개를 맞이할 때에는 빈객과 개가 답배를 했는데, 현재 빈객
을 전송하며 주인이 재배를 한 상태이다. 만약 빈객과 개가 답배를 한다면
이것은 예를 시행함에 끝이 없게 된다. 그렇기 때문에 빈객과 개는 답배를
하지 않으니, 이것은 예에 끝이 있음을 뜻한다. 빈객무리에 대해 언급하지
않은 것은 그들을 맞이하거나 전송할 때에는 모두 절을 하지 않기 때문에
언급하지 않은 것이다.

오행(五行)과 왕도(王道)

【701d~702a】

貴賤明, 隆殺辨, 和樂而不流, 弟長而無遺, 安燕而不亂, 此五行者, 足以正身安國矣. 彼國安而天下安, 故曰: "吾觀於鄉, 而知王道之易易也."

직역 貴賤이 明하며, 隆殺가 辨하고, 和樂하되 不流하고, 弟長하되 無遺하며, 安燕하되 不亂하니, 此히 五가 行한 者는 足히 이로써 身을 正하고 國을 安이라. 彼國이 安하고 天下가 安이라, 故로 曰, "吾는 鄉을 觀하고, 王道의 易易함을 知라."

의역 신분의 등급을 나타내며, 융성하게 하며 감쇄시키는 것을 변별하고, 화락하지만 지나친 곳으로 빠지지 않고, 나이가 어린 자와 많은 자가 서로 우애롭게 되면서도 제외시키는 자가 없으며, 안락하지만 문란하지 않으니, 이러한 다섯 가지가 시행된다면 제 자신을 바르게 하며 나라를 편안하게 할 수 있다. 그 나라가 편안하게 되고 천하가 편안해지기 때문에, "나는 향음주례(鄉飮酒禮)를 관찰하고 왕도가 잘 다스려지고 있음을 알았다."라고 말한 것이다.

集說 總結上文五事之目.

번역 앞 문장에서 열거한 다섯 가지 절목에 대해 총괄적으로 결론을 내린 것이다.

大全 嚴陵方氏曰: 五行行之於一身, 則身正而無邪, 施之於一國, 則國安而無危, 故曰足以正身安國. 以天下之本在國, 故曰彼國安而天下安, 天下安則王道成矣.

번역 엄릉방씨가 말하길, 다섯 가지 행실을 제 자신을 통해 시행한다면 자신은 올바르게 되고 삿됨이 없게 되며, 한 나라에서 시행하게 된다면 나라가 편안해지고 위태로운 일이 없게 된다. 그렇기 때문에 "자신을 바르게 하고 나라를 편안하게 만들 수 있다."라고 말한 것이다. 천하의 근본은 한 나라에 있기 때문에, "그 나라가 편안하고 천하가 편안하다."라고 말한 것이며, 천하가 편안하다면 왕도(王道)가 완성된 것이다.

孔疏 ●"貴賤"至"易也". ○正義曰: 此一節總結上經, 明上五種之事, 又覆說前文孔子所以"知王道之易易也".

번역 ●經文: "貴賤"~"易也". ○이곳 문단은 앞의 경문 내용을 총괄적으로 결론 맺어서, 앞에서 제시한 다섯 종류의 사안들을 나타내고, 또한 앞 문장에서 공자가 "왕도(王道)가 잘 시행되고 있음을 알았다."라고 말한 이유를 재차 설명한 것이다.

孔疏 ●"如此五行者, 足以正身安國矣"者, 五行, 謂上第一云"貴賤之義別", 第二云"隆殺之義辨", 第三云"和樂而不流", 第四云"弟長而無遺", 第五云"安燕而不亂", 是五種之行也.

번역 ●經文: "如此五行者, 足以正身安國矣". ○'오행(五行)'이라는 것은 앞의 제1절목에서 말한 "신분의 차이에 따른 도의가 구별된다."[1]라는 것과 제2절목에서 말한 "융성하게 하느냐 또는 낮춰서 하느냐의 도의가 분별된다."[2]라는 것과 제3절목에서 말한 "화락하면서도 방탕하게 되지 않는다."[3]

---

1) 『예기』「향음주의」【700a】: 孔子曰: "吾觀於鄉, 而知王道之易易也." 主人親速賓及介, 而衆賓自從之, 至于門外, 主人拜賓及介, 而衆賓自入, <u>貴賤之義別</u>矣. 三揖至于階, 三讓以賓升, 拜至獻酬辭讓之節繁, 及介省矣, 至于衆賓, 升受坐祭立飮, 不酢而降, 隆殺之義辨矣.

2) 『예기』「향음주의」【700a】: 孔子曰: "吾觀於鄉, 而知王道之易易也." 主人親速賓及介, 而衆賓自從之, 至于門外, 主人拜賓及介, 而衆賓自入, 貴賤之義別矣. 三揖至于階, 三讓以賓升, 拜至獻酬辭讓之節繁, 及介省矣, 至于衆賓, 升

라는 것과 제 4절목에서 말한 "나이가 어린 자와 나이가 많은 자는 모두 은택을 입어서 제외되는 자가 없다."[4]라는 것과 제 5절목에서 말한 "편안하게 연회를 즐기면서도 문란하지 않는다."[5]라고 한 다섯 종류의 행실을 뜻한다.

孔疏 ●"彼國安而天下安"者, 以鄕飮酒於此, 將天下諸侯爲彼國, 故云"彼國安而天下安"也.

번역 ●經文: "彼國安而天下安". ○이곳에서 향음주례(鄕飮酒禮)를 시행하여 천자와 제후가 자신의 나라에서 향음주례를 시행하게 된다. 그렇기 때문에 "저 나라가 편안하고 천하가 편안하다."라고 말한 것이다.

訓纂 呂與叔曰: 行乎一鄕, 達乎一國, 所謂正身安國. 擧斯術也, 達之天下, 則天下安矣. 故由一鄕而知王道之可行於天下, 此禮是也.

번역 여여숙이 말하길, 한 향리에서 시행하여 한 나라에 두루 시행하는 것이 바로 "자신을 바르게 하고 나라를 평안하게 한다."는 뜻이다. 이러한 방법을 사용하여 천하에 두루 통하게 된다면 천하가 안정된다. 그렇기 때문에 한 향리를 통해서 왕도가 천하에 시행될 수 있음을 알 수 있는 것은 바로 이 예법이다.

集解 合結上文五節之義.

번역 앞에서 기술한 다섯 절목의 뜻을 종합적으로 결론 맺은 것이다.

수坐祭立飮, 不酢而降, 隆殺之義辨矣.

3) 『예기』「향음주의」【700d】: 工入升歌三終, 主人獻之. 笙入三終, 主人獻之. 間歌三終, 合樂三終. 工告樂備遂出. 一人揚觶, 乃立司正焉. 知其能和樂而不流也.

4) 『예기』「향음주의」【701b】: 賓酬主人, 主人酬介, 介酬衆賓, 少長以齒, 終於沃洗者焉. 知其能弟長而無遺矣.

5) 『예기』「향음주의」【701c】: 降, 說屨升坐, 脩爵無數. 飮酒之節, 朝不廢朝, 莫不廢夕. 賓出, 主人拜送, 節文終遂焉. 知其能安燕而不亂也.

참고 구문비교

예기 · 향음주의 貴賤明, 隆殺辨, 和樂而不流, 弟長而無遺, 安燕而不亂, 此五行者, 足以正身安國矣. 彼國安而天下安, 故曰: 吾觀於鄉, 而知王道之易易也.

순자 · 악론(樂論) 貴賤明, 隆殺辨, 和樂而不流, 弟長而無遺, 安燕而不亂, 此五行者, 足以正身安國矣. 彼國安而天下安, 故曰: 吾觀於鄉, 而知王道之易易也.

공자가어 · 관향사(觀鄉射) 貴賤旣明, 隆殺旣辨, 和樂而不亂, 悌長而無遺, 安燕而不亂, 此五者, 足以正身安國矣. 彼國安而天下安矣. 故曰: 吾觀於鄉, 而知王道之易易也.

정치와 교화의 근본

【702a】

> 鄉飮酒之義: 立賓以象天, 立主以象地, 設介僎以象日月, 立三
> 賓以象三光. 古之制禮也, 經之以天地, 紀之以日月, 參之以三
> 光, 政敎之本也.

직역 鄉飮酒의 義에서는 賓을 立하여 天을 象하고, 主를 立하여 地를 象하며, 介僎을 設하여 日月을 象하고, 三賓을 立하여 三光을 象한다. 古에 禮를 制함에는, 經하길 天地로써 하고, 紀하길 日月로써 하며, 參하길 三光으로써 하니, 政敎의 本이다.

의역 향음주례(鄉飮酒禮)의 의미에 대해 말해보자면, 빈객을 세워서 하늘을 본뜨고, 주인을 세워서 땅을 본뜨며, 개(介)와 준(僎)을 두어서 해와 달을 본뜨고, 삼빈(三賓)을 세워서 삼광(三光)을 본뜬다.1) 고대에 예를 제작했을 때, 천지를 경(經)으로 삼고 일월을 기(紀)로 삼으며 삼광을 참(參)으로 삼았으니, 정치와 교화의 근본이 된다.

集説 浩齋曰: 飮酒之禮, 莫先於賓主. 立賓象天, 立主象地, 禮之經也. 其次立介僎以輔之者, 紀也. 其次立三賓以陪之者, 參也. 政敎之立, 必有經有紀有參, 然後可行. 故飮酒之禮, 必有賓主介僎三賓, 然後可行. 故曰政敎之本也. 前言介僎陰陽, 此言象日月者, 前章言氣, 故以陰陽象之; 此章言體, 故以日月象之也. 僎在東北, 象日出也; 介在西南, 象月出也. 以三光爲三大辰, 正

---

1) 『예기』「향음주의」【697b】: 賓主, 象天地也. 介僎, 象陰陽也. 三賓, 象三光也.

義按昭公十七年有星孛于大辰, 公羊曰: "大辰者, 大火也. 伐爲大辰, 北辰亦
爲大辰." 爾雅: "房心尾大火, 謂之大辰. 北極, 謂之北辰." 大火與伐, 天所以
示民時早晚, 天下之所取正, 是亦政教所出也.

번역 호재가 말하길, 술을 마시는 예법에서 빈객과 주인보다 앞서는 것은
없다. 빈객을 세워서 하늘을 본뜨고 주인을 세워서 땅을 본뜨니, 예의 경(經)
에 해당한다. 그 다음으로 개(介)와 준(僎)을 세워서 보필하도록 하니, 예의
기(紀)에 해당한다. 그 다음으로 삼빈(三賓)을 세워서 돕도록 하는 것은 예의
참(參)에 해당한다. 정치와 교화를 세울 때에는 반드시 경(經)도 있어야 하고
기(紀)도 있어야 하며 참(參)도 있어야 하니, 그렇게 된 이후에야 시행될 수
있다. 그렇기 때문에 음주를 하는 예법에서는 반드시 빈객·주인·개·준·삼빈
을 둔 이후에야 시행할 수 있는 것이다. 그래서 "정치와 교화의 근본이다."라
고 말한 것이다. 앞에서는 개와 준은 음양(陰陽)을 본뜬 것이라고 했고, 이곳
에서는 해와 달을 본뜬 것이라고 했는데, 앞에서는 기(氣)를 언급했기 때문
에 음양으로써 본뜬 것이고, 이곳에서는 체(體)를 언급했기 때문에 해와 달
로써 본뜬 것이다. 준이 동북쪽에 있는 것은 해가 떠오름을 본뜬 것이고, 개
가 서남쪽에 있는 것은 달이 떠오름을 본뜬 것이다. '삼광(三光)'은 삼대진(三
大辰)으로 여기는데, 『정의』에서는 소공(昭公) 17년에 대한 기록을 살펴보
면, "혜성이 대진(大辰)에서 출현했다."[2]는 기록이 있고, 『공양전』에서는
"'대진(大辰)'이라는 것은 대화(大火)를 뜻한다. '벌(伐)'도 대진(大辰)이 되
고, 북진(北辰) 또한 대진(大辰)이 된다."[3]라고 했고, 『이아』에서는 "방(房)·
심(心)·미(尾)·대화(大火)를 '대진(大辰)'이라고 부른다. '북극(北極)'을 '북
진(北辰)'이라고 부른다."[4]라고 했다. 대화(大火)와 벌(伐)은 하늘이 백성들
에게 시기의 늦고 빠름을 보여주어서, 천하의 사람들이 올바름으로 삼는

---

2) 『춘추』「소공(昭公) 17년」 : 冬, 有星孛于大辰, 西及漢.
3) 『춘추공양전』「소공(昭公) 17년」 : 冬, 有星孛于大辰, 孛者何? 彗星也. 其言
   于大辰何? 在大辰也, 大辰者何? 大火也. 大火爲大辰, 伐爲大辰. 北辰亦爲大
   辰. 何以書, 記異也.
4) 『이아』「석천(釋天)」 : 天駟, 房也. 大辰, 房·心·尾也. 大火謂之大辰.

것이다. 이것이 또한 정치와 교화가 도출되는 이유이다.

大全 馬氏曰: 上極乎性命之妙, 下盡乎物理之微, 然後能制禮也. 言古之制禮者, 必古之聖人也. 經之以天地, 經大而緯小, 紀之以日月, 紀小而綱大, 經之以天地, 則知日月爲緯, 紀之以日月, 則知天地爲綱, 有經有緯有紀有綱, 天地之道備矣. 參之以三光, 言參于經紀之間.

번역 마씨가 말하길, 위로는 성명(性命)의 오묘함을 다하고 아래로는 물리(物理)의 미묘함을 다한 이후에야 예를 제정할 수 있다. 이것은 고대에 예를 제정했던 자는 분명 고대의 성인(聖人)이었음을 뜻한다. 경(經)하길 천지로써 하는데 경(經)은 크고 위(緯)는 작으며, 기(紀)하길 일월로써 하는데 기(紀)는 작고 강(綱)은 크니, 경(經)하길 천지로써 했다면 일월이 위(緯)가 된다는 사실을 알 수 있고, 위(緯)하길 일월로써 했다면 천지가 강(綱)이 됨을 알 수 있으며, 경(經)이 있고 위(緯)가 있으며 기(紀)가 있고 강(綱)이 있은 이후에야 천지의 도가 갖춰진다. 참(參)하길 삼광으로써 한다는 것은 경(經)과 기(紀) 사이에 참여한다는 뜻이다.

大全 藍田呂氏曰: 此至篇末, 申言鄕飮酒之禮, 又有所法象, 前文有所未盡者, 皆再明之.

번역 남전여씨가 말하길, 이곳 문장부터 편의 끝까지는 향음주례(鄕飮酒禮)를 거듭 설명하고 있고, 또한 본받고 본뜬 것에 있어서 앞의 문장에서 설명이 미진했던 것들을 모두 재차 나타내고 있다.

鄭注 日出於東, 僎所在也. 月生於西, 介所在也. 三光, 三大辰也. 天之政教, 出於大辰焉.

번역 해는 동쪽에서 출현하니 준(僎)이 위치하는 곳이다. 달은 서쪽에서 생겨나니 개(介)가 위치하는 곳이다. '삼광(三光)'은 삼대진(三大辰)이다. 하늘의 정치와 교화는 대진(大辰)에서 생겨난다.

釋文 行, 下孟反.

번역 '行'자는 '下(하)'자와 '孟(맹)'자의 반절음이다.

孔疏 ●"鄕飮"至"本也". ○正義曰: 此記者更覆說鄕飮酒之義有所法象之事. 前文雖備, 故此更詳也.

번역 ●經文: "鄕飮"~"本也". ○이곳 문장은 『예기』를 기록한 자가 향음주례(鄕飮酒禮)의 의미 중 본받은 사안에 대해 재차 설명한 것이다. 앞의 문장에서 비록 관련 내용을 모두 언급했지만, 이곳에서는 재차 상세히 설명하였다.

孔疏 ●"立賓以象天, 立主以象地"者, 前文天·地共言, 故云"賓·主象天·地", 此則析言之, "賓以象天", "主以象地". 賓者, 主之所尊敬, 故以"賓象天". 主供物以養賓, 故以"主象地"也.

번역 ●經文: "立賓以象天, 立主以象地". ○앞의 문장에서는 천(天)과 지(地)를 함께 언급했다. 그렇기 때문에 "빈객과 주인은 천지를 본뜬 것이다."라고 말한 것이다. 그런데 이곳 문장에서는 구분해서 언급을 하여, "빈객은 하늘을 본뜬 것이다."라고 말하고, "주인은 땅을 본뜬 것이다."라고 말한 것이다. 빈객은 주인이 존경하는 대상이다. 그렇기 때문에 "빈객이 하늘을 본뜬다."라고 말한 것이다. 한편 주인은 물건을 공급하여 빈객을 대접한다. 그렇기 때문에 "주인은 땅을 본뜬다."라고 말한 것이다.

孔疏 ●"設介僎以象日月"者, 則前經"陰陽"也. 但陰陽據其氣, 日月言其體. 僎在東北, 象日出也. 介在西南, 象月出也.

번역 ●經文: "設介僎以象日月". ○앞의 경문에서 '음양(陰陽)'이라고 한 말에 해당한다. 다만 음양은 그것의 기(氣)적인 측면에 기준을 둔 것이고, 일월은 그것의 체(體)를 언급한 것이다. 준(僎)은 동북쪽에 위치하니

해가 떠오르는 것을 본뜬 것이다. 개(介)는 서남쪽에 위치하니 달이 떠오르
는 것을 본뜬 것이다.

孔疏　◎注“三光, 三大辰也”. ○正義曰: 按昭十七年“有星孛于大辰”, 公羊
云: “大辰者何? 大火也. 火爲大辰, 北辰亦爲大辰.” 故爾雅云: “大辰, 房·心·尾
也.” 大火謂之大辰, 北極謂之北辰, 是“三大辰也”. 何休云: “大火與伐, 天所以
示民時早晩, 天下取以爲正, 故謂之‘大辰’. 辰, 時也.” 是“天之政敎, 出於大辰”.

번역　◎鄭注: “三光, 三大辰也”. ○소공(昭公) 17년의 기록을 살펴보면,
“대진(大辰)에 혜성이 출현했다.”라고 했고, 이 문장에 대해 『공양전』에서
는 “대진(大辰)은 무엇인가? 대화(大火)이다. 화(火)는 대진(大辰)이 되고,
북진(北辰) 또한 대진(大辰)이 된다.”라고 했다. 그렇기 때문에 『이아』에서
는 “대진(大辰)은 방(房)·심(心)·미(尾)이다.”라고 말한 것이다. 대화(大火)
를 대진(大辰)이라고 부르고, 북극(北極)을 북진(北辰)이라고 부르니, 이것
이 바로 “삼대진(三大辰)이다.”라는 말에 해당한다. 하휴5)는 “대화(大火)와
벌(伐)은 하늘이 백성들에게 시기의 빠르고 늦음을 보여주는 것이니, 천하
가 그것을 올바름으로 삼는다. 그렇기 때문에 ‘대진(大辰)’이라고 부른다.
‘진(辰)’은 시기를 뜻한다.”라고 했다. 이것이 바로 “천의 정치와 교화가 대
진(大辰)에서 나타난다.”라는 뜻에 해당한다.

集解　愚謂: 自此以下, 與首一段大同小異, 而別以“鄕飮酒之義”起其端.
蓋傳禮之家, 各爲解說其義, 本異人之作, 別爲一篇, 記者見其與前篇所言, 義
雖大同, 而間有爲前之所未備者, 不忍割棄, 因錄而附於前篇之末也.

번역　내가 생각하기에, 이곳 구문으로부터 그 이하의 내용들은 첫 머리

---

5) 하휴(何休, A.D.129~A.D.182) : 전한(前漢) 때의 금문경학자(今文經學者)
　　이다. 자(字)는 소공(邵公)이다. 『춘추공양전해고(春秋公羊傳解詁)』를 지었
　　으며, 『효경(孝經)』, 『논어(論語)』 등에 대해서도 주를 달았고, 『춘추한의
　　(春秋漢議)』를 짓기도 하였다.

에 나오는 한 단락의 내용과 대동소이한데도, 별도로 '향음주지의(鄕飮酒之義)'라는 말을 기록하여 그 서두를 열고 있다. 『예』를 전수한 학파에서는 각각 그 의미를 해설하였으니, 본래는 다른 사람이 기록한 것으로 별도로 하나의 편이 되는데, 『예기』를 기록한 자는 그 내용이 이전에 언급했던 것과 의미가 대체적으로 같더라도, 이전의 기록에 미비했던 것이 중간에 포함되어 있으면, 차마 삭제하거나 버릴 수가 없어서, 그에 따라 기록을 하되 이전의 기록 말미에 덧붙인 것이다.

팽구(烹狗)·양기(陽氣)와 세수(洗水)·해(海)

【702c】

烹狗于東方, 祖陽氣之發于東方也. 洗之在阼, 其水在洗東, 祖
天地之左海也.

직역 東方에서 狗를 烹함은 東方에서 陽氣가 發함을 祖함이다. 洗가 阼에 在하
고, 그 水가 洗의 東에 在함은 天地가 海를 左함을 祖함이다.

의역 동쪽에서 희생물로 사양할 개를 삶는 것은 양기(陽氣)가 동쪽에서 발생하
는 것을 본받은 것이다. 세(洗)를 동쪽 계단에 놓고, 그곳에 채울 물을 세 동쪽에
놓아두는 것은 천지가 바다를 좌측으로 두고 있음을 본받은 것이다.

集說 方氏曰: 海有四, 正言東者, 取夫水之所歸也. 水位居坎, 而其流歸東
者, 由其生于天一, 行於地中故也. 天傾西北而不足, 故水之源自此而生; 地缺
東南而不滿, 故水之流順此而行. 天之所傾, 地之所缺, 則其形下矣. 而善下者,
水之性也, 故其理如此. 然則水位居北者, 本天位也. 其流歸東者, 因地勢也.
南與北合, 水位居北而流不歸南者, 蓋東方之德木, 木則水之所生; 南方之德
火, 火則水之所勝; 生之爲利, 勝之爲害, 而善利者水之德也, 故趨其所生焉.

번역 방씨가 말하길, 바다는 사면에 포진되어 있는데 동쪽에 있는 것만
을 언급한 것은 물이 귀의하는 곳에 따라 그 의미를 취했기 때문이다. 수
(水)의 자리는 감괘(坎卦☵)에 위치하는데 그 물의 흐름이 동쪽으로 귀의
하는 것은 천(天)의 1에서 생겨나서 지(地) 안에서 행동함에 말미암기 때문
이다. 천은 서북쪽으로 기울어서 부족하게 된다. 그렇기 때문에 수의 근원

이 이곳으로부터 생겨나는 것이다. 지는 동남쪽으로 틈이 생겨서 가득차지 못하게 된다. 그렇기 때문에 수의 흐름은 그 방향에 따라 흐르는 것이다. 천이 기울어진 것이고 지가 틈이 생긴 것이니, 그 형상은 아래로 내려간다. 그리고 밑으로 잘 내려가는 것은 수의 성질이 된다. 그렇기 때문에 그 이치가 이와 같다. 그렇다면 수의 자리가 북쪽에 있는 것은 천의 자리에 근본을 둔 것이다. 그 흐름이 동쪽으로 귀의하는 것은 지의 형세에 따른 것이다. 남쪽과 북쪽은 합치되는데 수의 자리가 북쪽에 머물지만 그 흐름이 남쪽으로 귀의하지 않는 것은 동쪽의 덕은 목(木)에 해당하고, 목은 수에서 생겨나는 것이며, 남쪽의 덕은 화(火)에 해당하고, 화는 수가 이기는 대상인데, 낳게 하는 것은 이로움이 되고 지는 것은 해로움이 되며, 좋고 이롭게 하는 것은 수의 덕이다. 그렇기 때문에 생겨나는 것을 쫓는 것이다.

集說 浩齋曰: 烹狗以養賓, 陽氣以養萬物, 故祖而法之, 烹于東方焉. 海, 水之委也. 天地之間, 海居於東, 東則左也, 故洗之在阼. 其水在洗東, 有左海之義焉. 天地之位, 南前而北後, 故後東爲左.

번역 호재가 말하길, 개를 삶아서 빈객에게 대접하고 양기(陽氣)는 만물을 길러주기 때문에, 본받아 법도로 삼아서 동쪽에서 삶는 것이다. 바다는 수(水)가 모인 것이다. 천지 사이에 바다는 동쪽에 위치하고 동쪽은 좌측이 된다. 그렇기 때문에 세(洗)는 동쪽 계단에 두는 것이다. 그리고 그것에 담는 물을 세의 동쪽에 놓아두는 것에는 바다를 좌측으로 두는 뜻이 포함되어 있다. 천지의 위치는 남쪽을 앞으로 하고 북쪽을 뒤로 한다. 그렇기 때문에 동쪽을 뒤로 하여 좌측으로 삼는 것이다.

大全 嚴陵方氏曰: 凡植物, 皆地産, 足以養人之陰, 凡動物, 皆天産, 足以養人之陽. 天産不特狗也, 而特烹狗以祖陽氣者, 蓋陽之辰窮于戌, 而爲陽之至, 故辰在戌而屬狗, 則狗者, 至陽之畜也. 東方者, 得陽之中, 烹至陽之畜於陽中之方, 又得其宜矣. 水則盛之於罍者, 蓋酌之於罍, 而滌之於洗, 故其水在洗東. 洗旣在東, 水又在洗之東者, 凡以祖天地之左海也. 左, 亦東也, 以方言之, 則曰東, 以體言之, 則曰左.

번역 엄릉방씨가 말하길, 식물들은 모두 땅에서 생산된 산물이니 사람의 음기(陰氣)를 길러주기에 충분하며, 동물들은 모두 하늘이 길러준 산물이니 사람의 양기(陽氣)를 길러주기에 충분하다. 하늘이 길러준 산물은 개에만 한정된 것이 아닌데, 유독 개를 삶아서 양기를 본뜬다고 한 것은 양기의 진(辰)은 술(戌)에서 다하여 양기의 지극함이 된다. 그렇기 때문에 진(辰)이 술(戌)에 있어 개에 속하니, 개라는 것은 지극한 양기에 해당하는 가축이다. 동쪽은 양(陽)의 중(中)을 얻은 것이고, 지극한 양기에 해당하는 가축을 양중(陽中)의 방위에서 삶으니, 또한 그 합당함을 얻은 것이다. 수(水)는 뇌(罍)에 채우는 것인데, 뇌에서 따라 세(洗)에서 씻는 것이다. 그렇기 때문에 그 물을 세의 동쪽에 두는 것이다. 세가 이미 동쪽에 설치되었는데, 수 또한 세의 동쪽에 두는 것은 천지가 바다를 좌측으로 두는 것을 본받은 것이다. 좌측은 또한 동쪽이 된다. 방위로 말한다면 '동(東)'이라 말하는 것이고, 체(體)로 말한다면 '좌(左)'라 말하는 것이다.

鄭注 祖, 猶法也. 狗, 所以養賓. 陽氣, 主養萬物. 海水之委也.

번역 '조(祖)'자는 "본받다[法]."는 뜻이다. 개는 빈객을 대접하는 것이다. 양기(陽氣)는 만물 양육하는 일을 위주로 한다. 바다는 수(水)가 모인 것이다.

釋文 亨, 普萌反. 阼, 才路反. 委, 於僞反.

번역 '亨'자는 '普(보)'자와 '萌(맹)'자의 반절음이다. '阼'자는 '才(재)'자와 '路(로)'자의 반절음이다. '委'자는 '於(어)'자와 '僞(위)'자의 반절음이다.

孔疏 ●"亨狗"至"本也". ○正義曰: 此一節覆明上"立主象地"以下諸文之意也.

번역 ●經文: "亨狗"~"本也". ○이곳 문단은 앞에서 "주인을 세워서 땅

을 본받는다."라고 한 문장으로부터 그 이하의 문장들에 나타난 뜻을 재차
설명한 것이다.

孔疏 ●"亨狗於東方, 祖陽氣之發於東方也"者, 此覆說前文"羞出自東房"也.

번역 ●經文: "亨狗於東方, 祖陽氣之發於東方也". ○이곳 문장은 앞에
서 "음식을 동쪽 방(房)으로부터 내온다."라고 한 말을 재차 설명한 것이다.

孔疏 ●"洗之在阼, 其水在洗東, 祖天地之左海也"者, 此覆說前經"洗當東
榮", 因說水在洗東, 法天地左海也.

번역 ●經文: "洗之在阼, 其水在洗東, 祖天地之左海也". ○이곳 문장은
앞에서 "세(洗)는 동쪽 기둥이 있는 곳에 설치한다."라고 한 말을 재차 설명
한 것이고, 그 설명에 연유하여 물을 세의 동쪽에 두는 것은 천지가 바다를
좌측으로 두는 것을 본받은 것이라고 설명한 것이다.

訓纂 燕禮記: 其牲, 狗也. 亨於門外東方.

번역 『의례』「연례(燕禮)」편의 기문에서 말하길, 희생물은 개이다. 문밖
의 동쪽에서 삶는다.[1]

集解 愚謂: 狗者, 燕禮之牲也. 鄕飮酒牲亦用狗者, 鄕飮酒者, 大夫士之燕
禮也, 狗不爲牢數, 牲之小而輕者也; 燕禮視饗食爲簡, 於籩豆惟用其一, 故其
牲亦惟以狗, 欲其禮之稱也. 東方, 謂堂之東北, 鄕飮酒記"亨于堂東北", 是也.
烹飪以火, 火爲陽氣之盛, 亨於東方者, 所以法陽氣之發於東方也. 洗當東榮,
水又當洗之東, 法天地之左海也.

번역 내가 생각하기에, 개는 연례에서 사용하는 희생물이다. 향음주례에

---

1) 『의례』「연례(燕禮)」 : 記. 燕, 朝服于寢. <u>其牲狗也, 烹于門外東方</u>.

서 사용되는 희생물 또한 개를 이용하는데, 그 이유는 향음주례는 대부와 사가 시행하는 연례에 해당하고, 개는 정식 희생물의 수치에는 포함되지 않으며 희생물 중에서도 크기가 작고 중요성이 덜한 것이다. 또 연례는 향례나 사례에 비해 간소하여, 변(籩)과 두(豆)에 있어서도 오직 한 개만 사용한다. 그렇기 때문에 희생물에 있어서도 개만을 사용하여 그 예법에 맞춰 간소하게 치르고자 하는 것이다. 동쪽은 당의 동북쪽을 뜻하니, 『의례』「향음주례(鄉飮酒禮)」편의 기문에서 "당의 동북쪽에서 삶는다."라고 한 말이 이러한 사실을 나타낸다. 삶거나 익힐 때에는 불을 이용하는데, 불은 양기가 융성한 것이며, 동쪽에서 삶는 것은 양기가 동쪽에서 발현함을 본받기 위해서이다. 세(洗)는 동쪽 처마 부근이 되고, 물은 또한 세의 동쪽이 된다. 이것은 천지가 바다를 좌측으로 두고 있음을 본받은 것이다.

集解 敖氏繼公曰: 堂東北, 爨所在也, 就而亨焉. 凡學宮惟有一門, 故牲爨不於門外, 而於堂東北, 堂東北卽東夾之東北. 學宮有左右房, 則亦當有夾室.

번역 오계공이 말하길, 당의 동북쪽은 아궁이가 있는 곳이니, 그곳에 나아가 희생물을 삶는 것이다. 학교에는 오직 하나의 문밖에 없다. 그렇기 때문에 희생물을 조리하는 아궁이가 문밖에 있지 않고 당의 동북쪽에 있는 것이며, 당의 동북쪽은 곧 동쪽 협실의 동북쪽이 된다. 학궁에는 좌우로 방이 있으니, 또한 마땅히 협실이 있게 된다.

참고 『의례』「연례(燕禮)」 기록

기문 其牲, 狗也.

번역 희생물은 개이다.

鄭注 狗取擇人也, 明非其人不與爲禮也.

번역 개를 사용하는 것은 개가 사람을 가려서 따르는 뜻을 취한 것이니,

걸맞은 사람이 아니라면 함께 의례를 시행하지 않는다는 뜻을 나타낸다.

기문 亨于門外東方.

번역 문밖의 동쪽에서 삶는다.

鄭注 亨於門外, 臣所掌也.

번역 문밖에서 삶는 것은 신하들이 담당하기 때문이다.

賈疏 ●"亨于門外東方". ◎注"亨于"至"掌也". ○釋曰: 此君禮, 故云臣使掌. 按公食記云: "亨于門外東方." 注云: "必於門外者, 大夫之事也." 注不同者, 以其饗食在廟, 嚴凝宜親監視, 不得言臣所掌, 故注云大夫之事也. 鄕飮酒亨狗于堂東北者, 非君禮, 是臣於堂東北. 不在外者, 宜主人親供, 又法陽氣之所始, 故三者注皆不同也.

번역 ●記文: "亨于門外東方". ◎鄭注: "亨于"~"掌也". ○이것은 군주의 예법이다. 그렇기 때문에 신하를 시켜서 담당한다고 말한 것이다. 『의례』「공사대부례(公食大夫禮)」편의 기문을 살펴보면 "문밖의 동쪽에서 삶는다."라고 했고, 정현의 주에서는 "반드시 문밖에서 시행하는 것은 대부의 일이기 때문이다."라고 하여, 그 주석이 차이를 보인다. 그 이유는 향례와 사례를 종묘에서 시행할 때에는 직접 감독해야만 하므로 신하가 담당한다는 말을 할 수 없다. 그렇기 문에 주에서 대부의 일이라고 말한 것이다. 「향음주례」에서 당의 동북쪽에서 개를 삶는다고 한 것은 군주의 예법이 아니니, 신하는 당의 동북쪽에서 시행한다. 밖에서 하지 않을 경우 주인은 직접 그것을 공급해야 하니, 이것은 또한 양기가 시작됨을 본받은 것이다. 그렇기 때문에 세 기록에 대한 주가 모두 다른 것이다.

● 그림 15-1 ◨ 뇌(罍)

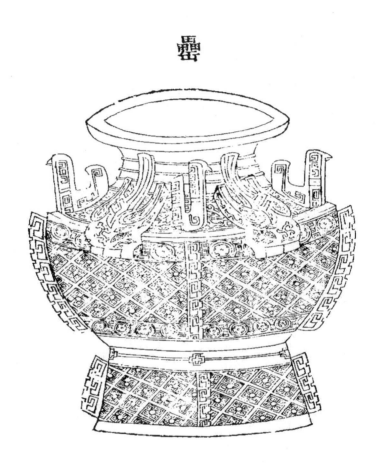

※ 출처:『삼재도회(三才圖會)』「기용(器用)」1권

• 제 16 절 •

현주(玄酒)와 불망본(不忘本)

【703a】

尊有玄酒, 敎民不忘本也.

직역 尊에 玄酒가 有함은 民에게 本을 不忘함을 敎함이다.

의역 술동이에 현주(玄酒)를 두는 것은 백성들에게 근본을 잊지 않는다는 뜻을 가르치는 것이다.

集說 玄古之世無酒, 以水行禮, 故後世因謂水爲玄酒. 不忘本者, 思禮之 所由起也.

번역 먼 옛날 술이 없었을 때에는 물을 이용해서 의례를 시행했다. 그렇기 때문에 후세에서는 그에 따라 물을 '현주(玄酒)'라고 불렀다. "근본을 잊지 않는다."는 것은 예가 기원하게 된 바를 생각한다는 뜻이다.

鄭注 大古無酒, 用水而已.

번역 아주 먼 옛날에는 술이 없어서 물을 이용했을 따름이다.

釋文 大音泰.

번역 '大'자의 음은 '泰(태)'이다.

孔疏 ●"尊有玄酒, 敎民不忘本也"者, 此覆說上文"尊有玄酒, 貴其質也".

번역 ●經文: "尊有玄酒, 敎民不忘本也". ○이곳 문장은 앞에서 "술동이에 현주(玄酒)가 있는 것은 질박함을 존귀하게 여기기 때문이다."라고 한 말을 재차 설명한 것이다.

集解 愚謂: 古者無酒, 用水而已. 尊有玄酒, 非但貴其質素, 且敎民不忘禮之本始也.

번역 내가 생각하기에, 고대에는 술이 없어서 물을 대신 사용했을 따름이다. 술동이에 현주를 담는 것은 질박함과 소박함을 존귀하게 여겨서만이 아니며, 또한 이를 통해 예법이 근본으로 삼고 처음 시작된 것을 잊지 않게끔 백성들을 가르치는 것이다.

• 제 17 절 •

방향과 춘하추동

【703a~b】

> 賓必南鄉, 東方者春, 春之爲言蠢也, 産萬物者聖也. 南方者夏,
> 夏之爲言假也, 養之長之假之, 仁也. 西方者秋, 秋之爲言愁也,
> 愁之以時察, 守義者也. 北方者冬, 冬之爲言中也, 中者藏也. 是
> 以天子之立也, 左聖鄉仁, 右義偕藏也.

직역 賓은 必히 南鄉하니, 東方者는 春이며, 春의 言이 爲함은 蠢이고, 萬物을 産한 者는 聖이다. 南方者는 夏이며, 夏의 言이 爲함은 假이고, 養하며 長하고 假함은 仁이다. 西方者는 秋이며, 秋의 言이 爲함은 愁이고, 愁하길 時察로써 함은 義를 守한 者이다. 北方者는 冬이며, 冬의 言이 爲함은 中이고, 中者는 藏이다. 是以로 天子의 立함에, 聖을 左하여 仁에 鄉하고, 義를 右하여 藏을 偕한다.

의역 빈객은 반드시 남쪽을 향해서 위치하니, 동쪽은 봄에 해당하며 '춘(春)'이라는 말은 생동함을 뜻하는 말이고 만물을 낳는 것은 성(聖)에 해당한다. 남쪽은 여름에 해당하며 '하(夏)'라는 말은 크다는 뜻이고 길러주고 장성하게 하며 크게 만드는 것은 인(仁)에 해당한다. 서쪽은 가을에 해당하며 '추(秋)'라는 말은 수렴한다는 뜻이고 가을의 엄숙한 기운에 따라 거둬들이는 것은 의(義)를 지키는 것이다. 북쪽은 겨울에 해당하며 '동(冬)'이라는 말은 중(中)이라는 뜻이고 중(中)이라는 것은 보관한다는 뜻이다. 이러한 까닭으로 천자가 위치할 때에는 성(聖)을 좌측에 두고 인(仁)을 향하며 의(義)를 우측에 두고 장(藏)을 등진다.

集說 蠢者, 物生動之貌. 天地大德曰生, 聖人德合天地, 故曰産萬物者聖也. 假, 大也. 摯, 斂縮之貌. 察, 猶察察嚴肅之意. 摯之以時察, 言摯斂之以秋

時嚴肅之氣也. 物之藏必自外而入內, 故曰中者藏也. 天子南面而立, 則左東
右西, 南前北後也.

번역　'준(蠢)'이라는 것은 만물이 생동하는 모습을 뜻한다. 천지의 큰 덕
을 '생(生)'이라고 부르며,1) 성인의 덕은 천지에 합하게 된다. 그렇기 때문에
"만물을 낳는 자는 성(聖)이다."라고 말한 것이다. '가(假)'자는 "크다[大]."
는 뜻이다. '추(揫)'자는 거둬들이는 모습을 뜻한다. '찰(察)'자는 상세하고
엄숙하다는 뜻이다. '추지이시찰(揫之以時察)'이라는 말은 거둬들일 때에는
가을의 엄숙한 기운에 따라서 한다는 뜻이다. 만물이 보관될 때에는 반드시
밖으로부터 안으로 들어오게 된다. 그렇기 때문에 "중(中)이라는 것은 보관
한다는 뜻이다."라고 말한 것이다. 천자는 남쪽을 바라보며 서 있으니, 좌측
은 동쪽이 되고 우측은 서쪽이 되며, 남쪽은 앞이 되고 북쪽은 뒤가 된다.

大全　長樂陳氏曰: 萬物之於春莫不生, 此春所以爲蠢也. 然則物之生也, 其
來固有自焉, 易曰: "帝出乎震", 則帝者天之神也, 震者聖神之妙也, 此産萬物
所以爲聖也. 萬物相見於離, 則物于是乎茂矣. 假者, 盛大之意, 蓋萬物之于夏
莫不茂盛也. 故生之以爲養, 增之以爲長, 養則盛, 長則多, 此夏之時所以爲假
也. 萬物之于四時也, 生于春, 長于夏, 衰于秋, 老于冬, 而至于秋, 則慘而不舒
者, 物之情也. 詩曰: "秋日萋萋, 百卉具腓", 此秋之所以爲揫也. 中在內, 能隱
而不能顯, 此中之所以爲藏也. 天子之立也, 將以嚮時而接天下者也, 而以四時
言之, 以左爲仁, 右爲義, 嚮左仁, 背右義, 非以夫用天之理者, 足以治人故耶.

번역　장락진씨2)가 말하길, 만물은 봄에 있어서 생장하지 않는 것이 없

---

1) 『역』「계사하(繫辭下)」: 天地之大德曰生, 聖人之大寶曰位. 何以守位? 曰仁.
　何以聚人? 曰財. 理財正辭禁民爲非曰義.
2) 진상도(陳祥道, A.D.1159~A.D.1223): =장락진씨(長樂陳氏)·진씨(陳氏)·진
　용지(陳用之). 북송대(北宋代)의 유학자이다. 자(字)는 용지(用之)이다. 장락
　(長樂) 지역 출신으로, 1067년에 과거에 급제하여 태상박사(太常博士) 등을
　지냈다. 왕안석(王安石)의 제자로, 그의 학문을 전파하는데 공헌하였다. 저
　서에는 『예서(禮書)』, 『논어전해(論語全解)』 등이 있다.

으니, 이것이 봄의 뜻이 '준(蠢)'이 되는 이유이다. 그렇지만 만물이 생겨날 때에는 그 유래함에 진실로 비롯됨이 있으니, 『역』에서는 "제(帝)가 진괘(震卦☳)에서 나온다."3)라고 했는데, '제(帝)'라는 것은 천(天)의 신이고 진(震)이라는 것은 성신(聖神)의 오묘함이니, 이것이 바로 만물을 낳는 것이 성(聖)이 되는 이유이다. 만물은 리괘(離卦☲)에서 서로 만나보게 되니, 만물은 이 시기에 무성하게 된다. '가(假)'라는 말은 성대함을 뜻하니, 만물은 여름에 있어서 무성하게 되지 않는 것이 없다. 그렇기 때문에 생겨나게 하는 것을 양(養)이라고 하며, 증진시켜주는 것을 장(長)이라고 하는데, 양(養)하게 되면 왕성해지고 장(長)하게 되면 많아지니, 이것이 여름이라는 계절이 '가(假)'가 되는 이유이다. 만물은 사계절에 대해서, 봄에 생겨나고 여름에 장성하게 되며 가을에 시들게 되고 겨울에 노쇠해지니, 가을에 이르게 되면 쇠약해져서 기운을 펼치지 못하는 것은 만물의 정(情)에 해당한다. 『시』에서는 "가을날 쌀쌀해져서, 온갖 초목들이 시들어버린다."4)라고 했는데, 이것이 바로 가을이 '추(揫)'가 되는 이유이다. 중(中)은 내면에 있고 숨을 수 있지만 드러낼 수 없으니, 이것이 중(中)이 '장(藏)'이 되는 이유이다. 천자가 서 있을 때에는 각 계절에 맞춰 바라보며 천하를 대하게 되는데, 사계절을 통해 말해본다면, 좌측은 인(仁)이 되고 우측은 의(義)가 되어, 좌측을 향하는 것은 인(仁)이 되고, 우측을 등지는 것은 의(義)인데, 이것은 하늘의 이치를 사용하여 사람들을 다스릴 수 있기 때문이 아니겠는가?

鄭注 春, 猶蠢也. 蠢, 動生之貌也. 聖之言生也. 假, 大也. 愁, 讀爲"揫", 揫, 斂也. 察猶察察嚴殺5)之貌也. 南向鄕仁, 貴長大萬物也. 察, 或爲"殺".

---

3) 『역』「설괘전(說卦傳)」: <u>帝出乎震</u>, 齊乎巽, <u>相見乎離</u>, 致役乎坤, 說言乎兌, 戰乎乾, 勞乎坎, 成言乎艮.

4) 『시』「소아(小雅)·사월(四月)」: <u>秋日淒淒, 百卉具腓</u>. 亂離瘼矣, 爰其適歸.

5) '살(殺)'자에 대하여. '살'자는 본래 없던 글자인데, 완원(阮元)의 『교감기(校勘記)』에서는 "『민본(閩本)』·『감본(監本)』·『모본(毛本)』에는 '엄(嚴)'자 뒤에 '살'자가 기록되어 있고, 『악본(岳本)』과 『가정본(嘉靖本)』도 동일하게 기록되어 있으니, 이곳 판본에는 '살'자가 누락된 것이다. 위씨(衛氏)의 『집설(集說)』에는 '살'자를 '의(毅)'자로 잘못 기록하였다. 『경전석문(經典釋文)』

번역 '춘(春)'자는 준(蠢)자의 뜻과 같다. '준(蠢)'자는 생동하는 모습을 뜻한다. '성(聖)'자는 "낳다[生]."는 뜻이다. '가(假)'자는 "크다[大]."는 뜻이다. '수(愁)'자는 추(揫)자로 해석하니, '추(揫)'자는 "거둔다[斂]."는 뜻이다. '찰(察)'자는 상세하게 구별하며 엄숙하고 숙살시키는 모습을 뜻한다. 남쪽을 향하는 것은 인(仁)을 향하는 것이니, 만물을 장성하게 하며 크게 만드는 작용을 존귀하게 여기는 것이다. '찰(察)'자를 다른 판본에서는 '살(殺)'자로 기록하기도 한다.

釋文 鄕, 許亮反, 下及注"鄕仁"·"南鄕"·"東鄕"皆同. 蠢, 尺允反, 蠢, 動生之貌. 夏, 戶嫁反, 下同. 假, 古雅反, 下同. 愁, 依注讀爲"揫", 子留反, 下同. 爾雅云: 揫, 察也. 藏如字, 下同, 徐才浪反. 偝音佩. 殺如字, 又色戒反.

번역 '鄕'자는 '許(허)'자와 '亮(량)'자의 반절음이며, 아래문장 및 정현의 주에 나오는 '鄕仁'·'南鄕'·'東鄕'에서의 '鄕'자도 모두 그 음이 이와 같다. '蠢'자는 '尺(척)'자와 '允(윤)'자의 반절음이며, '蠢'자는 생동하는 모습을 뜻한다. '夏'자는 '戶(호)'자와 '嫁(가)'자의 반절음이며, 아래문장에 나오는 글자도 그 음이 이와 같다. '假'자는 '古(고)'자와 '雅(아)'자의 반절음이며, 아래문장에 나오는 글자도 그 음이 이와 같다. '愁'자는 정현의 주에 따르면 '揫'자로 해석하니, 그 음은 '子(자)'자와 '留(류)'자의 반절음이며, 아래문장에 나오는 글자도 그 음이 이와 같다. 『이아』에서는 '揫'자는 '察'자의 뜻이라고 했다. '藏'자는 글자대로 읽으며, 아래문장에 나오는 글자도 그 음이 이와 같고, 서음(徐音)은 '才(재)'자와 '浪(랑)'자의 반절음이다. '偝'자의 음은 '佩(패)'이다. '殺'자는 글자대로 읽으며, 또한 '色(색)'자와 '戒(계)'자의 반절음도 된다.

孔疏 ●"賓必"至"參也". ○正義曰: 此一節更總明鄕飮酒禮坐位所在, 並明三揖三讓, 每事皆"三"之義.

에도 '엄살(嚴殺)'로 기록되어 있다."라고 했다.

번역 ●經文: "賓必"~"參也". ○이곳 문단은 향음주례(鄕飮酒禮)에서 자리를 배치하는 위치에 대해 재차 총괄적으로 설명한 것이며, 아울러 세 차례 읍을 하고 세 차례 사양하는 사안에 있어서, 매사에 모두 '삼(三)'이라고 한 뜻을 설명하고 있다.

孔疏 ●"産萬物者, 聖也"者, 聖之言生也. 東方産育萬物, 故爲"聖"也.

번역 ●經文: "産萬物者, 聖也". ○'성(聖)'자는 "낳다[生]."는 뜻이다. 동쪽은 만물을 낳고 길러주기 때문에 '성(聖)'이 된다.

孔疏 ●"養之·長之·假之, 仁也"者, 假, 大也, 謂養育萬物, 長之使大. 仁, 恩也. 五行: 春爲仁, 夏爲禮. 今春爲聖, 夏爲仁者, 春·夏皆生養萬物, 俱有仁恩之義, 故此夏亦仁也. 聖既生物, 以生物言之, 則謂之"聖", 故東方爲聖也. 各以義言之, 理亦通也.

번역 ●經文: "養之·長之·假之, 仁也". ○'가(假)'자는 "크다[大]."는 뜻이니, 만물을 양육하여 장성하게 해서 크게 만든다는 뜻이다. '인(仁)'자는 은혜[恩]를 뜻한다. 오행(五行)에 있어서, 봄은 인(仁)이 되고 여름은 예(禮)가 된다. 그런데 이곳에서는 봄은 성(聖)이 되고 여름은 인(仁)이 된다고 했다. 그 이유는 봄과 여름은 모두 만물을 낳고 양육하니, 둘 모두에게는 인(仁)과 은(恩)의 도의가 포함되어 있다. 그렇기 때문에 여름은 인(仁)에도 해당하는 것이다. 성(聖)은 이미 만물을 낳는 것인데, 만물을 낳는 것으로 말을 한다면 '성(聖)'이라고 부른다. 그렇기 때문에 동쪽이 '성(聖)'이 되는 것이다. 각각 그 의미에 따라 말하면 그 이치 또한 통용된다.

孔疏 ●"中者藏也"者, 言北方主智, 亦爲信也. 若以五行言之, 則爲信. 若以萬物歸藏言之, 則爲藏也.

번역 ●經文: "中者藏也". ○북쪽은 지(智)를 위주로 하지만 신(信)도 된다는 뜻이다. 만약 오행(五行)으로 말을 한다면 신(信)이 된다. 그리고 만물이 귀의하여 보관된다는 것으로 말을 하게 된다면 '장(藏)'이 된다.

訓纂 釋名: 春, 蠢也. 萬物蠢然而生也. 夏, 假也. 寬假萬物, 使生長也. 秋, 緧也. 緧迫品物, 使時成也. 冬, 終也. 物終成也.

번역 『석명』6)에서 말하길, '춘(春)'자는 꿈틀거린다는 뜻이다. 만물이 꿈틀거리며 생겨나는 것이다. '하(夏)'자는 용서한다는 뜻이다. 만물을 관대하게 품어주어 생장시키는 것이다. '추(秋)'자는 바싹 가까이 한다는 뜻이다. 만물을 가까이 하며 다그쳐서 계절에 맞게 완성시키는 것이다. '동(冬)'자는 마친다는 뜻이다. 만물이 마쳐서 완성되는 것이다.

集解 愚謂: 春作夏長, 仁也. 秋斂冬藏, 義也. 蓋天地以仁之德生物, 生物之功成於夏, 而聖則其氣之初通者也. 天地以義之德成物, 成物之功始於秋, 而藏則其氣之歸根者也. 聖人法天, 以仁育萬物, 以義正萬民, 二者不可偏廢. 故其立也, 於聖則左之, 法天之生物於春也; 於義則右之, 法天之成物於秋也. 然天雖生・成並用, 而常以生物爲本; 聖人雖仁義並施, 而常以仁民爲先. 故聖人於仁則鄕之, 法天地之陽居大夏, 而以生育長養爲事也; 於藏則偕之, 法天之陰居大冬, 而積於虛空不用之處也. 聖人之立如此, 而賓之南鄕亦如之, 尊賓之至也. 此一節, 明賓之坐位之義也.

번역 내가 생각하기에, 봄이 만들어내어 여름이 장성하게 하는 것은 인(仁)에 해당한다. 가을이 거둬들이고 겨울이 보관하는 것은 의(義)에 해당한다. 천지는 인의 덕으로 만물을 낳는데, 만물을 낳는 공적은 여름에 완성되고, 성(聖)은 그 기운을 처음으로 두루 통한 자이다. 천지는 의의 덕으로 만물을 완성하는데, 만물을 완성하는 공적은 가을에 시작되고, 장(藏)은 기운이 근본으로 귀의하는 것이다. 성인은 하늘을 본받아서 인으로 만물을

---

6) 『석명(釋名)』은 후한(後漢) 때의 학자인 유희(劉熙)가 지은 서적이다. 오래된 훈고학 서적의 하나로 꼽힌다.

양육하고 의로 백성을 올바르게 하므로, 두 가지에 대해서는 어느 하나라도 폐지할 수 없다. 그렇기 때문에 그 자리에 있어서 성(聖)에 해당하는 것은 좌측으로 두어, 하늘이 봄에 만물을 낳는 것을 본받고, 의(義)에 해당하는 것은 우측에 두어, 하늘이 가을에 만물을 완성하는 것을 본받는다. 그런데 하늘이 비록 낳고 완성하는 것을 함께 작용시키더라도 항상 만물을 낳는 것을 근본으로 삼고, 성인은 비록 인과 의를 함께 펼치더라도 항상 백성들을 인하게 만드는 것을 우선으로 삼는다. 그렇기 때문에 성인은 인에 대해서 그 방향을 향하여 천지의 양기가 한여름에 머물며 생육시키고 장성하게 길러줌을 일로 삼는 것을 본받는다. 또 장에 대해서는 그것을 등져서 하늘의 음기가 한겨울에 머물며 허공에 쌓여 작용하지 않는 점을 본받는다. 성인의 자리가 이와 같고 빈객이 남쪽을 바라보는 것 또한 이와 같으니, 빈객을 지극히 존귀하게 여기는 것이다. 이 문단은 빈객이 앉는 자리의 뜻을 나타내고 있다.

참고 『역』「계사하(繫辭下)」기록

전문 天地之大德曰生.

번역 천지의 큰 덕을 '생(生)'이라고 한다.

王注 施生而不爲, 故能常生, 故曰大德也.

번역 생겨나게 하면서도 인위적으로 행동하지 않기 때문에 항상 생겨나게 할 수 있다. 그렇기 때문에 '대덕(大德)'이라고 부른다.

孔疏 ○正義曰: 自此已下, 欲明聖人同天地之德, 廣生萬物之意也. 言天地之盛德, 在乎常生, 故言曰生. 若不常生, 則德之不大. 以其常生萬物, 故云大德也.

번역 ○이곳 구문으로부터 그 이하의 내용은 성인이 천지의 덕을 함께 하여 만물을 널리 생겨나게 한다는 뜻을 나타내고자 한 것이다. 천지의 융성한 덕은 항상 생겨나게 하는 것에 달려 있다. 그렇기 때문에 '생(生)'이라 부른다고 했다. 만약 항상 생겨나게 할 수 없다면 덕이 크지 못한 것이다. 항상 만물을 생겨나게 하기 때문에 '대덕(大德)'이라고 한다.

전문　聖人之大寶曰位.

번역　성인의 큰 보배를 '위(位)'라고 한다.

王注　夫無用則無所寶, 有用則有所寶也. 無用而常足者, 莫妙乎道, 有用而弘道者, 莫大乎位, 故曰"聖人之大寶曰位".

번역　작용이 없다면 보배로 여길 것이 없지만, 작용이 있다면 보배로 여길 것이 생긴다. 작용이 없으면서도 항상 충분한 것으로는 도보다 오묘한 것이 없고, 작용이 있으면서도 도를 넓힐 수 있는 것으로는 지위보다 큰 것이 없다. 그렇기 때문에 "성인의 큰 보배를 '위(位)'라고 한다."라고 했다.

孔疏　○正義曰: 言聖人大可寶愛者在於位耳, 位是有用之地, 寶是有用之物. 若以居盛位, 能廣用無疆, 故稱大寶也.

번역　○성인이 보배로 크게 여겨 아낄 수 있는 것은 지위에 있을 따름이니, 지위는 작용이 있는 곳으로, 보배는 작용이 있는 것의 산물이다. 융성한 지위에 있으면서 널리 작용하여 끝이 없을 수 있기 때문에 큰 보배라고 지칭한 것이다.

전문　何以守位? 曰仁. 何以聚人? 曰財.

번역　어떻게 하면 지위를 지킬 수 있는가? 인(仁)이다. 어떻게 하면 사람들을 모을 수 있는가? 재(財)이다.

王注 財所以資物生也.

번역 재물은 만물이 생겨나는데 도움을 주는 것이다.

孔疏 ○正義曰: "何以守位曰仁"者, 言聖人何以保守其位, 必信仁愛, 故言"曰仁"也. "何以聚人曰財"者, 言何以聚集人衆, 必須財物, 故言"曰財"也.

번역 ○"어떻게 하면 지위를 지킬 수 있는가? 인(仁)이다."라고 했는데, 성인이 어떻게 자신의 지위를 보존할 수 있는가? 반드시 인자함과 친애함을 믿어야 한다. 그렇기 때문에 "인(仁)이다."라고 했다. "어떻게 하면 사람들을 모을 수 있는가? 재(財)이다."라고 했는데, 어떻게 하면 사람들을 모을 수 있는가? 반드시 재물을 써야만 한다. 그렇기 때문에 "재(財)이다."라고 했다.

전문 理財正辭, 禁民爲非曰義.

번역 재물을 다스리고 말을 바르게 하여 백성들이 잘못을 저지르는 것을 금지하는 것을 '의(義)'라고 한다.

孔疏 ○正義曰: 言聖人治理其財, 用之有節, 正定號令之辭, 出之以理, 禁約其民爲非僻之事, 勿使行惡, 是謂之義. 義, 宜也. 言以此行之, 而得其宜也.

번역 ○성인이 재물을 다스려서 사용함에 절도가 있고, 명령을 바르게 하여 이치에 맞게 내놓고, 백성들이 잘못된 일을 저지르는 것을 금지하여 악행을 저지르지 않도록 하는 것을 '의(義)'라고 부른다. 의(義)라는 것은 마땅함이다. 이로써 시행하여 마땅함을 얻는다는 뜻이다.

참고 『역』「설괘전(說卦傳)」 기록

전문 帝出乎震, 齊乎巽, 相見乎離, 致役乎坤, 說言乎兌, 戰乎乾, 勞乎坎, 成言乎艮.

번역 제(帝)는 진괘(震卦☳)에서 나오고 손괘(巽卦☴)에서 청결하게 하며 리괘(離卦☲)에서 서로 만나보고 곤괘(坤卦☷)에서 일을 맡기며 태괘(兌卦☱)에서 기뻐하며 말하고 건괘(乾卦☰)에서 싸우며 감괘(坎卦☵)에서 위로하고 간괘(艮卦☶)에서 이룬다.

孔疏 ○正義曰: "帝出乎震"至"故曰成言乎艮"者, 康伯於此無注, 然益卦六二"王用亨于帝, 吉", 王輔嗣注云: "帝者, 生物之主, 興益之宗, 出震而齊巽者也." 王之注意, 正引此文, 則輔嗣之意, 以此帝爲天帝也. 帝若出萬物, 則在乎震; 絜齊萬物, 則在乎巽; 令萬物相見, 則在乎離; 致役以養萬物, 則在乎坤; 說萬物而可言者, 則在乎兌; 陰陽相戰, 則在乎乾; 受納萬物勤勞, 則在乎坎; 能成萬物而可定, 則在乎艮也.

번역 ○"제(帝)는 진괘(震卦☳)에서 나온다."로부터 "그러므로 간괘(艮卦☶)에서 이룬다고 한다."라는 구문까지에 대해 한강백[7]은 주석을 남기지 않았다. 그런데 「익괘(益卦䷩)」 육이의 효사에서는 "왕이 제(帝)에게 제사를 지내더라도 길하다."라고 했고, 왕보사[8]의 주에서는 "제(帝)는 만물을 낳는 주인이며 흥성하고 보태주는 종주이며 진괘에서 나오고 손괘에서 청결하게 한다."라고 했다. 왕필의 주에 나타난 뜻은 바로 이곳의 기록을 인용한 것이니, 왕필은 이곳에 나온 제(帝)를 천제로 여긴 것이다. 제가 만물

---

7) 한백(韓伯, A.D.332~A.D.380) : =한강백(韓康伯). 진(晉)나라 때의 학자이다. 자(字)는 강백(康伯)이다. 왕필의 『주역』 주에 빠져 있는 「계사전(繫辭傳)」, 「설괘전(說卦傳)」, 「서괘전(序卦傳)」, 「잡괘전(雜卦傳)」 등에 대해서 보주(補注)를 하였는데, 현재 왕필의 주본(注本)에 함께 수록되어 있다.

8) 왕필(王弼, A.D.226~A.D.249) : =왕보사(王輔嗣). 삼국시대 위(魏)나라의 학자이다. 자(字)는 보사(輔嗣)이다. 저서로는 『노자주(老子注)』・『주역주(周易注)』 등이 있다.

을 나오게 하면 진괘에 있는 것이고, 만물을 청결하게 한다면 손괘에 있는
것이며, 만물로 하여금 서로 만나보게 한다면 리괘에 있는 것이고, 일을
맡겨서 만물을 양육한다면 곤괘에 있는 것이며, 만물을 기쁘게 만들어 말
할 수 있다면 태괘에 있는 것이고, 음양이 서로 다투게 된다면 건괘에 있는
것이며, 만물의 수고로움을 받아들인다면 감괘에 있는 것이고, 만물을 완성
시켜 안정시킬 수 있다면 간괘에 있는 것이다.

참고 『시』「소아(小雅)·사월(四月)」

四月維夏, (사월유하) : 4월에는 입하가 있고,
六月徂暑. (육월조서) : 6월에는 더위가 물러나는구나.
先祖匪人, (선조비인) : 선조는 사람이 아닌가,
胡寧忍予. (호녕인여) : 어찌하여 나를 이러한 난세에 태어나게 했는가.

秋日淒淒, (추일처처) : 가을 쌀쌀한 바람이 불어,
百卉具腓. (백훼구비) : 온갖 풀들이 병드는구나.
亂離瘼矣, (난리막의) : 난리통에 병이 드니,
爰其適歸. (원기적귀) : 어디로 돌아간단 말인가.

冬日烈烈, (동일렬렬) : 겨울 추위가 몹시 매섭고,
飄風發發. (표풍발발) : 매서운 바람이 몹시도 빠르구나.
民莫不穀, (민막불곡) : 남들은 부모를 봉양치 못한 자가 없거늘,
我獨何害. (아독하해) : 나만 홀로 어찌 이런 해악을 당하는가.

山有嘉卉, (산유가훼) : 산에 좋은 초목이 있으니,
侯栗侯梅. (후율후매) : 밤나무와 매화나무로다.
廢爲殘賊, (폐위잔적) : 악행에 익숙해져 잔적이 되거늘,
莫知其尤. (막지기우) : 그 잘못을 모르는구나.

相彼泉水, (상피천수) : 저 흐르는 냇물을 보니,

載淸載濁. (재청재탁) : 맑았다가 탁했다가 하는구나.
我日構禍, (아일구화) : 내 저 제후를 보니 날마다 악행을 자행하는데,
曷云能穀. (갈운능곡) : 무엇을 두고 선을 행할 수 있다 하겠는가.

滔滔江漢, (도도강한) : 저 큰 강수와 한수는,
南國之紀. (남국지기) : 남쪽 나라 하천의 기강이 되는구나.
盡瘁以仕, (진췌이사) : 왕이 전쟁을 일으켜 모두 병들게 하니,
寧莫我有. (녕막아유) : 어찌 보존할 수 있는 자가 있겠는가.

匪鶉匪鳶, (비순비연) : 독수리도 아니고 솔개도 아니거늘,
翰飛戾天. (한비려천) : 높이 날아올라 하늘에 이르는구나.
匪鱣匪鮪, (비전비유) : 잉어도 아니고 다랑어도 아니거늘,
潛逃于淵. (잠도우연) : 깊은 못으로 숨어버리는구나.

山有蕨薇, (산유궐미) : 산에는 고사리와 고비가 있고,
隰有杞桋. (습유기이) : 습지에는 구기자나무와 붉은 가시나무가 있구나.
君子作歌, (군자작가) : 군자가 노래를 지어,
維以告哀. (유이고애) : 그 슬픔을 하소연하는구나.

毛序 四月, 大夫刺幽王也. 在位貪殘, 下國構禍, 怨亂並興焉.

모서 「사월(四月)」편은 대부가 유왕을 풍자한 시이다. 지위에 있으면서 탐욕스럽고 잔학하여 천하에 재앙이 발생하니, 원망과 혼란이 모두 일어났다.

개(介) · 주인(主人) · 삼빈(三賓)

【703c~d】

介必東鄉, 介賓主也. 主人必居東方, 東方者春, 春之爲言蠢也, 産萬物者也. 主人者造之, 産萬物者也. 月者, 三日則成魄, 三月則成時. 是以禮有三讓, 建國必立三卿, 三賓者, 政教之本, 禮之大參也.

직역 介는 必히 東鄉하니, 賓主에 介한다. 主人은 必히 東方에 居하니, 東方者는 春이며, 春의 言이 爲함은 蠢이고, 萬物을 産하는 者이다. 主人者는 造하니, 萬物을 産하는 者이다. 月者는 三日이면 魄을 成하고, 三月이면 時를 成한다. 是以로 禮에는 三讓이 有하고, 國을 建함에도 必히 三卿을 立하니, 三賓者는 政教의 本이며, 禮의 大參이다.

의역 개(介)는 반드시 동쪽을 향해서 위치하니, 빈객과 주인의 사이에 위치하는 것이다. 주인은 반드시 동쪽에 머물게 되니, 동쪽은 봄에 해당하고 춘(春)은 곧 준(蠢)의 뜻이 되니 만물을 낳는 것이다. 주인은 술과 음식 등을 준비하니, 만물을 낳는 자에 해당한다. 달은 3일이 되면 백(魄)이 이루어지고 3개월이 되면 한 계절을 이룬다. 이러한 까닭으로 예에는 세 차례 사양하는 예법이 있는 것이고, 나라를 세울 때에도 반드시 삼경(三卿)을 두는 것이니, '삼빈(三賓)'이라는 것은 정치와 교화의 근본이 되며, 예 중에서도 대참(大參)이 된다.

集說 張子曰: 坐有四位者, 禮不主於敬主, 欲以尊賢. 若賓主相對, 則是禮主於敬主矣. 故其位賓主不相對, 坐介僕於其間, 以見賓賢之義. 因而說四時之坐皆有義, 其實欲明其尊賢.

번역 장자[1]가 말하길, 앉는 자리에는 네 가지 위치가 있는데, 예에서는 주인 공경하는 것을 위주로 하지 않고, 빈객을 존경하고자 한다. 만약 빈객과 주인이 서로 대등한 관계라면, 이러한 경우의 예에서는 주인 공경하는 것을 위주로 한다. 그렇기 때문에 빈객과 주인의 위치를 서로 대등하게 놓지 않는 것이며, 그 사이에 개(介)와 준(僎)을 앉혀서, 현명한 자를 빈객으로 대접한다는 뜻을 나타내는 것이다. 이러한 연유에 따라서 사계절에 따라 앉는 자리에는 모두 해당하는 의미가 있음을 설명한 것인데, 실제로는 현명한 자를 존경함을 나타내고자 한 것이다.

集說 呂氏曰: 天子南面而立, 而坐賓亦南鄕者, 尊賓之至也. 介, 間也. 坐賓主之間, 所以間之也.

번역 여씨가 말하길, 천자가 남쪽을 바라보며 서 있고 빈객을 앉히며 또한 남쪽을 향하게 하는 것은 빈객을 존경하는 것이 지극한 것이다. '개(介)'자는 "틈을 벌리다[間]."는 뜻이다. 빈객과 주인의 사이에 앉히는 것은 둘 사이를 벌리기 위해서이다.

集說 方氏曰: 飮食之養, 則主人之所造也, 而有産萬物之象, 所以居東.

번역 방씨가 말하길, 술을 마시고 음식을 먹으며 대접을 하는 것은 주인이 준비하는 것이고, 만물을 길러주는 형상이 있어서 동쪽에 위치하는 것이다.

大全 嚴陵方氏曰: 介必東鄕, 介賓主也, 據此則面東北明矣. 然則主人面西北, 賓面東南, 僎面西南, 皆可知. 主人者造之, 若客受成而已. 以月三日而成魄, 是以禮有三讓, 以三月而成時, 是以建國必立三卿. 書曰卿士惟月, 此之

---

1) 장재(張載, A.D.1020~A.D.1077) : =장자(張子)·장횡거(張橫渠). 북송(北宋) 때의 유학자이다. 북송오자(北宋五子) 중 한 사람으로 칭해진다. 자(字)는 자후(子厚)이다. 횡거진(橫渠鎭) 출신으로, 이곳에서 장기간 강학을 했기 때문에 횡거선생(橫渠先生)으로 일컬어지기도 한다.

謂也. 再言三賓者政敎之本, 嫌三賓獨非政敎之本也.

번역 엄릉방씨가 말하길, 개(介)는 반드시 동쪽을 바라보며 빈객과 주인의 사이에 위치한다고 했는데, 이 기록을 기준으로 한다면 동북쪽을 바라본다는 것이 자명해진다. 그렇다면 주인은 서북쪽을 바라보는 것이고, 빈객은 동남쪽을 바라보는 것이며, 준(僎)은 서남쪽을 바라보는 것임을 모두 알 수 있다. 주인이 된 자는 준비를 한다고 했으니, 빈객과 같은 경우에는 완성된 것을 받을 따름이다. 달은 3일째가 되어야 백(魄)을 이루니, 이러한 까닭으로 예에는 세 차례 사양하는 예법이 있는 것이고, 3개월째가 되어야 한 계절을 이루니, 이러한 까닭으로 나라를 세울 때에는 반드시 삼경(三卿)[2]을 두는 것이다. 『서』에서 "경사(卿士)는 달이다."[3]라고 한 말은 바로 이러한 뜻을 가리킨다. 재차 삼빈(三賓)이 정치와 교화의 근본이라고 말했는데, 삼빈만이 유독 정치와 교화의 근본이 되지 않는다는 의혹을 하게 될까봐 이처럼 기록한 것이다.

鄭注 獻酬之禮, 主人將西, 賓將南, 介閒其閒也. 言禮之所共, 由主人出也. 言禮者, 陰也, 大數取法於月也.

번역 술잔을 건네고 술을 권하는 예에서, 주인은 서쪽으로 이동하고 빈

---

2) 삼경(三卿)은 세 명의 경(卿)을 뜻하며, 제후국의 관리 중 가장 높은 반열에 오른 자들이다. 사도(司徒), 사마(司馬), 사공(司空)이 '삼경'에 해당한다. 제후국의 입장에서는 천자에게 소속된 삼공(三公)과 유사하다. 『주례』의 체제에 따르면, 천자에게는 천관(天官), 지관(地官), 춘관(春官), 하관(夏官), 추관(秋官), 동관(冬官)이라는 여섯 관부가 있었고, 각 관부의 수장은 총재(冢宰), 사도(司徒), 종백(宗伯), 사마(司馬), 사구(司寇), 사공(司空)이 된다. 제후국에서는 3명의 경들이 여섯 관부의 일을 책임지게 되어, 사도가 총재를 겸하고, 사마가 종백을 겸하며, 사공이 사구를 겸했다고 설명하기도 한다. 『예기』「왕제」편에는 "大國三卿, 皆命於天子."라는 기록이 있고, 이에 대한 공영달(孔穎達)의 소(疏)에서는 최영은(崔靈恩)의 주장을 인용하여, "崔氏云, 三卿者, 依周制而言, 謂立司徒, 兼冢宰之事; 立司馬, 兼宗伯之事; 立司空, 兼司寇之事."라고 풀이했다.
3) 『서』「주서(周書)·홍범(洪範)」: 曰, 王省惟歲, 卿士惟月, 師尹惟日.

객은 남쪽으로 이동하며 개(介)는 그 사이에 있게 된다. 예가 시행되게 된 것은 주인을 통해 비롯되었다는 뜻이다. 예(禮)는 음(陰)에 해당하는데, 그 대수(大數)는 달에서 법도를 취했다는 뜻이다.

釋文 閒音間厠之間. 共音恭. 成魄, 普伯反. 參, 七南反.

번역 '閒'자의 음은 '간측(間厠)'이라고 할 때의 '間'자 음이다. '共'자의 음은 '恭(공)'이다. '成魄'에서의 '魄'자는 '普(보)'자와 '伯(백)'자의 반절음이다. '參'자는 '七(칠)'자와 '南(남)'자의 반절음이다.

孔疏 ●"介必東向, 介賓·主也"者, 主獻賓, 將西行就賓. 賓又南行, 將就主人. 介在西階之上, 以介閒隔賓·主之間也.

번역 ●經文: "介必東向, 介賓·主也". ○주인이 빈객에게 술을 따라주면, 서쪽으로 이동하여 빈객에게 나아간다. 빈객 또한 남쪽으로 이동하여 주인에게 나아가게 된다. 개(介)는 서쪽 계단 위에 머물며 빈객과 주인의 사이에 틈을 벌리며 위치하게 된다.

孔疏 ●"主人者造之, 産萬物也"者, 釋所以主人居東方之意. 東方産育萬物, 主人共客所須, 故主人造, 爲産萬物之象也.

번역 ●經文: "主人者造之, 産萬物也". ○주인이 동쪽에 위치하는 뜻을 풀이한 것이다. 동쪽은 만물을 낳고 길러주는 방위이고, 주인은 빈객이 필요로 하는 것들을 공급한다. 그렇기 때문에 주인이 갖춰둔 것은 만물을 낳는 형상이 된다.

孔疏 ●"月者三日則成魄"者, 謂月盡之後三日乃成魄. 魄, 謂明生傍有微光也. 此謂月明盡之後而生魄, 非必三日也. 若以前月大, 則月二日生魄, 前月小, 則三日乃生魄.

번역 ●經文: "月者三日則成魄". ○달이 넘어간 이후 3일째가 되면 백(魄)이 이루어진다는 뜻이다. '백(魄)'이라는 것은 밝게 드러나는 형체 주변의 희미하게 빛을 발하는 것을 뜻한다. 이 말은 달이 넘어간 이후에 백(魄)이 생겨나는데, 반드시 그 달의 3일째에 생겨난다는 뜻은 아니다. 만약 이전달이 큰달에 해당한다면 그 달 2일째에 백(魄)이 생겨나고, 이전달이 작은 달이라면 그 달 3일째에 백(魄)이 생겨난다.

孔疏 ●"三賓者, 政敎之本"者, 凡建國旣立三卿, 助君治國. 今鄕飮酒立三賓, 象國之立三卿, 故云"政敎之本"也.

번역 ●經文: "三賓者, 政敎之本". ○나라를 세울 때에는 삼경(三卿)을 두어서 군주를 도와 나라를 다스리게 한다. 그런데 현재 향음주례(鄕飮酒禮)에서는 삼빈(三賓)을 두고 있으니, 이것은 나라에서 삼경을 세우는 것을 본뜬 것이다. 그렇기 때문에 "정치와 교화의 근본이다."라고 말한 것이다.

孔疏 ◎注"言禮者, 陰也, 大數取法於月也". ○正義曰: 樂旣爲陽, 故禮爲陰. 月是陰精, 故禮之數取法於月也.

번역 ◎鄭注: "言禮者, 陰也, 大數取法於月也". ○악(樂)은 양(陽)에 해당하기 때문에, 예(禮)는 음(陰)에 해당하는 것이다. 달은 음(陰)의 정기(精氣)이기 때문에, 예(禮)에서의 수는 달에서 그 법도를 취한 것이다.

集解 介, 猶間也. 賓在牖間, 主人在阼, 介在西階上東鄕. 蓋介亦主人之所敬事, 而其尊次於賓, 故其位間厠於賓主之間也. 此明介之坐位之義也.

번역 '개빈주야(介賓主也)'에서의 '개(介)'자는 간(間)자와 같다. 빈객은 들창 사이에 있고 주인은 동쪽 계단에 있으며, 개(介)는 서쪽 계단 위에서 동쪽을 바라보게 된다. 개 또한 주인이 공경스럽게 섬기는 대상이지만, 그의 존귀함은 빈객 다음 서열이 된다. 그렇기 때문에 그의 자리는 빈객과 주인 사이에 두게 된다. 이것은 개가 앉는 자리의 뜻을 나타낸 것이다.

集解 造, 作也, 謂作此飮酒之禮也. 主人爲禮之所從出, 猶春爲萬物之所從生也. 此明主人坐位之義也.

번역 '조(造)'자는 시행한다는 뜻이니, 이러한 음주의 예법을 시행한다는 의미이다. 주인은 이러한 의례가 도출된 대상이니, 봄이 만물을 낳는 것과 같다. 이것은 주인이 앉는 자리의 뜻을 나타낸 것이다.

集解 禮有三讓, 非但法於月之三日而成魄, 又取法於三月而成時也. 建國必立三卿, 行禮必立三賓, 故三賓爲政敎之本. 三賓輕於賓・介, 言三賓, 則賓・介可知也.

번역 예에는 세 차례 사양하는 절차가 있는데, 이것은 달이 3일이 되어 백(魄)을 이룬다는 것에서만 법도를 취한 것이 아니며, 3개월이 되어 한 계절을 이룬다는 것에서도 법도를 취했다. 나라를 세울 때 반드시 삼경(三卿)을 세우는 것은 의례를 시행할 때 반드시 삼빈(三賓)을 두는 것과 같다. 그렇기 때문에 삼빈은 정치와 교화의 근본이 된다. 삼빈은 빈객이나 개(介)보다 중요성이 덜한데, 삼빈에 대해 언급했다면 빈객과 개에 대해서도 이러하다는 사실을 알 수 있다.

集解 此篇所記孔子之言, 所以發明鄕飮酒之義者備矣, 而所謂"觀於鄕而知王道之易易"者, 尤非聖人不能道也. 其餘則多附會牽合之說, 似皆不出於先王制禮之本義也.

번역 「향음주의」편에서 공자의 말을 기록한 것은 향음주례의 의미를 보다 자세히 나타내기 위해서이니, "향음주례(鄕飮酒禮)를 관찰하고서 왕도(王道)가 잘 다스려지고 있음을 알았다."라고 한 말은 성인이 아니라면 할 수 없는 말이다. 그 나머지 기록들에는 다소 견강부회의 설이 있으니,

아마도 이 모든 기록이 선왕이 예법을 제정한 본래의 의미에서 도출된 것은 아닌 것 같다.

참고 『서』「주서(周書)·홍범(洪範)」 기록

경문 曰王省惟歲①, 卿士惟月②, 師尹惟日③.

번역 천자가 살필 것은 한 해이고, 경사는 달이며, 사윤은 날이다.

孔傳-① 王所省職, 兼所總群吏, 如歲兼四時.

번역 천자는 직무를 살피고 아울러 뭇 관리들을 총괄하니, 한 해가 사계절을 겸하는 것과 같다.

孔傳-② 卿士各有所掌, 如月之有別.

번역 경사는 각각 담당하는 것이 있으니, 달에 구별이 있는 것과 같다.

孔傳-③ 衆正官之吏, 分治其職, 如日之有歲月.

번역 뭇 관부에 속한 관리들은 자신의 직무를 나누어 다스리니, 날에 해와 달이 있는 것과 같다.

蔡傳 歲月日, 以尊卑爲徵也. 王者之失得, 其徵以歲, 卿士之失得, 其徵以月, 師尹之失得, 其徵以日. 蓋雨暘燠寒風五者之休咎, 有係一歲之利害, 有係一月之利害, 有係一日之利害, 各以其大小言也.

번역 해·달·날은 신분의 차이에 따라 징험으로 삼는 대상이다. 천자의 득실은 한 해를 통해 징험하고, 경사의 득실은 한 달을 통해 징험하며, 사윤

의 득실은 한 날을 통해 징험한다. 비·햇볕·따뜻함·추움·바람이라는 다섯
가지의 좋고 나쁨은 한 해의 이해와 관련됨이 있고, 한 달의 이해와 관련
됨이 있으며, 한 날의 이해와 관련됨이 있으니, 각각 크고 작음으로 말한
것이다.

鄕飮酒義 人名 및 用語 辭典

ㄱ

◎ 가공언(賈公彦, ?~?) : 당(唐)나라 때의 유학자이다. 정현(鄭玄)을 존숭
하였다. 예학(禮學)에 조예가 깊었다. 『주례소(周禮疏)』, 『의례소(儀禮
疏)』 등의 저서를 남겼으며, 이 저서들은 『십삼경주소(十三經注疏)』에
포함되었다.

◎ 가생(賈生) : =가의(賈誼)

◎ 가시중(賈侍中) : =가의(賈誼)

◎ 가의(賈誼, B.C.200~B.C.168) : =가생(賈生)·가시중(賈侍中)·가장사(賈長
沙)·가태부(賈太傅). 전한(前漢) 때의 유학자이다. 23세 때 박사(博士)
가 되었고, 이후 태중대부(太中大夫)에 올랐다. 오행설(五行說)을 유학
에 가미하여, 국가 및 예악(禮樂) 등에 대한 제도를 제정하였다. 저서
로는 『신서(新書)』 등이 있다.

◎ 가장사(賈長沙) : =가의(賈誼)

◎ 가정본(嘉靖本) : 『가정본(嘉靖本)』에는 간행한 자의 정보가 기록되어
있지 않다. 『십삼경주소(十三經注疏)』의 판본이다. 20권으로 구성되어
있으며, 각 권의 뒤편에는 경문(經文)과 그에 따른 주(注)를 간략히 기
록하고 있다. 단옥재(段玉裁)는 이 판본이 가정(嘉靖) 연간에 송본(宋
本)을 모방하여 간행된 것이라고 여겼다.

◎ 가태부(賈太傅) : =가의(賈誼)

◎ 감본(監本) : 『감본(監本)』은 명(明)나라 국자감(國子監)에서 간행한『십삼경주소(十三經注疏)』의 판본이다.

◎ 개(介) : '개'는 부관을 뜻한다. 빈객(賓客)이 방문했을 때 주인(主人)과 빈객 사이에서 진행되는 절차들을 보좌했던 자들이다. 계급에 따라서 '개'를 두는 숫자에도 차이가 났다. 가령 상공(上公)은 7명의 '개'를 두었고, 후작이나 백작은 5명을 두었으며, 자작과 남작은 3명의 개를 두었다. 『예기』「빙의(聘義)」편에는 "上公七介, 侯伯五介, 子男三介."라는 기록이 있다.

◎ 개성석경(開成石經) : 『개성석경(開成石經)』은 당(唐)나라 만들어진 석경(石經)을 뜻한다. 돌에 경문(經文)을 새겼기 때문에, '석경'이라고 부른다. 당나라 때 만들어진 '석경'은 대화(大和) 7년(A.D.833)에 만들기 시작하여, 개성(開成) 2년(A.D.837)에 완성되었기 때문에, '개성석경'이라고도 부르는 것이다.

◎ 거우(車右) : '거우'는 수레에 함께 타는 호위무사를 뜻한다. 수레의 우측에 위치하였기 때문에 '거우'라고 부르는 것이다.

◎ 경사(卿士) : '경사'는 주(周)나라 때 주왕조의 정사(政事)를 총감독했던 직위이다. 육경(六卿)과 별도로 설치되었으며, 육관(六官)의 일들을 총감독했다. 『시』「소아(小雅)·십월지교(十月之交)」편에는 "皇父卿士, 番維司徒."라는 기록이 있는데, 이에 대한 주희(朱熹)의 『집주(集注)』에서는 "卿士, 六卿之外, 更爲都官, 以總六官之事也."라고 풀이하였으며, 『춘추좌씨전』「은공(隱公) 3년」편에는 "鄭武公莊公爲平王卿士."라는 기록이 있는데, 이에 대한 두예(杜預)의 주에서는 "卿士, 王卿之執政者."라고 풀이하였다.

◎ 고문송판(考文宋板) : 『고문송판(考文宋板)』은 일본 학자 산정정(山井鼎) 등이 출간한 『칠경맹자고문보유(七經孟子考文補遺)』에 수록된 『예기정의(禮記正義)』를 뜻한다. 산정정은 『예기정의』를 수록할 때, 송(宋)나라 때의 판본을 저본으로 삼았다.

◎ 공가(公家) : '공가'는 일반적으로 제후의 공실(公室)을 뜻한다. 즉 군주의 집안이라는 뜻이다. 또한 '공가'는 조정(朝廷), 국가(國家) 또는 관부(官府)를 가리키기도 하며, 공경(公卿)들의 집을 뜻하기도 한다. 뿐만 아니라 개인과 구별되는 말로 사용되어, 국가 및 정부라는 의미로 사용되기도 한다.

◎ 공사(公士) : ‘공사’는 제후의 조정에 속한 사이다. 제후의 조정 및 관부를 ‘공가(公家)’라고 부르기 때문에, ‘공사’라고 부른다.

◎ 공씨(孔氏) : =공영달(孔穎達)

◎ 공안국(孔安國, ?~?) : 전한(前漢) 때의 학자이다. 자(字)는 자국(子國)이다. 고문상서학(古文尙書學)의 개조(開祖)로 알려져 있다.『십삼경주소(十三經注疏)』의『상서정의(尙書正義)』에는 공안국의 전(傳)이 수록되어 있는데, 통상적으로 이 주석은 후대인들이 공안국의 이름에 가탁하여 붙인 문장으로 인식되고 있다.

◎ 공영달(孔穎達, A.D.574~A.D.648) : =공씨(孔氏). 당대(唐代)의 경학자이다. 자(字)는 중달(仲達)이고, 시호(謚號)는 헌공(憲公)이다.『오경정의(五經正義)』를 찬정(撰定)하는데 중심적인 역할을 했다.

◎ 교감기(校勘記) :『교감기(校勘記)』는 완원(阮元)이 학자들을 모아서 편차했던『십삼경주소교감기(十三經註疏校勘記)』를 뜻한다.

◎ 교기(校記) :『교기(校記)』는 손이양(孫詒讓)이 지은『십삼경주소교기(十三經注疏校記)』를 뜻한다.

◎ 교사(郊社) : ‘교사’는 본래 천지(天地)에 대한 제사를 뜻한다. 교(郊)는 천(天)에 대한 제사를 뜻하고, 사(社)는 지(地)에 대한 제사를 뜻한다. ‘교사(郊祀)’라고도 부르고, ‘교제(郊祭)’라고도 부른다. 또한 하늘에 대한 제사만을 지칭하기도 한다.

◎ 구수(九數) : ‘구수’는 고대의 아홉 가지 계산 방법이다. 방전(方田), 속미(粟米), 차분(差分), 소광(少廣), 상공(商功), 균수(均輸), 방정(方程), 영부족(贏不足), 방요(旁要)를 뜻한다.『주례』「지관(地官)·보씨(保氏)」편에는 “六曰九數.”라는 기록이 있는데, 이에 대한 정현의 주에서는 정중(鄭衆)의 주장을 인용하여, “九數, 方田·粟米·差分·少廣·商功·均輸·方程·贏不足·旁要.”라고 풀이했다.

◎ 구족(九族) : ‘구족’은 친족을 범칭하는 말이다. 자신을 중심으로 위로 고조부(高祖父)까지의 네 세대, 아래로 현손(玄孫)까지의 네 세대까지 포함된 친족을 지칭한다.『서』「우서(虞書)·요전(堯典)」편에는 “克明俊德, 以親九族.”이라는 기록이 있는데, 이에 대한 공안국(孔安國)의 전(傳)에서는 “以睦高祖, 玄孫之親.”이라고 풀이하였다. 일설에는 ‘구족’을 부친쪽 친척 중 4촌, 모친쪽 친척 중 3촌, 처쪽 친척 중 2촌까지를 지칭하는 용어라고도 풀이한다.

ㄴ

◎ 남송석경(南宋石經) : 『남송석경(南宋石經)』은 송(宋)나라 고종(高宗) 때 돌에 새긴 『십삼경주소(十三經注疏)』의 판본이다. 그러나 『예기(禮記)』에 대해서는 「중용(中庸)」 1편만을 기록하고 있다.

◎ 남전여씨(藍田呂氏, A.D.1040~A.D.1092) : =여대림(呂大臨)·여씨(呂氏)·여여숙(呂與叔). 북송(北宋) 때의 학자이다. 이름은 대림(大臨)이고, 자(字)는 여숙(與叔)이며, 호(號)는 남전(藍田)이다. 장재(張載) 및 이정(二程) 형제에게서 수학하였다. 저서로는 『남전문집(藍田文集)』 등이 있다.

◎ 납(臘) : '납'은 엽(獵)이라고도 부른다. 짐승을 사냥하여 조상 및 오사(五祀)에게 지내는 제사를 뜻한다. 고대에는 백신(百神)들에 대한 제사를 사(蜡)라고 불렀고, 조상에 대한 제사를 '납'이라고 불렀는데, 진한대(秦漢代) 이후로는 이 둘을 통칭하여, '납'이라고 불렀다. 『예기』「월령(月令)」편에는 "天子, 乃祈來年于天宗, 大割, 祠于公社及門閭, 臘先祖·五祀, 勞農以休息之."라는 기록이 있고, 이에 대한 공영달(孔穎達)의 소(疏)에서는 "臘, 獵也. 謂獵取禽獸以祭先祖五祀也."라고 풀이했다. 또한 『춘추좌씨전』「희공(僖公) 5년」편에는 "宮之奇以其族行, 曰虞不臘矣."라는 기록이 있는데, 이에 대한 두예(杜預)의 주에서는 "臘, 歲終祭衆神之名."이라고 풀이했다. 즉 '납'은 한 해가 끝날 무렵 뭇 신들에게 지내는 제사의 명칭이라는 뜻이다.

ㄷ

◎ 당정(黨正) : '당정'은 주(周)나라 때의 지방 행정구역을 담당했던 수장을 뜻한다. 500가(家)의 규모가 1당(黨)이 되며, 수장을 뜻하는 '정(正)'자를 붙여서, 그곳의 수장을 '당정'이라고 부르는 것이다. 『주례』「지관(地官)·당정(黨正)」편에는 "黨正, 各掌其黨之政令敎治."라는 기록이 있는데, 이에 대한 정현의 주에서는 정사농(鄭司農)의 주장을 인용하여, 五百家爲黨."이라고 풀이했다.

◎ 대비(大比) : '대비'는 주대(周代) 때 3년마다 향(鄕)과 수(遂)의 관리들이 백성들 중의 인재를 대상으로 시행한 시험이다. 『주례』「지관(地官)·

향대부(鄕大夫)」편에는 "三年則大比. 考其德行, 道藝, 而興賢者能者."라는 기록이 있고, 이에 대한 정현의 주에서는 정사농(鄭司農)의 주장을 인용하여, "興賢者謂若今擧孝廉, 興能者謂若今擧茂才."라고 풀이했다.

◎ 대사(大蜡) : '대사'는 연말에 농업과 관련된 여러 신들에게 합동으로 제사를 지내서, 내년에 재해가 닥치지 않도록 기원을 하는 제사이다. '사(蜡)'자는 "찾는다[索]."는 뜻으로, 여러 귀신(鬼神)들을 찾아서 제사를 지내기 때문에, 이러한 제사를 '사'라고 부르는 것이다. 그리고 연말에는 성대하게 제사를 지냈으므로, 성대하다는 뜻에서 '대'자를 붙인 것이다. 『예기』「명당위(明堂位)」편에는 "是故夏礿·秋嘗·冬烝·春社·秋省, 而遂大蜡, 天子之祭也."라는 기록이 있는데, 이에 대한 정현의 주에서는 "大蜡, 歲十二月索鬼神而祭之."라고 풀이했다.

◎ 대재(大宰) : '대재'는 태재(太宰) 또는 총재(冢宰)라고도 부른다. 은대(殷代) 때 설치된 관직이라고 전해지며, 주대(周代)에서는 '총재'라고도 불렀다. 『주례』의 체제상으로는 천관(天官)의 수장이며, 경(卿) 1명이 담당했다. '대재'가 담당했던 일은 여러 가지이며, 국정(國政)의 전반적인 것들을 관리하였다. 또한 『주례』「천관(天官)·대재(大宰)」편에는 "祀五帝, 則掌百官之誓戒與其具脩."라고 하여, 오제(五帝)에게 제사를 지내게 되면, 뭇 관리들에게 근신하라고 권고하는 일 및 제물이 갖추어진 것을 확인하고, 그 청결상태 등을 감독했다고 기록하고 있다.

◎ 두자춘(杜子春, B.C.30?~A.D.58?) : 후한(後漢) 때의 학자이다. 유흠(劉歆)에게서 수학하였다. 정중(鄭衆)과 가규(賈逵)에게 학문을 전수하였다.

ㅁ

◎ 마계장(馬季長) : =마융(馬融)

◎ 마씨(馬氏) : =마희맹(馬晞孟)

◎ 마언순(馬彦醇) : =마희맹(馬晞孟)

◎ 마융(馬融, A.D.79~A.D.166) : =마계장(馬季長). 후한대(後漢代)의 경학자(經學者)이다. 자(字)는 계장(季長)이며, 마속(馬續)의 동생이다. 고문경학(古文經學)을 연구하였으며, 『주역(周易)』, 『상서(尙書)』, 『모시(毛詩)』, 『논어(論語)』, 『효경(孝經)』 등을 두루 주석하고, 『노자(老子)』, 『회남자(淮南子)』 등도 주석하였지만 현재 전해지지 않는다.

◎ 마희맹(馬晞孟, ?~?) : =마씨(馬氏)·마언순(馬彦醇). 자(字)는 언순(彦醇)
이다. 『예기해(禮記解)』를 찬술했다.

◎ 명당(明堂) : '명당'은 일반적으로 고대 제왕이 정교(政敎)를 베풀던 장
소를 지칭하는 용어로 사용되었다. 이곳에서는 조회(朝會), 제사(祭
祀), 경상(慶賞), 선사(選士), 양로(養老), 교학(敎學) 등의 국가 주요
업무가 시행되었다. 『맹자』「양혜왕하(梁惠王下)」편에는 "夫明堂者, 王
者之堂也."라는 용례가 있고, 『옥태신영(玉台新詠)』「목난사(木蘭辭)」
편에도 "歸來見天子, 天子坐明堂."이라는 용례가 있다. '명당'의 규모나
제도는 시대마다 다르다. 또한 '명당'이라는 건물군 중에서 남쪽의 실
(室)을 가리키는 용어로도 사용되었다.

◎ 모본(毛本) : 『모본(毛本)』은 명(明)나라 말기 급고각(汲古閣)에서 간행
된 『십삼경주소(十三經注疏)』의 판본이다. 급고각은 모진(毛晉)이 지
은 장서각이었으므로, 이러한 명칭이 생겼다.

◎ 목록(目錄) : 『목록(目錄)』은 정현이 찬술했다고 전해지는 『삼례목록
(三禮目錄)』을 가리킨다. 『십삼경주소(十三經注疏)』에서 인용되고 있
지만, 이 책은 『수서(隋書)』가 편찬될 당시에 이미 일실되어 존재하지
않았다. 『수서』「경적지(經籍志)」편에는 "三禮目錄一卷, 鄭玄撰, 梁有
陶弘景注一卷, 亡."이라는 기록이 있다.

◎ 무산작(無筭爵) : '무산작'은 술잔의 수를 헤아리지 않는다는 뜻이다. 여
수(旅酬)를 한 이후에, 빈객들의 제자들과 형제들의 자제들은 각각 그
들의 수장에게 술을 따르고, 잔을 들어 올리는 것도 각각 그들의 수장
에게 한다. 그리고 빈객들이 잔을 가져다가, 형제들 집단에 술을 권하
고, 장형제(長兄弟)들은 잔을 가져다가 빈객의 무리들에게 술을 권하
게 된다. 이처럼 여러 차례 술을 따르고 권하기 때문에, 이러한 절차를
'무산작'이라고 부르는 것이다.

◎ 민본(閩本) : 『민본(閩本)』은 명(明)나라 가정(嘉靖) 연간 때 이원양(李
元陽)이 간행한 『십삼경주소(十三經注疏)』 판본이다. 한편 『칠경맹자
고문보유(七經孟子考文補遺)』에서는 이 판본을 『가정본(嘉靖本)』으로
지칭하고 있다.

◎ **방각(方慤)** : =엄릉방씨(嚴陵方氏)

◎ **방성부(方性夫)** : =엄릉방씨(嚴陵方氏)

◎ **방씨(方氏)** : =엄릉방씨(嚴陵方氏)

◎ **백호통(白虎通)** :『백호통(白虎通)』은 후한(後漢) 때 편찬된 서적이다.『백호통의(白虎通義)』라고도 부른다. 후한의 장제(章帝)가 학자들을 불러 모아서, 백호관(白虎觀)에서 토론을 시키고, 각 경전 해석의 차이점을 기록한 서적이다.

◎ **벌(伐)** : '벌'은 삼수(參宿) 근처에 있는 별자리로, 벌성(伐星)을 뜻한다. '삼수'의 중앙 부분 근처에 있으며, 작은 세 개의 별로 이루어져 있다.

◎ **벽고(疈辜)** : '벽고'는 희생물을 해체하여 신(神)에게 바치는 것이다.『주례』「춘관(春官)·대종백(大宗伯)」편에는 "疈以辜祭四方百物."이라는 기록이 있고, 이에 대한 정현의 주에서는 "疈, 疈牲胸也."라고 풀이했다.

◎ **별록(別錄)** :『별록(別錄)』은 후한(後漢) 때 유향(劉向)이 찬(撰)했다고 전해지는 책이다. 현재는 일실되어 존재하지 않으며,『한서(漢書)』「예문지(藝文志)」편을 통해서 대략적인 내용만을 추측해볼 수 있다.

◎ **병무(兵舞)** : '병무'는 고대의 제사 때 사용되었던 춤 중 하나이다. 무용수들이 방패나 도끼와 같은 병장기를 들고 춤을 추었기 때문에, 그 춤을 '병무'라고 부르는 것이다.『주례』「지관(地官)·고인(鼓人)」편에는 "凡祭祀百物之神, 鼓兵舞帗舞者."라는 기록이 있는데, 이에 대한 정현의 주에서는 "兵, 謂干戚也. …… 皆舞者所執."이라고 풀이했다.

◎ **사(蜡)** : '사'는 연말에 지내는 큰 제사를 뜻한다. 제사 대상은 천제(天帝) 등의 주요 신들을 제외한 나머지 하위 신들에 해당한다. 하위 신들은 그 수가 많아서, 일일이 제사를 지낼 수 없기 때문에, 연말에 합동으로 제사를 지냈던 것이다.『예기』「잡기하(雜記下)」편에는 "子貢觀於蜡."라는 기록이 있는데, 이에 대한 정현의 주에서는 "蜡也者, 索也. 歲十二月, 合聚萬物而索饗之祭也."라고 풀이했다. 또『예기』「교특생

(郊特牲)」편에는 "蜡之祭也, 主先嗇而祭司嗇也, 祭百種, 以報嗇也."라
는 기록이 있다.

◎ 사공(司空) : '사공'은 주(周)나라 때의 관리로, 토목 공사 및 각종 건설
과 기물 제작 등을 주관했다. 전설상으로는 소호(少昊) 시대 때부터
설치되었다고 전해진다. 주나라의 육경(六卿) 중 하나였으며, 동관(冬
官)의 수장인 대사공(大司空)에 해당한다. 한(漢)나라 때에는 어사대
부(御史大夫)를 '대사공'으로 고쳐 불렀고, 대사마(大司馬), 대사도(大
司徒)와 함께 삼공(三公)의 반열에 있었다. 후대에는 대(大)자를 빼고
'사공'으로 불렀다. 청(淸)나라 때에는 공부상서(工部尙書)를 '대사공'
으로 부르고, 시랑(侍郞)을 소사공(少司空)으로 불렀다.

◎ 사구(司寇) : '사구'는 주(周)나라 때 설치되었던 관직이다. 하(夏)나라
와 은(殷)나라 때에도 이미 존재했었다고 주장하기도 한다. 주나라 때
에는 육경(六卿) 중 하나였으며, 대사구(大司寇)라고도 불렀다. 형벌이
나 옥사에 관련된 일을 담당하였고, 감찰 임무를 맡기도 하였다. 춘추
시대(春秋時代)에는 여러 제후국들에 이 관직이 설치되었으며, 공자
(孔子) 또한 노(魯)나라에서 '사구'를 지냈다고 전해지기도 한다. 청
(淸)나라 때에는 형부상서(刑部尙書)를 '대사구'로 불렀으며, 시랑(侍
郞)을 소사구(少司寇)로 불렀다.

◎ 사대(四代) : '사대'는 우(虞), 하(夏), 은(殷), 주(周)의 4대(代) 왕조를
뜻한다. 『예기』「학기(學記)」편에는 "三王四代唯其師."라는 기록이 있
는데, 이에 대한 정현의 주에서는 "四代, 虞·夏·殷·周."라고 풀이했다.

◎ 사도(司徒) : '사도'는 대사도(大司徒)라고도 부른다. 본래 주(周)나라
때의 관리로, 국가의 토지 및 백성들에 대한 교화(敎化)를 담당했다.
전설상으로는 소호(少昊) 시대 때부터 설치되었다고 전해진다. 주나라
의 육경(六卿) 중 하나였으며, 전한(前漢) 애제(哀帝) 원수(元壽) 2년
(B.C. 1)에는 승상(丞相)의 관직명을 고쳐서, 대사도(大司徒)라고 불렀
고, 대사마(大司馬), 대사공(大司空)과 함께 삼공(三公)의 반열에 있었
다. 후한(後漢) 때에는 다시 '사도'로 명칭을 고쳤고, 그 이후로는 이
명칭을 계속 사용하다가 명(明)나라 때 폐지되었다. 명나라 이후로는
호부상서(戶部尙書)를 '대사도'라고 불렀다.

◎ 사마(司馬) : '사마'라는 관직은 전설상으로는 소호(少昊) 시대부터 설
치되었다고 전해진다. 주(周)나라 때에는 육경(六卿) 중 하나였으며,

하관(夏官)의 수장이며, 대사마(大司馬)라고도 불렀다. 군대와 관련된 일을 담당했다. 한(漢)나라 무제(武帝) 때에는 태위(太尉)라는 관직명을 고쳐서 대사마(大司馬)라고 불렀고, 후한(後漢) 때에는 다시 태위(太尉)로 고쳐 불렀다. 남북조시대(南北朝時代)에는 대장군(大將軍)과 함께 이대(二大)로 칭해지기도 했으나, 청(淸)나라 때 폐지되었다. 후세에서는 병부상서(兵部尚書)의 별칭으로 사용하기도 했고, 시랑(侍郎)을 소사마(少司馬)로 칭하기도 하였다.

◎ 삼경(三卿) : '삼경'은 세 명의 경(卿)을 뜻하며, 제후국의 관리 중 가장 높은 반열에 오른 자들이다. 사도(司徒), 사마(司馬), 사공(司空)이 '삼경'에 해당한다. 제후국의 입장에서는 천자에게 소속된 삼공(三公)과 유사하다. 『주례』의 체제에 따르면, 천자에게는 천관(天官), 지관(地官), 춘관(春官), 하관(夏官), 추관(秋官), 동관(冬官)이라는 여섯 관부가 있었고, 각 관부의 수장은 총재(冢宰), 사도(司徒), 종백(宗伯), 사마(司馬), 사구(司寇), 사공(司空)이 된다. 제후국에서는 3명의 경들이 여섯 관부의 일을 책임지게 되어, 사도가 총재를 겸하고, 사마가 종백을 겸하며, 사공이 사구를 겸했다고 설명하기도 한다. 『예기』「왕제」편에는 "大國三卿, 皆命於天子."라는 기록이 있고, 이에 대한 공영달(孔穎達)의 소(疏)에서는 최영은(崔靈恩)의 주장을 인용하여, "崔氏云, 三卿者, 依周制而言, 謂立司徒, 兼冢宰之事; 立司馬, 兼宗伯之事; 立司空, 兼司寇之事."라고 풀이했다.

◎ 삼고(三孤) : '삼고'는 소사(少師)·소부(少傅)·소보(少保)를 가리킨다. 삼공(三公)을 보좌하는 역할이었지만, '삼공'에게 배속되었던 것은 아니다. '삼고'는 일종의 특별직으로, 그들의 신분은 '삼공'보다 낮지만, 육경(六卿)보다는 높았다. 한편 '삼고'와 '육경'을 합쳐서 '구경(九卿)'으로 보는 견해도 있다. 『서』「주서(周書)·주관(周官)」편에는 "少師·少傅·少保曰三孤."라는 기록이 있고, 이에 대한 공안국(孔安國)의 전(傳)에서는 "此三官名曰三孤. 孤, 特也. 言卑於公, 尊於卿, 特置此三者."라고 풀이했다.

◎ 삼공(三公) : '삼공'은 중앙정부의 가장 높은 관직자 3명을 합쳐서 부르는 말이다. '삼공'에 속한 관직명에 대해서는 각 시대별로 차이가 있다. 『사기(史記)』「은본기(殷本紀)」편에는 "以西伯昌, 九侯, 鄂侯, 爲三公."이라는 기록이 있다. 즉 은나라 때에는 서백(西伯)인 창(昌), 구후(九侯), 악후(鄂侯)들을 '삼공'으로 삼았다. 또한 주(周)나라 때에는 태사(太師),

태부(太傅), 태보(太保)를 '삼공'으로 삼았다. 『서』「주서(周書)·주관(周官)」편에는 "立太師·太傅·太保, 茲惟三公, 論道經邦, 燮理陰陽."이라는 기록이 있다. 한편 『한서(漢書)』「백관공경표서(百官公卿表序)」에 따르면 사마(司馬), 사도(司徒), 사공(司空)을 '삼공'으로 삼았다는 기록이 있다.

◎ 삼로오경(三老五更) : '삼로오경'은 삼로(三老)와 오경(五更)을 뜻한다. 이들은 국가의 요직에 있다가 나이가 들어 퇴직한 자들이다. 정현은 '삼로'와 '오경'은 3명과 5명이 아닌 각각 1명씩이라고 풀이했다. 그리고 1명씩인데도 '삼(三)'자와 '오(五)'자를 붙여서 부르는 이유에 대해서, '삼진(三辰)'과 '오성(五星)'에서 명칭을 빌려왔기 때문이라고 해석하였고, 또한 '삼덕(三德)'과 '오사(五事)'를 알고 있는 자들이기 때문에, 이러한 명칭이 붙었다고 풀이하기도 한다. 『예기』「문왕세자」편에는 "適東序, 釋奠於先老, 遂設三老, 五更, 群老之席位焉."이란 기록이 있는데, 이에 대한 정현의 주에서는 "三老五更各一人也, 皆年老更事致仕者也. 天子以父兄養之, 示天下之孝悌也. 名以三五者, 取象三辰五星, 天所因以照明天下者."라고 풀이했고, 또한 『예기』「악기(樂記)」편에는 "食三老五更於大學."이란 기록이 있는데, 이에 대한 정현의 주에서는 "三老五更, 互言之耳, 皆老人更知三德五事者也."라고 풀이했다. 그리고 참고적으로 공영달(孔穎達)의 소(疏)에서는 "三德謂正直, 剛, 柔. 五事謂貌, 言, 視, 聽, 思也."라고 해석하여, '삼덕'은 정직(正直), 강직함[剛], 부드러움[柔]이라고 풀이했고, 오사(五事)는 '올바른 용모[貌]', '올바른 말[言]', '올바르게 봄[視]', '올바르게 들음[聽]', '올바르게 생각함[思]'이라고 풀이했다.

◎ 삼망(三望) : '삼망'은 제사의 명칭이다. 망(望)은 일종의 제사 형식이다. 제사 대상이 여러 산천(山川)들일 경우, 그 중 가장 크고 높은 대상이 있는 지역에 가서, 나머지 여러 산천들을 두루 바라보며 지내는 제사이다. '삼(三)'자를 붙여 부른 것은 제후의 입장에서 '망' 제사를 지내는 대상이 3가지이기 때문이다. 참고로 천자에게는 사망(四望)의 제사가 있다.

◎ 삼물(三物) : '삼물'은 세 가지 사안으로, 육덕(六德), 육행(六行), 육예(六藝)를 뜻한다. '물(物)'자는 사(事)자의 뜻이다. '육덕'은 지(知)·인(仁)·성(聖)·의(義)·충(忠)·화(和)를 뜻한다. '육행'은 효(孝)·우(友)·목(睦)·인(姻)·임(任)·휼(恤)을 뜻한다. '육예'는 예(禮)·악(樂)·사(射)·어

(御)·서(書)·수(數)를 뜻한다.

◎ 삼주(三酒) : '삼주'는 상황에 따라 사용되는 세 가지 술을 뜻한다. 세 가지 술은 사주(事酒), 석주(昔酒), 청주(淸酒)를 가리킨다. 『주례』「천관(天官)·주정(酒正)」편에는 "辨三酒之物, 一曰事酒, 二曰昔酒, 三曰淸酒."라는 기록이 있다. 각 술들에 설명은 주석마다 약간의 차이를 보인다. 위의 기록에 대해서 정현의 주에서는 "鄭司農云, '事酒, 有事而飮也, 昔酒, 無事而飮也, 淸酒, 祭祀之酒.' 玄謂事酒, 酌有事者之酒, 其酒則今之醳酒也. 昔酒, 今之酋久白酒, 所謂舊醳者也. 淸酒, 今中山冬釀接夏而成."이라고 풀이했다. 즉 정사농(鄭司農)의 주장에 따르면, '사주'는 어떤 사안이 있어서 마시게 되는 술을 뜻하고, '석주'는 특별한 일이 없을 때 마시는 술을 뜻하며, '청주'는 제사를 지낼 때 쓰는 술을 뜻한다. 한편 정현의 주장에 따르면, '사주'는 일을 맡아본 자에게 따라주는 술을 뜻하는데, 그 술은 정현 시대의 역주(醳酒)에 해당하고, '석주'는 오래 숙성시킨 술로 백주(白酒)와 같은 것이며, '청주'는 중산(中山) 지역에서 겨울에 술을 담가서 여름쯤 다 익은 술을 뜻한다. 그리고 위의 기록에 대해서 손이양(孫詒讓)의 『정의(正義)』에서는 "三酒之中, 事酒較濁, 亦隨時釀之, 酋繹卽孰. 昔酒較淸, 則冬釀春孰. 淸酒尤淸, 則冬釀夏孰."이라고 풀이했다. 즉 손이양의 주장에 따르면, '사주'는 비교적 탁한 술이며, 또한 수시로 빚은 술을 말하는데, 술독을 열어두어서 곧바로 숙성시키는 술을 뜻한다. '석주'는 비교적 맑은 술이며, 겨울에 빚어서 봄쯤에 다 익는 술을 뜻한다. '청주'는 더욱 맑은 술이며, 겨울에 빚어서 여름쯤에 익는 술을 뜻한다.

◎ 삼하(三夏) : '삼하'는 고대의 악곡으로 사하(肆夏)·소하(韶夏)·납하(納夏)를 총칭하는 말이다.

◎ 상서(庠序) : '상서'는 상(庠)과 서(序)를 합쳐서 부르는 말이다. '상'은 향(鄕) 밑의 행정단위인 당(黨)에 건립된 학교를 뜻하고, '서'는 향(鄕) 밑의 행정단위인 주(州)에 건립된 학교를 뜻한다. 주로 지방의 학교를 통칭하는 말로 사용된다.

◎ 상신(上神) : '상신'은 천상(天上)에 있는 신(神), 즉 천신(天神)을 뜻한다. 『공자가어(孔子家語)』「문례(問禮)」편에는 "陳其犧牲, 備其鼎俎. …… 以降上神與其先祖."라는 기록이 있고, 이에 대한 왕숙(王肅)의 주에서는 "上神, 天神."이라고 풀이하였다.

◎ 서(序) : '서'는 본래 향(鄕) 밑의 행정단위인 주(州)에 건립된 학교를 뜻한다. 『주례』「지관(地官)·주장(州長)」편에는 "春秋以禮會民而射于州序."라는 기록이 있다. 또한 하후씨(夏后氏) 때 건립한 학교로 설명하며, 동서(東西)와 서서(西序)로 구분하기도 한다. 『예기』「왕제(王制)」편에는 "夏后氏養國老於東序, 養庶老於西序."라는 기록이 있고, 이에 대한 정현의 주에서는 "皆學名也."라고 풀이했다. 한편 '서'는 은(殷)나라 때의 학교로 설명되기도 하며 주(周)나라 때의 학교로 설명되기도 한다. 『맹자』「등문공상(滕文公上)」편에는 "夏曰校, 殷曰序, 周曰庠, 學則三代共之."라는 기록이 있고, 『한서(漢書)』「유림전서(儒林傳序)」편에는 "三代之道, 鄕里有敎, 夏曰校, 殷曰庠, 周曰序."라는 기록이 있다.

◎ 석경(石經) : 『석경(石經)』은 당(唐)나라 개성(開成) 2년(A.D.714)에 돌에 새긴 『십삼경주소(十三經注疏)』의 판본이다. 당나라 국자학(國子學)의 비석에 새겨졌다는 판본이 바로 이것을 가리킨다.

◎ 석림섭씨(石林葉氏, ?~A.D.1148) : =섭몽득(葉夢得)·섭소온(葉少薀). 남송(南宋) 때의 유학자이다. 자(字)는 소온(少薀)이고, 호(號)는 몽득(夢得)이다. 박학다식했다고 전해지며, 『춘추(春秋)』에 대한 조예가 깊었다.

◎ 석명(釋名) : 『석명(釋名)』은 후한(後漢) 때의 학자인 유희(劉熙)가 지은 서적이다. 오래된 훈고학 서적의 하나로 꼽힌다.

◎ 선공(先公) : '선공'은 본래 천자 및 제후의 선조들을 존귀하게 높여 부르는 말이다. 따라서 '선왕(先王)'이라는 말과 동일하게 사용된다. 그러나 주(周)나라에 대해 선왕과 대비해서 사용하게 되면, 후직(后稷)의 후손 중 태왕(太王) 이전의 선조를 지칭한다. 주나라는 건립 이후 자신의 선조에 대해 추왕(追王)을 하여 왕(王)자를 붙였는데, 태왕인 고공단보(古公亶父)까지 왕(王)자를 붙였기 때문이다.

◎ 선색(先嗇) : '선색'은 가장 먼저 농사를 지었던 자를 뜻하는 말이며, 농업 분야의 신(神)으로 모셔지는 대상이다. 신농(神農)을 가리키기도 한다. 『예기』「교특생(郊特牲)」편에는 "蜡之祭也, 主先嗇而祭司嗇也."라는 기록이 있는데, 이에 대한 정현의 주에서는 "先嗇, 若神農者."라고 풀이했다.

◎ 설문(說文) : =설문해자(說文解字)

◎ 설문해자(說文解字) : 『설문해자(說文解字)』는 후한(後漢) 때의 학자인 허신(許愼, ?~?)이 찬(撰)했다고 전해지는 자서(字書)이다. 『설문(說文)』이라고도 칭해진다. A.D.100년경에 완성되었다고 전해진다. 글자

의 형태, 뜻, 음운(音韻)을 수록하고 있다.

◎ 섭몽득(葉夢得) : =석림섭씨(石林葉氏)

◎ 섭소온(葉少蘊) : =석림섭씨(石林葉氏)

◎ 소뢰(少牢) : '소뢰'는 제사에서 양(羊)과 돼지[豕] 두 가지 희생물을 사용하는 것을 뜻한다. 『춘추좌씨전』「양공(襄公) 22년」편에는 "祭以特羊, 殷以少牢."라는 기록이 있는데, 이에 대한 두예(杜預)의 주에서는 "四時祀以一羊, 三年盛祭以羊豕. 殷, 盛也."라고 풀이하였다.

◎ 소복(素服) : '소복'은 흰색의 옷감으로 상의와 하의를 만든 옷을 뜻한다. 또한 채색하지 않은 옷감으로 만든 상의와 하의를 가리키기도 한다. 상(喪)을 당하거나, 흉사(凶事)를 접했을 때 착용하던 복장이다. 『예기』「교특생(郊特牲)」편에는 "皮弁素服而祭, 素服以送終也."라는 기록이 있고, 이에 대한 정현의 주에서는 "素服, 衣裳皆素."라고 풀이했다. 한편 후대에는 일상복을 뜻하는 용어로도 사용하였다.

◎ 순수(巡守) : '순수'는 '순수(巡狩)'라고도 부른다. 천자가 수도를 벗어나 제후의 나라를 시찰하는 것을 뜻한다. '순수'의 '순(巡)'자는 그곳으로 행차를 한다는 뜻이고, '수(守)'자는 제후가 지키는 영토를 뜻한다. 제후는 천자가 하사해준 영토를 대신 맡아서 수호하는 것이기 때문에, 천자가 그곳에 방문하여, 자신의 영토를 어떻게 관리하고 있는지를 시찰하게 된다. 『서』「우서(虞書)·순전(舜典)」편에는 "歲二月, 東巡守, 至于岱宗, 柴."라는 기록이 있고, 이에 대한 공안국(孔安國)의 전(傳)에서는 "諸侯爲天子守土, 故稱守. 巡, 行之."라고 풀이했으며, 『맹자』「양혜왕하(梁惠王下)」편에서는 "天子適諸侯曰巡狩. 巡狩者, 巡所守也."라고 기록하였다. 한편 『예기』「왕제(王制)」편에는 "天子, 五年, 一巡守."라는 기록이 있고, 『주례』「추관(秋官)·대행인(大行人)」편에는 "十有二歲王巡守殷國."이라는 기록이 있다. 즉 「왕제」편에서는 천자가 5년에 1번 순수를 시행하고, 「대행인」편에서는 12년에 1번 순수를 시행한다고 기록하고 있는데, 이러한 차이점에 대해서 정현은 「왕제」편의 주에서 "五年者, 虞夏之制也. 周則十二歲一巡守."라고 풀이했다. 즉 5년에 1번 순수를 하는 제도는 우(虞)와 하(夏)나라 때의 제도이며, 주(周)나라에서는 12년에 1번 순수를 했다.

◎ 순화(鶉火) : '순화'는 12차(次) 중 하나이다. 28수(宿) 중 남방의 류수(柳宿), 성수(星宿), 장수(張宿)가 여기에 해당한다. 또한 '순화'는 순심

(鶉心)이라고도 부르며, 남방에 해당하는 7개의 별자리 중 '류수'를 가리키는 용어로도 사용되며, 7개의 별자리를 모두 가리키는 '주조(朱鳥)' 또는 '순(鶉)'을 뜻하는 용어로도 사용된다. 28수 중 남방에 해당하는 별자리는 정(井), 귀(鬼), 류(柳), 성(星), 장(張), 익(翼), 진(軫)이 되며, 이들을 주조(朱鳥) 7수(宿)라고 부른다. 그런데 이중 앞부분에 있는 '정'과 '귀'는 새의 머리 부분에 해당한다고 여겨서, 순수(鶉首)라고 불렸고, 가운데에 있는 '류', '성', '장'은 몸통에 해당한다는 뜻에서, '순화' 또는 '순심'이라고 불렸으며, 뒷부분에 있는 '익'과 '진'은 꼬리에 해당한다고 여겨서, 순미(鶉尾)라고 불렸다. 『춘추좌씨전』「소공(昭公) 8년」편에는 "歲在鶉火, 是以卒滅."이라는 기록이 있다.

ㅇ

◎ **악본(岳本)** : 『악본(岳本)』은 송(頌)나라 악가(岳珂)가 간행한 『십삼경주소(十三經注疏)』의 판본이다.

◎ **악정(樂正)** : '악정'은 음악을 담당했던 관리들의 우두머리를 뜻한다. 정(正)자는 우두머리를 뜻하는 장(長)자와 같다. 한편 『주례』에는 '악정'이라는 직책은 보이지 않으며, 대신 대사악(大司樂)이라는 직책이 있다. 한편 『의례』「향사례(鄕射禮)」편에는 "樂正先升, 北面立于其西."라는 기록이 있는데, 이에 대한 가공언(賈公彦)의 소(疏)에서는 "案周禮有大司樂, 樂師, 天子之官. 此樂正, 諸侯及士大夫之官."이라고 풀이했다. 즉 '악정'은 제후 및 대부(大夫)의 관리였고, 천자에게는 대신 '대사악'과 악사(樂師)라는 관리가 소속되어 있었다. 따라서 간혹 '악정'을 '대사악'과 같은 의미로 사용하기도 한다.

◎ **엄릉방씨(嚴陵方氏, ?~?)** : =방각(方慤)·방씨(方氏)·방성부(方性夫). 송대(宋代)의 유학자이다. 이름은 각(慤)이다. 자(字)는 성부(性夫)이다. 『예기집해(禮記集解)』를 지었고, 『예기집설대전(禮記集說大全)』에는 그의 주장이 많이 인용되고 있다.

◎ **여대림(呂大臨)** : =남전여씨(藍田呂氏)

◎ **여수(旅酬)** : '여수'는 본래 제사가 끝난 후에, 제사에 참가했던 친족 및 빈객(賓客)들이 술잔을 들어 술을 마시고, 서로 공경의 예(禮)를 표하며, 잔을 권하는 의례(儀禮)이다. 연회에서도 서로에게 술을 권하는 절

차를 '여수'라고 부른다.

◎ 여씨(呂氏) : =남전여씨(藍田呂氏)

◎ 여여숙(呂與叔) : =남전여씨(藍田呂氏)

◎ 예사(禮辭) : '예사'는 빈객과 주인은 예법에 따라 세 번 사양을 하게 되는데, 처음 사양하는 것을 '예사'라고 부르며, 두 번째 사양하는 것을 '고사(固辭)'라고 부르고, 세 번째 사양하는 것을 '종사(終辭)'라고 부른다.

◎ 오계공(敖繼公, ?~?) : 원(元)나라 때의 학자이다. 자(字)는 군선(君善)·군수(君壽)이다. 이름이 계옹(繼翁)이었다고 하기도 한다. 저서로는 『의례집설(儀禮集說)』 등이 있다.

◎ 오곡(五穀) : '오곡'은 곡식을 총칭하는 말로 사용되는데, 본래 다섯 가지 곡식을 뜻한다. 그러나 다섯 가지 곡식이 구체적으로 무엇을 가리키는지에 대해서는 이견이 많다. 『주례』「천관(天官)·질의(疾醫)」편에는 "以五味·五穀·五藥養其病."이라는 기록이 있고, 이에 대한 정현의 주에서는 "五穀, 麻·黍·稷·麥·豆也."라고 풀이했다. 즉 이 문장에서는 '오곡'을 마(麻)·메기장[黍]·차기장[稷]·보리[麥]·콩[豆]으로 설명하고 있다. 그리고 『맹자』「등문공상(滕文公上)」편에는 "樹藝五穀, 五穀熟而民人育."이라는 기록이 있고, 이에 대한 조기(趙岐)의 주에서는 "五穀謂稻·黍·稷·麥·菽也."라고 풀이했다. 즉 이 문장에서는 '오곡'을 쌀[稻]·메기장[黍]·차기장[稷]·보리[麥]·대두[菽]로 설명하고 있다. 그리고 『초사(楚辭)』「대초(大招)」편에는 "五穀六仞."이라는 기록이 있는데, 이에 대한 왕일(王逸)의 주에서는 "五穀, 稻·稷·麥·豆·麻也."라고 풀이했다. 즉 이 문장에서는 '오곡'을 쌀[稻]·차기장[稷]·보리[麥]·콩[豆]·마(麻)로 설명하고 있다. 이 외에도 각종 주석에 따라 해당 작물이 달라진다.

◎ 오례(五禮) : '오례'는 고대부터 전해져 온 다섯 종류의 예제(禮制)를 뜻한다. 즉 길례(吉禮), 흉례(凶禮), 군례(軍禮), 빈례(賓禮), 가례(嘉禮)를 가리킨다. 『주례』「춘관(春官)·소종백(小宗伯)」편에는 "掌五禮之禁令與其用等."이라는 기록이 있는데, 이에 대한 정현의 주에서는 정사농(鄭司農)의 주장을 인용하여, "五禮, 吉·凶·軍·賓·嘉."라고 풀이했다.

◎ 오사(五射) : '오사'는 사례(射禮)를 시행할 때 사용되는 다섯 가지 활 쏘는 예법을 뜻한다. 다섯 가지 활 쏘는 예법은 백시(白矢), 삼련(參連), 섬주(剡注), 양척(襄尺), 정의(井儀)이다. '백시'는 화살을 쏘아서 과녁을 꿰뚫는다는 뜻이다. 화살이 과녁을 꿰뚫게 되면, 화살 끝에 달려 있는

흰 깃털만 보인다는 의미에서 '백시'라고 부른다. '삼련'은 앞서 한 발의 화살을 쏘고, 뒤이어 3발의 화살을 연이어 쏜다는 뜻이다. '섬주'는 화살을 쏠 때 끝부분의 깃털이 위로 올라가고, 화살촉이 밑으로 내려간 형태로 화살이 날아가는 것을 뜻한다. '양척'은 신하가 군주와 함께 화살을 쏠 때, 군주가 화살을 쏘는 장소로부터 1척(尺) 정도 물러나서 쏘는 것을 뜻한다. '정의'는 4발의 화살을 쏘아서 과녁을 명중시킬 때, 정(井)자의 형태가 되도록 쏘는 것을 뜻한다. 『주례』「지관(地官)·보씨(保氏)」편에는 "養國子以道, 乃敎之六藝, 一曰五禮, 二曰六樂, 三曰五射, 四曰五馭, 五曰六書, 六曰九數."라는 기록이 있고, 이에 대한 정현의 주에서는 정사농(鄭司農)의 주장을 인용하여, "五射, 白矢·參連·剡注·襄尺·井儀也."라고 풀이했으며, 가공언(賈公彦)의 소(疏)에서는 "云白矢者, 矢在侯而貫侯過, 見其鏃白; 云參連者, 前放一矢, 後三矢連續而去也; 云剡注者, 謂羽頭高鏃低而去, 剡剡然; 云襄尺者, 臣與君射, 不與君並立, 襄君一尺而退; 云井儀者, 四矢貫侯, 如井之容儀也."라고 풀이했다.

◎ 오어(五馭) : '오어'는 오어(五御)라고도 부르며, 수레를 몰 때 사용되는 다섯 가지 기술을 뜻한다. 다섯 가지 기술은 명화란(鳴和鸞), 축수곡(逐水曲), 과군표(過君表), 무교구(舞交衢), 축금좌(逐禽左)이다. '명화란'은 수레를 몰 때 방울 소리가 조화롭게 울린다는 뜻이다. '화(和)'와 '란(鸞)'은 모두 수레에 다는 일종의 방울인데, 수레를 편안하게 몰기 때문에 소리가 조화롭게 울린다는 뜻이다. '축수곡'은 물길 옆에 있는 도로를 따라 수레를 몬다는 뜻이다. 즉, 물길의 굴곡에 따른 굽이진 곳을 이동하면서도 수레가 물에 빠지지 않도록 운전을 잘 한다는 뜻이다. '과군표'는 군주가 있는 곳은 깃발 등으로 표시를 하는데, 그곳을 지나갈 때에는 수레를 몰지 않는다는 뜻이다. 일종의 군주에게 공경의 뜻을 표하는 방법이다. '무교구'는 교차로에서 수레끼리 교차하게 될 때, 서로에게 피해를 주지 않기 위해 춤추는 절도에 따라 서로 수레를 돌린다는 뜻이다. '축금좌'는 사냥할 때 수레를 모는 방법이다. 사냥을 할 때 존귀한 자는 좌측에 타서 활을 쏘게 되는데, 짐승을 잘 맞출 수 있도록 수레의 좌측 방향으로 짐승을 몬다는 뜻이다. 『주례』「지관(地官)·보씨(保氏)」편에는 "養國子以道, 乃敎之六藝, 一曰五禮, 二曰六樂, 三曰五射, 四曰五馭, 五曰六書, 六曰九數."라는 기록이 있고, 이에 대한 정현의 주에서는 정사농(鄭司農)의 주장을 인용하여, "五馭, 鳴和鸞·逐

水曲·過君表·舞交衢·逐禽左."라고 풀이했으며, 가공언(賈公彦)의 소(疏)에서는 "云五馭者, 馭車有五種. 云鳴和鸞者, 和在式, 鸞在衡. 按韓詩云, '升車則馬動, 馬動則鸞鳴, 鸞鳴則和應.' 先鄭依此而言. 云逐水曲者, 無正文, 先鄭以意而言, 謂御車隨逐水勢之屈曲而不墜水也. 云過君表者, 謂若毛傳云, '褐纏旃以爲門, 裘纏質以爲樹, 間容握, 驅而入, 轟則不得入.' 穀梁亦云, '艾蘭以爲防, 置旃以爲轅門, 以葛覆質以爲槷, 流旁握, 御轟者不得入.' 是其過君表卽褐纏旃是也. 云舞交衢者, 衢, 道也, 謂御車在交道, 車旋應於舞節. 云逐禽左者, 謂御驅逆之車, 逆驅禽獸使左, 當人君以射之, 人君自左射. 故毛傳云, '故自左膘而射之, 達于右腢, 爲上殺.' 又禮記云, '佐車止, 則百姓田獵', 是也."라고 풀이했다.

◎ 오유청(吳幼淸) : =오징(吳澄)

◎ 오징(吳澄, A.D.1249~A.D.1333) : =임천오씨(臨川吳氏)·오유청(吳幼淸)·초려오씨(草廬吳氏). 송원대(宋元代)의 유학자이다. 이름은 징(澄)이다. 자(字)는 유청(幼淸)이다. 저서로『예기해(禮記解)』가 있다.

◎ 왕념손(王念孫, A.D.1744~A.D.1832) : 청(淸)나라 때의 학자이다. 자(字)는 회조(懷租)이고, 호(號)는 석구(石臞)이다. 부친은 왕안국(王安國)이고, 아들은 왕인지(王引之)이다. 대진(戴震)에게 학문을 배웠다. 저서로는『독서잡지(讀書雜志)』등이 있다.

◎ 왕보사(王輔嗣) : =왕필(王弼)

◎ 왕필(王弼, A.D.226~A.D.249) : =왕보사(王輔嗣). 삼국시대 위(魏)나라의 학자이다. 자(字)는 보사(輔嗣)이다. 저서로는『노자주(老子注)』·『주역주(周易注)』등이 있다.

◎ 요제(繚祭) : '요제'는 구제(九祭) 중 하나이다. '요제'는 절제(絶祭)와 본래 같은 것으로, 계급에 따라 의례 절차가 많은 경우, 음식에 대해 지내는 제사를 '요제'라고 부르며, 의례 절차가 간소한 경우, 생략해서 지내는 제사를 '절제'라고 부른다.

◎ 웅씨(熊氏) : =웅안생(熊安生)

◎ 웅안생(熊安生, ?~A.D.578) : =웅씨(熊氏). 북조(北朝) 때의 경학자이다. 자(字)는 식지(植之)이다.『주례(周禮)』,『예기(禮記)』,『효경(孝經)』등 많은 전적에 의소(義疏)를 남겼지만, 모두 산일되어 남아 있지 않다. 현재 마국한(馬國翰)의『옥함산방집일서(玉函山房輯佚書)』에『예기웅씨의소(禮記熊氏義疏)』4권이 남아 있다.

◎ 원후(元侯) : '원후'는 제후들의 수장을 뜻한다. 구주(九州) 중 한 개의 주(州)를 대표하는 제후를 목(牧)이라고 하며, 제후국 전체를 동서(東西)로 구분하여, 각 지역을 대표하는 두 명의 제후를 이백(二伯)이라고 부른다. '원후'는 '목'과 '이백'을 지칭하는 말이다. 『춘추좌씨전』「양공(襄公) 4년」편에는 "三夏, 天子所以享元侯也, 使臣弗敢與聞."이라는 기록이 있는데, 이에 대한 두예(杜預)의 주에서는 "元侯, 牧伯."이라고 풀이했고, 공영달(孔穎達)의 소(疏)에서는 "牧是州長, 伯是二伯, 雖命數不同, 俱是諸侯之長也."이라고 풀이했다. 한편 '원후'는 제후국 중 대국(大國)의 제후를 가리키는 용어로도 사용된다. 그러나 '목'과 '이백' 등은 모두 대국의 군주이기 때문에, 가리키는 대상은 대체적으로 동일하다. 『국어(國語)』「노어하(魯語下)」편에는 "元侯作師, 卿帥之, 以承天子."라는 기록이 있는데, 이에 대한 위소(韋昭)의 주에서는 "元侯, 大國之君."이라고 풀이했다.

◎ 유맹야(劉孟治) : =유씨(劉氏)

◎ 유사(有司) : '유사'는 관리를 뜻하는 용어이다. '사(司)'자는 담당한다는 뜻이다. 관리들은 각자 담당하고 있는 업무가 있었으므로, 관리를 '유사'라고 불렀던 것이다. 일반적으로 하위관료들을 지칭하여, 실무자를 뜻하는 용어로 많이 사용된다. 그러나 때로는 고위관료까지도 지칭하는 용어로 사용되기도 한다.

◎ 유씨(劉氏, ?~?) : =유맹야(劉孟治). 자세한 이력이 남아 있지 않다.

◎ 유씨(劉氏) : =장락유씨(長樂劉氏)

◎ 유이(劉彝) : =장락유씨(長樂劉氏)

◎ 유집중(劉執中) : =장락유씨(長樂劉氏)

◎ 유태공(劉台拱, A.D.1751~A.D.1805) : 청(淸)나라 때의 경학자이다. 천문학(天文學), 율려학(律呂學), 문자학(文字學) 등에 조예가 깊었다.

◎ 유현(劉炫, ?~?) : 수(隋)나라 때의 학자이다. 자는 광백(光伯)이며, 경성(景城) 출신이다. 태학박사(太學博士) 등을 지냈다. 『논어술의(論語述義)』, 『춘추술의(春秋述義)』, 『효경술의(孝經述義)』 등을 저술하였다.

◎ 육경(六卿) : '육경'은 여섯 명의 경(卿)을 가리키는데, 주로 여섯 명의 주요 관직자들을 뜻한다. 각 시대마다 해당하는 관직명과 담당하는 영역에는 차이가 있었다. 『서』「하서(夏書)・감서(甘誓)」편에는 "大戰于甘, 乃召六卿."이라는 기록이 있고, 이에 대한 공안국(孔安國)의 전(傳)에

서는 “天子六軍, 其將皆命卿.”이라고 풀이했다. 즉 천자는 6개의 군(軍)을 소유하고 있는데, 각 군의 장수를 ‘경(卿)’으로 임명하였기 때문에, 이들 육군(六軍)의 수장을 ‘육경’이라고 부른다는 뜻이다. 이 기록에 따르면 하(夏)나라 때에는 육군의 장수를 ‘육경’으로 불렀다는 결론이 도출된다. 한편 『주례(周禮)』의 체제에 따르면, 주(周)나라에서는 여섯 개의 관부를 설치하였고, 이들 관부의 수장을 ‘경’으로 임명하였다. 따라서 천관(天官)의 총재(冢宰), 지관(地官)의 사도(司徒), 춘관(春官)의 종백(宗伯), 하관(夏官)의 사마(司馬), 추관(秋官)의 사구(司寇), 동관(冬官)의 사공(司空)이 ‘육경’에 해당한다. 『한서(漢書)·백관공경표상(百官公卿表上)』편에는 “夏殷亡聞焉, 周官則備矣. 天官冢宰, 地官司徒, 春官宗伯, 夏官司馬, 秋官司寇, 冬官司空, 是爲六卿, 各有徒屬職分, 用於百事.”라는 기록이 있다.

◎ 육덕(六德) : ‘육덕’은 여섯 가지 도리를 뜻한다. 여섯 가지 도리는 지(知), 인(仁), 성(聖), 의(義), 충(忠), 화(和)이다.

◎ 육덕명(陸德明, A.D.550~A.D.630) : =육원랑(陸元朗). 당대(唐代)의 경학자이다. 이름은 원랑(元朗)이고, 자(字)는 덕명(德明)이다. 훈고학에 뛰어났으며, 『경전석문(經典釋文)』 등을 남겼다.

◎ 육서(六書) : ‘육서’는 한자의 구성과 형성에 대한 여섯 가지 이론으로, 상형(象形), 지사(指事: =處事), 회의(會意), 형성(形聲: =諧聲), 전주(轉注), 가차(假借)를 뜻한다. 『주례』「지관(地官)·보씨(保氏)」편에는 “五曰六書.”라는 기록이 있는데, 이에 대한 정현의 주에서는 정사농(鄭司農)의 주장을 인용하여, “六書, 象形·會意·轉注·處事·假借·諧聲也.”라고 풀이했다.

◎ 육악(六樂) : ‘육악’은 육무(六舞)와 같은 말이다. 고대 황제(黃帝), 요(堯), 순(舜), 우(禹), 탕(湯), 무왕(武王) 때의 악무(樂舞)인 운문(雲門), 대권(大卷), 대함(大咸), 대소(大磬: =大韶), 대하(大夏), 대호(大濩), 대무(大武)를 뜻한다. 『주례』「지관(地官)·대사도(大司徒)」편에는 “以六樂防萬民之情, 而敎之和.”라는 기록이 있고, 이에 대한 정현의 주에서는 정사농(鄭司農)의 주장을 인용하여, “六樂, 謂雲門·咸池·大韶·大夏·大濩·大武.”라고 풀이했다.

◎ 육예(六藝) : ‘육예’는 기본적으로 갖춰야 하는 여섯 가지 과목을 뜻한다. 여섯 가지 과목은 예(禮), 음악[樂], 활쏘기[射], 수레몰기[御], 글쓰

기[書], 셈하기[數]이며, 구체적으로 말하자면 오례(五禮), 육악(六樂),
오사(五射), 오어(五馭: =五御), 육서(六書), 구수(九數)를 가리킨다.

◎ 육원랑(陸元朗) : =육덕명(陸德明)

◎ 육축(六畜) : '육축'은 여섯 종류의 가축을 뜻한다. 말[馬], 소[牛], 양
(羊), 닭[雞], 개[犬], 돼지[豕]를 가리킨다. 『춘추좌씨전』「소공(昭公)
25년」편에는 "爲六畜·五牲·三犧, 以奉五味."라는 기록이 있고, 이에 대
한 두예(杜預)의 주에서는 "馬·牛·羊·雞·犬·豕."라고 풀이했다.

◎ 육행(六行) : '육행'은 여섯 가지 선행을 뜻한다. 여섯 가지 선행은 효
(孝), 우(友), 구족(九族)에 대한 친근함[睦], 외친(外親)에 대한 친근함
[姻], 벗에 대한 믿음[任], 구휼[恤]이다.

◎ 육향(六鄕) : '육향'은 주(周)나라 때 원교(遠郊)에 설치된 여섯 개의 향
(鄕)을 뜻한다. 주나라의 제도에서는 국성(國城)과 가까이 있는 교외
(郊外)를 근교(近郊)라고 불렀고, 근교 밖을 원교(遠郊)라고 불렀다.
그리고 원교 안에는 6개의 향(鄕)을 설치했고, 원교 밖에는 6개의 수
(遂)를 설치했다.

◎ 응립(凝立) : =의립(疑立)

◎ 응소(應劭, ?~?) : 후한(後漢) 때의 학자이다. 자(字)는 중원(仲遠)·중원
(仲援)·중원(仲瑗)이다. 저서로는 『율략론(律略論)』·『풍속통의(風俗通
義)』·『한관의(漢官儀)』·『한서집해(漢書集解)』 등이 있다.

◎ 의립(疑立) : '의립'은 본래 응립(凝立)을 뜻한다. '의(疑)'자와 '응(凝)'자
가 통용되기 때문에, '응립'을 '의립'이라고도 부르는 것이다. 똑바로
서서 움직이지 않는 모습을 뜻한다. 『의례』「사혼례(士昏禮)」편에는 側
尊甒醴于房中, 婦疑立于席西."라는 기록이 있는데, 이에 대한 정현의
주에서는 "疑, 正立自定之貌."라고 풀이했다.

◎ 임천오씨(臨川吳氏) : =오징(吳澄)

◎ 잉작(媵爵) : '잉작'은 술을 따라주는 예법 절차 중 하나이다. 연례(燕
禮)를 실시할 때, 술을 따라주는 절차가 끝나면, 재차 명령을 하여, 군
주에게 술을 따르도록 시키는데, 이것을 '잉작'이라고 부른다. 또한 '잉
작'의 시점을 서로 술을 따라서 주고받는 절차의 시작으로 삼기도 한
다. 『의례』「연례(燕禮)」편에는 "小臣自阼階下, 請媵爵者, 公命長."이라
는 기록이 있고, 호배휘(胡培翬)의 『정의(正義)』에서는 "李氏如圭云:
媵爵者, 獻酬禮成, 更擧酒於公, 以爲旅酬之始"라고 풀이했다.

ㅈ

◎ **자림(字林)** : 『자림(字林)』은 고대의 자서(字書)이다. 진(晉)나라 때 학
자인 여침(呂忱)이 지었다. 원본은 일실되어 전해지지 않고, 다른 문헌
들 속에 일부 기록들만 남아 있다.

◎ **장락유씨(長樂劉氏, A.D.1017~A.D.1086)** : =유씨(劉氏)·유이(劉彛)·유집
중(劉執中). 북송(北宋) 때의 성리학자이다. 자(字)는 집중(執中)이다.
복주(福州) 출신이며, 어려서 호원(胡瑗)에게서 학문을 배웠다. 『정속
방(正俗方)』, 『주역주(周易注)』를 지었으나 현존하지 않는다. 『칠경중
의(七經中議)』, 『명선집(明善集)』, 『거이집(居易集)』 등이 남아 있다.

◎ **장락진씨(長樂陳氏)** : =진상도(陳祥道)

◎ **장자(張子)** : =장재(張載)

◎ **장재(張載, A.D.1020~A.D.1077)** : =장자(張子)·장횡거(張橫渠). 북송(北
宋) 때의 유학자이다. 북송오자(北宋五子) 중 한 사람으로 칭해진다.
자(字)는 자후(子厚)이다. 횡거진(橫渠鎭) 출신으로, 이곳에서 장기간
강학을 했기 때문에 횡거선생(橫渠先生)으로 일컬어지기도 한다.

◎ **전대흔(錢大昕, A.D.1728~A.D.1804)** : 청(淸)나라 때의 학자이다. 자(字)
는 신미(辛楣)·효징(曉徵)이고, 호(號)는 죽정(竹汀)이다. 사학(史學)에
정통하였고, 음운학(音韻學), 지리학(地理學) 등에도 조예가 깊었다.

◎ **절조(折俎)** : ‘절조’는 제사나 연회를 시행할 때, 희생물을 도축하여, 사
지를 해체하고, 그런 뒤에 도마 위에 올리게 되는데, 이 도마를 ‘절조’
라고 부른다.

◎ **정강성(鄭康成)** : =정현(鄭玄)

◎ **정사농(鄭司農)** : =정중(鄭衆)

◎ **정씨(鄭氏)** : =정현(鄭玄)

◎ **정의(正義)** : 『정의(正義)』는 『예기정의(禮記正義)』 또는 『예기주소(禮
記注疏)』를 뜻한다. 당(唐)나라 때에는 태종(太宗)이 공영달(孔穎達)
등을 시켜서 『오경정의(五經正義)』를 편찬하였는데, 이때 『예기정의』
에는 정현(鄭玄)의 주(注)와 공영달의 소(疏)가 수록되었다. 송대(宋
代)에는 『오경정의』와 다른 경전(經典)에 대한 주석서를 포함한 『십삼
경주소(十三經注疏)』가 편찬되어, 『예기주소』라는 명칭이 되었다.

◎ **정중(鄭衆, ?~A.D.83)** : =정사농(鄭司農). 후한(後漢) 때의 경학자이다.

자(字)는 중사(仲師)이다. 부친은 정흥(鄭興)이다. 부친에게 『춘추좌씨전(春秋左氏傳)』의 학문을 전수받았다. 또한 그는 대사농(大司農) 등의 관직을 역임하였기 때문에, '정사농'이라고도 불렀다. 한편 정흥과 그의 학문은 정현(鄭玄)에게 많은 영향을 주었기 때문에, 후대에서는 정현을 후정(後鄭)이라고 불렀고, 정흥과 그를 선정(先鄭)이라고도 불렀다. 저서로는 『춘추조례(春秋條例)』, 『주례해고(周禮解詁)』 등을 지었다고 하지만, 현재는 전해지지 않았다.

◎ 정현(鄭玄, A.D.127~A.D.200) : =정강성(鄭康成)·정씨(鄭氏). 한대(漢代)의 유학자이다. 자(字)는 강성(康成)이다. 『주역(周易)』, 『상서(尙書)』, 『모시(毛詩)』, 『주례(周禮)』, 『의례(儀禮)』, 『예기(禮記)』, 『논어(論語)』, 『효경(孝經)』 등에 주석을 하였다.

◎ 조근(朝覲) : '조근'은 군주가 신하를 만나보는 예법(禮法)을 뜻한다. 군주가 신하를 만나보는 예법에는 조(朝), 근(覲), 종(宗), 우(遇), 회(會), 동(同) 등이 있었는데, 이것을 총칭하여 '조근'으로 부르기도 한다. 한편 '조근'은 신하가 군주를 찾아뵙는 예법을 뜻하기도 한다. 고대에는 제후가 천자를 찾아뵐 때, 각 계절별로 그 명칭을 다르게 불렀다. 봄에 찾아뵙는 것을 조(朝)라고 부르며, 여름에 찾아뵙는 것을 종(宗)이라고 부르고, 가을에 찾아뵙는 것을 근(覲)이라고 부르며, 겨울에 찾아뵙는 것을 우(遇)라고 부른다. '조근'은 이러한 예법들을 총칭하는 말이다.

◎ 조복(朝服) : '조복'은 군주와 신하가 조회를 열 때 착용하는 복장을 뜻한다. 중요한 의식을 치를 때 착용하는 예복(禮服)을 가리키기도 한다.

◎ 종백(宗伯) : '종백'은 대종백(大宗伯)이라고도 부른다. 주(周)나라 때에는 육경(六卿) 중 하나에 해당하는 고위 관직이었다. 『주례』의 체제 속에서는 춘관(春官)의 수장이 된다. 종묘(宗廟)에 대한 제사 등 주로 예제(禮制)와 관련된 일을 담당하였다. 후대의 관직체계에서는 예부(禮部)에 해당하기 때문에, 예부상서(禮部尙書)를 또한 '대종백' 혹은 '종백'이라고도 부른다. 『서』 「주서(周書)·주관(周官)」편에는 "宗伯掌邦禮, 治神人, 和上下."라는 기록이 있다. 또 『주례』 「춘관(春官)·종백(宗伯)」편에는 "乃立春官宗伯, 使帥其屬而掌邦禮, 以佐王和邦國."이라는 기록이 있는데, 이에 대한 정현의 주에서는 "宗伯, 主禮之官."이라고 풀이했다. 한(漢)나라 때에는 태재(太宰)라는 이름으로 관직명을 고치기도 했다. 한편 진(秦)나라 때에는 종실(宗室)의 일들을 담당하는 종

정(宗正)이라는 관리가 있었는데, 한나라 때에는 이 관직명을 '종백'으로 고치기도 했다.

◎ 주장(州長) : '주장'은 주(周)나라 때의 관직으로, 1개 주(州)의 수장을 뜻한다. 중대부(中大夫) 1명이 담당을 했으며, 그 주에서 시행하는 교화와 정령을 담당했다. 『주례』「지관(地官)·사도(司徒)」편에는 "州長, 每州中大夫一人."이라는 기록이 있고, 『주례』「지관·주장(州長)」편에는 "各掌其州之敎治政令之法."이라는 기록이 있다.

◎ 준(僎) : '준'은 준(遵)이라고도 부르며, 향음주례(鄕飮酒禮) 등을 시행할 때 주인(主人)이 시행하는 의례절차를 보좌하던 사람이다.

◎ 준(遵) : =준(僎)

◎ 진상도(陳祥道, A.D.1159~A.D.1223) : =장락진씨(長樂陳氏)·진씨(陳氏)·진용지(陳用之). 북송대(北宋代)의 유학자이다. 자(字)는 용지(用之)이다. 장락(長樂) 지역 출신으로, 1067년에 과거에 급제하여 태상박사(太常博士) 등을 지냈다. 왕안석(王安石)의 제자로, 그의 학문을 전파하는데 공헌하였다. 저서에는 『예서(禮書)』, 『논어전해(論語全解)』 등이 있다.

◎ 진씨(陳氏) : =진상도(陳祥道)

◎ 진용지(陳用之) : =진상도(陳祥道)

ㅊ

◎ 차자(且字) : '차자'는 자(字)의 일종이다. 남자의 경우 관례(冠禮)를 치른 뒤에 자(字)를 받게 되는데, 주(周)나라의 제도에 따르면 20세로부터 50세까지는 이름 대신 자(字)를 붙여서 '아무개 보(甫)'라고 불렀으니, 이것을 '차자'라고 부른다. 50세를 넘기게 되면 형제서열에 따라서 '아무개 백(伯)'이나 '아무개 중(仲)' 등으로 부르게 된다.

◎ 체상(禘嘗) : '체상'은 체(禘)제사와 상(嘗)제사를 뜻한다. 주(周)나라의 예법에 따르면, 여름에 종묘에서 지내는 제사를 '체(禘)'제사라고 불렀고, 가을에 종묘에서 지내는 제사를 '상(嘗)'제사라고 불렀다. 고대에는 '체상'이라는 용어를 이용하여, 군주가 조상에게 지내는 제사를 범칭하였다.

◎ 초려오씨(草盧吳氏) : =오징(吳澄)

◎ 최씨(崔氏) : =최영은(崔靈恩)

◎ 최영은(崔靈恩, ?~?) : =최씨(崔氏). 남북조(南北朝) 때의 학자이다. 오경 (五經)에 능통하였고, 다른 경전에도 두루 해박하였다고 전해진다.『모 시(毛詩)』,『주례(周禮)』등에 주석을 달았고,『삼례의종(三禮義宗)』,『좌 씨경전의(左氏經傳義)』등을 지었다.

E

◎ 태보(太保) : '태보'는 주(周)나라 때의 관직으로, 삼공(三公) 중 하나이 며, 삼공 중 서열은 세 번째이다. 천자를 보좌하여 국정 전반을 다스렸 다. 이 관직은 춘추시대(春秋時代) 이후 폐지되었다가, 한(漢)나라 때 다시 설치되기도 하였다.

◎ 태부(太傅) : '태부'는 주(周)나라 때의 관직으로, 삼공(三公) 중 하나이 며, 삼공 중 서열은 두 번째에 해당한다. 천자를 보좌하여 국정 전반을 다스렸다.『서』「주서(周書)·주관(周官)」편에는 "立太師·太傅·太保, 玆 惟三公, 論道經邦, 燮理陰陽."이라는 기록이 있다. 이 관직은 진(秦)나 라 때 폐지되었다가, 한(漢)나라 때 다시 설치되기도 하였다.

◎ 태사(太師) : '태사'는 주(周)나라 때의 관직으로, 삼공(三公) 중 하나이 며, 삼공 중 서열은 첫 번째이다. 천자를 보좌하여 국정 전반을 다스렸 다. 이 관직은 진(秦)나라 때 폐지되었다가, 한(漢)나라 때 다시 설치 되기도 하였다.

◎ 특현(特縣) : '특현'은 악기를 설치할 때 한 쪽 방면에만 설치하는 것을 뜻한다. 사(士) 계급이 따랐던 방식이라고도 설명하며, 대부(大夫)가 따랐던 형식이라고도 한다. 참고적으로 천자가 악기를 설치하는 방식 은 궁현(宮縣)이라고 하며, 4면에 악기들을 설치하는 것이고, 제후가 악기를 설치하는 방식은 헌현(軒縣)이라고 하며, 3면에 악기들을 설치 하는 것이고, 경(卿)이나 대부(大夫)가 악기를 설치하는 방식은 판현 (判縣)이라고 하며, 2면에 악기들을 설치하는 것이고, 대부(大夫) 또는 사(士)가 악기를 설치하는 방식을 '특현'이라고 부른다. 대부가 '특현' 을 설치한다는 주장에서는 '사' 계급은 단지 금슬(琴瑟)만 설치한다고 주장한다.『주례』「춘관(春官)·소서(小胥)」편에는 "正樂縣之位, 王, 宮 縣, 諸侯, 軒縣, 卿大夫, 判縣, 士, 特縣."이라는 기록이 있고, 이에 대한 정현의 주에서는 정사농(鄭司農)의 주장을 인용하여, "宮縣, 四面縣,

軒縣, 去其一面, 判縣, 又去其一面, 特縣, 又去其一面."이라고 풀이했다.
한편 가의(賈誼)의 『신서(新書)』「심미(審微)」편에는 "禮, 天子之樂宮
縣, 諸侯之樂軒縣, 大夫特縣, 士有琴瑟."이라는 기록이 있다.

ㅍ

◎ 피변(皮弁) : '피변'은 고대에 사용되었던 관(冠)의 한 종류이다. 백색
　사슴의 가죽으로 만든 모자이다. 한편 관(冠)에 따른 의복까지 포함한
　의미로 사용되기도 한다. 『주례』「하관(夏官)·변사(弁師)」편에는 "王之
　皮弁, 會五采玉璂, 象邸, 玉笄."라는 기록이 있다.

ㅎ

◎ 하휴(何休, A.D.129~A.D.182) : 전한(前漢) 때의 금문경학자(今文經學者)
　이다. 자(字)는 소공(邵公)이다. 『춘추공양전해고(春秋公羊傳解詁)』를
　지었으며, 『효경(孝經)』, 『논어(論語)』 등에 대해서도 주를 달았고, 『춘
　추한의(春秋漢議)』를 짓기도 하였다.
◎ 학경(郝敬, A.D.1558~A.D.1639) : =학중여(郝仲輿)·학초망(郝楚望). 명
　(明)나라 때의 학자이다. 자(字)는 중여(仲輿)이고, 호(號)는 초망(楚
　望)이다. 경학에 능통하여, 수많은 저서를 남겼다.
◎ 학중여(郝仲輿) : =학경(郝敬)
◎ 학초망(郝楚望) : =학경(郝敬)
◎ 한강백(韓康伯) : =한백(韓伯)
◎ 한백(韓伯, A.D.332~A.D.380) : =한강백(韓康伯). 진(晉)나라 때의 학자
　이다. 자(字)는 강백(康伯)이다. 왕필의 『주역』 주에 빠져 있는 「계사
　전(繫辭傳)」, 「설괘전(說卦傳)」, 「서괘전(序卦傳)」, 「잡괘전(雜卦傳)」
　등에 대해서 보주(補注)를 하였는데, 현재 왕필의 주본(注本)에 함께
　수록되어 있다.
◎ 향대부(鄕大夫) : '향대부'는 주대(周代)의 행정단위였던 향(鄕)을 담당
　하는 관리이다.
◎ 현면(玄冕) : '현면'은 현의(玄衣)와 면류관을 뜻한다. 본래 천자 및 제

후의 제사복장으로, 비교적 중요성이 덜한 제사 때 입는다. '현의' 중 상의에는 무늬가 들어가지 않고, 하의에만 불(黻)을 수놓는다. 『주례』「춘관(春官)·사복(司服)」편에는 "祭群小祀則玄冕."이라는 기록이 있고, 이에 대한 정현의 주에서는 "玄者, 衣無文, 裳刺黻而已, 是以謂玄焉." 이라고 풀이했다.

◎ 현주(玄酒) : '현주'는 고대의 제례(祭禮)에서 술 대신 사용한 물[水]을 뜻한다. '현주'의 '현(玄)'자는 물은 흑색을 상징하므로, 붙여진 글자이 다. '현주'의 '주(酒)'자의 경우, 태고시대 때에는 아직 술이 없었기 때 문에, 물을 술 대신 사용했다. 따라서 후대에는 이 물을 가리키며 '주' 자를 붙이게 된 것이다. '현주'를 사용하는 것은 가장 오래된 예법 중 하나이므로, 후대에도 이러한 예법을 존숭하여, 제사 때 '현주' 또한 사용했던 것이며, '현주'를 술 중에서도 가장 귀한 것으로 여겼다. 『예 기』「예운(禮運)」편에는 "故玄酒在室, 醴醆在戶."라는 기록이 있는데, 이에 대한 공영달(孔穎達)의 소(疏)에서는 "玄酒, 謂水也. 以其色黑, 謂 之玄. 而太古無酒, 此水當酒所用, 故謂之玄酒."라고 풀이했다.

◎ 협제(祫祭) : '협제'는 협(祫)이라고도 부른다. 신주(神主)들을 태조(太 祖)의 묘(廟)에 모두 모셔놓고 지내는 제사이다. 『춘추공양전』「문공 (文公) 2년」에 "八月, 丁卯, 大事于大廟, 躋僖公, 大事者何. 大祫也. 大 祫者何. 合祭也, 其合祭奈何. 毁廟之主, 陳于大祖."라는 기록이 있다.

◎ 황간(皇侃, A.D.488~A.D.545) : =황씨(皇氏). 남조(南朝) 때 양(梁)나라 의 경학자이다. 『주례(周禮)』, 『의례(儀禮)』, 『예기(禮記)』 등에 해박 하여, 『상복문구의소(喪服文句義疏)』, 『예기의소(禮記義疏)』, 『예기강 소(禮記講疏)』 등을 지었지만, 현재는 전해지지 않는다. 그 일부가 마 국한(馬國翰)의 『옥함산방집일서(玉函山房輯佚書)』에 수록되어 있다.

◎ 황씨(皇氏) : =황간(皇侃)

◎ 후토(后土) : '후토'는 토지신을 뜻한다. 『주례』「춘관(春官)·대종백(大宗 伯)」편에는 "王大封, 則先告后土."라는 기록이 있고, 이에 대한 정현의 주에서는 "后土, 土神也."라고 풀이했다.

번역 참고문헌

- 『禮記』, 서울 : 保景文化社, 초판 1984 (5판 1995) / 저본으로 삼은 책이다.
- 『禮記正義』 1~4(전4권, 『十三經注疏 整理本』 12~15), 北京 : 北京大學出版社, 초판 2000 / 저본으로 삼은 책이다.
- 朱彬 撰, 『禮記訓纂』 上·下(전2권), 北京 : 中華書局, 초판 1996 (2쇄 1998) / 저본으로 삼은 책이다.
- 孫希旦 撰, 『禮記集解』 上·中·下(전3권), 北京 : 中華書局, 초판 1989 (4쇄 2007) / 저본으로 삼은 책이다.
- 服部宇之吉 評點, 『禮記』, 東京 : 富山房, 초판 1913 (증보판 1984) / 鄭玄 注 번역에 대해 참고했던 서적이다.
- 竹內照夫 著, 『禮記』 上·中·下(전3권), 東京 : 明治書院, 초판 1975 (3판 1979) / 經文에 대한 이해에 참고했던 서적이다.
- 市原亨吉 외 2명 著, 『禮記』 上·中·下(전3권), 東京 : 集英社, 초판 1976 (3쇄 1982) / 經文에 대한 이해에 참고했던 서적이다.
- 陳澔 注, 『禮記集說』, 北京 : 中國書店, 초판 1994 / 『集說』에 대한 번역에 참고했던 서적이다.
- 王文錦 譯解, 『禮記譯解』 上·下(전2권), 北京 : 中華書局, 초판 2001 (4쇄 2007) / 經文 및 주석 번역에 참고했던 서적이다.
- 錢玄·錢興奇 編著, 『三禮辭典』, 南京 : 江蘇古籍出版社, 초판 1998 / 용어 및 器物 등에 대해 참고했던 서적이다.
- 張撝之 外 主編, 『中國歷代人名大辭典』 上·下권(전2권), 上海 : 上海古籍出版社, 초판 1999 / 인명에 대해 참고했던 서적이다.
- 呂宗力 主編, 『中國歷代官制大辭典』, 北京 : 北京出版社, 초판 1994 (2쇄 1995) / 관직명에 대해 참고했던 서적이다.
- 中國歷史大辭典編纂委員會 編纂, 『中國歷史大辭典』 上·下(전2권), 上海 : 上海辭書出版社, 초판 2000 / 용어 및 인명에 대해 참고했던 서적이다.

- 羅竹風 主編, 『漢語大詞典』 1~12(전12권), 上海 : 漢語大詞典出版社, 초판 1988 (4쇄 1995) / 용어에 대해 참고했던 서적이다.
- 王思義 編集, 『三才圖會』 上·中·下(전3권), 上海 : 上海古籍出版社, 초판 1988 (4쇄 2005) / 器物 등에 대해 참고했던 서적이다.
- 聶崇義 撰, 『三禮圖集注』 (四庫全書 129책) / 器物 등에 대해 참고했던 서적이다.
- 劉續 撰, 『三禮圖』 (四庫全書 129책) / 器物 등에 대해 참고했던 서적이다.

역자 정병섭(鄭秉燮)

- 1979년 출생
- 2002년 성균관대학교 유교철학과 졸업
- 2004년 성균관대학교 대학원 유학과 석사
- 2013년 성균관대학교 대학원 유학과 철학박사
- 현재 『역주 예기집설대전』 완역을 위해 번역중이며, 이후 『의례』, 『주례』, 『대대례기』 시리즈 번역과 한국유학자들의 예학 관련 저작들의 번역을 계획 중이다.

예기집설대전 목록

譯註

禮記集說大全 鄕飮酒義

編 陳澔(元)
附 正義·訓纂·集解

초판 인쇄 2017년 6월 7일
초판 발행 2017년 6월 20일

역   자 | 정병섭
펴 낸 이 | 하운근
펴 낸 곳 | 學古房

주   소 | 경기도 고양시 덕양구 통일로 140 삼송테크노밸리 A동 B224
전   화 | (02)353-9908 편집부(02)356-9903
팩   스 | (02)6959-8234
홈페이지 | http://hakgobang.co.kr/
전자우편 | hakgobang@naver.com, hakgobang@chol.com
등록번호 | 제311-1994-000001호

ISBN   978-89-6071-669-8 94150
          978-89-6071-267-6 (세트)

값 : 32,000원

이 도서의 국립중앙도서관 출판예정도서목록(CIP)은 서지정보유통지원시스템 홈페이지
(http://seoji.nl.go.kr)와 국가자료공동목록시스템(http://www.nl.go.kr/kolisnet)에서 이
용하실 수 있습니다. (CIP제어번호 : CIP2017013455)